Arzneimittel-Kompass 2025

Helmut Schröder · Petra A. Thürmann · Michael Thiede ·
Salka Enners · Reinhard Busse
Hrsg.

Arzneimittel-Kompass 2025

Die Preisfrage: Wege zu fairen Lösungen

Hrsg.
Helmut Schröder
Wissenschaftliches Institut der AOK (WIdO)
Berlin, Deutschland

Prof. Dr. med. Petra A. Thürmann
Helios Universitätsklinikum Wuppertal
Wuppertal, Deutschland

Prof. Dr. Michael Thiede
Wissenschaftliches Institut der AOK (WIdO)
Berlin, Deutschland

Salka Enners
Wissenschaftliches Institut der AOK (WIdO)
Berlin, Deutschland

Prof. Dr. med. Reinhard Busse, MPH FFPH
Technische Universität Berlin
Berlin, Deutschland

ISBN 978-3-662-72459-0 ISBN 978-3-662-72460-6 (eBook)
https://doi.org/10.1007/978-3-662-72460-6

Die Deutsche Nationalbibliothek verzeichnet diese Publikation in der Deutschen Nationalbibliografie; detaillierte bibliografische Daten sind im Internet über https://dnb.d-nb.de abrufbar.

© Der/die Herausgeber bzw. der/die Autor(en) 2025. Dieses Buch ist eine Open-Access-Publikation.

Open Access Dieses Buch wird unter der Creative Commons Namensnennung - Nicht kommerziell - Keine Bearbeitung 4.0 International Lizenz (▶ http://creativecommons.org/licenses/by-nc-nd/4.0/deed.de) veröffentlicht, welche die nicht-kommerzielle Nutzung, Vervielfältigung, Verbreitung und Wiedergabe in jeglichem Medium und Format erlaubt, sofern Sie den/die ursprünglichen Autor*in(nen) und die Quelle ordnungsgemäß nennen, einen Link zur Creative Commons Lizenz beifügen und angeben, ob Änderungen vorgenommen wurden. Die Lizenz gibt Ihnen nicht das Recht, bearbeitete oder sonst wie umgestaltete Fassungen dieses Werkes zu verbreiten oder öffentlich wiederzugeben.
Die in diesem Buch enthaltenen Bilder und sonstiges Drittmaterial unterliegen ebenfalls der genannten Creative Commons Lizenz, sofern sich aus der Abbildungslegende nichts anderes ergibt. Sofern das betreffende Material nicht unter der genannten Creative Commons Lizenz steht und die betreffende Handlung nicht nach gesetzlichen Vorschriften erlaubt ist, ist auch für die oben aufgeführten nicht-kommerziellen Weiterverwendungen des Materials die Einwilligung des/der betreffenden Rechteinhaber*in einzuholen.
Das Werk einschließlich aller seiner Teile ist urheberrechtlich geschützt. Jede kommerzielle Verwertung, die nicht ausdrücklich vom Urheberrechtsgesetz zugelassen ist, bedarf der vorherigen Zustimmung des/der Autor*in und ggf. des/der Herausgeber*in. Das gilt insbesondere für Vervielfältigungen, Bearbeitungen, Übersetzungen, Mikroverfilmungen und die Einspeicherung und Verarbeitung in elektronischen Systemen. Der Verlag hat eine nicht-exklusive Lizenz zur kommerziellen Nutzung des Werkes erworben.
Die Wiedergabe von allgemein beschreibenden Bezeichnungen, Marken, Unternehmensnamen etc. in diesem Werk bedeutet nicht, dass diese frei durch jede Person benutzt werden dürfen. Die Berechtigung zur Benutzung unterliegt, auch ohne gesonderten Hinweis hierzu, den Regeln des Markenrechts. Die Rechte des/der jeweiligen Zeicheninhaber*in sind zu beachten.
Der Verlag, die Autor*innen und die Herausgeber*innen gehen davon aus, dass die Angaben und Informationen in diesem Werk zum Zeitpunkt der Veröffentlichung vollständig und korrekt sind. Weder der Verlag noch die Autor*innen oder die Herausgeber*innen übernehmen, ausdrücklich oder implizit, Gewähr für den Inhalt des Werkes, etwaige Fehler oder Äußerungen. Der Verlag bleibt im Hinblick auf geografische Zuordnungen und Gebietsbezeichnungen in veröffentlichten Karten und Institutionsadressen neutral.

Planung: Dr. Christine Lerche

Fotonachweis Umschlag: © istock.com/Apriori1

Springer ist ein Imprint der eingetragenen Gesellschaft Springer-Verlag GmbH, DE und ist ein Teil von Springer Nature.
Die Anschrift der Gesellschaft ist: Heidelberger Platz 3, 14197 Berlin, Germany

Wenn Sie dieses Produkt entsorgen, geben Sie das Papier bitte zum Recycling.

Vorwort

Mit dem Arzneimittel-Kompass 2025 liegt nunmehr die dritte Ausgabe dieser Publikationsreihe vor. Der Arzneimittel-Kompass 2025 – Die Preisfrage: Wege zu fairen Lösungen beleuchtet eine der drängendsten Herausforderungen im deutschen Gesundheitswesen: die stetig steigenden Arzneimittelausgaben bei gleichbleibender Versorgungsabdeckung. Patentgeschützte Hochpreistherapien, begrenzte Regulierungsspielräume und die Dynamik des GKV-Arzneimittelmarkts stellen Politik, Wissenschaft und Praxis gleichermaßen vor die Frage, wie ein solidarisches System mit endlichen Mitteln auch künftig eine bezahlbare und zugleich innovative Versorgung sichern kann.

Renommierte Expertinnen und Experten aus Forschung und Versorgung analysieren aktuelle Marktentwicklungen, regulatorische Rahmenbedingungen und zeigen Alternativen auf. Der Band liefert fundierte Orientierung für alle, die sich mit der Steuerung von Arzneimittelkosten, fairen Preisbildungsmodellen und zukunftsfähigen Lösungen im Gesundheitssystem beschäftigen. Damit soll auf wissenschaftlich gestützte Wege für die Zukunft der Preisbildung und Versorgung hingewiesen werden.

Dabei kommen auch in der diesjährigen Ausgabe des Arzneimittel-Kompass wiederum die verschiedenen Disziplinen aus der Wissenschaft und der Praxis zu Wort, d. h. die an der Versorgung beteiligten Akteure wie die Patientenvertretung, die Ärztinnen und Ärzte, die pharmazeutische Industrie oder die gesetzliche Krankenversicherung. Wir freuen uns, dass wir 46 Autorinnen und Autoren gewinnen konnten, ihre Fachexpertise in das vorliegende Werk mit 24 verschiedenen Fachbeiträgen einzubringen.

Danken möchten wir insbesondere allen Kolleginnen und Kollegen im Wissenschaftlichen Institut der AOK (WIdO), die an dieser Buchproduktion beteiligt waren für ihre tatkräftige Unterstützung. An erster Stelle zu nennen sind Susanne Sollmann, Miriam-Maleika Höltgen, Melanie Hoberg, Viola Paschke, Kenan Ajanovic, Irene Langner, Heike Hoffmeister und Artur Gošovatjuk, die uns bei der Organisation, der Datenbereitstellung, der Betreuung der Autorinnen und Autoren und durch ihre redaktionelle Arbeit sowie das Lektorat exzellent unterstützt haben und ohne deren Hilfe und deren unermüdlicher Arbeit dieser Arzneimittel-Kompass nicht hätte entstehen können. Danken möchten wir gleichermaßen allen Kolleginnen und Kollegen im Projekt GKV-Arzneimittelindex sowie dem Backoffice des WIdO. Ebenfalls danken wir Gabriela Brückner und Dr. Katrin Schüssel aus dem WIdO für die inhaltliche und methodische Beratung wie auch für die Bereitstellung der Analyseergebnisse, die auf den Arzneimittelverordnungsdaten aller AOK-Versicherten basieren. Ein herzliches Dankeschön geht auch an die beiden Gründungs-Mitherausgebenden des Arzneimittel-Kompass Dr. Carsten Telschow und Dr. Melanie Schröder, deren Staffelstab nun andere Mitwirkende übernommen haben.

Schließlich geht unser Dank an den Springer-Verlag für die gewohnt hervorragende verlegerische Betreuung, insbesondere durch Christiane Beisel und Dr. Christine Lerche.

Helmut Schröder
Petra Thürmann
Michael Thiede
Salka Enners
Reinhard Busse
Berlin und Wuppertal
im Oktober 2025

Inhaltsverzeichnis

1 **Einführung und Zusammenfassung** 1
   Helmut Schröder, Petra A. Thürmann, Michael Thiede, Salka Enners und Reinhard Busse

I Zwischen Kosten und Kontrolle: der deutsche Arzneimittelmarkt im Systemblick

2 **Preis und Wirkung: Dynamiken der Arzneimittelkosten im Versorgungskontext** 13
   Salka Enners und Michael Thiede

3 **Demographischer Wandel: Angemessene Arzneimittelversorgung einer alternden Bevölkerung** 37
   Petra A. Thürmann, Veronika Bencheva und Sven Schmiedl

4 **Preisbildung und Standortförderung von pharmazeutischen Unternehmen** 59
   Paula Hepp, Pauline Kilwing, Nils Gutacker und Leonie Sundmacher

II Arzneimittelbewertung als Steuerungsinstrument

5 **AMNOG-Leitplanken – Wirkung auf Preisdifferenzierung, Ausgaben und Evidenz** 73
   Susanne Henck, Kristina Günther, Anja Tebinka-Olbrich und Antje Haas

6 **Real-World-Daten in der Nutzenbewertung und Preisfindung neuer Arzneimittel: Status quo und Zukunftsperspektiven** 83
   Julian Witte und Wolfgang Greiner

7 **EU-Health Technology Assessment (EU-HTA) und seine Perspektiven für die zukünftige Bewertung von Gesundheitstechnologien** 91
   Beate Wieseler und Regina Skavron

8 **Dynamische Bepreisung von innovativen Arzneimitteln** 107
   Rebekka Müller-Rehm, Leonie Sundmacher und Nils Gutacker

III Pfad zu fairen Preisen: Theorie, Strategie, Praxis

9 **Fair Pricing im Arzneimittelmarkt: Ökonomische Spannungsfelder, theoretische Fundamente** 121
Alexander Roediger

10 **Faire Preise im Fokus – Strategien für eine gerechte Arzneimittelpreispolitik** 133
Veronika J. Wirtz und Klara Tisocki

11 **Auf dem Weg zu einer gerechten und nachhaltigen Preisgestaltung im Gesundheitswesen: Fokus auf das AIM-Fair-Price-Modell und das ASCERTAIN-Projekt** 153
Carin A. Uyl-de Groot, Nicolas S.H. Xander, Anne Hendrickx und Maximilian Salcher-Konrad

IV Globale Vergleichsperspektiven

12 **Preisbildung und Erstattungsmodelle von Arzneimitteln im internationalen Vergleich: Erkenntnisse für Deutschland** 167
Sabine Vogler, Dimitra Panteli und Reinhard Busse

13 **Öffentliche Beiträge zur Arzneimittelentwicklung** 183
Claudia Wild und Daniel Fabian

14 **Wert(e) und Kosten: Fairness und Wirtschaftlichkeit auf dem globalen Markt für HIV-Medikamente** 197
Gesine Meyer-Rath

15 **Wetterkatastrophen und die Widerstandsfähigkeit der Arzneimittelversorgung** 213
Mahnum Shahzad, Leticia Nogueira und Anita Katharina Wagner

16 **Die Auswirkungen des Inflation Reduction Act auf pharmazeutische Innovationen** 221
Claudio Lucarelli

17 **Einblick: Health Technology Assessment in Japan – ein Stimmungsbild** .. 237
Ataru Igarashi

V Sicht der Akteurinnen und Akteure

18 „Wir können nicht warten" – warum Menschen mit Seltenen
Erkrankungen faire Zugänge zu Medikamenten brauchen 257
Bianca Paslak-Leptien

19 Mehr Evidenz und faire Preise für neue Arzneimittel –
dringender als je zuvor 261
Sabine Jablonka

20 Kostenmanagement im Gesundheitssystem neu denken 269
Wolf-Dieter Ludwig

21 Arzneimittelversorgung: Mehr als nur ein Preisschild 275
Dorothee Brakmann

22 Ist Fairness von Arzneimittelpreisen möglich? 279
Christian Pfleiderer

VI Der GKV-Arzneimittelmarkt im Jahr 2024

23 Der Arzneimittelmarkt 2024 im Überblick 287
Michael Thiede, Salka Enners, Jana Bauckmann, Katja Niepraschk-von Dollen und Anette Zawinell

24 AMNOG: Ziel, Funktionsweise und Ergebnisse 319
Melanie Schröder, Anja Tebinka-Olbrich und Antje Haas

Serviceteil 327
Verzeichnis der Autorinnen und Autoren 328
Stichwortverzeichnis 349

Einführung und Zusammenfassung

Helmut Schröder, Petra A. Thürmann, Michael Thiede, Salka Enners und Reinhard Busse

Inhaltsverzeichnis

1.1	Ausgabendynamik und Preisbildung im GKV-System	– 2
1.2	Wert- und kostenbasierte Ansätze als komplementäre Perspektiven	– 2
1.3	**Überblick über die Kapitel**	**– 3**
1.3.1	Zwischen Kosten und Kontrolle: der deutsche Arzneimittelmarkt im Systemblick	– 3
1.3.2	Arzneimittelbewertung als Steuerungsinstrument	– 4
1.3.3	Pfad zu fairen Preisen: Theorie, Strategie, Praxis	– 5
1.3.4	Globale Vergleichsperspektiven	– 6
1.3.5	Sicht der Akteurinnen und Akteure	– 7
1.3.6	Der GKV-Arzneimittelmarkt im Jahr 2024	– 8

© Der/die Autor(en) 2025
H. Schröder et al. (Hrsg.), *Arzneimittel-Kompass 2025*, https://doi.org/10.1007/978-3-662-72460-6_1

▪▪ Zusammenfassung

Die Finanzierung medizinischen Fortschritts stellt solidarisch organisierte Gesundheitssysteme vor erhebliche Herausforderungen. Eine zentrale Frage lautet, wie sich die Verfügbarkeit innovativer Arzneimittel gewährleisten lässt, ohne die Beitragszahlerinnen und Beitragszahler übermäßig zu belasten und die Legitimität des Systems zu gefährden. Mit der Einführung des Arzneimittelmarktneuordnungsgesetzes (AMNOG) im Jahr 2011 wurde in Deutschland ein Verfahren etabliert, das die „Spreu vom Weizen" trennen sollte. Insbesondere die Preise von Me-too-Arzneimitteln, die zwar neu, aber nicht innovativ waren, sollten damit eingegrenzt werden und die Preise neuer, patentgeschützter Arzneimittel sollten stärker an der tatsächlichen therapeutischen Wirkung ausgerichtet werden. Die frühe Nutzenbewertung hat Transparenz und Verfahrenstreue erhöht, zugleich aber offengelegt, dass die bestehende Kopplung zwischen Preis und klinischem Mehrwert auch an ihre Grenzen stoßen kann. In den letzten Jahren trugen insbesondere wenige, hochpreisige Innovationen trotz geringer Verordnungshäufigkeit wesentlich zur Ausgabendynamik im GKV-Arzneimittelmarkt bei. Hinzu treten Indikationserweiterungen, strategische Markteinführungen sowie intransparente Preismechanismen, die die Verhandlungsmacht der Solidargemeinschaft schwächen. Der Arzneimittel-Kompass 2025 nimmt diese Entwicklungen zum Ausgangspunkt, analysiert die strukturellen Grenzen des bestehenden Regimes und diskutiert Reformoptionen, die Wirtschaftlichkeit, Nachhaltigkeit und Fairness neu austarieren.

verband und pharmazeutischem Unternehmen verhandelt; methodisch abgeleitete Preisunter- oder -obergrenzen existieren nicht. Opportunitätskosten, Budgetwirkungen und Verteilungsimplikationen gehen somit nur indirekt in die Entscheidungen ein. Internationale Health-Technology-Assessment-(HTA-)Systeme – etwa das des britischen National Institute for Health and Care Excellence (NICE) – verankern demgegenüber explizite Schwellenwerte, die eine engere Bindung zwischen klinischem Nutzen und Zahlungsbereitschaft der Solidargemeinschaft schaffen. Vor diesem Hintergrund gewinnt die Debatte um die Integration von ökonomischen Bewertungsdimensionen in die deutsche Preisbildung an Dynamik. Ziel ist dabei nicht die Ablösung der frühen Nutzenbewertung, sondern ihre Ergänzung zu einem kohärenteren Steuerungsinstrumentarium, das der Realität begrenzter Ressourcen Rechnung trägt.

Die Diskussion um Marktstrukturen verdeutlicht die Notwendigkeit dieses erweiterten Zugriffs. Zwar lassen klassische Konzentrationsmaße auf aggregierter Ebene eine geringe Marktkonzentration erkennen; tatsächlich aber vereinen wenige, umsatzstarke Hersteller einen disproportionalen Anteil an den GKV-Ausgaben, insbesondere in hochpreisigen Indikationssegmenten. Angesichts der erheblichen Heterogenität zwischen Arzneimitteln und Indikationen relativieren sich damit einfache Interpretationen standardisierter Indizes. Daraus ergibt sich die Notwendigkeit, Preise gerade in evidenzunsicheren und budgetrelevanten Segmenten stärker am klinischen Wert und an der Robustheit der Evidenz zu orientieren.

1.1 Ausgabendynamik und Preisbildung im GKV-System

Obgleich das AMNOG-Verfahren wesentliche Fortschritte bei der evidenzbasierten Bewertung gebracht hat, bleibt es im Kern „preisblind". Der Erstattungsbetrag wird nach der Nutzenbewertung zwischen GKV-Spitzen-

1.2 Wert- und kostenbasierte Ansätze als komplementäre Perspektiven

Die zentrale Frage ist nicht, ob eine wert- oder eine kostenbasierte Preisbildung vorzuziehen ist, sondern wie beide Ansätze im Sinne von Wirtschaftlichkeit und Fairness komplementär genutzt werden können.

Kostenorientierte Verfahren erlauben eine Plausibilisierung von Preisen anhand der dokumentierten Aufwendungen für Forschung und Entwicklung, Produktion, Qualitätssicherung und Marktzugang. Sie schaffen Transparenz, können jedoch aufgrund erheblicher Informationsasymmetrien und globaler Kostenstrukturen nur eingeschränkt valide Ergebnisse liefern. Ohne verpflichtende Offenlegung und unabhängige Prüfung besteht die Gefahr, dass Kosten strategisch kalkuliert werden.

Wertorientierte Verfahren hingegen verknüpfen die Preisbildung mit dem therapeutischen Zusatznutzen, gemessen an Morbidität, Mortalität und Lebensqualität im Vergleich zur zweckmäßigen Vergleichstherapie. Zwar ist diese Logik im AMNOG über die Zusatznutzenbewertung bereits verankert, eine systematische ökonomische Effizienzbewertung (z. B. inkrementelle Kosten je QALY) erfolgt jedoch nicht. Damit besteht das Risiko erheblicher Budgetwirkungen auch bei geringem Zusatznutzen. Internationale Modelle zeigen, wie sich durch explizite Effizienzschwellen Transparenz herstellen lässt, ohne Flexibilität für Schweregrad, Evidenzunsicherheit oder Seltenheit von Erkrankungen aufzugeben.

Eine tragfähige Reformperspektive liegt voraussichtlich in der Integration beider Logiken. Unter Nutzung einer verpflichtenden Kostentransparenz der Aufwände der pharmazeutischen Hersteller können kostenbasierte Ansätze Untergrenzen definieren und für Plausibilitätskontrollen herangezogen werden; wertbasierte Kriterien definieren den Preiskorridor, innerhalb dessen die Zahlungsbereitschaft der Solidargemeinschaft berücksichtigt wird. Ergänzende Instrumente – Nachbewertungen, Outcome-basierte Erstattungsmodelle und lebenszyklusorientierte Preisanpassungen – ermöglichen eine dynamische Anpassung an die Evidenzlage und an reale Versorgungsergebnisse. Dies könnten Bausteine eines Preissystems sein, das Innovationen belohnt, Evidenzunsicherheit abfedert und die Solidarität des GKV-Systems schützt. Diese Ideen werden im Arzneimittel-Kompass 2025 diskutiert.

1.3 Überblick über die Kapitel

1.3.1 Zwischen Kosten und Kontrolle: der deutsche Arzneimittelmarkt im Systemblick

Salka Enners und **Michael Thiede** diskutieren in ihrem Kapitel die strukturellen Triebkräfte der Ausgabendynamik im GKV-Arzneimittelmarkt. Sie zeigen, dass steigende Kosten weniger auf Mengenausweitungen als vielmehr auf die Hochpreisigkeit neuer, patentgeschützter Arzneimittel zurückzuführen sind, deren Preise häufig vom nachgewiesenen Zusatznutzen entkoppelt bleiben. Damit wird sichtbar, dass ohne ein systematisch verankertes Wirtschaftlichkeitskriterium weder Fairness noch Nachhaltigkeit der Arzneimittelpreisbildung gewährleistet werden können. Gesetzliche Eingriffe wie das GKV-Finanzstabilisierungsgesetz (GKV-FinStG), das Arzneimittel-Lieferengpassbekämpfungs- und Versorgungsverbesserungsgesetz (ALBVVG) oder das Medizinforschungsgesetz (MFG) konnten allenfalls temporär dämpfende Effekte erzielen, während strategische Industriepraktiken wie Orphanisierung und Indikations-Slicing die Steuerungslogik des AMNOG unterlaufen. Besonders problematisch ist das Fehlen eines systematisch angewandten Wirtschaftlichkeitskriteriums, das den Zusatznutzen ökonomisch operationalisieren würde. Enners und Thiede kommen zu dem Schluss, dass eine zukunftsfähige Arzneimittelpreisbildung auf den Prinzipien Wirtschaftlichkeit, Nachhaltigkeit und Fairness beruhen muss, um Innovationen finanzierbar zu gestalten und zugleich die Legitimität des solidarischen Systems sicherzustellen.

Petra Thürmann, **Veronika Bencheva** und **Sven Schmiedl** verdeutlichen, dass der demographische Wandel und damit einhergehend steigende Multimorbidität und Polypharmakotherapie zentrale Herausforderungen für die Arzneimittelversorgung schafft. Besonders kardiovaskuläre Erkrankungen, Diabetes mellitus und Adipositas treiben Verordnungszahlen und Kosten, während neue Wirkstoffklassen zusätzliche finanzielle Belastungen verursachen. Das Kapitel zeigt zugleich, dass die Leitlinienempfehlungen häufig an Studien orientiert sind, die ältere und multimorbide Patientinnen und Patienten nur unzureichend berücksichtigen – wodurch Fragen der Angemessenheit und Sicherheit der Pharmakotherapie im Alter aufgeworfen werden. Ansätze wie „Deprescribing" sowie eine stärkere Betonung präventiver Strategien könnten helfen, Versorgungsqualität, Wirtschaftlichkeit und Arzneimitteltherapiesicherheit in einer alternden Gesellschaft besser auszubalancieren.

Die Untersuchung zur Preisbildung und Standortförderung von **Paula Hepp**, **Pauline Kilwing**, **Nils Gutacker** und **Leonie Sundmacher** setzt sich kritisch mit der politisch häufig behaupteten Verknüpfung zwischen hohen Arzneimittelpreisen und Standortattraktivität auseinander. Standortentscheidungen pharmazeutischer Unternehmen beruhen nachweislich auf Faktoren wie Forschungsinfrastruktur, Fachkräfteverfügbarkeit, regulatorischer Effizienz und Risikokapital – nicht auf der Höhe nationaler Preise. Preisaufschläge im Namen der Standortpolitik verzerren daher die Preissignale und belasten die Solidargemeinschaft ohne nachweisbaren Nutzen. Gefordert wird eine klare Trennung zwischen Preisregulierung und Standortförderung.

1.3.2 Arzneimittelbewertung als Steuerungsinstrument

In ihrem Beitrag zu den AMNOG-Leitplanken analysieren **Susanne Henck**, **Kristina Günther**, **Anja Tebinka-Olbrich** und **Antje Haas**, wie die 2022 eingeführten Preisgrenzen eigentlich das Prinzip „keine Mehrkosten ohne Mehr an Nutzen" stärken sollten, in der Praxis jedoch rasch durch Schiedsstellenentscheidungen und gesetzliche Ausnahmen ausgehöhlt wurden. Die Autorinnen zeigen, dass gerade Arzneimittel ohne belegten Zusatznutzen weiterhin erhebliche Kosten verursachen, weil Preisobergrenzen verwässert und Binnenreferenzierungen Preisspiralen nach oben erzeugen. Während internationale Vergleichssysteme deutlicher Preisdifferenzierungen bei fehlendem Zusatznutzen durchsetzen, bleibt Deutschland zögerlich. Die Autorinnen plädieren daher für eine konsequente Stärkung und Erweiterung der Leitplanken, um evidenzbasierte Preisdifferenzierung verbindlich zu verankern und die zunehmend systemgefährdende Ausgabendynamik wirksam zu begrenzen.

Mit Blick auf den Einsatz von Real-World-Daten (RWD) zeigen **Julian Witte** und **Wolfgang Greiner**, dass diese zunehmend unverzichtbar werden, um die Evidenzbasis in der Nutzenbewertung und Preisfindung zu ergänzen. Während randomisierte kontrollierte Studien methodisch unersetzbar bleiben, können Register- und Routinedaten entscheidende Lücken schließen, etwa bei Zielpopulationen oder Preis-Mengen-Modellen. Internationale Initiativen wie DARWIN EU verdeutlichen das Potenzial und das neue Forschungsdatenzentrum Gesundheit (FDZ) schafft in Deutschland die strukturellen Voraussetzungen für eine breitere Nutzung. RWD gelten damit als komplementärer Baustein eines lernenden Gesundheitssystems.

Mit der Einführung des EU-Health Technology Assessment (EU-HTA) beschreiben **Beate Wieseler** und **Regina Skavron** eine Zäsur in der europäischen Arzneimittelbewertung. Seit Januar 2025 gilt für onkologische Therapien und Advanced Therapy Medicinal Products (ATMPs) ein verpflichtendes europäisches Verfahren, das schrittweise auf weitere Indikationen ausgeweitet wird. Ziel ist es, Doppelarbeit zu vermeiden, Ressourcen effizienter einzusetzen und den Zugang zu innovativen Therapien europaweit zu verbessern. Für Deutschland bleibt das AMNOG zwar zentral, doch die Einbindung der EU-Bewertungen eröffnet die Chance, nationale Verfahren mit europäischer Evidenz zu verzahnen und den Weg zu einem lernenden Gesundheitssystem auf EU-Ebene zu ebnen.

Das Kapitel zur dynamischen Bepreisung innovativer Arzneimittel von **Rebekka**

Müller-Rehm, **Leonie Sundmacher** und **Nils Gutacker** unterstreicht schließlich, dass das aktuelle System zu statisch ist und dringend stärker an den Produktlebenszyklus gekoppelt werden muss. Vorgesehen sind Preisanpassungen auf Basis neuer Evidenz, Veränderungen bei Vergleichstherapien, internationaler Referenzen und Absatzmengen. Ergänzend wird eine globale Budgetierung vorgeschlagen, um die Ausgabenentwicklung zuverlässig zu steuern. So könnten dynamische Mechanismen nicht nur Kosten begrenzen, sondern auch Preisspiralen durch den „Turmtreppeneffekt" durchbrechen und die Wirtschaftlichkeit des Systems langfristig sichern.

1.3.3 Pfad zu fairen Preisen: Theorie, Strategie, Praxis

Die Überlegungen von **Alexander Roediger** zum „Fair Pricing" erweitern die Debatte über Preisbildungsmechanismen um eine normative Dimension. Während Beiträge zu Leitplanken, dynamischen Preisanpassungen und europäischer Nutzenbewertung konkrete Regulierungsinstrumente diskutieren, wird hier deutlich, dass deren Legitimität letztlich auf nachvollziehbaren, transparenten und konsensbasierten Verfahren beruht. Damit schließt das Kapitel die Lücke zwischen ökonomischer Steuerung und gesellschaftlicher Akzeptanz – und macht klar, dass nachhaltige Arzneimittelpolitik stets auch eine Frage von Fairness und Verteilungsgerechtigkeit ist. Roediger arbeitet diese Diskussion als vielschichtiges Spannungsfeld zwischen Zugang, Bezahlbarkeit, Innovation und Gewinnanreizen heraus. Ausgehend von der internationalen Debatte und historischen Konzepten wie dem *iustum pretium* zeigt der Beitrag, dass es keinen universell gültigen „gerechten Preis" gibt, sondern stets situative Aushandlungsprozesse zwischen Anspruchsgruppen. Kriterien wie Transparenz, Patientennutzen, Kosten und distributive Gerechtigkeit bilden dabei den Rahmen, in dem faire Preise begründet werden können. Entscheidend ist ein Verfahren, das auf Nachvollziehbarkeit, Konsens und Rechenschaftspflicht basiert – ein pragmatischer Ansatz, der das Spannungsfeld anerkennt und auf transparente Prozesse statt auf starre Preisformeln setzt.

Die Überlegungen von **Veronika J. Wirtz** und **Klara Tisocki** knüpfen an die Fair-Pricing-Diskussion an und beleuchten Strategien für eine gerechtere Preisgestaltung aus einer globalen Public-Health-Perspektive. Unfaire Preise werden dort verortet, wo kein angemessenes Verhältnis zwischen therapeutischem Wert, Produktionskosten und gesellschaftlichem Nutzen besteht. Vorgestellt werden Instrumente wie der Fair Pricing Calculator, interne Referenzpreise, Tenderverfahren oder innovative Modelle wie „Netflix"- und „Mortgage"-Ansätze, ergänzt durch Länderbeispiele aus den Philippinen, Dänemark und Neuseeland. Die Autorinnen machen deutlich, dass es keine universelle Formel für faire Preise gibt, wohl aber evidenzbasierte Ansätze, die Transparenz schaffen, Marktmacht begrenzen und zugleich Anreize für Innovation erhalten können.

Mit ihrem Beitrag führen **Carin Uyl-de Groot**, **Nicolas S. H. Xander**, **Anne Hendrickx** und **Maximilian Salcher-Konrad** die Fair-Pricing-Debatte weiter und stellen zwei zentrale Ansätze in den Mittelpunkt: das AIM-Fair-Price-Modell und das von der EU geförderte ASCERTAIN-Projekt. Beide verfolgen das Ziel, Transparenz, Nachhaltigkeit und Gerechtigkeit in der Arzneimittelpreisbildung zu stärken, unterscheiden sich jedoch in Schwerpunkt und Methodik. Während AIM normative Prinzipien wie Zugangsgerechtigkeit und Rendite öffentlicher Investitionen betont, setzt ASCERTAIN auf strukturierte, partizipative Verfahren und hybride Kosten- und Wertmodelle. Anhand von Fallstudien, etwa zu Pembrolizumab und Nivolumab, wird das Potenzial hybrider Preisstrategien verdeutlicht, Preise deutlich zu senken und gleichzeitig Innovation zu sichern. Damit schließt das Kapitel das Fair-Pricing-Cluster des Kompasses und unterstreicht, dass faire Preise nur durch die Integration von Transparenz, Evidenz und breiter Legitimation erreichbar sind.

1.3.4 Globale Vergleichsperspektiven

Sabine Vogler, **Dimitra Panteli** und **Reinhard Busse** vergleichen internationale Preis- und Erstattungsmodelle und zeigen, dass die betrachteten Länder im Spannungsfeld zwischen Zugang, Wirtschaftlichkeit und Innovationsanreizen eigene, teils sehr unterschiedliche Mischungen von Instrumenten einsetzen. Neben verbreiteten Verfahren wie internationaler, „externer" Preisreferenzierung, nutzenbasierter Preisbildung und Managed Entry Agreements beleuchtet das Kapitel auch neuere Ansätze wie Innovationstöpfe, Abonnementmodelle oder Horizon Scanning. Die Analyse verdeutlicht, dass jedes Modell Stärken und Schwächen aufweist, etwa zwischen Transparenz und Intransparenz, kurzfristigem Zugang und langfristiger Kostendisziplin. Für Deutschland ergibt sich daraus die Lehre, dass eine stärkere Verankerung von Nutzenbewertungen, eine kritischere Betrachtung von Ausnahmen (etwa bei Orphan Drugs) und die Nutzung internationaler Kooperationen – insbesondere beim Horizon Scanning – wichtige Bausteine einer zukunftsfähigen Arzneimittelpolitik sein können.

Claudia Wild und **Daniel Fabian** zeigen, dass öffentliche Beiträge zur Arzneimittelentwicklung weit größer und vielfältiger sind, als dies in der Preispolitik bislang berücksichtigt wird. Aufbauend auf Artikel 57 der geplanten EU-Arzneimittelverordnung identifizieren sie acht Kategorien direkter und indirekter öffentlicher F&E-Finanzierung – von Grundlagen- und klinischer Forschung über Innovationsförderung bis hin zu Real-World-Daten nach der Markteinführung. Ihre Analysen belegen, dass ein erheblicher Teil innovativer Therapien entscheidend von öffentlicher Finanzierung abhängt, die jedoch in Preisverhandlungen bislang kaum Berücksichtigung findet. Transparente und standardisierte Offenlegungspflichten könnten den „doppelten Zahlungen" der Gesellschaft entgegenwirken, öffentliche Investitionen sichtbar machen und faire Preisbildung stützen. Damit wird deutlich, dass ein integrativer Blick auf öffentliche und private Beiträge zentral ist, um Legitimität und Gerechtigkeit in der Arzneimittelpreisgestaltung herzustellen. Der Beitrag von Wild und Fabian ergänzt das Fair-Pricing-Cluster um eine zentrale Dimension: Faire Preise erfordern nicht nur Transparenz über Evidenz und Nutzen, sondern auch die konsequente Berücksichtigung öffentlicher Investitionen in Forschung und Entwicklung.

Am Beispiel der HIV-Medikamente zeigt **Gesine Meyer-Rath**, wie Preisgestaltung, Zugang und Solidarität auf globalen Märkten ineinandergreifen und welche Lehren sich daraus für heutige Arzneimittelpolitiken ziehen lassen. Über drei Jahrzehnte hinweg gelang es durch eine flexible Anwendung des Patentrechts, den Generikawettbewerb, innovative Finanzierungsmodelle, öffentlich-private Partnerschaften und massives zivilgesellschaftliches Engagement, einen Markt zu schaffen, der die Preise antiretroviraler Therapien drastisch senkte und Millionen Menschen Zugang verschaffte. Der Erfolg – gemessen an stark gesunkenen Infektionszahlen und deutlich gestiegener Lebenserwartung – verdeutlicht, dass bedarfsorientierte statt rein kostengetriebene Preisgestaltung Märkte stabilisieren und globale Gesundheitsgewinne ermöglichen kann. Zugleich mahnt das Kapitel, dass Rückschritte bei internationaler Finanzierung jahrzehntelange Fortschritte gefährden. Die Lehre aus dem Beispiel HIV lautet, dass Solidarität, Evidenz und koordinierte Marktgestaltung unverzichtbar bleiben – auch für einkommensstarke Länder wie Deutschland.

Mahnum Shahzad, **Leticia Nogueira** und **Anita Katharina Wagner** machen deutlich, dass extreme Wetterereignisse – verstärkt durch den Klimawandel – ein gravierendes, bislang unterschätztes Risiko für die pharmazeutische Versorgung darstellen. Anhand einer Fallstudie zu den USA zeigen sie, dass fast 90 % der dortigen Produktionsstätten in Regionen liegen, die in den letzten Jahren mindestens einmal von schweren Naturkatastrophen betroffen waren. Diese Ergebnisse sind nicht nur für globale Lieferketten von Bedeutung, sondern auch unmittelbar für die aktuelle europäische Debatte über die Rückverlagerung pharmazeutischer Produktion: Eine Standortpolitik, die allein auf Autarkie und Konzentration setzt, läuft Gefahr, neue Verwundbarkeiten durch Klima- und Wetterrisiken zu schaffen. Notwendig ist deshalb eine resilienzorientierte Standortstrategie, die Diversifizierung, flexible Kapazitäten, Redundanzen und Katastrophenrisikomanagement systematisch in die Industriepolitik integriert. Nur so könnte eine Rückverlagerung nach Deutschland und Europa ihre Ziele erreichen, ohne neue Abhängigkeiten zu erzeugen.

Claudio Lucarelli untersucht jenen Teilbereich des US-amerikanischen Inflation Reduction Act (IRA) von 2022, mit dem erstmals eine direkte Preisregulierung für patentgeschützte Arzneimittel im Medicare-System eingeführt wurde. Diese „Verhandlungen" führen in der Praxis zu einer kostenbasierten Orientierung, indem Kriterien wie Herstellungs- und Entwicklungskosten sowie Vergleichstherapien in die Festlegung von Höchstpreisen einbezogen werden. Während dies kurzfristig die Ausgaben senkt und die Erschwinglichkeit verbessert, zeigen ökonomische Analysen auch Risiken für die Innovationsdynamik: Niedrigere Renditeerwartungen könnten insbesondere bei niedermolekularen Substanzen Investitionen in Forschung und Indikationserweiterungen spürbar reduzieren. Für die deutsche Debatte ist dies besonders lehrreich: Auch hier wird über eine stärkere Einbeziehung von Kostenkomponenten in die Preisbildung diskutiert. Mit den Regeln zur Arzneimittelpreisbildung innerhalb des IRA ist in den USA ein international beachteter Referenzpunkt für kostenbasierte Preisregulierung entstanden. Gerade weil in Deutschland auch über die Ergänzung seiner nutzenorientierten Verfahren um Kostenkomponenten diskutiert wird, liefert die Erfahrung aus dem Medicare-Kontext wertvolle Hinweise auf Chancen und Risiken eines solchen Paradigmenwechsels.

Mit dem Beitrag von **Ataru Igarashi** wird ein „Einblick" in die japanische Diskussion zum Health Technology Assessment (HTA) gegeben, der vor allem als deskriptives Stimmungsbild angelegt ist. Seit der Einführung eines kosteneffizienzorientierten HTA-Systems im Jahr 2019 kommt dieses in Japan bislang nur selektiv und überwiegend für nachträgliche Preisanpassungen zum Einsatz, während seine Rolle in der Erstattungspolitik noch nicht abschließend geklärt ist. Der Beitrag verdeutlicht, dass sich die japanische Debatte im Spannungsfeld zwischen Kostendämpfung, Innovationsförderung und politischer Symbolik bewegt und damit exemplarisch zeigt, wie internationale Kontexte nationale Diskussionen prägen. Gerade als Momentaufnahme einer laufenden Entwicklung fügt sich dieser Einblick schlüssig in die Thematik des Arzneimittel-Kompasses ein und bietet wertvolle Anknüpfungspunkte für die deutsche Debatte.

Die internationalen Perspektiven – von der HIV-Behandlung über die Fair-Pricing-Debatte, den Inflation Reduction Act in den USA bis hin zu Einblicken aus Japan – verdeutlichen, dass Preisbildung für Arzneimittel stets Ergebnis komplexer Aushandlungen zwischen Evidenz, Solidarität, Innovation und Finanzierbarkeit ist. Ob kostenbasierte Regulierungen, normative Konzepte fairer Preise oder multilaterale Beschaffungsmechanismen: Kein Modell liefert die eine universelle Lösung, doch jedes bietet wertvolle Einsichten für die deutsche Diskussion. Für die Weiterentwicklung des AMNOG und die Sicherung der Legitimität des solidarisch finanzierten Systems gilt daher: Nur durch die Verbindung internationaler Erfahrungen mit nationalen Reformbedarfen lassen sich Wirtschaftlichkeit, Versorgungsgerechtigkeit und Innovationsfähigkeit dauerhaft in Balance halten.

1.3.5 Sicht der Akteurinnen und Akteure

Aus der Perspektive der Patientinnen und Patienten schildert **Bianca Paslak-Leptien** eindrücklich die besonderen Herausforderungen bei seltenen Erkrankungen. Vier Millionen Menschen in Deutschland leben mit oft unzureichend behandelbaren Krankheitsbildern, während nur wenige adäquate Arzneimittel verfügbar und diese häufig extrem teuer sind. Gleichwohl steht für Betroffene nicht der Preis, sondern der schnelle und sichere Zugang zu wirksamen Therapien im Vordergrund – als Frage von Teilhabe, Lebensqualität und Überleben. Der Beitrag macht deutlich, dass faire Preise, verlässliche Strukturen und eine stärkere Beteiligung von Organisationen, die die Perspektive der Patientinnen und Patienten vertreten, entscheidend sind, um Versorgungsgerechtigkeit auch in diesem Bereich des Arzneimittelmarktes zu gewährleisten.

Aus Sicht der gesetzlichen Krankenversicherung unterstreicht **Sabine Jablonka**, dass die rapide steigenden Arzneimittelausgaben die Finanzstabilität der GKV gefährden. Besonders im Patentmarkt treiben hohe Einstiegspreise und unzureichende Evidenz die Kosten, während die bestehenden Regelungen kaum wirksam gegensteuern. Gefordert werden deshalb Interimspreise ab Markteintritt, mehr Transparenz über Kostenstrukturen sowie ein konsequenter Ausschluss von Geheimpreisen. Ergänzend hebt der Beitrag die Potenziale von Biosimilarsubstitution, digitaler Unterstützung für wirtschaftliche Verordnungen und einer klaren Trennung von Preisbildung und Standortförderung hervor, um eine qualitativ hochwertige und zugleich finanzierbare Versorgung zu sichern.

Aus Sicht der Ärztinnen und Ärzte betont **Wolf-Dieter Ludwig**, dass die rapide steigenden Kosten für neue, insbesondere onkologische Arzneimittel nicht immer durch einen gesicherten Zusatznutzen gedeckt sind. Beschleunigte Zulassungen auf Basis schwacher Evidenz führen dazu, dass Patientinnen und Patienten Therapien erhalten, deren klinischer Mehrwert oft unklar bleibt, während die Belastung für die Solidargemeinschaft wächst. Die ärztliche Profession fordert daher eine konsequentere Kopplung von Preisen und Erstattung an valide Evidenz sowie eine stärkere europäische Koordinierung der Forschungs- und Entwicklungsanreize. Nur so lasse sich das Spannungsfeld zwischen Innovation, Wirtschaftlichkeit und Versorgungsgerechtigkeit im Sinne einer rationalen und patientenzentrierten Arzneimitteltherapie auflösen.

Aus Sicht der pharmazeutischen Industrie betont **Dorothee Brakmann**, dass Arzneimittelversorgung mehr ist als ein Kostenfaktor – sie bedeute Lebensqualität, gesellschaftliche Teilhabe und langfristige Entlastung anderer Sektoren des Gesundheitswesens. Forschung sei teuer und risikoreich, zugleich aber Treiber medizinischer Fortschritte, die Krankheiten wie HIV oder Hepatitis C grundlegend verändert haben. Damit Innovation auch künftig möglich bleibt, brauche es verlässliche Rahmenbedingungen, weniger Bürokratie und ein Preissystem, das den gesellschaftlichen Nutzen angemessen abbildet. Die pharmazeutische Industrie verstehe sich dabei nicht nur als Partner der Versorgung, sondern auch als Schlüsselbranche für Beschäftigung und Wertschöpfung in Deutschland.

Christian Pfleiderer wirft durch die internationale Linse einen Blick auf den Themenkomplex und macht deutlich, dass „faire" Arzneimittelpreise immer Ergebnis politischer Aushandlungen sind, geprägt von Marktmechanismen, Regulierung und gesellschaftlichen Werten. Beispiele wie der Global Fund oder das neue Pandemieabkommen zeigen, dass globale Solidarität und multilaterale Strukturen entscheidend sind, um Zugang und Bezahlbarkeit sicherzustellen – eine Erkenntnis, die auch für die deutsche Debatte um Legitimität und Fairness zentral ist.

1.3.6 Der GKV-Arzneimittelmarkt im Jahr 2024

Der Überblick zum GKV-Arzneimittelmarkt 2024 von **Michael Thiede**, **Salka Enners**, **Jana Bauckmann**, **Katja Niepraschk-von Dollen** und **Anette Zawinell** zeigt eindrücklich, wie sich die im Werk vertieft behandelten Dynamiken in den aktuellen Daten materialisieren. Mit Nettokosten von 59,3 Mrd. € (+9,9 % gegenüber 2023) und einem Bruttoumsatzwachstum von 7,0 % ist die Ausgabenentwicklung vor allem durch patentgeschützte und zunehmend auch Orphan-Arzneimittel geprägt, für die hohe Preise bei kleinen Patientengruppen durchgesetzt werden. So entfallen 53,9 % der Kosten auf Präparate, die nur 7,1 % der Tagesdosen abdecken. Es bleiben zentrale Effizienzpotenziale – etwa durch Biosimilars – ungenutzt, und die Umsätze konzentrieren sich auf wenige globale Anbieter mit hohen Margen. Damit wird deutlich, dass die bestehenden Steuerungsmechanismen die Dynamik nicht mehr einhegen. Die hier belegten Befunde – Kostenexplosion im Orphan-Segment, steigende Einführungspreise, mangelnder Wettbewerb im Patentmarkt – liefern die empirische Basis für die in den vorangegangenen Kapiteln entwickelten Reformoptionen. Lösungen sind erforderlich, um Wirtschaftlichkeit, Fairness und Nachhaltigkeit dauerhaft zu sichern.

Melanie Schröder, **Anja Tebinka-Olbrich** und **Antje Haas** zeigen, dass das AMNOG nach 14 Jahren zwar etabliert ist, seine Steuerungskraft aber spürbar nachgelassen hat. Von den bislang 414 bewerteten Arzneimitteln mit Erstattungsbetrag weisen 61,1 % einen Zusatznutzen auf – der bei Orphan-Arzneimitteln überwiegend ohne direkte Nutzenbewertung angenommen wird. Inzwischen entfallen fast die Hälfte aller GKV-Arzneimittelausgaben auf AMNOG-Produkte (26,5 Mrd. € im Jahr 2024), getrieben durch hochpreisige Orphans und Onkologika. Auch im Krankenhaus gewinnt das Verfahren an Bedeutung, bleibt aber durch Datenlücken und rechtliche Unsicherheiten unvollständig. Damit zeigt das Kapitel, wie weit die Leitidee „kein Mehrkosten ohne Mehrnutzen" aufgeweicht wurde, und liefert eine zentrale Basis für die im Band diskutierten Reformoptionen.

Mit dem Arzneimittel-Kompass 2025 wollen die Herausgeberinnen und Herausgeber ein Werk vorlegen, das die aktuellen Dynamiken des Arzneimittelmarktes empirisch fundiert beleuchtet, die zentralen Steuerungsinstrumente kritisch analysiert und Reformoptionen in ihren Chancen und Grenzen diskutiert. Damit soll ein substantieller und zeitgemäßer Beitrag zur Debatte um Arzneimittelausgaben, Preisbildung und Versorgungsgerechtigkeit geleistet werden. Angesichts der wachsenden Spannungsfelder zwischen Innovation, Finanzierbarkeit und fairer Zugänglichkeit soll der Arzneimittel-Kompass 2025 Orientierung bieten – und Impulse geben, wie die Arzneimittelpolitik in Deutschland und Europa zukunftsfähig gestaltet werden kann.

Open Access Dieses Kapitel wird unter der Creative Commons Namensnennung – Nicht kommerziell – Keine Bearbeitung 4.0 International Lizenz (http://creativecommons.org/licenses/by-nc-nd/4.0/deed.de) veröffentlicht, welche die nicht-kommerzielle Nutzung, Vervielfältigung, Verbreitung und Wiedergabe in jeglichem Medium und Format erlaubt, sofern Sie den/die ursprünglichen Autor*in(nen) und die Quelle ordnungsgemäß nennen, einen Link zur Creative Commons Lizenz beifügen und angeben, ob Änderungen vorgenommen wurden. Die Lizenz gibt Ihnen nicht das Recht, bearbeitete oder sonst wie umgestaltete Fassungen dieses Werkes zu verbreiten oder öffentlich wiederzugeben.
Die in diesem Kapitel enthaltenen Bilder und sonstiges Drittmaterial unterliegen ebenfalls der genannten Creative Commons Lizenz, sofern sich aus der Abbildungslegende nichts anderes ergibt. Sofern das betreffende Material nicht unter der genannten Creative Commons Lizenz steht und die betreffende Handlung nicht nach gesetzlichen Vorschriften erlaubt ist, ist auch für die oben aufgeführten nicht-kommerziellen Weiterverwendungen des Materials die Einwilligung des/der betreffenden Rechteinhaber*in einzuholen.

Zwischen Kosten und Kontrolle: der deutsche Arzneimittelmarkt im Systemblick

Inhaltsverzeichnis

Kapitel 2 Preis und Wirkung: Dynamiken der Arzneimittelkosten im Versorgungskontext – 13
Salka Enners und Michael Thiede

Kapitel 3 Demographischer Wandel: Angemessene Arzneimittelversorgung einer alternden Bevölkerung – 37
Petra A. Thürmann, Veronika Bencheva und Sven Schmiedl

Kapitel 4 Preisbildung und Standortförderung von pharmazeutischen Unternehmen – 59
Paula Hepp, Pauline Kilwing, Nils Gutacker und Leonie Sundmacher

Preis und Wirkung: Dynamiken der Arzneimittelkosten im Versorgungskontext

Salka Enners und Michael Thiede

Inhaltsverzeichnis

2.1 Einleitung – 15

2.2 Hintergrund: Ausgaben für Arzneimittel und ihre Determinanten – 16
2.2.1 Entwicklung und Struktur der GKV-Arzneimittelausgaben – 16
2.2.2 Identifikation und Quantifizierung der Ausgabentreiber: Der Einfluss hochpreisiger patentgeschützter Arzneimittel – 19

2.3 Gesundheitspolitische Rahmenbedingungen seit dem AMNOG – 22
2.3.1 Mechanismen und Effekte – 22
2.3.2 Gesetzliche Einflüsse auf die Systemarchitektur des AMNOG: Zwischen kurzfristiger Entlastung und struktureller Wirkungsschwäche – 24
2.3.3 Institutionelle Herausforderungen und strukturelle Schwächen – 27

2.4 Erosion der Steuerungswirkung – Strategien der Industrie zur Umgehung – 27

2.5 Das fehlende Wirtschaftlichkeitskriterium im AMNOG – 31

© Der/die Autor(en) 2025
H. Schröder et al. (Hrsg.), *Arzneimittel-Kompass 2025*, https://doi.org/10.1007/978-3-662-72460-6_2

2.6 Ausblick: Gesundheitspolitische Entscheidungsfelder
vor dem Hintergrund empirischer Evidenz – 33

Literatur – 35

Kapitel 2 · Dynamiken der Arzneimittelkosten im Versorgungskontext

■■ **Zusammenfassung**

Dieser Beitrag untersucht die Entwicklung der Arzneimittelausgaben in der gesetzlichen Krankenversicherung (GKV), die im Jahr 2024 ein Volumen von 59,3 Mrd. € erreichten. Der Anstieg ist nicht mengen-, sondern vor allem preis- und strukturgetrieben. Besonders ins Gewicht fallen hochpreisige, patentgeschützte Arzneimittel, die 2024 rund 54 % der Gesamtkosten verursachten, jedoch nur 7 % der Verordnungen ausmachten.

Die Analyse zeigt, dass die Steuerungswirkung des Arzneimittelmarktneuordnungsgesetzes (AMNOG), das 2011 in Kraft trat, durch strategische Marktpraktiken wie die „Orphanisierung" geschwächt wird. Dadurch kommt es zunehmend zu einer Entkopplung zwischen Preis und therapeutischem Nutzen. Selbst Arzneimittel ohne belegten Zusatznutzen können hohe Erstattungsbeträge erzielen.

Ein zentrales Merkmal des deutschen Systems ist das Fehlen eines systematisch eingesetzten Wirtschaftlichkeitskriteriums. Während viele internationale HTA-Verfahren den medizinischen Zusatznutzen in Relation zu den Kosten bewerten, verharrt das deutsche Verfahren auf einer qualitativen Einstufung des Zusatznutzens. Eine standardisierte ökonomische Bewertungsrelation wird bislang nicht genutzt.

Die Betrachtung der Daten über den Zeitverlauf verdeutlicht, dass kurzfristige Ad-hoc-Maßnahmen allenfalls temporäre Dämpfungseffekte hatten. Die strukturelle Dynamik bleibt hingegen unverändert preis- und strukturgetrieben. Damit zeigt sich, dass die langfristige Steuerbarkeit der Arzneimittelausgaben nur durch grundlegende Anpassungen in den arzneimittelpolitischen Rahmenbedingungen möglich ist.

2.1 Einleitung

Die Arzneimittelausgaben der gesetzlichen Krankenversicherung (GKV) gehören seit Jahren zu den dynamischsten und zugleich politisch sensibelsten Ausgabenfeldern der Gesundheitsversorgung in Deutschland. Was sich aus der Perspektive der medizinischen Innovation oft als Erfolgsgeschichte darstellt – etwa die rasche Einführung neuer Therapien in der Onkologie, der genetischen Medizin oder zur Behandlung seltener Erkrankungen – erscheint aus Sicht der solidarisch finanzierten Versicherung zunehmend als finanzielle Belastungsprobe.

Allein im Jahr 2024 stiegen die Nettokosten für Arzneimittel im GKV-System auf 59,3 Mrd. €, ein Anstieg von rund 10 % gegenüber dem Vorjahr (◘ Abb. 2.1) – und das in einem System, das unter erheblichem Finanzierungsdruck steht. Der deutliche Anstieg ist nicht durch ein vergleichbares Wachstum bei der Zahl verordneten Tagesdosen erklärbar, sondern wesentlich durch Preis- und Strukturveränderungen. Die politischen Reaktionen auf diese Entwicklung waren bislang defensiv und kurzfristig geprägt. Maßnahmen wie die Verlängerung des Preismoratoriums, die zeitweise Erhöhung des Herstellerabschlags oder neue Vorschriften für Orphan-Arzneimittel haben zwar jeweils begrenzte Dämpfungseffekte gezeigt – sie sind aber in ihrer Systemwirkung gering und adressieren kaum die strukturellen Ursachen der Preisentwicklung (SVR Gesundheit 2025).

Das zum 1. Januar 2011 eingeführte Arzneimittelmarktneuordnungsgesetz (AMNOG), das einen Mechanismus zur Preisregulierung innovativer Arzneimittel etablierte, gerät zunehmend unter Druck. Zwar konnte das AMNOG in seiner Anfangszeit Transparenz schaffen und eine gewisse Rationalität in die Preisverhandlungen einführen (Wieseler et al. 2019), doch mehren sich die Anzeichen dafür, dass seine Steuerungswirkung erodiert. § 35b SGB V, der ausdrücklich die Möglichkeit einer Kosten-Nutzen-Bewertung vorsieht, wird kaum genutzt. Dies führt zu einer strukturellen Entkopplung von Preis und Versorgungseffekt – eine Entwicklung, die angesichts knapper werdender Finanzmittel kaum dauerhaft tragbar ist.

Dieses Kapitel stellt keine politisch-normativen Forderungen, sondern schafft eine empi-

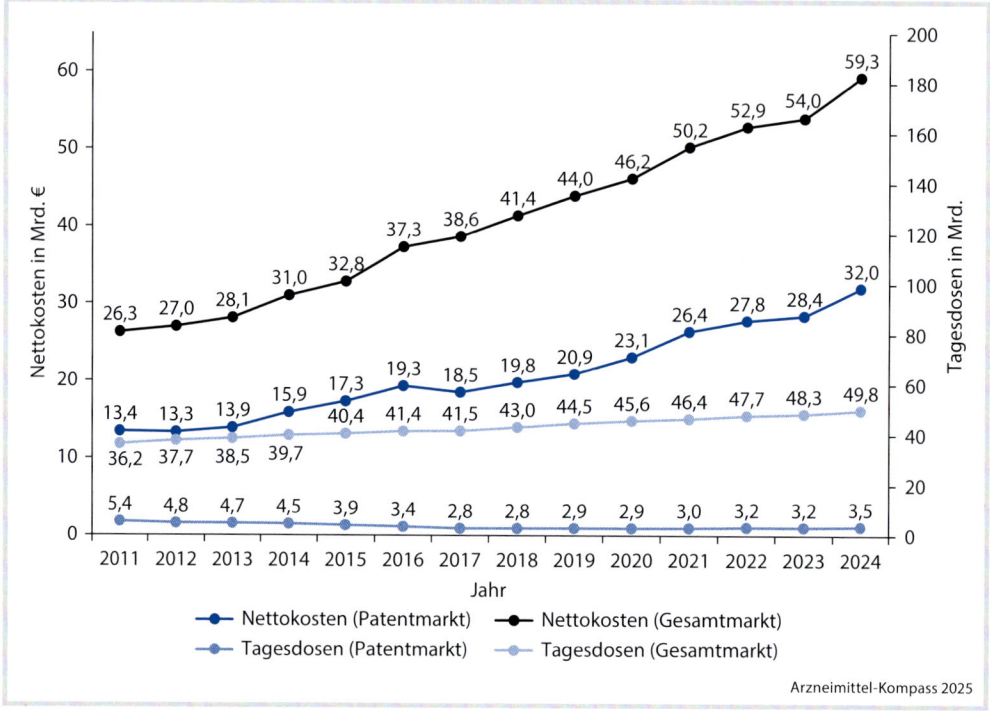

◻ Abb. 2.1 Entwicklung der Nettokosten und Verordnungsmengen im Gesamtmarkt und im Patentmarkt 2011–2024. (Quelle: GKV-Arzneimittelindex)

rische und analytisch belastbare Ausgangsbasis für die Frage, wie die Arzneimittelpreisbildung in Deutschland künftig ausgestaltet werden kann und muss. Die Ausgabendynamiken der letzten Dekade – insbesondere im Segment der patentgeschützten und hochpreisigen Arzneimittel – werden analysiert. Dabei wird gezeigt, in welchen Teilbereichen die bisherigen Steuerungsinstrumente greifen, wo sie versagen und welche Struktureffekte zu beobachten sind.

Der Beitrag beschreibt damit die Marktbedingungen, unter denen sich die Preisbildung derzeit vollzieht – und liefert empirische Evidenz, um die Richtung zu weisen, die künftige Reformen einschlagen müssen. Damit soll die ökonomische Realität der Ausgabenentwicklung transparent gemacht werden, damit die Preise für Arzneimittel fair und zukunftsfähig gestaltet werden können.

2.2 Hintergrund: Ausgaben für Arzneimittel und ihre Determinanten

2.2.1 Entwicklung und Struktur der GKV-Arzneimittelausgaben

Seit 2011, dem Jahr des Inkrafttretens des AMNOG, sind die Nettoausgaben für Arzneimittel im GKV-Arzneimittelmarkt deutlich angestiegen (◻ Abb. 2.1). Mit einem Volumen von 59,3 Mrd. Euro im Jahr 2024 haben sie sich seitdem mehr als verdoppelt (+125,6 %). Insgesamt wurden zu Lasten der GKV im Jahr 2024 fast 50 Mrd. Tagesdosen abgerechnet, 3,5 Mrd. davon entfielen auf patentgeschützte Arzneimittel.

Kapitel 2 · Dynamiken der Arzneimittelkosten im Versorgungskontext

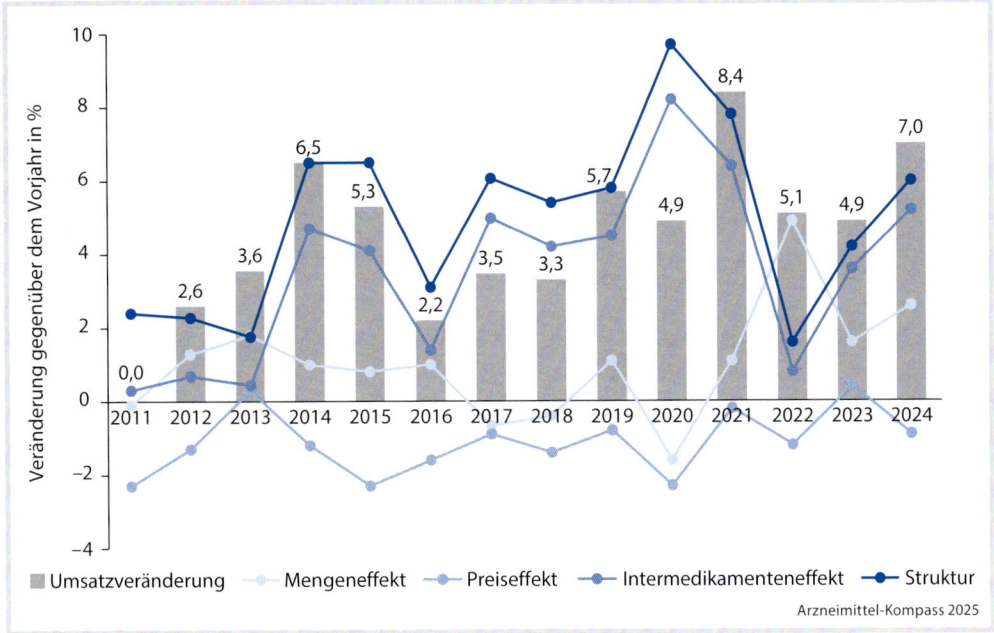

Abb. 2.2 Komponenten der Ausgabenentwicklung (2011–2024). (Quelle: GKV-Arzneimittelindex)

Während knapp 54 % der Gesamtausgaben für Arzneimittel auf den Patentmarkt entfielen, machte dieser aber nur noch 7 % der verordneten Tagesdosen aus. Im ersten AMNOG-Jahr waren es noch 15 %. Es wird also ein immer höherer Geldbetrag für eine immer geringere Versorgungsreichweite investiert. Die Behandlung von Krankheiten mit Arzneimitteln befindet sich im ständigen Wandel. Neue Behandlungsmöglichkeiten sind oft in der personalisierten Medizin angesiedelt, in der Arzneimittel speziell auf das zu behandelnde Individuum oder auf kleine, spezifische Patientinnen- und Patientengruppen angepasst worden – ein Ausdruck des Therapiefortschritts in der heutigen Medizin. In einzelnen Indikationsbereichen gewinnen solche innovativen und auf bestimmte Patientengruppen zugeschnittene Therapien zunehmend an Bedeutung. Zugleich zeigt sich jedoch ein Problem: Immer wieder kommen neue, oftmals sehr hochpreisige Arzneimittel auf den Markt, bei denen im Vergleich zum bestehenden Therapiestandard kein relevanter zusätzlicher Nutzen nachgewiesen werden kann. Für Patientinnen und Patienten bedeutet dies, dass sie zwar Zugang zu formal neuen Behandlungsoptionen erhalten, diese aber nicht zwingend eine bessere Versorgung sicherstellen. Für das Gesundheitssystem wiederum entstehen dadurch erhebliche Zusatzkosten, ohne dass diesen zwangsläufig ein entsprechender medizinischer Mehrwert gegenübersteht.

Die Komponentenzerlegung der Umsatzentwicklung im GKV-Arzneimittelmarkt liefert ein differenziertes Bild der Treiber der Ausgabendynamik seit Einführung des AMNOG im Jahr 2011 (Abb. 2.2). Besonders aufschlussreich sind die ersten beiden Jahre nach Inkrafttreten: 2011 war die Umsatzentwicklung insgesamt rückläufig (−0,03 %), was maßgeblich auf einen deutlichen negativen Preiseffekt (−2,3 %) zurückzuführen war. Der Intermedikamenteneffekt war dagegen leicht positiv (+0,3 %), die Strukturkomponente lag bei +2,4 %. Dieses Muster legt nahe, dass im ersten Jahr nach AMNOG-Einführung vor allem intramedikamentäre Effekte, also beispielsweise Verschiebungen in Richtung anderer Packungsgrößen, eine Rolle spielten. Diese werden in der Abbildung nicht gesondert ausgewiesen, sind aber in der Differenz zwischen Struktur- und Intermedikamenteneffekt implizit enthalten. 2012 kehrte sich die Entwicklung um: Trotz weiterhin negativer Preiseffekte (−1,3 %) trugen Mengeneffekt (+1,3 %) und Intermedikamenteneffekt (+0,7 %) zu einem moderaten Umsatzanstieg (+2,6 %) bei, während die Strukturkomponente mit +2,3 % das Bild dominierte. In der Frühphase des AMNOG war also die Preiskomponente durch regulatorische Eingriffe und erste Nutzenbewertungen stark gedämpft, während sich zugleich zeigte, dass strukturelle Verschiebungen – etwa hin zu neueren und teureren Präparaten – als kompensatorische Dynamik wirksam wurden.

Im weiteren Zeitverlauf veränderte sich die Gewichtung der Komponenten. Der anfänglich deutliche Abstand zwischen Intermedikamenteneffekt und Strukturkomponente verringerte sich kontinuierlich. Dies verweist darauf, dass der intramedikamentäre Effekt, der zu Beginn eine sichtbare Rolle spielte, heute nahezu keine Bedeutung mehr hat. Stattdessen ist die Strukturkomponente mittlerweile weitgehend identisch mit dem Intermedikamenteneffekt, was bedeutet, dass die Ausgabensteigerungen fast ausschließlich aus der Verschiebung hin zu höherpreisigen Alternativen zwischen Präparaten resultieren. Ergänzend bleibt festzuhalten, dass der Mengeneffekt im Beobachtungszeitraum durchweg schwach ausgeprägt und häufig sogar negativ war, sodass von einer Mengendynamik keine substanziellen Ausgabensteigerungen ausgingen. Der Preiseffekt war in einzelnen Jahren dämpfend, in anderen leicht steigernd, aber nie der dominante Treiber.

Arzneipolitisch unterstreicht diese Entwicklung, dass die langfristige Kostendynamik im GKV-Arzneimittelmarkt nicht von Mengenausweitungen oder allgemeinen Preiseffekten geprägt ist, sondern fast vollständig von strukturellen Verschiebungen hin zu teureren Arzneimitteln. Während das AMNOG kurzfristig zu einer Eindämmung intramedikamentärer Preiseffekte beitragen konnte, hat sich diese Wirkung rasch erschöpft.

Der Bruttoumsatzanstieg von 7,0 % im Jahr 2024 lässt sich nachvollziehen, indem man ihn in einzelne Komponenten zerlegt. Zum einen ist ein Mengeneffekt von 2,6 % zu beobachten, der den reinen Zuwachs an verordneten Packungen widerspiegelt. Entscheidender für den Gesamtanstieg ist jedoch der höhere Wert je Verordnung (+4,3 %). Dieser resultiert nicht nur aus Preissteigerungen einzelner Präparate, sondern vor allem aus einer veränderten Verordnungsstruktur, die durch die Abgabe zunehmend höherpreisiger Alternativen gekennzeichnet ist. Dieser Intermedikamenteneffekt (+5,2 %) treibt maßgeblich die Strukturkomponente (+6,0 %), die alle Veränderungen erfasst, die durch die Verschiebung hin zu anderen Packungsgrößen, Darreichungsformen, Wirkstärken oder eben zu anderen – teureren – Arzneimitteln entstehen. Die Komponentenzerlegung macht damit sichtbar, dass das Ausgabenwachstum weniger durch ein Mehr an Verordnungen, sondern vielmehr durch die zunehmende Verlagerung hin zu kostenintensiveren Präparaten bestimmt wird. Im Jahr 2024 beobachten wir zudem, dass der Nettokostenanstieg von 9,8 % (◘ Abb. 2.1) deutlich höher ist als der soeben analysierte Anstieg des Bruttoumsatzes; das liegt im Wesentlichen daran, dass zum Jahresbeginn 2024 die zum 1. Januar 2023 in Kraft getretene kurzfristige Erhöhung des Herstellerabschlags um 5 Prozentpunkte durch das GKV-Finanzstabilisierungsgesetz (GKV-FinStG) weggefallen ist, sodass die Ausgabensteigerung im Vorjahresvergleich nun höher ausfällt als die Bruttoumsatzsteigerung.

Es zeigt sich nicht nur die begrenzte Nachhaltigkeit von Ad-hoc-Maßnahmen, sondern außerdem, dass die zentrale Herausforderung nicht mehr in der Begrenzung von Preiserhöhungen bei bestehenden Präparaten liegt, sondern in der Steuerung von Substitutionsprozessen zugunsten hochpreisiger Innovationen.

2.2.2 Identifikation und Quantifizierung der Ausgabentreiber: Der Einfluss hochpreisiger patentgeschützter Arzneimittel

Ein zentrales Ergebnis der Ausgabenanalyse im GKV-Arzneimittelmarkt ist, wie im vorherigen Abschnitt dargestellt, die Beobachtung, dass sich die Kostendynamik zunehmend auf eine wachsende Zahl hochpreisiger Arzneimittel konzentriert. Diese Medikamente zeichnen sich durch sehr hohe Kosten pro Packung oder pro Behandlungszyklus aus – häufig im vier- bis sechsstelligen Bereich – und sind vor allem in den Bereichen Onkologie, seltene Erkrankungen und Immuntherapie anzutreffen.

Während diese Präparate in der absoluten Zahl der Verordnungen eine untergeordnete Rolle spielen, bestimmen sie mittlerweile maßgeblich die Entwicklung der Gesamtausgaben. Damit verändert sich die Logik der Ausgabenkontrolle grundlegend: Nicht mehr die breite Versorgung mit häufig eingesetzten Arzneimitteln steht im Fokus, sondern eine kleine Zahl kostenintensiver Wirkstoffe, die vielfach nur für kleine Patientengruppen zugelassen sind.

Daten aus dem GKV-Arzneimittelindex zeigen einen signifikanten Anstieg hochpreisiger Arzneimittel über die letzten zehn Jahre. Der Vergleich der Jahre 2015 und 2024 illustriert diesen Trend eindrücklich (◘ Tab. 2.1).

◘ **Tab. 2.1** Bruttoumsatz, Verordnungen sowie Anzahl der Wirkstoffe und Wirkstoffkombinationen im Gesamtmarkt und bei hochpreisigen Arzneimitteln 2015 und 2024 sowie deren Anteile am Gesamtmarkt

	2015	2024
Bruttoumsatz in Mio.		
Gesamt	34.756,0	62.163,1
Preis ≥ 1.000 €	10.985,6 (31,6 %)	30.282,4 (48,7 %)
Preis ≥ 5.000 €	2.478,6 (7,1 %)	7.449,3 (12,0 %)
Preis ≥ 10.000 €	1.672,7 (4,8 %)	3.144,2 (5,1 %)
Anzahl Verordnungen in Mio.		
Gesamt	610,1	717,4
Preis ≥ 1.000 €	3,5 (0,6 %)	11,2 (1,6 %)
Preis ≥ 5.000 €	0,2 (0,0 %)	0,9 (0,1 %)
Preis ≥ 10.000 €	0,1 (0,0 %)	0,2 (0,0 %)
Anzahl der Wirkstoffe und Wirkstoffkombinationen		
Gesamt	1.754	1.924
Preis ≥ 1.000 €	230 (13,1 %)	439 (22,8 %)
Preis ≥ 5.000 €	53 (3,0 %)	142 (7,4 %)
Preis ≥ 10.000 €	24 (1,4 %)	73 (3,8 %)

Arzneimittel-Kompass 2025

Parallel dazu stieg der Bruttoumsatz dieser Wirkstoffe deutlich:
- 2024 entfielen über 48 % des gesamten Bruttoumsatzes im Arzneimittelmarkt auf Packungen mit einem Preis über 1.000 €.
- Packungen über 10.000 € trugen mit mehr als 5 % zum Umsatz bei – bei minimalen Mengenanteilen.

Das jährliche Ausgabenwachstum in der GKV ist inzwischen zu einem erheblichen Teil durch diese Preisspitzen getrieben.

Eine Besonderheit dieser Arzneimittel ist, dass sie mit sehr geringem Versorgungsanteil enorme Budgetsummen auslösen. So lag der Anteil der Packungen mit Preisen über 5.000 € im Jahr 2024 bei nur etwa 0,1 % aller Verordnungen, verursachte aber mehr als 12 % des Bruttoumsatzes.

Die Kombination aus geringer Verordnungshäufigkeit und hoher Kostenintensität erschwert die Steuerung über klassische Instrumente. Stattdessen rücken grundlegende Fragen der Zielgenauigkeit der Preisbildung in den Vordergrund: Wie viel belegte Wirksamkeit steht welchem Preis gegenüber, und wie lässt sich in diesem Segment Transparenz schaffen? Diese Fragen sind besonders relevant in einem solidarisch finanzierten Gesundheitssystem mit begrenzten Mitteln, in dem jeder Mitteleinsatz Konsequenzen für die Versorgung an anderer Stelle haben kann. Hinzu kommt, dass bei der Zulassung neuer, hochpreisiger Arzneimittel nicht selten belastbare Studiendaten fehlen – etwa zum direkten Vergleich mit bereits verfügbaren Standardtherapien. Dadurch bleibt oft unklar, welchen tatsächlichen Zusatznutzen die neuen Präparate für die Patientinnen und Patienten im Versorgungsalltag bieten.

Die Entwicklung der Durchschnittspreise im Fertigarzneimittelmarkt zeigt deutli-

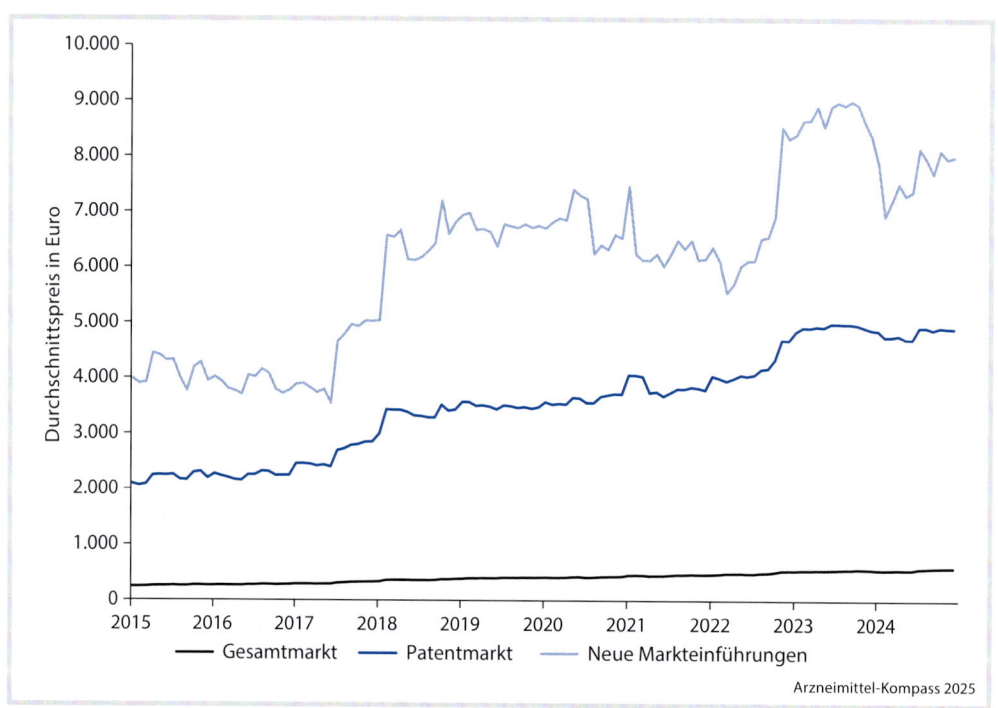

◘ **Abb. 2.3** Dynamik der Durchschnittspreise für Fertigarzneimittel (ohne Klinikpackungen) nach neuen Markteinführungen (im Warenkorb sind alle Neueinführungen der zu jedem dargestellten Monat vorangegangenen 36 Monate enthalten), dem Patentmarkt und dem Gesamtmarkt über die letzten zehn Jahre auf Monatsebene. (Quelle: GKV-Arzneimittelindex)

che Unterschiede zwischen den Marktsegmenten (◘ Abb. 2.3): Während der Gesamtmarkt von 2015 bis 2024 einen Preisanstieg von durchschnittlich 255 € auf 575 € pro Packung verzeichnete, also eine Steigerung um rund 125 %, hat sich die Preisdynamik im Patentmarkt erheblich stärker entfaltet. Dort stiegen die Durchschnittspreise im selben Zeitraum von 2.200 € auf knapp 4.850 € und damit auf mehr als das 2,5-Fache des Ausgangswerts. Bemerkenswert ist, dass dieses Wachstum auf einem bereits deutlich höheren Ausgangsniveau erfolgte: Schon 2015 lagen die Preise im Patentmarkt fast zehnmal so hoch wie im Gesamtmarkt.

Noch ausgeprägter ist die Preisentwicklung bei Neueinführungen. Bereits im Jahr 2015 lag ihr Durchschnittspreis mit rund 4.100 € fast doppel so hoch wie der Durchschnitt im gesamten Patentmarkt. Bis 2024 stieg er weiter auf etwa 7.700 €, womit sich das Preisniveau nahezu verdoppelte. Damit bewegen sich Neueinführungen heute in einer eigenen Preiskategorie, die sowohl den Gesamtmarkt als auch den Patentmarkt deutlich übersteigt.

Diese empirischen Befunde unterstreichen, dass die Hochpreisigkeit neuer Präparate die Ausgabendynamik im GKV-Arzneimittelmarkt maßgeblich prägt. Der Markteintritt neuer Wirkstoffe führt nicht zu einem Wettbewerbseffekt mit sinkenden Preisen, sondern verstärkt im Gegenteil die strukturelle Preisintensivierung. Damit erklärt sich, weshalb trotz stagnierender oder sogar rückläufiger Verordnungsanteile die Ausgaben im Patentmarkt überproportional wachsen.

Internationale Analysen belegen, dass Deutschland bei den Preisen für innovative Arzneimittel im europäischen Vergleich weit oben angesiedelt ist (Mahlich et al. 2014; TLV 2023). Die Gründe dafür liegen unter anderem darin, dass Deutschland in verschiedenen anderen Ländern als Referenzmarkt dient und insofern eine wichtige Rolle im *Launch Sequencing* durch die Hersteller spielt. Dabei kommt der Strategie zugute, dass es möglich ist, bei Markteintritt einen hohen „Ankerpreis" zu setzen; ein verhandelter Erstattungspreis greift mit Wirkung zum siebten Monat. Die Erstattungspflicht ab Zulassung (statt wie andernorts nach Preisverhandlung) verschiebt das Marktrisiko vollständig auf die GKV. Daraus ergibt sich ein strukturelles Spannungsfeld zwischen Innovation und Finanzierbarkeit, das zunehmend Druck auf die solidarische Finanzierung erzeugt.

Die Analyse des Preisindex für Fertigarzneimittel auf Basis eines im Juni 2015 fixierten Warenkorbs verdeutlicht deutliche Unterschiede in der Dynamik der Marktsegmente (◘ Abb. 2.4). Im Festbetragsmarkt setzte unmittelbar nach 2015 ein kontinuierlicher Rückgang ein, der sich über den gesamten Beobachtungszeitraum verstärkte. Ende 2024 liegt der Indexwert bei 87,6 und damit deutlich unterhalb des Ausgangsniveaus. Diese Entwicklung spiegelt die hohe Wettbewerbsintensität im generischen Segment wider, die durch Instrumente wie Rabattverträge und Festbetragsregelungen nachhaltig preisabsenkend wirkt. Im Gegensatz dazu zeigte der Nicht-Festbetragsmarkt zunächst ebenfalls eine moderate Abwärtsbewegung, die sich allerdings bereits nach wenigen Jahren umkehrte. Ab der zweiten Hälfte des Betrachtungszeitraums setzte eine kontinuierliche Preissteigerung ein, sodass der Indexwert Ende 2024 mit 102,5 über dem Ausgangswert von 2015 liegt. Der Gesamtmarkt, in dem sich die gegenläufigen Trends beider Segmente überlagern, folgt zunächst der Abwärtsbewegung des Festbetragssegments, erreicht jedoch mit einem Endwert von 94,4 nicht das Ausmaß der Preisabsenkungen des Festbetragsmarktes. Der gesamtmarktliche Rückgang wird durch die Preissteigerungen im Nicht-Festbetragsmarkt spürbar gebremst.

Arzneipolitisch verdeutlichen diese Befunde die gegensätzlichen Wirkmechanismen innerhalb des Arzneimittelmarktes: Während der Festbetragsmechanismus seine Wirksamkeit im Sinne nachhaltiger Preisdämpfung unter Beweis stellt, ist der Nicht-Festbetragsmarkt zunehmend von hochpreisigen Neueinführungen geprägt, die die Preise über

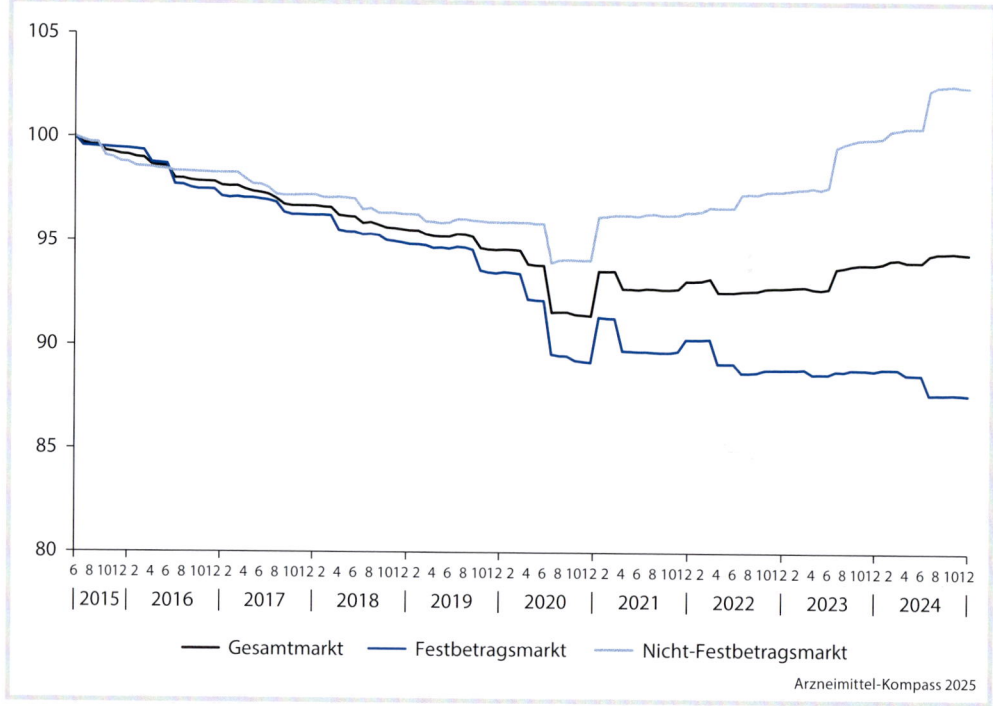

Abb. 2.4 Preisindex für Fertigarzneimittel nach Marktsegmenten (entsprechend § 5 SGB V). (Quelle: GKV-Arzneimittelindex)

die Zeit hinweg ansteigen lassen. Damit tragen gerade die Segmente mit geringerem Verordnungsvolumen, aber hoher Kostenintensität maßgeblich zur Belastung des solidarisch finanzierten Systems bei. Hinzu kommt eine bemerkenswerte Fluktuation innerhalb des Arzneimittelangebots selbst: Von den im Jahr 2015 verordneten 66.745 Pharmazentralnummern (PZN) sind bis 2024 über 34.000 nicht mehr verordnet worden, während gleichzeitig fast 29.000 neu hinzugekommene Präparate das Marktbild prägen. Diese hohe Austauschrate verweist auf eine erhebliche Dynamik von Neueinführungen und Marktrücknahmen, die nicht nur die Preisniveaus beeinflussen, sondern auch die Steuerbarkeit des Marktes zusätzlich erschweren. Sie unterstreicht, dass Regulierung nicht nur auf Preisniveaus, sondern auch auf die strukturellen Bedingungen der Markterneuerung reagieren muss.

Der Rückgriff auf bewährte Maßnahmen wie Festbeträge, Rabattverträge oder Preisstopps ist in dem hochpreisigen Segment nicht ausreichend wirksam. Die Datenlage legt nahe, dass neue systemische Antworten erforderlich sind – beispielsweise in Form neuer Instrumente zur Verknüpfung von Preis und realem Versorgungseffekt.

2.3 Gesundheitspolitische Rahmenbedingungen seit dem AMNOG

2.3.1 Mechanismen und Effekte

Mit dem Inkrafttreten AMNOG wurde ein grundlegend neues Modell der Preisregulierung für innovative, nicht-festbetragsfähige Arzneimittel in Deutschland etabliert. Es markierte einen tiefgreifenden Systemwechsel:

weg von einer Phase nahezu unregulierter Preisbildung hin zu einem institutionalisierten Verfahren der Preisfindung, das auf früher Nutzenbewertung, Verhandlungsmechanismen und einer zeitlich begrenzten freien Preisbildung nach Markteintritt beruht.

Ziel des AMNOG war es, die Kostenentwicklung im Arzneimittelmarkt gezielt zu steuern, ohne dabei den Zugang zu Innovationen oder die Attraktivität des Standorts Deutschland für forschende Unternehmen zu gefährden. Die gesundheitspolitische Logik hinter dem AMNOG lässt sich als Versuch einer „Dritter-Weg"-Strategie beschreiben: Statt zentraler Preisfestsetzung oder völliger Marktliberalisierung wurde ein Mechanismus gewählt, der Bewertungsinstitutionen, Hersteller und Kostenträger gleichermaßen einbindet. Die zentrale Innovation liegt in der Verknüpfung der Preisverhandlung mit einer medizinisch-wissenschaftlichen Nutzenbewertung. Hersteller mussten fortan ein Dossier mit klinischen Daten einreichen, das die Wirksamkeit ihres Präparats im Vergleich zur zweckmäßigen Vergleichstherapie dokumentierte. Auf dieser Grundlage trifft der Gemeinsame Bundesausschuss (G-BA) eine Entscheidung über den Zusatznutzen – differenziert nach Patientengruppen, Morbidität, Mortalität, Lebensqualität und Nebenwirkungen. Die Bewertung wird durch das Institut für Qualität und Wirtschaftlichkeit im Gesundheitswesen (IQWiG) vorbereitet. Im Anschluss an die Nutzenbewertung verhandelt der GKV-Spitzenverband und der Hersteller innerhalb von sechs Monaten einen Erstattungsbetrag. Bei Nichteinigung wird ein Schiedsverfahren vor einer unabhängigen Schiedsstelle eröffnet. Während des ersten Halbjahres nach Zulassung (vor 2023: während des ersten Jahres) kann der Hersteller den Preis frei festsetzen – allerdings muss die GKV diesen Preis erstatten. Danach gilt der verhandelte oder geschiedste Preis bundesweit als Erstattungspreis.

Diese Systemarchitektur sollte mehrere gesundheitspolitische Ziele zugleich erreichen: die Belohnung therapeutischer Innovation, die Vermeidung überhöhter Preise, die Transparenz in der Bewertung und die Rationalisierung der Arzneimittelversorgung. In den ersten Jahren nach Einführung wurde das AMNOG international vielfach als Best-Practice-Modell gelobt. Insbesondere die systematische Einführung der frühen Nutzenbewertung sowie die Trennung von medizinischer Bewertung und wirtschaftlicher Verhandlung galten als innovativ. Studien belegen, dass das Verfahren in seiner Anfangszeit zur Begrenzung überhöhter Markteintrittspreise beigetragen hat (Wieseler et al. 2019).

Auch auf internationaler Ebene führte das AMNOG zu strategischen Reaktionen. Hersteller passten ihre Markteinführungsstrategien an, begannen mit gezieltem Launch Sequencing (Markteintritt zuerst in Ländern ohne Preisbindung) und nutzten Deutschland zunehmend als Preisanker in internationalen Preisreferenzsystemen. Dies führte zu einem Anstieg der Preissetzung im ersten Jahr – von Preisen, die oft strategisch hoch angesetzt wurden, um in andere Märkte zu wirken (Mahlich et al. 2014). In den letzten Jahren haben sich jedoch zahlreiche Entwicklungen herauskristallisiert, die die ursprüngliche Systemlogik des AMNOG zu unterlaufen beginnen. Die Steuerungswirkung des Verfahrens ist dadurch substanziell geschwächt worden.

Ein zentrales Problem liegt in der fehlenden Verbindung zwischen Zusatznutzen und tatsächlichem Preisniveau. Obwohl der G-BA differenzierte Zusatznutzenkategorien vergibt (z. B. „beträchtlich", „gering", „nicht quantifizierbar"), sind die Auswirkungen dieser Einstufungen auf den verhandelten Preis nicht systematisch vorhersehbar. In der Praxis lassen sich auch für Präparate mit „nicht belegtem Zusatznutzen" erhebliche Erstattungsbeträge durchsetzen – vor allem, wenn der Hersteller eine starke Verhandlungsposition innehat oder droht, das Produkt vom Markt zu nehmen. Obwohl die initiale Konzeption des AMNOG vorsah, Arzneimittel ohne belegten Zusatznutzen standardmäßig in das Festbetragssystem zu überführen, ist diese Praxis bislang ein „Verfahrensnebengleis" und betrifft nur einen geringen Anteil der AMNOG-Verfahren. Eine

Konsequenz ist, dass die für diese Arzneimittel ursprünglich als nur interimsweise notwendig erachteten Erstattungsbetragsverhandlungen längerfristig relevant bleiben (Lukat und Götting 2024).

Darüber hinaus hat sich der Begriff des Zusatznutzens zunehmend relativiert: Bei vielen neuen Arzneimitteln ist der Zusatznutzen nicht sicher belegbar, etwa weil randomisierte Studien fehlen oder Endpunktdaten nicht belastbar sind. Dennoch werden diese Medikamente nicht selten zu hohen Preisen erstattet – ein Phänomen, das vor allem bei Orphan-Arzneimitteln und Arzneimitteln für neuartige Therapien (ATMP), z. B. Gentherapien, auftritt. Dabei gilt in Deutschland für Arzneimittel mit Orphan-Status bis zu einem Umsatz von 50 Mio. € jährlich automatisch ein Zusatznutzen als belegt (§ 35a Abs. 1b SGB V) – ein Automatismus, der kaum mit den Grundsätzen evidenzbasierter Bewertung vereinbar ist (Roberts et al. 2024; Gandjour 2025). Zudem zeigt sich eine zunehmende Zersplitterung der Zulassungsstrategien, bei der neue Wirkstoffe bewusst in kleinen, eng definierten Indikationen zugelassen werden – sogenanntes Indikations-Slicing –, um strengen Nutzenbewertungen und breiten Preisverhandlungen zu entgehen. Später erfolgen dann sukzessive Indikationserweiterungen, die jeweils neue Patientenpopulationen adressieren – ohne dass der Erstattungsbetrag erneut dynamisch angepasst würde.

2.3.2 Gesetzliche Einflüsse auf die Systemarchitektur des AMNOG: Zwischen kurzfristiger Entlastung und struktureller Wirkungsschwäche

Verschiedene gesetzgeberische Initiativen der letzten Jahre haben das AMNOG entweder erweitert, modifiziert oder partiell relativiert. So hat etwa das GKV-FinStG von 2022 versucht, die finanziellen Folgen des Preismoratoriums und der Pandemie zu dämpfen – allerdings auf Kosten der Planbarkeit und Systemkohärenz. Eingriffe wie der temporär erhöhte Herstellerabschlag oder Einschränkungen bei der Kombinationsbewertung greifen punktuell in die Verhandlungssystematik ein, ohne eine langfristige Reformlogik zu verfolgen.

Die dynamisch wachsenden Arzneimittelausgaben haben seit über einem Jahrzehnt zu einer Vielzahl von politischen Regulierungsversuchen geführt. Im Zentrum dieser Maßnahmen steht das Spannungsfeld zwischen Begrenzung der Ausgabenentwicklung, Sicherung des raschen Patientenzugangs zu innovativen Therapien und der Erhaltung von Investitionsanreizen für die forschende Industrie. Die Balance dieser Ziele ist politisch wie regulatorisch herausfordernd.

Seit der Einführung des AMNOG im Jahr 2011 lassen sich die politischen Maßnahmen grob in zwei Kategorien einteilen:
1. Strukturverändernde Maßnahmen, die auf Preisbildung und Verhandlungsmechanismen zielen, z. B. AMNOG, Medizinforschungsgesetz (MFG).
2. Kostendämpfende Maßnahmen, die kurzfristig auf Abschläge, Rabatte, Moratorien oder Margenbegrenzungen abzielen, z. B. das GKV-FinStG oder das Arzneimittel-Lieferengpassbekämpfungs- und Versorgungsverbesserungsgesetz (ALBVVG).

Die Grundidee des AMNOG war, dass Hersteller für innovative Medikamente einen höheren Erstattungsbetrag nur dann erhalten, wenn ein belegbarer medizinischer Zusatznutzen gegenüber der zweckmäßigen Vergleichstherapie vorliegt. Das AMNOG markierte eine Abkehr von freier Preisbildung hin zu einem bewertungs- und verhandlungsbasierten System (Wieseler et al. 2019). In den ersten Jahren nach Einführung wurde ein spürbarer Dämpfungseffekt auf die Preise von Neueinführungen beobachtet (SVR Gesundheit 2025). Der Mechanismus wurde jedoch zunehmend unterlaufen – etwa durch fragmentierte Zulassungsstrategien, also dem oben genannten Indikations-Slicing, Preisankerbildung im ersten Jahr oder Orphanisierung (Roberts et al. 2024; Gandjour 2025). Die Verbindung zwischen Zusatznutzen und Preisniveau ist empirisch schwächer als ursprünglich erwartet. Der verhandelte Erstattungsbetrag steht nicht in konsequenter Korrelation zur Höhe des Zusatznutzens.

Das GKV-FinStG wurde 2022 mit dem Ziel verabschiedet, die akute Finanzlücke in der gesetzlichen Krankenversicherung zu adressieren. Es beinhaltet eine Reihe temporärer Eingriffe in die Preisbildung und Erstattung von Arzneimitteln. So wurden gesetzliche Abschläge erhöht: der gesetzliche Herstellerabschlag für das Jahr 2023 um 5 Prozentpunkte von 7 % auf 12 %, der Apothekenabschlag auf zwei Jahre befristet von 1,77 € auf 2 € je Arzneimittelpackung. Das Preismoratorium für Arzneimittel, das die Möglichkeit der jährlichen Preisanpassung auf Höhe der Inflationsrate des Vorjahres vorsieht, wurde bis Ende 2026 verlängert, wobei eine „Ausstiegsregelung" für bekannte Arzneimittel mit neuem Anwendungsgebiet vorgesehen wurde.

Strukturelle Änderungen hat das GKV-FinStG im Bereich der Preisbildung neuer Arzneimittel im AMNOG-Kontext bewirkt, so durch neue „Leitplanken". Die wichtigsten Änderungen betreffen die freie Preisbildung, die verhandelte Erstattung und die Einbeziehung der Vergleichstherapie und Zusatznutzenbewertung. Die Zeitspanne, in der pharmazeutische Hersteller frei den Preis eines neuen Arzneimittels festlegen dürfen, wurde von zwölf auf sechs Monate verkürzt. Danach erfolgen bereits die gesetzliche Nutzenbewertung und die Preisverhandlung mit den Krankenkassen. Dies soll die Kostenkontrolle direkt nach Markteinführung verbessern. Ferner dürfen mit dem Gesetz neue Medikamente trotz nachgewiesenen Zusatznutzens in bestimmten Fällen nicht mehr teurer als die zweckmäßige Vergleichstherapie sein. Nur bei Arzneimitteln mit erheblichem oder beträchtlichem Zusatznutzen ist ein höherer Preis möglich; bei geringem oder nicht quantifizierbarem Zusatznutzen muss der Preis sogar unterhalb der Vergleichstherapie liegen. Der vorherige Grundsatz „Mehr Nutzen erlaubt höheren Preis" gilt damit nicht mehr uneingeschränkt. Mengenbezogene Komponenten wie Preis-Mengen-Staffelungen oder jährliche Gesamtvolumina wurden verpflichtender Bestandteil der Preisverhandlungen und nicht mehr nur optional. Der verhandelte Erstattungsbetrag gilt seit Inkrafttreten des GKV-FinStG rückwirkend ab dem siebten Monat nach Markteintritt – nicht erst ab dem dreizehnten Monat, wie zuvor. Für Wirkstoffkombinationen gibt es nunmehr einen pauschalen Kombinationsabschlag von 20 %, außer bei Einreichung eines Dossiers mit erwarteter erheblicher Zusatznutzenbewertung. Bei Arzneimitteln für seltene Leiden wurde die Umsatzschwelle, ab der eine Nutzenbewertung nötig wird, von 50 auf 30 Mio. € gesenkt. Insgesamt ist die praktische Umsetzung mancher dieser komplexen Änderungen noch herausfordernd und die langfristigen Auswirkungen sind schwer abzuschätzen.

Das ALBVVG ist Ende Juli 2023 in Kraft getreten und hatte ursprünglich das Ziel, Lieferengpässe bei Generika und versorgungsrelevanten Arzneimitteln zu bekämpfen, ist aber auch von preis- und strukturpolitischer Relevanz. Das Gesetz bündelt Maßnahmen zur Preisregulierung und Versorgungssicherheit. Für Kinderarzneimittel entfallen Festbeträge und Rabattverträge; Hersteller dürfen ihre Preise einmalig deutlich anheben und künftige Festbetragsgruppen schließen diese Präparate aus. Bei Antibiotika mit Wirkstoffproduktion in der EU oder im EWR besteht eine verpflichtende Berücksichtigung in Ausschreibungen, um die Anbieterbasis zu verbreitern. Die Schwelle für Zuzahlungsbefreiungen wird von 30 % auf 20 % unter Festbetrag abgesenkt, wodurch der Preisdruck in Festbetragsmärkten sinkt. Apotheken erhalten erweiterte Austauschmöglichkeiten bei nicht verfügbaren Arzneimitteln, verbunden mit Vergütungszuschlägen, und Zuzahlungen werden bei Teilmengen begrenzt.

Für versorgungskritische Arzneimittel können Preise bei Marktverengung einmalig um bis zu 50 % angehoben werden. Zudem werden Bevorratungspflichten deutlich ausgeweitet: Hersteller rabattierter Präparate müssen sechs Monate Vorrat halten, Apotheken ihre Bestände für parenterale Arzneimittel, Antibiotika und onkologische Präparate erhöhen, der Großhandel Kinderarzneimittel für vier Wochen bevorraten. Institutionell erhält das BfArM erweiterte Informationsrechte und ein Frühwarnsystem zur Engpasserkennung. Schließlich werden die Preisbildungsregeln für Reserveantibiotika angepasst, um Forschung und Markteinführung neuer Präparate stärker zu incentivieren.

Das ALBVVG hat das Ziel verfolgt, die Versorgung mit niedrigpreisigen Generika durch Aufweichung bestehender Rabattvertragslogiken zu sichern. In diesem Kontext wurde auch die Wirkung des AMNOG weiter relativiert, da z. B. bei Engpässen temporäre Ausnahmen von Preisregeln ermöglicht wurden – was wiederum Preisanreize im unteren Marktsegment verzerrt.

Das MFG, das im Oktober 2024 in Kraft getreten ist, verfolgt das Ziel, die Rahmenbedingungen für innovative Forschung in Deutschland zu verbessern und dadurch den Zugang zu neuen Therapien zu beschleunigen. Hierfür werden Zulassungsverfahren und klinische Prüfungen vereinfacht und beschleunigt, unter anderem durch eine engere Zusammenarbeit der Zulassungsbehörden, die Harmonisierung der Ethik-Kommissionen sowie verbindliche Standardvertragsklauseln. Ergänzend sieht das Gesetz Maßnahmen zur Förderung akademischer Studien, eine Übertragung zentraler Regelungen auf das Medizinprodukterecht sowie die Anerkennung bestimmter Drittlandinspektionen vor.

Von besonderer Bedeutung für die Arzneimittelpreisbildung ist die Einführung vertraulicher Erstattungsbeträge, die bis 2028 vereinbart werden können. Voraussetzung ist ein verpflichtender Preisnachlass von 9 % sowie der Nachweis einer Forschungspräsenz in Deutschland. Das Instrument steht erst nach Abschluss der regulären Erstattungsbetragsverhandlungen zur Verfügung und wird Ende 2026 evaluiert. Es wird versucht, die Verordnungstransparenz zu sichern, indem Informationen zur Wirtschaftlichkeit auch bei vertraulichen Beträgen verpflichtend in den elektronischen Verordnungsprogrammen hinterlegt werden. Darüber hinaus werden die durch das GKV-FinStG eingeführten Einschränkungen der Preisverhandlungen gelockert, sofern bei Zulassungsstudien mindestens 5 % der Probanden in Deutschland rekrutiert wurden. Diese Regelung gilt zunächst drei Jahre und bleibt bei nachgewiesener Forschungsaktivität in Deutschland länger wirksam. Damit versucht das Gesetz, standortpolitische Forschungsanreize mit einer Weiterentwicklung der preispolitischen Steuerungsinstrumente zu verbinden.

Zwar verfolgt das MFG legitime forschungspolitische Ziele – doch droht eine erneute Schwächung der Bewertungs- und Verhandlungsarchitektur, wenn beschleunigte Zulassung und rascher Marktzugang nicht durch angepasste Kontrollinstrumente flankiert werden. Die Vorschriften führen zudem auch zu mehr Bürokratie, Komplexität und Kosten in einem System, das ohnehin schon sehr bürokratisch und komplex ist (Koyuncu und Aretz 2024).

Die Summe politischer Maßnahmen seit 2011 ergibt ein Bild reaktiver, punktueller Eingriffe. Es fehlt eine integrierte, langfristige Strategie, die Innovation, Versorgungssicherheit und Finanzierbarkeit in ein konsistentes Verhältnis bringt. Die politisch gesetzten Instrumente zur Arzneimittelpreisregulierung bleiben trotz zahlreicher Gesetze in ihrer Systemwirkung begrenzt. Es dominiert eine Symptomtherapie über Systemkorrektur. Die Analysen der vorangegangenen Abschnitte zeigen, dass es strukturelle Antworten braucht – etwa eine Neukalibrierung des AMNOG, eine Verknüpfung von Nutzen und Kosten und eine differenziertere Regulierung von Hochpreisinnovationen.

2.3.3 Institutionelle Herausforderungen und strukturelle Schwächen

Neben den inhaltlichen Problemen ergeben sich auch institutionelle Spannungen. Die Verhandlungsprozesse sind stark ressourcenintensiv – sowohl auf Seiten der Krankenkassen als auch der Hersteller. Die Rollenverteilung zwischen dem Institut für Qualität und Wirtschaftlichkeit im Gesundheitswesen (IQWiG; methodische Bewertung), dem Gemeinsamen Bundesausschuss (G-BA; Regelentscheidung) und der Schiedsstelle (Entscheidung bei Dissens) ist zwar formal klar geregelt, in der Praxis können diese jedoch von Komplexität, Intransparenz und taktischem Verhalten geprägt sein.

Ein zusätzliches Defizit betrifft die dynamische Nachbewertung von Arzneimitteln. Obwohl die Versorgungsrealität mitunter deutlich vom Studienkontext abweicht, findet eine systematische Reevaluation von Nutzen und Preis in Deutschland kaum statt. Internationale Systeme verfügen hier über deutlich robustere Mechanismen, z. B. in Form einer evidenzbasierten Empfehlung zum Leistungskatalog, wie durch das National Institute for Health and Care Excellence (NICE) im Vereinigten Königreich oder das Zorginstituut Nederland (ZIN) in den Niederlanden – einschließlich verpflichtender Preisanpassungen bei Indikationserweiterung oder enttäuschendem Real-World-Nutzen.

Das AMNOG hat zweifellos die Arzneimittelpreisbildung in Deutschland auf ein neues Fundament gestellt. Es hat die Transparenz erhöht, Bewertungsstandards etabliert und die Machtbalance zwischen Herstellern und Kostenträgern zumindest teilweise verschoben. Doch gleichzeitig zeigen die empirischen Daten dieses Kapitels: Die Systemlogik des AMNOG ist zunehmend unter Druck geraten.

Ein neuer regulatorischer Rahmen müsste die Zusatznutzenbewertung mit einer ökonomischen Bewertung verknüpfen, Verhandlungsergebnisse dynamisieren, institutionelle Ressourcen stärken und gesetzgeberische Ausnahmeprozesse konsistenter einbinden (SVR Gesundheit 2025). Nur dann lässt sich die Steuerungswirkung des AMNOG langfristig erhalten – oder, wo nötig, gezielt weiterentwickeln.

2.4 Erosion der Steuerungswirkung – Strategien der Industrie zur Umgehung

Das AMNOG-Verfahren war bei seiner Einführung 2011 als innovatives Instrument gedacht, um die Balance zwischen raschem Zugang zu Innovationen und wirtschaftlicher Tragfähigkeit im Arzneimittelmarkt sicherzustellen. Voraussetzung dafür war, dass sich Hersteller auf die Logik des Systems einlassen: Zusatznutzen soll durch Evidenz belegt und durch verhandelte Preise honoriert werden, während Scheininnovationen oder marginale Fortschritte wirtschaftlich zurückhaltend bewertet werden.

Doch mit zunehmender Marktreife des Systems haben sich strategische Reaktionsmuster entwickelt, die dazu geeignet sind, die intendierte Steuerungswirkung zu unterlaufen. Die am besten dokumentierten Umgehungsstrategie im Rahmen des AMNOG ist die sogenannte Orphanisierung, also die gezielte Ausnutzung der regulatorischen Sonderstellung von Arzneimitteln für seltene Erkrankungen. Diese Strategie bewegt sich innerhalb des geltenden Rechtsrahmens, unterläuft jedoch den gesundheitspolitischen Steuerungszweck des AMNOG.

Nach § 35a Abs. 1b SGB V wird bei Orphan-Arzneimitteln bis zu einer jährlichen Umsatzgrenze von 50 Mio. € automatisch ein Zusatznutzen unterstellt. Eine vollumfängliche Nutzenbewertung entfällt in dieser Phase, stattdessen erfolgt lediglich eine pauschale Bewertung auf Basis der Zulassung. Erst wenn die Umsatzgrenze überschritten wird, ist eine erneute reguläre Bewertung vorgesehen.

Diese Sonderregelung war ursprünglich als Anreizmechanismus gedacht, um Forschung in Indikationsgebieten mit geringer Patientenzahl zu fördern. Sie ist eng an das europäische Orphan Regulation Framework geknüpft (Verordnung (EG) Nr. 141/2000), das ebenfalls Marktprivilegien (zehn Jahre Marktexklusivität) vorsieht. Inzwischen zeigen mehrere Studien und Marktanalysen, dass pharmazeutische Hersteller diese Regelung gezielt für wirtschaftlich attraktive, aber regulatorisch „klein gehaltene" Indikationen nutzen. Eine von der Europäischen Kommission veranlasste Evaluation des Frameworks stellte fest, dass in einigen Indikationsbereichen eine Produktkonzentration zu beobachten ist, während in anderen Bereichen überhaupt keine Forschung und Entwicklung stattfindet, sodass ein hoher ungedeckter Bedarf besteht. Es gibt derzeit keine Instrumente, um die Entwicklung in bestimmten Bereichen implizit zu fördern (Europäische Union 2020). Die Verordnung verbindet den Status als Orphan-Arzneimittel mit einer Kennzeichnung als Arzneimittel mit überlegenem therapeutischem Nutzen bei der Zulassung in der EU, ohne dass dafür solide Nachweise erforderlich sind, obwohl der tatsächliche therapeutische Nutzen von Orphan-Arzneimitteln oft unklar ist. Untersuchungen zeigen, dass wirtschaftliche Überlegungen, wie die tatsächliche Rentabilität eines Medikaments, bereits bei der Vergabe des Orphan-Status durch die Europäische Arzneimittel-Agentur (EMA) keine Rolle spielen, obwohl der ursprüngliche Zweck der Verordnung sich an der mangelnden Wirtschaftlichkeit orientiert hat. Bis heute wurde nur einem einzigen Medikament der Orphan-Status über die ebenfalls vorgesehene „Return-on-Investment"-Route zuerkannt; es wurde jedoch nie vermarktet (Marselis und Hordijk 2020).

Es lässt sich argumentieren, dass eine Vergabe von Superioritätskennzeichnungen ausschließlich auf der Grundlage solider Nachweise Anreize für die Generierung von Nachweisen schaffen, die Preise für Orphan-Arzneimittel senken und letztlich die Ergebnisse bei Patienten mit seltenen Krankheiten verbessern würde (Kranz et al. 2023).

Eine Studie von Roberts et al. (2024) untersuchte Orphan-Arzneimittel, die in Deutschland die Umsatzgrenze überschritten haben. Bei über 40 % dieser Arzneimittel wurde kein Zusatznutzen festgestellt, obwohl sie lange zu hohen Preisen erstattet wurden. Die ursprüngliche Zulassungsindikation war in vielen Fällen nicht deckungsgleich mit der späteren Marktrealität – häufig wurde die Therapie durch klinische Praxis auf größere Populationen ausgeweitet, bevor eine wirtschaftliche Nachbewertung greifen konnte.

Neben der Orphanisierung lässt sich ein Muster der gestaffelten Indikationserweiterung beobachten, das mit der AMNOG-Logik ebenfalls in Spannung steht. Neue Wirkstoffe werden zunächst für eng definierte Patientengruppen zugelassen – bei hoher Dringlichkeit oder therapeutischem Bedarf. Erst nach und nach folgen Zulassungen für breitere Populationen, ohne dass automatisch eine neue Nutzenbewertung oder Preisverhandlung ausgelöst wird.

Das IQWiG sowie der GKV-Spitzenverband haben in mehreren Stellungnahmen auf diese Problematik hingewiesen (GKV-Spitzenverband 2021, 2022). Besonders kritisch ist, dass die Umsatzgrenze von 50 Mio. € erst spät greift und dass viele Arzneimittel knapp unterhalb dieser Schwelle bleiben, was eine systematische Wirkungskontrolle verhindert.

Ein weiteres Problem stellt die strategische Nutzung des freien Preisjahres bzw. nunmehr -halbjahres nach Markteintritt dar. Hersteller nutzen diese Zeit, um hohe Preise zu setzen und damit einen Preisanker im Markt zu etablieren, der auch in späteren Preisverhandlungen nachwirkt. Kommt es zu Verzögerungen im Verhandlungsprozess, etwa durch Einsprüche oder juristische Schritte, verlängert sich der Zeitraum unregulierter Preisbildung de facto – zulasten der Solidargemeinschaft. Dazu zählt auch, nach der G-BA-Bewertung Rechtsmittel gegen das Nutzenvotum einzulegen oder Rücksprachverfahren einzufordern, um Zeit zu gewinnen. Diese Verfahren sind legitim, aber sie verzögern die eigentliche Preissetzung und verstärken damit die Ausgabeneffekte.

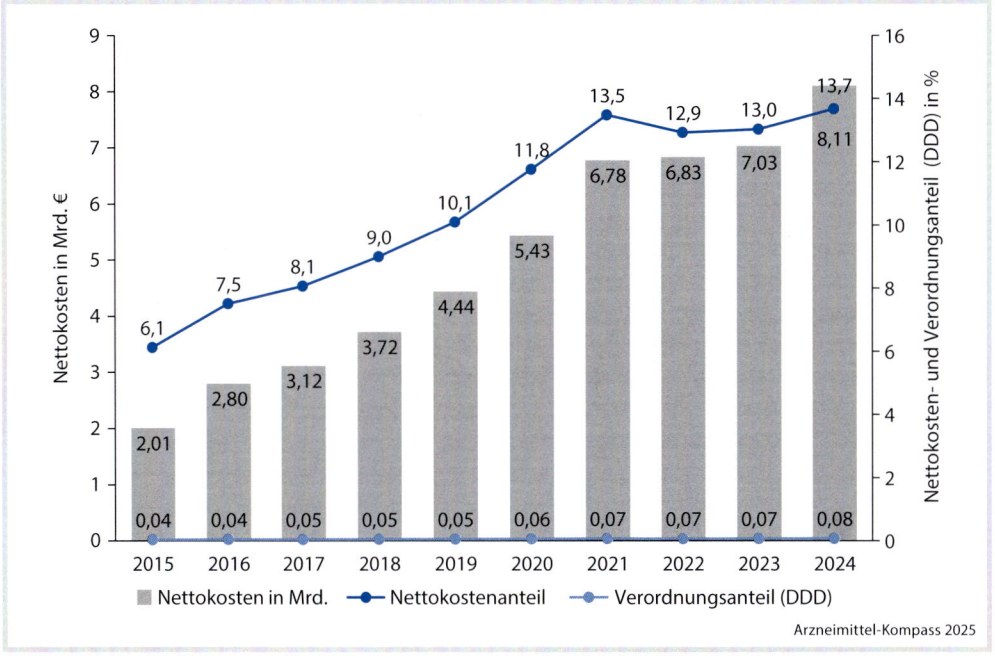

◘ **Abb. 2.5** Entwicklung von Nettokosten sowie Nettokosten- und Verordnungsanteile (DDD) der Orphan-Arzneimittel 2015–2024. (Quelle: GKV-Arzneimittelindex)

Die beschriebenen Verhaltensmuster sind systemisch nachvollziehbar: Pharmazeutische Hersteller nutzen die bestehenden regulatorischen Rahmenbedingungen aus, um Erlöspotenziale zu maximieren. Es handelt sich nicht um Missbrauch im rechtlichen Sinne, sondern um die gezielte Nutzung asymmetrischer Spielräume. Die Reaktion der Politik – etwa die Absenkung der Orphan-Umsatzgrenze von 100 auf 50 Mio. € durch das GKV-FinStG zum 1. Januar 2024 – geht in die richtige Richtung, ist aber noch nicht ausreichend, wie ◘ Abb. 2.5 deutlich zeigt.

Die Analysen zeigen, dass sich die Nettokosten der Orphan-Arzneimittel seit 2015 vervierfacht haben. Ihr Anteil an den gesamten Nettokosten im GKV-Arzneimittelmarkt stieg von rund 6 % (2015) auf knapp 14 % im Jahr 2024, obwohl sie mengenmäßig weiterhin weniger als ein Zehntelprozent der verordneten Tagesdosen ausmachen.

Die Preisdifferenz zu anderen Marktsegmenten ist erheblich: Eine definierte Tagesdosis kostet im GKV-Gesamtmarkt durchschnittlich etwas mehr als 1 €, während Orphan-Arzneimittel im dreistelligen Bereich liegen und in Einzelfällen mehrere zehntausend Euro pro Tagesdosis erreichen. Schon geringe Verordnungsmengen lösen dadurch Ausgabenwirkungen in Milliardenhöhe aus. Trotz der gestiegenen Anzahl an Orphan-Arzneimitteln ist unklar, inwieweit Patientinnen und Patienten von dieser Entwicklung profitiert haben, ob sich ihre Versorgungslage verbessert hat und ob ihre ungedeckten medizinischen Bedürfnisse erfüllt wurden. Die Daten unterstreichen, dass die Ausgabendynamik bei Orphan-Arzneimitteln im Wesentlichen nicht durch Mengenausweitung, sondern durch extreme Preisniveaus geprägt ist.

Eine Untersuchung des IQWiG zeigte, dass für viele Orphan-Arzneimittel, die zwischen Januar 2011 und September 2021 ein reguläres Health Technology Assessment (HTA) durchliefen, kein Zusatznutzen nachgewiesen werden konnte. In 80 % der Fälle war der bei der Zulassung attestierte Zusatznutzen nicht quantifizierbar. In den meisten Fällen ist davon auszugehen, dass ein Zusatznutzen aufgrund von zu wenigen und qualitativ unzureichenden Daten nicht quantifizierbar ist. Oft wurde erst in der regulären Nutzenbewertung in den Studien eine zweckmäßige Vergleichstherapie als Vergleich herangezogen, sodass erst zu diesem Zeitpunkt ein Zusatznutzen ausreichend bewertet werden konnte (IQWiG 2022).

Obwohl randomisierte kontrollierte Studien (RCTs) bei seltenen Erkrankungen häufig als schwer durchführbar gelten, zeigen die Auswertungen des IQWiG das Gegenteil und betonen, dass die Generierung von Evidenz im Rahmen von RCTs auch für Orphan-Arzneimittel möglich ist. Die Etablierung internationaler Register für seltene Erkrankungen wird als wesentlicher Faktor für eine zukünftige Verbesserung der Evidenzlage für Orphan-Arzneimittel angesehen. Die Implementierung solcher Register ermöglicht die Durchführung von RCTs und trägt somit zur Steigerung der Forschungsqualität bei. Es besteht die Möglichkeit, Unsicherheiten, die durch kleine Studienpopulationen bedingt sind, mit statistischen Methoden zu begegnen. Eine bessere Studienlage schafft maßgeblich bessere Möglichkeiten, einen möglichen Zusatznutzen belastbar zu quantifizieren (Kranz et al. 2023).

Patientinnen und Patienten mit seltenen, nicht-onkologischen Erkrankungen profitieren eher von Orphan-Arzneimitteln als Patientinnen und Patienten mit onkologischen Erkrankungen, da für diese Arzneimittel häufiger kein Zusatznutzen quantifiziert werden kann. Nach eigenen Analysen des Wissenschaftlichen Instituts der AOK (WIdO) waren neun von 24 im Jahr 2024 auf den Markt gekommenen Orphan-Arzneimitteln zur Behandlung von Krebserkrankungen zugelassen (37,5 %). Mit fünf Arzneimitteln waren Immuntherapeutika am zweithäufigsten vertreten (20,8 %). Im Jahr 2023 waren sechs von 13 neuen Orphan-Arzneimitteln Onkologika (46,2 %).

Kranz et al. (2024) haben untersucht, ob die Zunahme der Zulassungen von Orphan-Arzneimitteln in der Europäischen Union zu einer tatsächlichen Verbesserung patientenrelevanter Ergebnisse geführt hat. Hierbei wurde festgestellt, dass viele dieser Medikamente keinen nachweisbaren Zusatznutzen im Vergleich zur Standardbehandlung aufweisen, was oft auf fehlende Vergleichsdaten in den eingereichten Dossiers zurückzuführen ist. Für 58 % der in regulären HTAs untersuchten Forschungsfragen war eine aktive Vergleichstherapie verfügbar. Insbesondere zeigt sich eine starke Häufung („Clustering") im Bereich der Onkologie: Mehr als die Hälfte der regulär bewerteten Orphans zielten auf onkologische Indikationen ab, obwohl diese nur etwa 8 % aller seltenen Erkrankungen ausmachen. Echte medizinische Versorgungslücken bleiben dagegen bestehen Diese Entwicklung deutet darauf hin, dass die Anreize eher in profitable Bereiche als in solche mit hohem ungedecktem medizinischem Bedarf lenken.

Eine Analyse des IQWiG (2024) auf Grundlage von 23 Orphan-Arzneimitteln mit 60 Bewertungsverfahren zeigt, dass die reguläre Nutzenbewertung nach Überschreitung der Umsatzgrenze (30 Verfahren) bei 18 Orphan-Arzneimitteln zu einer Preisreduktion führt (78 %); in wenigen Fällen – bei drei Arzneimitteln (13 %) – kommt es bei einer positiven (regulären) Nutzenbewertung aber auch zu einer Preissteigerung. Im Nachgang zur eingeschränkten Orphan-Bewertung bei Marktzugang lag der Preis im Mittel um 14,7 % niedriger als der Einstiegspreis. Nach der regulären Nutzenbewertung kam es zu einer weiteren Preissenkung um durchschnittlich 12,6 %, maximal 40,3 % (IQWiG 2024).

Ein erklärtes Ziel bei der Einführung des AMNOG im Jahr 2011 war es, die Preise neuer Arzneimittel an ihrem Nutzen zu orientieren. Dies kann frühestens durch eine reguläre Nutzenbewertung geschehen. Um fundierte klinische und gesundheitspolitische Entscheidungen zu ermöglichen, müssen Anreize geschaffen werden, die die Forschung gezielt in Bereiche mit hohem ungedecktem medizinischem Bedarf lenken und die frühzeitige Generierung von robusten Vergleichsdaten mit der jeweiligen Standardtherapie fördern.

2.5 Das fehlende Wirtschaftlichkeitskriterium im AMNOG

Die bisherigen Abschnitte dieses Kapitels haben gezeigt, dass sich der Ausgabenanstieg im GKV-Arzneimittelmarkt vorrangig aus der Verbreitung hochpreisiger Arzneimittel bei gleichzeitig fehlender Korrelation zwischen Preis und Zusatznutzen speist. Wie in ▶ Abschn. 2.1 empirisch belegt wurde, ist der Anstieg der Nettokosten nicht primär mengeninduziert, sondern preis- und strukturgetrieben. ▶ Abschn. 2.2 konkretisiert diese Dynamik im Segment hochpreisiger Arzneimittel. In ▶ Abschn. 2.4 wurde schließlich gezeigt, dass bestehende Bewertungsinstrumente wie die Zusatznutzenbewertung strategisch unterlaufen werden können – insbesondere durch Orphanisierung und sequentielle Indikationserweiterung.

Vor diesem Hintergrund stellt sich die Frage, weshalb die im AMNOG verankerte Preisregulierung ohne ein systematisch eingesetztes Wirtschaftlichkeitskriterium auskommt. Während andere europäische HTA-Systeme den klinischen Zusatznutzen systematisch mit ökonomischen Effekten in Beziehung setzen – etwa in Form von Kosten-Nutzen-Relationen –, bleibt das deutsche System bei der qualitativen Bewertung des Zusatznutzens stehen, ohne diesen in ein rationalisiertes Preismodell zu überführen.

Der Gesetzgeber hat die Anforderung der Wirtschaftlichkeit im Arzneimittelbereich zwar verankert – insbesondere im § 12 Abs. 1 SGB V („Leistungen müssen ausreichend, zweckmäßig und wirtschaftlich sein") –, jedoch nicht konkretisiert, wie diese Wirtschaftlichkeit im Preisbildungsprozess durchgesetzt werden soll. Der § 35b SGB V erlaubt zwar eine Kosten-Nutzen-Bewertung durch das IQWiG – doch in der Praxis wird dieses Instrument kaum angewandt.

Vollständige Kosten-Nutzen-Bewertungen, z. B. in Form von Kosten-Nutzwert-Analysen mit Hilfe qualitätsbereinigter Lebensjahre (QALYs), wurden vom IQWiG bislang nicht durchgeführt. Im Fall der Dossierbewertung des Wirkstoffs Canagliflozin wurde 2014 allerdings eine Kostenbewertung vorgenommen, in Rahmen derer auch Jahrestherapiekosten für die GKV für das zu bewertende Arzneimittel und für die zweckmäßige Vergleichstherapie analysiert wurden (IQWiG 2014). Das Instrument wurde seither faktisch nicht mehr eingesetzt – nicht etwa aus methodischen Gründen, sondern weil es weder verpflichtend vorgesehen noch politisch gewollt ist. Die bislang ungenutzte Möglichkeit einer ergänzenden ökonomischen Analyse bleibt damit ein theoretisches Element ohne regulatorische Relevanz.

Mehrere wissenschaftliche Studien belegen, dass im deutschen AMNOG-System keine systematische Beziehung zwischen Zusatznutzen und Erstattungspreis besteht. Laut Gandjour (2025) zeigt eine Analyse von über 200 AMNOG-Verfahren, dass selbst Arzneimittel ohne belegten Zusatznutzen häufig Erstattungspreise erzielen, die über dem der Vergleichstherapie liegen. Die Preisrelationen zwischen Arzneimitteln mit „beträchtlichem", „geringem" oder „nicht quantifizierbarem" Zusatznutzen sind stark überlappend, was auf eine fehlende Preisdifferenzierung hindeutet.

Der Zusatznutzen wird nicht als ökonomisches Bewertungskriterium in den Verhandlungsprozess übersetzt. Vielmehr erscheint der ausgehandelte Erstattungsbetrag als Ergebnis bilateraler Machtverhältnisse, bei denen medizinische Evidenz nur eine von mehreren Einflussgrößen darstellt.

Im internationalen Vergleich ist Deutschland eines der wenigen Länder mit einem HTA-System, das bewertet, aber keine quantifizierende Kosten-Nutzen-Relation verwendet. Bewertungsorganisationen in anderen Gesundheitssystemen, wie das National Institute for Health and Care Excellence (NICE) im National Health Service (NHS) des Vereinigten Königreichs, die Behörde für zahnärztliche und pharmazeutische Leistungen (Tandvårds- och läkemedelsförmånsverket, TLV) in Schweden oder das Niederländische Institut für Gesundheitswesen (Zorginstituut Nederland, ZIN), nutzen standardisierte ökonomische Bewertungsmaßstäbe – etwa in Form eines impliziten Schwellenwerts von 20.000–30.000 Britischen Pfund pro QALY, dem Wert, der im NHS im Vereinigten Königreich als „good value for money" betrachtet wird (Bouvy 2024; ICER 2019), oder indikationsspezifischen Bewertungsschwellen (z. B. seltene Erkrankungen vs. Standardindikationen).

Diese Verfahren erlauben eine explizite Abwägung zwischen Zusatznutzen und Preis, etwa durch Vergleich mit Benchmarks. In Deutschland hingegen fehlt eine solche Operationalisierung – was dazu führt, dass exzessive Preissetzungen bei marginalem oder nicht belegtem Zusatznutzen weder systematisch begrenzt noch transparent begründet werden können (SVR Gesundheit 2025).

Die empirisch belegte Entkopplung von Nutzen und Preis hat mehrere gesundheitspolitisch relevante Konsequenzen: Sie reduziert die Anreizwirkung der frühen Nutzenbewertung (Luhnen et al. 2016). Wenn auch Arzneimittel mit „nicht belegtem Zusatznutzen" hohe Preise erzielen, entsteht kein Innovationsanreiz über den therapeutischen Effekt. Sie verhindert eine prioritätengerechte Ressourcenallokation. Hochpreisige Arzneimittel mit unklarem Versorgungseffekt können enorme Budgets binden – zulasten evidenzbasierter Therapien mit breitem Versorgungsnutzen. Sie führt zu einer Legitimationskrise der Erstattungspreise: Wenn Preisentscheidungen nicht mehr durch systematisch nachvollziehbare Kriterien erklärbar sind, steigt die Gefahr einer politischen oder sozialen Polarisierung (z. B. Vorwürfe der Überteuerung oder der Profitmaximierung auf Kosten der Solidargemeinschaft).

Die bisherigen Daten legen nahe, dass das Fehlen eines expliziten Wirtschaftlichkeitskriteriums im deutschen Preisbildungssystem eine zentrale strukturelle Schwäche darstellt. Die existierende Nutzenbewertung ist notwendig, aber nicht hinreichend, um Preise zu steuern. Eine rationale Arzneimittelpreisbildung erfordert ein explizites Bewertungsraster, das Nutzen und Kosten in ein systematisches Verhältnis setzt.

Ob dieses Raster auf QALY-Schwellen, multikriteriellen Bewertungsansätzen oder indikationsspezifischen Kostenrahmen basiert, ist eine Frage der politischen und ethischen Diskussion. Doch ohne eine solche Verknüpfung bleibt die Preisbildung weitgehend entkoppelt von der Versorgungsevidenz – mit erheblichen Auswirkungen auf die Legitimität, Steuerbarkeit und Finanzierbarkeit der Arzneimittelversorgung im GKV-System.

Es ergibt sich ein klarer Befund: Das aktuelle Preisbildungssystem in der GKV leidet unter einer zunehmenden Entkopplung von Versorgungsevidenz, ökonomischer Rationalität und gesellschaftlicher Legitimität. Die Diskussion um notwendige Reformen muss daher auf klar definierte Prinzipien zurückgreifen, die nicht nur theoretisch wünschenswert, sondern auch praktisch operationalisierbar sind. Drei solcher Prinzipien lassen sich aus der vorliegenden Analyse empirisch herleiten und strukturieren: Wirtschaftlichkeit, Nachhaltigkeit und Fairness. Wirtschaftlichkeit als ordnungspolitisches Kernprinzip ist im SGB V verankert, wird jedoch – wie in den ▶ Abschn. 2.1–2.4 gezeigt – in der Arzneimittelpreisbildung bislang nicht systematisch umgesetzt. Eine zukunftsfähige Preisregulierung muss daher eine explizite ökonomische Bewertungskomponente integrieren. Diese kann sich an Kosten-Nutzen-Relationen, indikationsspezifischen Preisschwellen oder auch an dynamischen Preisentwicklungen im Versorgungskontext orientieren. Internationale Vorbilder zeigen, dass solche Modelle nicht nur umsetzbar, sondern auch wirksam sind – ohne den Marktzugang zu behindern. Nachhaltigkeit zielt auf die langfristige Sicherung der Versorgungsfähigkeit des solidarischen Systems. Der derzeitige Trend zur Hochpreisigkeit – wie in ▶ Abschn. 2.2 dokumentiert – stellt eine Bedrohung für die Budgetstabilität dar. Nachhaltigkeit im arzneimittelpolitischen Sinn bedeutet, Innovation so zu fördern, dass ihre Erstattungsfähigkeit auch unter realweltlichen Bedingungen tragfähig bleibt. Dies umfasst

u. a. Outcome-basierte Preismechanismen, indikationsabhängige Dynamisierung von Preisen sowie die konsequente Nachbewertung im Lichte neuer Evidenz. Preisbildung darf sich nicht an kurzfristigen Marktvorgaben, sondern muss sich an der dauerhaften Finanzierung im Rahmen begrenzter Ressourcen orientieren. Fairness bezieht sich sowohl auf den inneren Ausgleich innerhalb des GKV-Systems (zwischen Indikationen, Patientengruppen und Versorgungsbereichen) als auch auf den gesellschaftlichen Anspruch auf Legitimität. Preise müssen erklärbar, verantwortbar und nachvollziehbar sein. Die in ▶ Abschn. 2.5 beschriebenen strategischen Marktverhaltensweisen (z. B. Orphanisierung, Preisankerbildung) untergraben diese Fairness, da sie zu systemischen Privilegien für bestimmte Herstellersegmente führen, ohne dass ein proportionaler Versorgungsbeitrag entsteht. Eine faire Preisbildung verlangt daher Transparenz über Preislogiken, nachvollziehbare Bewertungsmaßstäbe und partizipative Verfahren, die sowohl die Sicht von Patientinnen und Patienten als auch die der Kostenträger einbeziehen.

Wirtschaftlichkeit, Nachhaltigkeit und Fairness sind keine abstrakten Kategorien, sondern ergeben sich unmittelbar aus den empirischen Befunden dieses Kapitels. Derzeit erfüllt die deutsche Preisbildungsarchitektur keines dieser drei Kriterien in systematischer Weise. Eine künftige Reform des Arzneimittelmarkts sollte diese drei Zielgrößen nicht nur rhetorisch, sondern methodisch belastbar verankern – etwa durch:
- die Implementierung eines Kosten-Nutzen-Kriteriums,
- die Einführung dynamischer Preismechanismen in Abhängigkeit von realweltlicher Wirkung und
- die Schaffung nachvollziehbarer, legitimer Bewertungsprozesse.

Nur so lässt sich eine Preisregulierung etablieren, die wissenschaftlich fundiert, gesundheitspolitisch tragfähig und gesellschaftlich akzeptiert ist.

2.6 Ausblick: Gesundheitspolitische Entscheidungsfelder vor dem Hintergrund empirischer Evidenz

Die in diesem Kapitel dargestellten Befunde zeichnen ein konsistentes und empirisch belastbares Bild: Die Ausgabenentwicklung im GKV-Arzneimittelmarkt wird zunehmend von strukturellen Preisverzerrungen, strategischem Marktverhalten und der fehlenden Verknüpfung zwischen therapeutischem Nutzen und Erstattungspreis geprägt. Weder das AMNOG-Verfahren in seiner heutigen Form noch die flankierenden Maßnahmen der letzten Gesetzesnovellen konnten diese Entwicklung substanziell korrigieren.

Der beobachtete Ausgabenanstieg (▶ Abschn. 2.1) wird nicht von Mengenausweitungen getragen, sondern ist das Resultat systematischer Preisintensivierung im patentgeschützten Segment. Besonders hochpreisige Therapien mit geringer Verordnungshäufigkeit (▶ Abschn. 2.2) prägen zunehmend die Gesamtentwicklung. Politische Maßnahmen (▶ Abschn. 2.3), etwa über Abschläge oder Moratorien, haben zwar temporäre Dämpfungseffekte gezeigt, jedoch keine strukturelle Trendumkehr bewirkt. Die im AMNOG angelegte Steuerung über Zusatznutzenbewertungen wird durch strategische Industriepraktiken (▶ Abschn. 2.4) wie Orphanisierung oder Indikations-Slicing zunehmend ausgehöhlt. Schließlich fehlt dem System ein operationalisiertes Wirtschaftlichkeitskriterium, das Zusatznutzen systematisch in ein ökonomisch konsistentes Preisniveau übersetzt (▶ Abschn. 2.5).

Aus diesen Entwicklungen ergeben sich konkrete gesundheitspolitische und ordnungspolitische Handlungsfelder, die auf evidenzbasierter Grundlage neu adressiert werden müssen. Das AMNOG-Verfahren braucht eine funktionale und konzeptionelle Weiterentwicklung. Das AMNOG bleibt der zentrale Anker der deutschen Arzneimittelpreisbildung. Seine Systematik – frühe Nutzenbewertung, verhandelte Erstattungsbeträge, zentrale Marktgeltung – ist grundsätzlich geeignet, um Transparenz und Steuerung zu ermöglichen. Doch die Analyse zeigt, dass diese Struktur an mehreren Stellen reformbedürftig ist. Notwendig sind: eine verpflichtende Nachbewertung bei Indikationserweiterung oder Umsatzsteigerung, eine Verkürzung des Zeitraums freier Preisbildung nach Markteintritt sowie eine Klarstellung der Bewertungsmaßstäbe, um manipulativer Indikationsgestaltung entgegenzuwirken.

Zudem sollte die institutionelle Ausstattung (z. B. des G-BA, des IQWiG und der Schiedsstelle) an das steigende Verhandlungs- und Bewertungsvolumen angepasst werden.

Wie ▶ Abschn. 2.5 zeigt, wird in Deutschland auf ein Instrument verzichtet, das international längst etabliert ist: eine systematische Bewertung der Kosten-Effektivität von Arzneimitteln. Die derzeitige Praxis, sich auf Zusatznutzenbewertungen zu stützen, ohne diesen Nutzen ökonomisch zu kalibrieren, ist ordnungspolitisch unvollständig.

Ein operationalisiertes Wirtschaftlichkeitskriterium muss:

- an methodisch konsistenten Bewertungsgrößen orientiert sein (z. B. Euro/QALY, Kosten pro vermiedener Ereigniseinheit),
- indikationsspezifisch differenzieren (z. B. bei Seltenheit, Schweregrad, Versorgungsnotwendigkeit) und
- mit dynamischen Preisregulierungsmechanismen kombiniert werden (z. B. Outcomebasierte Rabatte, Preisanpassungspflicht).

Der § 35b SGB V bietet hierfür bereits eine gesetzliche Grundlage – sie muss politisch aktiviert und institutionell ausgestaltet werden.

Die starke Konzentration der Ausgaben auf wenige hochpreisige Produkte mit geringer Verordnungshäufigkeit stellt eine Herausforderung für konventionelle Regulierungslogiken dar. Hier braucht es neue Lösungen, die über das AMNOG hinausgehen. Zu diskutieren sind beispielsweise die Verpflichtung zur Real-World-Datengenerierung als Voraussetzung für anhaltende Erstattung oder die Einführung von Preisobergrenzen oder Budgetlimits für bestimmte Wirkstoffgruppen.

Auch sektorübergreifende Instrumente – etwa ein europäischer Preisverhandlungsrahmen für besonders kostenintensive Therapien – könnten perspektivisch an Bedeutung gewinnen.

Die zunehmende Entkopplung von Preis und Versorgungseffekt führt nicht nur zu ökonomischer Ineffizienz, sondern auch zu gesellschaftlichen Akzeptanzproblemen. Wenn Arzneimittelpreise intransparent, strategisch motiviert oder ungerecht erscheinen, leidet die Legitimität des solidarischen Systems insgesamt. Notwendig ist daher eine Ausweitung der Transparenzpflichten (z. B. bei Preisverhandlungen und klinischen Evidenzgrundlagen), die Beteiligung von Patienten- und Versorgungsakteuren an Bewertungs- und Preisbildungsprozessen und die Stärkung des öffentlichen Interesses bei der Gestaltung regulatorischer Ausnahmebestimmungen (z. B. Orphan-Regelungen). Nur durch eine regulative Rahmung, die Wirtschaftlichkeit, Nachhaltigkeit und Fairness in ein funktionales Gleichgewicht bringt, kann eine zukunftsfähige Arzneimittelversorgung gesichert werden. Dazu zählen insbesondere auch Transparenzverpflichtungen der pharmazeutischen Hersteller als Grundlage zur Ermittlung fairer und zukunftsfähiger Preise.

Die Steuerung der Arzneimittelausgaben ist keine rein technische, sondern eine gesundheitsökonomische und gesellschaftspolitische Kernfrage. Die empirischen Analysen dieses Kapitels zeigen, dass der gegenwärtige Ordnungsrahmen weder mit den Entwicklungen des Pharmamarkts noch mit den Erwartungen einer solidarisch getragenen Gesundheitsversorgung in Einklang steht.

Literatur

Bouvy J (2024) Should NICE's cost-effectiveness thresholds change? NICE National Institute for Health and Care Excellence – Blogs. https://www.nice.org.uk/news/blogs/should-nice-s-cost-effectiveness-thresholds-change-. Zugegriffen: 21. Juli 2025

Europäische Union (2020) Joint evaluation of Regulation (EC) No 1901/2006 of the European Parliament and of the Council of 12 December 2006 on medicinal products for paediatric use and Regulation (EC) No 141/2000 of the European Parliament and of the Council of 16 December 1999 on orphan medicinal products. 11. Aug. 2020. https://eur-lex.europa.eu/resource.html?uri=cellar:e9a9fff0-dbd9-11ea-adf7-01aa75ed71a1.0001.02/DOC_1&format=PDF. Zugegriffen: 26. Aug. 2025

Gandjour A (2025) Reimbursement prices of new, innovative medicines in Germany: a comparison of negotiation and cost-effectiveness analysis. J Health Econ Policy Law. https://doi.org/10.1017/S1744133124000288

GKV-Spitzenverband (2021) Echte Arzneimittelinnovationen fördern und die Versorgung stärken. https://www.gkv-spitzenverband.de/media/dokumente/service_1/publikationen/20210716_Positionspapier_Arzneimittelinnovationen_barrierefrei.pdf. Zugegriffen: 22. Aug. 2025

GKV-Spitzenverband (2022) Stellungnahme des GKV-Spitzenverbandes vom 23.09.2022 zum Entwurf eines Gesetzes zur finanziellen Stabilisierung der gesetzlichen Krankenversicherung (GKV-Finanzstabilisierungsgesetz). https://www.gkv-spitzenverband.de/media/dokumente/presse/p_stellungnahmen/2021_2023/20220923_GKV-SV_GKV-FinStG_Stn_final.pdf. Zugegriffen: 22. Aug. 2025

ICER – Institute for Clinical and Economic Review (2019) Perspectives on Cost-Effectiveness Threshold Ranges: Methods and Considerations. https://icer.org/wp-content/uploads/2023/08/ICER_2019_Perspectives-on-Cost-Effectiveness-Threshold-Ranges.pdf. Zugegriffen: 25. Juni 2025

IQWiG (2014) Canagliflozin – Nutzenbewertung gemäß 35a SGB V. IQWiG Bericht Nr 225. https://www.g-ba.de/downloads/92-975-472/2014-06-12_Nutzenbewertung%20IQWiG_Canagliflozin.pdf. Zugegriffen: 4. Aug. 2025

IQWIG (2022) Orphan Drugs: Privileg des „fiktiven" Zusatznutzens nicht gerechtfertigt. 12.01.2022. https://www.iqwig.de/presse/pressemitteilungen/pressemitteilungen-detailseite_58496.html. Zugegriffen: 26. Aug. 2025

IQWIG (2024) Preis- und Kostenentwicklung von Orphan Drugs. Stand 17.01.2024. https://dx.doi.org/10.60584/GA22-01

Koyuncu A, Aretz M (2024) Germany again to reform drug pricing and reimbursement laws – With "confidential reimbursements prices" that impede international reference pricing. Inside EU Life Sciences. https://www.insideeulifesciences.com/2024/02/16/germany-again-to-reform-drug-pricing-and-reimbursement-laws-with-confidential-reimbursements-prices-that-impede-international-reference-pricing/. Zugegriffen: 25. Juni 2025

Kranz P, McGauran N, Banzi R, Ünal C, Lotz F, Kaiser T (2023) Reforming EU and national orphan drug regulations to improve outcomes for patients with rare diseases. BMJ 381:e72796 (https://www.bmj.com/content/381/bmj-2022-072796)

Kranz P, McGauran N, Ünal C, Kaiser T (2024) Results of health technology assessments of orphan drugs in Germany – lack of added benefit, evidence gaps, and persisting unmet medical needs. Int J Technol Assess Health Care 40(1):e68–1–7. https://doi.org/10.1017/S026646232400062X

Luhnen M, Schwalm A, Seidl A, Mostardt S (2016) Welchen Informationsgewinn bringt eine Kosten-Nutzen-Bewertung durch das IQWiG? Gesundheitswes Aktuell 2016:218–231. https://www.barmer.de/resource/blob/1023144/40e6acbef446cec25e46dca7c0941dae/barmer-gek-gw-aktuell-2016-seite-218-231-kosten-nutzen-bewertung-data.pdf. Zugegriffen: 20.07.2025

Lukat S, Götting U (2024) Die Festbetragsregelung im AMNOG-Markt – ein Blick aus der Praxis. Monit Versorgungsforsch 06:60–67. https://doi.org/10.24945/MVF.06.24.1866-0533.2670

Mahlich J, Sindern J, Suppliet M (2014) Vergleichbarkeit internationaler Arzneimittelpreise: Internationale Preisreferenzierung in Deutschland durch das AMNOG. DICE Ordnungspolitische Perspektiven No 60. ISBN 978-3-86304-660-6.

Marselis D, Hordijk L (2020) From blockbuster to "niche-buster": how a flawed legislation helped create a new profit model for the drug industry. BMJ 370:m2983. https://doi.org/10.1136/bmj.m2983

Roberts G, Lewis H, Taylor I, Greenwood M (2024) Evaluating the impact of benefit reassessment outcomes for orphan drugs surpassing the revenue limit in Germany. Poster presented at ISPOR Europe, 17th–20th November 2024. https://www.ispor.org/docs/default-source/euro2024/evaluating-the-impact-of-benefit-reassessment-outcomes-for-orphan-drugs-surpassing-the-revenue-limit-in-germany146452-pdf.pdf?sfvrsn=47bc6713_0. Zugegriffen: 8. Juli 2025

SVR Gesundheit – Sachverständigenrat Gesundheit und Pflege (2025) Preise innovativer Arzneimittel in einem lernenden Gesundheitssystem. https://www.svr-gesundheit.de/fileadmin/Gutachten/Gutachten_2025/SVR_Gutachten_2025.pdf. Zugegriffen: 25. Juni 2025

TLV – Tandvårds- och läkemedelsförmånsverket (2023) International Price Comparison 2022. https://www.tlv.se/download/18.12c69789187230f29b822802/1680069871440/report_internationa. Zugegriffen: 2. Juli 2025

Wieseler B, McGauran N, Kaiser T (2019) New drugs: where did we go wrong and what can we do better? BMJ 366:l4340. https://doi.org/10.1136/bmj.l4340

Open Access Dieses Kapitel wird unter der Creative Commons Namensnennung – Nicht kommerziell – Keine Bearbeitung 4.0 International Lizenz (http://creativecommons.org/licenses/by-nc-nd/4.0/deed.de) veröffentlicht, welche die nicht-kommerzielle Nutzung, Vervielfältigung, Verbreitung und Wiedergabe in jeglichem Medium und Format erlaubt, sofern Sie den/die ursprünglichen Autor*in(nen) und die Quelle ordnungsgemäß nennen, einen Link zur Creative Commons Lizenz beifügen und angeben, ob Änderungen vorgenommen wurden. Die Lizenz gibt Ihnen nicht das Recht, bearbeitete oder sonst wie umgestaltete Fassungen dieses Werkes zu verbreiten oder öffentlich wiederzugeben.

Die in diesem Kapitel enthaltenen Bilder und sonstiges Drittmaterial unterliegen ebenfalls der genannten Creative Commons Lizenz, sofern sich aus der Abbildungslegende nichts anderes ergibt. Sofern das betreffende Material nicht unter der genannten Creative Commons Lizenz steht und die betreffende Handlung nicht nach gesetzlichen Vorschriften erlaubt ist, ist auch für die oben aufgeführten nicht-kommerziellen Weiterverwendungen des Materials die Einwilligung des/der betreffenden Rechteinhaber*in einzuholen.

Demographischer Wandel: Angemessene Arzneimittelversorgung einer alternden Bevölkerung

Petra A. Thürmann, Veronika Bencheva und Sven Schmiedl

Inhaltsverzeichnis

3.1	Demographischer Wandel und Polypharmakotherapie – 39	
3.1.1	Polypharmakotherapie und häufige Komorbiditäten – 41	
3.2	Kardiovaskuläre Medikation und Arzneimittel gegen metabolische Erkrankungen – 44	
3.2.1	Entwicklung der Verordnung kardiovaskulärer Arzneistoffe – 44	
3.2.2	Entwicklung der Verordnung von lipidsenkenden Wirkstoffen – 45	
3.3	Entwicklungen in der Pharmakotherapie des Diabetes mellitus – 47	
3.4	Entwicklungen im Bereich der Therapie der Adipositas – 48	
3.5	Mögliche Maßnahmen für eine wirksame, sichere und wirtschaftliche Pharmakotherapie bei Multimorbidität im höheren Lebensalter – 50	

© Der/die Autor(en) 2025
H. Schröder et al. (Hrsg.), *Arzneimittel-Kompass 2025*, https://doi.org/10.1007/978-3-662-72460-6_3

3.6 Fazit – 52

Anhang: Methodik zur Datenauswertung von AOK-Versicherten – 53

Literatur – 53

Zusammenfassung

Im Zuge des demografischen Wandels ist mit einer steigenden Anzahl multimorbider Patient:innen zu rechnen – bereits beim letzten Bevölkerungssurvey des Robert-Koch-Instituts waren knapp 70 % der Bevölkerung 65+ mindestens von zwei chronischen Erkrankungen betroffen. Diese werden in der Regel mit zahlreichen Medikamenten behandelt. Polypharmakotherapie ist per se mit einem erhöhten Risiko für Arzneimittelwechsel- und -nebenwirkungen behaftet, das beinhaltet auch vermehrt Krankenhausaufnahmen aufgrund von Nebenwirkungen. Daraus folgt ein erhöhter Aufwand für die Arzneimitteltherapiesicherheit älterer Menschen bei gleichzeitig knapper werdenden Personalressourcen im Gesundheitswesen.

Steigende Verordnungszahlen und Arzneimittelkosten beruhen allerdings auch auf Veränderungen in den Leitlinien chronischer Erkrankungen, wie am Beispiel der Herzinsuffizienz und des Diabetes mellitus aufgezeigt wird. Bei chronischer Herzinsuffizienz werden heutzutage leitliniengerecht pro Patient zwei Medikamente täglich mehr verordnet als vor etwa 10 Jahren. Bei den häufigen chronischen Erkrankungen sind es besonders die neueren Medikamente, die einen erheblichen Anteil der Kosten ausmachen, während altbewährte Wirkstoffe meist als kostengünstige Generika verordnet werden. Im europäischen Vergleich fällt auf, dass in Deutschland schon seit vielen Jahren beispielsweise mehr kardiovaskuläre Medikamente verordnet werden als im europäischen Ausland, obwohl die meisten Leitlinien europaweit sehr ähnlich sind.

Die zunehmende Polypharmakotherapie gerade hochbetagter Menschen fußt auf Leitlinien, bei denen die zugrundeliegenden Studien oftmals an einer jüngeren Population durchgeführt wurden und eine direkte Übertragbarkeit auf Ältere aus pathophysiologischen und pharmakologischen Gründen zumindest kritisch betrachtet werden muss. Ansätze zum Deprescribing werden mittlerweile auch in Deutschland diskutiert.

3.1 Demographischer Wandel und Polypharmakotherapie

Der demographische Wandel führt auf vielfältige Weise zu steigenden Anforderungen im Gesundheitssystem. Während im Jahr 2020 16,2 Mio. (20 % der Bevölkerung Deutschlands) 67 Jahre und älter waren, werden dies nach Vorausberechnungen des Statistischen Bundesamtes bereits im Jahr 2030 18 Mio. (20 %) sein und 20,9 Mio. (25 %) im Jahr 2040 (Destatis 2025). Die Generation der sog. Babyboomer ist dann nicht nur aus dem Erwerbsleben ausgeschieden, sondern etwa 80 Jahre und älter. Dies bedeutet weniger Erwerbstätige verbunden mit geringeren Einnahmen für die GKV einerseits und mehr Personen mit Leistungsansprüchen andererseits, für die sowohl personelle als auch finanzielle Ressourcen zur Verfügung stehen müssen (Beerheide et al. 2025).

Mit zunehmendem Alter steigt u. a. das Risiko für das gleichzeitige Auftreten mehrerer chronischer Erkrankungen, die meist einer dauerhaften Pharmakotherapie bedürfen, deutlich an (Gaertner et al. 2023). Multimorbidität wird nach einer vielfach verwendeten Definition als das gleichzeitige Vorliegen von mindestens zwei chronischen Erkrankungen bezeichnet (van den Akker et al. 1996). Bei dem letzten Bevölkerungssurvey (n = 3.694 Altersgruppe 65+) des RKI gaben 69,2 % der Befragten an, mindestens zwei chronische Erkrankungen aus einer Auswahl von zehn häufigen Erkrankungen im Alter (wie z. B. Bluthochdruck, Herzinsuffizienz, Diabetes) zu haben. Besonders Frauen in der Altersgruppe 80 Jahre und älter waren mit 82,4 % sehr häufig von Multimorbidität betroffen (Gaertner et al. 2023).

Multimorbidität führt zu einer Multimedikation (auch Polypharmakotherapie) und wird meist als dauerhafte Einnahme von fünf oder mehr Medikamenten beschrieben (Masnoon et al. 2017). Polypharmakotherapie entsteht oftmals bei einer durchaus leitliniengerech-

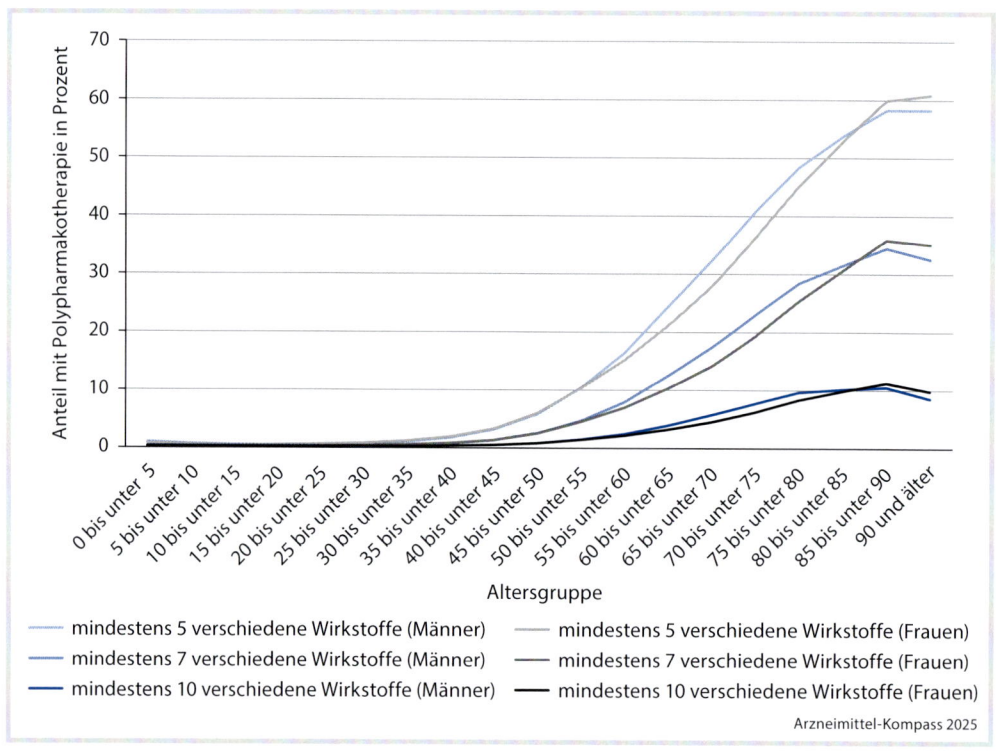

● **Abb. 3.1** Anteil der GKV-Versicherten mit Polypharmakotherapie bezogen auf Geschlecht und Altersklassen im Jahr 2023. (Datenbasis: Arzneimittelverordnungsdaten der AOK-Versicherten, alters- und geschlechtsadjustierte Hochrechnung auf GKV-Versicherte)

ten medikamentösen Therapie, kann aber aus zwei Gründen im Alter dennoch problematisch sein. Zum einen haben ältere und betagte Menschen generell ein höheres Risiko, eine Nebenwirkung zu erleiden, da sie entweder Wirkstoffe langsamer ausscheiden oder empfindlicher darauf reagieren. Zum anderen kann auch die leitliniengerechte Pharmakotherapie mehrerer Erkrankungen zu Wechselwirkungen führen: Medikamente gegen die eine Erkrankung sind eventuell nicht geeignet bei Vorhandensein einer anderen Erkrankung oder es kommt schlichtweg zu Wechselwirkungen zwischen den Wirkstoffen, was bei Polypharmakotherapie leicht übersehen wird und wiederum zu Nebenwirkungen führt (Davies et al. 2020). Nicht umsonst beruhen etwa 8 % der Krankenhausaufnahmen auf unerwünschten Wirkungen (Haerdtlein et al. 2023),
wobei ältere Menschen mit Polypharmakotherapie besonders häufig davon betroffen sind (Osanlou et al. 2022).

● Abb. 3.1 zeigt den Anteil von GKV-Versicherten mit Polypharmakotherapie basierend auf Daten des Jahres 2023 unter Anwendung der Berechnungsmethoden wie bereits von Thürmann et al. (2022) beschrieben. Als Dauermedikation wurde die Abgabe desselben Wirkstoffs auf ATC-Ebene in mindestens zwei Quartalen eines Jahres angenommen. Polypharmazie ergibt sich demzufolge aus der Dauermedikation mit jeweils fünf, sieben oder zehn verschiedenen Wirkstoffen (Hyperpolypharmakotherapie).

Betrachtet man die Entwicklung über die letzten zwölf Jahre hinweg, so zeigt sich ein deutlicher Anstieg des Anteils der Versicherten mit Polypharmakotherapie, v. a. unter der

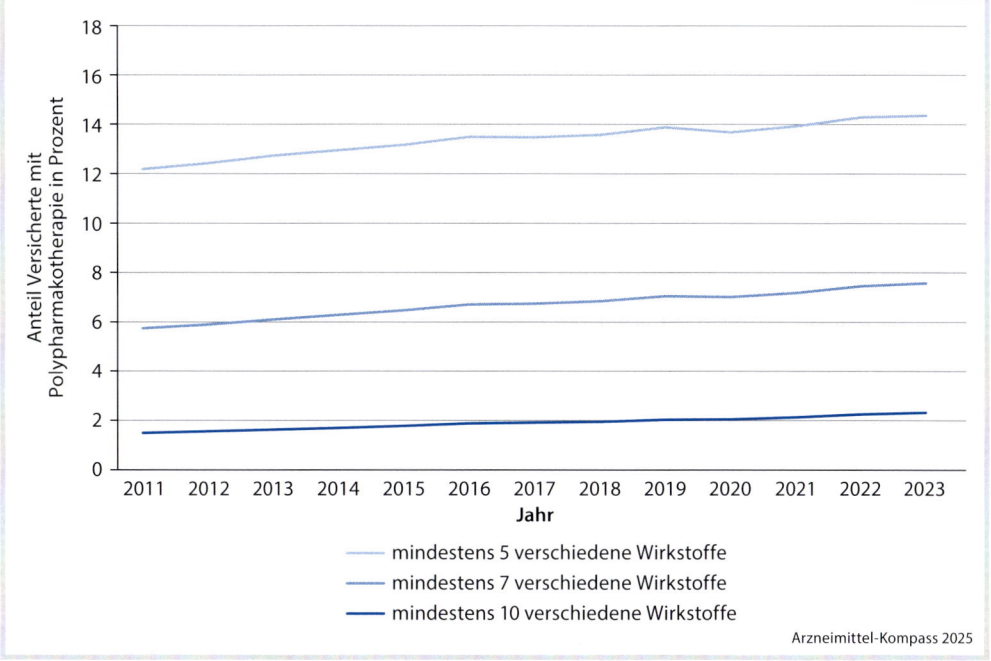

Abb. 3.2 Anteile der Versicherten mit Polypharmazie von 2011 bis 2023 auf die Alters-/Geschlechtsstruktur der GKV im Jahr 2023 bezogen. (Nach Altersklassen, Geschlecht und KV-Region aus der KM6-Statistik 2020; Methodik s. Abb. 3.1)

Annahme, dass fünf bzw. sieben Medikamente in der Dauermedikation angewendet wurden (Abb. 3.2).

Interessanterweise wird der Anstieg deutlich geringer, wenn man auf die Altersstruktur des Jahres 2023 standardisiert und somit den demographischen Effekt herausrechnet (Abb. 3.3).

Beim Vergleich der beiden Grafiken wird deutlich, dass der demographische Wandel bereits jetzt zu einem erheblichen Anstieg der Versicherten mit Polypharmakotherapie geführt hat; dies eröffnet somit eine Perspektive auf zukünftige Entwicklungen im Bereich der Polypharmakotherapie angesichts der zu erwartenden Veränderungen bei der Zusammensetzung der Bevölkerung. In einem vertieften Blick auf ausgewählte Indikationen muss aber auch betrachtet werden, wie Veränderungen in dem zur Verfügung stehenden Spektrum an Arzneistoffen und auch bei den in den Leitlinien empfohlenen Wirkstoffen zusätzlich zu einem Anstieg bei den Arzneimittelausgaben führen.

3.1.1 Polypharmakotherapie und häufige Komorbiditäten

Von den AOK-Versicherten mit einer Polypharmakotherapie haben knapp 89 % eine Hypertonie, gefolgt von Rückenschmerzen (62 %) und Diabetes mellitus (49 %; WIdO 2025a). In absteigender Reihenfolge sind eine Koronare Herzkrankheit (KHK; 34 %), Depression (30 %), Gonarthrose (23 %) und Herzinsuffizienz (23 %) im Diagnosespektrum der AOK-Versicherten mit Polypharmakotherapie vertreten.

Betrachtet man die Erkrankungen bzw. Diagnosen der Versicherten, bei denen am häufigsten eine Polypharmakotherapie auftritt, so sind es Versicherte mit Dialysebehandlung (89 %) gefolgt von Versicherten mit KHK

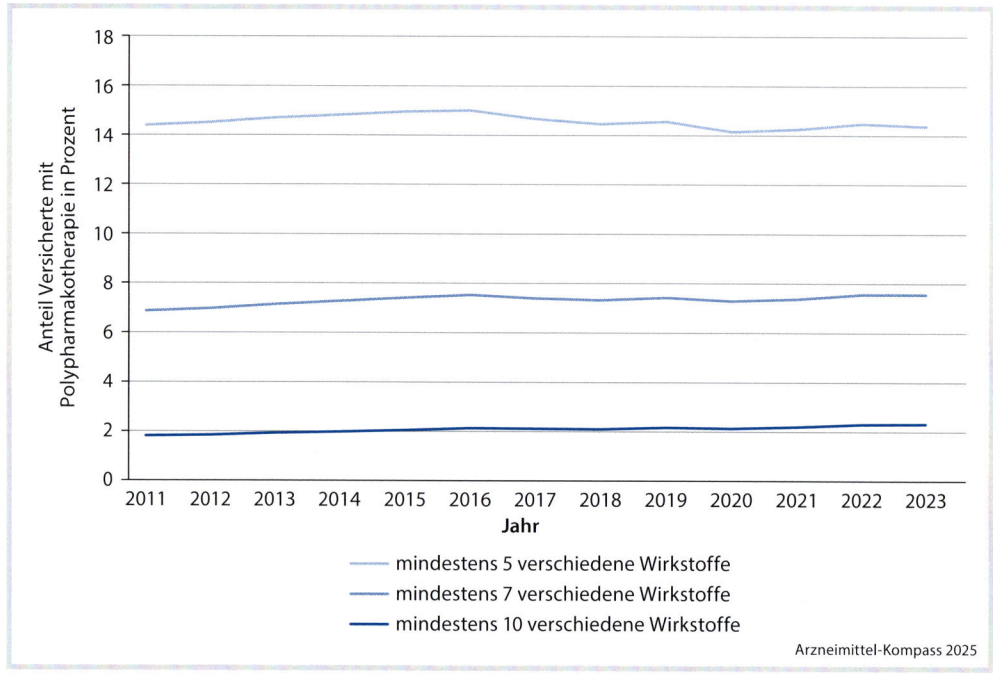

◘ **Abb. 3.3** Anteile der Versicherten mit Polypharmazie auf die Alters-/Geschlechtsstruktur der GKV im Jahr 2023 bezogen. (Nach Altersklassen, Geschlecht und KV-Region aus der KM6-Statistik 2020) und standardisiert auf die Altersstruktur des Jahres 2023

und Herzinsuffizienz (84 %), die an der Spitze stehen und in einem nahezu erschreckenden Ausmaß auch von Hyperpolypharmakotherapie (zehn und mehr Arzneistoffe am Tag) betroffen sind (◘ Tab. 3.1). In dieser Darstellung rangieren auch einige Folgeerkrankungen des Diabetes mellitus (diabetischer Fuß, diabetische Neuropathie) ganz oben, und eine dialysepflichtige Nierenerkrankung ist oftmals die Folge eines Diabetes mellitus. Insofern spielt gerade unter den chronischen Erkrankungen der Diabetes mellitus eine besondere Rolle.

Um eine mögliche Entwicklung aufzuzeigen, seien besonders häufige Erkrankungen im Alter hinsichtlich ihrer möglichen Zuwachsraten betrachtet: Gemäß den Daten des Zentralinstituts der KVen haben etwa 70 % der über 70-Jährigen eine Hypertonie; ein Zuwachs in dieser Altersgruppe wird auch eine Steigerung der Verordnungen von momentan kostengünstigen Antihypertensiva nach sich ziehen (Zi 2025). Auch die Diagnose Herzinsuffizienz weist eine stark altersabhängige Prävalenz auf: etwa 8 % bei den über 70-Jährigen, knapp 18 % bei den über 80-Jährigen und knapp 29 % bei den über 90-Jährigen. Betrachtet man die Entwicklung der gemäß Leitlinien empfohlenen Arzneistoffe (s. u.), so ist auch hier mit einer entsprechenden Steigerung der Kosten zu rechnen. Diabetes mellitus betrifft je nach Geschlecht ca. 30 % der über 70-jährigen (Zi 2025).

Neben den oben angeführten Erkrankungen stellt die Adipositas als Risikofaktor für Diabetes mellitus und kardiovaskuläre Erkrankungen ein zunehmendes Gesundheitsproblem in Deutschland dar. Laut Gesundheitsatlas des Wissenschaftlichen Instituts der AOK (WIdO) lag die Prävalenz der Adipositas im Jahr 2023 bei 10,2 %, mit deutlichen regionalen Unterschieden (WIdO 2025a). Da eine enge Assoziation zwischen Adipositas und metabolischen Erkrankungen (z. B. Diabetes) besteht,

Tab. 3.1 AOK-Versicherte im Jahr 2023 mit den dargestellten Indikationsprofilen nach WIdO (2025b) und Polypharmakotherapie

Diagnosen/Versichertenprofil	Prozent mit Polypharmakotherapie (min. 5 Wirkstoffe)	Prozent mit Polypharmakotherapie (min. 10 Wirkstoffe)
Dialyse	89,03	46,37
Koronare Herzkrankheit (KHK) und Herzinsuffizienz	**83,95**	**26,48**
Diabetischer Fuß	79,96	27,50
Diabetische Neuropathie	77,67	24,77
Koronarangiographie mit Intervention	77,46	23,89
Herzinsuffizienz	**76,05**	**20,71**
Herzinfarkt (akut)	74,96	22,52
Morbus Parkinson	71,73	20,17
Koronare Herzkrankheit (KHK)	**71,42**	**16,73**
Koronarangiographie gesamt	69,12	19,37
Demenz	65,69	14,14
Schlaganfall (akut)	59,90	12,73
COPD – Chronisch-obstruktive Lungenerkrankung ab 40 Jahre mit Medikation	59,87	17,01
Diabetes mellitus Typ 2	58,73	13,03
Osteoporose	53,95	11,46
Arthrose des Hüftgelenks (Coxarthrose)	48,21	9,33
Rheumatische Erkrankungen (ICD M05 bis M09)	47,08	10,51
Arthrose des Kniegelenks (Gonarthrose)	45,61	8,55
Bluthochdruck (Arterielle Hypertonie)	41,23	6,97
Asthma	29,48	6,69

Kursiv gesetzt sind Profile, bei denen sich die Falldefinition im Vergleich zum Stand Ende 2020 geändert hat. Dabei haben die Änderungen in der Regel marginale Auswirkungen auf die Fallzahlen.
Arzneimittel-Kompass 2025

stellt die Vermeidung der Entstehung von Übergewicht bzw. die Reduzierung der Adipositas einen wichtigen Beitrag zur Gesundheit auch auf Populationsebene dar.

Ziel dieses Beitrags ist die Betrachtung und Analyse der Entwicklung der Arzneimittelverordnungen bei sog. Volkskrankheiten im Kontext des demographischen Wandels, wobei Herz/Kreislauferkrankungen und metabolische Störungen (Adipositas, Diabetes mellitus und Hyperlipidämie) im Vordergrund stehen.

3.2 Kardiovaskuläre Medikation und Arzneimittel gegen metabolische Erkrankungen

3.2.1 Entwicklung der Verordnung kardiovaskulärer Arzneistoffe

Wie man den Erkrankungsprävalenzen (s. o.) entnehmen kann, ist eine deutliche Zunahme der Patientinnen und Patienten mit Hypertonie, KHK und Herzinsuffizienz zu erwarten, wobei letztere oftmals auf dem Boden einer langjährigen Hypertonie oder nach einem Herzinfarkt entsteht. Hinzu kommt, dass die Mehrzahl der Schlaganfälle im Rahmen einer Herzrhythmusstörung (Vorhofflimmern) entsteht, die sowohl primär- als auch sekundärpräventiv mit Antiarrhythmika und „Blutverdünnern" (Thrombozytenaggregationshemmern und oralen Antikoagulantien) behandelt wird. In ◘ Tab. 3.2 sind die Wirkstoffe dargestellt, die nach den aktuellen Leitlinien zur Behandlung der häufigen kardiovaskulären Erkrankungen eingesetzt werden. Angesichts des Zusammenhangs der Erkrankungen untereinander und der Unmöglichkeit, aus den Medikamenten allein die exakte kardiovaskuläre Diagnose ableiten zu können, ist eine Betrachtung aller kardiovaskulären Arzneimittel sinnvoll, um bisherige Verordnungsveränderungen einordnen zu können und ggf. zukünftige Anstiege der Verordnungszahlen abzuschätzen.

Im Vergleich zu anderen Europäischen Ländern nimmt Deutschland bei der Verordnung von kardiovaskulären Arzneistoffen seit Jahren eine Spitzenposition ein (OECD 2025). Zwischen 2012 und 2022 stieg die Zahl der Verordnungen kardiovaskulärer Arzneimittel (pro 1.000 Einwohner) in Deutschland um 22 % (148 DDD) an (◘ Abb. 3.4).

In Deutschland scheint mit der Verordnung von 18 Mrd. DDD für Antihypertensiva im Jahr 2023 erstmals keine Steigerung mehr eingetreten zu sein. Viele Wirkstoffe, z. B. Betablocker, RAS-Hemmer oder Diuretika, werden zum überwiegenden Teil als Generika verordnet (Eschenhagen und Weil 2024a).

Allerdings lässt sich am Beispiel der Medikation bei Herzinsuffizienz gut aufzeigen, dass neue Wirkstoffe, die gemäß aktueller Leitli-

◘ **Tab. 3.2** Wirkstoffe und Wirkstoffklassen, die nach aktuellen Leitlinien bei mehr als einer kardiovaskulären Erkrankung zum Einsatz kommen. (BÄK et al. 2023a; BÄK et al. 2023b; BÄK et al. 2024)

Wirkstoff(klasse)	Hypertonie	Chronische KHK	Herzinsuffizienz
RAS-Blocker[a]	X	X	X
Betablocker	X	X	X
Kalziumantagonisten	X	X	–
Diuretika	X	–	X
Aldosteronantagonisten	X	X	X
Digitalisglykoside	–	–	X
Thrombozytenaggregationshemmer	–	X	–
Cholesterinsenker	–	X	–
(SGLT2-)Inhibitoren[b]	–	–	X

[a] RAS-Blocker = ACE-Hemmer, AT_1-Rezeptorblocker, Reninhemmer
[b] Natrium-Glucose-Cotransporter-2-Inhibitoren
Arzneimittel-Kompass 2025

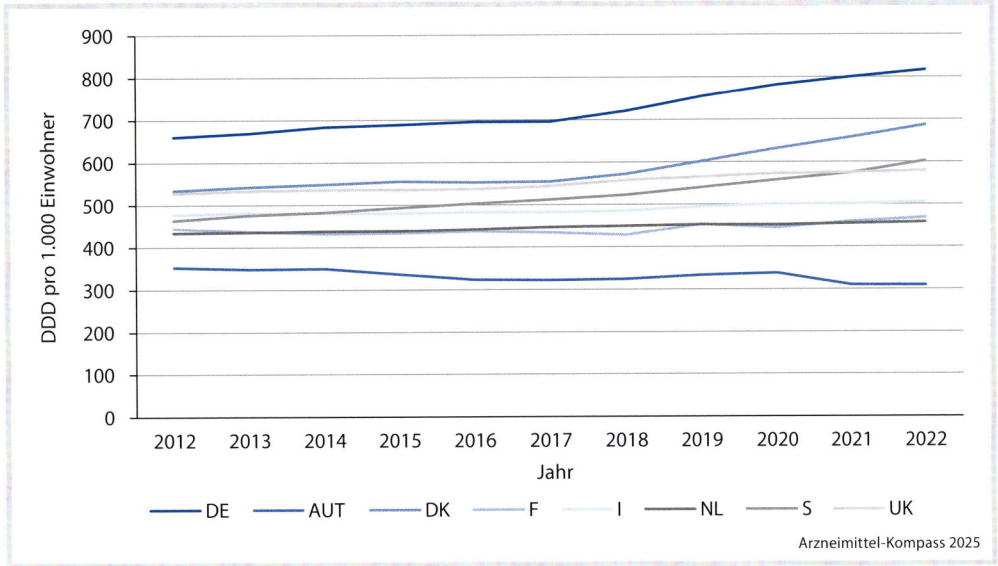

◘ Abb. 3.4 Verordnung kardiovaskulärer Arzneistoffe (DDD pro 1.000 Einwohner/Tag) 2012 bis 2022. (OECD 2025)

nien zusätzlich zu den bisherigen eingeführt wurden, nicht nur einen erheblichen Beitrag zur täglichen „Medikamentenlast" leisten, sondern auch zu einer deutlichen Kostensteigerung führen. ◘ Tab. 3.3 verdeutlicht die Erweiterung des Spektrums verfügbarer und empfohlener Arzneistoffe in der jeweiligen Nationalen Versorgungsleitlinie Herzinsuffizienz im Zeitraum von 2009 bis 2023.

Wie man ◘ Tab. 3.3 entnehmen kann, sind zahlreiche Wirkstoffe neu hinzugekommen und wurden in ihrem Einsatzspektrum von zunächst schwereren Stadien der Herzinsuffizienz (nach NYHA-Einteilung) auf leichtere Stadien ausgeweitet. Selbst Sacubitril/Valsartan und die SGLT2-Inhibitoren gehören mittlerweile zum Standard auch in frühen Stadien der Herzinsuffizienz. Für Kombinationen von vier Wirkstoffen ist einerseits eine Verringerung der Mortalität belegt, andererseits führt dies automatisch bei immer mehr Patientinnen und Patienten zu Polypharmakotherapie und Wechselwirkungen mit der Behandlung der Komorbiditäten. Allein von der Kombination Sacubitril/Valsartan wurden im Jahr 2023 mittlerweile 157,4 Mio. DDD verordnet, bei Tagestherapiekosten von 4,48 € (Eschenhagen und Weil 2024b). Der erste SGLT2-Inihibitor wurde 2021 für die Indikation Herzinsuffizienz zugelassen (zuvor nur zur Behandlung des Diabetes mellitus Typ 2); seitdem hat sich die Zahl der definierten Tagesdosen von 300 Mio. auf 573 Mio. nahezu verdoppelt (Freichel und Klinge 2024). Da es stets einige Jahre dauert, bis sich die in Leitlinien empfohlene Therapie durchsetzt, ist hier mit einer stetigen Zunahme von Verordnungen zu rechnen, zusätzlich zu einem Anstieg der betagten Patienten mit Herzinsuffizienz.

3.2.2 Entwicklung der Verordnung von lipidsenkenden Wirkstoffen

Lipidsenker werden teilweise in der Primärprävention von kardiovaskulären Erkrankungen (überwiegend KHK, Schlaganfall, periphere arterielle Verschlusskrankheit), aber v. a. in der Sekundärprävention nach Herzinfarkt und Schlaganfall eingesetzt (◘ Abb. 3.5).

Tab. 3.3 Vergleich der Wirkstoffempfehlungen in den ersten beiden und der aktuellen Auflage der Nationalen Versorgungs-Leitlinie (NVL) Herzinsuffizienz. (BÄK et al. 2009; BÄK et al. 2017; BÄK et al. 2023b)

Wirkstoffe	NVL Herzinsuffizienz 1. Auflage 2009/13	NVL Herzinsuffizienz 2. Auflage 2017	NVL Herzinsuffizienz 4. Auflage 2023 (HFrEF)[a]
Diuretika	Nach Symptomatik	Nach Symptomatik	Nach Symptomatik
ACE-Hemmer/ AT$_1$-Rezeptorblocker	Ab NYHA[b]-Stadium I-II/ bei ACE-Hemmer-Unverträglichkeit	Ab NYHA-Stadium I-II/ bei ACE-Hemmer-Unverträglichkeit	Ab NYHA-Stadium I-II/ bei ACE-Hemmer-Unverträglichkeit
Betablocker	Nach Myokardinfarkt bzw. ab NYHA II	Nach Myokardinfarkt bzw. ab NYHA II	Nach Myokardinfarkt bzw. ab NYHA II
Epleronon	Nach Myokardinfarkt und mit Symptomatik	Ab NYHA Stadium II	Bei persistierender Symptomatik unter RAS-Blocker, ggf. initial
Spironolacton	Ab NYHA Stadium II	Ab NYHA Stadium II	Bei persistierender Symptomatik unter RAS-Blocker[c], ggf. initial
Ivabradin	–	Ab NYHA II bei Betablocker-Intoleranz oder wenn HF ≥ 75/min	Ab NYHA II bei Betablocker-Intoleranz oder wenn HF ≥ 75/min
Digitalisglykoside	Nur bei VHF[d] mit Tachyarrhythmie/ oder nicht beherrschbarer Symptomatik	Nur bei VHF mit Tachyarrhythmie/ oder nicht beherrschbarer Symptomatik	Nur bei VHF mit Tachyarrhythmie/ oder nicht beherrschbarer Symptomatik
Sacubitril/Valsartan	–	Ab NYHA II, Ersatz für RAS-Blocker bei persistierender Symptomatik	Ab NYHA II, Ersatz für RAS-Blocker bei persistierender Symptomatik, ggf. auch initial
SGLT2-Inhibitoren	–	–	Ab NYHA II, bei persistierender Symptomatik und RAS-Blocker + Betablocker, ggf. auch initial
Vericiguat	–	–	Nach Dekompensation mit i. v. Therapie

[a] HFrEF = Herzinsuffizienz mit reduzierter Auswurfleistung
[b] NYHA = New York Heart Association Stadium
[c] RAS-Blocker = ACE-Hemmer, AT$_1$-Blocker, Sacubitril/Valsartan
[d] VHF = Vorhofflimmern
Arzneimittel-Kompass 2025

Dies entspricht exakt der Verordnungstendenz, die auch von Schirmer und Schuler (2024) berichtet wird. Auch hier gab es Neuentwicklungen in den letzten zehn Jahren, nämlich PCSK9-Inhibitoren und Bempedoinsäurepräparate. Während die Tagestherapiekosten bei den am häufigsten verordneten Statinen (3,5 Mrd. DDD im Jahr 2023) bei 0,12 bis 0,18 € liegen, fallen für die PCSK9-Inhibitoren 12,35 € pro Tag an, bei 12,36 Mio. verordneten DDD im Jahr 2022. Dazwischen rangieren Ezetimib und die ebenfalls relativ

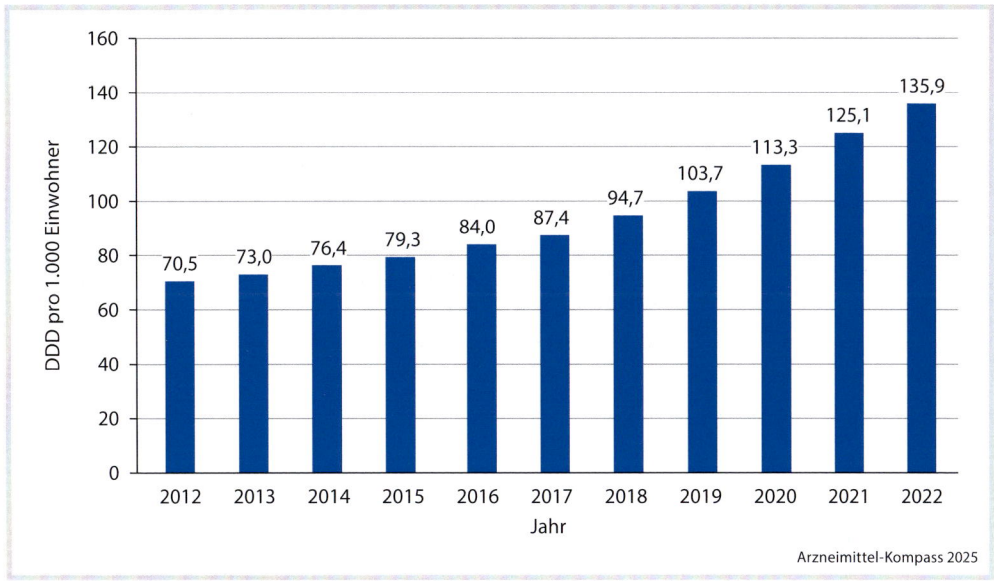

Abb. 3.5 Verordnung von Lipidsenkern (DDD pro 1.000 Einwohner/Tag) 2012 bis 2022. (OECD 2025)

neue Bempedoinsäure mit 25,1 Mio. verordneten DDD bei mittleren Tagestherapiekosten von 2,47 € (Schirmer und Schuler 2024). Die Zunahme der Verordnungen liegt vermutlich v. a. an den Empfehlungen der Fachgesellschaften, welche die Grenzwerte für Lipidwerte von Leitlinie zu Leitlinie gesenkt haben, was zu einem Anstieg der Behandlungsbedürftigen führt. Der Interpretationsspielraum von Studien zeigt sich schon darin, dass es in Deutschland zwei Leitlinien zur lipidsenkenden Therapie gibt, die sich in ihrer Strategie und hinsichtlich der Zielwerte in einigen Aspekten unterscheiden (BÄK et al. 2024; DEGAM 2024a).

Mit Ausnahme der Fibrate ist bei allen Wirkstoffklassen zur Lipidsenkung ein deutlicher Zuwachs zu beobachten und auch für die Zukunft zu erwarten. Trotz niedriger Kosten für Generika bei Statinen und Ezetimib wird es durch geplante Screeningprogramme und eine Zunahme älterer Menschen mit entsprechender Indikation zu vermehrten Verordnungen von Lipidsenkern kommen.

3.3 Entwicklungen in der Pharmakotherapie des Diabetes mellitus

Die International Diabetes Federation (IDF) bezeichnet Diabetes mellitus als eine „globale Epidemie" mit weltweit kontinuierlich steigender Prävalenz (International Diabetes Federation 2025; Radtke 2024). Auch in Deutschland ist ein anhaltender Anstieg der Erkrankungszahlen zu verzeichnen: Während im Jahr 2003 etwa 5,8 % der Bevölkerung an diagnostiziertem Diabetes mellitus litten, lag dieser Anteil im Jahr 2024 bereits bei 10,3 %, was rund zehn Millionen Menschen entspricht (Robert Koch-Institut 2025a). Jährlich erkranken mehr als 450.000 Erwachsene neu an Diabetes mellitus; darüber hinaus wird geschätzt, dass zusätzlich etwa zwei Millionen Personen an Diabetes erkrankt sind, ohne dass bislang eine entsprechende Diagnose gestellt wurde. Besonders hohe Prävalenzraten finden sich bei Menschen im höheren Lebensalter: In der Altersgruppe der über 80-Jährigen sind rund

33 % betroffen (Seidel-Jacobs et al. 2024), in stationären Pflege- und Betreuungseinrichtungen kann der Anteil der an Diabetes mellitus erkrankten Bewohnerinnen und Bewohner sogar bis zu etwa 50 % betragen (Bahrmann et al. 2024).

Die Zunahme der bekannten Diabetesfälle lässt sich auf mehrere Faktoren zurückführen. Zum einen trägt der demographische Wandel mit einer zunehmenden Alterung der Bevölkerung wesentlich dazu bei. Zum anderen führen verbesserte diagnostische Verfahren und eine intensivere Früherkennung dazu, dass Erkrankungen häufiger und früher identifiziert werden (Robert Koch-Institut 2025a).

Auch im Bereich der Arzneimitteltherapie ist im Zusammenhang mit der Behandlung des Diabetes mellitus ein deutlicher Anstieg sowohl der Verordnungszahlen als auch der damit verbundenen Ausgaben der GKV zu verzeichnen. Im Jahr 2023 stellten Antidiabetika die drittumsatzstärkste Arzneimittelgruppe dar, mit einem Gesamtumsatz von rund 3,6 Mrd. € (Mühlbauer und Ludwig 2024). Die Entwicklung der Kosten für Antidiabetika zeigt bis 2018 eine weitgehend konstante jährliche Wachstumsrate von rund 1 %, in den darauffolgenden Jahren ist jedoch ein spürbarer Anstieg zu verzeichnen (Freichel und Klinge 2024). In einer langen Zeitreihe betrachtet, haben sich die Verordnungen von Antidiabetika seit Ende der 1990er-Jahre etwa um den Faktor 2,5 erhöht (Statista 2025). Eine Analyse des DPV-Registers zeigt, dass ab 2008 pharmakologische Behandlungsansätze zunehmend an Bedeutung gewonnen haben, während der Anteil der Versicherten, die ausschließlich durch Lebensstiländerungen behandelt wurden, kontinuierlich zurückgegangen ist (Kamrath et al. 2024). Neue Wirkstoffklassen – SGLT2-Inhibitoren und GLP-1-Rezeptoragonisten – haben eine klare Empfehlung in der 2. und 3. Auflage der NVL Diabetes mellitus erhalten (s. ◘ Tab. 3.4). Innerhalb der Gruppe der übrigen oralen Antidiabetika ist ein rückläufiger Verordnungstrend bei den Sulfonylharnstoffen und bei den DPP-4-Inhibitoren erkennbar (Freichel und Klinge 2024). Bei geriatrischen Patientinnen und Patienten werden Insulin und DPP-4-Inhibitoren nach wie vor überdurchschnittlich häufig als Monotherapie eingesetzt. Dennoch gewinnen Kombinationstherapien sowie moderne Wirkstoffklassen – insbesondere SGLT2-Inhibitoren und GLP-1-Rezeptoragonisten – auch in dieser Patientengruppe zunehmend an Bedeutung (Kamrath et al. 2024).

Vergleicht man beispielsweise die Tagestherapiekosten anhand der DDD für einen fiktiven GKV-Versicherten, so wären dies ca. 2,50 € Nettokosten pro Woche für 1000 mg/d Metformin plus 3,5 mg/d Glimepirid im Vergleich zu 0,5 mg Semaglutid einmal wöchentlich mit Nettokosten von ca. 17 €. oder im Vergleich zu 10 mg/d Empagliflozin mit ca. 19 €. Insbesondere im Segment der nicht-insulinbasierten Antidiabetika stiegen die Ausgaben zwischen 2019 und 2023 um nahezu 1 Mrd. € (Häussler und Höer 2024). Hier muss jedoch auch die zuvor erwähnte Indikationserweiterung der SGLT2-Inihibitoren auf chronische Herzinsuffizienz berücksichtigt werden.

Zukünftig wird die Zahl der an Diabetes erkrankten Personen laut einer Analyse des Deutschen Diabetes Zentrums und des Robert Koch-Instituts bis zum Jahr 2040 auf etwa 12,3 Mio. steigen (DDZ 2019). Ferner ist zu erwarten, dass die Verordnung von Humaninsulin und Sulfonylharnstoffen weiter rückläufig sein wird, da Insulinanaloga sowie moderne Antidiabetika – insbesondere SGLT2-Inhibitoren und GLP-1-Rezeptor-Agonisten – zunehmend an Bedeutung gewinnen und deren Stellenwert in der Therapie ersetzen.

3.4 Entwicklungen im Bereich der Therapie der Adipositas

Neben den bereits erwähnten Datenquellen existieren weitere bevölkerungsbezogene Kohorten, die wichtige Daten (z. B. zu Körpergewicht und BMI) liefern, die in dieser Detailtiefe in den für Sekundärdatenanalysen häufig genutzten Krankenkassen- bzw. KV-Daten nicht

Tab. 3.4 Vergleich der Wirkstoffempfehlungen in den letzten drei Auflagen der Nationalen Versorgungs-Leitlinie (NVL) Diabetes mellitus Typ 2. (BÄK et al. 2002; BÄK et al. 2021; BÄK et al. 2023c)

Wirkstoffe	NVL Diabetes mellitus Typ 2 1. Auflage 2002	NVL Diabetes mellitus Typ 2 2. Auflage 2021[a]	NVL Diabetes mellitus Typ 2 3. Auflage 2023
Metformin	Erste Therapiestufe	Erste Therapiestufe	Erste Therapiestufe
Sulfonylharnstoffe	Erste oder zweite Therapiestufe in Kombination	Zweite bzw. dritte Therapiestufe in Kombination	Zweite bzw. dritte Therapiestufe in Kombination
Alpha-Glukosidasehemmer	Alternative oder zweite oder dritte Therapiestufe in Kombination	Nicht näher betrachtet	Nicht näher betrachtet
Thiazolidindione (Glitazone)	Alternative oder zweite oder dritte Therapiestufe in Kombination	Nicht näher betrachtet	Nicht näher betrachtet
Dipeptidyl-Peptidase-4-(DPP-4)Inhibitoren	–	Zweite oder dritte Therapiestufe in Kombination	Zweite oder dritte Therapiestufe in Kombination mit Metformin
Glucagon-like-Peptid-1-(GLP-1-)Rezeptoragonisten	–	Erste oder zweite Therapiestufe in Kombination	Erste oder zweite Therapiestufe in Kombination
Natrium-Glucose-Cotransporter-2-(SGLT2-)Inhibitoren	–	Erste oder zweite Therapiestufe in Kombination	Erste oder zweite Therapiestufe in Kombination
Glinide	Alternative oder zweite oder dritte Therapiestufe in Kombination	Nicht näher betrachtet	Nicht näher betrachtet

[a] Zwischen der ersten Auflage 2002 und der zweiten Auflage 2021 gab es keine eigenständige Gesamtausgabe der NVL Typ-2-Diabetes, da die Inhalte in mehreren separaten Leitlinien zu verschiedenen Themenschwerpunkten ausdifferenziert wurden und erst 2016 vom Fachbeirat des NVL-Programms beschlossen wurde, diese wieder in einer einheitlichen Leitlinie zusammenzuführen (BÄK et al. 2021)
Arzneimittel-Kompass 2025

vorliegen. In einer Auswertung der MONICA Kohorte (ca. 6.000 Patientinnen und Patienten in der Region Augsburg) konnte bereits 2006 eine positive Assoziation zwischen erhöhtem BMI, Taillenumfang und Taillen-Hüft-Verhältnis und der Erstmanifestation eines Diabetes mellitus nachgewiesen werden, mit höheren Risiken bei Frauen (Meisinger et al. 2006). Auch die in den WIdO-Daten gefundene hohe Prävalenz der Adipositas konnte kürzlich in der bevölkerungsbasierten Nationalen Kohorte (NAKO, mehr als 205.000 Personen) konkretisiert werden. Hier zeigte sich ein deutlicher Anstieg des mittleren BMI in der Gruppe der über 60-Jährigen im Vergleich zu den beiden jüngeren Altersgruppen mit insgesamt höheren Werten bei Männern. Der Anteil der Probanden, die eine Adipositas hatten, lag in dieser Untersuchung bei den über 60-Jährigen bei 29,8 % der Männer und 28,4 % der Frauen (Stein et al. 2024).

Laut RKI ist die Adipositasprävalenz zwischen 2003 und 2023 von 12,2 % auf 19,7 % gestiegen (Starker et al. 2025). Diese Prävalenz wird auch in Zukunft weiter zunehmen. Hinzu kommt gemäß Berechnungen der

OECD, dass Deutschland zwischen 2020 und 2050 etwa 11 % seiner Gesundheitsausgaben für Krankheiten aufwenden wird, die durch Adipositas verursacht werden (OECD 2019).

Für drei GLP-1-Rezeptoragonisten, also ursprünglich Medikamente gegen Diabetes, wurde in den letzten Jahren die Indikation auf Adipositas erweitert, da sie zu einer signifikanten Gewichtsreduktion führen (Wong et al. 2025). Obwohl Semaglutid (Wegovy®) erst seit Juli 2023 in Deutschland verfügbar war, wurde bereits v. a. in sozialen Medien die gewichtssenkende Wirkung auch bei Nicht-Diabetikern propagiert. Dies führte zu einem starken öffentlichen Interesse und einem erheblichen Anstieg an Off-Label-Verordnungen von Semaglutid in Form von Ozempic®, obwohl dieses Präparat ursprünglich nur für die Behandlung des Typ-2-Diabetes zugelassen war. Da diese Verordnungen in der Regel auf Privatrezeptbasis erfolgen, werden sie nicht in den Routinedaten erfasst. Der Ansturm führte kurzzeitig sogar zu einem Lieferengpass für Patientinnen und Patienten mit Diabetes (Lau und Schulze 2023). Eine Analyse von Routinedaten zeigt, dass die Zahl der Patienten mit mindestens einer Verordnung eines GLP-1-Rezeptoragonisten zwischen 2017 und 2022 um 257 % anstieg. Mehr als zwei Drittel der Behandelten hatte neben einem Diabetes mellitus und einer Adipositas auch eine Hypertonie und Hyperlipidämie (Jacob et al. 2024). Angesichts der demographischen Entwicklung ist auch im Bereich dieser Erkrankung mit stetigen Zuwachsraten zu rechnen. Die Diskussion um die Abnehmspritze brachte zumindest den Aspekt der Prävention (s. u.) wieder mehr in den Vordergrund, d. h. eine gesunde Ernährung und Bewegung bereits ab dem Kindesalter könnte Therapien gegen Adipositas zu einem nicht unerheblichen Anteil vermeiden (Lau und Schulze 2023).

3.5 Mögliche Maßnahmen für eine wirksame, sichere und wirtschaftliche Pharmakotherapie bei Multimorbidität im höheren Lebensalter

Die Risiken der Polypharmakotherapie im Alter sind hinlänglich beschrieben. Dennoch werden, wie die Beispiele der kardiovaskulären und metabolischen Arzneistoffe zeigen, Grenzwerte in Leitlinien gesenkt und Mehrfachkombinationen von Wirkstoffen empfohlen. Für die Empfehlungen in den Leitlinien ist die Evidenz auch unstrittig, wobei jedoch im Zeitalter der individualisierten Therapie die Frage erlaubt sein muss, ob die Studienpopulation der Klinischen Studien mit neuen Arzneimitteln immer repräsentativ ist für die tatsächlich zu behandelnden multimorbiden älteren Menschen (Thürmann 2019; Florisson et al. 2021). Bereits 2003 zeigten Masoudi et al., dass nur bis zu 40 % der eigenen Krankenhauspatienten mit Herzinsuffizienz aufgrund klinischer Charakteristika und Ausschlusskriterien in die sog. *landmark trials* gepasst hätten, die wiederum Basis für die Leitlinien sind (Masoudi et al. 2003). Nicht umsonst haben Zulassungsbehörden ihre Guidelines für Zulassungsstudien dahingehend geändert, dass ältere und multimorbide Patienten vermehrt berücksichtigt werden sollen (U.S. FDA et al. 2020). Und auch die aktuelle NVL Herzinsuffizienz (BÄK et al. 2023b) empfiehlt beispielsweise: „Bei multimorbiden Patienten soll eine Priorisierung der komplexen Problemlagen erfolgen. Die Therapien der Einzelerkrankungen werden nicht unkritisch addiert, sondern die Behandlung soll einem individuellen Gesamtkonzept folgen, das sowohl die Wertvorstellungen, Therapieziele und Präferenzen des Patienten als auch die Perspektive des behandelnden Arztes berücksichtigt." Allerdings gibt es in den Leitlinien selbst oftmals keine konkrete Empfehlung, wann eine (präventive) Medikation wieder abgesetzt werden kann (Seitz et al. 2025). Konkretere Hinweise zum Vorgehen finden sich in den Leitlinien Multimedikation sowie Multimorbidität der Deutsche Gesellschaft für Allgemeinmedizin und Familienmedizin (DEGAM 2021; DEGAM 2024b). Hier wird der im Folgenden etwas näher beschriebene Ansatz des „Deprescribing" genannt.

Bei betagten und v. a. gebrechlichen Patientinnen und Patienten besteht das Problem einer schier unüberschaubaren Anzahl von Medikamenten mit noch weniger überschaubaren Wechsel- und Nebenwirkungen einerseits und dem unklaren zu erwartenden Nutzen andererseits (s. o.). Daraus hat sich der Ansatz des Deprescribing entwickelt, also in gemeinsamer Abwägung mit den Patienten die Medikationslast zu verringern, mit dem Ziel, Nebenwirkungen zu reduzieren und im Bewusstsein, dass ein möglicher lebensverlängernder Effekt vielleicht nicht erreicht wird (Scott et al. 2015). Wie diese Betrachtung schon zeigt, geht es hier v. a. um prophylaktische Medikation und nicht um beispielsweise Medikation zur akuten Schmerzlinderung. Im kardiovaskulären und metabolischen Bereich, aber auch bei anderen Wirkstoffgruppen gibt es mittlerweile internationale Leitlinien, in denen Deprescribing beschrieben wird, zumal nach jahrelanger Einnahme manchmal die Indikation nicht mehr klar ist bzw. nicht mehr besteht (Gnjidic et al. 2022). Diese Leitlinien beruhen teilweise auf retrospektiven Analysen von randomisierten kontrollierten Studien (RCTs), es gibt jedoch zahlreiche prospektive Studien zum Deprescribing, in denen a) die Möglichkeit des Absetzens gezeigt wird, ohne b) Schaden für die Patienten herbeizuführen bei c) teilweise besserer Lebensqualität (Linsky et al. 2025).

Andererseits muss jedoch bedacht werden, dass viele der besprochenen und auch in den Leitlinien genannten Wirkstoffe tatsächlich das Leben verlängern bzw. die Lebensqualität verbessern können, auch bei Patienten mit Polypharmakotherapie. Hierzu ist jedoch ein engmaschiges Monitoring erforderlich, das in der hausärztlichen Routine oftmals nicht im erforderlichen Ausmaß stattfinden kann (DEGAM 2018). Mit einem Anstieg der Versicherten mit Polypharmakotherapie sind nicht nur ansteigende Arzneimittelkosten verbunden, sondern auch zusätzlich im Hinblick auf die Arzneimitteltherapiesicherheit (AMTS) zu überwachender Patienten und last but not least durch Nebenwirkungen entstehende zusätzliche Kosten. Die Schätzungen für nebenwirkungsbedingte Krankenhausaufenthalte divergieren zwischen den verschiedenen Ländern und v. a. den methodischen Ansätzen; so wurde bereits 2012 für Deutschland ein jährlicher Betrag von 457 Mio. € ermittelt (Rottenkolber et al. 2012), für UK im Jahr 2018 2,21 Mrd. GBP (umgerechnet 2,5 Mrd. €; Osanlou et al. 2022) und für die USA im Jahr 2016 sogar 528,4 Mrd. USD (Watanabe et al. 2018). Für die Abschätzung einer Entwicklung dieser Kosten existieren keine Berechnungen. Jedoch hat sich trotz aller Entwicklungen und Maßnahmen der Prozentsatz der nebenwirkungsbedingten Krankenhausaufnahmen (als ein Indikator für Arzneimitteltherapiesicherheit) nicht reduziert. Demzufolge gilt es einerseits ein regelmäßiges Monitoring für AMTS gerade betagter Menschen zu etablieren und andererseits im gesellschaftlichen Konsens Deprescribing zu diskutieren – nicht als „Wegnehmen", sondern zum Schutz vulnerabler Personen vor einer Übertherapie. Ein Beschluss des Deutschen Ärztetags 2024 weist auf diese Problematik hin: „Der 128. Deutsche Ärztetag 2024 (Deutscher Ärztetag 2024) fordert den Vorstand der Bundesärztekammer auf, sich öffentlich und über die entsprechenden Gremien dafür einzusetzen, dass Informationen zu Deprescribing bzw. Absetzstrategien zu einem Bestandteil der Informationen zu Medikamenten – besonders auch bei Neueinführungen – werden: In Gesundheitsinformationen zu Medikamenten und bei ärztlichen Fortbildungen sollen Absetzstrategien einen wahrnehmbaren Platz einnehmen, auch als Zeichen unserer Verantwortung für die Umwelt."

Betrachtet man die Arzneimittelpreise der in den Fokus genommenen Indikationen, so steht u. a. die Forderung, dass diese in einem angemessenen Verhältnis zum tatsächlichen gesundheitlichen Nutzen stehen, d. h. der Verhinderung von Folgeschäden, der Steigerung der Lebensqualität und der Minderung der Inanspruchnahme von Leistungen des Gesundheitssystems (Schröder et al. 2021; ExpertInnenrat 2024a). Weitere Vorschläge zu einer zukunftsfähigen Preisgestaltung wurden unlängst im Gutachten des Sachverständigenrats Gesundheit und Pflege dargelegt (SVR Gesundheit und Pflege 2025).

Allerdings kann auch eine andere Fokussierung des Gesundheitssystems, nämlich auf Prävention, die Gesundheit der Bevölkerung verbessern und somit die Inanspruchnahme von Leistungen reduzieren. So könnte man beispielsweise der Adipositas und dem Diabetes mellitus (Typ 2) durch eine gesunde Lebensweise (Ernährung und Bewegung) begegnen (Lau und Schulze 2023). Dies setzt allerdings eine entsprechende Aufklärung und Gesundheitskompetenz in der Bevölkerung voraus, wobei gerade in dieser Hinsicht soziale Ungleichheit eine besondere Rolle spielt (ExpertInnenrat 2024a; ExpertInnenrat 2024b). Ist eine Adipositas bereits eingetreten, so ist nach einigen Berechnungen eine Behandlung bei Adipositas und mindestens einer Komorbidität beispielsweise mit Semaglutide kosteneffektiver als Diät und Bewegung; allerdings berechnet für eine Therapie über zwei Jahre und ungeachtet der Tatsache, dass mit Beendigung der Therapie das Gewicht auch wieder ansteigt (Sandhu et al. 2023). Präventive Maßnahmen werden oftmals mit Verzicht assoziiert, sodass es gilt, den Grundsatz „make the healthy choice the easy choice" umzusetzen (Volpp und Asch 2017). Dies erfordert neben der entsprechen Kommunikation an die Bevölkerung auch Forderungen, wie z. B. Ernährungswissen im Schulunterricht zu verankern. Gesetzgeberische Regelungen, wie z. B. eine Zuckersteuer, wurden in anderen Ländern bereits erfolgreich umgesetzt (Backholer et al. 2016) und ein positiver Nutzen sowohl für die Gesundheit als auch die Gesundheitskosten ist auch in Deutschland zu erwarten (Emmert-Fees et al. 2023).

Bei den hier angestellten Betrachtungen muss konstatiert werden, dass die genannten Wirkstoffe – es sei denn, es wird eine be- völkerungsweite Primärprävention betrieben – vermutlich nicht die größte Rolle bei den Arzneimittelkosten spielen. Medikamente mit Wirkung auf das Immunsystem und v. a. neue Onkologika verursachen mit weitaus weniger Verordnungen die meisten Kosten (Mühlbauer und Ludwig 2024). Neben einer Zunahme von Herz-Kreislauf-Erkrankungen, Adipositas und metabolischen Störungen – also den sog. „Volkskrankheiten" – wird es auch zu einer Zunahme von Versicherten mit Krebserkrankungen kommen. Basierend auf den Daten der Deutschen Krebsregister waren beispielsweise im Jahr 2005 443.394 Menschen (beiderlei Geschlechts) im Alter zwischen 65 und 74 Jahren von einer Krebserkrankung betroffen (5-Jahres-Prävalenz); diese Zahl blieb im Jahr 2019 mit 421.583 relativ stabil. Bei der Gruppe 75+ Jahre beobachtet man einen Anstieg von 374.084 im Jahr 2005 auf 541.068 im Jahr 2019 (Robert Koch-Institut 2025b). Die Therapie z. B. mit oralen Tumormedikamenten, aber auch anderen Onkologika wird nicht nur zu einer Zunahme der Kosten für diese ohnehin teuren Wirkstoffe führen, sondern auch zu einer Steigerung der Medikationskomplexität; somit sind Versorgungsstrukturen zur Gewährleistung der Arzneimitteltherapiesicherheit bei vulnerablen Patienten mit sehr spezifischen Arzneistoffen erforderlich (Dürr et al. 2022).

3.6 Fazit

Ziel dieses Beitrags war die Betrachtung der Multimorbidität und Polypharmazie im Zusammenhang mit dem demographischen Wandel. Es lässt sich festhalten, dass bereits eine Zunahme der Behandlungskosten im Zusammenhang mit den sog. „Volkskrankheiten" zu sehen ist, die sich in den Folgejahren noch deutlicher manifestieren wird. Da bei den kardiovaskulären und metabolischen Erkrankungen die pharmakologische Primär-, Sekundär- und Tertiärprävention eine große Rolle spielt, haben Veränderungen in den Leitlinien der Fachgesellschaften, beispielsweise auch Anpassungen von „Normalwerten", einen erheblichen Einfluss auf das Verordnungsgeschehen. Gerade bei Hochbetagten fehlt jedoch oftmals die Evidenz für den Nutzen einer präventiven Therapie im Kontext einer hochkomplexen Multimorbidität und Polypharmakotherapie. Die Beachtung der spezifischen Aspekte der Pharmakotherapie im Alter und bei Multimorbidität und ggf. Deprescribing kann einen Beitrag zur Verringerung der individuellen Medikationslast beitragen, ohne zwingend das therapeutische Outcome zu beeinträchtigen. Eine wirksame Option wäre eine deutliche Bevorzugung präventiver Ansätze (überwiegend im Bereich der Ernährung und der Bewegung), die in vielerlei Hinsicht Co-Benefits schaffen würden.

Anhang: Methodik zur Datenauswertung von AOK-Versicherten

■■ Grundgesamtheit

Für die Ermittlung von Patientinnen und Patienten mit Multimedikation wurden in der Grundgesamtheit alle im Kalenderjahr durchgängig versicherten oder neugeborenen Personen im AOK-Versichertenkollektiv betrachtet. Es wurden nur Personen mit Geschlechtsangabe männlich oder weiblich sowie mit einem Wohnort in Deutschland berücksichtigt.

■■ Falldefinition Multimedikation

Die Falldefinition für Patienten mit Multimedikation erfordert, dass in mindestens einem Quartal im betrachteten Kalenderjahr eine Anzahl von mindestens fünf, sieben oder zehn verschiedenen Wirkstoffen beziehungsweise Wirkstoffkombinationen verordnet wurde. Die Zählung der Wirkstoffe/Wirkstoffkombinationen erfolgte auf der fünften Hierarchieebene des ATC-Codes (Fricke et al. 2024). Dabei wurden von allen verordneten Arzneimitteln nur Fertigarzneimittel berücksichtigt, die in mindestens zwei Quartalen im Berichtsjahr verordnet wurden, um näherungsweise von einer dauerhaften Verordnung ausgehen zu können. Darüber hinaus wurden topisch angewendete ATC-Codes (wie D Dermatika, R01 Rhinologika etc.), Wirkstoffe, die physiologische Stoffe ersetzen (wie B05 Blutersatzmittel und Perfusionslösungen), nicht chronisch angewendete Arzneimittel (wie J07 Impfstoffe) sowie nicht in der ATC-Systematik klassifizierbare Arzneimittel ausgeschlossen. Diese nicht berücksichtigten ATC-Codes sind: A01, B05, D, G01, J07, M02, P03, R01, R02, R04, S, V, Z. Diese Vorgehensweise hat zum Ziel, mit größerer Wahrscheinlichkeit solche Patienten auszuwählen, bei denen verschiedene chronische Erkrankungen vorliegen, die mit systemisch wirkenden Arzneimitteln therapiert werden.

■■ Hochrechnung auf alle gesetzlich Krankenversicherten

Die Ergebnisse zu den Patientenzahlen mit Multimedikation bei den AOK-Versicherten wurden nach Altersgruppen, Geschlecht und KV-Region anhand der Versichertenzahlen der amtlichen KM 6-Statistik (Bundesministerium für Gesundheit 2023) auf alle gesetzlich Krankenversicherten hochgerechnet.

■■ Falldefinitionen weiterer Erkrankungen

Zur Falldefinition weiterer Erkrankungen bei AOK-Versicherten wurden WIdO-interne Festlegungen verwendet. Die meisten dieser Falldefinitionen sind im Methodendokument zum Gesundheitsatlas Deutschland veröffentlicht (Schüssel et al. 2025). Weitere Falldefinitionen können auf Nachfrage vom WIdO zur Verfügung gestellt werden.

Literatur

van den Akker M, Buntinx F, Knottnerus JA (1996) Comorbidity or multimorbidity. Eur J Gen Pract 2:65–70

Backholer K, Sarink D, Beauchamp A, Keating C, Loh V, Ball K, Martin J, Peeters A (2016) The impact of a tax on sugar-sweetened beverages according to socio-economic position: a systematic review of

the evidence. Public Health Nutr 19(17):3070–3084. https://doi.org/10.1017/S136898001600104X
Bahrmann A, Grammes J, Kubiak T (2024) Diabetes bei multimorbiden älteren Menschen und bei Menschen mit kognitiven und körperlichen Beeinträchtigungen in Deutschland. In: Deutsche Diabetes-Gesellschaft (DDG), diabetesDE – Deutsche Diabetes-Hilfe (Hrsg) Deutscher Gesundheitsbericht Diabetes 2025. MedTriX, Wiesbaden, S 60–63
Beerheide R, Gross G, Haserück A, Kurz C (2025) Demografischer Wandel. Zeit für die Vorbereitung auf mehr Ältere drängt. Dtsch Ärztebl 122:A560–A564
Bundesärztekammer (BÄK), Arbeitsgemeinschaft der Wissenschaftlichen Medizinischen Fachgesellschaften (AWMF), Kassenärztliche Bundesvereinigung (2002) Nationale VersorgungsLeitlinie (NVL) Diabetes mellitus Typ 2, 1. Aufl.
Bundesärztekammer (BÄK), Arbeitsgemeinschaft der Wissenschaftlichen Medizinischen Fachgesellschaften (AWMF), Kassenärztliche Bundesvereinigung (2021) Nationale VersorgungsLeitlinie (NVL) Diabetes mellitus Typ 2, 2. Aufl.
Bundesärztekammer (BÄK), Kassenärztliche Bundesvereinigung (KBV), Arbeitsgemeinschaft Wissenschaftlicher Medizinischer Fachgesellschaften (AWMF) (2009) Nationale VersorgungsLeitlinie Chronische Herzinsuffizienz, 1. Aufl. AWMF-Reg.-Nr.: nvl/006 (Version 7, Dezember 2009. Zuletzt geändert: August 2013)
Bundesärztekammer (BÄK), Kassenärztliche Bundesvereinigung (KBV), Arbeitsgemeinschaft Wissenschaftlicher Medizinischer Fachgesellschaften (AWMF) (2017) Nationale VersorgungsLeitlinie Chronische Herzinsuffizienz, 2. Aufl. AWMF-Register-Nr.: nvl-006 (Version 1)
Bundesärztekammer (BÄK), Kassenärztliche Bundesvereinigung (KBV), Arbeitsgemeinschaft der Wissenschaftlichen Medizinischen Fachgesellschaften (AWMF) (2023a) Nationale VersorgungsLeitlinie Hypertonie – Langfassung, Version 1.0 https://doi.org/10.6101/AZQ/000502 (http://www.leitlinien.de/hypertonie. Zugegriffen: 21. September 2025)
Bundesärztekammer (BÄK), Kassenärztliche Bundesvereinigung (KBV), Arbeitsgemeinschaft Wissenschaftlicher Medizinischer Fachgesellschaften (AWMF) (2023b) Nationale VersorgungsLeitlinie Chronische Herzinsuffizienz, Langfassung, Version 4.0 https://doi.org/10.6101/AZQ/000510 (http://www.leitlinien.de/herzinsuffizienz Zugegriffen: 21. September 2025)
Bundesärztekammer (BÄK), Arbeitsgemeinschaft der Wissenschaftlichen Medizinischen Fachgesellschaften (AWMF), Kassenärztliche Bundesvereinigung (KBV) (2023c) Nationale VersorgungsLeitlinie (NVL) Diabetes mellitus Typ 2, 3. Aufl.
Bundesärztekammer (BÄK), Kassenärztliche Bundesvereinigung (KBV), Arbeitsgemeinschaft der Wissenschaftlichen Medizinischen Fachgesellschaften (AWMF) (2024) Nationale VersorgungsLeitlinie Chronische KHK, Langfassung, Version 7.0 (register.awmf.org/de/leitlinien/detail/nvl-004. Zugegriffen: 21. September 2025)
Bundesministerium für Gesundheit (2023) Statistik über Versicherte, gegliedert nach Status, Alter, Wohnort und Kassenart (KM 6-Statistik), Stichtag: 1. Juli des jeweiligen Jahres, Stand 17. August 2023. https://www.bundesgesundheitsministerium.de/fileadmin/Dateien/3_Downloads/Statistiken/GKV/Mitglieder_Versicherte/KM6_2023.xlsx. Zugegriffen: 24. Sept. 2025
Davies LE, Spiers G, Kingston A et al (2020) Adverse outcomes of polypharmacy in older people: systematic review of reviews. J Am Med Dir Assoc 21(2):181–187. https://doi.org/10.1016/j.jamda.2019.10.022
DDZ – Deutsches Diabetes Zentrum (2019) 2040: Bis zu 12 Mio. Menschen mit Typ-2-Diabetes in Deutschland. https://www.diabetologie-online.de/a/prognose-bis-zu-mio-menschen-mit-typ-diabetes-in-deutschland-1975125. Zugegriffen: 1. Sept. 2025
DEGAM – Deutsche Gesellschaft für Allgemeinmedizin und Familienmedizin e V (2018) Medikamentenmonitoring. AWMF-Registernr. 053/037 Klasse S1. https://www.degam.de/files/Inhalte/Leitlinien-Inhalte/Dokumente/DEGAM-S1-Handlungsempfehlung/053-037%20Medikamentenmonitoring/oeffentlich/S1-HE_Medikamentenmonitoring_Langfassung_201406_mit%20Hinweis%20auf%20Aktualisierung.pdf
DEGAM – Deutsche Gesellschaft für Allgemeinmedizin und Familienmedizin e V (2021) Hausärztliche Leitlinie: Multimedikation. Leitlinie: S3 053-043 Version 2.0. https://www.degam.de/files/Inhalte/Leitlinien-Inhalte/Dokumente/DEGAM-S3-Leitlinien/053-043_Multimedikation/oeffentlich/053-043l_Multimedikation_31-07-21.pdf. Zugegriffen: 11. Sept. 2025
DEGAM – Deutsche Gesellschaft für Allgemeinmedizin und Familienmedizin e V (2024a) Hausärztliche Risikoberatung zur kadiovaskulären Prävention. S3-Leitlinie Version 2.1 AWMF-Register-Nr. 053-024. https://www.degam.de/files/Inhalte/Leitlinien-Inhalte/Dokumente/DEGAM-S3-Leitlinien/053-024_Risikoberatung%20kardiovaskul.%20Praevention/oeffentlich/2025/2025-06-26_01vsf22012_053-024_2-1_langfassung.pdf. Zugegriffen: 1. Sept. 2025
DEGAM – Deutsche Gesellschaft für Allgemeinmedizin und Familienmedizin e V (2024b) S3-Leitlinie Multimorbidität – Living Guideline
Destatis (2025) https://www.destatis.de/DE/Themen/Gesellschaft-Umwelt/Bevoelkerung/Bevoelkerungsvorausberechnung/Tabellen/variante-1-2-3-altersgruppen.html. Zugegriffen: 11. Sept. 2025

Deutscher Ärztetag (2024) Beschlussprotokoll (2024). https://www.bundesaerztekammer.de/fileadmin/user_upload/BAEK/Aerztetag/128.DAET/2024-05-10_Beschlussprotokoll_neu.pdf. Zugegriffen: 11. Sept. 2025

Dürr P, Meier F, Schlichtig K, Schramm A, Schötz L, Fromm MF, Dörje F (2022) Characteristics and cost of unscheduled hospitalizations in patients treated with new oral anticancer drugs in Germany: evidence from the randomized AMBORA trial. J Clin Med 11(21):6392. https://doi.org/10.3390/jcm11216392

Emmert-Fees KMF, Amies-Cull B, Wawro N, Linseisen J, Staudigel M, Peters A, Cobiac LJ, O'Flaherty M, Scarborough P, Kypridemos C, Laxy M (2023) Projected health and economic impacts of sugar-sweetened beverage taxation in Germany: a cross-validation modelling study. PLoS Med 20(11):e1004311. https://doi.org/10.1371/journal.pmed.1004311

Eschenhagen T, Weil J (2024a) Arterielle Hypertonie. In: Ludwig WD, Mühlbauer B, Seifert R (Hrsg) Arzneiverordnungs-Report 2024. Springer, Berlin Heidelberg, S 165–215 https://doi.org/10.1007/978-3-662-70594-0_6

Eschenhagen T, Weil J (2024b) Herzerkrankungen. In: Ludwig WD, Mühlbauer B, Seifert R (Hrsg) Arzneiverordnungs-Report 2024. Springer, Berlin Heidelberg, S 217–232 https://doi.org/10.1007/978-3-662-70594-0_7

ExpertInnenrat „Gesundheit und Resilienz" der Bundesregierung (2024a) 2. Stellungnahme: Resilienz, Innovation und Teilhabe. https://www.bundesregierung.de/resource/blob/992814/2299664/547bb80c349fd4a46b74d17928eba02d/2024-07-18-expertinnenrat-stellungnahme-2-data.pdf?download=1. Zugegriffen: 21. Sept. 2025

ExpertInnenrat „Gesundheit und Resilienz" der Bundesregierung (2024b) 4. Stellungnahme des ExpertInnenrats Stärkung der Resilienz des Versorgungssystems durch Präventionsmedizin. https://www.bundesregierung.de/resource/blob/975228/2310122/199b2113ab2787ddf6da240f257715fc/2024-09-20-expertinnenrat-stellungnahme-4-data.pdf?download=1. Zugegriffen: 21. Sept. 2025

Florisson S, Aagesen EK, Bertelsen AS, Nielsen LP, Rosholm JU (2021) Are older adults insufficiently included in clinical trials? An umbrella review. Basic Clin Pharmacol Toxicol 128:213–223. https://doi.org/10.1111/bcpt.13536

Freichel M, Klinge A (2024) Diabetes mellitus. In: Ludwig WD, Mühlbauer B, Seifert R (Hrsg) Arzneiverordnungs-Report 2024. Springer, Berlin Heidelberg, S 283–303 https://doi.org/10.1007/978-3-662-70594-0_10

Fricke U, Günther J, Niepraschk-von Dollen K, Zawinell A (2024) Anatomisch-therapeutisch-chemische Klassifikation mit Tagesdosen für den deutschen Arzneimittelmarkt: ATC-Index mit DDD-Angaben für den deutsche Arzneimittelmarkt. https://www.wido.de/publikationen-produkte/arzneimittel-klassifikation/. Zugegriffen: 6. Febr. 2025

Gaertner B, Scheidt-Nave C, Koschollek C, Fuchs J (2023) Gesundheitliche Lage älterer und hochaltriger Menschen in Deutschland: Ergebnisse der Studie Gesundheit 65+. J Health Monit 8(3):7–31. https://doi.org/10.25646/11564

Gnjidic D, Johansson M, Meng DM, Farrell B, Langford A, Reeve E (2022) Achieving sustainable healthcare through deprescribing. Cochrane Database Syst Rev 10(10):ED159. https://doi.org/10.1002/14651858.ED000159

Haerdtlein A, Debold E, Rottenkolber M, Boehmer AM, Pudritz YM, Shahid F, Gensichen J, Dreischulte T (2023) Which adverse events and which drugs are implicated in drug-related hospital admissions? A systematic review and meta-analysis. J Clin Med 12(4):1320. https://doi.org/10.3390/jcm12041320

Häussler B, Höer A (2024) Arzneimittel-Atlas 2024 – Der Arzneimittelverbrauch in der GKV. Die wichtigsten Ergebnisse. MWV Medizinisch Wissenschaftliche Verlagsgesellschaft, Berlin

IDF – International Diabetes Federation (2025) IDF Diabetes Atlas (11. Aufl.). https://diabetesatlas.org/media/uploads/sites/3/2025/04/IDF_Atlas_11th_Edition_2025.pdf. Zugegriffen: 1. Sept. 2025

Jacob C, Meise D, Schnaidt S, Norris R, Vivirito A, Obermüller D, Enders D, Braun S (2024) Real-world prescribing patterns of glucagon-like peptide-1 (GLP-1) receptor agonists in Germany [Poster]. ISPOR Europe. https://www.ispor.org/docs/default-source/euro2024/2024-11-11ispor-eu-2024glp1final145399-pdf.pdf?sfvrsn=80563557_0. Zugegriffen: 21. Sept. 2025

Kamrath C, Gölz S, Holl RW (2024) Aktuelle DPV-Registerdaten zur Versorgungslage von Menschen mit Diabetes. In: Deutsche Diabetes-Gesellschaft (DDG), diabetesDE – Deutsche Diabetes-Hilfe (Hrsg) Deutscher Gesundheitsbericht Diabetes 2025. MedTriX, Wiesbaden, S 105–108

Lau T, Schulze A-K (2023) Semaglutid in der Adipositastherapie. Viel Diskussionsstoff. Dtsch Ärztebl 120(33-34):A1372–A1374 (https://www.aerzteblatt.de/archiv/pdf/aadf4658-6c24-49d3-9c66-d87e41246d95)

Linsky AM, Motala A, Booth M, Lawson E, Shekelle PG (2025) Deprescribing in community-dwelling older adults: a systematic review and meta-analysis. JAMA Netw Open 8(5):e259375. https://doi.org/10.1001/jamanetworkopen.2025.9375

Masnoon N, Shakib S, Kalisch-Ellett L, Caughey GE (2017) What is polypharmacy? A systematic review of definitions. BMC Geriatr 17(1):230. https://doi.org/10.1186/s12877-017-0621-2

Masoudi FA, Havranek EP, Wolfe P, Gross CP, Rathore SS, Steiner JF, Ordin DL, Krumholz HM (2003) Most hospitalized older persons do not meet the enrollment criteria for clinical trials in heart failure. Am Heart J 146:250–257. https://doi.org/10.1016/S0002-8703(03)00189-3

Meisinger C, Döring A, Thorand B, Heier M, Löwel H (2006) Body fat distribution and risk of type 2 diabetes in the general population: are there differences between men and women? The MONICA/KORA Augsburg Cohort Study. Am J Clin Nutr 84:483–489

Mühlbauer B, Ludwig WD (2024) Arzneiverordnungen 2023 im Überblick. In: Ludwig WD, Mühlbauer B, Seifert R (Hrsg) Arzneiverordnungs-Report 2024. Springer, Berlin Heidelberg, S 3–26 https://doi.org/10.1007/978-3-662-70594-0_1

OECD – Organisation for Economic Cooperation and Development (2019) The heavy burden of obesity – the economics of prevention https://doi.org/10.1787/67450d67-en

OECD – Organisation for Economic Cooperation and Development (2025) OECD Data Explorer. https://data-explorer.oecd.org/vis?lc=en&df%5bds%5d=dsDisseminateFinalDMZ&df%5bid%5d=HEALTH_PHMC%40DF_PHMC_CONSUM&df%5bag%5d=OECD.ELS.HD&dq=ESP%2BAUT%2BDNK%2BEST%2BFRA%2BITA%2BNLD%2BNOR%2BSWE%2BGBR%2BDEU....N06A%2BN%2BM01A%2BB%2BA%2BA02B%2BM%2BR03%2BC%2BC10%2BC08%2BC09%2BC07%2BC03%2BC01B%2BC02%2BC01A%2BA10&pd=2010%2C2022&to%5bTIME_PERIOD%5d=false&vw=tb&lb=bt. Zugegriffen: 11. Sept. 2025

Osanlou R, Walker L, Hughes DA, Brunside G, Pirmohamed M (2022) Adverse drug reactions, multimorbidity and polypharmacy: a prospective analysis of 1 month of medical admissions. BMJ Open 12(7):e55551. https://doi.org/10.1136/bmjopen-2021-055551

Radtke R (2024) Prävalenz von Diabetes unter Erwachsenen in ausgewählten Ländern weltweit in den Jahren 2011 und 2021. https://de.statista.com/statistik/daten/studie/1424832/umfrage/praevalenz-von-diabetes-unter-erwachsenen-in-ausgewaehlten-laendern-weltweit/. Zugegriffen: 21. Sept. 2025

Robert Koch-Institut (2025a) Diabetes mellitus: Prävalenz (ab 18 Jahre). Gesundheitsberichterstattung des Bundes. https://gbe.rki.de. Zugegriffen: 1. Sept. 2025

Robert Koch-Institut (2025b) Zentrum für Krebsregisterdaten. https://www.krebsdaten.de/Krebs/DE/Datenbankabfrage/datenbankabfrage_stufe1_node.html. Zugegriffen: 21. Sept. 2025

Rottenkolber D, Hasford J, Stausberg J (2012) Costs of adverse drug events in German hospitals – a microcosting study. Value Health 15(6):868–875

Sandhu H, Xu W, Olivieri AV, Lübker C, Smith I, Antavalis V (2023) Once-weekly subcutaneous Semaglutide 2.4 mg injection is cost-effective for weight management in the United Kingdom. Adv Ther 40(3):1282–1291. https://doi.org/10.1007/s12325-022-02423-8

Schirmer B, Schuler J (2024) Lipidstoffwechselstörungen. In: Ludwig WD, Mühlbauer B, Seifert R (Hrsg) Arzneiverordnungs-Report 2024. Springer, Berlin Heidelberg, S 305–323 https://doi.org/10.1007/978-3-662-70594-0_11

Schröder H, Thürmann PA, Telschow C, Schröder M, Busse R (Hrsg) (2021) Arzneimittel-Kompass 2021. Hochpreisige Arzneimittel – Herausforderungen und Perspektiven. Springer, Berlin Heidelberg

Schüssel K, Schlotmann A, Weirauch H, Brückner G (2025) Gesundheitsatlas-Deutschland.de Methodik – Stand Juli 2025. https://gesundheitsatlas-deutschland.de/data/Downloads/gesundheitsatlas_deutschland_methodik.pdf. Zugegriffen: 24. Sept. 2025

Scott IA, Hilmer SN, Reeve E, Potter K, Le Couteur D, Rigby D, Gnjidic D, Del Mar CB, Roughead EE, Page A, Jansen J, Martin JH (2015) Reducing inappropriate polypharmacy: the process of deprescribing. JAMA Intern Med 175:827–834. https://doi.org/10.1001/jamainternmed.2015.0324

Seidel-Jacobs E, Tönnies T, Rathmann W (2024) Epidemiologie des Diabetes in Deutschland. In: Deutsche Diabetes-Gesellschaft (DDG), diabetesDE – Deutsche Diabetes-Hilfe (Hrsg) Deutscher Gesundheitsbericht Diabetes 2025. MedTriX, Wiesbaden, S 8–11

Seitz S, Hasan A, Strube W, Wagner E, Leucht S, Halms T (2025) „Deprescribing" in DGPPN-S3-Leitlinien – eine systematische Analyse. Nervenarzt 96:74–80. https://doi.org/10.1007/s00115-024-01671-z

U.S. FDA – Department of Health and Human Services, Food and Drug Administration, Center for Drug Evaluation and Research (CDER), Center for Biologics Evaluation and Research (CBER) (2020) Enhancing the diversity of clinical trial populations – eligibility criteria, enrollment practices, and trial designs. Guidance for industry. https://collections.nlm.nih.gov/catalog/nlm:nlmuid-9918249008406676-pdf

Starker A, Schienkiewitz A, Damerow S, Kuhnert R (2025) Verbreitung von Adipositas und Rauchen bei Erwachsenen in Deutschland – Entwicklung von 2003 bis 2023. J Health Monit 10(1):e12990. https://doi.org/10.25646/12990

Statista Research Department (2025) Arzneimittelverbrauch von Antidiabetika in Deutschland in den Jahren 1996 bis 2023. Verbrauch von Antidiabetika in Deutschland| Statista Zugegriffen: 12. September 2025

Stein MJ, Fischer B, Bohmann P, Ahrens W, Berger K, Brenner H, Günther K, Harth V, Heise JK, Karch A, Klett-Tammen CJ, Koch-Gallenkamp L, Krist L, Lieb W, Meinke-Franze C, Michels KB, Mikolajczyk R, Nimptsch K, Obi N, Peters A, Pischon T, Schipf S, Schmidt B, Stang A, Thierry S, Willich SN, Wirkner

K, Leitzmann MF, Sedlmeier AM (2024) Differences in Anthropometric measures based on sex, age, and health status findings from the German national cohort (NAKO). Dtsch Ärztebl Int 121:207–213. https://doi.org/10.3238/arztebl.m2024.0016

SVR – Sachverständigenrat Gesundheit und Pflege (2025) Preise innovativer Arzneimittel in einem lernenden Gesundheitssystem. Gutachten 2025. https://doi.org/10.4126/FRL01-006510673

Thürmann PA (2019) Clinical studies in geriatric population. In: Hock F, Gralinski M (Hrsg) Drug discovery and evaluation: methods in clinical pharmacology. Springer, Cham, S 1–8 https://doi.org/10.1007/978-3-319-56637-5_43-1

Thürmann P, Mann N-K, Zawinell A, Niepraschk-von Dollen, Schröder H (2022) Potenziell inadäquate Medikation für ältere Menschen – PRISCUS 2.0. In: Schröder H, Thürmann P, Telschow C, Schröder M, Busse R (Hrsg) Arzneimittel-Kompass 2022. Springer, Berlin Heidelberg, S 51–76

Volpp KG, Asch DA (2017) Make the healthy choice the easy choice: using behavioral economics to advance a culture of health. QJM 110(5):271–275. https://doi.org/10.1093/qjmed/hcw190

Watanabe JH, McInnis T, Hirsch JD (2018) Cost of prescription drug-related morbidity and mortality. Ann Pharmacother 52(9):829–837

WIdO – Wissenschaftliches Institut der AOK (WIdO) (2025a) Gesundheitsatlas Deutschland. https://gesundheitsatlas-deutschland.de/. Zugegriffen: 11. Sept. 2025

WIdO – Wissenschaftliches Institut der AOK (WIdO) (2025b) WIdO-Indikationsprofile. WIdO, Berlin

Wong HJ, Sim B, Teo YH, Teo YN, Chan MY, Yeo LLL, Eng PC, Tan BYQ, Sattar N, Dalakoti M, Sia CH (2025) Efficacy of GLP-1 receptor agonists on weight loss, BMI, and waist circumference for patients with obesity or overweight: a systematic review, meta-analysis, and Meta-regression of 47 randomized controlled trials. Diabetes Care 48(2):292–300. https://doi.org/10.2337/dc24-1678

Zentralinstitut für die kassenärztliche Versorgung in der Bundesrepublik Deutschland (Zi) (2025) Versorgungsatlas. https://www.versorgungsatlas.de/versorgungsatlas-dashboard-haeufige-chronische-krankheiten. Zugegriffen: 11. Sept. 2025

Open Access Dieses Kapitel wird unter der Creative Commons Namensnennung – Nicht kommerziell – Keine Bearbeitung 4.0 International Lizenz (http://creativecommons.org/licenses/by-nc-nd/4.0/deed.de) veröffentlicht, welche die nicht-kommerzielle Nutzung, Vervielfältigung, Verbreitung und Wiedergabe in jeglichem Medium und Format erlaubt, sofern Sie den/die ursprünglichen Autor*in(nen) und die Quelle ordnungsgemäß nennen, einen Link zur Creative Commons Lizenz beifügen und angeben, ob Änderungen vorgenommen wurden. Die Lizenz gibt Ihnen nicht das Recht, bearbeitete oder sonst wie umgestaltete Fassungen dieses Werkes zu verbreiten oder öffentlich wiederzugeben.

Die in diesem Kapitel enthaltenen Bilder und sonstiges Drittmaterial unterliegen ebenfalls der genannten Creative Commons Lizenz, sofern sich aus der Abbildungslegende nichts anderes ergibt. Sofern das betreffende Material nicht unter der genannten Creative Commons Lizenz steht und die betreffende Handlung nicht nach gesetzlichen Vorschriften erlaubt ist, ist auch für die oben aufgeführten nicht-kommerziellen Weiterverwendungen des Materials die Einwilligung des/der betreffenden Rechteinhaber*in einzuholen.

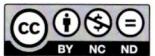

Preisbildung und Standortförderung von pharmazeutischen Unternehmen

Paula Hepp, Pauline Kilwing, Nils Gutacker und Leonie Sundmacher

Inhaltsverzeichnis

4.1	Einleitung – 60	
4.2	Die Verknüpfung von Standortförderung und Absatzmarkt/Arzneimittelpreisen – 61	
4.3	Standortentscheidungen in der pharmazeutischen Industrie – 62	
4.3.1	Präklinische Grundlagenforschung – 63	
4.3.2	Klinische Entwicklung – 64	
4.3.3	Produktion – 65	
4.3.4	Standortfaktor digitale Forschungs(daten)infrastruktur – 65	
4.3.5	Rekapitulation: Die Bedeutung nationaler Preisregulierung für die Standortwahl – 66	
4.4	Fazit: Empfehlungen für eine evidenzbasierte Förderung des Pharmastandorts Deutschland – 66	
	Literatur – 68	

© Der/die Autor(en) 2025
H. Schröder et al. (Hrsg.), *Arzneimittel-Kompass 2025*, https://doi.org/10.1007/978-3-662-72460-6_4

▸▪ Zusammenfassung

Die pharmazeutische Industrie wird im politischen Diskurs immer wieder als „Leitindustrie der deutschen Volkswirtschaft" bezeichnet und die Förderung des Pharmastandorts Deutschland war zuletzt explizit Teil der wirtschaftspolitischen Strategie der Bundesregierung. Dabei kommt es – sowohl argumentativ als auch bei der Umsetzung von Fördermaßnahmen – immer wieder zu einer Verknüpfung zwischen der Regulierung von Arzneimittelpreisen und standortpolitischen Maßnahmen. Dem liegt die Annahme zugrunde, dass ein attraktiver Absatzmarkt für Arzneimittel die Standortentscheidung internationaler Pharmaunternehmen positiv beeinflussen würde. Angesichts steigender Gesundheitsausgaben und der damit einhergehenden höheren Lohnnebenkosten sowie eines gleichzeitig hohen internationalen Wettbewerbsdrucks um Standortentscheidungen pharmazeutischer Unternehmen ist es besonders wichtig, diese Annahme zu überprüfen und Investitionen in den Pharmastandort Deutschland möglichst zielführend anhand nachvollziehbarer Entscheidungskriterien dieser Unternehmen auszurichten. Unsere Analyse zeigt: Für forschende Arzneimittelhersteller sind die Güte eines Forschungsstandortes, die Verfügbarkeit hochqualifizierter Fachkräfte, schlanke bürokratische Prozesse für eine schnelle Studiendurchführung und die Verfügbarkeit von Risikokapital entscheidend. Es gibt keine empirische Evidenz für absatzmarktorientierte Maßnahmen zur Standortförderung. Die Regulierung von Arzneimittelpreisen sollte also losgelöst von standortpolitischen Belangen erfolgen.

4.1 Einleitung

Die pharmazeutische Industrie trug im Jahr 2023 mit rund 140.000 Beschäftigten und Investitionen im Wert von 3,6 Mrd. € am Standort Deutschland zur Wirtschaftsleistung des Landes bei (Destatis 2025). Betrachtet man das Marktsegment der Humanarzneimittel, zeigen sich insbesondere im Bereich Forschung und Entwicklung (F&E) wachsende Beschäftigtenzahlen (+44,6 % seit dem Jahr 2014), während die Anzahl der Beschäftigten in der Produktion seit dem Jahr 2014 um 9,8 % gesunken ist (BMWK 2024). Im Vergleich zu anderen führenden Branchen des verarbeitenden Gewerbes ist die absolute Zahl der Beschäftigten in der pharmazeutischen Industrie zwar geringer, jedoch zeigen sich ein kontinuierliches Wachstum sowie ein überdurchschnittliches Lohnniveau (BA 2024, Datenanfrage des BMG; Destatis 2025). Auch die absolute Höhe des jährlichen Investitionsvolumens ist im Vergleich zur Kfz- und Elektroindustrie relativ gering, weist jedoch mit 6,2 % pro Jahr eine höhere durchschnittliche Wachstumsrate auf (Destatis 2025).

Die volkswirtschaftliche Relevanz der pharmazeutischen Industrie anerkennend, veröffentlichte die Bundesregierung im Jahr 2023 ein Strategiepapier zur „Verbesserung der Rahmenbedingungen für den Pharmabereich in Deutschland" und legte damit ein Konzept zur Förderung der Attraktivität des Pharmastandorts Deutschland vor (Die Bundesregierung 2023). Die pharmazeutische Industrie wird in diesem Strategiepapier als „Leitindustrie der deutschen Volkswirtschaft" bezeichnet. In Anbetracht des wirtschaftspolitischen Ziels, die Rahmenbedingungen für die forschende Pharmaindustrie in Deutschland zu stärken, ist es wichtig zu prüfen, inwiefern etwaige Fördermaßnahmen mit wissenschaftlichen Erkenntnissen zu Standortentscheidungen (forschender) pharmazeutischer Unternehmen (pU) übereinstimmen. Diese Thematik analysierte der Sachverständigenrat zur Begutachtung der Entwicklung im Gesundheitswesen und in der Pflege (SVR beziehungsweise SVR Gesundheit & Pflege) in seinem im Mai 2025 veröffentlichten Gutachten (SVR 2025, Kapitel 6). Ein besonderer Fokus lag dabei auf der Frage, inwiefern das Ausmaß nationaler Preisregulierung für die Standortwahl relevant ist. Die zentralen Erkenntnisse des SVR-Gutachtens 2025 zu dieser Thematik sowie daraus abgeleiteten Empfehlungen werden in dem vorliegenden Beitrag zusammengetragen.

4.2 Die Verknüpfung von Standortförderung und Absatzmarkt/ Arzneimittelpreisen

Staatliche Wirtschaftsförderung kann sowohl direkte (Input-orientierte) als auch indirekte (Output- oder absatzmarktorientierte) Maßnahmen umfassen. Direkte Fördermaßnahmen werden in der Regel aus öffentlicher Hand finanziert und beinhalten z. B. Steuervorteile oder Investitionen in Infrastruktur. Indirekt kann der Staat durch Gesetzgebung den Absatzmarkt beeinflussen und Wirtschaftsförderung betreiben. So wird etwa die Preisbildung für innovative Arzneimittel in der gesetzlichen Krankenversicherung durch das Arzneimittelmarktneuordnungsgesetz (AMNOG) reguliert.

Neben vielen Entbürokratisierungs- und Investitionsmaßnahmen, die auf eine direkte Förderung von Input-Faktoren am Wirtschaftsstandort Deutschland abzielen, umfasst besagtes Strategiepapier der Bundesregierung aus dem Jahr 2023 auch preispolitische Maßnahmen (Die Bundesregierung 2023). Beispielsweise soll eine Stabilisierung des Herstellerrabatts bei 7 % gewährleistet werden. Solchen preispolitischen Maßnahmen liegt die Annahme zugrunde, dass die Attraktivität des Absatzmarktes für Standortentscheidungen von pharmazeutischen Unternehmen eine entscheidende Rolle spielt. Auch die pharmazeutische Industrie bemüht auf diskursiver Ebene immer wieder eine Verknüpfung zwischen Preisregulierung und Standortentscheidungen, z. B.: „Ohne einen heimischen Markt für Innovationen lassen sich Forschungs- und Produktionskapazitäten in Zukunft nicht ausbauen. Dies bedeutet: Weiterentwicklung der Erstattungsregeln und Korrektur innovationsfeindlicher Entscheidungen aus dem GKV-Finanzstabilisierungsgesetz im vergangenen Jahr." (Han Steutel, Präsident des Verbands Forschender Arzneimittelhersteller, vfa 2023).

Während diese Verknüpfung lange nur ein Argument in der politischen Diskussion um Arzneimittelpreise war, wurde sie mit dem Inkrafttreten des Medizinforschungsgesetzes (MFG) im Oktober 2024 gesetzlich verankert und umgesetzt. Als Teil des MFG wurden standortbezogene Ausnahmeregelungen für die im Jahr 2022 eingeführten sogenannten Leitplanken eingeräumt: Rekrutiert ein pharmazeutisches Unternehmen im Rahmen der Zulassungsstudien eines innovativen Arzneimittels mindestens 5 % der Studienpopulation in Deutschland, wird im Rahmen des AMNOG-Verfahrens dieses Arzneimittels für die Dauer von 30 Monaten eine Freistellung von diesen Leitplanken gewährt (§ 35a Abs. 3 und § 130b Abs. 3 SGB V). Wenn das pU nach Ablauf der 30 Monate F&E-Projekte oder Kooperationen mit öffentlichen Institutionen in Deutschland nachweisen kann, wird die Freistellung aufrechterhalten (§ 130b Abs. 3 SGB V). Die Leitplanken wurden im Jahr 2022 als Teil des GKV-Finanzstabilisierungsgesetzes (GKV-FinStG) eingeführt und beschränken den Verhandlungsspielraum für innovative Arzneimittel mit geringem, nicht quantifizierbarem bzw. nicht belegtem Zusatznutzen im AMNOG-Verfahren.[1] So sollen die Bindung zwischen dem Ausmaß des *belegten* Zusatznutzen und der Höhe des Erstattungsbetrags und damit auch der Anreiz zur Evidenzgenerierung gestärkt werden (Greiner et al. 2023). Durch die Ausnahmeregelungen im MFG wird die Möglichkeit, diesen verschärften Preisregulierungsmaßnahmen zu entgehen, nun also direkt an die Bedingung geknüpft, am Standort Deutschland in F&E zu investieren.

Vor diesem Hintergrund müssen mögliche Auswirkungen einer Verknüpfung von Preisre-

---

1 Die Operationalisierung der Leitplanken ist in § 130b Abs. 3 SGB V festgelegt: Gilt der Zusatznutzen eines neuen Arzneimittels als nicht belegt, darf laut Leitplanken der Erstattungsbetrag maximal den Jahrestherapiekosten der wirtschaftlichsten zweckmäßigen Vergleichstherapie (zVT) entsprechen. Ist der Wirkstoff der zVT bereits patentfrei, wird ein zusätzlicher Abschlag auf die Jahrestherapiekosten derselben veranschlagt. Bei geringem und nicht quantifizierbarem Zusatznutzen finden die Leitplanken Anwendung, wenn die zVT noch unter Patentschutz steht. In diesem Fall darf der Erstattungsbetrag die Jahrestherapiekosten der zVT nicht übersteigen.

gulierung und Standortpolitik kritisch reflektiert und zudem deren Kongruenz mit den Zielen des AMNOG-Verfahrens überprüft werden: Ein zentraler Grundsatz des AMNOG-Verfahrens besteht darin, dass der verhandelte Preis den Zusatznutzen des Arzneimittels widerspiegeln soll. Wirtschaftspolitisch begründete Ausnahmeregelungen von den Leitplanken führen hingegen zu Preisaufschlägen, die vom Zusatznutzen entkoppelt sind. Dabei wirken sich diese Ausnahmeregelungen nicht nur direkt auf das jeweilige Arzneimittel aus, sondern beeinflussen auch langfristig das Preisniveau der gesamten Indikation. Sobald Arzneimittel mit standortbezogenen Preisaufschlägen versehen werden, können sich künftig – wenn sie als Vergleichstherapie herangezogen werden – auch die Preise nachfolgender Innovationen erhöhen, selbst wenn diese nicht am Standort Deutschland erforscht und entwickelt wurden. Die Folge: Es kommt zu einer Verzerrung der Preise. Dies ist nicht nur deshalb nicht zielführend, weil so höhere Preise bezahlt werden für Arzneimittel, die gar nicht explizit gefördert werden sollen, sondern auch, weil die wirtschaftspolitisch motivierte Förderung und Finanzierung von privatwirtschaftlichen F&E-Aktivitäten nicht zu den im SGB V verankerten Aufgaben der GKV gehören. Darüber hinaus trägt eine Finanzierung der Standortförderung durch höhere Arzneimittelpreise zu steigenden Beiträgen für GKV-Versicherte, Arbeitgeber, PKV-Versicherte und der Beihilfe und somit zu einer Erhöhung der Lohnnebenkosten bei. Wie im Folgenden weiter ausgeführt wird, ist zudem die Wirkung von Preisaufschlägen auf den Standort Deutschland wirtschaftspolitisch nicht belegt.

4.3 Standortentscheidungen in der pharmazeutischen Industrie

Pharmazeutische Unternehmen mit Sitz in Deutschland sind in der Regel multinationale, international agierende Konzerne – was sich u. a. in einer überdurchschnittlich hohen Exportquote von 59 % im Jahr 2022 abbildet (IW 2023; vfa 2023) – deren Standortwahl bzw. standortgebundene Investitionsentscheidungen multifaktoriell sind. Im Folgenden wird die empirische Evidenz zu Standort- und Investitionsentscheidungen in der forschenden Arzneimittelindustrie analysiert. Es sei darauf hingewiesen, dass Studien zu Standortentscheidungen in der pharmazeutischen Industrie insgesamt selten sind, teilweise schon einige Jahre zurückliegen und aktuellere Entwicklungen möglicherweise nicht vollständig abbilden. Viele der hier zitierten Studien beruhen auf Interviews und Umfragen mit Entscheidungsträgern in multinationalen pharmazeutischen Unternehmen (*stated preference*); eine Verzerrung der Antworten ist nicht auszuschließen. Studien, die auf dem beobachtbaren Verhalten basieren (*revealed preferences*) und somit eine wertvolle Ergänzung für eine möglichst verzerrungsarme Analyse des Zusammenhangs zwischen Preisregulierung und standortbezogenen Investitionsentscheidungen liefern können, sind besonders rar.

Branchenübergreifende Studien zu Investitionsentscheidungen multinationaler Unternehmen mit hoher Forschungsintensität zeigen, dass für F&E-Investitionen in europäische und nordamerikanische Standorte typischerweise Input-Faktoren (auch *supply driven*) ausschlaggebend sind (Thursby und Thursby 2006). Die wichtigsten Kriterien sind die Verfügbarkeit hoch qualifizierter Arbeitskräfte, das (universitäre) Forschungs-, Innovations- und Vernetzungspotenzial sowie der zuverlässige Schutz geistigen Eigentums (Patentschutz) (Thursby und Thursby 2006; Siedschlag et al. 2013). Außerdem spielen im globalen Wettbewerb auch institutionelle Aspekte wie politische Stabilität, die Verlässlichkeit des Rechtsstaats und wirksame Korruptionsbekämpfung eine große Rolle (Bailey 2018). Die Attraktivität des Absatzmarktes und die Höhe der F&E- oder Produktionskosten hingegen scheinen für Investitionsentscheidungen in entwickelten Märkten weniger relevant zu sein (Thursby und Thursby 2006; Siedschlag et al. 2013).[2]

Die Herstellung innovativer Arzneimittel umfasst unterschiedliche, voneinander abzugrenzende Wertschöpfungsstufen – von präklinischer Grundlagenforschung über klinische Entwicklung bis zur Produktion. Da sich die Anforderungen an einen Standort je nach Wertschöpfungsstufe unterscheiden, folgt eine differenzierte Betrachtung der relevanten Entscheidungsfaktoren entlang der Wertschöpfungskette. Über alle Wertschöpfungsstufen hinweg spielen die historisch gewachsene Assetstruktur, die Unternehmenskultur und Erfahrungswerte zu bestimmten geografischen Gebieten eine wichtige Rolle (Lewis et al. 2007; Rozek 2011). Zum einen begünstigen positive länderspezifische Erfahrungen – z. B. in Bezug auf die lokale Forschungsinfrastruktur und nationale Regularien – eine Investitionsentscheidung. Zum anderen sind inkrementelle Investitionen und die Ansiedlung mehrerer Wertschöpfungsprozesse, auch über verschiedene Produktklassen hinweg, an einem Standort (*co-location*) häufig kosteneffizienter, da sie Overhead- und Transferkosten reduzieren und auf bereits bestehenden Strukturen aufbauen können (Rozek 2011). Bereits etablierte Standorte sind also relevante Pullfaktoren.

4.3.1 Präklinische Grundlagenforschung

Investitionen in präklinische Grundlagenforschung dienen dem Zweck, potenziell innovative Wirkstoffe zu identifizieren. Abwägungen in der Standortwahl sind darauf ausgerichtet, das pharmazeutische Unternehmen an der Spitze des wissenschaftlichen Fortschritts zu positionieren und das Risiko von Fehlschlägen in der Grundlagenforschung zu minimieren. Das wichtigste Entscheidungskriterium für standortbezogene Investitionsentscheidungen in diesem Kontext ist der Zugang zu wissenschaftlicher Expertise höchster Qualität. Dazu zählt die Verfügbarkeit hoch qualifizierten Fachpersonals (sowohl in ihrem Feld führende Wissenschaftlerinnen und Wissenschaftlern bzw. Forschungsgruppen als auch ein ausreichend großer Pool an sehr gut ausgebildeten akademischen und nicht akademischen Fachkräften) und die Nähe zu führenden öffentlichen Forschungseinrichtungen (Lewis et al. 2007; Rozek 2011). Zudem können formelle oder informelle Kollaborationen einen für das pharmazeutische Unternehmen vorteilhaften Wissenstransfer begünstigen. Ein Anhaltspunkt dafür ist, dass die wissenschaftliche Produktivität in einem bestimmten Indikationsgebiet (gemessen an Publikationen öffentlicher Forschungsinstitutionen in einem Radius von 35 Meilen bzw. gut 56 Kilometern) mit der Zahl an pharmazeutischen Patenten korreliert (Furman et al. 2006). Es sind darüber hinaus positive Agglomerationseffekte in Regionen zu erkennen, in denen bereits universitäre/öffentliche Forschungsinstitutionen und industrielle (internationale) F & E-Standorte etabliert sind (Lane und Probert 2005; Wilsdon et al. 2022). Prominente Beispiele aus dem Life-Science-Sektor sind der „Kendall Square" in Cambridge, Massachusetts (USA) und das „Cambridge Cluster" in England (Buderi 2022; camLIFE 2024). Auch das Ausmaß öffentlich geförderter Grundlagenforschung ist ein wichtiger Faktor für Standortentscheidungen (Rozek 2011). Direkt oder indirekt haben öffentliche Forschungsgelder zur Entwicklung aller neuen Wirkstoffe beigetragen, die im Zeitraum von 2010 bis 2016 von der US-amerikanischen Arzneimittelbehörde zugelassen wurden (Galkina Cleary et al. 2018). Auch außerhalb der USA tragen öffentliche Forschungsgelder in relevantem Maße zur Entwicklung neuer Wirkstoffe bei (Røttingen et al. 2013; STOPAIDS & Global Justice 2017). Die hohe Priorität pharmazeutischer Forschung gerade für öffentliche Institutionen ist ein ent-

---

2 Der wichtigste Entscheidungsfaktor für Investition in Schwellenländern war das Potenzial des nationalen Absatzmarkts (Thursby und Thursby 2006).

scheidender Erfolgsfaktor für den Wissenstransfer (Spillover) hin zu pharmazeutischen Unternehmen.

Um die Vorteile und Spillover-Effekte eines exzellenten Forschungsstandortes in Form von neuen Wirkstoffen effektiv kommerzialisieren zu können, werden außerdem adäquate (privatwirtschaftliche) Finanzierungsquellen benötigt. Insbesondere im Bereich Risikokapital fällt der europäische Wirtschaftsraum weit hinter die USA zurück (Karpa und Grginović 2020). Eine vom Europäischen Verband der pharmazeutischen Industrie und Verbände (European Federation of Pharmaceutical Industries and Associations) in Auftrag gegebene Analyse identifizierte die Lücken in den Bereichen a) Risikokapital zur Gründungsfinanzierung und b) größere außerbörsliche Investoren als Gründe für das limitierte Wachstum europäischer pharmazeutischer Start-ups bis hin zu mittelständischen Unternehmen und/oder internationalen Konzernen (CRA 2015). Ein vom Bundesministerium für Wirtschaft und Klimaschutz in Auftrag gegebenes Gutachten schätzt den ungedeckten Bedarf an Risikokapital bis zum Jahr 2030 im Bereich Medizin auf 18,9 Mrd. € (Zinke et al. 2024). In diesem Zusammenhang ist eine quantitative Analyse zur Wirksamkeit von öffentlichem und privatem Risikokapital im europäischen Biotech-Sektor beachtenswert. Diese Untersuchung zeigte, dass öffentliches Kapital allein nicht zu mehr Patenten führte, aber die Effektivität (gemessen an der Zahl und dem Impact neuer Patente) von privatem Risikokapital verstärkte (Bertoni und Tykvová 2015).

4.3.2 Klinische Entwicklung

Wenn ein (potenziell) innovativer Wirkstoff identifiziert wurde, wird dieser im Rahmen klinischer Studien erprobt und geprüft. Zu diesem Zeitpunkt hat die Patentierung des Wirkstoffs bereits stattgefunden (EFPIA 2025). Da der nach Markteinführung noch möglichst lange bestehende Patentschutz eine Grundlage für die Gewinnmaximierung ist, ist eine möglichst schnelle klinische Prüfung (Phase-I- bis -III-Studien) besonders wichtig. Eine aktuelle Studie schätzt den monetären Verlust durch zeitliche Verzögerungen im Entwicklungs- und Zulassungsprozess für verschreibungspflichtige Medikamente auf durchschnittlich ca. 500.000 US-Dollar pro Tag (Smith et al. 2024). Das entscheidende Kriterium für die Standortwahl in der Phase der klinischen Entwicklung ist dementsprechend die Schnelligkeit der Durchführung klinischer Studien (Rozek 2011; Gehring et al. 2013; Dombernowsky et al. 2017, 2019). Insbesondere die Verfügbarkeit ausreichend großer Probandenpools und die Möglichkeit, diese zeiteffizient zu rekrutieren, werden regelmäßig als die wichtigsten Entscheidungsfaktoren angeführt (Dombernowsky et al. 2017). Effizienten und möglichst schlanken Prüfungsverfahren (z. B. zentralisierte Ethikvoten) wird ebenfalls ein hoher Stellenwert zugesprochen, da auch diese eine schnelle klinische Prüfung und somit eine rasche Markteinführung begünstigen (Rozek 2011; Gehring et al. 2013). Außerdem ist die Reputation und Verlässlichkeit eines Standorts bezüglich *good clinical practice* und Studienqualität essenziell, da fragwürdige Datenqualität oder ethische Bedenken die Zulassung eines innovativen Wirkstoffs gefährden würden (Rozek 2011). Entsprechend kommen für die meisten pharmazeutischen Unternehmen nur Standorte mit einer zufriedenstellenden Reputation für die Durchführung klinischer Studien infrage. Obwohl bürokratische Verfahren und Regularien die klinische Prüfung verlangsamen, ist eine angemessene Regulatorik in diesem Kontext unverzichtbar – hier gilt es eine Balance zu finden.

Neben Schnelligkeit und verlässlicher Qualität ist die Nähe zu Key Opinion Leaders (KOLs) ein dritter Pfeiler der Entscheidungsfindung (Rozek 2011). Durch die Einbindung von KOLs in die Durchführung von klinischen Studien werden diese frühzeitig mit der Anwendung innovativer Arzneimittel vertraut. Da KOLs in ihrem professionellen Umfeld häufig als Multiplikatorinnen und Multiplikatoren fungieren, kann so nach Zulassung eine besonders rasche Marktdurchdringung erreicht werden (Agha und Molitor 2018). Voraussetzung ist ein Arzneimittelmarkt, der so gestaltet ist, dass innovative Arzneimittel prinzipiell früh verfügbar und (je nach Gesundheitssystem) erstattungsfähig sind und Ärztinnen und Ärzte in der Verschreibung innovativer Arzneimittel möglichst wenig beschränkt werden (Rozek 2011). Aus Sicht der pharmazeutischen Unternehmen ist dieser Faktor besonders in umsatzstarken Märkten relevant und ein Grund dafür, dass – trotz höherer Kosten – in der Regel Anteile klinischer Zulassungsstudien in den USA und Westeuropa durchgeführt werden (Rozek 2011).

Die Höhe der Kosten für die Durchführung einer klinischen Studie ist für die Standortentscheidung sekundär. Sie wird erst dann als Differenzierungsmerkmal herangezogen, wenn die oben genannten Faktoren (Schnelligkeit und good clinical practice) gleichermaßen erfüllt werden (Rozek 2011). In einer Studie aus dem Jahr 2019 wurde z. B. dem Faktor „niedrige Kosten" von Entscheidungsträgerinnen und -trägern regelmäßig die letzte Priorität bei der Standortwahl für klinische Studien zugeschrieben (Dombernowsky et al. 2019). Über 80 % der Befragten zogen eine 10%ige Verbesserung in der Rekrutierungsgeschwindigkeit einer 20%igen Kostenreduktion vor (Dombernowsky et al., 2019). Dies ist damit zu erklären, dass ein schneller Marktzugang für das pharmazeutische Unternehmen einen höheren monetären Wert haben dürfte als die direkten Kosten der Studiendurchführung.

4.3.3 Produktion

Eine Grundanforderung an Produktionsstandorte ist die Erfüllung der gängigen Qualitätsanforderungen, die von den Behörden der abnehmenden Staaten geprüft werden. Über diese Anforderungen hinausgehende Qualitätsverbesserungen sind für das pharmazeutische Unternehmen in der Regel nicht mit zusätzlichem Profit, sondern vornehmlich mit zusätzlichen Kosten verbunden und daher kein Pullfaktor (Rozek 2011). Diese Grundanforderung erfüllen viele internationale, auch außerhalb der EU gelegene Standorte. Daher ist der wichtigste Entscheidungsfaktor für die Wahl des Produktionsstandortes im globalen Wettbewerb die Höhe der Kosten (Lewis et al. 2007; Rozek 2011). Hier spielen einerseits direkte Ausgaben im Sinne von Betriebs- (z. B. Personal- und Materialkosten) und Investitionskosten sowie andererseits indirekte Kosten im Sinne von Steuerabgaben eine Rolle (Lewis et al. 2007; Koenig und MacGarvie 2011). In vielen europäischen Staaten sind sowohl die direkten als auch die indirekten Produktionskosten vergleichsweise hoch. Das macht diese Standorte vor allem als neue Produktionsstandorte relativ unattraktiv. Für besonders komplexe Produktionsprozesse (wie für Biologika oder Zelltherapeutika) können bereits bestehende technische Expertise und Infrastruktur hingegen einen größeren Ausschlag geben als niedrige Produktionskosten (Rozek 2011; Francas et al. 2022).

4.3.4 Standortfaktor digitale Forschungs(daten)- infrastruktur

Der Einsatz digitaler Technologien und datenbasierter Methoden verspricht erhebliche Effizienzgewinne entlang der gesamten pharmazeutischen Wertschöpfungskette („Pharma 4.0") (Inan et al. 2020; Wilsdon et al. 2022; Kasoju et al. 2023; Malheiro et al. 2023). Maschinelles Lernen könnte z. B. zur Auswertung von digitalisierten Daten aus Biobanken in der pharmazeutischen (Grundlagen-) Forschung eingesetzt werden, die eine Identifizierung vielversprechender Wirkmechanismen bzw. Moleküle erleichtern und das Risiko von Fehlinvestitionen reduzieren (Akyüz et al. 2024). Pilotprojekte im Bereich klinischer Studien erproben die Verlagerung in ein dezentrales, wohnortnahes Setting mittels Telemedizin und Wearables (Hirsch et al. 2017; Trial Nation 2025b). Auch die Nutzbarmachung digitaler Gesundheitsdaten und der

Auf- und Ausbau einer patientenwohlorientierten Forschungs(daten)infrastruktur können die Evidenzgenerierung erleichtern. Innovative Studientypen wie registerbasierte randomisierte kontrollierte Studien oder Plattformstudien können schneller verwertbare Ergebnisse erzielen und somit auch einen schnelleren Marktzugang ermöglichen. Voraussetzung für die Entwicklung und den Einsatz derartiger Innovationen sind standardisierte, qualitativ hochwertige, einfach nutzbare Gesundheitsdaten und eine ausreichend fortgeschrittene Digitalisierung im Gesundheitssystem. Dafür ist ein ermöglichender Datenschutz unerlässlich, der unter anderem auch die Verknüpfung verschiedener Gesundheitsdatenbestände (Datenlinkage) gestattet. Während Länder wie Dänemark diese Innovationspotenziale aktiv fördern, bleibt Deutschland in puncto digitaler Infrastruktur hinter vergleichbaren europäischen Ländern deutlich zurück (Europäische Kommission 2022; EM 2024; Danish Health Data Authority 2025).

4.3.5 Rekapitulation: Die Bedeutung nationaler Preisregulierung für die Standortwahl

Die hier analysierten qualitativen Befragungen multinationaler Pharmaunternehmen führen zu dem Schluss, dass der nationale Absatzmarkt (und damit das Ausmaß gesetzlicher Preisregulierung) bei Standortentscheidungen in der Regel eine untergeordnete Rolle spielt und lediglich dann berücksichtigt wird, wenn alternative Standorte hinsichtlich aller anderen Kriterien gleichwertig sind (Lewis et al. 2007; Rozek 2011). Die Studie von Koenig und MacGarvie (2011) ist die einzige für die zentrale Fragestellung relevante quantitative Studie, die im Rahmen der Recherchearbeit identifiziert werden konnte: Die Autorinnen untersuchen den Zusammenhang von nationaler Arzneimittelpreisregulierung und der Standortwahl forschender pharmazeutischer Unternehmen auf Basis retrospektiver Daten zu Investitionsentscheidungen innerhalb der Europäischen Union. Diese Analyse zeigte eine negative Korrelation zwischen strengerer Preisregulierung und Investitionen[3] in den Bereichen Administration und Marketing – sowohl im EU-weiten Vergleich als auch nach einer Verschärfung der Preisregulierung innerhalb eines Staates. Dieser Zusammenhang liegt insofern nahe, als Investitionen in diesen Bereichen direkt der Absatzsteuerung dienen, also besonders an der Attraktivität des Absatzmarktes ausgerichtet sind. Für Investitionen in Produktions- und F&E-Standorte in westeuropäischen Staaten fanden die Autorinnen hingegen keine signifikante Korrelation mit nationalen Preisregulierungen. Auch das Ergebnis dieser quantitativen Studie spricht dafür, dass die Attraktivität des nationalen Absatzmarktes kein entscheidender Faktor für die Standortwahl ist. Eine gewisse Ausnahme bildet hier die Standortwahl für klinische Studien, da die Rekrutierung von KOLs in besonders profitablen Märkten in diesem Zusammenhang vielfach als Maßnahme für eine schnelle Marktdurchdringung dieser Absatzmärkte angegeben wird (Rozek 2011; Gehring et al. 2013).

4.4 Fazit: Empfehlungen für eine evidenzbasierte Förderung des Pharmastandorts Deutschland

Im globalen Wettbewerb ist eine Vielzahl von Faktoren für die Standortwahl von pharmazeutischen Unternehmen relevant. Anhand internationaler Studienevidenz lassen sich politische Stabilität, eine hohe Qualität und Dichte von Fachkräften und Forschungseinrichtungen, regulatorische Rahmenbedingungen für eine rasche Studiendurchführung, eine nutzerfreundliche Forschungs(daten)infrastruktur und die Verfügbarkeit von Risikokapital als

---

[3] Die Autorinnen operationalisieren standortbezogene Investitionen durch *foreign direct investments* – also Investitionen von ausländischen Firmen in nationale Standorte.

prioritäre Standortfaktoren identifizieren. Für (präklinische) Forschung sind die Verfügbarkeit von Fachkräften und exzellenter, öffentlich geförderter Grundlagenforschung entscheidende Zielgrößen für die Standortförderung. Beide Aspekte sind in Deutschland bereits in hohem Maße vorhanden und begründen die seit vielen Jahrzehnten evidente Attraktivität des Pharmastandorts Deutschland (Phillip et al. 2023). Für die Phase der klinischen Entwicklung sind Effizienz und Schnelligkeit der Studiendurchführung prioritär (Gehring et al. 2013; Dombernowsky et al. 2017). Eine zu stark ausufernde Bürokratisierung und ein weiterhin unvollständig digitalisiertes, wenig vernetztes Gesundheitssystem führen in Deutschland zu deutlichen Verzögerungen und Wettbewerbsnachteilen im internationalen Vergleich (Laschet 2022; Phillip et al. 2023). Entsprechend liegt die Anzahl der in Deutschland laufenden oder initiierten klinischen Studien laut einer vom Verband Forschender Arzneimittelhersteller in Auftrag gegebenen Studie deutlich unter derjenigen anderer europäischer Staaten (Phillip et al. 2023).

Im Gegensatz dazu erscheint ein durch hohe Arzneimittelpreise gekennzeichneter Absatzmarkt für innovative Arzneimittel, wie er in Deutschland besteht, für die Standortwahl forschender Pharmaunternehmen trotz dessen preislicher Attraktivität sekundär. Es gibt keine empirische Evidenz, die eine Verknüpfung von Preisregulierung und Standortfaktoren als wirkungsvolle Maßnahme zur Förderung der deutschen Pharmaindustrie nahelegt. Durch Verzerrung des Preissignals kann eine solche Verknüpfung langfristig zu einer Steigerung des Preisniveaus führen, losgelöst von einem zusätzlichen Nutzen für die Versicherten (s. ▶ Abschn. 4.2). Daher sollte von einer Verknüpfung auf gesetzlicher Ebene, wie im MFG erfolgt, abgesehen werden – nicht zuletzt, um sicherzustellen, dass Maßnahmen zur Standortförderung nicht Gegenstand komplexer Umverteilungsmechanismen der GKV und PKV werden. Die Regulierung von Arzneimittelpreisen sollte von standortpolitischen Überlegungen losgelöst erfolgen.

Fördermaßnahmen sollten stattdessen auf Input-Faktoren ausgerichtet werden, wobei bestehende Wettbewerbsvorteile identifiziert und konsequent ausgebaut werden müssen. Dieser Ansatz wird an anderen hochentwickelten F&E-Standorten bereits verfolgt: In einer im Auftrag des Verbandes Forschender Arzneimittelhersteller erstellten Übersicht zu erfolgreichen Standortförderungsmaßnahmen finden absatzmarktorientierte Interventionen (mit einer Ausnahme) keine Erwähnung (Phillip et al. 2023). Vielmehr stehen durchweg Maßnahmen zur Verbesserung der Rahmenbedingungen klinischer Forschung und Stärkung der Forschungs(daten)infrastruktur im Vordergrund, die auch in Deutschland priorisiert werden müssten. Wenn Fördermittel für Ausbaumaßnahmen geografisch gebündelt würden, könnten zusätzliche Agglomerationseffekte erzielt werden. Besonders vielversprechend scheint in diesem Kontext die Etablierung einer zentralen Anlaufstelle für die reibungslose Initiierung klinischer Studien. In Anbetracht der bereits laufenden Initiativen wie z. B. in Dänemark und UK (NIHR 2024; Trial Nation 2025a) droht Deutschland anderenfalls als Standort für klinische Studien weiter an Attraktivität zu verlieren.

Die pharmazeutische Industrie stellt einen wichtigen Teil der deutschen Wirtschaft dar und sollte gefördert werden. Allerdings ist eine Förderung durch ein hohes Preisniveau nicht zielführend. Insgesamt zeigt sich, dass für Standortentscheidungen in der pharmazeutischen Industrie eine funktionierende Digitalisierung und schlanke Strukturen für die Planung und Durchführung von klinischen Studien entscheidend sind. Während andere Staaten diese Rahmenbedingungen heute schon bieten und vorausschauend weiter verbessern, droht Deutschland hier zurückzubleiben. Es sollte daher neben der Verbesserung digitaler Strukturen auch über eine zentrale Anlaufstelle für klinische Studien oder ein Innovationsmonitoring nachgedacht werden.

Literatur

Agha L, Molitor D (2018) The Local Influence of Pioneer Investigators on Technology Adoption: Evidence from New Cancer Drugs. Rev Econ Stat 100:29–44. https://doi.org/10.1162/REST_a_00670

Akyüz K, Abadía CM, Goisauf M, Mayrhofer MT (2024) Unlocking the potential of big data and AI in medicine: insights from biobanking. Front Med 11:1336588. https://doi.org/10.3389/fmed.2024.1336588

BA – Bundesagentur für Arbeit (2024) Sozialversicherungspflichtig Vollzeitbeschäftigte der Kerngruppe mit Angaben zum Bruttomonatsentgelt. Unveröffentlichte Datenaufbereitung für das BMG

Bailey N (2018) Exploring the relationship between institutional factors and FDI attractiveness: A meta-analytic review. Int Bus Rev 27:139–148. https://doi.org/10.1016/j.ibusrev.2017.05.012

Bertoni F, Tykvová T (2015) Does governmental venture capital spur invention and innovation? Evidence from young European biotech companies. Res Policy 44:925–935. https://doi.org/10.1016/j.respol.2015.02.002

BMWK – Bundesministerium für Wirtschaft und Klimaschutz (2024) Gesundheitswirtschaftliche Gesamtrechnung (GGR), Humanarzneimittel, F&E Humanarzneimittel, 2014–2023, Berechnungen: WifOR. https://ggrdashboard.bmwk.de/shiny/. Zugegriffen: 30. Januar 2025

Buderi R (2022) 1 – The most innovative square mile kilometer on earth. In: Where Futures Converge: Kendall Square and the Making of a Global Innovation Hub. MIT Press, S 1–7

camLIFE (2024) Cambridge, UK: The Best City for Life Science Companies. https://camlife.co.uk/cambridge-uk-best-city-life-science-companies/. Zugegriffen: 10. März 2025

CRA – Charles River Associates (2015) Access to finance and barriers to growth in the innovative biopharmaceuticals sector. European Federation of Pharmaceutical Industries and Associations: Brüssel. https://www.efpia.eu/media/24995/access-to-finance-and-barriers-to-growth-in-the-innovative-biopharmaceuticals-sector-may-2015.pdf. Zugegriffen: 10. März 2025

Danish Health Data Authority (2025) Health Data Denmark. https://english.sundhedsdatastyrelsen.dk/health-data-and-registers/health-data-denmark. Zugegriffen: 25. März 2025

Destatis – Statistisches Bundesamt (2025) Unternehmen, Beschäftigte, Umsatz und Investitionen im Verarbeitenden Gewerbe und Bergbau: Deutschland, Jahre, Wirtschaftszweige (2-/3-/4-Steller), 2008–2023. https://www-genesis.destatis.de/datenbank/online/table/42231-0001/search/s/NDIyMzEtMDAwMQ==. Zugegriffen: 10. März 2025

Die Bundesregierung (2023) Verbesserung der Rahmenbedingungen für den Pharmabereich in Deutschland. Handlungskonzepte für den Forschungs- und Produktionsstandort. Berlin

Dombernowsky T, Haedersdal M, Lassen U, Thomsen SF (2017) Clinical trial allocation in multinational pharmaceutical companies – a qualitative study on influential factors. Pharmacology Res & Perspec 5:e317. https://doi.org/10.1002/prp2.317

Dombernowsky T, Haedersdal M, Lassen U, Thomsen SF (2019) Criteria for site selection in industry-sponsored clinical trials: a survey among decision-makers in biopharmaceutical companies and clinical research organizations. Trials 20:708. https://doi.org/10.1186/s13063-019-3790-9

EFPIA – European Federation of Pharmaceutical Industries and Associations (2025) Intellectual Property. About Medicines. https://www.efpia.eu/about-medicines/development-of-medicines/intellectual-property/. Zugegriffen: 7. März 2025

Erhvervsministeriet – EM (2024) Strategi for life science frem mod 2030. Ministry of Industry, Business and Financial Affairs: Kopenhagen. https://www.em.dk/Media/638660486816578445/Strategi%20for%20life%20science_2024.10.31_WEB.pdf. Zugegriffen: 10. März 2025

Europäische Kommission (2022) Digital Economy and Society Index 2022 composite index. Shaping Europe's digital future. https://digital-decade-desi.digital-strategy.ec.europa.eu/datasets/desi-2022/charts/desi-composite?indicator=desi_sliders&breakdownGroup=desi&period=2022&unit=pc_desi_sliders. Zugegriffen: 10. März 2025

Francas D, Fritsch M, Kirchhoff J (2022) Resilienz pharmazeutischer Lieferketten. Studie für den Verband Forschender Arzneimittelhersteller e. V. (vfa). Institut der deutschen Wirtschaft: Köln. https://www.iwkoeln.de/studien/manuel-fritsch-jasmina-kirchhoff-resilienz-pharmazeutischer-lieferketten.html. Zugegriffen: 7. März 2025

Furman JL, Kyle MK, Cockburn IM, Henderson, R (2006) Public & Private Spillovers, Location and the Productivity of Pharmaceutical Research. National Bureau of Economic Research: Cambridge, MA. https://www.nber.org/papers/w12509. Zugegriffen: 10. März 2025. https://doi.org/10.3386/w12509

Galkina Cleary E, Beierlein JM, Khanuja NS, McNamee LM, Ledley FD (2018) Contribution of NIH funding to new drug approvals 2010–2016. Proc Natl Acad Sci USA 115:2329–2334. https://doi.org/10.1073/pnas.1715368115

Gehring M, Taylor RS, Mellody M, Casteels B, Piazzi A, Gensini G, Ambrosio G (2013) Factors influencing clinical trial site selection in Europe: the Survey of Attitudes towards Trial sites in Europe (the SAT-EU

Study). Bmj Open 3:e2957. https://doi.org/10.1136/bmjopen-2013-002957

Greiner W, Witte J, Gensorowsky D, Diekmannshemke J (2023) AMNOG-Report 2023: Das GKV-Finanzstabilisierungsgesetz und seine Auswirkungen. medhochzwei, Heidelberg

Hirsch IB, Martinez J, Dorey ER, Finken G, Fleming A, Gropp C, Home P, Kaufer DI, Papapetropoulos S (2017) Incorporating Site-less Clinical Trials Into Drug Development: A Framework for Action. Clin Ther 39:1064–1076. https://doi.org/10.1016/j.clinthera.2017.03.018

Inan OT, Tenaerts P, Prindiville SA, Reynolds HR, Dizon DS, Cooper-Arnold K, Turakhia M, Pletcher MJ, Preston KL, Krumholz HM, Marlin BM, Mandl KD, Klasnja P, Spring B, Iturriaga E, Campo R, Desvigne-Nickens P, Rosenberg Y, Steinhubl SR, Califf RM (2020) Digitizing clinical trials. Npj Digit Med 3:1–7. https://doi.org/10.1038/s41746-020-0302-y

IW – Institut der deutschen Wirtschaft, vfa – Verband Forschender Arzneimittelhersteller (2023) Daten und Fakten der deutschen Pharmaindustrie. Köln. https://www.iwkoeln.de/fileadmin/user_upload/Studien/Gutachten/Pharma_Standort_D/2023/Musterpr%C3%A4sentation_Deutschland_2023.pdf. Zugegriffen: 10. März 2025

Karpa W, Grginović A (2020) Long-term perspective on venture capital investments in early stage life-science projects related to health care. Economic Research-Ekonomska. Istraživanja, Bd. 33, S 2526–2540 https://doi.org/10.1080/1331677X.2019.1629326

Kasoju N, Remya NS, Sasi R, Sujesh S, Kesavadas C, Muraleedharan CV, Varma H, Behari S (2023) Digital health: trends, opportunities and challenges in medical devices, pharma and bio-technology. CSI Transactions on. ICT, Bd. 11, S 11–30 https://doi.org/10.1007/s40012-023-00380-3

Koenig P, MacGarvie M (2011) Regulatory policy and the location of bio-pharmaceutical foreign direct investment in Europe. J Health Econ 30:950–965. https://doi.org/10.1016/j.jhealeco.2011.07.005

Lane C, Probert J (2005) Reconfiguring the Discovery Function in the Pharmaceutical Industry: organisational forms and locational decisions among US firms. Cambridge, UK. https://citeseerx.ist.psu.edu/document?repid=rep1&type=pdf&doi=2c5954c6f1f93f617cf54f9bbcd51b7dd8abe64c

Laschet H (2022) Was klinische Studien in Deutschland bremst. AerzteZeitung.de. https://www.aerztezeitung.de/Kooperationen/Was-klinische-Studien-in-Deutschland-bremst-428202.html. Zugegriffen: 10. März 2025

Lewis D, Bramley-Harker E, Farahnik J (2007) Economic Drivers of Pharmaceutical Investment Location. World Econ 8:171–182

Malheiro V, Duarte J, Veiga F, Mascarenhas-Melo F (2023) Exploiting Pharma 4.0 Technologies in the Non-Biological Complex Drugs Manufacturing: Innovations and Implications. Pharmaceutics 15:2545. https://doi.org/10.3390/pharmaceutics15112545

NIHR (National Institute for Health and Care Research) (2024) Our support offer for the life sciences industry. https://www.nihr.ac.uk/support-and-services/industry. Zugegriffen: 10. März 2025

Phillip M, Kürzdörfer P, Müller S (2023) Pharma-Innovationsstandort Deutschland. Wie Spitzenforschung ermöglicht, neue Therapie optionen gesichert und Deutschlands internationale Wettbewerbsposition gestärkt werden können. Verband Forschender Arzneimittelhersteller & Kearney. https://www.vfa.de/de/arzneimittel-forschung/forschungsstandort-deutschland/vfa-kearney-der-pharma-innovationsstandort-deutschland-braucht-trendumkehr. Zugegriffen: 7. März 2025

Røttingen J-A, Regmi S, Eide M, Young AJ, Viergever RF, Årdal C, Guzman J, Edwards D, Matlin SA, Terry RF (2013) Mapping of available health research and development data: what's there, what's missing, and what role is there for a global observatory? The Lancet 382:1286–1307. https://doi.org/10.1016/S0140-6736(13)61046-6

Rozek RP (2011) Risk and Regulatory Factors Affecting Location Decisions by Research-Based Pharmaceutical Companies. Eur J Risk Regul 2:92–103. https://doi.org/10.1017/S1867299X00000660

Siedschlag I, Smith D, Turcu C, Zhang X (2013) What determines the location choice of R&D activities by multinational firms? Res Policy 42:1420–1430. https://doi.org/10.1016/j.respol.2013.06.003

Smith ZP, DiMasi JA, Getz KA (2024) New Estimates on the Cost of a Delay Day in Drug Development. Ther Innov Regul Sci 58:855–862. https://doi.org/10.1007/s43441-024-00667-w

STOPAIDS & Global Justice (2017) Pills and Profits: How drug companies make a killing out of public research. London. https://stopaids.org.uk/resources/pills-and-profits-how-drug-companies-make-a-killing-out-public-research/. Zugegriffen: 10. März 2025

SVR – Sachverständigenrat zur Begutachtung der Entwicklung im Gesundheitswesen (2025) Preise innovativer Arzneimittel in einem lernenden Gesundheitssystem. Gutachten 2025. Bonn/Berlin. https://doi.org/10.4126/FRL01-006510673

Thursby JG, Thursby MC (2006) Here or There? A Survey of Factors in Multinational R&D Location: Report to the Government/University/Industry Research Roundtable. National Academy of Science, Rochester, NY. https://papers.ssrn.com/abstract=1456460. Zugegriffen: 10. März 2025

Trial Nation (2025a) Mission, vision and history. https://trialnation.dk/professional/resources-2-4/. Zugegriffen: 10. März 2025

Trial Nation (2025b) Trial Nation: Clinical Trials Denmark. https://trialnation.dk/#dct2. Zugegriffen: 10. März 2025

vfa (Verband Forschender Arzneimittelhersteller) (2023) Pressemitteilung. Pharmastrategie – Große Chance für Deutschland. https://www.vfa.de/de/presse/pressemitteilungen/pm-039-2023-pharmastrategie-ist-eine-grosse-chance-fuer-den-standort-deutschland.html. Zugegriffen: 4. Mai 2025

Wilsdon T, Armstrong H, Sablek A, Cheng P (2022) Factors affecting the location of biopharmaceutical investments and implications for European policy priorities. Charles Rivers Associates: London/Brüssel. https://www.efpia.eu/media/676753/cra-efpia-investment-location-final-report.pdf. Zugegriffen: 10. März 2025

Zinke G, Kilic Ü, Bürger M, Striebing C, Ruess P, Uhler L, Kaiser S, Robeck MS, Kühne B, Wedel J, von Engelhardt S, Braun S (2024) Marktstudie/Gutachten zum Bedarf an Wagniskapitalfinanzierung in den Bereichen künstliche Intelligenz, Quantentechnologie, Wasserstoff, Medizin, nachhaltige Mobilität, Kreislaufwirtschaft, Bioökonomie, Klima-, Energie- und Umwelttechnologien. Institut für Innovation und Technik in der VDI/VDE Innovation und Technik GmbH & Fraunhofer Institut für Arbeitswirtschaft und Organisation, Berlin. https://www.bmwk.de/Redaktion/DE/Downloads/M-O/marktstudie-wagniskap-endbericht.html. Zugegriffen: 10. März 2025

Open Access Dieses Kapitel wird unter der Creative Commons Namensnennung – Nicht kommerziell – Keine Bearbeitung 4.0 International Lizenz (http://creativecommons.org/licenses/by-nc-nd/4.0/deed.de) veröffentlicht, welche die nicht-kommerzielle Nutzung, Vervielfältigung, Verbreitung und Wiedergabe in jeglichem Medium und Format erlaubt, sofern Sie den/die ursprünglichen Autor*in(nen) und die Quelle ordnungsgemäß nennen, einen Link zur Creative Commons Lizenz beifügen und angeben, ob Änderungen vorgenommen wurden. Die Lizenz gibt Ihnen nicht das Recht, bearbeitete oder sonst wie umgestaltete Fassungen dieses Werkes zu verbreiten oder öffentlich wiederzugeben.
Die in diesem Kapitel enthaltenen Bilder und sonstiges Drittmaterial unterliegen ebenfalls der genannten Creative Commons Lizenz, sofern sich aus der Abbildungslegende nichts anderes ergibt. Sofern das betreffende Material nicht unter der genannten Creative Commons Lizenz steht und die betreffende Handlung nicht nach gesetzlichen Vorschriften erlaubt ist, ist auch für die oben aufgeführten nicht-kommerziellen Weiterverwendungen des Materials die Einwilligung des/der betreffenden Rechteinhaber*in einzuholen.

Arzneimittelbewertung als Steuerungsinstrument

Inhaltsverzeichnis

Kapitel 5   AMNOG-Leitplanken – Wirkung auf Preisdifferenzierung, Ausgaben und Evidenz – 73
Susanne Henck, Kristina Günther, Anja Tebinka-Olbrich und Antje Haas

Kapitel 6   Real-World-Daten in der Nutzenbewertung und Preisfindung neuer Arzneimittel: Status quo und Zukunftsperspektiven – 83
Julian Witte und Wolfgang Greiner

Kapitel 7   EU-Health Technology Assessment (EU-HTA) und seine Perspektiven für die zukünftige Bewertung von Gesundheitstechnologien – 91
Beate Wieseler und Regina Skavron

Kapitel 8   Dynamische Bepreisung von innovativen Arzneimitteln – 107
Rebekka Müller-Rehm, Leonie Sundmacher und Nils Gutacker

AMNOG-Leitplanken – Wirkung auf Preisdifferenzierung, Ausgaben und Evidenz

Susanne Henck, Kristina Günther, Anja Tebinka-Olbrich und Antje Haas

Inhaltsverzeichnis

5.1	Sinn und Zweck der Leitplanken	– 74
5.2	Die Demontage der Leitplanken	– 77
5.2.1	Mindestens bedeutet nicht maximal	– 77
5.2.2	Bestandsmarkt bleibt weiter außen vor	– 78
5.2.3	Fehlender Preisdeckel bei generischer zweckmäßiger Vergleichstherapie	– 78
5.2.4	Leitplanken-Ausnahme durch den Gesetzgeber	– 79
5.3	Ausblick – Weiterentwicklung der Leitplanken	– 79
	Literatur	– 80

© Der/die Autor(en) 2025
H. Schröder et al. (Hrsg.), *Arzneimittel-Kompass 2025*, https://doi.org/10.1007/978-3-662-72460-6_5

Zusammenfassung

Die gesetzliche Krankenversicherung (GKV) steht vor wachsenden finanziellen Herausforderungen: Die Ausgaben steigen schneller als die Einnahmen, was durch den demographischen Wandel und medizinischen Fortschritt verschärft wird. Das GKV-Finanzstabilisierungsgesetz (GKVFinStG) sollte dem entgegenwirken, insbesondere durch neue Regelungen zur Preisbildung patentgeschützter Arzneimittel: die sogenannten Leitplanken. Von den Leitplanken zur Preisbildung und -differenzierung ist bereits zwei Jahre später durch Entscheidungen der Schiedsstelle oder den Gesetzgeber selbst kaum noch etwas übrig. Um das Prinzip der Preisdifferenzierung „keine Mehrkosten ohne Mehr an Nutzen" wieder auf den Weg zu bringen, sind die Leitplanken als starker Anreiz für einen über die aktuelle Standardtherapie in besonderem Maße verbesserten Patientennutzen nicht nur beizubehalten, sondern vielmehr auszubauen, neben weiteren Maßnahmen der Ausgabendämpfung wie effektiven Mengenrabatten.

5.1 Sinn und Zweck der Leitplanken

Seit Jahren übersteigen in der GKV die Ausgabenzuwächse die Zuwächse der Einnahmen: Seit 2009 steigen die Ausgaben um jahresdurchschnittlich 4,2 %, die Einnahmen dagegen nur um 3,5 %. Fortgesetzt hohe Ausgabenzuwächse und gebremste wirtschaftliche Erholung lassen diese Schere zwischen Einnahmen und Ausgaben weiter aufgehen (BMG 2025). Perspektivisch wird sich diese Lücke ohne Gegensteuerung aufgrund des medizinisch-technologischen Fortschritts, der demographischen Alterung sowie einer schwachen Wirtschaftsentwicklung ausweiten. Die Finanzlage der Krankenkassen ist bereits seit dem gesetzlich vorgeschriebenen Abbau der Rücklagen der letzten Jahre destabilisiert. Vor diesem Hintergrund traf die Bundesregierung mit dem GKV-Finanzstabilisierungsgesetz (GKV-FinstG) 2022 eine Reihe an Neuregelungen zur Ausgabensteuerung und setzte dabei u. a. mit den Leitplanken an der Preisbildung der neuen, patentgeschützten Arzneimittel an. Hier waren es insbesondere drei Fallgruppen, die aufgrund von sich gegenseitig verstärkenden Dysfunktionalitäten nach über zehn Jahren AMNOG zu einem „Turmtreppeneffekt" geführt hatten – und zwar gerade bei den Ausgaben für Arzneimittel mit fehlendem, geringem sowie nicht quantifizierbarem Zusatznutzen: ◘ Abb. 5.1 zeigt die Umsätze der neuen, patentgeschützten Arzneimittel der Jahre 2012 bis 2024. Daran ist ersichtlich, dass gerade die Anwendungsgebiete ohne Zusatznutzen, mit geringem und mit nicht quantifizierbarem Zusatznutzen erheblich zur Dynamik beitragen, obwohl die Zusatznutzenlage in diesen Bereichen kaum einen Ausgabenaufwuchs rechtfertigt.

Die folgenden Phänomene führen zu diesem nicht nutzenadäquaten Ausgabenaufwuchs:

Im Segment der Arzneimittel ohne Zusatznutzen war die verpflichtende Abschlagsvorgabe in Höhe von 10 % auf die wirtschaftlichste patentgeschützte zweckmäßige Vergleichstherapie in den Leitplanken eine notwendige Reaktion darauf, dass die bis dato geltende Preisobergrenze durch die Schiedsstelle kontraintentional ungesetzt worden ist. Zudem ergeben die Mischpreismethodik und die Binnenreferenzierung nach zehn Jahren AMNOG einen starken Preislift.

Die zwingende Preisobergrenze sollte die Jahrestherapiekosten für Arzneimittel ohne Zusatznutzen auf den Jahrestherapiekosten der wirtschaftlichsten Ausprägung der zweckmäßigen Vergleichstherapien deckeln (GKVFinstG 2022). Dieses Ziel wurde vor dem GKVFinStG aufgrund der gesetzgeberischen Entscheidung mit dem Arzneimittel-Versorgungsstärkungsgesetz im Jahr 2017 (AMVSG), den Preisdeckel von einer Pflicht-Vorgabe zu einer „Soll"-Regelung aufzuweichen, regelmäßig verfehlt. Hinzu trat eine den „Preisdeckel" maximal aufwölbende Schiedsspruchpraxis, statt dass die Preisobergrenze eingehalten oder auch einmal unterschritten

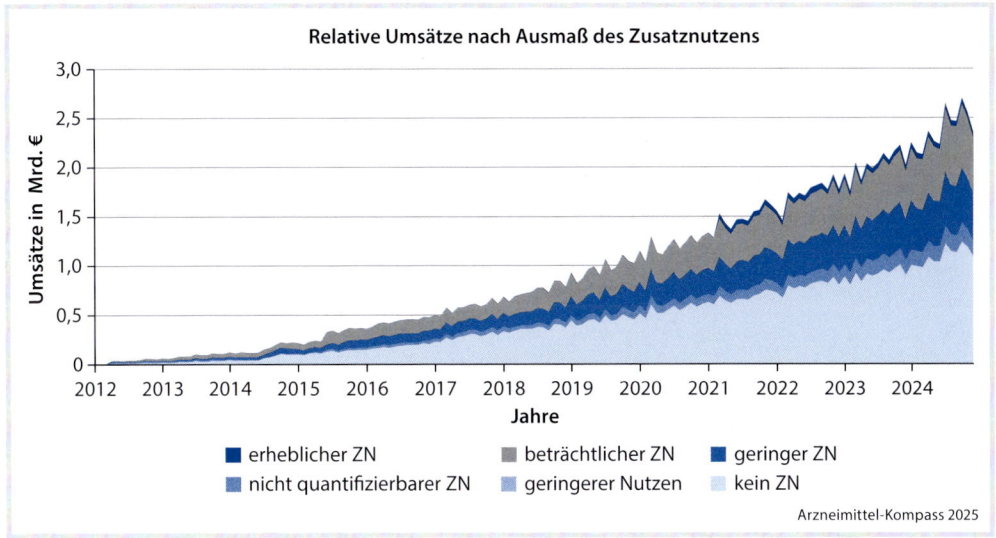

Abb. 5.1 Umsatzentwicklung nach Ausmaß des Zusatznutzens. Verteilung der Patientengruppen entsprechend Mittelwerten der Patientenzahlen in den G-BA-Beschlüssen gemäß § 35a SGB V. (Quelle: Daten nach GKV-Schnellinformation, Stand: 10.06.2025)

wurde. Zu einer Unterschreitung konnte sich die Schiedsstelle in über zehn Jahren AMNOG in keinem einzigen Fall entscheiden – mit der entsprechenden Signalwirkung nach außen und in die Verhandlungen zurück.

Da zudem immer mehr AMNOG-Arzneimittel mit erheblichem oder beträchtlichem Zusatznutzen und entsprechend hohem Erstattungsbetrag selbst als zweckmäßige Vergleichstherapie bestimmt wurden, konnte für Nachfolgeprodukte in derselben Indikation, ohne dass für sie selbst ein Zusatznutzen nachgewiesen werden konnte, mit einem Erstattungsbetrag mindestens in Höhe der Jahrestherapiekosten des nachweislich Zusatznutzen tragenden Vorgängers gerechnet werden (Problem „Binnenreferenzierung").

Die Idee einer zusatznutzenbasierten Preisdifferenzierung war damit ad absurdum geführt. Denn „kein Zusatznutzen" bedeutet nicht dasselbe wie „gleich gut". Für Patientengruppen mit neuen Wirkstoffen ohne Zusatznutzen liegen in der überwiegenden Anzahl keine Studien vor, die eine Vergleichsaussage mit der Vergleichstherapie zum Inhalt haben. Für knapp 80 % der bewerteten Patientengruppen ohne Zusatznutzen wurden keine vergleichenden Daten zur zweckmäßigen Vergleichstherapie vorgelegt (vgl. Abb. 5.2). In 27 % der Fälle lagen überhaupt keine Daten vor.

Dass die GKV in solchen Fällen dennoch die Kosten in gleicher Höhe wie für ein Arzneimittel mit nachgewiesenem Zusatznutzen übernehmen muss, verstößt im Grunde genommen gegen das Wirtschaftlichkeitsgebot. Dem Gebot zusatznutzenadäquater Preise und einer Preisdifferenzierung, die Evidenzgenerierung im Sinne des Patientenwohls belohnt, entspricht dies jedenfalls nicht. Insofern re-etablierte die Leitplanke eines mindestens 10 %igen Abschlags – zumal nur auf eine patentgeschützte Vergleichstherapie – lediglich das Prinzip wirtschaftlicher Mittelverwendung.

Ebenso korrigieren die Leitplanken zumindest ansatzweise die vernachlässigte zusatznutzenbasierte Preisdifferenzierung. Eine gleiche Vergütung, obwohl für das eine Arzneimittel ein Zusatznutzen nachgewiesen werden konnte und für das andere nicht, ist offensichtlich unfair. Bei Arzneimitteln ohne Zusatznutzen gewährleistet die 10 %ige Mindestabschlagsvorgabe, dass es bei der Vergütung

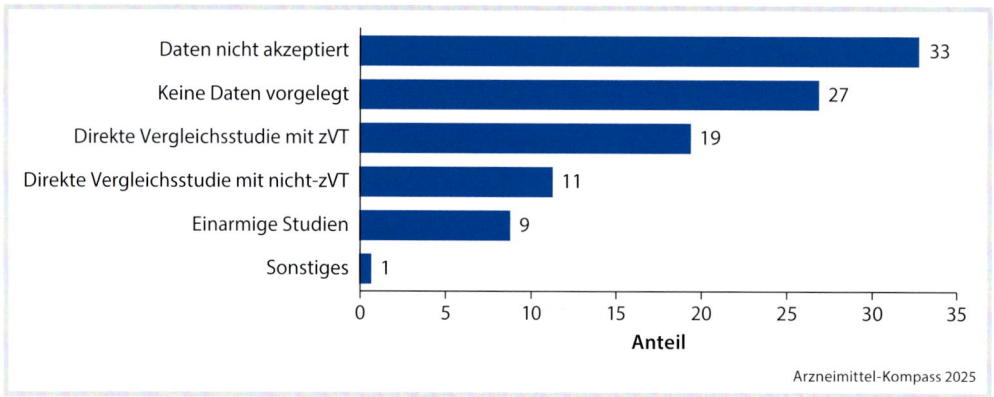

Abb. 5.2 Prozentuale Anteile der Datengrundlagen für die Nutzenbewertung nach § 35a SGB V auf Ebene von Patientengruppen ohne Zusatznutzen. (Quelle: AMNOG-Monitor, Stand 04.06.2025)

zu Vergleichstherapien mit Zusatznutzen einen angemessenen Mindestabstand gibt.

Sinn und Zweck der Leitplanken ist es auch, eine Preisdifferenzierung bei Evidenzmangel vorzunehmen. Der Evidenzmangel betrifft einen Großteil der Arzneimittel. Von den Arzneimitteln, für die bis zum 4. Juni 2025 Erstattungsbeträge vereinbart worden sind, wiesen ca. rund 40 % gar keinen Zusatznutzen auf. Weitere 30 % wiesen in mehreren Teilanwendungsgebieten keinen Zusatznutzen auf. Eine zusatznutzenadäquate Preisdifferenzierung belohnt anreizgerecht im Sinne der Patientinnen und Patienten die Evidenzgenerierung. Sie stärkt das Evidenzprinzip. Ansonsten besteht eine Situation, in der es klüger erscheint, den Markteintritt eines Konkurrenten mit möglicherweise besseren Daten abzuwarten und erst in den Markt zu treten, wenn dieser den Preisanker des Erstattungsbetrages gesetzt hat („Trittbrettfahrereffekt").

Auch die sog. Mischpreismethodik entfaltet ausgabensteigernde Wirkung – gerade für Arzneimittel mit überwiegend fehlendem Zusatznutzen: Hat das Arzneimittel mehrere Anwendungsgebiete, ist auch ein Erstattungsbetrag oberhalb der Preisobergrenze vom Bundessozialgericht als zulässig angesehen worden, ebenso wie für das Unternehmen vorteilhafte, wenn auch ggf. unrealistische Annahmen zum ärztlichen Verordnungsverhalten

(BSG, 04.07.2018 – B 3 KR 20/17 R). Die höchstrichterlich der Schiedsstelle zugesprochene Freiheit, anzunehmen, dass Arzneimittel mit Anwendungsgebieten mit und ohne Zusatznutzen vor allem in den Anwendungsgebieten mit Zusatznutzen verordnet würden, führt regelmäßig zu einer Übergewichtung dieser Anwendungsgebiete. Auch dies hebelt nicht nur die Preisobergrenze aus, sondern drückt zudem die Preise stets weiter nach oben. Diese Problematik beheben die Leitplanken nicht.

Im Bereich der Arzneimittel mit geringem oder nicht quantifizierbarem Zusatznutzen fiel der „Preislift"-Effekt der Binnenreferenzierung durch die Zuschlags-Logik sogar noch stärker aus: Bei Zusatznutzen wird der Erstattungsbetrag u. a. durch einen Aufschlag auf die Kosten der zweckmäßigen Vergleichstherapien ausgehandelt. Auch für neue Arzneimittel mit teilweise nur geringem patientenrelevantem Zusatznutzen konnten dadurch häufig sehr hohe Preise erzielt werden, die zum Teil höher als bei der bereits sehr hochpreisigen Vergleichstherapien liegen (IGES 2024). Hinzu tritt der fehlende Preiswettbewerb im patentgeschützten Markt. Mit den Preisen der Vergleichstherapien als verlässlichem Preisanker besteht kein Anreiz für einen Preiswettbewerb. Selbst wenn Präparate keinen Zusatznutzen haben und in therapeutischer Konkurrenz stehen – sogar bei Arzneimitteln mit demselben Wirkprinzip, die zeitlich in naher Reihenfolge auf den deutschen Markt kommen (sog. „Cluster") – entsteht kein nennenswerter Preiswettbewerb. Dies ist eine klare Dysfunktionalität. Gesetzlich zwingend angeordnete Preissenkungen für Nachfolger beheben diese. International sind solche Vorgaben gängige Praxis.

Andere Länder gehen wesentlich konsequenter als Deutschland mit Arzneimitteln ohne zusätzlichen Nutzen zu Vergleichstherapien um und erwarten, dass sich die Folgeanbieter ihren Marktanteil über Preisgünstigkeit erschließen: In Frankreich wird ein Arzneimittel ohne Zusatznutzen[1] nur dann überhaupt erstattet, wenn es *günstiger* als seine Vergleichsprodukte ist (vgl. Art. R. 163-5-I-2° FSSC). In Österreich ist in § 24 Abs. 2 Ziffer 2 in der Verfahrensordnung zur Herausgabe des Erstattungskodex nach § 351g ASVG – VO-EKO für eine Therapieoption *mit gleichem oder ähnlichem therapeutischem Nutzen* geregelt, dass diese nur dann wirtschaftlich ist, wenn ihre Kosten „ausreichend unter den vergleichbaren Behandlungskosten der im Grünen Bereich angeführten günstigsten vergleichbaren Arzneispezialität liegen" (§ 351c Abs. 9 Ziffer 1 ASVG; Fettsetzung d. V.). Dies entspricht in der Praxis regelmäßig einem Preisabschlag von mindestens 10 % auf die Kosten des günstigsten Vergleichsproduktes (vgl. Urteil Öst BVwG, Az. W147 2231019-1). In Österreich und Frankreich müssen Zweitanbieter mit einem gleichwertigen therapeutischen Wert oder bei keinem Zusatznutzen also stets Preismindestabschläge hinnehmen, und zwar unabhängig vom Patentschutz der Vergleichstherapie. In Deutschland greift die Leitplanke des 10%igen Abschlags auf eine Vergleichstherapie nur, wenn die Vergleichstherapie noch Patentschutz hat. Bei generischen Vergleichstherapien gilt in Deutschland weiterhin die Vorgabe, dass die Kosten der Vergleichstherapie nicht überschritten werden sollen; aus dieser Regelung für den Einzelfall ist jedoch der Regelfall geworden. Insofern ist die Kritik der Industrieseite an dieser im Ländervergleich eher zaghaften Regelung eines 10%-Abschlags auf ohnehin hohem Patentschutz-Preisniveau kaum nachvollziehbar.

5.2 Die Demontage der Leitplanken

Von den Leitplanken zur Preisbildung und -differenzierung ist bereits zwei Jahre später kaum noch etwas übrig. Die Regelungen, die ihr Ziel der Stabilisierung der GKV-Finanzlage (GKV-FinStG 2022) ohnehin erst mittelfristig durch gesenkte Erstattungsbeträge in zweiten und dritten Verhandlungsrunden hätten erreichen können, wurden bereits kurz nach Inkrafttreten durch Schiedsstellenentscheidungen ausgebremst (Blockade von sog. „Zweit- und Drittrundeneffekten").

5.2.1 Mindestens bedeutet nicht maximal

Die zuvor dargestellte Wirkung des 10%-Mindestabschlags bei Arzneimitteln ohne Zusatznutzen wurde durch die Schiedsstellenentscheidung zu Cemiplimab[2] auf ihr Minimum reduziert. Obwohl im Gesetz „mindestens" steht, was auch durchaus höhere Abschläge zulässt, entschied sich die Schiedsstelle, in dem regelungseinschlägigen Teilanwendungsgebiet genau 10 % in Abschlag zu bringen. Der pharmazeutische Hersteller von Cemiplimab hatte in diesem Fall keine vergleichende Evidenz zur zweckmäßigen Vergleichstherapie vorgelegt. Sowohl das IQWiG als auch der G-BA hatten weitere Daten für die Nutzenbewertung für erforderlich gehalten. In diesem Fall hat allein der Ansatz des minimal zulässigen Abschlags dazu geführt, dass der Erstattungsbetrag insgesamt kontraintuitiv um 14 % angestiegen ist. Der Preis konnte – trotz Leitplan-

---

[1] Amélioration du service médical rendu, Stufe 5 (ASMR V).

[2] Cemiplimab (Verfahren 25 P 51-22).

ken-Abschlagsvorgabe und vollkommen ohne Nutzennachweis – sogar noch ansteigen. Diese Entscheidungspraxis hat entsprechend ausgabensteigernde Präzedenzwirkung auf andere Verhandlungen.

5.2.2 Bestandsmarkt bleibt weiter außen vor

In zwei anderen zeitnahen Entscheidungen[3] nach Inkrafttreten des GKVFinStG hebelte die Schiedsstelle die Wirksamkeit des Abschlags in Höhe von 15 % auf die Jahrestherapiekosten von Arzneimitteln aus, die vor dem 01.01.2011 auf den Markt gekommen und keiner Nutzenbewertung unterzogen worden waren (unbewerteter Bestandsmarkt).

Hintergrund dieses Abschlags ist, dass der unbewertete Bestandsmarkt in seiner preistreibenden Wirkung abgeschwächt werden sollte. Der Gesetzgeber hatte sich drei Jahre nach Inkrafttreten des AMNOG bereits für eine Schwächung der Nutzenbewertung und der zusatznutzenbasierten Preisbildung entschieden. Er schaffte die zunächst vorgesehene Nutzenbewertung von Arzneimitteln, die vor 2011 auf den Markt gebracht worden waren, mit dem 14. Gesetz zur Änderung des Fünften Buches des Sozialgesetzbuchs im Jahr 2014 wieder ab. Der Verzicht auf diese Bestandsmarktbewertung führte dazu, dass ältere Vergleichstherapien, deren Preise frei gewählt waren und auf keinem Zusatznutzennachweis beruhten, in den AMNOG-Verhandlungen der ersten Jahre zum Preisanker für Erstattungsbeträge wurden. Damit war das Konzept „zusatznutzenadäquater Preise" von 2014 an bereits gebrochen.

Ein korrektiver Abschlag wie durch die „Bestandsmarkt-Leitplanke" wäre von Anfang an wünschenswert gewesen, um die Fortschreibung eines sehr hohen, nicht nutzenbasierten Preisniveaus zu verhindern. Die Regelung kann nun im 15. Jahr des AMNOG nicht mal ansatzweise ausgleichen, was durch diese Regulierungslücke an nicht-nutzenbasierter Preissteigerung bereits bewirkt wurde. Dennoch gibt es weiterhin Arzneimittel aus dem Bestandsmarkt, auf die die Leitplanke hätte einwirken können. Doch auch dies wurde durch die Schiedsstelle konterkariert: In Abkehr von einer jahrelangen Spruchpraxis zum Kriterium der „vergleichbaren Arzneimittel" entschied sie, bei dem Kriterium der „Jahrestherapiekosten vergleichbarer Arzneimittel" solche ohne Zusatznutzen nicht mehr zu berücksichtigen. Mit dieser „Konterbewegung" glich sie eine etwaige Absenkung durch den 15%-Abschlag jedoch nicht nur aus, sie überkompensierte diese: Es wurde ein sogar höherer Erstattungsbetrag festgesetzt, als die Schiedsstelle vorher – ohne 15%-Abschlagsregelung, aber mit alter Spruchpraxis – geschiedst hätte. Viele Arzneimittel des Bestandsmarkts haben ihren Patentschutz mittlerweile schon verloren. In Fällen von anhaltend hohem Preisniveau aufgrund fehlenden generischen oder Biosimilar-Wettbewerbs läuft die Leitplankenregelung allerdings ins Leere.

5.2.3 Fehlender Preisdeckel bei generischer zweckmäßiger Vergleichstherapie

Die Regelung des § 130b Abs. 3 Satz 5 SGB V deckelt den Erstattungsbetrag für ein Arzneimittel, das nach dem Beschluss des Gemeinsamen Bundesausschusses nach § 35a Abs. 3 einen nicht quantifizierbaren oder geringen Zusatznutzen hat, auf die Jahrestherapiekosten der wirtschaftlichsten patentgeschützten zweckmäßigen Vergleichstherapie. Der Gesetzgeber führt in der Gesetzesbegründung aus, dass sich das Preisniveau *patentgeschützter* Arzneimittel in einem für forschende Arzneimittelhersteller auskömmlichen Bereich befinde. Neue Arzneimittel mit nur geringem patientenrelevantem Zusatznutzen oder einem nicht quantifizierbaren Zusatznutzen sollen gegenüber einer patentgeschützten Vergleichstherapie einen vergleichbaren Preis

---

[3] GKVFinStG 2022; Ozanimod (Verfahren 2 P 5-23), Ponesimod (Verfahren 32 P 69-22).

realisieren können (GKVFinStG 2022). Die Schiedsstelle hatte im Fall von Ponesimod hingegen darüber zu entscheiden, ob ein Erstattungsbetrag, der sich bei geringem Zusatznutzen auf Basis einer generischen zweckmäßigen Vergleichstherapie in Verbindung mit den „allgemeinen Anforderungen" (§ 130b Abs. 9 Satz 3 SGB V) ergibt, über dem Vergütungsniveau der wirtschaftlichsten patentgeschützten zweckmäßigen Vergleichstherapie in derselben Patientengruppe liegen darf.[4] Dies hat die Schiedsstelle bejaht, wobei das Ergebnis kaum mit der nicht lange zurückliegenden Wertung und Zielsetzung des GKVFinStG in Einklang zu bringen ist. Wenn der Gesetzgeber davon ausgeht, dass bei geringem Zusatznutzen ein Erstattungsbetrag in Höhe der Kosten einer patentgeschützten zweckmäßigen Vergleichstherapie dem Vergütungsinteresse des pharmazeutischen Unternehmers hinreichend Rechnung trägt, ist es nicht nachvollziehbar, weshalb die Schiedsstelle in dieser Fallgruppe wertungsmäßig darüber hinausgeht und einen Erstattungsbetrag festsetzt, der höher ist als die Kosten der kostengünstigsten patentgeschützten zweckmäßigen Vergleichstherapie, obwohl eine generische zweckmäßige Vergleichstherapie als Preisanker dient. Diese Umsetzungsmethodik führt nun zu höheren Ausgaben, als wenn der Gemeinsame Bundesausschuss eine zweckmäßige Vergleichstherapie, für die Patentschutz besteht, bestimmt hätte. Eine solche Spruchpraxis widerspricht dem Sinn und Zweck eines gerade erst verabschiedeten Gesetzes zur Kostendämpfung in der GKV.

Eine Folgewirkung dieses Vorgehens kann mit Patentablauf und eintretendem generischem Wettbewerb zu steigenden Erstattungsbeträgen auf das Niveau oberhalb der patentschützten zweckmäßigen Vergleichstherapie führen. Dies hebelt das Prinzip, wonach die Zusatznutzenmonetarisierung in Abhängigkeit der Jahrestherapiekosten der zweckmäßigen Vergleichstherapie erfolgt, aus.

5.2.4 Leitplanken-Ausnahme durch den Gesetzgeber

Obgleich die Schiedsstelle also die erwünschten Effekte der Leitplanken bereits stark reduziert hatte, entschied sich der Gesetzgeber bereits kaum zwei Jahre später, diese mit dem Medizinforschungsgesetz zu demontieren: Der Nachweis einer klinischen Forschungstätigkeit in Deutschland führt nun zu einer Ausnahme von den Leitplanken mit einer Überprüfung des weiteren Vorliegens der Voraussetzungen nach 30 Monaten. Damit verbunden ist nicht nur eine weitere Komplexitätssteigerung in den Erstattungsbetragsverhandlungen. Auch die Ausgabendämpfung über Zweit- und Drittrundeneffekte sowie eine stärkere Preisdifferenzierung bleiben damit aus.

Als Fazit kann man sagen, dass in der begrenzten Beobachtungsphase von zwei Jahren nach Inkrafttreten des GKVFinStG keine belastbaren Belege für negative Auswirkungen auf die Versorgung mit innovativen und wirtschaftlichen patentgeschützten Arzneimitteln durch die Neuregelungen gibt, aber auch keine nennenswerten Entlastungseffekte für die GKV-Finanzstabilität (IGES 2024).

5.3 Ausblick – Weiterentwicklung der Leitplanken

Am Anfang der neuen Legislaturperiode, die am 25. März 2025 mit der konstituierenden Sitzung des 21. Deutschen Bundestages begann, stand der Koalitionsvertrag. Er enthält die Passage: *„Das Gesetz zur Neuordnung des Arzneimittelmarktes in der gesetzlichen Krankenversicherung (AMNOG) entwickeln wir mit Blick auf die ‚Leitplanken' und auf personalisierte Medizin weiter. Dabei ermöglichen wir den Zugang zu innovativen Therapien und Arzneien und stellen gleichzeitig eine nachhaltig tragbare Finanzierung sicher"* (Koalitionsvertrag 2025). Der darin angesprochene Ausgleich zwischen den Interessen des Unternehmers an einer zum Marktverbleib motivierenden Vergütung, dem Interesse der Patientinnen

---

4   Vgl. Ponesimod (Verfahren 32 P 69-22).

und Patienten an einem zeitigen umfassenden Zugang zu neuen Therapien und dem Interesse von Beschäftigten und Arbeitgebern an einer nachhaltig zumutbaren Sozialabgabenbelastung stellt den Kern des AMNOG dar. Das Verfahren begünstigte über Jahre hinweg überwiegend das Vergütungsinteresse der Unternehmen – mit den bekannten Folgen für die Ausgabenentwicklung der GKV und der Gefährdung ihrer Finanzstabilität. Nun, in Zeiten dynamischer gesellschaftlicher und wirtschaftspolitischer Neuordnung in Angst vor Wohlstandsverlust und dem globalen Ringen um Wirtschaftswachstum, wird dieser Ausgleich auch noch mit Standortfragen verwoben. Der Sachverständigenrat hat jüngst auf die preisverzerrenden Effekte von standortbezogenen Preisaufschlägen hingewiesen. Entsprechend plädierte der Sachverständigenrat für die Abschaffung der Leitplankenausnahme (SVR 2025). Dem ist uneingeschränkt zuzustimmen: Standortförderung ist eine Aufgabe, die ausschließlich über Steuergelder zu finanzieren ist. Wenn Standorterwägungen eine Rolle spielen, dann dergestalt, dass steigende Sozialabgaben einen zentralen negativen wirtschaftspolitischen Standortfaktor darstellen. Dies bedeutet, dass mit einer „Weiterentwicklung der Leitplanken" die Entscheidungen der Schiedsstelle gesetzlich korrigiert und die Leitplanken so ausgebaut werden müssen, dass sie eine echte Finanzwirksamkeit haben.

Des Weiteren muss die Preisobergrenze durch eine Streichung der Soll-Regelung wieder zu einer harten Grenze verstärkt werden, um sicherzustellen, dass auch außerhalb der Leitplanken der Beitrag von Arzneimitteln ohne jeden Zusatznutzen zur Ausgabendynamik effektiv begrenzt wird. Für eine echte evidenz- und zusatznutzenbasierte Preisdifferenzierung in einem Therapiegebiet müssen evidenzbasierte Quervergleiche zwischen allen Therapien in einer Indikation, in Therapie-Clustern oder Wirkstoffgruppen durchgeführt werden.

Als Fazit bleibt: Die mit dem GKVFinStG eingeführten Leitplanken könnten theoretisch wichtige Grundprinzipien des AMNOG wie die evidenzbasierte Preisdifferenzierung und das Gebot „keine Mehrkosten ohne Mehr an Nutzen" wieder auf den rechten Weg bringen. Sie sind jedoch stark geschwächt ausgelegt und umgesetzt worden. Eine zukünftige Weiterentwicklung des AMNOG sollte die Leitplanken erhalten und ausbauen, damit diese ihren sinnvollen Beitrag zur Dämpfung der inzwischen systemgefährdenden Ausgabendynamik entfalten können. Die Steuerungsoptionen der Budgetierung und notfalls auch Rationierung stehen ansonsten auch langfristig im Raum (SVR 2025).

Literatur

BMG – Bundesministerium für Gesundheit (2025) Vorläufige Finanzergebnisse der GKV für das Jahr. https://www.bundesgesundheitsministerium.de/presse/pressemitteilungen/vorlaeufige-finanzergebnisse-der-gkv-fuer-das-jahr-2024-pm-07-03-2025.html. Zugegriffen: 5. Juni 2025

GKVFinStG (2022) Deutscher Bundestag Drucksache 20/3448 – Entwurf eines Gesetzes zur finanziellen Stabilisierung der gesetzlichen Krankenversicherung (GKV-Finanzstabilisierungsgesetz)

IGES (2024) Evaluation über die Auswirkungen der Änderungen der §§ 35a und 130b und der Neuregelung des § 130e durch das GKV-Finanzstabilisierungsgesetz vom 7. November 2022 auf die Versorgung mit Arzneimitteln. https://www.bundesgesundheitsministerium.de/fileadmin/Dateien/5_Publikationen/Gesundheit/Berichte/Evaluationsbericht_IGES_20241206_-barrierefrei.pdf. Zugegriffen: 5. Juni 2025

Koalitionsvertrag (2025) Koalitionsvertrag zwischen CDU, CSU und SPD – 21. Legislaturperiode (5. Mai 2025). https://www.koalitionsvertrag2025.de/. Zugegriffen: 5. Juni 2025

SVR – Sachverständigenrat Gesundheit & Pflege (2025) Gutachten 2025 – Preise innovativer Arzneimittel in einem lernenden Gesundheitssystem. https://www.svr-gesundheit.de/fileadmin/Gutachten/Gutachten_2025/SVR_Gutachten_2025.pdf. Zugegriffen: 5. Juni 2025

Open Access Dieses Kapitel wird unter der Creative Commons Namensnennung – Nicht kommerziell – Keine Bearbeitung 4.0 International Lizenz (http://creativecommons.org/licenses/by-nc-nd/4.0/deed.de) veröffentlicht, welche die nicht-kommerzielle Nutzung, Vervielfältigung, Verbreitung und Wiedergabe in jeglichem Medium und Format erlaubt, sofern Sie den/die ursprünglichen Autor*in(nen) und die Quelle ordnungsgemäß nennen, einen Link zur Creative Commons Lizenz beifügen und angeben, ob Änderungen vorgenommen wurden. Die Lizenz gibt Ihnen nicht das Recht, bearbeitete oder sonst wie umgestaltete Fassungen dieses Werkes zu verbreiten oder öffentlich wiederzugeben.

Die in diesem Kapitel enthaltenen Bilder und sonstiges Drittmaterial unterliegen ebenfalls der genannten Creative Commons Lizenz, sofern sich aus der Abbildungslegende nichts anderes ergibt. Sofern das betreffende Material nicht unter der genannten Creative Commons Lizenz steht und die betreffende Handlung nicht nach gesetzlichen Vorschriften erlaubt ist, ist auch für die oben aufgeführten nicht-kommerziellen Weiterverwendungen des Materials die Einwilligung des/der betreffenden Rechteinhaber*in einzuholen.

Real-World-Daten in der Nutzenbewertung und Preisfindung neuer Arzneimittel: Status quo und Zukunftsperspektiven

Julian Witte und Wolfgang Greiner

Inhaltsverzeichnis

6.1 Warum Real-World-Daten jetzt systemrelevant werden – 85

6.2 Systematik der RWD: Primär erhoben, sekundär verwertet – 85

6.3 Internationale Entwicklung: DARWIN EU, FDA-RWE und EHDS – 86

6.4 Der deutsche Diskurs: IQWiG-Stand, Öffnungspfade und Qualitätskriterien – 86

6.5 RWD im AMNOG: Was bereits funktioniert – und wo das FDZ Mehrwert stiften kann – 87
6.5.1 Wann und wofür FDZ-Daten im AMNOG besonders nützlich sind – 88
6.5.2 Was der Prozess bedeutet – und wie man ihn strategisch nutzt – 88

6.6 Methodik und Nachvollziehbarkeit: Bausteine für robuste RWD-Analysen – 89

© Der/die Autor(en) 2025
H. Schröder et al. (Hrsg.), *Arzneimittel-Kompass 2025*, https://doi.org/10.1007/978-3-662-72460-6_6

6.7 Fazit: RWD als substantieller Baustein – nicht als Ersatz – eines lernenden Systems – 89

Literatur – 90

Kapitel 6 · RWD in der Nutzenbewertung und Preisfindung neuer Arzneimittel

▸▸ Zusammenfassung

Die Arzneimittelentwicklung verschiebt sich in Richtung kleiner, molekular definierter Zielgruppen und beschleunigter Zulassungen; klassische randomisierte kontrollierte Studien (RCTs) stoßen dabei teils an praktische, ethische und ökonomische Grenzen. Parallel sind Real-World-Daten (RWD) – aus Registern, klinischer Routine und GKV-Abrechnungen – zu einer tragfähigen komplementären Evidenzquelle gereift, um Versorgungspraxis, Zielpopulationen, Vergleichstherapien und Marktvolumina empirisch zu quantifizieren. Internationale Initiativen wie DARWIN EU der EMA und das RWE-Framework der FDA belegen die regulatorische Anschlussfähigkeit qualitätsgesicherter RWD. In Deutschland akzeptiert das IQWiG derzeit im Kern Registerdaten für die frühe Nutzenbewertung, wobei GKV-Routinedatenvor allem in epidemiologischen und ökonomischen Modulen der Dossiers zur Nutzenbewertung sowie in Preisverhandlungen nutzbar sind. Das Forschungsdatenzentrum Gesundheit (FDZ) professionalisiert den Zugang zu einem nahezu vollständigen GKV-Datenraum, verkürzt den Zeitversatz bis zur Datenverfügbarkeit und erweitert sukzessive den inhaltlichen Umfang, was die präzise Bestimmung von Zielpopulationen, Vergleichstherapie-Validierungen und die Vorbereitung von Preis-Mengen-Modellen erleichtert. Methodisch gewinnen Konzepte der Target-Trial-Emulation an Gewicht, um randomisiert kontrollierte Studiensettings auf RWD zu simulieren, ergänzt durch Transparenz- und Reproduzierbarkeitsstandards. RWD ersetzen RCTs nicht; sie können jedoch – bei guten Designs, transparenter Analytik und stringenter Qualitätssteuerung – die Robustheit der Nutzenbewertung und die Sachgerechtigkeit der Preisfindung sinnvoll unterstützen.

6.1 Warum Real-World-Daten jetzt systemrelevant werden

Die Evidenzlandschaft ist in Bewegung. Wissenschaftliche Innovationen bringen Therapien hervor, die auf eng gefasste Biomarker-Profile oder zelluläre Mechanismen zielen; die resultierenden Patientenkollektive sind klein, heterogen und schwer für klinische Studienprogramme zu rekrutieren. Gleichzeitig steigen Kapitalkosten und Time-to-Market-Druck, was die unternehmerische Bereitschaft erhöht, frühe Zulassungen auf vorläufiger Evidenz zu beantragen. Regulatorische Programme – in der EU etwa Conditional Marketing Authorisation oder PRIME, in den USA Accelerated Approval und Breakthrough Therapy Designation – beschleunigen die Verfügbarkeit, verschieben aber einen Teil der Evidenzgenerierung in die Post-Approval-Phase. In dieser Konstellation bleibt die randomisiert kontrollierte Studie (RCT) das methodische Fundament für den Nachweis des Nutzens einer Intervention, doch es besteht bereits heute eine zweite Ebene, auf der realweltliche Versorgungsdaten Fragen adressieren, die RCTs strukturell offenlassen: Wie groß ist die tatsächlich behandelte Zielpopulation? Welche Reihenfolgen, Therapiedauern und Abbruchmuster prägen die Versorgungsroutine? Welche Kosten entstehen unter Alltagsbedingungen? Real-World-Daten (RWD) sind damit kein Ersatz, sondern eine komplementäre Evidenzquelle – vorausgesetzt, Design, Datengüte und Analytik sind so spezifiziert, dass Verzerrungen kontrolliert und Entscheidungen nachvollziehbar werden.

6.2 Systematik der RWD: Primär erhoben, sekundär verwertet

Für die Nutzenbewertung hat sich bewährt, RWD nach der Entstehungslogik zu trennen. Primär erhobene Daten (Register, prospektive nicht-randomisierte Studien) werden gezielt für Forschung generiert, nutzen standardisierte Erhebungen (und Instrumente) und erlauben inhaltlich eng geführte Fragestellungen – sie sind die im IQWiG-Sinne derzeit bevorzugte Daten-Quelle (IQWiG 2023). Sekundär verwertete Daten – elektronische Patientenakten, klinische Routinedokumentation, GKV-Abrechnungen – entstehen für Versorgung und Administration. Ihr wissenschaftlicher Mehrwert liegt in Vollständigkeit, Populationsnähe und longitudinaler Tiefe; Limitierungen betreffen die Validität darin beobachteter Endpunkte, Standardisierung und potenzielles Up- oder Miss-Coding. Für AMNOG-relevante Aufgaben – epidemiologische Schätzungen, Validierung von Vergleichstherapien einer neuen Intervention, Versorgungsanteile, Ressourcenverbrauch – können sekundäre RWD bei sorgfältiger Operationalisierung entscheidende Evidenzlücken schließen. Der Wert einer Quelle bemisst sich dabei nicht ausschließlich an ihrem Typ, sondern daran, ob sie für die Fragestellung die richtigen Variablen, eine klare Expositions- und Outcome-Definition sowie eine belastbare Bias-Kontrolle ermöglicht. Dass dies nicht auf sekundär erhobenen Daten möglich ist, ist ein Mythos, der im Verlauf dieses Beitrages aufgelöst werden soll.

6.3 Internationale Entwicklung: DARWIN EU, FDA-RWE und EHDS

DARWIN EU vernetzt seit 2022 europäische versorgungsnahe Datenquellen, um wiederholbare, qualitätsgesicherte Analysen für Zulassung, Pharmakovigilanz und Health Technology Assessment (HTA) zu liefern; erste Piloten zu Behandlungspfaden und mit potenziellen Nebenwirkungen assoziierten Effekten wurden 2023 umgesetzt, der dauerhafte Einbau in EMA-Prozesse ist das Ziel (EMA 2024a; EMA 2024b). Die FDA hat seit dem *21st Century Cures Act* ein RWE-Programm etabliert, dessen Framework von 2018 präzisiert, unter welchen Kriterien RWD für Indikationserweiterungen, historische Kontrollen und Post-Marketing-Fragen nutzbar sind. Die Pandemie zeigte die operative Leistungsfähigkeit dieser Ansätze in Echtzeit-Überwachung und Effektivitätsanalytik (FDA 2018; FDA 2021). Der European Health Data Space (EHDS) legt die infrastrukturelle Basis, um standardisierte versorgungsnahe Datenquellen grenzüberschreitend nutzbar zu machen – einschließlich ePA-Beständen und Registern – und schafft damit die Voraussetzungen, nationale Hubs wie das jüngst in Deutschland neu aufgestellte Forschungsdatenzentrum Gesundheit (FDZ) interoperabel einzubinden (Europäische Kommission 2022).

6.4 Der deutsche Diskurs: IQWiG-Stand, Öffnungspfade und Qualitätskriterien

Das aktuelle IQWiG-Methodenpapier hält an RCTs als Primärquelle zum Zwecke der Nutzenbewertung neuer Interventionen fest. RWD können dann zum Nutzennachweis einbezogen werden, wenn sie aus qualitativ gesicherten Registern stammen (IQWiG 2023). Die Skepsis gegenüber GKV-Abrechnungsdaten und ePA-Daten beruht auf drei Punkten: fehlender direkter Bezug zu patientenrelevanten Endpunkten, primär abrechnungsgetriebene Kodierlogiken mit Variabilität zwischen Leistungserbringern und Lücken in therapienahen Variablen (Sequenzen, Dosen, Nebenwirkungsprofile). ePA-Daten könnten diese Lücken perspektivisch schließen; solange aber Reichweite und Standardisierung begrenzt sind, bleibt die IQWiG-Präferenz bei Registern. Gleichwohl verweisen Stellungnahmen und die Beschlusspraxis darauf, dass Versorgungsdaten geeignet sind, zentrale Dossierangaben zu validieren – insbesondere zu Zielpopulationsgrößen (IQWiG 2024). Anwendungsbegleitende Datenerhebungen (AbD) bilden einen geordneten Öffnungspfad: RWD werden dort gezielt prospektiv erhoben, methodisch dokumentiert und in Neubewertungen zurückgespielt.

6.5 RWD im AMNOG: Was bereits funktioniert – und wo das FDZ Mehrwert stiften kann

Empirische Auswertungen zeigen, dass RWD in einem relevanten Teil der AMNOG-Dossiers genutzt werden, vor allem zur Beschreibung der Epidemiologie und Zielpopulationen (Pichler und Wild 2015; Wagner et al. 2017). Das IQWiG betont explizit die Möglichkeit, Patientenzahlen aus Dossiers mit Versorgungsdaten zu validieren (IQWiG 2024). In der ökonomischen Herleitung verbessern RWD die Realitätsnähe von Annahmen zu Therapiedauer, Begleitmedikation und Ressourcenverbrauch und können so dabei helfen, den ökonomischen Rahmen neuer Therapien oder Indikationserweiterungen abzuschätzen. In Preisverhandlungen ermöglichen sog. Morbi-RSA-basierte Daten nach § 217f SGB V eine belastbare Quantifizierung von Marktvolumina, Substitutionsraten und real erreichten Patientenzahlen, was besonders bei Mischpreisen und Indikationserweiterungen entscheidungsrelevant ist.

Sechs Jahre nach dem Gesetz für mehr Sicherheit in der Arzneimittelversorgung (GSAV) fällt die Bilanz der damit 2019 eingeführten AbD heute eher ernüchternd aus. Von 69 potenziellen Kandidaten mit einarmiger Evidenzbasis wurden bis März 2025 nur 20 Verfahren eingeleitet, für neun Wirkstoffe wurden AbDs gefordert; tatsächlich gestartet sind bis März 2025 lediglich fünf AbDs und die Zeit vom Forderungsbeschluss bis zur erneuten Nutzenbewertung liegt bei rund sechseinhalb Jahren (Jantschak et al. 2025). Die Gründe sind vielfältig: Die Realisierbarkeit hängt von vorhandenen, anpassbaren Registern, rekrutierbaren Patientenzahlen und der Stabilität der Vergleichstherapie ab; in dynamischen Feldern überholt die Evidenzentwicklung die AbD, sodass Komparatoren zum Bewertungszeitpunkt nicht mehr dem Stand der Erkenntnisse entsprechen. Methodisch verlangt die Nutzenbewertung bei nicht randomisierten Vergleichen in der Regel große Effekte, damit Konfidenzintervalle bei schwerwiegenden Endpunkten Schwellen überschreiten; in Settings mit wirksamen Alternativen ist das selten erreichbar. Hinzu kommt, dass etablierte Register häufig inhaltliche Lücken aufweisen – patientenrelevante Endpunkte, unerwünschte Ereignisse, Confounder-Sets und Qualitätssicherungsmaßnahmen sind nicht immer ausreichend – und für die AbD aufwändig angepasst werden müssen. Gefordert werden daher indikationsspezifische Register, die nicht ad hoc produktspezifisch aufgelegt werden. Administrativ ist das Verfahren ressourcenintensiv; Versorgungsbeschränkungen können das Verordnungsverhalten in Richtung alternativer Therapien verschieben und die Rekrutierung weiter erschweren. Insgesamt bleibt die Zahl geeigneter Kandidaten gering, weil im betrachteten Zeitraum überraschend häufig doch RCT-Evidenz vorlag; zugleich ist der potenzielle Kosteneffekt der AbD gemessen am Gesamtvolumen des AMNOG marginal (Jantschak et al. 2025). Über eine Öffnung der AbD auf potenziell alle Nutzenbewertungsverfahren wurde in diesem Zusammenhang auch schon diskutiert.

Das FDZ adressiert an mehreren Stellen Schwachpunkte bisheriger Datenwege und kann damit die Nutzbarkeit von RWD im AMNOG spürbar nach vorn verschieben. Inhaltlich wird der Datenraum gegenüber klassischen 217f-Daten erweitert: Neben Arzneimittelabgaben werden ambulante Leistungen und stationäre Leistungen einbezogen; longitudinal lassen sich Ereignisse sektorenübergreifend auf Tages- bis Quartalsebene verfolgen, verknüpft mit demographischen und Leistungserbringermerkmalen. Methodisch entsteht damit erstmals die Möglichkeit, vollständige Versorgungspfade und Index-Ereignisse (Erstdiagnose, Eskalation, Therapiewechsel) konsistent zu identifizieren und Impact-orientierte Auswertungen – etwa als Target-Trial-Emulation (siehe ▶ Abschn. 6.6) – robuster aufzusetzen. Gleichzeitig verbessern sich Aktualität und Zugänglichkeit: Die Umstellung auf ein Datenmodell 4 ab voraussichtlich 2026 mit quartalsnaher Befüllung reduziert die Zeitverzögerung dann noch einmal deutlich und macht auch Fragestellungen mit kurzem Zeitbezug (Stichwort Indikationsverteilung) möglich. Die FDZ-Antragsstrecke mit virtueller Analytik-Umgebung ist auf planbare Bearbeitungsfristen (maximal drei Monate, in Ausnahmefällen bei komplexen Forschungsanträgen vier Monate) und standardisierte Outputs ausgelegt.

6.5.1 Wann und wofür FDZ-Daten im AMNOG besonders nützlich sind

Für die Dossierstrategie des pharmazeutischen Unternehmens lohnt sich der frühzeitige Abgleich klinischer Programmatik mit der Versorgungsrealität: FDZ-Analysen können vor Einreichung prüfen, ob die vom G-BA erwartete zVT im Alltag tatsächlich dominiert, ob es regionale oder sequenzielle Muster gibt, die eine Multi-Komparator-Logik nahelegen, und ob Best-Supportive-Care-Komponenten bezifferbar sind. Gerade bei „individualisierten" Vergleichstherapien oder Add-on-Settings lassen sich reale Kombinationen, Dosierungen und Dauer empirisch unterlegen.

Im Modul 3 des AMNOG-Dossiers selbst können FDZ-Daten belastbare Schätzungen entlang der Kette „prävalente Erkrankte – GKV-Versicherte – Populationsfilter aus der Zulassung – tatsächlich behandelte Teilmenge" liefern. Wenn Populationsmerkmale (z. B. Schweregrade) nicht direkt kodiert sind, können sie über Therapiesequenzen und Eskalationsmuster operationalisiert werden; Laborkriterien sind perspektivisch über ePA-Linkages integrierbar, aktuell aber noch eine Schwachstelle aller auf GKV-Abrechnungsdaten basierenden epidemiologischen Analysen. Die Möglichkeit, Versorgungsanteile der ZVT zu beziffern, ist für die interne Konsistenz des Dossiers zentral und reduziert methodische Kontroversen in der G-BA-Beratung, insbesondere hinsichtlich der Verwertbarkeit klinischen Studiendaten und der dortigen Operationalisierung der zVT.

Für die Preisverhandlung sind drei Anwendungsfälle besonders wirksam. Erstens stützen FDZ-Daten die Mengendiskussion und Preis-Mengen-Modelle, indem sie zeigen, wie viele Patientinnen und Patienten real die Indikation erfüllen und welches Behandlungsvolumen unter Berücksichtigung konkurrierender Optionen zu erwarten ist. Zweitens helfen sie, Mischpreise sachgerecht zu gewichten, wenn Indikationsanteile im deutschen Versorgungsalltag von den im Beschluss antizipierten Quoten abweichen; hier lassen sich Teil-Erstattungsbeträge plausibilisieren oder neu gewichten. Drittens verkürzt die höhere Datenaktualität die Lücke zwischen G-BA-Beschluss und Verhandlung: Während klassische 217f-Daten das Launchjahr des AMNOG-Arzneimittels oft noch nicht enthalten, ist unter dem FDZ-Setup die Wahrscheinlichkeit hoch, dass bereits Daten zu neuen Therapien in der ZVT und ggf. erste Nutzungssignale des bewerteten Präparats vorliegen.

6.5.2 Was der Prozess bedeutet – und wie man ihn strategisch nutzt

Die FDZ-Antragslogik erfordert Planung: Fragestellung, Studiendesign (und Operationalisierung), Methodik sowie Tabellenspezifikation müssen bei Antragstellung auf Datenzugang definiert sein; ein „Trial-and-Error"-Prozess ist in der Arbeitslogik des FDZ nicht angelegt. Zudem gelten begrenzte Outputmengen. Wer frühzeitig eine Evidenzstrategie formuliert, priorisierungsrelevante Punkte adressiert und – wo möglich – Standardauswertungen nutzt, reduziert Zeitrisiken. Transparenz wird zudem zu einem Systemmerkmal: Ein öffentliches Antragsregister dokumentiert Fragestellungen und – so ist derzeit anzunehmen – auch in kurzer zusammenfassender Form die Analyseergebnisse. Eine Publikationspflicht ließe sich ansonsten nicht sinnvoll durchsetzen. Ähnlich gelagerte Mechanismen kennt man aus Registerbereichen und internationalen RWD-Protokollverzeichnissen.[1] Für Hersteller- und HTA-Akteure bedeutet das planbarere Zugriffe, aber auch höhere öffentliche Nachvollziehbarkeit. Dies wiederum birgt für alle Verfahrensbeteiligten die Chance, den Diskurs auf das Wesentliche zu verlagern.

6.6 Methodik und Nachvollziehbarkeit: Bausteine für robuste RWD-Analysen

Die Auswertung von Real-World-Daten ist methodisch anspruchsvoll, weil es ihnen an einem zentralen Merkmal randomisierter Studien fehlt: der zufälligen Zuteilung von Patientinnen und Patienten. Ohne Randomisierung steigt das Risiko systematischer Verzerrungen – etwa durch Selektionsmechanismen, durch Unterschiede in der Dokumentationspraxis oder durch zeitabhängige Confounder. Klassische statistische Verfahren wie Propensity Score Matching oder Instrumental-Variablen-Analysen können diese Verzerrungen in Teilen abmildern, adressieren aber nur einzelne Aspekte und stoßen an Grenzen, wenn Studienaufbau und Fragestellung nicht präzise definiert sind. Methodische Weiterentwicklungen der letzten Jahre setzten deshalb stärker auf die Target-Trial-Emulation. Dieser Ansatz überträgt die Strukturprinzipien einer randomisierten klinischen Studie auf Beobachtungsdaten: Er zwingt dazu, die Kernelemente eines „Zielversuchs" – also die hypothetische RCT, die man gerne durchgeführt hätte – systematisch zu spezifizieren (Hernán und Robins 2020). Dazu gehören die klare Definition der „time zero" (also des Startpunkts der Beobachtung), die Einschluss- und Ausschlusskriterien, die Art der Exposition, die Vergleichsgruppen, die Endpunkte sowie das Follow-up.

Erst wenn diese Elemente im Studiendesign explizit verankert sind, lassen sich Beobachtungsdaten so analysieren, dass sie den methodischen Standards einer RCT möglichst nahekommen. Auf diese Weise wird das Risiko von Immortal-Time-Bias, informativem Zensieren oder inadäquater Confounder-Kontrolle deutlich reduziert.

Parallel hat sich die Einsicht durchgesetzt, dass valide RWD-Analysen nicht allein durch ausgefeilte Statistik entstehen, sondern durch Transparenz und Reproduzierbarkeit. Dazu gehören vorab registrierte Studienprotokolle, offene Dokumentation von Annahmen und Methoden sowie eine nachvollziehbare Datenaufbereitung. International hat sich hierfür ein institutioneller Rahmen entwickelt: Mit dem ISPOR-Register existiert eine Plattform, die Studienprotokolle für RWD-Analysen systematisch erfasst. Auch in Deutschland geht das geplante FDZ-Antragsregister in diese Richtung, indem es eingereichte Fragestellungen und deren Bearbeitungsstand dokumentiert. Solche Strukturen fördern nicht nur methodische Qualität, sondern auch Vertrauen in den Einsatz von RWD für Entscheidungen mit hoher Tragweite.

6.7 Fazit: RWD als substantieller Baustein – nicht als Ersatz – eines lernenden Systems

RWD gewinnen dort an Wert, wo sie präzise formulierte Entscheidungsfragen beantworten: Wie groß ist die tatsächlich behandlungsfähige Zielpopulation in Deutschland? Entspricht die zVT der realen Praxis oder erfordert sie eine Multi-Komparator-Logik? Welche Ressourcenbelastung zeigt sich unter Alltagsbedingungen – und wie verteilen sich Indikationsanteile bei Mischpreisen? Das internationale Regulierungsumfeld erkennt RWD längst als anschlussfähig an, wenn Methodik, Transparenz und Datenqualität stimmen. In Deutschland bleibt das IQWiG vorsichtig und priorisiert Registerdaten; gleichwohl sind Versorgungsdaten für Modul 3 des AMNOG-Dossiers, für

---

[1] Bspw. Das Register der ISPOR: ▶ https://osf.io/registries/rwe/discover.

ökonomische Herleitungen und in der Preisverhandlung inzwischen entscheidende Pfeiler. Das FDZ schafft für eine zukünftig intensivere Nutzung die bislang fehlende Infrastruktur: breitere Abdeckung, höhere Aktualität (zukünftig), planbare Datenzugangsprozesse – und damit bessere Voraussetzungen, RWD als komplementären, methodisch kontrollierten Baustein in Nutzenbewertung und Preisfindung zu verankern.

Literatur

EMA (2024a) DARWIN EU®: delivering real-world evidence for regulatory decision-making

EMA (2024b) Real-world evidence framework to support EU regulatory decision-making. 3rd Report (Feb 2024–Feb 2025)

Europäische Kommission (2022) Proposal for a European health data space. COM(2022) 197 final

FDA (2018) Framework for FDA's real-world evidence program. FDA, Silver Spring

FDA (2021) COVID-19: real-world evidence for vaccine safety and effectiveness. FDA, Silver Spring

Hernán MA, Robins JM (2020) Causal inference: what if. Chapman & Hall/CRC, Boca Raton

IQWiG (2023) Allgemeine Methoden Version 7.0. IQWiG, Köln

IQWiG (2024) Dossierangaben zu Patientenzahlen können mit Versorgungsdaten validiert werden. IQWiG, Köln (Pressemitteilung vom 30.07.2024)

Jantschak R et al (2025) Das Verfahren der anwendungsbegleitenden Datenerhebung in der frühen Nutzenbewertung. Monit Versorgungsforsch 04:34–41

Pichler F, Wild C (2015) Contribution of real-world evidence in drug reimbursement decisions in Germany: an empirical analysis of AMNOG procedures. Value Health 18(7):A528

Wagner AK, Patel A, Jeske J et al (2017) Use of real-world evidence in oncologic drug assessments under AMNOG in Germany. Value Health~20(9):A730–A731

Open Access Dieses Kapitel wird unter der Creative Commons Namensnennung – Nicht kommerziell – Keine Bearbeitung 4.0 International Lizenz (http://creativecommons.org/licenses/by-nc-nd/4.0/deed.de) veröffentlicht, welche die nicht-kommerzielle Nutzung, Vervielfältigung, Verbreitung und Wiedergabe in jeglichem Medium und Format erlaubt, sofern Sie den/die ursprünglichen Autor*in(nen) und die Quelle ordnungsgemäß nennen, einen Link zur Creative Commons Lizenz beifügen und angeben, ob Änderungen vorgenommen wurden. Die Lizenz gibt Ihnen nicht das Recht, bearbeitete oder sonst wie umgestaltete Fassungen dieses Werkes zu verbreiten oder öffentlich wiederzugeben.
Die in diesem Kapitel enthaltenen Bilder und sonstiges Drittmaterial unterliegen ebenfalls der genannten Creative Commons Lizenz, sofern sich aus der Abbildungslegende nichts anderes ergibt. Sofern das betreffende Material nicht unter der genannten Creative Commons Lizenz steht und die betreffende Handlung nicht nach gesetzlichen Vorschriften erlaubt ist, ist auch für die oben aufgeführten nicht-kommerziellen Weiterverwendungen des Materials die Einwilligung des/der betreffenden Rechteinhaber*in einzuholen.

EU-Health Technology Assessment (EU-HTA) und seine Perspektiven für die zukünftige Bewertung von Gesundheitstechnologien

Beate Wieseler und Regina Skavron

Inhaltsverzeichnis

7.1	Überblick über das EU-HTA-Verfahren	– 93
7.1.1	Entstehung der EU-HTA-Verordnung	– 93
7.1.2	Gemeinsame klinische Bewertungen (Joint Clinical Assessments, JCA)	– 95
7.1.3	Verbindung von EU-HTA und AMNOG	– 95
7.2	Einfluss der nationalen Gesundheitssysteme auf das Verfahren	– 96
7.2.1	Einfluss nationaler Gegebenheiten auf die Fragestellungen des JCA	– 96
7.2.2	Herausforderungen für die HTA-Organisationen	– 99
7.3	Umsetzung der Ziele der EU-HTA-Verordnung	– 99
7.3.1	Steigerung der Effizienz von HTA in Europa	– 100
7.3.2	Verbesserter Zugang zu Arzneimitteln für europäische Patientinnen und Patienten	– 100

© Der/die Autor(en) 2025
H. Schröder et al. (Hrsg.), *Arzneimittel-Kompass 2025*, https://doi.org/10.1007/978-3-662-72460-6_7

7.4	**Perspektiven für die zukünftige Bewertung von Gesundheitstechnologien** – 101	
7.4.1	Wissensgenerierung während des gesamten Lebenszyklus eines Arzneimittels – 101	
7.4.2	Die europäische Forschungsdateninfrastruktur – 103	
7.5	**Fazit** – 103	
	Literatur – 104	

Kapitel 7 · EU-Health Technology Assessment (EU-HTA)

Zusammenfassung

Seit Januar 2025 werden neue Arzneimittel für onkologische Indikationen sowie Advanced Therapy Medicinal Products (ATMPs) einem europäischen Health Technology Assessment (HTA) unterzogen. Bis zum Jahr 2030 werden sukzessive alle anderen Indikationsgebiete in das europäische Verfahren aufgenommen. Ziel der gemeinsamen wissenschaftlichen Bewertung ist die effiziente Unterstützung von Entscheidungen in den Gesundheitssystemen aller Mitgliedstaaten sowie die Verbesserung des Zugangs zu Arzneimitteln in Europa.

Die europäische Zusammenarbeit bietet über die gemeinsame Bewertung hinaus die Chance, offene Fragen zum Einsatz neuer Gesundheitstechnologien durch eine gemeinsame Evidenzgenerierung zu klären. Perspektivisch ermöglichen grenzüberschreitende Strukturen für die Durchführung der notwendigen Studien vor und nach der Zulassung Effizienzgewinne und schaffen die Grundlage für lernende Gesundheitssysteme, um eine effiziente und hochwertige evidenzbasierte Versorgung zu gewährleisten.

7.1 Überblick über das EU-HTA-Verfahren

Health Technology Assessments (HTA) im Rahmen von frühen Nutzenbewertungen für alle neuen Arzneimittel und neuen Anwendungsgebiete werden in Deutschland seit 2011 durchgeführt. Im Gegensatz dazu ist das Bild in Europa uneinheitlich: Nicht alle Länder haben bisher regelhaft HTA zu allen neuen Arzneimitteln auf nationaler Ebene durchgeführt und bei jenen Ländern, bei denen HTA regelmäßig durchgeführt werden, variieren die Methodik, Bewertungskriterien und Entscheidungshorizonte zwischen den Mitgliedstaaten zum Teil erheblich. Diese Unterschiede erklären sich durch den unterschiedlichen Aufbau der Gesundheitssysteme, der Finanzierung sowie der Rechtsgrundlagen zu den jeweiligen nationalen Erstattungsentscheidungen. Auch wenn die Gesundheitsversorgung der Bürger nach wie vor ausschließlich in der nationalen Zuständigkeit liegt, soll die wiederholte wissenschaftliche Aufarbeitung der Evidenzbasis mit der Verordnung (EU) 2021/2282 über die Bewertung von Gesundheitstechnologien vermieden werden. Durch die Zusammenarbeit von Mitgliedstaaten werden gemeinsame klinische Bewertungen (Joint Clinical Assessments, JCA) eingeführt. Dieses Kapitel beleuchtet die rechtlichen Grundlagen, methodischen Herausforderungen und praktischen Auswirkungen der neuen EU-HTA-Verordnung.

7.1.1 Entstehung der EU-HTA-Verordnung

Die europäische Zusammenarbeit bei HTA entwickelte sich parallel zu der Etablierung von nationalen Institutionen in den späten 1990er und frühen 2000er Jahren. Nach informellen und projektbasierten Netzwerken war die Gründung von EUnetHTA und die Entwicklung gemeinsamer Instrumente (2006–2021) ein erster bedeutsamer Schritt hin zur Formalisierung der Zusammenarbeit. Im Laufe von vier Projektphasen (EU-HTA Joint Action 1–3 und EUnetHTA 21) wurden gemeinsame Grundlagen erarbeitet und festgehalten – jedoch immer noch ohne rechtlich verbindliche Grundlage (Imaz-Iglesia und Wild 2022; Urbina et al. 2024).

Die formale Grundlage der Verordnung (EU) 2021/2282 (sog. HTA Regulation, HTAR; Europäisches Parlament und Rat der Europäischen Union 2021) wurde ab 2018 durch die Verhandlungen der Mitgliedsstaaten auf Initiative der Europäischen Kommission vorbereitet. Nach kontroversen Diskussionen, insbesondere zur Frage der nationalen Zuständigkeit für Entscheidungen zum Zusatznutzen, wurde die HTAR im Dezember 2021 verabschiedet. Die Verordnung zielt auf die europaweite Reduktion der Anzahl von Bewertungen ab und stärkt die wissenschaftliche Zusammenarbeit. Während die Arzneimittelzulassung weiterhin durch die Europäische Arzneimittelagentur (EMA) erfolgt,

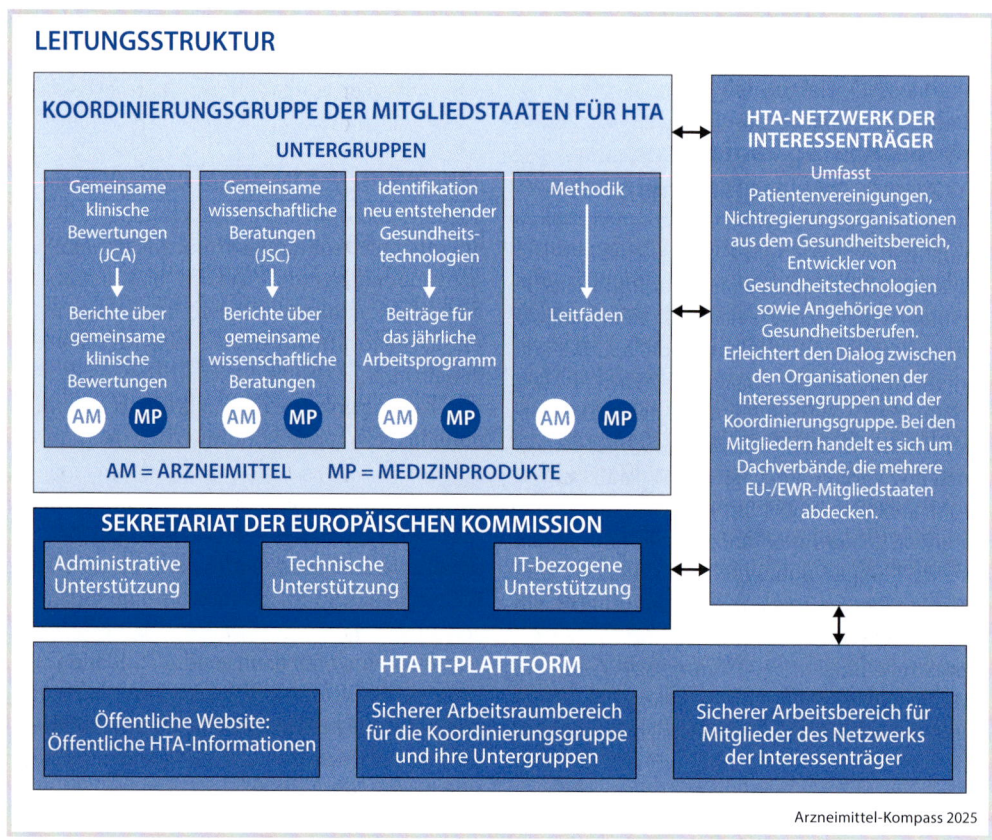

Abb. 7.1 Gremienstruktur des EU-Verfahrens. (© Europäische Union 2023)

ergänzt die HTAR diesen Prozess um eine verpflichtend durchzuführende wissenschaftliche klinische Nutzenbewertung auf EU-Ebene.

Die Zeit zwischen der Verabschiedung der Verordnung bis zu ihrem Inkrafttreten wurde genutzt, um weitere europäische Durchführungsakte (European Commission 2025a) zu verabschieden. Darüber hinaus wurden das Verfahren, Methoden und Templates für die zukünftige EU-Kooperation vorbereitet (HTA Coordination Group 2025).

Ab 2025 ist die verpflichtende Durchführung gemeinsamer klinischer Bewertungen (JCA) vorgesehen: Ab Januar 2025 sind JCA zunächst verpflichtend für neue Wirkstoffe in den Bereichen Onkologie sowie für Advanced Therapy Medicinal Products (ATMPs). Weitere Indikationsgebiete werden ab 2028 sukzessive einbezogen. Die Europäische Kommission (DG SANTE) übernimmt das Sekretariat der HTA-Zusammenarbeit, während die inhaltlichen Beratungen und die gemeinsamen Entscheidungen der Mitgliedsstaaten in der HTA-Koordinierungsgruppe (HTA-Coordination Group, HTACG) sowie in den vorgeschalteten Subgruppen erfolgen. Gemäß HTAR werden Interessenverbände und Sachverständige im HTA-Netzwerk der Interessenträger („Stakeholder network") in die Arbeit im Rahmen von regelmäßigen Treffen einbezogen. Abb. 7.1 zeigt die Gremienstruktur des EU-Verfahrens.

7.1.2 Gemeinsame klinische Bewertungen (Joint Clinical Assessments, JCA)

Die gemeinsamen klinischen Bewertungen (JCA) stellen den Kern der gemeinsamen europäischen HTA Aktivität dar. Die vergleichende Bewertung eines neuen Arzneimittels mit einer alternativen Therapie bezüglich gesundheitsbezogener Endpunkte erfolgt im Rahmen einer vorab definierten Fragestellung. Diese Fragestellung wird als „PICO" oder „assessment scope" bezeichnet. „PICO" ist ein Akronym für Population, Intervention, Comparator (= Vergleichstherapie) und Outcome (= gesundheitsbezogene Endpunkte). Das PICO soll die Fragestellung in den jeweiligen Mitgliedsländern widerspiegeln; es ist deshalb möglich, dass Mitgliedsstaaten verschiedene Fragestellungen definieren. In die Bestimmung spielt unter anderem der rechtliche Kontext, die jeweilige Versorgungspraxis und die Verfügbarkeit von Vergleichstherapien hinein. Auch wenn das Ziel der Verordnung die Vereinheitlichung der wissenschaftlichen Grundlage ist, muss festgehalten werden, dass derzeit innerhalb der EU keine einheitliche Versorgung in der klinischen Praxis besteht.

Zeitgleich mit der Einreichung der zentralen Zulassung bei der EMA beginnt das HTA-Verfahren. Nach der Bestimmung der Fragestellung für alle Mitgliedsstaaten hat das pharmazeutische Unternehmen ca. drei Monate Zeit für die Erstellung des HTA-Dossiers. Im Anschluss wird die gemeinsame Bewertung von zwei europäischen HTA-Agenturen durchgeführt: Assessor und Co-Assessor aus unterschiedlichen europäischen Ländern erstellen den ersten Entwurf, der im Anschluss durch die HTACG konsentiert wird. Der abgestimmte JCA soll kurz nach der Zulassung des Arzneimittels durch die Europäische Kommission veröffentlicht werden. Im Anschluss an die Veröffentlichung sind die Ergebnisse des JCA in der nationalen Erstattungsentscheidung „in angemessener Weise zu berücksichtigen". Die Schlussfolgerung über den gesamten klinischen Zusatznutzen eines Arzneimittels im Kontext des spezifischen Gesundheitssystems bleibt die Verantwortung der Mitgliedstaaten, ebenso wie die letztendliche Erstattungsentscheidung.

7.1.3 Verbindung von EU-HTA und AMNOG

In Deutschland hat sich das nationale HTA-Verfahren zur Bewertung von Arzneimitteln – das „AMNOG" (Arzneimittelmarktneuordnungsgesetz) – seit der Einführung 2011 umfänglich etabliert. Die Prüfung des Rechtsrahmens für die Arzneimittelbewertung hat ergeben, dass keine Änderungen des § 35a SGB V erforderlich sind, um die europäischen Bewertungen nutzen zu können. Die notwendigen rechtlichen Klärungen wurden durch das Bundesgesundheitsministerium über eine Anpassung der Arzneimittel-Nutzenbewertungs-Verordnung (AMNutzenV) im März 2025 vorgenommen. Das BMG weist in seiner Begründung zur Änderung der AMNutzenV darauf hin, dass mit den Anpassungen keine Änderung der Bewertungsmaßstäbe der deutschen Nutzenbewertung verbunden sind. Es werden lediglich Prozesse für die Berücksichtigung des JCA eingeführt.

Die Beschlussfassung durch den Gemeinsamen Bundesausschuss (G-BA) auf Basis einer Nutzenbewertung durch das Institut für Qualität und Wirtschaftlichkeit im Gesundheitswesen (IQWiG) einschließlich der Möglichkeit einer schriftlichen und mündlichen Stellungnahme bleibt grundsätzlich auch im Anschluss an ein JCA (das dann im nationalen Verfahren genutzt wird) bestehen.

Da in Deutschland eine umfassende Bewertung aller neuen Arzneimittel erfolgt und EU-HTA erst schrittweise eingeführt wird, wird es für die kommenden Jahre ein Nebeneinander von rein nationalen und nationalen Bewertungen im Anschluss an ein JCA geben. Auch um dieser Tatsache Rechnung zu tragen, wurde gesetzlich sichergestellt, dass gleiche Grundsätze für alle Verfahren gelten.

Zum Zeitpunkt der Erstellung dieses Textes (Stand Juni 2025) wird die Änderung der Verfahrensvorschriften für das nationale Verfahren (Gemeinsamer Bundesausschuss 2025) auf Basis einer angepassten Rechtsgrundlage (AMNutzenV) vorbereitet. Sofern ein europäisches Dossier vorliegt, kann der pharmazeutische Unternehmer im anschließenden nationalen Verfahren umfassend auf dieses Dossier verweisen. Das veröffentlichte JCA ist im nationalen Verfahren zu berücksichtigen, in dem die Fristen und Vorgaben weitestgehend unverändert bleiben. Auch die bisherigen Kernelemente im nationalen Verfahren (z. B. die zweckmäßige Vergleichstherapie) spiegeln sich im PICO des europäischen Verfahrens wider, sodass nicht von einer grundsätzlichen Neuausrichtung der Abläufe auszugehen ist.

Das nationale AMNOG-Verfahren zeichnet sich durch ein hohes Maß an Transparenz (jede Bewertungsgrundlage wird veröffentlicht) sowie Zuverlässigkeit im Verfahren und der Einhaltung der Fristen aus. Für die beteiligten Akteure ist es ein großes Anliegen, diese Standards beizubehalten.

Die grundsätzliche Erstattung aller in Deutschland im Markt verfügbaren Arzneimittel bleibt unverändert. Im Anschluss an die nationale Nutzenbewertung findet weiterhin auf Basis des Beschlusses des G-BA über den Zusatznutzen die Preisverhandlung zum Erstattungspreis statt.

7.2 Einfluss der nationalen Gesundheitssysteme auf das Verfahren

Auch wenn die gemeinsame klinische Bewertung neuer Arzneimittel (JCA) auf europäischer Ebene stattfindet, so liegen doch die Entscheidungen zum Zusatznutzen sowie zur Erstattung und Preisfindung weiterhin auf nationaler Ebene. Entsprechend muss ein JCA diese Entscheidungen in den verschiedenen Mitgliedsstaaten ermöglichen. Idealerweise sollen nur begrenzte ergänzende Arbeiten auf nationaler Ebene notwendig werden.

7.2.1 Einfluss nationaler Gegebenheiten auf die Fragestellungen des JCA

Damit die JCA auf nationaler Ebene genutzt werden können, müssen sie innerhalb der rechtlichen und prozeduralen Gegebenheiten der jeweiligen Gesundheitssysteme verwendbar sein. Die erste wesentliche Voraussetzung dafür ist, dass die Fragestellungen, die im JCA bearbeitet werden (Bewertungsumfang, assessment scope) geeignet sind, die nationalen Entscheidungen zu unterstützen. Diese Anforderung ist in der HTAR niedergelegt (HTAR Artikel 8 (6)).

Damit stellt sich die Frage, wie nationale Gegebenheiten Einfluss auf die Fragestellungen des Verfahrens auf EU-Ebene nehmen. ◘ Abb. 7.2 zeigt Charakteristika der Gesundheitssysteme, die sich in den Fragestellungen (PICOs) niederschlagen.

■■ Population

In Deutschland ist grundsätzlich das gesamte zugelassene Anwendungsgebiet für die Bewertung relevant, da Patientinnen und Patienten ein Recht auf Behandlung innerhalb dieses Anwendungsgebiets haben. In anderen Mitgliedstaaten besteht die Möglichkeit, die Erstattung auf einen Teil des Anwendungsgebiets zu beschränken, beispielsweise wenn nur für diesen Teil eine Notwendigkeit gesehen wird, die Behandlungsoptionen zu erweitern. Es gibt auch Mitgliedstaaten, in denen der pharmazeutische Unternehmer selbst entscheidet, für welchen Teil des Anwendungsgebiets er eine Erstattung beantragt. Somit kann sich der für die Bewertung relevante Teil des Anwendungsgebiets zwischen den Mitgliedstaaten unterscheiden. Dies spiegelt sich in der Population des PICO wider.

■■ Comparator

Bezüglich des jeweiligen Therapiestandards sind relevante Unterschiede zwischen den Mitgliedsstaaten zu erwarten. Der wesentliche Faktor wird dabei voraussichtlich nicht die

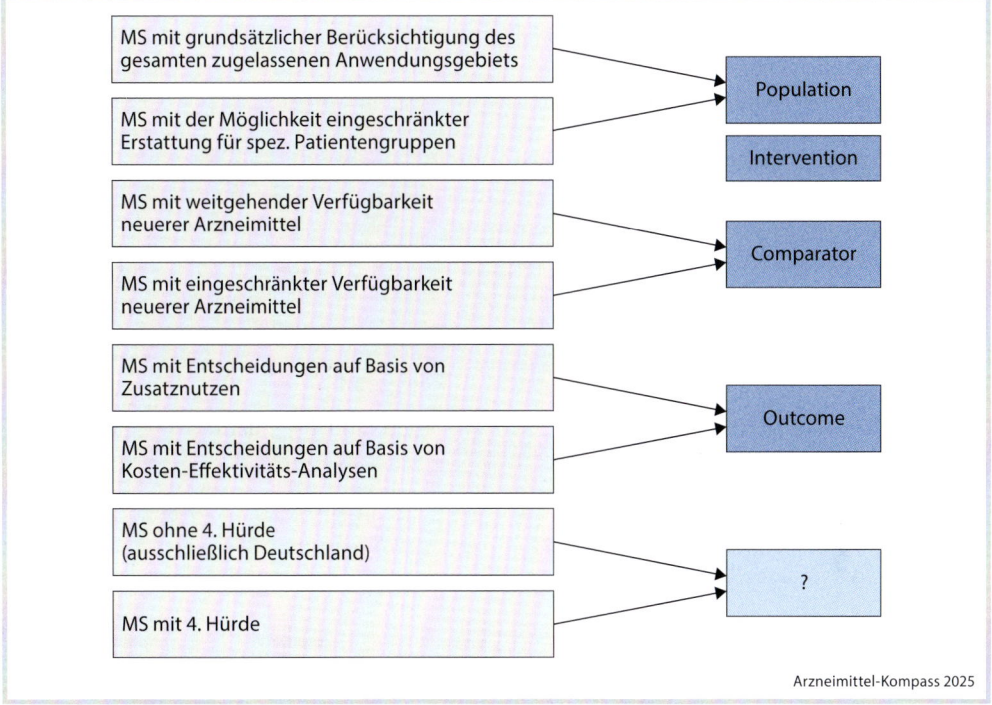

Abb. 7.2 Charakteristika der Gesundheitssysteme der Mitgliedstaaten mit Einfluss auf die Fragestellung des Joint Clinical Assessments, JCA. MS = Mitgliedsstaat

unterschiedliche Präferenz der behandelnden Ärztinnen und Ärzte sein. Vielmehr ist davon auszugehen, dass die unterschiedliche Verfügbarkeit neuerer, insbesondere hochpreisiger Therapieoptionen die klinische Praxis in den Mitgliedstaaten bestimmt. Dies hat Auswirkungen auf den Komparator des für einen Mitgliedsstaat relevanten PICOs.

Outcomes

Die Kriterien, anhand derer Entscheidungen in Gesundheitssystemen getroffen werden, unterscheiden sich zwischen den Mitgliedstaaten. So basiert die Entscheidung in Deutschland oder auch in Frankreich auf einem durch gesundheitsbezogene Ergebnisse charakterisierten Zusatznutzen des neuen Arzneimittels im Vergleich zum Therapiestandard. In anderen Ländern, wie z. B. den Niederlanden oder Irland, werden Entscheidungen dagegen auf Basis von Kosten-Effektivitäts-Analysen getroffen. In diesen Ländern stellt das JCA einen Zwischenschritt dar: Die Ergebnisse werden in die anschließende ökonomische Analyse eingebracht, bei der dann auch die Kosten der Arzneimittel relevant sind. Ein JCA ist also in beiden Fällen hilfreich, allerdings legen die beiden Entscheidungswege den Schwerpunkt auf unterschiedliche Endpunkte. Dies wirkt sich auf die Komponente der Outcomes des PICO aus.

Ein weiterer Faktor, dessen Auswirkungen nicht ganz klar sind, ist die Frage, ob es eine vierte Hürde gibt, also ob auf Basis des HTA über die Erstattung und damit die Verfügbarkeit neuer Arzneimittel entschieden wird. Deutschland ist das einzige Land in Europa, in dem mit der Zulassung automatisch eine Erstattungsfähigkeit im Gesundheitssystem gegeben ist. In allen anderen Ländern wird hingegen aktiv über die Erstattung entschieden.

Ein (europäisches) oder mehrere PICOs?

Während der Diskussion um die HTA-Verordnung und auch in der Vorbereitungsphase nach deren Verabschiedung wurde immer wieder die Idee eines „europäischen PICOs" als Grundlage für das JCA vorgebracht. Dabei wurde auch auf die europäische Zulassung verwiesen, die in allen Mitgliedstaaten gültig ist. Diese bezieht sich allerdings primär auf die Eigenschaften des Arzneimittels an sich und ausschließlich auf die Frage nach dem Nutzen-Risiko-Verhältnis. Entscheidungen, die auf Basis eines JCA getroffen werden, sind hingegen in viel höherem Maße an die Gegebenheiten der jeweiligen Gesundheitssysteme gebunden und durch diese beeinflusst. Aufgrund der aktuellen Heterogenität der Gesundheitssysteme in Europa kann nicht davon ausgegangen werden, dass eine einzige Fragestellung (ein PICO) den Informationsbedarf deckt.

Aufgrund der Heterogenität der Gesundheitssysteme gibt es potenziell eine höhere Anzahl von Fragestellungen. Dies ist für alle Beteiligten – sowohl die pharmazeutischen Unternehmen (die entsprechend umfangreiche Dossiers erarbeiten müssen) als auch die HTA-Organisationen (die entsprechend umfangreiche Bewertungen durchführen müssen) – eine Herausforderung. Die HTA-Organisationen haben in der Vorbereitungsphase der HTAR Pilotprojekte zur Festlegung des Bewertungsumfangs durchgeführt, um die Anzahl der notwendigen PICOs abzuschätzen (European Commission 2025c). Es wird davon ausgegangen, dass die dabei resultierenden Anzahlen von PICOs für eine Bewertung (7–13) durch weitere Erfahrungen bei der PICO-Konsolidierung verringert werden können. Die Industrie versucht ebenfalls, die mögliche Anzahl der PICOs für ihre Produkte zu antizipieren. Die durchgeführten Analysen mit Ergebnissen bis zu hohen zweistelligen Anzahlen von Fragestellungen erscheinen jedoch wenig realistisch.

In dieser Situation sollten parallel zu den seit März 2025 laufenden Verfahren möglichst schnell Erfahrungen generalisiert und weitergegeben werden, um die Planbarkeit für die pharmazeutischen Unternehmen und die Mitgliedstaaten zu verbessern. Für den Austausch zwischen der HTA-Koordinierungsgruppe und der pharmazeutischen Industrie steht das Stakeholder-Netzwerk zur Verfügung (siehe ▶ Abschn. 7.1.1). Mit einer Webinar-Reihe für pharmazeutische Unternehmen hat die HTA-Koordinierungsgruppe ein weiteres Instrument zur Klärung offener Fragen und zur zeitnahen Weitergabe erster Erfahrungen geschaffen (HTA Coordination Group 2024).

Erfahrungen aus einem der ersten Verfahren

In einem der ersten Verfahren waren die wesentlichen Faktoren, die zu unterschiedlichen PICOs geführt haben, die Verfügbarkeit bestimmter alternativer Therapieoptionen, nationale gesetzliche Anforderungen sowie der nationale klinische Standard (spezifische Angaben sind wegen der Vertraulichkeit der Verfahren bis zur Veröffentlichung des JCA nicht möglich). So war beispielsweise im Anwendungsgebiet des zu bewertenden Arzneimittels eine bestimmte zielgerichtete Therapieoption in etwa einem Drittel der Mitgliedstaaten nicht verfügbar, entsprechend wurden andere Therapieoptionen als Vergleichstherapie angefordert. Ein Beispiel für den Einfluss nationaler gesetzlicher Rahmenbedingungen ist die Akzeptanz von Off-Label-Therapieoptionen im Verfahren. Hier führen z. B. die Restriktionen in Deutschland zu spezifischen Anforderungen an die PICOs, die so in anderen Mitgliedstaaten teilweise nicht bestehen. Auch die Rückmeldungen nationaler klinischer Expertinnen und Experten, die die jeweiligen klinischen Behandlungspfade in den Mitgliedstaaten abbilden, hatten einen Einfluss auf die angeforderten PICOs. Die klinische Praxis in den Mitgliedsstaaten ist dabei allerdings wesentlich durch die ersten beiden Faktoren beeinflusst.

Ausgehend von den Erfahrungen aus einer Reihe von Verfahren sollte geprüft werden, ob rechtliche Anpassungen in den Mitgliedstaaten eine stärkere Konsolidierung der Anforderungen an den Bewertungsumfang ermöglichen. Ggf. ist es möglich, einige der Unterschiede zwischen den Mitgliedstaaten auf die national durchzuführenden Schritte zu verlagern. Eine solche Möglichkeit könnte die Nutzung von Vergleichstherapien für die Preisbildung sein, ohne dass diese deshalb vollständig in den PICOs angefordert werden.

Eine verbesserte Verfügbarkeit neuer Therapieoptionen mit nachgewiesenem Zusatznutzen in allen europäischen Mitgliedsstaaten hätte einen relevanten Einfluss auf den Bewertungsumfang. Dies ist auch ein wesentliches Ziel der HTA-Verordnung. Um dieses Ziel zu erreichen, wird die Verfügbarkeit eines JCA allein aber voraussichtlich nicht ausreichen (siehe ▶ Abschn. 7.3.2).

7.2.2 Herausforderungen für die HTA-Organisationen

Das Verfahren stellt für die beteiligten HTA-Organisationen durchaus eine Herausforderung dar. Bereits in der Vorbereitungsphase seit Verabschiedung der HTAR im Dezember 2022 erforderten der Aufbau der Gremienstrukturen sowie die Definition der Abläufe und Methoden für die Bewertung einen intensiven Ressourceneinsatz. Auch wenn eine der Zielsetzungen der HTAR die Ressourcenschonung durch Vermeidung von Doppelarbeit ist, sind in der ersten Phase umfangreiche zusätzliche Arbeiten notwendig, die relevante Investitionen der Mitgliedstaaten erfordern. Auch nach Vorliegen der ersten JCA wird sicherlich eine Übergangsphase notwendig sein, bis das europäische Verfahren und die nationalen Verfahren nahtlos ineinandergreifen und die eingesetzten Ressourcen verringert werden.

Die Kapazitäten der nationalen HTA-Agenturen für die Durchführung des JCA sind aktuell unterschiedlich ausgeprägt. Einige Mitgliedstaaten verfügen über etablierte HTA-Organisationen und -Prozesse, während andere erst seit wenigen Jahren eigenständig HTA betreiben bzw. entsprechende Organisationen noch aufbauen. Entsprechend unterscheiden sich die jeweils verfügbaren Ressourcen für HTA und das verfügbare Know-how.

Ein JCA wird jeweils in der Kooperation zweier HTA-Organisationen aus verschiedenen Mitgliedstaaten durchgeführt. Das bietet auf der einen Seite die Möglichkeit, Know-how auszutauschen und Methoden und Prozesse gemeinsam weiterzuentwickeln. Auf der anderen Seite können diese Kooperationen auch für einen Kapazitätsaufbau in Mitgliedstaaten mit weniger etablierten HTA-Systemen genutzt werden.

Über diese Möglichkeiten hinaus finanziert die EU-Kommission ein Projekt zum Kapazitätsaufbau, in dem in erster Linie Mitarbeitende aus HTA-Organisationen geschult werden sollen (European Commission 2025b).

Die Einführung des JCA auf europäischer Ebene hat Parallelen zur Entwicklung des europäischen Zulassungsverfahrens. Die zentrale europäische Zulassung von Arzneimitteln wurde 1993 gesetzlich implementiert. In diesem Verfahren erarbeiten Expertinnen und Experten der nationalen Zulassungsbehörden eine gemeinsame Beurteilung des Nutzen-Risiko-Verhältnisses neuer Arzneimittel. Die Erfahrungen aus der Einführung der zentralen Zulassung können wertvolle Hinweise für die Entwicklung des europäischen HTA-Verfahrens geben (Broich und Lobker 2025).

7.3 Umsetzung der Ziele der EU-HTA-Verordnung

In der Diskussion um die EU-HTA-Verordnung wurden zwei Ziele in den Vordergrund gestellt: die Ressourcenschonung bei der Durchführung von HTA bei gleichzeitiger Verfügbarkeit hochwertiger HTA-Berichte für alle europäischen Länder und der schnelle Zugang zu neuen Arzneimitteln für Patientinnen und Patienten in Europa.

Tatsächlich werden in allen EU-Mitgliedstaaten nach der Zulassung Entscheidungen über die Erstattungsfähigkeit und die Preisbildung neuer Arzneimittel getroffen; in den meisten Fällen auf Basis eines HTA. In der Regel werden die pharmazeutischen Unternehmen aufgefordert, Unterlagen für das HTA einzureichen. Diese werden dann von den jeweils verantwortlichen HTA-Organisationen bewertet. Dieses Vorgehen führt sowohl bei den pharmazeutischen Unternehmen als auch innerhalb der europäischen HTA-Organisationen zu einer Duplikation des Aufwands. Ein Ziel der EU-HTA-Verordnung ist deshalb, die wiederholte Einreichung und Bewertung zu vermeiden, um eine Effizienzsteigerung und Ressourcenschonung sowohl für die Industrie als auch für die HTA-Organisationen zu erreichen. Die Fokussierung der Ressourcen und die gemeinsame Weiterentwicklung der Abläufe und Methoden sollte sich auch positiv auf die Qualität der JCA auswirken.

Das zweite Ziel – der schnelle Zugang zu neuen Arzneimitteln in allen europäischen Mitgliedstaaten – leitet sich daraus ab, dass der Zugang für Patientinnen und Patienten in den verschiedenen Ländern trotz einer europaweiten Zulassung sehr unterschiedlich ist. Neue Arzneimittel sind nicht überall verfügbar und auch die Zeitspanne zwischen Zulassung und Verfügbarkeit unterscheidet sich innerhalb Europas stark (Europäisches Parlament 2018).

7.3.1 Steigerung der Effizienz von HTA in Europa

Die Voraussetzung für eine Effizienzsteigerung durch Vermeidung von Doppelarbeit ist, dass die JCA tatsächlich in den Mitgliedsstaaten für die jeweils notwendigen Entscheidungen genutzt werden können. Ein JCA, der den Bedarf der Mitgliedsstaaten nicht deckt, wird den Aufwand für pharmazeutische Unternehmen und HTA-Organisationen auf nationaler Ebene nicht wesentlich verringern.

Nach einer anfänglichen Phase der Investition für die Etablierung des Verfahrens kann davon ausgegangen werden, dass der Ressourceneinsatz sich insgesamt verringert. So wird beispielsweise die Möglichkeit, innerhalb des Dossiers für das AMNOG auf das europäische Dossier zu verweisen, den Aufwand für pharmazeutische Unternehmen reduzieren.

Es ist geplant, den Bericht für den JCA so zu gestalten, dass die Mitgliedstaaten die jeweils für sie relevanten Teile ohne hohen Aufwand nutzen können. Wie hoch der Ressourceneinsatz in einzelnen Mitgliedstaaten ausfällt, wird davon abhängen, welche ergänzenden Arbeiten für die nationalen Verfahren notwendig werden. Darüber hinaus wird zu berücksichtigen sein, wie die Durchführung der europäischen Bewertungen über die Mitgliedstaaten verteilt sein wird. Hier ist davon auszugehen, dass Deutschland insbesondere in der Anfangsphase des europäischen Verfahrens einen umfangreichen Beitrag leisten wird.

Es ist sicherlich sinnvoll, bei der Weiterentwicklung des AMNOG auch die Auswirkungen auf das europäische Verfahren zu berücksichtigen, um das Zusammenspiel zwischen europäischer und nationaler Ebene möglichst effizient zu gestalten. Gleichzeitig sollten auch Erfahrungen aus dem europäischen Verfahren genutzt werden, um – wo sinnvoll – das AMNOG anzupassen.

7.3.2 Verbesserter Zugang zu Arzneimitteln für europäische Patientinnen und Patienten

Als weiteres Ziel formuliert die HTA-Verordnung einen verbesserten Zugang zu neuen Arzneimitteln in allen europäischen Mitgliedsstaaten (Europäisches Parlament und Rat der Europäischen Union 2021, Erwägungsgrund 8 und 9). Dieser Zugang hat drei Komponenten: die Verfügbarkeit des Arzneimittels im Markt einschließlich seiner Erstattungsfähigkeit, die zeitnahe Entscheidung über die Erstattungsfähigkeit (in allen Mitgliedstaaten außer Deutschland nach einem Antrag auf Markteintritt) und die Bezahlbarkeit (availability, timeliness, affordability; Fontrier et al. 2024). Diese Faktoren interagieren und werden durch Entscheidungen des pharmazeutischen Unternehmens und anderer Akteure im Gesundheitswesen sowie durch die rechtlichen und ökonomischen Rahmenbedingungen bestimmt.

Grundsätzlich erhält ein pharmazeutisches Unternehmen mit einer zentralen europäischen Zulassung das Recht, ein Arzneimittel in allen Mitgliedsstaaten zu vermarkten. Die Hersteller nehmen dieses Recht aber regelhaft nicht in allen Mitgliedstaaten in Anspruch. Der Vorschlag der EU-Kommission für die Revision der Pharma-Gesetzgebung sah deshalb eine Verlängerung der Marktexklusivität für Arzneimittel vor, die in allen Mitgliedstaaten auf den Markt gebracht werden (European Commission 2023). Dieser Anreiz ist allerdings nicht Bestandteil der Verhandlungsposition des europäischen Parlaments oder des Rats.

Auch die Zeitspanne nach der Zulassung, wenn ein Markteintritt von den Herstellern angestrebt wird, unterscheidet sich relevant zwischen den Mitgliedstaaten. Im Fall eines Markteintritts sind die Erstattungsfähigkeit und der Preis zu klären. Damit ist die Frage verbunden, ob die Mitgliedstaaten innerhalb ihrer Gesundheitssysteme über die Mittel verfügen, die Arzneimittel zu finanzieren.

In dieser Situation wird die Verfügbarkeit eines JCA allein nicht ausreichen, um die Ungleichheit im Zugang zu neuen Arzneimitteln für europäische Patientinnen und Patienten abzubauen. Das JCA kann sicherlich die Hürden für den Zugang verringern, weil es die Durchführung von nationalen Bewertungen in den einzelnen Mitgliedstaaten erleichtern und beschleunigen kann. Darüber hinaus werden aber weitere Maßnahmen notwendig sein, um die Versorgung von Patientinnen und Patienten in Europa anzugleichen.

Bereits vor der Implementierung der HTAR haben einige Mitgliedstaaten Initiativen ergriffen, um den Zugang zu hochpreisigen Arzneimitteln zu verbessern. Dabei handelte es sich um Zusammenschlüsse mehrerer Mitgliedstaaten mit dem Ziel, Ressourcen für die gemeinsame Bewertung einzelner Arzneimittel zu bündeln und durch eine gemeinsame Preisverhandlung die Verhandlungsmacht gegenüber dem pharmazeutischen Unternehmen zu stärken (Beattie et al. 2024; Claessens et al. 2024). Ob die europaweite gemeinsame Nutzenbewertung den Weg für eine umfangreichere gemeinsame Beschaffung und Preisverhandlung ebnet, bleibt abzuwarten. Der Sachverständigenrat Gesundheit & Pflege schlägt in seinem Gutachten 2025 ein solches Vorgehen für ausgewählte Arzneimittel vor (Sachverständigenrat Gesundheit & Pflege 2025).

7.4 Perspektiven für die zukünftige Bewertung von Gesundheitstechnologien

Die gemeinsame Bewertung von Arzneimitteln auf EU-Ebene bietet die Chance, neue Lösungen für die Generierung von Evidenz zu entwickeln und damit die zukünftige Bewertung von Gesundheitstechnologien und die Steuerung der Versorgung zu verbessern.

7.4.1 Wissensgenerierung während des gesamten Lebenszyklus eines Arzneimittels

Zum Zeitpunkt des Markteintritts von Arzneimitteln liegen aktuell in vielen Fällen nur begrenzt Daten zum Zusatznutzen im Vergleich zum Therapiestandard sowie zur optimalen Anwendung der Präparate im Versorgungsalltag vor. Diese Problematik gilt für das EU-HTA-Verfahren umso mehr, da das JCA parallel zur Zulassung erarbeitet wird und somit auf einen noch früheren Datenkörper zurückgegriffen wird als bei Verfahren, die sich – wie die Bewertung nach dem AMNOG – an die Zulassung anschließen.

■■ **Innovative Modelle der Evidenzgenerierung vor und nach Zulassung**

Um Entscheidungen zum Zusatznutzen eines neuen Arzneimittels kurz nach der Zulassung adäquat beantworten zu können, sollten die dafür notwendigen Daten (zumindest teilweise) schon innerhalb des Entwicklungsprogramms des Arzneimittels erhoben werden. Wenn die Fragen der Nutzenbewertung von Beginn an mitgedacht werden, können die Studien, die bisher primär für die Zulassung durchgeführt werden, bereits wertvolle Erkenntnisse für das JCA liefern.

Möglichkeiten für Studienprogramme, die parallel Daten für Zulassung und HTA sammeln, wurden kürzlich in einer gemeinsamen Workshop-Reihe von europäischen Zulassungsbehörden und HTA-Agenturen, an der das IQWiG maßgeblich beteiligt war, diskutiert (Heads of HTA Agencies Group und European Medicines Agency 2025). So bieten methodische Entwicklungen wie das Estimand-Framework die Möglichkeit, verschiedene Fragen in ein und derselben Studie aussagekräftig zu untersuchen. Eine weitere Maßnahme wäre die adäquate Planung und Analyse der Endpunkte, die später für die Nutzenbewertung relevant werden, in den Studien für die Zulassung. Zu häufig werden diese Daten zwar erhoben, sind wegen einer unzureichenden Studienplanung aber wenig aussagekräftig. Derartige Maßnahmen erhöhen den Informationswert der Zulassungsstudien für die Nutzenbewertung relevant. Schon in der Phase vor der Zulassung Studien um versorgungsrelevante Aspekte zu ergänzen wird auch von klinischen Expertinnen und Experten gefordert, weil ihnen aktuell häufig die Informationen fehlen, um neue Arzneimittel angemessen einsetzen zu können (Pourmir et al. 2024).

Das Studienprogramm für die Zulassung kann auch perspektivisch in der Post-Zulassungsphase weiterentwickelt werden. So sind Studien denkbar, die zu einem früheren Zeitpunkt für die Zulassung ausgewertet werden, dann weiterlaufen und zu einem späteren Zeitpunkt weitere Informationen für die Nutzenbewertung liefern. Damit würde auch schon die Phase vor der Zulassung genutzt, um Daten für die Nutzenbewertung zu erheben. Adaptive Studiendesigns können genutzt werden, um Studien um Elemente, die für die Nutzenbewertung relevant sind, zu ergänzen.

▪▪ Erweiterung des Wissens durch Forschung in der Versorgung

Zusätzlich zu einer besseren Nutzung der Phase vor Zulassung wird es weiterhin notwendig sein, auch nach der Zulassung Daten zu erheben, um die noch bestehenden Wissenslücken zu schließen und zu einer optimierten Anwendung der Arzneimittel zu kommen. Nach der Zulassung können offene Fragen auch mit pragmatischen, randomisierten Studien untersucht werden. (Cardoso Borges et al. 2025; Lauer und D'Agostino 2013). Eine effiziente Lösung für derartige Studien sind Patientenregister, weil diese die wiederholte Nutzung bestehender Datenstrukturen ermöglichen. Registerbasierte randomisierte Studien sind beispielsweise in den nordischen Ländern ein fester Bestandteil der Forschung zur Klärung versorgungsrelevanter Fragen (Clinical Studies Sweden 2025). Auch klinische Fachgesellschaften wie die EORTC nutzen derartige Studien, um die Behandlung von Patienten zu optimieren (Cardoso Borges et al. 2025).

Neue Erkenntnisse aus diesen Studien können dann für eine Re-Evaluation der Arzneimittel mit einer damit verbunden Anpassung der Vergütung genutzt werden (Glaeske et al. 2017).

▪▪ Aus Erfahrungen lernen: Managed Entry Agreements adäquat gestalten

Eine Re-Evaluation von Arzneimitteln ist nur sinnvoll, wenn neue, relevante Evidenz vorliegt, die die aus der Erstbewertung verbleibenden Fragen beantworten kann.

In Mitgliedstaaten, die eine vierte Hürde für die Erstattung von Arzneimitteln eingeführt haben, wurden Managed Entry Agreements (MEA) eingesetzt, um trotz hoher Unsicherheit bezüglich des Zusatznutzens oder der Kosteneffektivität spezifischer Arzneimittel eine Erstattung zu ermöglichen. Eine Form dieses Instruments ist die Erstattung mit Evidenzgenerierung. Dabei wird die Erstattung mit dem Ziel der Datenerhebung in der Versorgung und einer späteren erneuten Bewertung verbunden. Wenn über eine Re-Evaluation von Arzneimitteln im Rahmen von EU-HTA nachgedacht wird, sollten die Erfahrungen aus diesen MEA berücksichtigt werden.

Eine Analyse von MEA in Belgien zeigte ernüchternde Ergebnisse (Neyt et al. 2020). Zum Zeitpunkt der Re-Evaluation lagen regelhaft keine neuen relevanten klinischen Daten vor. So wurden teilweise identische Datenkörper eingereicht, es wurden keine vergleichenden Daten vorgelegt oder die vorgelegten Daten waren nicht geeignet, eine Schlussfolgerung zum Zusatznutzen des neuen Arzneimittels zu ziehen.

Die Autoren weisen darauf hin, dass der Versuch einer Evidenzgenerierung auf nationaler Eben (insbesondere in kleinen Mitgliedstaaten wie Belgien) nicht zielführend ist und plädieren für grenzüberschreitende Studien. Hier liegt die Chance der EU-HTA Verfahrens, das auf europäische Zusammenarbeit angelegt ist. Ein JCA, der Evidenzlücken identifiziert, kann genutzt werden, um diese gemeinsam zu schließen.

Die HTA-Verordnung legt jedoch nicht fest, wie und von wem diese neue Evidenz generiert werden soll. Auch gibt sie der Koordinierungsgruppe kein Instrument an die Hand, diese Evidenzgenerierung verpflichtend zu fordern. Dies ist voraussichtlich nur im Zusammenhang mit den Erstattungs- und Preisfindungsentscheidungen auf nationaler Ebene möglich. Hier sollten Wege gefunden werden, um Evidenz grenzüberschreitend zu generieren. Eine europäische Kooperation für die Durchführung weiterführender Studien könnte in diesem Schritt Effizienzvorteile realisieren und die Wissensgenerierung beschleunigen. Insbesondere bei Studien mit kleinen Patientenpopulationen, beispielsweise bei seltenen Erkrankungen, ist eine Zusammenarbeit auf europäischer Ebene zielführender als die nationale Durchführung, wie sie angesichts der administrativen Hürden für grenzüberschreitende Studien weiterhin die Regel ist. Damit könnte die EU-HTA-Verordnung den Weg zu einer europäischen Forschungsdateninfrastruktur ebnen.

7.4.2 Die europäische Forschungsdateninfrastruktur

Für die Nutzung versorgungsnaher Daten zur Wissensgenerierung wird perspektivisch der European Health Data Space entwickelt. In dieser grenzüberschreitenden Datenstruktur sollen verschiedene Typen von Gesundheitsdaten auch für Forschung verfügbar gemacht werden. Dazu gehören so unterschiedliche Quellen wie elektronische Patientenakten, Abrechnungsdaten und Patientenregister. Die erfolgreiche Nutzung dieser Daten setzt voraus, dass sie für die jeweilige Fragestellung geeignet sind. Fragen des Nutzens von Arzneimitteln (also die Beschreibung von Therapieeffekten) sind kurz- und mittelfristig auf europäischer Ebene primär aus Registern zu beantworten. Der Fokus der Entwicklung gemeinsamer Strukturen zur Generierung von Evidenz für die Nutzenbewertung sollte deshalb auf (Indikations)Registern liegen.

7.5 Fazit

Die Zusammenführung der Nutzenbewertung von Gesundheitstechnologien auf europäischer Ebene ist ein wichtiger Schritt, um Entscheidungen in den europäischen Gesundheitssystemen effizienter zu unterstützen. Darüber hinaus bietet die europäische Zusammenarbeit die Chance, offene Fragen zum Einsatz neuer Gesundheitstechnologien durch eine gemeinsame Evidenzgenerierung zu klären. Perspektivisch ermöglichen grenzüberschreitende Strukturen für die Durchführung der notwendigen Studien vor und nach der Zulassung Effizienzgewinne und schaffen die Grundlage für lernende Gesundheitssysteme, um eine effiziente und hochwertige evidenzbasierte Versorgung zu gewährleisten.

Literatur

Beattie A, Treharne C, Ramagopalan SV (2024) Access in all areas? a round up of developments in market access and health technology assessment: part 4. J Comp Eff Res 13(6):e240060. https://doi.org/10.57264/cer-2024-0060

Broich K, Lobker W (2025) Towards a unified European view of clinical evidence: what 'health technology assessment organizations' can learn from regulatory. Exp J Mark Access Health Policy 13(2):19. https://doi.org/10.3390/jmahp13020019

Cardoso Borges F, van der Graaf WTA, Saesen R et al (2025) Defining the role of pragmatic clinical trials in cancer clinical research: outcomes of a collaborative workshop hosted by the European Organisation for Research and Treatment of Cancer. Lancet Oncol 26(5):e253–e263. https://doi.org/10.1016/S1470-2045(24)00756-3

Claessens Z, Lammens M, Barbier L et al (2024) Opportunities and challenges in cross-country collaboration: insights from the Beneluxa initiative. J Mark Access Health Policy 12(3):144–157. https://doi.org/10.3390/jmahp12030012

Clinical Studies Sweden (2025) Registry-based randomised clinical trials (R-RCT). https://kliniskastudier.se/english/research-support/r-rct. Zugegriffen: 25. Juni 2025

Europäisches Parlament (2018) Entschließung des Europäischen Parlaments vom 2. März 2017 zu den Optionen der EU, den Zugang zu Arzneimitteln zu verbessern (2016/2057(INI)). https://www.europarl.europa.eu/doceo/document/TA-8-2017-0061_DE.html. Zugegriffen: 24. Juni 2025

Europäische Parlament, Rat der Europäischen Union (2021) Verordnung (EU) 2021/2282 des Europäischen Parlaments und des Rates vom 15. Dezember 2021 über die Bewertung von Gesundheitstechnologien und zur Änderung der Richtlinie 2011/24/EU. https://eur-lex.europa.eu/eli/reg/2021/2282/oj. Zugegriffen: 25. Sept. 2024

European Commission (2023) Frequently asked questions; revision of the pharmaceutical legislation. https://ec.europa.eu/commission/presscorner/detail/en/qanda_23_1844. Zugegriffen: 21. Juni 2025

European Commission (2025a) Health technology assessment: key documents; HTA Legislation. https://health.ec.europa.eu/health-technology-assessment/key-documents_en?f%5B0%5D=topic_topic%3A226

European Commission (2025b) HTAR capacity building programme. https://health.ec.europa.eu/health-technology-assessment/htar-capacity-building-programme_en. Zugegriffen: 24. Juni 2025

European Commission (2025c) PICO exercises; background document. https://health.ec.europa.eu/publications/pico-exercises_en. Zugegriffen: 24. Juni 2025

Fontrier AM, Kamphuis B, Kanavos P (2024) How can health technology assessment be improved to optimise access to medicines? Results from a Delphi study in Europe: Better access to medicines through HTA. Eur J Health Econ 25(6):935–950. https://doi.org/10.1007/s10198-023-01637-z

Gemeinsamer Bundesausschuss (2025) Verfahrensordnung des Gemeinsamen Bundesausschusses. https://www.g-ba.de/informationen/richtlinien/42/

Glaeske G, Ludwig W-D, Weißbach L (2017) Pflicht zur späten Nutzenbewertung; AMNOG. Dtsch Arztebl Int 114(45):A2086

Heads of HTA Agencies Group, European Medicines Agency (2025) Joint HTAb-regulatory perspectives on understanding evidence challenges, managing uncertainties and exploring potential solutions; Outcome of a workshop series between HTA bodies and regulators. https://www.iqwig.de/en/presse/iqwig-comments/1-april-2025.html. Zugegriffen: 14. Juni 2025

HTA Coordination Group (2024) The EU HTA Regulation; Webinar for health technology developers of medicinal products. https://health.ec.europa.eu/events/eu-hta-regulation-webinar-health-technology-developers-medicinal-products-2024-11-15_en. Zugegriffen: 21. Juni 2025

HTA Coordination Group (2025) Health technology assessment: Key documents; HTA JCA guidance. https://health.ec.europa.eu/health-technology-assessment/key-documents_en?f%5B0%5D=topic_topic%3A227. Zugegriffen: 26. Juni 2025

Imaz-Iglesia I, Wild C (2022) EUnetHTA's contribution to the new legal framework for health technology assessment cooperation in Europe. Int J Technol Assess Health Care 38(1):e50. https://doi.org/10.1017/S026646232200037X

Lauer MS, D'Agostino RB Sr (2013) The randomized registry trial – the next disruptive technology in clinical research? N Engl J Med 369(17):1579–1581. https://doi.org/10.1056/NEJMp1310102

Neyt M, Gerkens S, San Miguel L et al (2020) An evaluation of managed entry agreements in Belgium: a system with threats and (high) potential if properly applied. Health Policy 124(9):959–964. https://doi.org/10.1016/j.healthpol.2020.06.007

Pourmir I, Van Halteren HK, Elaidi R et al (2024) A conceptual framework for cautious escalation of anticancer treatment: how to optimize overall benefit and obviate the need for de-escalation trials. Cancer Treat Rev 124:102693. https://doi.org/10.1016/j.ctrv.2024.102693

Sachverständigenrat Gesundheit & Pflege (2025) Preise innovativer Arzneimittel in einem lernenden Gesundheitssystem. https://www.svr-gesundheit.de/fileadmin/Gutachten/Gutachten_2025/SVR_Gutachten_2025.pdf. Zugegriffen: 25. Juni 2025

Urbina I, Adams R, Fernandez J et al (2024) Advancing cooperation in Health Technology Assessment in Europe: insights from the EUnetHTA 21 project amidst the evolving legal landscape of European HTA. Int J Technol Assess Health Care. https://doi.org/10.1017/S0266462324004689

Weiterführende Literatur

Gesetz zur Neuordnung des Arzneimittelmarktes in der gesetzlichen Krankenversicherung (Arzneimittelmarktneuordnungsgesetz – AMNOG) (2010) Bundesgesetzblatt Teil 1 67:2262–2277

Bundesministerium für Gesundheit (2025) Verordnung über die Nutzenbewertung von Arzneimitteln nach § 35a Absatz 1 SGB V für Erstattungsvereinbarungen nach § 130b SGB V (Arzneimittel-Nutzenbewertungsverordnung – AM-NutzenV). http://www.gesetze-im-internet.de/am-nutzenv/AM-NutzenV.pdf. Zugegriffen: 24. Juni 2025

Open Access Dieses Kapitel wird unter der Creative Commons Namensnennung – Nicht kommerziell – Keine Bearbeitung 4.0 International Lizenz (http://creativecommons.org/licenses/by-nc-nd/4.0/deed.de) veröffentlicht, welche die nicht-kommerzielle Nutzung, Vervielfältigung, Verbreitung und Wiedergabe in jeglichem Medium und Format erlaubt, sofern Sie den/die ursprünglichen Autor*in(nen) und die Quelle ordnungsgemäß nennen, einen Link zur Creative Commons Lizenz beifügen und angeben, ob Änderungen vorgenommen wurden. Die Lizenz gibt Ihnen nicht das Recht, bearbeitete oder sonst wie umgestaltete Fassungen dieses Werkes zu verbreiten oder öffentlich wiederzugeben.

Die in diesem Kapitel enthaltenen Bilder und sonstiges Drittmaterial unterliegen ebenfalls der genannten Creative Commons Lizenz, sofern sich aus der Abbildungslegende nichts anderes ergibt. Sofern das betreffende Material nicht unter der genannten Creative Commons Lizenz steht und die betreffende Handlung nicht nach gesetzlichen Vorschriften erlaubt ist, ist auch für die oben aufgeführten nicht-kommerziellen Weiterverwendungen des Materials die Einwilligung des/der betreffenden Rechteinhaber*in einzuholen.

Dynamische Bepreisung von innovativen Arzneimitteln

Rebekka Müller-Rehm, Leonie Sundmacher und Nils Gutacker

Inhaltsverzeichnis

8.1 Einleitung – 108

8.2 **Dynamische Preisanpassungssystematik** – 109
8.2.1 Nutzenbewertungen und Preisverhandlungen – 110
8.2.2 Regelhafte Anpassung des Preises an den Preis der zweckmäßigen Vergleichstherapie – 112
8.2.3 Nutzung internationaler Referenzpreise für dynamische Preisanpassungen – 113
8.2.4 Mengenbasierte Preisanpassungen im Zeitverlauf – 114

8.3 **Ausgabendeckelung durch Budgetierung** – 114

8.4 **Fazit** – 115

Literatur – 116

© Der/die Autor(en) 2025
H. Schröder et al. (Hrsg.), *Arzneimittel-Kompass 2025*, https://doi.org/10.1007/978-3-662-72460-6_8

▪▪ Zusammenfassung

Angesichts schnell steigender Arzneimittelausgaben in der gesetzlichen und privaten Krankenversicherung werden in diesem Kapitel innovative Ansätze der Preisbildung für neue Arzneimittel beleuchtet. Das Kapitel gibt zentrale Empfehlungen aus dem im Mai 2025 veröffentlichten Gutachten des Sachverständigenrats Gesundheit & Pflege wieder. Das bisherige Preisbildungssystem ist zu statisch. Nur selten werden innovative Arzneimittel spürbar günstiger, bevor ihr Patentschutz abläuft. Gibt es neue wissenschaftliche Erkenntnisse über den Zusatznutzen eines Arzneimittels gegenüber der Vergleichstherapie, sollten konsequent Reevaluationen und erneute Preisverhandlungen angestoßen werden. Dynamische Preisanpassungen sind auch erforderlich, wenn sich z. B. der Erstattungspreis der zweckmäßigen Vergleichstherapie ändert. Um die Kontrolle über die Ausgabenentwicklung zu sichern, sollten diese Maßnahmen mit einer globalen Budgetierung der Arzneimittelausgaben flankiert werden.

8.1 Einleitung

Innovationen in der Medizin und in den Lebenswissenschaften bergen für immer mehr Menschen große Chancen auf Heilung und Linderung ihrer Krankheiten. Die Preisspirale für innovative Arzneimittel dreht sich allerdings ebenfalls zunehmend schneller, was in den letzten Jahren zu großen Ausgabensteigerungen im Arzneimittelbereich geführt hat. Hohe Preise sind insbesondere für neu eingeführte patentgeschützte Arzneimittel zu beobachten: Der durchschnittliche Packungspreis der Markteinführungen der vergangenen drei Jahre schwankte zuletzt um 50.000 €; vor 15 Jahren war der Durchschnittspreis mit circa 1.000 erheblich niedriger.[1] Vor allem neue Gentherapien, die einmalig verabreicht werden, erreichen in Einzelfällen Preise von mehreren Millionen Euro (BAS 2025). Insgesamt entfällt auf patentgeschützte Arzneimittel mittlerweile mehr als die Hälfte des Umsatzes im GKV-Arzneimittelmarkt – bei einem Verordnungsanteil von ca. 7 % (Auswertung des Sachverständigenrats von Daten aus Mühlbauer und Ludwig 2023; siehe SVR 2025, Abb. 1–6; siehe auch ◘ Abb. 23.6 im Beitrag von Thiede et al. in diesem Band).

Mit dem Preismoratorium, den Herstellerabschlägen und der Möglichkeit, Rabattverträge zu schließen, gibt es bereits diverse Instrumente, die die Steigerung der Arzneimittelausgaben zum Teil wirksam begrenzen. Sie entfalten jedoch kaum eine Wirkung für die Preise innovativer Arzneimittel. Bei patentgeschützten Arzneimitteln, die keiner Festbetragsgruppe zugeordnet werden, ist die Solidargemeinschaft auf eine Verhandlungslösung oder einen Schiedsspruch zur Preisfindung angewiesen. Da die Erstattungsfähigkeit dieser Arzneimittel in der Regel nicht in Frage steht, ist sie dabei in einer schwierigen Verhandlungsposition. Ein einmal verhandelter Preis sinkt zudem üblicherweise nicht, bevor der Patentschutz abläuft oder die Einordnung des Arzneimittels in eine Festbetragsgruppe erfolgt.

Je stärker das System unter Druck gerät, desto wichtiger wird es sicherzustellen, dass die vorhandenen Ressourcen zum Nutzen der Versicherten eingesetzt werden. Vor diesem Hintergrund hat sich der Sachverständigenrat zur Begutachtung der Entwicklung im Gesundheitswesen und in der Pflege (SVR Gesundheit & Pflege, im Folgenden: SVR) mit Instrumenten zur Preisbildung bei innovativen Arzneimitteln befasst (SVR 2025, Kapitel 5). Ziel ist es, die Wirtschaftlichkeit der Versorgung mit innovativen Arzneimitteln vor Ablauf von deren Patentschutz oder ihrer Einordnung in Festbetragsgruppen zu stärken. Dieser Beitrag gibt zentrale Erkenntnisse und Emp-

---

1 Siehe dazu Abb. 1–8 des SVR-Gutachtens, die auf Daten beruht, die dem SVR freundlicherweise vom Wissenschaftlichen Institut der AOK (WIdO) zur Ver- fügung gestellt wurden. Die Verordnungsmenge ist dabei nicht berücksichtigt (SVR 2025, Textziffer 49).

fehlungen des SVR-Gutachtens zusammenfassend wieder.

8.2 Dynamische Preisanpassungssystematik

Mit der Einführung des Arzneimittelmarktneuordnungsgesetzes (AMNOG) im Jahr 2011 hat der Gesetzgeber den Prozess zur Ermittlung der Erstattungspreise neuer Arzneimittel in Deutschland neu reguliert. Die Preisbildung erfolgt seitdem in Verhandlungen zwischen dem GKV-Spitzenverband (GKV-SV) und den pharmazeutischen Unternehmen. Die Kriterien der Preisbildung sind in der Rahmenvereinbarung nach § 130b Abs. 9 SGB V festgelegt. Sie folgen grundsätzlich einem wertorientierten (value-based) Ansatz, d. h. der Preis soll als Aufschlag auf die Jahrestherapiekosten der zweckmäßigen Vergleichstherapie (zVT) verhandelt werden und sich an dem durch den Gemeinsamen Bundesausschuss (G-BA) festgestellten patientenrelevanten Zusatznutzen orientieren.

Inwieweit auf dieser Grundlage tatsächlich eine Preisbildung gelingt, die einer wirtschaftlichen und bedarfsgerechten Arzneimittelversorgung dient, ist schwierig zu beurteilen. Klar ist hingegen: Wenn sich die Ausprägungen der Preisbildungskriterien ändern, sollten entsprechende Preisanpassungen vorgenommen werden. Schließlich verschiebt sich in einem solchen Fall die in den Verhandlungen erzielte Balance zwischen der Renditeerwartung des pharmazeutischen Unternehmens und der Zahlungsbereitschaft der Solidargemeinschaft. Der SVR hat sich in seinem Gutachten für die Einführung einer dynamischen Preisanpassungssystematik ausgesprochen. Er zeigt damit auf, wie es gelingen kann, die Preisbildung im Zeitverlauf stärker an den veränderten Wissensstand und die weitere Marktdynamik zu koppeln und somit knappe Ressourcen effizienter einzusetzen.

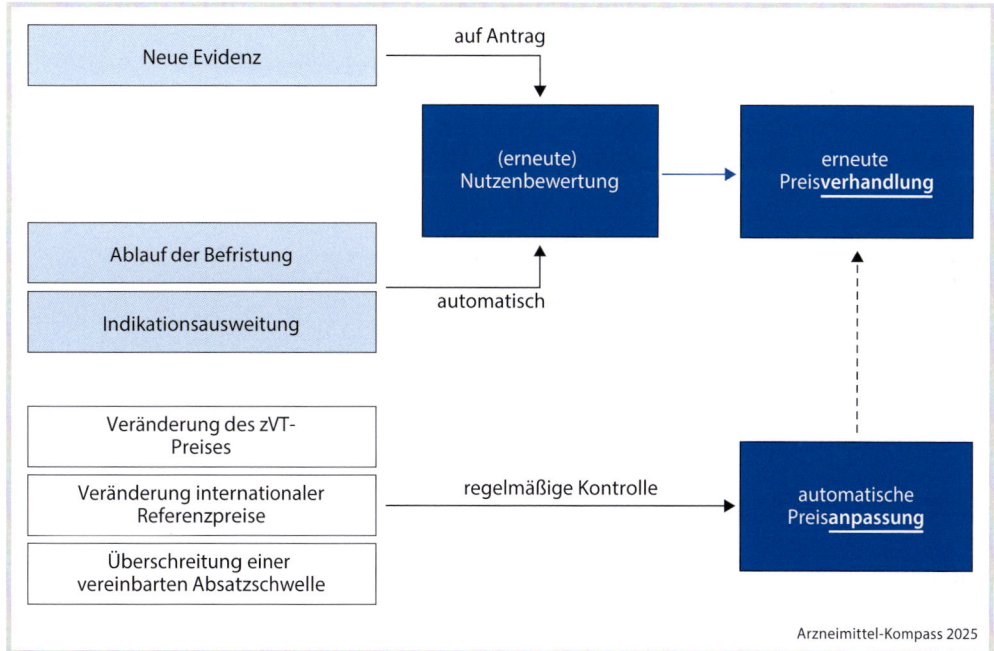

Abb. 8.1 Auslöser für dynamische Preisanpassungen. zVT = zweckmäßige Vergleichstherapie. (Quelle: SVR 2025)

Da die Kriterien für die Preisbildung vielfältig sind, gibt es verschiedene mögliche Auslöser für dynamische Preisanpassungen. Dabei kann zwischen Anlässen für eine (erneute) Nutzenbewertung, die bereits heute zu erneuten Preisverhandlungen führt, und Anlässen für automatische Preisanpassungen differenziert werden. ◘ Abb. 8.1 gibt einen Überblick über das vom SVR vorgeschlagene System. Sie verdeutlicht auch, dass beiden Verhandlungspartnern die Möglichkeit eingeräumt wird, nach einer Preisanpassung wieder an den Verhandlungstisch zurückzukehren, wenn die adjustierten Preise nicht zufriedenstellend sind. Im Folgenden werden die Auslöser für dynamische Preisanpassungen im Einzelnen beleuchtet.

In bestimmten Fällen können dynamische Preisanpassungen, wie sie dem SVR vorschweben, zur Erhöhung eines Erstattungspreises führen. Dazu gehören vor allem Fälle, in denen sich ein Arzneimittel als nützlicher erweist als zunächst angenommen. In anderen Fällen könnten im Zeitverlauf Preissenkungen erzielt werden. Das würde gleich doppelte Einspareffekte erzeugen: Durch eine Preisreduktion entstehen direkte Einsparungen für die Kassen. Eine Preissenkung wirkt sich des Weiteren im Zeitverlauf kostensenkend aus, weil sie den sogenannten „Turmtreppeneffekt" unterbricht. Mit diesem Ausdruck wird beschrieben, dass die laufende Einführung von Arzneimitteln mit Zusatznutzen dazu führt, dass die Arzneimittelversorgung immer teurer wird. Das liegt daran, dass die Preise als Aufschlag auf den Preis der zVT verhandelt werden und hohe Preise eines heute eingeführten Arzneimittels somit in noch höheren Preisen bei zukünftig eingeführten Arzneimitteln resultieren. Eine dynamische Preisanpassungssystematik würde den „Turmtreppeneffekt" abschwächen.

8.2.1 Nutzenbewertungen und Preisverhandlungen

In Deutschland stehen der Bevölkerung sehr viele innovative Arzneimittel sehr schnell zur Verfügung. Von 173 Arzneimitteln, die in den Jahren 2020 bis 2023 durch die Europäische Arzneimittel-Agentur (European Medicines Agency, EMA) zugelassen wurden, waren in Deutschland Anfang 2025 (Stichtag: 5. Januar 2025) 156 (90 %) verfügbar; im europäischen Durchschnitt waren es lediglich 80 Arzneimittel (46 %). Im Median betrug die Zeit zwischen Zulassung und Verfügbarkeit in Deutschland 52 Tage; im europäischen Durchschnitt lag der Median bei 518 Tagen (Newton et al. 2025).

Ein neues Arzneimittel wird zunächst zu einem vom pharmazeutischen Unternehmen festgelegten Preis erstattet; ein Jahr nach Marktzugang sollen die Verhandlungen über den Erstattungsbetrag des Arzneimittels abgeschlossen sein.[2] In der Zwischenzeit wird das Arzneimittel durch das IQWiG und den G-BA bewertet. Wenn der G-BA seinen Beschluss zum Zusatznutzen fasst, besteht oftmals eine unzureichende Evidenzlage. Hieraus ergibt sich regelmäßig eine substanzielle Unsicherheit über den tatsächlichen Zusatznutzen eines Arzneimittels. Für die Evidenzlücken gibt es mehrere Gründe. Vergleichende Studien sind für die Zulassung nicht obligatorisch. In manchen Fällen ist es für pharmazeutische Unternehmen nicht lohnend, solche Studien durchzuführen. In bestimmten Indikationsgebieten kann es zudem aufgrund niedriger Fallzahlen und/oder ethischer Bedenken besonders herausfordernd sein, vergleichende randomisierte kontrollierte Studien durchzuführen. Darüber hinaus gibt es Fragestellungen, die zum Zeitpunkt der frühen Nutzenbewertung noch nicht abschließend beurteilbar sind. Sie betreffen vor allem den komparativen Nutzen neuer Arzneimittel in der Regelversorgung. Im Zeitverlauf können durch neue klinische Studien

---

2 Der Erstattungsbetrag gilt dann rückwirkend ab dem siebten Monat seit Markteinführung.

sowie Erfahrungen aus der Regelversorgung neue Erkenntnisse gewonnen werden, die die bisherige Einschätzung relevanter Parameter in Frage stellt.

Um die Evidenzlücken zu schließen, sollten parallel mehrere Ansätze verfolgt werden, die im SVR-Gutachten ausführlich beschrieben werden (SVR 2025, Kapitel 4). Es ist herausfordernd sicherzustellen, dass für die pharmazeutischen Unternehmen ausreichende Anreize zur Vorlage aussagekräftiger Evidenz bestehen. In manchen Fällen wird die Erstattung des Arzneimittels deshalb an die Pflicht gekoppelt, eine anwendungsbegleitende Datenerhebung (abD) durchzuführen. Das funktioniert aber oft nicht reibungslos. So führte kürzlich der Hersteller von Talquetamab, der eine abD durchführen sollte, verschiedene Gründe an, warum insbesondere die Rekrutierung der erforderlichen Fallzahlen nicht in einem angemessenen Zeitraum realisierbar seien. Obwohl der G-BA diese Einschätzung nicht teilte, wurde beschlossen, dass keine abD durchgeführt wird (G-BA 2025).

Auf der einen Seite sollte geprüft werden, wie die Generierung von Evidenz durch die pharmazeutischen Unternehmen stärker incentiviert werden kann. Auf der anderen Seite gilt es, die Rahmenbedingungen für industrieunabhängige Forschung zu verbessern. Dazu dient u. a. der Auf- und Ausbau einer patientenwohlorientierten Forschungs(daten)infrastruktur. Dabei kommt dem Ausbau einer Gesundheitsregisterlandschaft und der Verknüpfbarkeit verschiedener Gesundheitsdatenbestände besonderer Stellenwert zu. Auch muss es dem G-BA (und somit dem GKV-SV) erlaubt werden, Forschung direkt zu initiieren, wenn ein hinreichender gesellschaftlicher Bedarf besteht. Gelingt die Entwicklung hin zu einem kontinuierlich lernenden Gesundheitssystem, könnten Evidenzlücken in der Arzneimittelbewertung zukünftig deutlich schneller geschlossen werden.

Verändert sich die Evidenz über den Zusatznutzen eines Arzneimittels nach der frühen Nutzenbewertung deutlich, sollte eine Reevaluation vorgenommen werden, die dann in erneuten Preisverhandlungen mündet. Schon heute kann eine Nutzenbewertung im Rahmen des AMNOG-Verfahrens unter bestimmten Umständen erneut durchgeführt werden. Gemäß einer Auswertung des IGES Instituts von Daten des G-BA gab es in den Jahren 2011 bis 2023 insgesamt 472 Erstbewertungen von Arzneimitteln und 342 Bewertungen, die auf Zulassungserweiterungen zurückzuführen waren. Erneute Nutzenbewertungen im Sinne von Reevaluationen gab es deutlich weniger. Sowohl das pharmazeutische Unternehmen als auch die Mitglieder des G-BA konnten bislang bei Vorliegen neuer Evidenz eine erneute Nutzenbewertung beantragen.[3] In 20 Fällen wurde eine erneute Nutzenbewertung auf Antrag des Unternehmens durchgeführt. Nur neun Verfahren gingen auf einen Beschluss des G-BA wegen neuer wissenschaftlicher Erkenntnisse zurück; hinzu kommen weitere Fälle, in denen der Beschluss von vornherein befristet wurde (IGES Institut 2024).[4]

Die – ohnehin selten genutzte – Möglichkeit des G-BA, bei Vorliegen neuer Evidenz eine erneute Nutzenbewertung anzustoßen, steht derzeit auf keiner verlässlichen rechtlichen Grundlage. Durch ein Urteil des Landessozialgerichts Berlin-Brandenburg (L 1 KR 267/22 KL) im Dezember 2024 wurde die Möglichkeit des G-BA, eine erneute Bewertung aufgrund neuer Evidenz zu veranlassen, grundsätzlich in Frage gestellt. Diese Möglichkeit wird zwar in der Arzneimittel-Nutzenbewer-

---

3 Erwartungsgemäß verbesserte sich die Bewertung häufiger in Verfahren, die durch die Hersteller angestrebt wurden: Für 34,5 % der betrachteten Subgruppen (19 von 55), für die nach Antrag der Hersteller erneute Nutzenbewertungen durchgeführt wurden, mündete diese in einer höheren Einschätzung des Zusatznutzens (IGES Institut 2023). Von den neun vom G-BA aufgrund neuer Evidenz veranlassten erneuten Nutzenbewertungen ergaben drei eine schlechtere Bewertung. Die anderen sechs ergaben keine Änderung des Zusatznutzens, z. T. jedoch eine indikationsbezogene Einschränkung der Bewertung (G-BA 2024).

4 In anderen Fällen resultiert eine erneute Nutzenbewertung aus der Aufhebung eines Sonderstatus oder der Überschreitung einer bestimmten Umsatzschwelle, wie sie insbesondere für Orphan Drugs relevant ist.

tungsverordnung genannt; sie ist aber bislang nicht im SGB V verankert. In der Urteilsbegründung heißt es, es fehle „[…] an einer tauglichen Ermächtigungsgrundlage". Hier muss der Gesetzgeber schleunigst aktiv werden und diese Grundlage schaffen.

Um gezielt lohnenswerte Reevaluationen anzustoßen, braucht der G-BA allerdings nicht nur eine verlässliche gesetzliche Basis. Erneute Nutzenbewertungen erzeugen einen nicht unerheblichen Mehraufwand für die pharmazeutischen Unternehmen sowie die bewertenden Institutionen. Sie sollte daher nur durchgeführt werden, wenn die Wahrscheinlichkeit, dass relevante neue Erkenntnisse gewonnen werden, ausreichend hoch erscheint. Damit solche Fälle möglichst treffsicher identifiziert werden können, empfiehlt der SVR die Ausarbeitung einer Reevaluationsstrategie. Im Rahmen dieser Strategie soll anhand von expliziten Kriterien transparent festgelegt werden: a) für welche Arzneimittel(-gruppen) ein systematisches Monitoring etwaiger neuer Evidenz erfolgen und b) welche Evidenzcharakteristika eine erneute Nutzenbewertung triggern sollen. Mögliche Kriterien für a) könnten der kumulative Gesamtumsatz, der seit Markteintritt in Deutschland mit einem Arzneimittel erzielt wurde, sowie Erwartungen über die Umsatzentwicklung in der Zukunft sein. So ließe sich erreichen, dass die begrenzten Ressourcen zum Monitoring besonders ausgabenwirksamer Arzneimittel eingesetzt würden (SVR 2025, Textziffer 264).

Welche Preiseffekte Reevaluationen unter den hier skizzierten Bedingungen haben werden, lässt sich nicht ohne Weiteres abschätzen. Einen Anhaltspunkt bieten Daten des AMNOG-Monitors des Instituts für Pharmakologie und präventive Medizin (Stand Ende 2024). Demnach führten erneute Bewertungen aufgrund neuer Evidenz (Kapitel 5 § 13 VerfO G-BA) in der Vergangenheit durchschnittlich zu einem Preisabschlag von 7,9 % (SVR 2025, Textziffer 265).

8.2.2 Regelhafte Anpassung des Preises an den Preis der zweckmäßigen Vergleichstherapie

Während erneute Nutzenbewertungen als Instrument bereits etabliert sind – wenngleich die Rahmenbedingungen dafür verbessert werden müssen –, wären regelhafte Preisanpassungen, die ohne erneute Nutzenbewertung nach bestimmten Kriterien erfolgen, eine Neuerung im AMNOG-Verfahren. Den wichtigsten Ansatzpunkt stellt dabei eine Veränderung des zVT-Preises dar.

In der derzeitigen Praxis wird der Erstattungspreis eines Arzneimittels üblicherweise nicht angepasst oder neu verhandelt, wenn sich der Erstattungspreis der zVT verändert, z. B. weil ihr Patentschutz abläuft oder sie in eine Festbetragsgruppe eingeordnet wird. Wenn der Preis der zVT sinkt, der Preis des neueren Arzneimittels jedoch unverändert bleibt, bedeutet dies, dass der gleiche Zusatznutzen in der Folge de facto höher vergütet wird.

Zukünftig sollte der Erstattungspreis eines neuen Medikaments stattdessen dauerhaft an den jeweils aktuellen Erstattungspreis der zVT gekoppelt werden, sofern die zVT über best supportive care o. ä. hinausgeht. Dabei sollen nur Senkungen des zVT-Preises, nicht aber Erhöhungen des zVT-Preises z. B. aufgrund des Inflationsausgleichs, zu einer entsprechenden Anpassung des Preises des neueren Arzneimittels führen. ◻ Abb. 8.2 veranschaulicht das vorgeschlagene Prinzip.

Das Verhandlungsergebnis zwischen GKV-SV und pharmazeutischem Unternehmen ist dazu als Summe zweier Komponenten auszuweisen: a) der Erstattungspreis der zVT und b) der Preisaufschlag, der sich am Zusatznutzen des Arzneimittels gegenüber der zVT orientiert.[5] Werden mehrere Therapiealternativen

---

5   Die Preisbildung in zwei expliziten Komponenten ist auch Bestandteil eines weiteren Vorschlags des SVR: Empfohlen wird die Einführung eines Interimspreises in Höhe des zVT-Preises. Sobald im Rahmen der Preisverhandlungen der Zuschlag auf die Jahreskos-

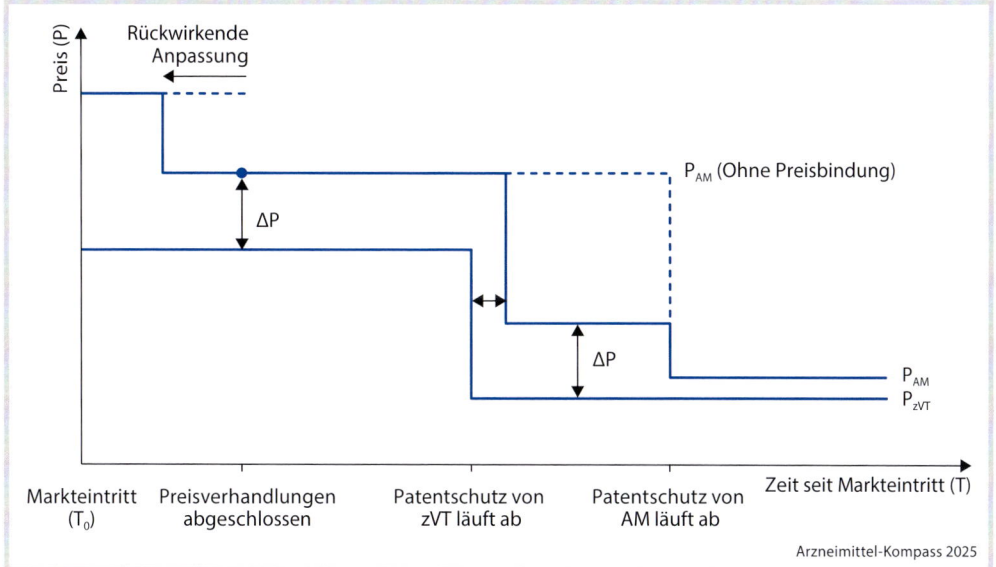

Abb. 8.2 Regelhafte Preisanpassung bei Arzneimitteln mit zunächst patentgeschützter zVT. AM = Arzneimittel; P = Preis; PAM = Preis des neuen Arzneimittels; PzVT = Preis der zweckmäßigen Vergleichstherapie; T = Zeit; zVT = zweckmäßige Vergleichstherapie. (Quelle: SVR 2025)

als zVT herangezogen, muss eine Gewichtung festgelegt werden. Diese sollte ebenfalls Bestandteil des G-BA-Beschlusses sein.

Bei Umsetzung des Vorschlag würde die Solidargemeinschaft von den bereits beschriebenen direkten und indirekten Einspareffekten profitieren. Allerdings bedarf die Umsetzung einer regelmäßigen Überprüfung des zVT-Erstattungspreises in festgelegten Intervallen durch den GKV-SV. Der damit verbundene Ressourcenaufwand kann durch die sich laufend weiterentwickelnden Methoden der Datensammlung, -verarbeitung und -bewertung verringert werden. Perspektivisch kann der Einsatz von künstlicher Intelligenz den Aufwand erheblich reduzieren. Etwaigen Möglichkeiten der pharmazeutischen Unternehmen, strategisch auf die zVT-Preise einzuwirken, sollte mit geeigneten wettbewerbsrechtlichen Instrumenten begegnet werden.

8.2.3 Nutzung internationaler Referenzpreise für dynamische Preisanpassungen

In der Vergangenheit waren internationale Referenzpreise als Kriterium in den Preisverhandlungen zwischen GKV-SV und pharmazeutischen Unternehmen vorgesehen. Diese waren verpflichtet, vor den Preisverhandlungen die Abgabepreise in anderen europäischen Staaten mitzuteilen. Mit Inkrafttreten des Medizinforschungsgesetzes entfielen die europäischen Referenzpreise als Kriterium in den Preisverhandlungen.[6]

Tatsächlich waren die internationalen Referenzpreise zum Zeitpunkt der Preisverhandlungen ein eher wenig aussagekräftiges Kriterium. In Deutschland erfolgt der Marktzugang neuer Arzneimittel vergleichsweise schnell (siehe ▶ Abschn. 8.2.1); zum Zeitpunkt der

---

ten der zVT und damit der gültige Erstattungspreis verhandelt wurde, sollte die Differenz zwischen dem Interimspreis und dem Erstattungspreis rückwirkend gezahlt werden (SVR 2025, Textziffer 94).

6   Artikel 6 MFG, in dem der Wegfall der Mitteilungspflicht geregelt ist, trat am 1. Januar 2025 in Kraft.

ersten Preisverhandlungen sind kaum Informationen zu internationalen Referenzpreisen verfügbar. Im Zeitverlauf werden jedoch in zunehmend mehr Gesundheitssystemen Erstattungsbeträge festgelegt. Somit gibt es zunehmend mehr Informationen darüber, welches Preisniveau für die pharmazeutischen Unternehmen akzeptabel ist. Diese Informationen sollten in einem dynamischen Preisbildungsprozess berücksichtigt werden – unter Beachtung etwaiger Unterschiede in der Kaufkraft (siehe dazu z. B. Schneider und Habl 2017). Wenn der Erstattungspreis eines Arzneimittels in Deutschland dynamisch auf die (kaufkraftbereinigten) Preise im Ausland referenziert und ggf. im Zeitverlauf nach unten angepasst würde, könnten Einspareffekte erzielt werden. Mögliche Hürden ergeben sich aus der Preisintransparenz in den meisten Staaten. Würde die Transparenz durch internationale Koordinierung erhöht, wäre eine dynamische internationale Preisreferenzierung leichter umsetzbar (zum Dilemma internationaler Preistransparenz siehe SVR 2025, Textziffer 152 f.).

Internationale Preisreferenzierung ist bereits heute in vielen Staaten gängige Praxis. So fließen auch Preisinformationen aus Deutschland in vielen europäischen und nichteuropäischen Staaten, z. B. Japan, in die Bepreisung von Arzneimitteln ein (JPMA 2024). In Österreich, wo der Preis bestimmter Arzneimittel den europäischen Durchschnitt nicht überschreiten soll, sind wiederholte Überprüfungen dieser Referenzierung vorgesehen (Leopold et al. 2023). Zur Annäherung an die tatsächlichen Abgabepreise werden Annahmen über die Höhe der Rabatte auf die gelisteten Preise getroffen.[7]

8.2.4 Mengenbasierte Preisanpassungen im Zeitverlauf

Ein vergleichsweise neues Preisbildungskriterium ist die Absatzmenge. Seit Inkrafttreten des GKV-Finanzstabilisierungsgesetzes im Jahr 2022 ist in § 130b Abs. 1a SGB V geregelt, dass in den AMNOG-Preisverhandlungen mengenbezogene Aspekte, wie eine mengenbasierte Preisstaffelung oder ein jährliches Gesamtvolumen, vereinbart werden müssen; zuvor war dies nicht obligatorisch.

Mengenbasierte Preisstaffelungen sind besonders hilfreich, wenn die zukünftigen Umsätze potenziell hoch, aber schwierig abzuschätzen sind. Wenn die Überschreitung einer bestimmten Menge automatisch Preisabschläge mit sich bringt, kann sich die Solidargemeinschaft dadurch zumindest teilweise gegen das Risiko einer nicht absehbaren Mengen- und Ausgabenausweitung absichern.

8.3 Ausgabendeckelung durch Budgetierung

Mengenbasierte Preisbildung muss nicht auf einzelne Arzneimittel beschränkt sein, sondern kann auch als Budgetierung ausgestaltet werden. Im Rahmen einer Budgetierung werden die maximalen Gesamtausgaben für Arzneimittel festgelegt, die durch die Solidargemeinschaft innerhalb eines definierten Zeitraums (typischerweise ein Jahr) sowie eines definierten Anwendungsbereichs (z. B. global, regional oder indikationsspezifisch) finanziert werden sollen. Budgetierung kann als Instrument der Preisregulierung angesehen werden, da eine Ausschöpfung des Budgets Preisabschläge nach sich zieht. Eine verbindliche Budgetierung hat das Potenzial, die Ausgabenentwicklung verlässlich zu steuern. Sie kann somit je nach Ausgestaltung als harte Sparmaßnahme oder als „Schutzschild" dienen.

Arzneimittelbudgets sind in vielen Staaten ein etabliertes Instrument der Ausgabenkontrolle. Mills und Kanavos (2020) beschreiben

---

7 Dies ist in Österreich in der Regelung für die Vorgehensweise der Preiskommission für die Ermittlung des EU-Durchschnittspreises gemäß § 351c Abs. 6 und Abs. 9a des Allgemeinen Sozialversicherungsgesetzes näher beschrieben.

die Budgetierungsinstrumente acht verschiedener Staaten, wobei oftmals mehrere Instrumente gleichzeitig zum Einsatz kommen. Beispielsweise gibt es in Großbritannien globale und indikationsspezifische Budgets, in Frankreich globale und produktspezifische Budgets und in Spanien sowie Italien globale und regionale Budgets. Die Budgetierung ist unterschiedlich verbindlich. Nur in manchen Staaten gibt es verbindliche Rückzahlungsmechanismen. In Frankreich lösen Budgetüberschreitungen z. B. deutliche Rückerstattungspflichten für die pU aus (Rodwin 2019; Mills und Kanavos 2020).

Der SVR spricht sich in seinem Gutachten für die Einführung eines globalen Budgets zur Deckelung der jährlichen Ausgaben für innovative Arzneimittel in Deutschland aus. Bei Budgeterreichung wären im Nachhinein anteilige Rückzahlungen durch alle pU auf Grundlage der abgegebenen Arzneimittel zu leisten. Alternativ könnten bereits unterjährig Preisabschläge vorgenommen werden, wenn das Budget ausgeschöpft wird. Damit die Budgetierung möglichst zielgenau wirkt, könnten Wirkstoffe, bei denen Marktmechanismen zu Wettbewerbspreisen führen (z. B. im Generikamarkt), und solche, die als besonders förderungsbedürftig angesehen werden (z. B. Orphan Drugs), von der Budgetierung ausgenommen werden. Ähnliche Ausnahmen gibt es auch bei der Budgetierung der Arzneimittelausgaben in anderen Staaten (Mills und Kanavos 2020).

Das globale Budget sollte jährlich angepasst werden. Es könnte sich dabei an der Entwicklung des Bruttoinlandsprodukts (BIP) oder der GKV-Einnahmen orientieren. Verwandte Vorschläge werden bereits diskutiert: So schlagen Greiner et al. (2025) im (nach der Fertigstellung des Gutachtens veröffentlichten) AMNOG-Report 2025 vor, den Herstellerabschlag im Rahmen einer „einnahmenorientierten Ausgabenpolitik" zu dynamisieren. Angedacht wird, dass beim Schätzerkreis jährlich eine Überprüfung und Anpassung des Herstellerabschlags auf Basis der erwarteten Einnahmen- und Ausgabenentwicklung erfolgen könnte (Greiner et al. 2025, S. 4). Bei der prospektiven Festlegung des Herstellerabschlags besteht die Möglichkeit, dass die Preisabschläge durch Mengenausweitung kompensiert werden. Bei einer Budgetierung, wie der SVR sie vorschlägt, würden die Preisabschläge nicht prospektiv, sondern retrospektiv vorgenommen. Dadurch würde auch das Risiko einer unerwarteten Mengenausweitung aus Sicht der Versichertengemeinschaft abgedeckt.

Im Vergleich zu produktspezifischen Budgets haben globale Arzneimittelbudgets den Vorteil, dass die Preisrelationen zwischen den einzelnen Arzneimitteln auch nach der Preisbereinigung konstant blieben. Somit würde die vom Gesetzgeber intendierte Bindung der Preisaufschläge an den Zusatznutzen nicht unterlaufen (SVR 2025, Textziffer 287).

Damit Budgets und andere mengenbezogene Regelungen angemessen implementiert werden können, muss die Datengrundlage verbessert und systematisch ausgebaut werden. Erforderlich sind zeitnahe und zuverlässige Informationen über die abgegebenen Arzneimittelmengen in allen Sektoren, da sonst bei mangelnder Berücksichtigung eines Sektors unerwünschte Verschiebungseffekte zu erwarten sind. Derzeit fehlen vor allem verlässliche Daten zu den Arzneimittelumsätzen im stationären Sektor (SVR 2025, Textziffern 45 und 48).

8.4 Fazit

Das aktuelle Preisbildungssystem für innovative Arzneimittel in Deutschland ist nach Ansicht des SVR zu statisch und nicht hinreichend an die Entwicklung der Preisbildungsfaktoren im Zeitverlauf gekoppelt. Um das zu ändern, empfiehlt der Rat in seinem Gutachten 2025, einen stärkeren Fokus auf dynamische Preisanpassungen über den Produktlebenszyklus zu legen. Dabei können die hier beschriebenen Empfehlungen sukzessive umgesetzt und die Auslöser für dynamische Preisanpassungen Schritt für Schritt erweitert werden.

Besondere Bedeutung ist der Reevaluation von bereits bewerteten Arzneimittel im Bestandsmarkt beizumessen. Dafür gilt es auf der einen Seite, die Anreize und Rahmenbedingungen der Evidenzgenerierung durch die pU zu verbessern. Auf der anderen Seite muss der G-BA durch die Schaffung einer verlässlichen rechtlichen Grundlage und die Implementierung einer Monitoring-Strategie in die Lage versetzt werden, gezielt lohnenswerte Neubewertungen von Arzneimitteln durchzuführen.

Zu einer konsequenten dynamischen Bepreisung gehört auch eine regelhafte Anpassung des Erstattungspreises gemäß den Preisbildungskriterien. So sollten insbesondere Reduktionen des zVT-Erstattungspreises zu Senkungen des Preises des darauf referenzierenden Arzneimittels führen. Das Ergebnis der Preisverhandlung ist dafür in den Komponenten „Kosten der zVT" und „Preisaufschlag für Zusatznutzen" auszuweisen.

Eine wirksame Ausgabenkontrolle lässt sich aber vor allem durch eine globale Budgetierung der Arzneimittelkosten sicherstellen. Für potenziell sehr umsatzstarke Arzneimittel ist darüber hinaus eine produktspezifische Preisstaffelung in Abhängigkeit von der Absatzmenge empfehlenswert.

Die aktuelle Ausgabendynamik und die schwache Einnahmenentwicklung in der gesetzlichen Krankenversicherung erzeugen politischen Handlungsdruck. Wenn es nicht gelingt, die Wirtschaftlichkeit der Arzneimittelversorgung durch die hier beschriebenen Instrumente ausreichend zu stärken, dann erscheint eine baldige Diskussion über die Erstattungsfähigkeit von innovativen Arzneimitteln als nahezu unumgänglich. Eine bessere Reflexion der wirtschaftlichen Leistungsfähigkeit und der gesellschaftlichen Zahlungsbereitschaft für medizinischen Zusatznutzen ist angesichts der hohen Preise einzelner Arzneimittel sowie der zu erwartenden Entwicklung von neuen, potenziell hocheffektiven, aber potenziell auch hochpreisigen Medikamenten zur Behandlung großer Patientenpopulationen (z. B. Demenz) überfällig. Der Deutsche Ethikrat betonte bereits im Jahr 2011, dass „Priorisierung, Rationalisierung und Rationierung offen thematisiert werden" sollten (Deutscher Ethikrat 2011, S. 94). Diese Debatte findet in der breiten Gesellschaft jedoch bisher kaum statt. Sie ist aber notwendig, damit in Zeiten knapper Kassen die Systemstabilität aufrechterhalten und die begrenzten Ressourcen bestmöglich im Sinne der Versicherten verwendet werden können.

Literatur

BAS – Bundesamt für Soziale Sicherung (2025) Gutachten zu den Wirkungen des Risikostrukturausgleichs im Jahresausgleich 2021. Bonn

Deutscher Ethikrat (2011) Nutzen und Kosten im Gesundheitswesen – Zur normativen Funktion ihrer Bewertung Stellungnahme. Berlin

G-BA – Gemeinsamer Bundesausschuss (2024) Nutzenbewertung nach § 35a SGB V – Gemeinsamer Bundesausschuss. Bewertungsverfahren – Datenbank. https://www.g-ba.de/bewertungsverfahren/nutzenbewertung/. Zugegriffen: 7. Nov. 2024

G-BA – Gemeinsamer Bundesausschuss (2025) Tragende Gründe zum Beschluss des Gemeinsamen Bundesausschusses über eine Feststellung im Verfahren der anwendungsbegleitenden Datenerhebung und von Auswertungen nach § 35a Absatz 3b des Fünften Buches Sozialgesetzbuch (SGB V): Talquetamab (Multiples Myelom, mindestens 3 Vortherapien) – Vorlage von Studienprotokoll und Statistischem Analyseplan. https://www.g-ba.de/downloads/40-268-11414/2025-04-17_AM-RL-XII_Talquetamab_2023-AbD-005_Feststellung_TrG.pdf. Zugegriffen: 21. Mai 2025

Greiner W, Witte J, Gensorowsky D, Diekmannshemke J (2025) AMNOG-Report 2025: Innovationsförderung und Kostendämpfung: Ein Widerspruch? medhochzwei, Heidelberg (A Storm (Hrsg))

IGES (2023) Arzneimittelatlas 2023 – Der Arzneimittelverbrauch in der GKV – Die wichtigsten Ergebnisse. Medizinisch Wissenschaftliche Verlagsgesellschaft, Berlin

IGES (2024) Arzneimittelatlas 2024 – Der Arzneimittelverbrauch in der GKV – Die wichtigsten Ergebnisse. Medizinisch Wissenschaftliche Verlagsgesellschaft, Berlin

JPMA – Pharmaceutical Industrial Policy Committee (2024) Japan's NHI Pricing System

Leopold C, Poblete S, Vogler S (2023) How to price and to reimburse publicly funded medicines in latin america? Lessons learned from Europe. J Law Med Ethics 51:76–91. https://doi.org/10.1017/jme.2023.114

Mills M, Kanavos P (2020) Do pharmaceutical budgets deliver financial sustainability in healthcare? Evidence from Europe. Health Policy 124:239–251. https://doi.org/10.1016/j.healthpol.2019.12.002

Mühlbauer B, Ludwig W-D (2023) Arzneiverordnungen 2022 im Überblick. In: Ludwig W-D, Mühlbauer B, Seifert R (Hrsg) Arzneiverordnungs-Report 2023. Springer, Berlin Heidelberg, S 3–28 https://doi.org/10.1007/978-3-662-68371-2_1

Newton M, Stoddart K, Travaglio M, Troein P (2025) EFPIA patients W.A.I.T. Indicator 2023 survey. IQVIA. https://efpia.eu/media/oeganukm/efpia-patients-wait-indicator-2024-final-110425.pdf. Zugegriffen: 21. Mai 2025

Rodwin MA (2019) What Can the United States learn from pharmaceutical spending controls in France? The commonwealth fund. https://www.commonwealthfund.org/publications/issue-briefs/2019/nov/what-can-united-states-learn-drug-spending-controls-france. Zugegriffen: 25. März 2025

Schneider P, Habl C (2017) EURIPID best practice report on external reference pricing (ERP) (version 2.1). Gesundheit Österreich. https://ppri.goeg.at/sites/ppri.goeg.at/files/inline-files/Euripid_BestPracticeReport_final_May2017_2.pdf. Zugegriffen: 29. Jan. 2025

SVR – Sachverständigenrat zur Begutachtung der Entwicklung im Gesundheitswesen (2025) Preise innovativer Arzneimittel in einem lernenden Gesundheitssystem. Gutachten 2025. Bonn Berlin

Open Access Dieses Kapitel wird unter der Creative Commons Namensnennung – Nicht kommerziell – Keine Bearbeitung 4.0 International Lizenz (http://creativecommons.org/licenses/by-nc-nd/4.0/deed.de) veröffentlicht, welche die nicht-kommerzielle Nutzung, Vervielfältigung, Verbreitung und Wiedergabe in jeglichem Medium und Format erlaubt, sofern Sie den/die ursprünglichen Autor*in(nen) und die Quelle ordnungsgemäß nennen, einen Link zur Creative Commons Lizenz beifügen und angeben, ob Änderungen vorgenommen wurden. Die Lizenz gibt Ihnen nicht das Recht, bearbeitete oder sonst wie umgestaltete Fassungen dieses Werkes zu verbreiten oder öffentlich wiederzugeben.

Die in diesem Kapitel enthaltenen Bilder und sonstiges Drittmaterial unterliegen ebenfalls der genannten Creative Commons Lizenz, sofern sich aus der Abbildungslegende nichts anderes ergibt. Sofern das betreffende Material nicht unter der genannten Creative Commons Lizenz steht und die betreffende Handlung nicht nach gesetzlichen Vorschriften erlaubt ist, ist auch für die oben aufgeführten nicht-kommerziellen Weiterverwendungen des Materials die Einwilligung des/der betreffenden Rechteinhaber*in einzuholen.

Pfad zu fairen Preisen: Theorie, Strategie, Praxis

Inhaltsverzeichnis

Kapitel 9   Fair Pricing im Arzneimittelmarkt: Ökonomische Spannungsfelder, theoretische Fundamente – 121
Alexander Roediger

Kapitel 10   Faire Preise im Fokus – Strategien für eine gerechte Arzneimittelpreispolitik – 133
Veronika J. Wirtz und Klara Tisocki

Kapitel 11   Auf dem Weg zu einer gerechten und nachhaltigen Preisgestaltung im Gesundheitswesen: Fokus auf das AIM-Fair-Price-Modell und das ASCERTAIN-Projekt – 153
Carin A. Uyl-de Groot, Nicolas S.H. Xander, Anne Hendrickx und Maximilian Salcher-Konrad

Fair Pricing im Arzneimittelmarkt: Ökonomische Spannungsfelder, theoretische Fundamente

Alexander Roediger

Inhaltsverzeichnis

9.1 Hintergrund – 122

9.2 Arzneimittelpreissetzung – ethische Entscheidung – 123
9.2.1 Fair oder gerecht? – 124
9.2.2 „Iustum pretium" – gerechter Tausch – 124
9.2.3 „Iustum pretium" – gerechte Verteilung – 125
9.2.4 Arzneimittel – ein besonderes Gut – 125

9.3 Elemente eines gerechten Arzneimittelpreises – 126

9.4 Eine pragmatische Preissetzungspolitik? – 128

9.5 Ausblick – 129

Literatur – 129

■ ■ **Zusammenfassung**

Mit Begriffen wie „fair" und „gerecht" wurde in der Debatte um Arzneimittelpreise in den letzten Jahren zunehmend der ethische Aspekt hervorgehoben. Dies hat auch dazu beigetragen, dass die unterschwelligen Kriterien für die Bewertung von Arzneimittelpreisen deutlicher sichtbar wurden. Wenig diskutiert wurden hingegen die theoretischen Fundamente dieser Kriterien. Dabei zeigen sich ökonomische Spannungsfelder bis hin zu Zielkonflikten. Ein pragmatischer Ansatz, der weniger auf den Preis als auf die Preisbildung fokussiert, kann helfen, diese Zielkonflikte zu lösen. Dieser ist freilich nicht nur für die Preissetzung von neuen Medikamenten, sondern generell für das Gesundheitswesen und andere staatliche Leistungen hilfreich, bei denen die Mittel begrenzt sind.

9.1 Hintergrund

„Die Arzneimittelpolitik der OECD-Länder konzentriert sich im Allgemeinen auf drei Hauptziele: den Zugang zu und die Erschwinglichkeit von Medikamenten für Patienten und Patientinnen zu gewährleisten, das Wachstum der öffentlichen Ausgaben einzudämmen und Anreize für zukünftige Innovationen zu schaffen" (OECD 2010).[1] Mit diesen drei Eckpunkten hat die OECD die unterschiedlichen Ziele der Arzneimittelpreispolitik umrissen. Die Lancierung des Hepatitis-C-Medikaments Sovaldi, der so genannten „one-thousand dollar pill", hat dieses Gleichgewicht auf die Probe gestellt (Walker 2015). Das Medikament war ein Meilenstein in der Hepatitis-C-Behandlung, hochwirksam und wies zudem ein sehr gutes Kosten-Nutzen-Verhältnis aus. Dennoch hätte die Erstattung aufgrund der hohen Patientenzahlen etliche Gesundheitssysteme finanziell überfordert. In der Folge haben einige Länder den Zugang eingeschränkt. Mit Recht stellte sich alsbald die Frage, ob hier ein Systemfehler vorliegt.

Die europäische Politik hat spätestens mit der niederländischen Ratspräsidentschaft im Jahr 2016 in Form von Council Conclusions reagiert – ein Instrument der EU-Mitgliedsstaaten, Position zu einem bestimmten Thema zu beziehen, Empfehlungen an seine Mitglieder oder die Kommission abzugeben oder Gesetze und Initiativen vorzuschlagen (Council of the European Union 2016). Das Dokument, das von allen Mitgliedsstaaten der EU unterzeichnet wurde, fordert unter anderem eine bessere Kooperation der Mitgliedsstaaten im Bereich der Arzneimittelpreissetzung sowie eine Analyse der geltenden Gesetze, wohl mit Blick auf deren Anpassung. Zentraler Punkt sind die sogenannten Anreize, die in der allgemeinen EU-Gesetzgebung für Humanarzneimittel festgelegt sind, insbesondere die Schutzmechanismen, die dem Hersteller im Gegenzug für die Forschungsinvestitionen eine gewisse, zeitlich begrenzte Exklusivität gewähren, und deren Auswirkung auf die Verfügbarkeit und die Preise von Arzneimitteln. Die Kommission hat vor zwei Jahren denn auch einen Vorschlag für eine neue Richtlinie und eine neue Verordnung vorgestellt, mit der die bestehenden allgemeinen Arzneimittelvorschriften überarbeitet wurden und gegenwärtig im Parlament und bei den Mitgliedsstaaten zum Beschluss vorliegen (European Commission 2023).

Mit der niederländischen Ratspräsidentschaft einher ging 2017 auch die Lancierung eines Fair Pricing Forum durch die Weltgesundheitsorganisation WHO, das zum ersten Mal in Amsterdam abgehalten wurde und in den Folgejahren bis 2023 drei Fortsetzungen fand (WHO 2017). Schließlich hat all dies auch eine Debatte in der Literatur ausgelöst: Von rund 70 Artikeln zum Thema „fair medicine price" der letzten 50 Jahre wurden 52 allein in den letzten zehn Jahren publiziert (Roediger et al. 2024). Nach dem zweiten 2019 in Johannesburg erschien zudem eine Samm-

---

[1] „OECD countries' pharmaceutical policies generally focus on three main objectives: making medicines accessible and affordable to patients; containing public spending growth, and providing incentives for future innovation." OECD 2010, S. 155.

lung von Artikeln im British Medical Journal (BMJ), die das Thema von „fairen Preisen" aus verschiedenen Perspektiven diskutieren (BMJ 2020). Hinter all den Aktivitäten steht – explizit oder implizit – die Frage, was ein fairer Arzneimittelpreis ist.

9.2 Arzneimittelpreissetzung – ethische Entscheidung

OECD-Länder haben 2022 im Schnitt rund 9 % ihres Haushaltsbudgets für Gesundheit ausgegeben. Dabei gibt es große Unterschiede zwischen den Ländern. In Deutschland machen die Gesundheitsausgaben 12,7 % der Haushaltsausgaben aus, wohingegen Ungarn nur rund 6,7 % aufwendet. Rund 60 % der Gesundheitsausgaben entfallen im Durchschnitt auf ambulante und stationäre Behandlungen. Arzneimittel machen mit 17 % rund ein Sechstel aus. Nimmt man Medikamente hinzu, die in Krankenhäusern oder anderen Institutionen abgegeben werden, dürften die Ausgaben für Arzneimittel durchschnittlich rund ein Fünftel der Gesundheitsausgaben betragen (OECD 2023). Da Medikamente einen beträchtlichen Anteil an den Gesundheitsausgaben haben, kennen die allermeisten Staaten in Europa die eine oder andere Form der Regulierung von Arzneimittelpreisen (Carone et al. 2012).

In der Schweiz beispielsweise gibt es drei Kriterien, ob und zu welchem Preis die obligatorische Krankenversicherung ein Medikament vergütet: „wirksam", „zweckmäßig", „wirtschaftlich" (Bundesgesetz über die Krankenversicherung 2025; Bundesamt für Gesundheit 2022). Während die Kriterien Wirksamkeit und Zweckmäßigkeit vor allem klinische Fragen adressieren, beruht das Kriterium der Wirtschaftlichkeit auf einer Kosten-Nutzen-Abwägung. In der Schweiz (aber ähnlich auch in vielen anderen Ländern) heißt dies, dass der Preis für eine neue Therapie aufgrund eines Preisvergleichs im Ausland sowie aufgrund eines Preisvergleichs mit gegenwärtigen Standardtherapien festgelegt wird.

Neben dieser relativen Betrachtungsweise gibt es freilich auch absolute Aspekte. Vor einigen Jahren hat das Bundesgericht der Schweiz eine Obergrenze für den Zusatznutzen festgelegt, wonach Kosten von 100.000 Schweizer Franken bzw. rund 108.000 € für ein gerettetes Lebensjahr als angemessen gelten (BGE 136 V 395 2010).

Zudem kennen viele Länder sogenannte „QALY thresholds", also Preis-Nutzen-Obergrenzen. Dabei wird das zusätzliche Lebensjahr in der Regel mit der zu erwartenden Lebensqualität gewichtet („quality-adjusted life-year", QALY). Als Obergrenze für ein zusätzliches qualitätsbereinigtes Lebensjahr gelten in Irland 45.000 €, in den Niederlanden 20.000 € und in Polen rund 34.000 € (Zhang und Garau 2020). Die Werte sind jedoch nicht immer fest; so gibt es in den Niederlanden Schwellenwerte je nach Schwere der Krankheit. Andere Länder weisen so genannte „Modifiers" auf, die Flexibilität zulassen – je nachdem, ob es sich um eine bestimmte Krankheit, eine seltene Krankheit oder um eine lebensverlängernde Therapie handelt. Im Gegensatz zur relativen Betrachtungsweise berühren gerade die absoluten Grenzen ethische Fragen, die mit der Frage nach fairen Arzneimittelpreisen verknüpft sind: Nach welchen Kriterien ist ein Schwellwert festgelegt? Weshalb ist der Wert eines QALY in den Niederlanden geringer als in Polen? (Cubi-Molla et al. 2020) Gibt es einen einzigen „gerechten" Wert? (Danzon et al. 2018).

Hinzu kommen feinmaschigere Regulierungen, die mit dem Ziel der Wirtschaftlichkeit die Erstattung durch die Versicherung näher eingrenzen und wiederum zu ethischen Problemen führen können: In der Schweiz kann in Preis- und Erstattungsverhandlungen zu einer Therapie eine so genannte „limitatio" beschlossen werden, nach welcher beispielsweise nur eine bestimmte Anwendungsdauer vergütet wird oder die Kostenübernahme nur auf bestimmte Schweregrade einer Erkrankung gewährleistet oder auf bestimmte Patientengruppen beschränkt ist (Rütsche und Wildi 2016). Die Limitation stellt zwar nicht die Wirksamkeit in Frage, ist aber ein Instrument zur Kontrolle der Wirtschaftlichkeit über die Anwendung einer Therapie. Dabei kann es zu Konflikten mit dem ebenfalls legitimen Recht auf Zugang zu Gesundheitsleistungen kommen. Zu Diskussionen führte beispielsweise die anfängliche Anwendungsbeschränkung des oben genannten hochwirksamen Hepatitis-C-Medikaments auf Patientinnen und Patienten mit fortgeschrittener Lebererkrankung (Grad 3 und 4), obschon sie medizinisch auch für andere Patienten angezeigt gewesen wäre (NEK 2020). Der Grund für diese Beschränkung war eine Güterabwägung zwischen den Gesamtkosten – zusätzliche 2,6 Mrd. Franken bzw. rund 2,8 Mrd. € – mit entsprechenden Prämiensteigerungen für alle Versicherten und dem medizinischen Nutzen.

Preise für alle gleich sind, sondern vielmehr darum, dass sie nach allgemeiner Auffassung als gerechtfertigt (im Sinne dessen, was für Verkäufer und Käufer angemessen ist) beurteilt werden können" (Wierzbicka 2006).[2] Mit anderen Worten bezeichnet ein fairer Preis gerade nicht einen einzigen, allgemeingültigen Preis, sondern kann verschiedene, in der jeweiligen Situation gerechte Preise bezeichnen. Entscheidend ist die Begründbarkeit, und die Begründbarkeit kann situativ verschieden sein – vorausgesetzt, dass sie für Käufer und Verkäufer „passt".[3] Wie sich zeigen wird, ist für diesen Beitrag der pragmatische Ansatz und damit das Konzept des „fairen Preises" von Relevanz, obschon sich beide nicht ganz trennen lassen.

9.2.1 Fair oder gerecht?

Obschon die politischen Entwicklungen und die Regulierungen immer schon ethische Aspekte berührten, gibt es nur begrenzt eine grundlegende Auseinandersetzung über die Arzneimittelpreispolitik, die alle oben genannten Aspekte über Innovation, Wert und Bezahlbarkeit mit einbezieht. Noch grundsätzlichere Fragen wie die, ob es überhaupt den *einen* fairen Arzneimittelpreis gibt oder *wer* in die Preissetzung mit einbezogen werden soll, werden kaum berührt. Bevor wir jedoch auf diese Fragen eingehen, lohnt sich ein kurzer Blick auf das Wort „fair" und die historischen Wurzeln eines „fairen" bzw. „gerechten" Preises.

Das Wort „fair" stammt aus dem Englischen. Es besitzt kein eigentliches Äquivalent im Deutschen oder in anderen europäischen Sprachen und ist ein spezifisches Merkmal der „Anglo culture" (Wierzbicka 2006). „Fair" wird in der Regel im Kontext von Interaktionen gebraucht und impliziert gewisse Regeln, die auf einem Konsens der Interagierenden beruhen. Wierzbicka erläutert den Unterschied zwischen „fair" und „gerecht" mit Blick auf Preise: „Dabei geht es [sc. im Zusammenhang mit fairen Preisen] nicht darum, dass die

9.2.2 „Iustum pretium" – gerechter Tausch

Die Frage nach dem „fairen Preis" ist freilich seit Jahrhunderten ein Gegenstand der Debatte – sehr prominent im Mittelalter mit Thomas von Aquin, aber auch schon viel früher bei Aristoteles (Ashley 1909; Sewall 1901; Tawney 1948).

Gemäß Thomas von Aquin weist ein gerechter Preis zwei Aspekte auf: Einerseits soll ein Kauf zum Vorteil beider Parteien gereichen, das heißt, dass keine der beiden übervorteilt wird. Der Preis einer Ware soll daher mit ihrem Wert übereinstimmen (Aquinas 1947). Andererseits ist dieser Preis nicht fix und nicht nur an einen bestimmten Wert gebun-

---

[2] „Here, the focus is not on prices being the same for everyone but rather on prices being such that they could be judged, by the general consensus, as justifiable (in terms of what is reasonable for both sellers and buyers)." Wierzbicka 2006, S. 146.

[3] „The phrase fair prices implies that (as the speaker sees it) both the seller and the buyer belong to a community of people who want to cooperate and who accept that they have to cooperate according to statable, constant, and recognizable rules – rules that are assumed by all concerned to be good and that are voluntarily accepted." Wierzbicka 2006, S. 147.

den, sondern kann auch von den Umständen abhängen – etwa wenn der Verkauf für den Verkäufer einen großen Verlust bedeutet. In solchen Situationen gestattet Thomas dem Verkäufer einen Preis, der nicht nur den Wert der Ware, sondern auch den persönlichen Verlust abbildet. Ebenso lässt er Gewinn zu, der durch Handel entsteht, sodass der Preis vom Wert abweichen kann, sofern der Gewinn mit einem Aufwand für den Verkäufer verbunden ist. An anderer Stelle sagt er auch, dass der Preis auch von der Nützlichkeit abhängen könne. Damit widerspricht Thomas der Vorstellung, dass es einen einzigen bestimmten Preis gibt, da „der gerechte Preis von Dingen nicht mit mathematischer Präzision festgelegt ist" (Aquinas 1947).

Gleichwohl sind der preislichen Bewertung des Nutzens klare Grenzen gesetzt, etwa wenn es heißt, dass keine der beiden Parteien zu Schaden kommen soll.[4] Die Vorstellung eines „fairen Preises" und seiner Grenzen setzt somit einen Sachwert voraus, der auch über die bloßen Herstellungskosten hinausgehen kann, jedoch nicht einfach nur über Angebot und Nachfrage bestimmt ist (Schachtschabel 1939; Allingham 2025). Mit anderen Worten: Ein Preis ist insofern fair, als er *zum Vorteil beider* Parteien gereicht, was gleichzeitig bedeutet, dass *beide bei den Regeln für die Preissetzung übereinstimmen* müssen.

9.2.3 „Iustum pretium" – gerechte Verteilung

Welche Regeln gibt es nun? Die sogenannte Nutzenbewertung oder „value-based pricing" zielt auf den medizinischen Wert. Ein fairer Preis ist erzielt, wenn der Preis dem medizinischen Mehrnutzen im Vergleich zur gegenwärtigen Standardtherapie entspricht, genauer gesagt, der Mehrpreis dem Mehrnutzen entspricht (Claxton 2007; Claxton et al. 2008). Bei anderen Ansätzen wie etwa der Resolution der WHO zum Thema Transparenz, wo eine Offenlegung der Kosten für Forschung und Entwicklung gefordert wird, bestimmt sich der Wert auch durch die Kosten für Forschung und Entwicklung, d. h. durch die so genannten „cost of goods" (WHO 2019b).

Die Tauschgerechtigkeit ist jedoch nur ein Aspekt und reguliert vornehmlich eine Tauschtransaktion. Neben der Tauschgerechtigkeit führen Aristoteles und Thomas das Konzept der distributiven Gerechtigkeit ein. Letztere bestimmt die Verteilung von Gütern innerhalb einer Gesellschaft (Allingham 2025). Dabei gibt es verschiedene Ansätze, was eine faire Verteilung von Gütern darstellt. Die gegenwärtige Debatte mit der Forderung nach Zugang für alle scheint ein egalitäres Konzept zu verfolgen, kurz, dass jede Person im selben Maß Zugang zu Medikamenten haben soll (Lamont und Favor 2017).

9.2.4 Arzneimittel – ein besonderes Gut

Beide, die Tausch- und die Verteilungsgerechtigkeit, klingen in der heutigen Debatte an. Der Zugang zu Gesundheitsleistungen wird von verschiedenen Seiten als ein Grundrecht verstanden, da Gesundheit eine Voraussetzung für die eigene Lebensplanung ist (Spinello 1992; Marckmann und In der Schmitten 2017; Daniels und Sabin 1997). Arzneimittel als Teil der Gesundheitsdienstleistungen unterscheiden sich deshalb von anderen Gütern, da mit Ersteren im Sinne der distributiven Gerechtigkeit ein Anrecht verknüpft ist, das besagt, dass jedermann Anspruch auf Zugang erheben kann. Das UN-Menschenrechtsbüro präzisiert „Zugang zu wichtigen Medikamenten" (OHCHR 2008). Hohe Arzneimittelpreise wiederum werden als Hindernis angesehen und unterminieren den Zugang (Yamab-

---

4　Zu sagen ist auch, dass Aristoteles und Thomas auch noch einen anderen Aspekt im Blick haben: Aristoteles etwa kritisiert die unbegrenzte Ansammlung von Reichtum, die im Gegensatz zum einfachen Einkommen steht, das nötig ist, um ein anständiges Leben zu führen (Aristotle 1925). Thomas wiederum diskutiert das Thema des fairen Preises gerade auch im Kontext von Wucher (Aquinas 1947).

hai 2018; Cortes et al. 2020; Babar et al. 2019).

Außerdem stellt sich die Frage der Gerechtigkeit auch in der speziellen „Tauschsituation" zwischen „Verkäufer" und „Käufer", insbesondere in Situationen, wo es um Leben und Tod geht. Der einzelne kranke Mensch hat keine Wahl, ein bestimmtes Medikament zu kaufen oder nicht, wohingegen der Anbieter nicht auf diesen einzelnen Menschen angewiesen ist, um seine Investitionen zu decken (Kianzad 2022). Unter diesen Umständen stellt sich die Frage, ob Gewinn fair ist (Lipworth et al. 2016; Mello 2020). Festzuhalten ist jedoch auch, dass die „Kaufsituation" in Ländern mit Sozialversicherungen eine andere ist und der Staat oder die Krankenversicherung als Einkäufer auftritt und seinerseits bzw. ihrerseits eine bestimmte Marktmacht besitzt (WHO 2018; Konecna 2023).

Schließlich gibt es noch ein weiteres Spannungsfeld: Auf der einen Seite wird die Entwicklung von Arzneimitteln zunächst und zumeist von privaten Firmen unternommen, die erst dank dem Risikokapital die Investitionen in Arzneimittel tätigen können und damit auch dem ökonomischen Druck der Profitmaximierung unterliegen (Towse 2010). Hinzu kommt der Patentschutz, der den Unternehmen eine gewisse, zeitlich begrenzte Monopolstellung gewährt und den Wettbewerb – eine Marktmacht des Käufers – verhindert. Auf der anderen Seite ist das Endprodukt ein öffentliches Gut, bei welchem der Zugang für alle im Vordergrund steht und somit ein allzu großer Profit ethisch fraglich ist. Preisregulierungen wie die oben erwähnten wirken dem entgegen mit dem Ziel, die Interessen auszugleichen. Zudem zeigt sich am Beispiel des Hepatitis-C-Medikaments Sovaldi, dass in Bereichen, wo es einen großen therapeutischen Bedarf gibt, oft mehrere Anbieter gleichzeitig forschen, sodass ein Wettbewerb entsteht, der nicht nur bessere Therapien hervorbringt, sondern auch einen Druck auf die Preise bewirkt und letztlich das Monopol wiederum unterminiert (Roediger et al. 2019). Dennoch tut sich auch hier ein Spannungsfeld zwischen Forschungsanreizen und Bezahlbarkeit bzw. Zugang auf.

9.3 Elemente eines gerechten Arzneimittelpreises

Die Politik hat die Frage nach einem fairen Arzneimittelpreis nie direkt beantwortet. Die Council Conclusions verweisen an verschiedenen Stellen auf ein fehlendes Gleichgewicht zwischen den Interessen der Arzneimittelhersteller, der Patientinnen und Patienten und der Zahler hin.[5] Angeführt werden die hohen Preise, der mangelnde Beleg des Wertes von neuen Medikamenten und die Nachhaltigkeit der Finanzierung des Gesundheitswesens sowie daraus folgend der mangelnde Zugang zu bzw. die Erhältlichkeit von Medikamenten (Council of the European Union 2016). Lösungen, die im Vordergrund stehen, sind verbesserte Regulierungen und eine stärkere Kooperation der Mitgliedsstaaten, m. a. W. eine Vergrößerung der „buying power".

Anders hingegen verläuft die Diskussion in akademischen Kreisen und der WHO. Freilich zeigt sich auch dort, dass die Suche nach einem fairen Arzneimittelpreis keine eindeutige Antwort liefert und unter Umständen in ein Dilemma führt oder Lösungen wie Algorithmen vorschlägt, die ihrerseits nur begrenzt tauglich sind, die Zielkonflikte aufzulösen.

Wie kommt es zum Dilemma? Wie unsere systematische Literaturrecherche gezeigt hat, sind folgende Bedingungen die wichtigsten bei der Bestimmung eines fairen Preises:

---

[5] „[The Council of the European Union] STRESSES that the functioning of the pharmaceutical system in the EU and its Member States depends on a delicate balance and a complex set of interactions between marketing authorisation and measures to promote innovation, the pharmaceutical market, and national approaches on pricing, reimbursement and assessment of medicinal products and that several Member States expressed concerns that this system may be imbalanced and that it may not always promote the best possible outcome for patients and society [...]" (Council of the European Union 2016).

Zugang für alle, was oft auch mit „Bezahlbarkeit" (affordability) bezeichnet wird, die Deckung der Kosten für den Hersteller sowie der medizinische Wert wie etwa Überleben, Schmerzminderung etc. (Roediger et al. 2024). Dieselben Attribute werden auch in den Definitionen hervorgehoben, wobei Bezahlbarkeit und Deckung der Kosten sogar gleich häufig angeführt werden (WHO 2019a; Bilde 2020; Moon et al. 2020).

Kosten, Bezahlbarkeit und Innovation können dabei zu einem Zielkonflikt führen. So ist es denkbar, dass die Entwicklung eines Arzneimittels so teuer ist, dass es nur von einigen wenigen Ländern bezahlt werden kann (= begrenzter Zugang statt Zugang für alle). Oder aber, dass die Kaufkraft eines Landes so klein ist, dass die Kosten nie gedeckt werden und das Arzneimittel nur mit Verlust angeboten werden kann (= keine Deckung der Kosten). Auch ist denkbar, dass wegen mangelndem Absatz gewisse Medikamente gar nicht entwickelt werden (= keine weitere Innovation). Die in der Literaturrecherche ermittelten Definitionen untersuchen diese Konflikte denn auch nicht weiter und versuchen auch nicht, diese aufzulösen.

Ein ähnliches, doch weniger fundamentales Dilemma kann sich auch aus dem Verhältnis von Wert und Bezahlbarkeit ergeben. Wie gerade das Beispiel aus dem Bereich Hepatitis C zeigt, kann ein Medikament einen außerordentlich hohen Wert haben und fairerweise gemäß den Regeln der Preissetzung einen entsprechenden Preis beanspruchen, gleichwohl aber für das Gesundheitssystem unerschwinglich sein. Wie eine Studie berechnet, hätte die Behandlung aller betroffenen Patientinnen und Patienten in den USA im Jahr 2018 rund 310 Mrd. USD gekostet. Dies entspricht beinahe dem gesamten Arzneimittelbudget von 2014 (rund 360 Mrd. USD; Henry 2018).

Sind Preissetzungsalgorithmen eine Lösung? In der Literaturrecherche fanden sich insgesamt fünf Publikationen mit Algorithmen. Diejenigen des Internationalen Verbands der Krankenkassenverbände und Krankenversicherungen (Association Internationale de la Mutualité AIM) und Uyl-de Groot setzen beim Hersteller an und bilden den „gerechten Preis" vereinfacht gesagt aufgrund der Herstellungskosten, der Stückzahl und einer Profitmarge (Uyl-de Groot und Löwenberg 2018). Dieser Ansatz enthält jedoch keine Bedingungen über die Bezahlbarkeit. Ein Nachteil ist außerdem, dass nicht berücksichtigt wird, dass Firmen ihre Investitionen für ein ganzes Portfolio tätigen, um sich vor dem Risiko von Ausfällen zu schützen. Andere Algorithmen hingegen setzen beim Käufer an und legen eine Preisobergrenze fest, etwa anhand des Bruttoinlandprodukts pro Person oder des verfügbaren Einkommens (Emanuel 2019; Nato 2023). Abgesehen davon, dass eine solche Obergrenze unter Umständen einen negativen Anreiz auf die Entwicklung neuer Medikamente hat, bedeutet auch dieser Ansatz noch nicht, dass das Kriterium der distributiven Gerechtigkeit erfüllt ist.

Des Weiteren werden als Kriterien für Fairness auch Transparenz bezüglich Forschungskosten, Herstellung und Profit, Kosteneffektivität sowie Transparenz im Preissetzungsprozess genannt. Die häufige Nennung von Transparenz – im Verbund mit den Herstellerkosten – verweist auf ein „cost-plus pricing", das heißt, dass Preise weniger nach dem Nutzen als vielmehr nach dem Aufwand für die Forschung, Entwicklung und Herstellung dieses einzelnen Arzneimittels berechnet werden sollen. Oft schwingt mit dem Ruf nach Transparenz auch ein gewisses Misstrauen gegenüber den forschenden Unternehmen mit. Transparenz spielt – wie weiter unten ausgeführt wird – tatsächlich eine wichtige Rolle für Fairness. „Cost-plus pricing" wird in der Literatur jedoch oft negativ bewertet, da dies eine ineffiziente Forschung anstelle medizinischen Fortschritts belohnt (Annemans 2019).

9.4 Eine pragmatische Preissetzungspolitik?

Alle Definitionen, die wir in unserer Literaturrecherche gefunden haben, verweisen auf ein Gleichgewicht, das zwischen verschiedenen Kriterien erzielt werden muss. Da ein Gleichgewicht naturgemäß von den jeweiligen situativen Eckpunkten – Bezahlbarkeit, Nutzen je nach Land etc. – abhängt, gibt es mehrere Antworten auf die Frage, was ein fairer Preis für ein bestimmtes Medikament ist.

Im Gegensatz zu gewöhnlichen Gütern besitzt das Problem des „gerechten Preises" bei Arzneimitteln jedoch eine Dringlichkeit. Einerseits bestimmt es indirekt, ob und welche Patientinnen und Patienten Zugang zu potenziell lebensrettenden Maßnahmen erhalten. Andererseits wirkt es sich auf die Finanzierung und Nachhaltigkeit des Gesundheitswesens aus sowie darauf, ob und in welche Richtung neue Medikamente entwickelt werden. Denn der Preis zeigt den forschenden Unternehmen an, wohin die Forschungsinvestitionen fließen sollen, aber letztlich auch den Investoren, für welche Sektoren sich das Zurverfügungstellen von Risikokapital lohnt.

Da das eingangs genannte Spannungsfeld zwischen Innovation, Wert und Bezahlbarkeit offensichtlich keine theoretische Lösung erlaubt, scheint ein pragmatische Ansatz, ausgehend vom Begriff der Fairness sowie vom Konzept des fairen Tausches einen Ausweg anzuzeigen.

- Pragmatisch heißt, es gibt keinen a priori einzigen fairen Preis. Vielmehr wird dieser situativ von den Parteien mit Blick auf die verschiedenen Ziele (Innovation, Nutzen, Bezahlbarkeit) bestimmt. Gegebenenfalls gibt es sogar mehrere faire Preise für dasselbe Medikament, zum Beispiel je nach Kaufkraft eines Landes oder einzelner Käufergruppen (Danzon und Towse 2003; Glynn 2015).
- Fair ist der Preis, weil die Preissetzung auf Regeln beruht, transparent gemacht und von allen Seiten akzeptiert wird.

Dabei ist unschwer das Konzept von Thomas zu erkennen, wonach ein Kauf zum Vorteil beider Parteien gereichen soll, das heißt, dass keiner der beiden übervorteilt wird und nach Maßgabe ihrer jeweiligen Interessen bzw. Ziele.

Da das Gesundheitswesen von der Öffentlichkeit finanziert wird, ein Dritter als Käufer agiert und die Finanzierung durch die Gesellschaft geschieht, ist die Bestimmung eines fairen Preises komplexer als das Setting einer mittelalterlichen Tauschsituation, wo es nur zwei Akteure gibt. Daniels hat mit dem Konzept „accountability for resonableness" einen Weg aufgezeigt, wie solche Prozesse gestaltet werden können (Daniels 2000; Daniels und Sabin 1997).[6] Zusätzliche Elemente sind Transparenz und Öffentlichkeit, Begründbarkeit und Einklagbarkeit bzw. die Möglichkeit, auf Entscheide zurückzukommen. Entscheidend ist hierbei, dass der Preis in einem Prozess zwischen Anspruchsgruppen ermittelt wird und das Ergebnis einer Verhandlung ist. Dies bedeutet auch, dass für das Endergebnis keine „mathematische Genauigkeit" beansprucht werden kann. Eine pragmatische Preispolitik anerkennt sodann das Spannungsfeld, das aufgrund der berechtigten unterschiedlichen Interessen besteht, und etabliert einen Prozess, der auf einem breit abgestützten Konsens beruht.

---

6 Daniels und Sabin haben vier Regeln formuliert, nach welchen ein fairer Entscheid zustande kommt: 1) Entscheide sollen öffentlich zugänglich sein; 2) die Begründungen sollten darauf abzielen, eine vernünftige Darstellung davon zu liefern, wie der Entscheid „Wert für Geld" bieten kann. Konkret wird eine Auslegung „vernünftig" sein, wenn sie sich auf Gründe und Prinzipien beruft, die von Personen als relevant akzeptiert werden, die bereit sind, Kooperationsbedingungen zu finden, die für beide Seiten gerechtfertigt sind; 3) darüber hinaus braucht es einen Mechanismus, Entscheide bei neuer Evidenz oder neuen Argumenten anzufechten bzw. zu revidieren; 4) es gibt eine freiwillige oder öffentliche Bestimmung über den Prozess, die sicherstellt, dass die Bedingungen 1 bis 3 erfüllt sind (Daniels und Sabin 1997).

9.5 Ausblick

Die oben stehenden Überlegungen skizzieren lediglich einen Prozess und ein paar grundsätzliche Regeln, wonach ein fairer Arzneimittelpreis bestimmt werden kann. In einem weiteren Schritt müssen die Kriterien festgelegt werden, die bei der Preissetzung maßgebend sind. Wie aus der Literatur hervorgeht, sind dies etwa Zugang und Bezahlbarkeit, Patientennutzen und künftige Forschung.

Welche Kriterien letztlich gelten und wie sie gewichtet werden sollen, dürfte zudem vom jeweiligen kulturellen Kontext sowie den jeweiligen Anspruchsgruppen abhängen. Folglich ist auch zu bestimmen, welche Anspruchsgruppen in einen solchen Prozess einzubeziehen sind und wie deren Präferenzen gewichtet werden sollen. Zu Letzteren gibt es bereits ein paar Studien mit verschiedenen Anspruchsgruppen in Kanada oder Italien (Bentley et al. 2018; Costa et al. 2019; Colombo et al. 2024). Breite Bevölkerungsbefragungen dazu fehlen noch, sind jedoch für einen solchen Prozess zentral.

Was für die Arzneimittelpreisbildung gilt, ist, wie eingangs erörtert, für alle Entscheidungen im Gesundheitswesen relevant, da es sich um besondere Güter handelt, worauf jede und jeder Einzelne Anspruch hat. Der historische Rückgriff hat die Prinzipien – Tausch- und Verteilungsgerechtigkeit – als Fundamente für eine faire Arzneimittelpreispolitik sichtbar gemacht. Die Etablierung eines Prozesses im Kontext dieser Prinzipien und der Präferenzen der in diesem Prozess Involvierten ist der nächste Schritt hin zu fairen Arzneimittelpreisen.

Literatur

Allingham M (2025) Distributive Justice. https://iep.utm.edu/distributive-justice/. Zugegriffen: 26. Juli 2025

Annemans L (2019) A proposal for value informed, affordable ("via") prices for innovative medicines. J Med Econ 22(11):1235–1239. https://doi.org/10.1080/13696998.2019.1632203

Aquinas T (1947) The "Summa Theologica" of St. Thomas Aquinas. Benziger Bros. edition. https://www.ccel.org/a/aquinas/summa/SS/SS077.html#SSQ77OUTP1

Aristotle (1925) The Nicomachean ethics: translated with an introduction. Oxford University Press, Oxford (https://archive.org/details/in.ernet.dli.2015.264227/mode/2up?view=theater&ui=embed&wrapper=false)

Ashley WJ (1909) An introduction to English economic history and theory: the middle ages (vol 2). Rivington's, London

Babar, Z-U-D, Suleman F, Hasan SS (2019) Strengthening health systems in low and middle-income countries through evaluating cancer medicine prices, availability and affordability: a case study and proposal. In: Encyclopedia of pharmacy practice and clinical pharmacy. Elsevier, S 325–328 https://doi.org/10.1016/B978-0-128-12735-3.00071-6

Bentley C, Costa S, Burgess MM, Regier D, McTaggart-Cowan H, Peacock SJ (2018) Trade-offs, fairness, and funding for cancer drugs: Key findings from a deliberative public engagement event in British Columbia, Canada. BMC Health Serv Res 18(1):339. https://doi.org/10.1186/s12913-018-3117-7

BGE 136 V 395 (2010) https://www.bger.ch/ext/eurospider/live/de/php/clir/http/index.php?lang=de&type=show_document&page=1&from_date=&to_date=&from_year=1954&to_year=2023&sort=relevance&insertion_date=&from_date_push=&top_subcollection_clir=bge&query_words=&part=all&de_fr=&de_it=&fr_de=&fr_it=&it_de=&it_fr=&orig=&translation=&rank=0&highlight_docid=atf%3A%2F%2F136-V-395%3Ade&number_of_ranks=0&azaclir=clir

Bilde L (2020) What is a fair price. Cancer leagues' reflections on fair pricing and fair price of cancer medicines. https://www.cancer.eu/wp-content/uploads/ECL-What-is-a-Fair-Price-Paper_final.pdf. Zugegriffen: 5. Aug. 2025

BMJ (2020) Achieving fair pricing of medicines. The British Medical Journal (BMJ). https://www.bmj.com/fair-pricing

Bundesamt für Gesundheit (2022) Operationalisierung der Kriterien „Wirksamkeit, Zweckmässigkeit und Wirtschaftlichkeit" nach Artikel 32 des Bundesgesetzes über die Krankenversicherung (KVG). Grundlagendokument. Berne: Bundesamt für Gesundheit [BAG]. https://www.bag.admin.ch/dam/bag/de/dokumente/kuv-leistungen/bezeichnung-der-leistungen/operationalisierung_wzwkriterien_310322.pdf.download.pdf/Operationalisierung%20der%20WZW-Kriterien%20vom%2031.03.2022,%20g%C3%BCltig%20ab%2001.09.2022.pdf

Bundesgesetz über die Krankenversicherung (KVG) vom 18. März 1994 (Stand am 1. Januar 2025) (2025) Bern. https://www.fedlex.admin.ch/eli/cc/1995/1328_1328_1328/de#art_32

Carone G, Schwierz C, Xavier A (2012) Cost-containment policies in public pharmaceutical spending in the EU. Economic Papers 461. European Commission, Brüssel

Claxton K (2007) OFT, VBP: QED? Health Econ 16(6):545–558. https://doi.org/10.1002/hec.1249

Claxton K, Briggs A, Buxton MJ, Culyer AJ, McCabe C, Walker S, Sculpher MJ (2008) Value based pricing for NHS drugs: an opportunity not to be missed? BMJ 336(7638):251–254. https://doi.org/10.1136/bmj.39434.500185.25

Colombo C, Caldara D, Banzi R (2024) Citizens' views on prices of medicines reimbursed by the National Health Service: findings from Italian online focus groups. Health Expect 27(2):e14005. https://doi.org/10.1111/hex.14005

Cortes J, Perez-Garcia JM, Llombart-Cussac A, Curigliano G, El Saghir NS, Cardoso F, Barrios CH, Wagle S, Roman J, Harbeck N, Eniu A, Kaufman PA, Tabernero J, Garcia-Esteve L, Schmid P, Arribas J (2020) Enhancing global access to cancer medicines. Cancer J Clin 70(2):105–124. https://doi.org/10.3322/caac.21597

Costa S, Bentley C, Regier DA, McTaggart-Cowan H, Mitton C, Burgess MM, Peacock SJ (2019) Public perspectives on disinvestments in drug funding: Results from a Canadian deliberative public engagement event on cancer drugs. BMC Public Health 19(1):977. https://doi.org/10.1186/s12889-019-7303-2

Council of the European Union (2016) Council conclusions on strenghtening the balance in the pharmaceutical system in the EU and its Member States. Brussels. https://www.consilium.europa.eu/en/press/press-releases/2016/06/17/epsco-conclusions-balance-pharmaceutical-system/pdf. Zugegriffen: 26. Juli 2025

Cubi-Molla P, Errea M, Zhang K, Garau M (2020) Are cost-effectiveness thresholds fit for purpose for real-world decision making? OHE Consulting Report. https://www.ohe.org/wp-content/uploads/2020/03/Threshold-white-paper-20200218post.pdf. Zugegriffen: 26. Juli 2025

Daniels N (2000) Accountability for reasonableness. BMJ 321(7272):1300–1301. https://doi.org/10.1136/bmj.321.7272.1300

Daniels N, Sabin J (1997) Limits to health care: fair procedures, democratic deliberation, and the legitimacy problem for insurers. Philos Public Aff 26(4):303–350. https://doi.org/10.1111/j.1088-4963.1997.tb00082.x

Danzon PM, Towse A (2003) Differential pricing for pharmaceuticals: reconciling access, R&D and patents. Int J Health Care Finance Econ 3(3):183–205. https://doi.org/10.1023/a:1025384819575

Danzon PM, Drummond MF, Towse A, Pauly MV (2018) Objectives, budgets, thresholds, and opportunity costs-A health economics approach: an ISPOR special task force report [4]. Value Health 21(2):140–145. https://doi.org/10.1016/j.jval.2017.12.008

Emanuel EJ (2019) When is the price of A drug unjust? The average lifetime earnings standard. Health Aff (millwood) 38(4):604–612. https://doi.org/10.1377/hlthaff.2018.05052

European Commission (2023) Reform of the EU pharmaceutical legislation. https://health.ec.europa.eu/medicinal-products/legal-framework-governing-medicinal-products-human-use-eu/reform-eu-pharmaceutical-legislation_en

Glynn D (2015) The case for transparency in pricing. Compet Law J 14(4):237–244

Henry B (2018) Drug pricing & challenges to hepatitis C treatment access. J Health Biomed Law 14:265–283

Kianzad B (2022) Towards fair pricing of medicines? Lessons from the European commission's Aspen decision. Eur Pharm Law Rev 6(1):3–23. https://doi.org/10.21552/ehpl/2022/1/4

Konecna K (2023) Promote more joint European procurement of medicines. The European Files(74):43. https://www.europeanfiles.eu/wp-content/uploads/2023/07/Strengthening-health-in-Europe-after-the-COVID-crisis-and-through-an-ambitious-pharmaceutical-strategy-issue-74.pdf

Lamont J, Favor C (2017) Distributive justice. Retrieved winter 2017. https://plato.stanford.edu/archives/win2017/entries/justice-distributive

Lipworth W, Ghinea N, Kerridge I (2016) Negotiating limits to the funding of high cost cancer medicines [Review]. Cancer Forum:40(2). https://www.scopus.com/inward/record.uri?eid=2-s2.0-85000613698&partnerID=40&md5=11f51a06b319afea301563add55bd6b3

Marckmann G, der Schmitten IJ (2017) Financial toxicity of cancer drugs: possible remedies from an ethical perspective. Breast Care 12(2):81–85. https://doi.org/10.1159/000471506

Mello MM (2020) Barriers to ensuring access to affordable prescription drugs. Annu Rev Pharmacol Toxicol 60:275–289. https://doi.org/10.1146/annurev-pharmtox-010919-023518

Moon S, Mariat S, Kamae I, Pedersen HB (2020) Defining the concept of fair pricing for medicines. BMJ 368:l4726. https://doi.org/10.1136/bmj.l4726

Nato A (2023) Fair access to drugs and the relationship between big pharma and public authorities in global health governance. Eur Public Law 29(2):199–218 (https://www.scopus.com/inward/record.uri?eid=2-s2.0-85186176464&partnerID=40&md5=c9081896550ae9402220e6fb8f89caac)

NEK (2020) Arzneimittelpreise. Überlegungen zum gerechten Umgang mit teuren neuen Medikamenten. https://www.nek-cne.admin.ch/inhalte/Themen/Stellungnahmen/NEK-stellungnahme-Arzneimittelpreise-DE-rz.pdf. Zugegriffen: 5. Aug. 2025

OECD (2010) Value for money in health spending. OECD Health Policy Studies
OECD (2023) Health at a glance 2023: OECD indicators. Health at a glance
OHCHR (2008) Fact sheet no. 31: the right to health. https://www.ohchr.org/sites/default/files/Documents/Publications/Factsheet31.pdf. Zugegriffen: 5. Aug. 2025
Roediger A, Wilsdon T, Haderi A, Pendleton K, Azais B (2019) Competition between on-patent medicines in Europe. Health Policy 123(7):652–660. https://doi.org/10.1016/j.healthpol.2019.05.009
Roediger A, Schönbächler G, Brand H (2024) What is a fair price for a medicine? Establishing the main elements of a fair price based on the current policy debate. Public Health 231:148–153. https://doi.org/10.1016/j.puhe.2024.03.018
Rütsche B, Wildi A (2016) Limitierung von Arzneimitteln im Krankenversicherungsrecht: Wo wird die Grenze zur Rationierung überschritten? Recht 04. https://recht.recht.ch/de/artikel/04re0416abh/limitierung-von-arzneimitteln-im-krankenversicherungsrecht-wo-wird-die-grenze
Schachtschabel HG (1939) Der gerechte Preis. Junker und Dünnhaupt, Berlin
Sewall HR (1901) The theory of value before Adam Smith. Publ Am Econ Assoc 2(3):1–128 (http://www.jstor.org/stable/2485740)
Spinello RA (1992) Ethics, pricing and the pharmaceutical industry. J Bus Ethics 11(8):617–626. https://doi.org/10.1007/BF00872273
Tawney RH (1948) Religion and the rise of capitalism. A historical study. John Murray,, London
Towse A (2010) Value based pricing, research and development, and patient access schemes. Will the United Kingdom get it right or wrong? Brit J Clinical Pharma 70(3):360–366. https://doi.org/10.1111/j.1365-2125.2010.03740.x
Uyl-de Groot CA, Löwenberg B (2018) Sustainability and affordability of cancer drugs: a novel pricing model. Nat Rev Clin Oncol 15(7):405–406. https://doi.org/10.1038/s41571-018-0027-x
Walker J (2015) Gilead's $ 1,000 Pill Is Hard for States to Swallow. The Wall Street Journal. https://www.wsj.com/articles/gileads-1-000-hep-c-pill-is-hard-for-states-to-swallow-1428525426?KEYWORDS=medicaid
WHO (2017) Fair pricing forum 2017 meeting report. WHO, Genf. https://www.who.int/publications/i/item/WHO-EMP-IAU-2017-10. Zugegriffen: 5. Aug. 2025
WHO (2018) Medicines Reimbursement Policies in Europe. WHO, Genf. https://www.who.int/europe/publications/i/item/9789289053365. Zugegriffen: 5. Aug. 2025
WHO (2019a) Medicines: Fair pricing forum. Q&A. Fair Pricing Forum. WHO, Genf. https://www.who.int/news-room/questions-and-answers/item/medicines-fair-pricing-forum. Zugegriffen: 5. Aug. 2025
WHO (2019b) Resolution on improving the transparency of markets for medicines, vaccines, and other health products. WHO, Genf. https://apps.who.int/gb/ebwha/pdf_files/WHA72/A72_R8-en.pdf. Zugegriffen: 5. Aug. 2025
Wierzbicka A (2006) English: meaning and culture. Oxford University Press, Oxford
Yamabhai I (2018) Setting a public health agenda to support access to high-cost medicines. In: Equitable access to high-cost pharmaceuticals. Elsevier, S 51–66 https://doi.org/10.1016/B978-0-12-811945-7.00005-1
Zhang K, Garau M (2020) International cost-effectiveness thresholds and modifiers for HTA decision making. Consulting report. https://www.ohe.org/publications/international-cost-effectiveness-thresholds-and-modifiers-hta-decision-making. Zugegriffen: 5. Aug. 2025

Open Access Dieses Kapitel wird unter der Creative Commons Namensnennung – Nicht kommerziell – Keine Bearbeitung 4.0 International Lizenz (http://creativecommons.org/licenses/by-nc-nd/4.0/deed.de) veröffentlicht, welche die nicht-kommerzielle Nutzung, Vervielfältigung, Verbreitung und Wiedergabe in jeglichem Medium und Format erlaubt, sofern Sie den/die ursprünglichen Autor*in(nen) und die Quelle ordnungsgemäß nennen, einen Link zur Creative Commons Lizenz beifügen und angeben, ob Änderungen vorgenommen wurden. Die Lizenz gibt Ihnen nicht das Recht, bearbeitete oder sonst wie umgestaltete Fassungen dieses Werkes zu verbreiten oder öffentlich wiederzugeben.

Die in diesem Kapitel enthaltenen Bilder und sonstiges Drittmaterial unterliegen ebenfalls der genannten Creative Commons Lizenz, sofern sich aus der Abbildungslegende nichts anderes ergibt. Sofern das betreffende Material nicht unter der genannten Creative Commons Lizenz steht und die betreffende Handlung nicht nach gesetzlichen Vorschriften erlaubt ist, ist auch für die oben aufgeführten nicht-kommerziellen Weiterverwendungen des Materials die Einwilligung des/der betreffenden Rechteinhaber*in einzuholen.

Faire Preise im Fokus – Strategien für eine gerechte Arzneimittelpreispolitik

Veronika J. Wirtz und Klara Tisocki

Inhaltsverzeichnis

10.1 Hintergrund – 135

10.2 Fairness bei Arzneimittelpreisen – 137

10.3 Preispolitik und ihre Herausforderungen bei fairen Preisen – 140

10.4 Länderbeispiele – 144
10.4.1 Philippinen: Erhöhung der Preistransparenz zur Verbesserung der Finanzierbarkeit durch direkte Preiskontrolle – 144
10.4.2 Dänemark: Einsatz von Biosimilars zur Kostensenkung und Verbesserung des Zugangs – 145
10.4.3 Neuseeland: Zentralisierte Ausschreibungen für eine kosteneffiziente Beschaffung – 146

10.5 Diskussion – 147

10.6 Schlussfolgerungen – 148

Literatur – 149

© Der/die Autor(en) 2025
H. Schröder et al. (Hrsg.), *Arzneimittel-Kompass 2025*, https://doi.org/10.1007/978-3-662-72460-6_10

▪▪ Zusammenfassung

Der Arzneimittelsektor ist aufgrund der Bedeutung von Arzneimitteln für Gesundheit und Überleben – oft bei fehlenden therapeutischen Alternativen – besonders empfindlich im Hinblick auf die Preisgestaltung. Im Gegensatz zu typischen Verbrauchermärkten, in denen Individuen Preise vergleichen und autonome fundierte Entscheidungen treffen können, ist der Arzneimittelmarkt durch eine erhebliche Informationsasymmetrie zwischen pharmazeutischen Unternehmen, Kostenträgern und Patientinnen und Patienten gekennzeichnet. Dieses Kapitel zielt darauf ab, das Konzept einer fairen Preisgestaltung für Arzneimittel aus Sicht des Gesundheitswesens zu definieren, Beispiele für faire Preispolitik und daraus gewonnene Erkenntnisse zu liefern und die Stärken und Schwächen dieser Ansätze kritisch zu bewerten.

Ein Preis kann als überhöht angesehen werden, wenn er in keinem angemessenen Verhältnis zum wirtschaftlichen und therapeutischen Wert des Arzneimittelprodukts steht. Die Europäische Kommission hat betont, dass unfaire Preisgestaltung den Verbraucherinnen und Verbrauchern sowie der Gesellschaft unmittelbaren Schaden zufügt und daher direkte regulatorische Eingriffe in Bezug auf Arzneimittelpreise gerechtfertigt sind, anstatt sich ausschließlich auf das Wettbewerbsrecht als indirekten Schutzmechanismus zu verlassen.

Preismodelle bieten theoretische Rahmenbedingungen für die Ermittlung der Komponenten einer fairen Preisgestaltung, haben aber auch praktische Instrumente inspiriert. Ein solches Instrument ist der Fair Pricing Calculator, der von einem Konsortium europäischer Krankenkassen und Bewertungsstellen, der International Association of Mutual Benefit Societies (AIM), entwickelt wurde. Dieses Instrument gewährleistet Transparenz bei Preisverhandlungen, indem es anhand einer Kostenaufschlagsmethode einen fairen Preis ermittelt.

Allerdings reichen diese Preismodelle und -instrumente allein nicht aus, um faire Arzneimittelpreise zu gewährleisten. Politische Maßnahmen sind unerlässlich, um Preisstrategien zu implementieren und durchzusetzen, die mit den Interessen des Gesundheitswesens im Einklang stehen. Unter den verschiedenen Preisgestaltungsmaßnahmen haben interne Referenzpreise, Ausschreibungen, Steuerbefreiungen und innovative Modelle wie das Netflix-Abonnementmodell ein großes Potenzial zur Unterstützung einer fairen Preisgestaltung gezeigt. Fallstudien aus den Philippinen, Dänemark und Neuseeland zeigen, dass eine gut konzipierte Preisgestaltung den Zugang zu erschwinglichen, qualitätsgesicherten Medikamenten erfolgreich fördern und gleichzeitig Anreize für pharmazeutische Innovationen erhalten kann.

Unfaire Preise hingegen untergraben sowohl die Gesundheitssysteme als auch die Behandlungsergebnisse der einzelnen Patienten. Für Regierungen, die sich für den Aufbau patientenorientierter Gesundheitssysteme einsetzen, müssen die Finanzierbarkeit und Nachhaltigkeit von Medikamenten als Grundprinzipien verankert sein und dürfen nicht als zweitrangige Aspekte behandelt werden.

▪▪ Kernaussagen
- Ein Preis kann als überhöht angesehen werden, wenn er in keinem angemessenen Verhältnis zum wirtschaftlichen und therapeutischen Wert des Arzneimittels steht.
- Unfaire Arzneimittelpreise schaden sowohl Verbraucherinnen und Verbrauchern als auch der Gesellschaft.
- Da der Arzneimittelmarkt durch eine erhebliche Informationsasymmetrie zwischen pharmazeutischen Unternehmen, Kostenträgern und Patientinnen und Patienten gekennzeichnet ist, sind politische Maßnahmen zur Förderung einer fairen Preisgestaltung unerlässlich.
- Preispolitische Maßnahmen können den Zugang zu erschwinglichen, qualitätsgesicherten Arzneimitteln erfolgreich fördern und gleichzeitig Anreize für pharmazeutische Innovationen bewahren.
- Sowohl die Politik als auch die pharmazeutische Industrie sind für die Gewähr-

leistung des Zugangs zu Arzneimitteln verantwortlich und müssen gemeinsam effizientere Finanzierungsstrategien und Geschäftsmodelle erarbeiten.

10.1 Hintergrund

Arzneimittel sind keine gewöhnlichen Konsumgüter, da sie für Gesundheit und Überleben unerlässlich sind und oft keine Therapiealternativen existieren (Wirtz et al. 2017). Die Nachfrage danach ist in der Regel unelastisch, d. h. Patientinnen und Patienten benötigen sie unabhängig vom Preis (Morgan et al. 2020). Dies gilt insbesondere für lebensrettende oder lebensverlängernde Arzneimittel, die für die Erhaltung der Gesundheit oder die Verbesserung der Lebensqualität notwendig sind. In Ländern mit niedrigen Durchschnittseinkommen und unzureichender oder fehlender Krankenversicherung können jedoch die teilweise exorbitant hohen Kosten von Arzneimitteln dazu führen, dass Menschen auf medizinische Versorgung verzichten. Daher reagiert der Pharmasektor besonders sensibel auf Diskussionen zur Preisbildung (Morgan et al. 2020). Im Gegensatz zu anderen Märkten, in denen Verbraucher Preise vergleichen und fundierte Entscheidungen treffen können, ist der Pharmamarkt durch asymmetrische Informationen gekennzeichnet: Patienten, Kostenträger und sogar verschreibende Ärzte verfügen oft nicht über ausreichende Kenntnisse über die Wirksamkeit, Sicherheit und Kosteneffizienz von Arzneimitteln, um deren Wert und die Angemessenheit des Preises beurteilen zu können (Fletcher und Jardine 2007). Darüber hinaus erfordert die Preisgestaltung für Arzneimittel durch die nationalen Behörden aufgrund der Besonderheiten der Lebenszyklusphasen von Arzneimitteln unterschiedliche Ansätze. Während der Exklusivitätsfrist wird der Monopolpreis in der Regel von den Herstellern festgelegt; aufgrund des Schutzes geistigen Eigentums kann der Wettbewerb in Form von günstigeren Generika daher erst zum Tragen kommen, wenn die Exklusivität mit dem Ablauf des Patentschutzes für das Produkt erlischt (Wirtz et al. 2017).

Da die Entscheidung, welche Arzneimittel verwendet werden und wie der Zugang zu ihnen erfolgt, von verschiedenen Stellen getroffen wird – verschreibende Ärzte, Kostenträger und Patienten –, stehen diese oft nicht miteinander in Verbindung; in der Folge mangelt es an Preistransparenz. Diese Undurchsichtigkeit wird durch Vertraulichkeitsvereinbarungen noch verstärkt, die eine öffentliche Kontrolle der tatsächlichen Transaktionspreise verhindern, sodass die Kostenträger unter undurchsichtigen Bedingungen verhandeln müssen. Darüber hinaus erschwert die mangelnde Transparenz hinsichtlich der Forschungs- und Entwicklungskosten und der öffentlichen Beiträge die Beurteilung, ob die Preise die Produktionskosten, den therapeutischen Wert oder den gesellschaftlichen Nutzen widerspiegeln. Diese Asymmetrie führt in Verbindung mit der lebensrettenden Natur von Arzneimitteln zu einem Markt, auf dem die traditionellen Mechanismen von Angebot und Nachfrage keine fairen Ergebnisse gewährleisten können, die ein Gleichgewicht zwischen Finanzierbarkeit und Innovationsanreizen schaffen.

Unfair sind Preise, wenn überhöhte Preise verlangt werden, die durch Produktionskosten, therapeutischen Wert oder gesellschaftlichen Nutzen nicht gerechtfertigt sind (Moon et al. 2020). Dies tritt häufig in nicht wettbewerbsorientierten Märkten auf, in denen Monopole oder Oligopole dominieren und Marktversagen effiziente Ergebnisse verhindert. In der Europäischen Union können überhöhte Preise nach dem Wettbewerbsrecht angefochten werden, aber die Rechtsdurchsetzung durch die Europäische Kommission, die Wettbewerbsbehörden der Mitgliedstaaten und die Gerichte in der EU ist selten und komplex. Artikel 102 des Vertrags über die Arbeitsweise der Europäischen Union (AEUV) verbietet die missbräuchliche Ausnutzung einer marktbeherrschenden Stellung, wozu auch „die Auferlegung unangemessener Einkaufs- oder Verkaufspreise" gehören kann (Europäische Kommission). „Unlautere Preisgestaltung betrifft im Wesentlichen die Erzielung übermäßiger Gewinne durch die Auferlegung hoher, unangemessener Preise für Kunden. Das Verbot des Artikels 102 (a) AEUV gilt für alle Produkte und Dienstleistungen, einschließlich pharmazeutischer Produkte." (OECD 2018) Ein Preis kann als überhöht angesehen werden, wenn er „in keinem angemessenen Verhältnis zum wirtschaftlichen Wert des Produkts steht" (Europäischer Gerichtshof 1978). Unfaire Preise können auch der Gesellschaft schaden, wenn überhöhte Preise die Nachhaltigkeit des Gesundheitssystems gefährden oder Ressourcen (Opportunitätskosten) von anderen kosteneffizienteren Gesundheitsmaßnahmen umlenken, d. h. wenn mit den verfügbaren Ressourcen weniger Gesundheitsgewinne erzielt werden (Naci et al. 2025).

Es existiert die Einschätzung, dass Regierungen nicht in den Pharmamarkt eingreifen sollten, da dies Innovationen behindern würde (Epstein 2007). Die Europäische Kommission argumentiert hierzu, dass unfaire Preise den Verbrauchern unmittelbaren Schaden zufügen und es daher nicht ausreicht, wenn sich die Behörden nur auf die Aufrechterhaltung des Wettbewerbs (eine indirekte Schutzmaßnahme) konzentrieren. Stattdessen sei ein direkter Eingriff gegen unfaire Preise, wenn diese festgestellt würden, erforderlich (OECD 2018).

Selbst in den Vereinigten Staaten, wo eine direkte Regulierung der Arzneimittelpreise jahrzehntelang auf starken politischen Widerstand stieß, beschlossen die Gesetzgebungsinstanzen auf Bundesebene im Jahr 2022, Verhandlungen über Arzneimittelpreise für Medicare, eine der größten Einzelversicherungen für ältere Menschen und Menschen mit Behinderungen, zuzulassen (Inflation Reduction Act 2022[1]).

Wenn der Preis eines Produkts in keinem Verhältnis zu seinem wirtschaftlichen Wert steht, ist dies eine klare Folge von Marktversagen. Das Patentsystem, das eigentlich Innovationen fördern soll, schafft ein zeitweiliges Monopol. Ohne effektive Regulierung und Preisverhandlungen erlaubt diese Monopolstellung jedoch eine Wertabschöpfung, die weit über eine faire Vergütung für Innovation hinausgeht. Durch Markendifferenzierung und Marketing wird der Markt weiter zerstückelt, sodass selbst chemisch identische Arzneimittel nicht als vollwertige Substitute gelten. Dadurch bleiben hohe Preise auch nach Ablauf des Patentschutzes bestehen. Dies ist kein funktionierender Wettbewerb, sondern ein einseitiger Markt, in dem die Preismacht allein beim monopolistischen Anbieter liegt.

Das Konzept der „unfairen Preisgestaltung" ist nicht auf den Pharmabereich beschränkt, aber seine Definition und die zugrunde liegenden Mechanismen unterscheiden sich erheblich zwischen Branchen wie Technologie und Landwirtschaft. In allen Fällen liegt das Hauptproblem in einem Ungleichgewicht der Marktmacht, wobei sich jedoch die Art der Machtausübung und die betroffenen Akteure deutlich unterscheiden.

Eine faire Preisgestaltung für Medikamente bezieht sich nicht nur auf technische Aspekte, sondern ist auch eine Frage der öffentlichen Gesundheit und der Gerechtigkeit. Während ein fairer Preis für Gesundheitssysteme, Kostenträger und Patientinnen und Patienten bedeutet, dass er erschwinglich ist und eine kontinuierliche Versorgung sicherstellt, sehen Arzneimittelhersteller darin einen Preis, der Innovationen honoriert und die hohen Risiken sowie Kosten für Forschung und Entwicklung (F&E) ausgleicht. Diese Spannungen haben zu einer globalen politischen Herausforderung geführt und eine lebhafte akademische sowie politische Debatte entfacht, die darauf abzielt, Fairness zu definieren und umzusetzen. Entscheidungsträger stehen vor der Aufgabe, unter Berücksichtigung von Fakten und ethischen Prinzipien komplexe Kompromisse zwischen Finanzierbarkeit und Innovation einzugehen.

Dieser Beitrag hat folgende Ziele:
- Definition des Konzepts einer fairen Preisgestaltung für Medikamente aus der Perspektive des Gesundheitswesens,

---

[1] Inflation Reduction Act of 2022 – H.R.5376, ▶ https://www.congress.gov/bill/117th-congress/house-bill/5376.

- Bereitstellung von Beispielen für faire Arzneimittelpreisstrategien und die daraus gewonnenen Erkenntnisse,
- Diskussion der Vor- und Nachteile einer fairen Preisgestaltungspolitik.

10.2 Fairness bei Arzneimittelpreisen

Fairness sollte in diesem Zusammenhang unter drei Aspekten betrachtet werden: ein fairer Preis für Hersteller oder Anbieter, der eine angemessene Rendite für legitime Investitionen sicherstellt, ein fairer Preis für Zahler oder Gesundheitssysteme, um die Gesundheit der Bevölkerung nachhaltig zu verbessern, und ein fairer Preis für Patientinnen und Patienten, um deren Zugang ohne finanzielle Härten zu gewährleisten (Tab. 10.1; Moon et al. 2020; Paulden 2020; Perehudoff et al. 2022). Dabei ist hervorzuheben, dass eine Entkopplung der Forschungs- und Entwicklungskosten vom Endpreis des Produkts die Preise, die Anbieter zur Gewinnerzielung verlangen müssen, erheblich senken und damit die Finanzierbarkeit steigern könnte.

Viele Modelle wurden entwickelt, um einen „fairen Preis" zu ermitteln, der über einfache Kostenaufschlags- oder wertbasierte Berechnungen hinausgeht. Eine systematische Literaturübersicht von Manders et al. (2025) identifizierte drei hybride Modelle: die Preisgestaltung für Krebsmedikamente, das Modell der International Association of Mutual Benefit Societies (AIM) und den Discounted Cash Flow (DCF). Diese Modelle weisen einige Gemeinsamkeiten, aber auch wichtige Unterschiede auf. Alle drei berücksichtigen die Herstellungs- und F&E-Kosten, jedoch nicht die Kosten eines Scheiterns. Das AIM-Modell enthält einen Innovationsbonus,

Tab. 10.1 Aspekte von Fairness nach Moon et al. (2020)

Zu berücksichtigende Faktoren	Benötigte Informationen und Analysen
Hersteller	
Kosten für Forschung und Entwicklung	In der Regel nicht offengelegt, Schätzung möglich, aber umstritten
Herstellungs- und Vertriebskosten	In der Regel nicht offengelegt, Schätzung möglich, in wettbewerbsorientierten Märkten offengelegt
Angemessener Gewinn	Gesamtgewinn offengelegt, jedoch nicht produktspezifisch; Benchmarking möglich; erfordert normative Beurteilung
Sonstige Kosten (Zulassung, Verwaltung, Pharmakovigilanz)	In der Regel nicht offengelegt, aber schätzbar
Käufer	
Finanzierbarkeit	Weitere Analysen erforderlich, um konkrete Grenzen der Finanzierbarkeit für bestimmte Käufer zu ermitteln
Wert für die einzelnen Patienten und das Gesundheitssystem	Gesundheitstechnologiebewertung kann einen Beitrag leisten; Methoden erforderlich, um den Wert unter Berücksichtigung der Erschwinglichkeitsbeschränkung in die Preisgestaltung einzubeziehen
Versorgungssicherheit	Informationen über Mengen und Hersteller erforderlich, um den Wettbewerb und die Versorgung mit bestimmten Produkten aufrechtzuerhalten; Erhebung möglich

Arzneimittel-Kompass 2025

während das Modell zur Preisgestaltung für Krebsmedikamente regelmäßige Preisüberprüfungen und weltweite Preisunterschiede vorsieht. Zwei Modelle – AIM und DCF – beziehen den Marktanteil und die Behandlungsraten ein, um die Patientinnen und Patienten zu berücksichtigen, die behandelt werden. Für Generikahersteller, die keine Innovationskosten tragen, scheint ein Cost-Plus-Preismodell angemessen. Manders et al. argumentieren, dass bei innovativen Arzneimitteln für seltene Krankheiten mit hohen Entwicklungskosten die Patientenzahl und die Behandlungsrate berücksichtigt werden sollten.

Ein alternativer Ansatz für die Entwicklung eines Rahmens für eine faire Preisgestaltung, wie von Roediger et al. (2024) ausführlich beschrieben, zeigt den aktuellen Konflikt zwischen den begrenzten Ressourcen im Gesundheitswesen und der Notwendigkeit von Investitionen in Forschung und Entwicklung auf und muss auf seine praktische Umsetzbarkeit überprüft werden. Ein weiterer Vorschlag von Moon et al. (2025) bietet einen konzeptionellen Ansatz zur Reform des gesamten pharmazeutischen Innovationssystems, indem dieses als komplexes adaptives pharmazeutisches Innovationssystem (CAPIS), ähnlich einem Wald, betrachtet wird, um benötigte Produkte zu erschwinglichen Preisen bereitzustellen, anstatt sich zu stark auf faire Preisgestaltung zu fokussieren.

Preismodelle haben nützliche Werkzeuge hervorgebracht, wie den *Fair Price Calculator*, der von der AIM, einem Konsortium europäischer Krankenkassen und Bewertungsstellen, entwickelt wurde (International Association of Mutual Benefit Societies 2021). Dieses Tool soll Transparenz in Preisverhandlungen schaffen, indem es auf Basis von Zuschlägen einen fairen Preis ermittelt. Dabei werden Schätzungen zu Forschungs- und Entwicklungskosten (einschließlich Fehlschlägen), Herstellungskosten, Marketingausgaben und einer angemessenen, vorab festgelegten Gewinnmarge berücksichtigt. Obwohl er nur auf Schätzungen beruht, dient der Fair Price Calculator als wichtige Referenz für Kostenträger, um intransparente Preisbegründungen anzufechten und Verhandlungen evidenzbasiert zu gestalten.

Es herrscht Einigkeit darüber, dass Kostentransparenz für alle diese Modelle unerlässlich ist. Gesetze und Vorschriften können Bedingungen für die Preisoffenlegung schaffen und Auflagen wie die Gewährung öffentlicher Mittel oder Steuervergünstigungen an die Offenlegung knüpfen (Moon et al. 2020). Kritiker der wertorientierten Preisgestaltung argumentieren jedoch, dass Wert subjektiv und kontextabhängig sei, da die Wahrnehmung des Wertes von wirtschaftlichen Bedingungen, alternativen Behandlungsmöglichkeiten und den individuellen Bedürfnissen der Patienten abhinge (Manders et al. 2025).

Es gibt zahlreiche Argumente gegen faire Preisgestaltung. ◘ Tab. 10.2 führt gängige Kritikpunkte der Pharmaindustrie auf und liefert evidenzbasierte Gegenargumente. Kritiker meinen, faire Preise könnten Produktknappheit verursachen, den Wettbewerb beeinträchtigen, Forschungsanreize schwächen, globale Einheitspreise erzwingen und Aspekte wie Qualität, Nachhaltigkeit oder hohe Entwicklungskosten ignorieren. Tatsächlich entstehen Knappheiten jedoch meist durch Marktdynamiken, und faire Preise können das Angebot stabilisieren. Regulierungsbehörden wie die Europäische Kommission sprechen sich gegen unfaire Preise aus, da diese den Verbrauchern schaden. Faire Rahmenbedingungen berücksichtigen dagegen lokale Einkommensniveaus, Qualität, Nachhaltigkeit und umfassende Entwicklungskosten inklusive Fehlschläge, ohne Gewinne zu eliminieren – Pharmaunternehmen bleiben profitabel. Zusammenfassend ist faire Preisgestaltung nicht intransparent; Hilfsmittel wie der Fair Price Calculator bieten strukturierte und transparente Ansätze für politische Entscheidungen und Verhandlungen.

Tab. 10.2 Argumente pro und kontra faire Preisgestaltung

Häufige Einwände gegen faire Preisgestaltung	Gegenargumente
Faire Preise führen zu Produktknappheit und zur Einstellung von Produkten.	Die Einstellung von Produkten hängt eher von Marktdynamiken wie Umsatzrückgängen oder Qualitätsproblemen ab – und weniger von moderater, fairer Preispolitik (Feldman 2023). Hinsichtlich Generika zeigen Belege, dass mehrere Hersteller das Angebot stabilisieren und Engpässe sogar reduzieren können (Gupta 2019). Während bei extrem günstigen Injektionsmitteln Engpässe auftreten können, sorgt eine faire Preisgestaltung für nachhaltige Margen statt für einen Zusammenbruch (Feldman 2023).
Faire Preise entsprechen nicht den Marktprinzipien, da sie zu Verzerrungen und einem eingeschränkten Wettbewerb führen.	Die Europäische Kommission hat betont, dass unfaire Preise den Verbrauchern direkten Schaden zufügen. Daher reicht es nicht aus, wenn sich die Behörden ausschließlich auf die Sicherung des Wettbewerbs konzentrieren. Stattdessen müssen sie aktiv gegen unfaire Preise vorgehen, sobald diese festgestellt werden (OECD 2018).
Faire Preise würden Anreize für Forschung und Entwicklung untergraben, insbesondere hinsichtlich seltener Krankheiten.	Unternehmen nutzen ihre Einnahmen oft für Aktienrückkäufe, anstatt ihre Investitionen in Forschung und Entwicklung (F&E) zu erhöhen (United States House of Representatives 2021). Transparenz bei den F&E-Kosten hilft, die Preise an den tatsächlichen Innovationsbedarf anzupassen und sinnvolle Investitionssignale zu setzen, ohne unnötige Mehrausgaben zu verursachen. In wettbewerbsorientierten Generikamärkten stärken faire Preisregeln den Wettbewerb, senken die Preise und fördern den Markteintritt (US Food & Drug Administration 2024; Ledley und Dao 2025). Im Gegensatz dazu führt eine unregulierte Preisgestaltung häufig zu Marktverzerrungen, Konsolidierungen und ineffizienten Preisaufschlägen.
Faire Preise bedeuten einheitliche globale Preise unabhängig von der Zahlungsfähigkeit.	Faire Preisgestaltung berücksichtigt gezielt Einkommensunterschiede: Sie definiert Fairness basierend auf der lokalen Zahlungsfähigkeit und dem gesellschaftlichen Wert, statt auf einem einheitlichen globalen Preis (Moon et al. 2020).
Faire Preisgestaltung ignoriert Qualität, Zuverlässigkeit und Nachhaltigkeit der Lieferkette.	Faire Preisgestaltung berücksichtigt Qualität und Versorgungssicherheit. So sind beispielsweise Bewertungssysteme für die Fertigungsqualität Teil fairer Preisgestaltungsstrategien, um Anreize für eine stabile Versorgung zu schaffen (US Food & Drug Administration 2019).
Faire Preisgestaltung verhindert Gewinne und macht Investitionen in die Pharmaindustrie unrentabel.	Faire Preisgestaltung schließt Gewinne nicht aus. Analysen zeigen, dass die Pharmaindustrie auch mit einer Reform der Preispolitik weiterhin hochprofitabel bleibt (Congressional Budget Office 2023).
Faire Preisgestaltung ignoriert fehlgeschlagene Forschungs- und Entwicklungskosten.	In diesem Beitrag werden faire Preismodelle diskutiert, die alle Kosten der Arzneimittelentwicklung einschließlich gescheiterter Versuche einbeziehen, um die Nachhaltigkeit zu gewährleisten (Manders et al. 2025).
Faire Preisgestaltung ist zu unklar, um als Grundlage für politische Entscheidungen dienen zu können.	Es gibt klare Definitionen und Werkzeuge zur Umsetzung: Die Rahmenbedingungen legen Kosten plus angemessenen Gewinn fest, definieren wertorientierte Schwellenwerte, transparente Margen für Forschung und Entwicklung sowie einkommensabhängige Preisgestaltung. Ein bekanntes Beispiel ist der Fair Pricing Calculator (International Association of Mutual Benefit Societies 2021). Obwohl er auf Schätzungen beruht, dient er als hilfreicher Richtwert für Kostenträger, um intransparente Preissetzungen anzufechten und Verhandlungen auf eine fundiertere Basis zu stellen.

Arzneimittel-Kompass 2025

10.3 Preispolitik und ihre Herausforderungen bei fairen Preisen

Preismodelle und praktische Werkzeuge allein garantieren keine fairen Arzneimittelpreise. Maßnahmen in der Preispolitik sind essenziell, um einen Aktionsplan zur Erreichung spezifischer Ziele bei der Arzneimittelpreisgestaltung umzusetzen. In ◘ Tab. 10.3 werden Beispiele für diese Maßnahmen sowie die damit verbundenen Herausforderungen in Hinblick auf Fairness dargestellt.

Zu den in ◘ Tab. 10.3 aufgeführten Strategien gehören moderne Preisansätze wie die „Netflix"- und die „Hypotheken"-Strategie, auf die sich in den letzten Jahren zunehmend die Aufmerksamkeit von politischen Entscheidungsträgern richtete (Moon und Erickson 2019; Cherla et al. 2021; Matthews et al. 2022; Drug Patent Watch 2025). Wie bei anderen Preisstrategien müssen auch hier Fairnessaspekte berücksichtigt werden. Das Netflix-Modell, bei dem feste Abonnementzahlungen unabhängig von der Menge der verwendeten Arzneimittel an die Hersteller geleistet werden, soll vorhersehbare Kosten und breiten Zugang sichern. Es bringt jedoch einige Herausforderungen in Bezug auf Fairness mit sich. Zum einen erfordert es eine präzise Nachfrageprognose und starke Verhandlungskompetenzen, um sicherzustellen, dass die Pauschale den fairen Wert widerspiegelt und weder Überzahlungen noch Unterauslastung verursacht (International Association of Mutual Benefit Societies 2021). Außerdem ist dieses Modell möglicherweise nicht für alle Therapiebereiche geeignet, insbesondere wenn die Nachfrage stark schwankt oder schwer kalkulierbar ist.

Das Hypothekenmodell verteilt die Kosten für teure Therapien über einen längeren Zeitraum, wodurch die unmittelbare finanzi-

◘ **Tab. 10.3** Arzneimittelpreis- und Erstattungsverfahren über den gesamten Lebenszyklus von Arzneimitteln

Verfahren	Beschreibung	Anwendungskontext	Herausforderungen hinsichtlich der Fairness gegenüber Zahlern und Nutzern
External reference pricing/ Externe Referenzpreisgestaltung (ERP)	Die externe oder internationale Referenzpreisbildung vergleicht Arzneimittelpreise in verschiedenen Ländern, um einen Referenzpreis zu bestimmen, der als Grundlage für Preisfestlegung oder Verhandlungen dient.	Innovative Arzneimittel/Arzneimittel mit einem einzigen Anbieter (Single Source)/patentgeschützte Arzneimittel	Probleme beim Zugang zu den tatsächlichen Nettopreisen, die von den Ländern gezahlt werden, sind auf Vertraulichkeitsvereinbarungen zurückzuführen. Das Risiko einer Preiskonvergenz in Richtung höherer Preise existiert dort, wo Hersteller ihre Produkte zuerst auf den Markt bringen.
Value based Pricing/ Wertbasierte Preisgestaltung (VBP)	Bei der wertbasierten Preisgestaltung werden Arzneimittelpreise entsprechend ihrem Nutzen für Patienten und Gesundheitssysteme festgelegt. Regierung oder autorisierte unabhängige Stellen führen dazu eine Gesundheitstechnologiebewertung (HTA) und eine Budget-Impact-Analyse (BIA) durch, um den Wert und die Bezahlbarkeit von Arzneimitteln zu prüfen.	Innovative/Single-Source-/patentgeschützte Arzneimittel	Die Bewertung eines Produkts anhand klinischer Studiendaten kann den tatsächlichen Nutzen und Wert manchmal zu hoch einschätzen. Real-World-Evidence-Analysen (RWE) können diese Daten ergänzen, jedoch erschweren begrenzte Datenqualität und Störfaktoren im Gesundheitssystem oft die Interpretation oder Übertragbarkeit der Ergebnisse in andere Umgebungen.

◘ **Tab. 10.3** (Fortsetzung)

Verfahren	Beschreibung	Anwendungskontext	Herausforderungen hinsichtlich der Fairness gegenüber Zahlern und Nutzern
Managed entry agreements/ Gesteuerte Marktzugangsvereinbarungen (MEA)	Eine Vereinbarung über den kontrollierten Marktzugang oder eine Risikoteilungsvereinbarung ist ein Vertrag zwischen Herstellern und Kostenträgern, der darauf abzielt, Risiken bei der Einführung neuer Produkte mit Unsicherheiten bezüglich Leistung, Sicherheit, Haushaltseffekten oder Kosteneffizienz zu teilen. Dadurch soll die betroffene Bevölkerung frühzeitig Zugang zu diesen Produkten erhalten. Der Fokus kann auf finanziellen Risiken (Kostenbeteiligungsvereinbarungen) oder ergebnisbezogenen Risiken (leistungsbasierte Risikoteilungsvereinbarungen) liegen. Üblicherweise ist ein „Zahler", wie zum Beispiel eine Krankenkasse, erforderlich, der die Kapazitäten und Strukturen hat, um die Nutzung und Leistung des Arzneimittels unter realen Bedingungen zu überwachen.	Innovative/Single-Source-/patentgeschützte Arzneimittel	MEAs sind häufig durch fehlende Transparenz und Herausforderungen bei der Bewertung ihrer langfristigen Wirksamkeit sowie der Auswirkungen auf den Haushalt nur eingeschränkt nutzbar. Zudem ist die Übertragbarkeit von Erfahrungen mit MEAs oft begrenzt, da es Unterschiede in der Umsetzung und den gesundheitssystembezogenen Rahmenbedingungen und Kapazitäten gibt.
Cost-based pricing/ Kostenbasierte Preisgestaltung (CBP)	Die kostenbasierte oder Kostenaufschlagspreisgestaltung ist ein Ansatz, der sowohl direkte als auch indirekte Kosten einbezieht, die bei der Produktion eines Arzneimittels entstehen. Dazu zählen die notwendigen Inputkosten für die Herstellung sowie weitere Ausgaben wie Investitionen in Forschung und Entwicklung, regulatorische und operative Kosten und eine angemessene Gewinnmarge.	Sowohl innovative/ Single-Source-/ patentgeschützte Arzneimittel als auch Generika/ Arzneimittel mit mehreren Anbietern (Multisource) und Biosimilar-Produkte	CBP ist im Zugang zu Herstellerkosten begrenzt und weist eine Tendenz zur Verringerung von Innovationsanreizen auf. Da unklar ist, wie Input- und andere Kosten berechnet werden sollen, empfiehlt die Weltgesundheitsorganisation, kostenbasierte Preise nicht als Hauptstrategie zur Festlegung von Arzneimittelpreisen zu nutzen.
Internal reference pricing/ Interne Referenzpreisgestaltung (IRP)	Bei der internen Referenzpreisbildung (IRP) wird ein Referenzpreis herangezogen, der auf den Preisen ähnlicher oder therapeutisch gleichwertiger Medikamente basiert, die im selben Land vertrieben werden.	Generika und Biosimilars	Die Bewertung der therapeutischen Gleichwertigkeit oder Austauschbarkeit setzt eine entsprechende Kapazität der Preisregulierungsbehörde voraus. Richtlinien zur Generikasubstitution sollten eingeführt werden, um den Austausch von Produkten zu fördern und sicherzustellen, dass IRP tatsächlich die Finanzierbarkeit verbessert und den Zugang erleichtert.

◼ **Tab. 10.3** (Fortsetzung)

Verfahren	Beschreibung	Anwendungskontext	Herausforderungen hinsichtlich der Fairness gegenüber Zahlern und Nutzern
Tendering and price negotiation/ Ausschreibung und Preisverhandlung	Eine Ausschreibung ist ein wettbewerbsorientiertes Beschaffungsverfahren, bei dem der Gewinner den Auftrag für die Lieferung von Arzneimitteln erhält und unter Umständen auch Preisverhandlungen führen kann.	Generika und Biosimilars	Wenn bei der Bewertung von Angeboten der Fokus nur auf dem Preis liegt, besteht das Risiko, Produkte von geringerer Qualität oder Sicherheit zu akzeptieren. Deshalb sollten auch andere Aspekte wie Produktqualität, Produktspezifikationen, Liefersicherheit, Zuverlässigkeit des Lieferanten und Lieferkosten einbezogen werden. Größere Mengen oder Bündelungen führen nicht unbedingt zu den angemessensten Preisen, besonders wenn die Vertrags- und Zahlungsabwicklung ineffizient ist.
Mark-up regulations along the supply chain/ Aufschlagsregelungen entlang der Lieferkette	Die Regulierung von Aufschlägen oder Margen dient dazu, die zusätzlichen Gebühren und Kosten zu kontrollieren, die von verschiedenen Akteuren der Lieferkette wie Großhändlern, Einzelhändlern oder anderen Distributoren erhoben werden. Solche Regelungen können in Form von regressiven oder progressiven Margenbandbreiten, linearen Margen oder einer Kombination daraus festgelegt werden.	Sowohl innovative/ Single-Source-/ patentgeschützte Arzneimittel als auch Generika/ Multisource- und Biosimilar-Produkte	Die Entwicklung und Durchsetzung von Vorgaben für Preisaufschläge erfordern administrative und durchsetzungsspezifische Kapazitäten, um wirksam zu sein. Diese Kapazitäten können in bestimmten Ländern begrenzt sein.
Tax exemptions or reductions/ Steuerbefreiungen oder -ermäßigungen	Steuerbefreiungen oder -ermäßigungen können die Steuern auf pharmazeutische Produkte aufheben oder senken und zu einem niedrigeren Verkaufspreis für Verbraucher führen.	Sowohl innovative/ Single-Source-/ patentgeschützte Arzneimittel als auch Generika/ Multisource- und Biosimilar-Produkte	Auch wenn die Verluste staatlicher Einnahmen durch reduzierte oder erlassene Steuern gering sein mögen, kann es in Ländern ohne bedeutende nationale Kostenträger, in denen Patienten überwiegend aus eigener Tasche zahlen, schwierig sein, politisch eine Steuerbefreiung durchzusetzen.

◘ **Tab. 10.3** (Fortsetzung)

Verfahren	Beschreibung	Anwendungskontext	Herausforderungen hinsichtlich der Fairness gegenüber Zahlern und Nutzern
Mögliche innovative Preismodelle			
Netflix-Modell	Das Netflix-Modell oder volumenunabhängige Abonnementzahlungen sind ein neuartiges Preis- und Erstattungsmodell, bei dem Hersteller eine feste (wiederkehrende) Zahlung für die Lieferung von neuen Therapeutika erhalten, unabhängig von der verkauften Menge, um Anreize für weitere Forschung und Entwicklung, wie beispielsweise die Entwicklung neuer Antibiotika, zu schaffen.	Innovative/Single-Source-/patentgeschützte Arzneimittel	Das Modell erfordert eine genaue Nachfrageprognose und starke Verhandlungskompetenz, um sicherzustellen, dass die fixe Zahlung den fairen Wert widerspiegelt und nicht zu übermäßigen Zahlungen oder einer unzureichenden Nutzung führt. Darüber hinaus ist dieses Modell möglicherweise nicht für alle Therapiebereiche geeignet, insbesondere wenn die Nachfrage stark schwankt oder schwer vorhersehbar ist.
Hypothekenmodell	Ein Hypothekenmodell für hochpreisige Medikamente sieht vor, die Kosten für teure Therapien über einen bestimmten Zeitraum zu verteilen, um sie für Kostenträger und Patienten erschwinglicher zu machen. Dieser Ansatz, der auch als „Pay-later"-Modell bekannt ist, verringert die unmittelbare finanzielle Belastung durch hochpreisige innovative Therapien wie Gen- und Zelltherapien oder Orphan-Medikamente.	Innovative/Single-Source-/patentgeschützte Arzneimittel	Die Zahlungen über mehrere Jahre zu strecken kann die finanzielle Belastung auf künftige Haushalte oder Regierungen verlagern und damit möglicherweise die Finanzierung anderer Gesundheitsbereiche gefährden. Wenn die Therapie nicht die erwarteten langfristigen Vorteile bringt, können die Kostenträger dennoch an laufende Zahlungsvereinbarungen gebunden sein, was die Wirtschaftlichkeit infrage stellt. Dieses Modell erfordert solide vertragliche Rahmenbedingungen, Kreditrisikobewertungen und Überwachungsmechanismen, um die Einhaltung der Vereinbarungen und die Leistungserbringung über einen längeren Zeitraum sicherzustellen.

Arzneimittel-Kompass 2025

elle Belastung für Kostenträger und Patienten reduziert wird (Matthews et al. 2022). Dies verbessert zwar den Zugang und die Erschwinglichkeit, bringt jedoch Herausforderungen hinsichtlich der langfristigen finanziellen Tragfähigkeit und der Generationengerechtigkeit mit sich. Die Verteilung der Zahlungen auf mehrere Jahre kann die finanzielle Last auf zukünftige Haushalte oder Verwaltungen verlagern und möglicherweise die Finanzierung anderer Gesundheitsschwerpunkte beeinträchtigen. Es besteht auch das Risiko, dass Kostenträger weiterhin Zahlungen leisten müssen, selbst wenn die Therapie nicht die erwarteten langfristigen Vorteile bringt, was Fragen der Wirtschaftlichkeit aufwirft. Außerdem erfordert die Umsetzung robuste vertragliche Rahmenbedingungen, Kreditrisikobewertungen und Überwachungssysteme, um die Einhaltung der Vorschriften und die Leistungsfähigkeit über einen längeren Zeitraum sicherzustellen.

Insgesamt tragen Aspekte der Preisgestaltung wie interne Ausschreibungen, Steuerbefreiungen und die Netflix-Preisstrategie eher zu einer fairen Preisgestaltung bei. Im Gegensatz dazu stellen externe Absprachen zum kontrollierten Markteintritt und kostenbasierte Preise größere Hürden für die Erreichung fairer und transparenter Preise dar.

10.4 Länderbeispiele

Drei Fallstudien veranschaulichen innovative nationale Strategien, um die Verfügbarkeit und Finanzierbarkeit von Arzneimitteln durch Preis- und Beschaffungsreformen zu verbessern. Die Philippinen, Dänemark und Neuseeland haben dabei jeweils unterschiedliche, aber effektive Ansätze gewählt, die auf ihre Gesundheitssysteme und politischen Rahmenbedingungen zugeschnitten sind.

10.4.1 Philippinen: Erhöhung der Preistransparenz zur Verbesserung der Finanzierbarkeit durch direkte Preiskontrolle

Die Philippinen haben einen mehrgleisigen Ansatz gewählt, um die Finanzierbarkeit von Arzneimitteln zu verbessern, indem sie die Preistransparenz erhöhen und direkte Preiskontrollen auf der Grundlage der gesetzlichen Bestimmungen des „Universally Accessible Cheaper and Quality Medicines Act of 2008"[2] einführten. Das philippinische Gesundheitsministerium (Department of Health, DoH) hat auf der Grundlage des Gesetzes von 2008 mehrere Instrumente wie etwa die Drug Price Database[3] entwickelt, um die Preistransparenz zu erhöhen und die Kosten zu senken.

Im Zentrum dieser Strategie steht der Drug Price Reference Index (DPRI)[4] (Arzneimittelpreisindex) des DoH, der Höchstpreise für lebenswichtige Medikamente in der öffentlichen Beschaffung festlegt. Der DPRI basiert auf dem Median der Ausschreibungspreise des Vorjahres und sorgt dafür, dass die Beschaffungen des öffentlichen Sektors effiziente und wettbewerbsfähige Preise widerspiegeln.

Das DoH schätzt, dass bei den zehn am häufigsten von öffentlichen Krankenhäusern beschafften Arzneimitteln Einsparungen von 50 % möglich sind, wenn die Beschaffung den Höchstpreisen des DPRI entspricht. Die Umsetzung des DPRI steht jedoch vor Herausforderungen (Abrigo et al. 2021) und die Verbesserung der Effizienz bei der Beschaffung erfordert weitere Änderungen der Beschaffungsverfahren (Wong et al. 2018).

---

2 Cheaper Medicines Act „Universally Accessible Cheaper and Quality Medicines Act of 2008" ▶ https://elibrary.judiciary.gov.ph/thebookshelf/showdocs/2/21387.

3 Drug Price Database – DOH Pharmaceutical Division (▶ https://pharma.doh.gov.ph/drug-price-database/).

4 Drug Price Reference Index – DOH Pharmaceutical Division (▶ https://pharma.doh.gov.ph/drug-price-reference-index/).

Bei patentgeschützten Medikamenten oder solchen mit begrenztem Wettbewerb wird der niedrigste Preis als Referenz herangezogen. Dieses Vorgehen soll als Leitlinie für alle Formen der öffentlichen Beschaffung dienen – einschließlich Ausschreibungen, Direktvergaben und Notfallbeschaffungen –, um ein gutes Preis-Leistungs-Verhältnis zu gewährleisten und überhöhte Preisaufschläge zu verhindern.

Die Regierung betreibt eine Arzneimittelpreisdatenbank und ein Überwachungssystem zur Kontrolle und Offenlegung der Arzneimittelpreise, die den DPRI ergänzen. Im Jahr 2021 legte das DoH Höchstpreise (MRPs) für 204 Arzneimittel fest und verschärfte damit die Preisobergrenzen im privaten Sektor. Zudem wurden Mehrwertsteuerbefreiungen für bestimmte lebenswichtige Arzneimittel – insbesondere zur Behandlung von Herz-Kreislauf-Erkrankungen – eingeführt, um die Kosten für Patienten zu senken.

In die DPRI werden ausschließlich Daten von Lieferanten aufgenommen, die von der philippinischen Lebensmittel- und Arzneimittelbehörde (Food & Drug Administration, FDA) zugelassen und für gute Praxis bei der Herstellung zertifiziert sind, um Qualität und Zuverlässigkeit sicherzustellen. Zudem meldet die DPRI Erstattungshöchstbeträge an die Philippine Health Insurance Corporation (PHIC) und trägt so zur Harmonisierung von Beschaffung und Versicherung bei. Während die DPRI Beschaffungskosten wie Einstandspreise, Verpackungskosten und behördliche Gebühren umfasst, sind Apothekenleistungen und andere Zuschläge, die derzeit überprüft werden, nicht enthalten.

Die Einführung der DPRI war in Verbindung mit anderen vom DoH genutzten Instrumenten zur Preistransparenz ein bedeutender Schritt zur Verbesserung der Governance im öffentlichen Beschaffungswesen für Arzneimittel. Sie hat zu einem besseren Verständnis der Preisunterschiede zwischen verschiedenen Beschaffungsstellen geführt. In vielen Ländern sind Datenbanken zum öffentlichen Beschaffungswesen nicht frei zugänglich. Wenn jedoch Daten aus Regierungsportalen frei verfügbar sind, können Analysen (mittels Big-Data-Methoden und maschinellem Lernen) Beschaffungsentscheidungen unterstützen, Korruption aufdecken und reduzieren (Veljanov und Fazekas 2023) sowie Einsparungen erzielen (Fazekas et al. 2021). Dies unterstreicht die Bedeutung von Transparenz für faire und finanzierbare Preise.

10.4.2 Dänemark: Einsatz von Biosimilars zur Kostensenkung und Verbesserung des Zugangs

Neben der Förderung des Zugangs werden die wirtschaftlichen Vorteile einer stärkeren Nutzung von Biosimilars und der allgemeinen Kontrolle der Gesundheitskosten weithin anerkannt. Dänemark hat sich früh als Vorreiter im strategischen Einsatz von Biosimilars etabliert, um Arzneimittelausgaben zu senken und den Zugang zu verbessern. Mit einem koordinierten nationalen Ansatz konnte Dänemark Biosimilars wie Infliximab, Etanercept und Trastuzumab schnell einführen, was zu Preissenkungen von bis zu 75 % im Vergleich zu den Originalpräparaten geführt hat. Eine Analyse der Akzeptanz von Biosimilar-Trastuzumab in europäischen Ländern hat gezeigt, dass diese in Dänemark im Vergleich zu anderen EU-Ländern am schnellsten und umfassendsten erreicht wurde und der Marktanteil von Trastuzumab innerhalb von drei Monaten auf 90 % stieg (Azuz et al. 2021). Ähnliche Ergebnisse wurden bei anderen Biosimilars wie Infliximab und Etanercept beobachtet (Jensen et al. 2020).

Der Erfolg ist auf eine Kombination verschiedener Maßnahmen zurückzuführen, wie den Abbau regulatorischer Hürden durch die Anerkennung der EMA-Zulassung ohne separate Prüfung durch den Dänischen Arzneimittelrat, was den Markteintritt und den Wettbewerb der Hersteller beschleunigt hat. Ergänzt wird dies durch die zentrale nationale Ausschreibung von AMGROS, einer Einkaufsgesellschaft, die Arzneimittel für dänische Krankenhausapotheken und Krankenhäuser beschafft, die frühzeitige Kommunikation mit den Herstellern, intensive Aufklärung von Ärzten und Patienten zur Verwendung von Biosimilars, Anreize für verschreibende Ärztinnen und Ärzte sowie klare klinische Leitlinien, die die obligatorische Substitution durch Biosimilars unterstützen. Ein zentraler Aspekt des dänischen Modells ist die Betonung auf gründlicher und frühzeitiger Vorbereitung sowie umfassender Kommunikation und Zusammenarbeit mit Interessengruppen. Eine spezielle „Nationale Biosimilar-Taskforce" mit Mitgliedern aus den Bereichen Medizin, Pharmakologie, Apotheken, Arzneimittelausschreibungen und dem „Rat für die Verwendung teurer Krankenhausarzneimittel" (RADS)[5] steuert die Einführung neuer Biosimilars.

Dieser Prozess wird frühzeitig gestartet – mindestens ein Jahr vor der Marktzulassung in Dänemark. In dieser Zeit trifft sich die Taskforce mit Fachleuten aus der Klinik, um über demnächst eingeführte Biosimilars zu informieren und die Einführung sowie die Einstellung der Patientinnen und Patienten zu planen. Der RADS erstellt und veröffentlicht nationale Behandlungsrichtlinien. Zudem hat die Taskforce Informationsmaterialien für Ärzte, Pflegekräfte und Patienten sowie eine Website mit häufig gestellten Fragen entwickelt. Die Gesundheitsbehörden binden Ärzte, Apotheker und Patientengruppen frühzeitig in den Übergangsprozess ein, um deren Vertrauen und Kooperation sicherzustellen. Der Dänische Arzneimittelrat liefert dabei evidenzbasierte Empfehlungen zur Wirksamkeit und Sicherheit von Biosimilars, was die Akzeptanz bei verschreibenden Ärztinnen und Ärzten erleichtert.

Studien, die Dänemark mit anderen europäischen Ländern vergleichen, zeigen eine deutlich höhere Akzeptanz von Biosimilars, was die Wirksamkeit der Umsetzungsstrategie unterstreicht. Die Umstellung vom Originalpräparat Adalimumab auf Biosimilars erfolgte beispielsweise schnell und sicher, ohne dass die Behandlungsergebnisse der Patientinnen und Patienten beeinträchtigt wurden (Loft et al. 2021). Die Erfahrungen in Dänemark zeigen, dass Biosimilars mit einer starken Governance, transparenter Kommunikation und Einbeziehung der Interessengruppen ein wirksames Instrument sein können, um fairere Preise und einen nachhaltigen Zugang zu erreichen. Weitere Studien in mehreren Ländern fanden ähnliche bewährte Verfahren und förderliche Faktoren, mit denen faire Preise erzielt und nicht-wirtschaftliche Hindernisse überwunden werden können, um den Zugang für einen größeren Patientenkreis zu beschleunigen (Alnaqbi et al. 2023; Machado et al. 2024).

10.4.3 Neuseeland: Zentralisierte Ausschreibungen für eine kosteneffiziente Beschaffung

Neuseeland verwaltet anerkanntermaßen erfolgreich seine Arzneimittelausgaben, gleichzeitig gewährleistet es eine hundertprozentige finanzielle Deckung für staatlich finanzierte Medikamente und weist im Vergleich zu den OECD-Ländern eine der niedrigsten Selbstbeteiligungen an den Arzneimittelkosten auf (Gauld 2014).

Die Strategie Neuseelands zur Preisgestaltung von Arzneimitteln basiert auf einer zentralisierten Ausschreibung für Multisource-Produkte, während bei patentgeschützten Single-Source-Produkten Verhandlungen unter dem Management der Pharmaceutical Management Agency (PHARMAC)[6], die im Namen der öffentlichen Kostenträger die Arzneimittelpreise aushandelt, stattfinden. Dieser Ansatz ermöglicht es der Regierung, direkt

---

5 ▶ https://www.regioner.dk/media/2830/radsfolder-engelsk.pdf.

6 ▶ https://www.pharmac.govt.nz/medicine-funding-and-supply/the-funding-process/medicines-and-medical-devices-contract-negotiation.

mit den Herstellern zu verhandeln und die nationale Kaufkraft zu nutzen, um niedrigere Preise für Arzneimittel zu erzielen. Das Ausschreibungsverfahren von PHARMAC ist transparent, wettbewerbsorientiert und basiert auf klaren Priorisierungskriterien, die klinischen Bedarf, Kosteneffizienz und Auswirkungen auf den Haushalt berücksichtigen.

PHARMAC setzt verschiedene Strategien ein (Alnaqbi et al. 2023), um faire Preise zu erzielen, wie alternative kommerzielle Angebote (Alternative Commercial Proposals, ACPs) anstelle von jährlichen Ausschreibungen sowie Angebotsanfragen (Requests for Proposals, RFPs) für die Lieferung bestimmter Medikamente, wenn Ausschreibungen nicht angemessen sind. Therapeutische Referenzpreise kommen dann zum Einsatz, wenn der Referenzpreis vollständig subventioniert wird. Liegt der Preis eines Anbieters darüber, zahlt der Patient die Differenz (den Herstelleraufschlag). Patientinnen und Patienten haben die Wahl zwischen vollständig oder teilweise subventionierten Produkten. PHARMAC setzt außerdem Rabatte, Ausgabenobergrenzen und Mehrproduktvereinbarungen („Bündelung") ein, um bessere Preise zu erzielen.

Im Rahmen des jährlichen Ausschreibungsverfahrens können Anbieter exklusive Lieferverträge für bestimmte Medikamente anbieten, was oft zu erheblichen Preissenkungen führt. Durch die Gewährung von Marktexklusivität für einen bestimmten Zeitraum motiviert PHARMAC die Anbieter, ihre niedrigsten nachhaltigen Preise anzubieten. Dieses Modell hat es Neuseeland ermöglicht, mit die niedrigsten Pro-Kopf-Arzneimittelausgaben unter den Ländern mit hohem Einkommen beizubehalten, ohne dabei Kompromisse bei Qualität oder Versorgung einzugehen (Morgan et al. 2017).

Der Erfolg von PHARMAC liegt in seiner Führungsstruktur, die Transparenz und Vertrauen sicherstellt. Die Behörde agiert unabhängig, folgt jedoch klaren gesetzlichen Vorgaben und bezieht Interessengruppen in ihre Prozesse ein. Ihre Entscheidungen stützen sich auf detaillierte Health Technology Assessments und wirtschaftliche Analysen, um sicherzustellen, dass die Finanzierung im Einklang mit den Zielen des Gesundheitssystems steht.

Neuseelands Erfahrungen zeigen, dass zentralisierte Beschaffung, kombiniert mit transparenten Entscheidungsprozessen und starken institutionellen Strukturen, zu faireren Preisen und gerechterem Zugang zu lebenswichtigen Medikamenten führen kann (Main et al. 2022; Wilkinson 2014; PHARMAC review 2022).

10.5 Diskussion

Arzneimittelpreise stellen eine erhebliche Hürde für den Zugang zu Medikamenten dar (Wirtz et al. 2017). Das Konzept der „fairen Preise" bewegt sich an der Schnittstelle von Gesundheitswesen, technologischer Innovation, Wirtschaft und Gerechtigkeit (Moon et al. 2020). Marktkräfte führen bei Produkten mit mehreren Bezugsquellen oft zu niedrigeren Preisen, wodurch das Konzept der fairen Preisgestaltung besonders für Single-Source-Produkte (Originalprodukte) von Bedeutung ist. Dieser Beitrag zeigt, dass es viele Preismodelle und Regulierungsmechanismen gibt, aber keine universelle Lösung für Fairness existiert. Eine kontextsensitive und vielseitige Strategie ist daher unerlässlich.

In den letzten Jahrzehnten hat sich gezeigt, dass die industriegesteuerten Preisstrategien einiger Länder langfristig den Zugang zu Medikamenten negativ beeinflussen können. In den USA haben solche Strategien zu dauerhaft hohen Arzneimittelpreisen, eingeschränkter Finanzierbarkeit und wachsenden Ungleichheiten im Gesundheitswesen geführt (Kesselheim et al. 2016). Anders als in vielen Ländern mit hohem Durchschnittseinkommen gibt es dort keine umfassende Preisregulierung, was Herstellern erlaubt, Einführungspreise weitgehend frei festzulegen (United States Senate 2021). Dieses unregulierte Umfeld hat zu drastischen Preiserhöhungen sowohl bei Markenprodukten als auch bei Generika geführt, besonders in Märkten mit wenig

Wettbewerb. Die jüngsten politischen Entwicklungen erlauben zwar Medicare, einem der größten Versicherungsprogramme in den USA, Preisverhandlungen zu führen. Dies gilt jedoch nur für eine kleine Gruppe von Arzneimitteln (Centers for Medicare and Medicaid Services (CMS) o. J.) und wird die Marktdynamik kurzfristig kaum beeinflussen. Aufgrund politischer und gesellschaftlicher Entscheidungen verzeichnen die USA weiterhin einige der höchsten Pro-Kopf-Ausgaben für Arzneimittel weltweit, was die Ungleichheit beim Zugang und die finanziellen Probleme benachteiligter Gruppen verschärft.

Andere Länder setzen auf verschiedene Maßnahmen, um ein Gleichgewicht zwischen Innovation, Bezahlbarkeit und Nachhaltigkeit zu schaffen. Die in diesem Kapitel beschriebenen Fallstudien zeigen, wie pragmatische und kontextspezifische Ansätze Fairness in die Praxis umsetzen können. Dänemark ist ein gutes Beispiel dafür, wie die koordinierte Einbindung von Interessengruppen und der Einsatz von Biosimilars erhebliche Einsparungen ermöglichen können, ohne dass Kompromisse bei Qualität oder Innovation eingegangen werden müssen (Nabi et al. 2024). Neuseeland verdeutlicht hingegen die Vorteile einer zentralisierten Beschaffung und Ausschreibung, um niedrigere Preise zu erzielen und gleichzeitig Versorgungssicherheit sowie den Zugang zu innovativen Produkten zu gewährleisten (Cumming et al. 2010).

Es gibt weitere Länder mit bedeutenden Pharmamärkten, die in diesem Kapitel nicht ausführlich behandelt wurden, aber im Zusammenhang mit der Förderung von Innovation sowie einem fairen und erschwinglichen Zugang zu Medikamenten erwähnt werden sollten: Brasilien hat eine starke lokale Biopharmaindustrie. Die Regierung unterstützt Innovationen durch öffentlich-private Partnerschaften und fördert gleichzeitig durch verschiedene Maßnahmen wie Finanzierung, Beschaffung und Generika einen gerechten und finanzierbaren Zugang zu Arzneimitteln (WHO 2023). China verfügt über einen der innovativsten Biopharmamärkte und gleichzeitig über einen der größten und wettbewerbsintensivsten Generikamärkte, was zur Finanzierbarkeit beiträgt (Liu et al. 2022).

Bei der Preisgestaltung von Arzneimitteln gibt es stets den Konflikt, Innovationen zu fördern und gleichzeitig die Erschwinglichkeit sicherzustellen. In diesem Kapitel werden einige Strategien zur Lösung dieser Spannungen beschrieben, wie etwa die Entkopplung der Forschungs- und Entwicklungskosten von den Produktionspreisen, um finanzielle Barrieren abzubauen. Diese Methode wurde bereits bei Antibiotika (Simpkin et al. 2017) und hinsichtlich der vernachlässigten Tropenkrankheiten (Fletcher 2019) in größerem Umfang angewendet.

Zudem ist es entscheidend, die wirtschaftlichen Anreize und politischen Maßnahmen zu betrachten, die notwendig sind, um den Zugang zu Arzneimitteln für alle Patientengruppen zu gewährleisten. Unterstützende Maßnahmen umfassen Systeme mit einem einzigen Kostenträger, die die Verhandlungsmacht stärken und institutionelle Fragmentierung reduzieren (siehe Beispiel Neuseeland). Noch zentraler ist jedoch die Einführung von Gesetzen, um die Preistransparenz zu erhöhen und Anreize für ein nachhaltiges System zu schaffen (Moon et al. 2020). Die Umsetzung solcher Gesetze erfordert entsprechende institutionelle Kapazitäten und eine angemessene Finanzierung.

10.6 Schlussfolgerungen

Unfaire Preise können sowohl Gesundheitssystemen als auch einzelnen Patientinnen und Patienten erheblich schaden. Um patientenorientierte Gesundheitssysteme aufzubauen, müssen von den Gesetzgebern Finanzierbarkeit und Nachhaltigkeit von Arzneimitteln als zentrale Merkmale eingeplant und nicht erst im Nachhinein bedacht werden. Therapeutische Maßnahmen sollten allen, die sie benötigen, zu fairen Preisen zugänglich sein, ohne die Nachhaltigkeit der Gesundheitssysteme zu gefährden, Familien in die Armut zu treiben oder die Stabilität von F&E-Ökosystemen und der Pharmaindustrie zu beeinträchtigen.

Die Gesetzgeber und der private Pharmasektor tragen gemeinsam die Verantwortung für den Zugang und müssen zusammenarbeiten, um bessere Finanzierungsstrategien und Geschäftsmodelle für effizientere Forschungs- und Entwicklungssysteme zu schaffen. Mehr Transparenz und Rechenschaftspflicht sind dabei entscheidende Schritte, um dieses Ziel zu erreichen.

Die Neugestaltung des Sozialvertrags zwischen Regierungen, Industrie und Gesellschaft fordert von den Gesetzgebern, ihre Prioritäten anzupassen und einen ausgewogenen Rahmen für faire Preisstrukturen zu schaffen. Dieser Rahmen sollte als Orientierung für die Umsetzung von Preisstrategien und -politik sowohl öffentlicher als auch privater Akteure dienen und das bestehende Ungleichgewicht der Marktmacht korrigieren.

Literatur

Abrigo M et al (2021) Public sector procurement of medicines in the Philippines. PIDS Discussion Paper Series No. 2021-44. Philippine Institute for Development Studies (PIDS) (https://www.econstor.eu/bitstream/10419/256879/1/pidsdps2144.pdf)

Alnaqbi KA et al (2023) An international comparative analysis and roadmap to sustainable biosimilar markets. Front Pharmacol 14:1188368. https://doi.org/10.3389/fphar.2023.1188368 (https://pmc.ncbi.nlm.nih.gov/articles/PMC10484585/pdf/fphar-14-1188368.pdf)

Azuz S et al (2021) Uptake of biosimilar trastuzumab in Denmark compared with other European countries: a comparative study and discussion of factors influencing implementation and uptake of biosimilars. Eur J Clin Pharmacol 77(10):1495–1501. https://doi.org/10.1007/s00228-021-03155-4

Centers for Medicare and Medicaid Services (CMS) Selected drugs and negotiated prices. https://www.cms.gov/priorities/medicare-prescription-drug-affordability/overview/medicare-drug-price-negotiation-program/selected-drugs-and-negotiated-prices

Cherla A, Howard N, Mossialos E (2021) The ‚Netflix plus model': can subscription financing improve access to medicines in low- and middle-income countries? Health Econ Policy Law 16(2):113–123. https://doi.org/10.1017/S1744133120000031 (https://www.cambridge.org/core/journals/health-economics-policy-and-law/article/netflix-plus-model-can-subscription-financing-improve-access-to-medicines-in-low-and-middleincome-countries/0D3A4569D70858431C7606778144EFEC)

Congressional Budget Office (2023) How CBO estimated the budgetary impact of key prescription drug provisions in the 2022 Reconciliation Act. https://www.cbo.gov/publication/58850

Cumming J et al (2010) How New Zealand has contained expenditure on drugs. BMJ 18:340:c2441. https://doi.org/10.1136/bmj.c2441

Drug Patent Watch (2025) Decoding drug pricing models: a strategic guide to market domination. https://www.drugpatentwatch.com/blog/decoding-drug-pricing-models-a-strategic-guide-to-market-domination/?srsltid=AfmBOookGloYqrMTYQpyfWFCR4HgOIo-CRHWdU6afcVWk2hxnViWR2xA

Epstein RA (2007) The pharmaceutical industry at risk: how excessive government regulation stifles innovation. Clin Pharmacol Ther 82(2):131–132. https://doi.org/10.1038/sj.clpt.6100257

Europäischer Gerichtshof (1978) Judgment of the Court of 14 February 1978. Case 27/76. European Court reports 1978 page 00207. https://eur-lex.europa.eu/legal-content/EN/TXT/HTML/?uri=CELEX:61976CJ0027

Fazekas M et al (2021) Lowering Prices of Pharmaceuticals, Medical Supplies, and Equipment Insights from Big Data for Better Procurement Strategies in Latin America 2021. Policy Research Working Paper 9689. https://www.govtransparency.eu/wp-content/uploads/2021/06/Lowering-Prices-of-Pharmaceuticals-Medical-Supplies-and-Equipment-Insights-from-Big-Data-for-Better-Procurement-Strategies-in-Latin-America.pdf

Feldman R (2023) Leading with the trailing edge: facilitating patient choice for insulin products. J Law Biosci 10(2):lsad33. https://doi.org/10.1093/jlb/lsad033

Fletcher ER (2019) „Delinkage" Of Medicines R&D From Patent Incentives Stirs Debate at Human Rights Council. Health Policy Watch, https://healthpolicy-watch.news/delinkage-of-medicines-rd-from-patents-stirs-debate-at-human-rights-council

Fletcher A, Jardine A (2007) Towards an Appropriate Policy for Excessive Pricing. European Competition Law Annual 2007. https://www.eui.eu/Documents/RSCAS/Research/Competition/2007ws/200709-COMPed-Fletcher-Jardine.pdf

Gauld R (2014) Ahead of its time? Reflecting on New Zealand's Pharmac following its 20th anniversary. PharmacoEconomics 32(10):937–942. https://doi.org/10.1007/s40273-014-0178-2 (https://link.springer.com/article/10.1007/s40273-014-0178-2)

Gupta R (2019) The recurring problem of drug shortages – how do we overcome it? Clin Hematol Int 1(1):75–77. https://doi.org/10.2991/chi.d.190321.003

International Association of Mutual Benefit Societies. A European Drug Pricing Model for Fair and Transparent Prices (2021) AIMs-fair-pricing-model-Accompanying-paper-to-the-fair-pricing-calculator_June2021.pdf (https://www.aim-mutual.org/)

Jensen TB et al (2020) The Danish model for the quick and safe implementation of infliximab and etanercept biosimilars. Eur J Clin Pharmacol 76(1):35–40. https://doi.org/10.1007/s00228-019-02765-3 (https://vbn.aau.dk/ws/portalfiles/portal/431346911/Biosimilar_impl_in_DK_EJCP_revised.pdf)

Kesselheim AS et al (2016) The high cost of prescription drugs in the United States: origins and prospects for reform. JAMA 316(8):858–871. https://doi.org/10.1001/jama.2016.11237

Ledley F, Dao H (2025) Sustaining pharmaceutical innovation after the inflation reduction act: trends in R&D spending, equity investment, and business development. Drug Discov Today 30(7):104394 (https://www.sciencedirect.com/science/article/pii/S1359644625001072)

Liu et al (2022) Policy Updates on Access to and Affordability of Innovative Medicines in China. Value in Health Regional Issues Volume 30, July 2022, 59–66. https://www.sciencedirect.com/science/article/pii/S2212109922000073#sec5

Loft N et al (2021) Outcomes following a mandatory nonmedical switch from Adalimumab originator to Adalimumab biosimilars in patients with psoriasis. JAMA Dermatol 157(6):676–683. https://doi.org/10.1001/jamadermatol.2021.0221 (https://jamanetwork.com/journals/jamadermatology/fullarticle/2778168)

Machado S et al (2024) Policy measures and instruments used in European countries to increase biosimilar uptake: a systematic review. Front Public Health 12:1263472. https://doi.org/10.3389/fpubh.2024.1263472 (https://pmc.ncbi.nlm.nih.gov/articles/PMC10932952/pdf/fpubh-12-1263472.pdf)

Main B et al (2022) Pricing strategies, executive committee power and negotiation leverage in New Zealand's containment of public spending on pharmaceuticals. Health Econ Policy Law 17(3):348–365. https://doi.org/10.1017/S1744133122000068. https://www.cambridge.org/core/journals/health-economics-policy-and-law/article/pricing-strategies-executive-committee-power-and-negotiation-leverage-in-new-zealands-containment-of-public-spending-on-pharmaceuticals/573321297A6970CBB89C325D181637D8

Manders EA et al (2025) Drug pricing models, no ‚one-size-fits-all' approach: a systematic review and critical evaluation of pricing models in an evolving pharmaceutical landscape. Eur J Health Econ 26(4):683–696. https://doi.org/10.1007/s10198-024-01731-w (https://pmc.ncbi.nlm.nih.gov/articles/PMC12126323/)

Matthews DW et al (2022) The Payer License Agreement, or „Netflix model", for hepatitis C virus therapies enables universal treatment access, lowers costs and incentivizes innovation and competition. Liver Int 42(7):1503–1516. https://doi.org/10.1111/liv.15245 (https://pmc.ncbi.nlm.nih.gov/articles/PMC9314612/pdf/LIV-42-1503.pdf)

Moon S, Erickson E (2019) Universal medicine access through lump-sum remuneration – Australia's approach to Hepatitis C. N Engl J Med 380(7):607–610. https://doi.org/10.1056/NEJMp1813728 (https://www.nejm.org/doi/10.1056/NEJMp1813728?url_ver=Z39.88-2003&rfr_id=ori:rid:crossref.org&rfr_dat=cr_pub%20%200pubmed)

Moon S et al (2020) Defining the concept of fair pricing for medicines. BMJ 368:l4726. https://doi.org/10.1136/bmj.l4726 (https://www.bmj.com/content/368/bmj.l4726.long)

Moon S et al (2025) Reforming the innovation system to deliver affordable medicines: a conceptual framework of pharmaceutical innovation as a complex adaptive system (forest) and theory of change. J Pharm Policy Pract 18(1):2436899. https://doi.org/10.1080/20523211.2024.2436899 (https://pmc.ncbi.nlm.nih.gov/articles/PMC11740976/pdf/JPPP_18_2436899.pdf)

Morgan SG et al (2017) Drivers of expenditure on primary care prescription drugs in 10 high-income countries with universal health coverage. CMAJ 189(23):E794–E799. https://doi.org/10.1503/cmaj.161481

Morgan SG et al (2020) Pricing of pharmaceuticals is becoming a major challenge for health systems. BMJ 368:l4627. https://doi.org/10.1136/bmj.l4627 (https://www.bmj.com/content/368/bmj.l4627.long)

Nabi H et al (2024) Counting the costs: a nationwide study on healthcare use following an adalimumab biosimilar switch in 〉1300 inflammatory arthritis patients. Ther Adv Musculoskelet Dis. https://doi.org/10.1177/1759720X241289391

Naci H et al (2025) Population-health impact of new drugs recommended by the National Institute for Health and Care Excellence in England during 2000–2020: a retrospective analysis. Lancet 405(10472):50–60

OECD (2018) Excessive Pricing in Pharmaceutical Markets – DAF/COMP/WD(2018)112 Note by the European Union 28 November 2018. https://one.oecd.org/document/DAF/COMP/WD(2018)112/en/pdf

Paulden M (2020) Calculating and Interpreting ICERs and Net Benefit. PharmacoEconomics 38(8):785–807.

https://doi.org/10.1007/s40273-020-00914-6 (https://link.springer.com/article/10.1007/s40273-020-00914-6)

Perehudoff K et al (2022) A global social contract to ensure access to essential medicines and health technologies. BMJ Glob Health 7(11):e10057. https://doi.org/10.1136/bmjgh-2022-010057

Pharmac Review Panel (2022) Pharmac Review: Final report. Ministry of Health, Wellington

Roediger A et al (2024) What is a fair price for a medicine? Establishing the main elements of a fair price based on the current policy debate. Public Health 231:148–153. https://doi.org/10.1016/j.puhe.2024.03.018 (https://www.sciencedirect.com/science/article/pii/S0033350624001288)

Simpkin VL, Renwick MJ, Kelly R, Mossialos E (2017) Incentivising innovation in antibiotic drug discovery and development: progress, challenges and next steps. J Antibiot 70(12):1087–1096. https://doi.org/10.1038/ja.2017.124

United States House of Representatives (2021) Drug pricing investigation. Industry spending on Buyback, dividends, and executive compensation. https://oversightdemocrats.house.gov/sites/evo-subsites/democrats-oversight.house.gov/files/COR%20Staff%20Report%20-%20Pharmaceutical%20Industry%20Buybacks%20Dividends%20Compared%20to%20Research.pdf

United States Senate (2021) High drug prices in the US: What can we learn from other countries (and some US states) Testimony of Kesselheim AS. https://www.help.senate.gov/imo/media/doc/Kesselheim1.pdf

US Food & Drug Administration (2019) Drug shortages report: root causes and potential solutions 2019. https://www.fda.gov/media/131130/download

US Food & Drug Administration (2024) Generic competition and drug prices. https://www.fda.gov/about-fda/center-drug-evaluation-and-research-cder/generic-competition-and-drug-prices

Veljanov Z, Fazekas M (2023) Efficiency gains from anti-corruption in pharmaceuticals procurement: Analysis of 9 countries across 3 continents. GTI-WP/2023:04, Government Transparency Institute. https://www.govtransparency.eu/wp-content/uploads/2023/06/GTI_pharmaceutical_analysis_230602_GTI_WP_2023_04.pdf

WHO – World Health Organization (2023) Council on the Economics of Health for All. Health for All – transforming economies to deliver what matters: final report of the WHO Council on the Economics of Health for All. Geneva: World Health Organization. Licence: CC BY-NC-SA 3.0 IGO. https://www.who.int/publications/i/item/9789240080973

Wilkinson T (2014) Explicit priority setting in New Zealand and the UK. Presentation April 2014. https://publications.iadb.org/en/publications/english/viewer/Breve-7-Explicit-Priority-Setting-in-New-Zealand-and-the-UK.pdf

Wirtz VJ et al (2017) Essential medicines for universal health coverage. Lancet 389(10067):403–476. https://doi.org/10.1016/S0140-6736(16)31599-9 (https://www.thelancet.com/journals/lancet/article/PIIS0140-6736(16)31599-9/fulltext)

Wong J et al (2018) Factors influencing drug prices among philippine public hospitals. Int J Technol Assess Health Care 34(S1):91–91. https://doi.org/10.1017/S0266462318002222 (https://www.cambridge.org/core/journals/international-journal-of-technology-assessment-in-health-care/article/pp63-factors-influencing-drug-prices-among-philippine-public-hospitals/6E97A03AD19B07D27868A881B6C54A79)

Open Access Dieses Kapitel wird unter der Creative Commons Namensnennung – Nicht kommerziell – Keine Bearbeitung 4.0 International Lizenz (http://creativecommons.org/licenses/by-nc-nd/4.0/deed.de) veröffentlicht, welche die nicht-kommerzielle Nutzung, Vervielfältigung, Verbreitung und Wiedergabe in jeglichem Medium und Format erlaubt, sofern Sie den/die ursprünglichen Autor*in(nen) und die Quelle ordnungsgemäß nennen, einen Link zur Creative Commons Lizenz beifügen und angeben, ob Änderungen vorgenommen wurden. Die Lizenz gibt Ihnen nicht das Recht, bearbeitete oder sonst wie umgestaltete Fassungen dieses Werkes zu verbreiten oder öffentlich wiederzugeben.

Die in diesem Kapitel enthaltenen Bilder und sonstiges Drittmaterial unterliegen ebenfalls der genannten Creative Commons Lizenz, sofern sich aus der Abbildungslegende nichts anderes ergibt. Sofern das betreffende Material nicht unter der genannten Creative Commons Lizenz steht und die betreffende Handlung nicht nach gesetzlichen Vorschriften erlaubt ist, ist auch für die oben aufgeführten nicht-kommerziellen Weiterverwendungen des Materials die Einwilligung des/der betreffenden Rechteinhaber*in einzuholen.

Auf dem Weg zu einer gerechten und nachhaltigen Preisgestaltung im Gesundheitswesen: Fokus auf das AIM-Fair-Price-Modell und das ASCERTAIN-Projekt

Carin A. Uyl-de Groot, Nicolas S.H. Xander, Anne Hendrickx und Maximilian Salcher-Konrad

Inhaltsverzeichnis

11.1 Einleitung – 155

11.2 Überblick über das AIM-Fair-Price-Modell – 156

11.3 Überblick über das ASCERTAIN-Projekt im Rahmen von „Horizont Europa" – 156

11.4 Vergleichende Analyse: Kompatibilität des Fair-Price-Modells der AIM und der ASCERTAIN-Preismodelle – 158

11.5 Kostenbasierte vs. wertbasierte Preisgestaltung – 159

11.6 Politische Implikationen und künftige Ausrichtung – 160

11.7 Zukünftige Entwicklungen und Chancen – 163

11.8 Fazit – 163

Literatur – 164

Kapitel 11 · Fokus auf das AIM-Fair-Price-Modell und das ASCERTAIN-Projekt

▪▪ Zusammenfassung

Die steigenden Kosten für Arzneimittel stellen die Nachhaltigkeit, Gerechtigkeit und Zugänglichkeit der Gesundheitssysteme in Europa und weltweit vor erhebliche Herausforderungen. Da pharmazeutische Innovationen immer spezialisierter und teurer werden, besteht ein dringender Bedarf an Preisstrategien, die sowohl die Finanzierbarkeit als auch nachhaltigen Zugang gewährleisten. In diesem Beitrag werden bedeutende „faire" Preismodelle untersucht, wobei der Schwerpunkt auf dem Fair-Pricing-Modell der Association Internationale de la Mutualité (AIM) und dem Projekt ASCERTAIN Horizon Europe liegt. Dabei wird untersucht, inwieweit diese Preismodelle zur Entwicklung gerechterer, transparenterer und nachhaltigerer Preismechanismen zusammengeführt werden können. Eine vergleichende Analyse hebt Übereinstimmungen und Abweichungen hervor, die durch ein praktisches Beispiel unter Verwendung des Preismodells von Uyl-de Groot und Löwenberg untermauert werden. Der Beitrag diskutiert außerdem die Bedeutung einer globalen Harmonisierung von Arzneimittelpreisen, die Rolle internationaler Organisationen wie der WHO und das Potenzial hybrider kosten- und wertbasierter Ansätze. Öffentlich-private Partnerschaften werden ebenfalls als vielversprechender Weg zur Vereinbarkeit von Erschwinglichkeit und Innovation untersucht. Letztendlich leistet diese Studie einen Beitrag zur laufenden Debatte über die Entwicklung fairer, kostenbasierter und weltweit einheitlicher Preisstrategien für Arzneimittel, die Zugang und Chancengleichheit im Gesundheitswesen fördern.

11.1 Einleitung

Die steigenden Kosten für Arzneimittel stellen Nachhaltigkeit, Chancengleichheit und Zugänglichkeit der Gesundheitssysteme in Europa und darüber hinaus weiterhin vor Herausforderungen. Da neue Behandlungen immer spezialisierter und teurer werden, stehen Gesetzgeber und Kostenträger unter zunehmendem Druck, Preisstrategien umzusetzen, die sowohl wirtschaftlich tragfähig und sozial gerecht sind als auch einen nachhaltigen Zugang zu Innovationen zum Nutzen der Patientinnen und Patienten gewährleisten (Uyl-de Groot et al. 2020). Als Reaktion darauf sind mehrere Modelle entstanden, die politischen Entscheidungsträgern als Leitlinien für die Bewertung und Festlegung fairer Preise für Arzneimittel dienen sollen. Dazu gehören das Fair Price-Modell der Association Internationale de la Mutualité (AIM), das Transparenz, Fairness und ethische Überlegungen bei der Preisgestaltung von Arzneimitteln in den Vordergrund stellt (AIM 2019; vgl. auch den Beitrag von Hendrickx und Kanga-Tona im Arzneimittel-Kompass 2021), das von Uyl-de Groot und Löwenberg entwickelte Preismodell (Uyl-de Groot und Löwenberg 2018) und ein neues, zugangsbasiertes Preismodell, das im Rahmen des von Horizon Europe finanzierten Projekts ASCERTAIN entwickelt werden soll (ASCERTAIN 2025). In der Literatur finden sich weitere Preismodelle, wie z. B. die Realoptionsrendite (*real-option rate of return*) und der diskontierte Cashflow, auf die in diesem Beitrag jedoch nicht näher eingegangen wird (Manders et al. 2025).

Jedes Modell hat seine eigenen Stärken und Prioritäten, doch wächst das Interesse daran zu untersuchen, wie solche Modelle harmonisiert oder integriert werden können, um ganzheitlichere und praktisch anwendbare Preisstrategien zu entwickeln. Insbesondere die potenzielle Synergie zwischen den normativen, auf Fairness basierenden Prinzipien von AIM und den strukturierten, evidenzbasierten Methoden von ASCERTAIN bietet eine überzeugende Möglichkeit, gerechtere und nachhaltigere Ansätze für die Preisgestaltung voranzutreiben.

In diesem Beitrag werden die Kompatibilität und potenzielle Integration des AIM-Fair-Pricing-Modells und des ASCERTAIN-Horizon-Europe-Projekts untersucht. Dabei werden die wichtigsten Merkmale, Ziele und Methoden der beiden Modelle überprüft und eine vergleichende Analyse durchgeführt, um

Übereinstimmungen und Abweichungen zu ermitteln. Um die Diskussion auf die Praxis zu übertragen, wird ein Beispiel für eine Preisberechnung auf der Grundlage des Preismodells von Uyl-de Groot und Löwenberg (2018) vorgestellt. Das Kapitel soll einen Beitrag zu den laufenden Bemühungen leisten, in der sich wandelnden Landschaft der Arzneimittelpreisgestaltung Innovationsanreize mit Finanzierbarkeit und Zugang miteinander in Einklang zu bringen.

11.2 Überblick über das AIM-Fair-Price-Modell

AIM schlägt die Einführung eines europäischen Modells für faire und transparente Preise für zugängliche pharmazeutische Innovationen vor (AIM 2019). Das AIM-Fair-Price-Modell bietet einen normativen Rahmen für die Bewertung und Festlegung fairer Preise für Arzneimittel (AIM 2021).

Sein vorrangiges Ziel ist es, die Arzneimittelpreisgestaltung wieder in Einklang mit den Zielen des Gesundheitswesens, der sozialen Gerechtigkeit und der Nachhaltigkeit des Systems zu bringen – weg von gewinnorientierten Modellen hin zu einem stärker patienten- und gesellschaftsorientierten Ansatz.

Im Kern definiert das AIM-Modell einen Preis als „fair", wenn er den Zugang für Patienten gewährleistet, den Wirkstoff-Entwicklern eine angemessene Rendite ermöglicht und den therapeutischen Wert des betreffenden Arzneimittels widerspiegelt. Das Modell berücksichtigt, dass die Preisgestaltung nicht allein von den Marktkräften oder der Zahlungsbereitschaft bestimmt werden sollte, sondern auch ethische, wirtschaftliche und gesellschaftliche Dimensionen in Betracht ziehen muss.

Zu den wichtigsten Grundsätzen des AIM-Modells gehören:
- *Transparenz:* Vollständige Offenlegung der Kosten für Forschung und Entwicklung (F&E), öffentlichen Beiträge, Produktionskosten und Preisverhandlungen.
- *Gerechtigkeit:* Die Preise sollten den universellen Zugang unterstützen und eine Verschärfung der gesundheitlichen Ungleichheiten innerhalb und zwischen Ländern vermeiden.
- *Erschwinglichkeit und Nachhaltigkeit:* Die Preise für Arzneimittel sollten der finanziellen Leistungsfähigkeit der Gesundheitssysteme entsprechen und eine langfristige Nachhaltigkeit ermöglichen.

Das Modell steht auch für eine Preisdifferenzierung auf Grundlage der Zahlungsfähigkeit eines Landes und betont die Notwendigkeit einer Rendite für öffentliche Investitionen, insbesondere wenn die Arzneimittelentwickler von öffentlich finanzierter Forschung profitiert haben. Die Frage, wie diese Grundsätze systematisch in formelle Preis- und Erstattungssysteme integriert werden können, insbesondere im Zusammenhang mit Nutzen- bzw. Kosten-Nutzen-Bewertung, ist jedoch nach wie vor unbeantwortet.

Dennoch wird das AIM-Modell in mehreren europäischen Ländern verwendet, um die Debatte über den „Gesellschaftsvertrag" zwischen pharmazeutischer Innovation und öffentlicher Gesundheit zu gestalten, und es bietet ein wichtiges ethisches Gegengewicht zu rein wirtschaftlichen Preismodellen.

11.3 Überblick über das ASCERTAIN-Projekt im Rahmen von „Horizont Europa"

Das ASCERTAIN-Projekt – kurz für „*Affordability and Sustainability Improvements through New Pricing, Cost-Effectiveness, Reimbursement, and Financing Models for Innovative Medicines*" (Verbesserung der Erschwinglichkeit und Nachhaltigkeit durch neue Preis-, Kosten-Nutzen-, Erstattungs- und Finanzierungsmodelle für innovative Arzneimittel) – ist eine von Horizon Europe finanzierte Initiative, die darauf abzielt, evidenzbasierte, transparente und partizipative Entscheidungsprozesse bei der Preisgestaltung und Erstattung von Arzneimitteln zu stärken (ASCERTAIN 2025). ASCERTAIN wurde im Rahmen der umfassenden Bemühungen der Europäischen Union zur Förderung einer nachhaltigen Gesundheitsversorgung ins Leben gerufen und zielt darauf ab, praktische Instrumente und politische Empfehlungen zu entwickeln, um nationale und EU-Verantwortliche dabei zu unterstützen, eine fairere und einheitlichere Preisgestaltung zu erreichen.

ASCERTAIN entwickelt derzeit ein Instrument zur Entscheidungsunterstützung, das aus separaten Modellen für die Preisgestaltung, die gesundheitsökonomische Bewertung und die Erstattung von Arzneimitteln und In-vitro-Diagnostika besteht. Dieser Ansatz zielt darauf ab, die unterschiedlichen, aber miteinander verbundenen zentralen Herausforderungen beim Zugang zu potenziell innovativen Gesundheitstechnologien anzugehen, darunter hohe Preise und Unsicherheiten hinsichtlich des klinischen Nutzens und der zu behandelnden Patientengruppe. Das ASCERTAIN-Instrument zur Entscheidungsunterstützung wird auf der Bewertung mehrerer Kriterien basieren. Der strukturierte Ansatz ermöglicht die Bewertung komplexer Entscheidungen im Gesundheitswesen, die mehrere, oft widersprüchliche Faktoren berücksichtigen müssen. Im Gegensatz zu herkömmlichen Kosten-Nutzen-Analysen bezieht dieses Instrument ein breiteres Spektrum von Wertdimensionen – wie therapeutischer Nutzen, Schwere der Erkrankung, Innovationsgrad, Gerechtigkeitsaspekte und gesellschaftliche Auswirkungen – in Preis- und Erstattungsentscheidungen ein.

Dadurch eignet sich ASCERTAIN besonders gut, um die Komplexität moderner Gesundheitstechnologien und die Vielfalt der Perspektiven der Interessengruppen zu erfassen.

Der ASCERTAIN-Ansatz basiert auf mehreren Schlüsselelementen, darunter die Einbeziehung verschiedener Interessengruppen wie Gesundheitsbehörden, Kostenträger, Industrie, Patienten und Wissenschaft, um gemeinsam Preisgestaltungsrahmen zu entwickeln. Der Ansatz legt Wert auf die Integration von Evidenz und kombiniert quantitative Daten wie klinische Wirksamkeit und Auswirkungen auf den Haushalt mit qualitativen Aspekten wie von Patientinnen und Patienten berichteten Ergebnissen, Perspektiven der Interessengruppen und ethischen Erwägungen. Obwohl ASCERTAIN auf die europäischen Gesundheitssysteme zugeschnitten ist, zielt es darauf ab, anpassungsfähige Instrumente zu entwickeln, die in unterschiedlichen nationalen Kontexten und rechtlichen Rahmenbedingungen eingesetzt werden können. Der Ansatz legt einen starken Fokus auf Finanzierbarkeit und Gerechtigkeit und strebt ein Gleichgewicht zwischen Innovationsanreizen, Kostendämpfung und gerechtem Zugang an. Zu den Leitprinzipien des ASCERTAIN-Preismodells gehören außerdem die Ausrichtung an den Grundwerten des ACCESS2MEDS-Ordnungsrahmens, die Einbeziehung der Standpunkte der Interessengruppen, praktische Relevanz, Benutzerfreundlichkeit, Flexibilität (die es den Nutzenden ermöglicht, Preisdeterminanten nach ihren Präferenzen auszuwählen), eine Open-Source-Struktur und die Möglichkeit einer dynamischen Preisgestaltung.

ASCERTAIN zielt auch darauf ab, politische Blaupausen und Entscheidungshilfen zu entwickeln, die für Pilotprojekte in realen Erstattungssystemen geeignet sind. Diese Instrumente sollen eine einheitlichere Anwendung sowohl kostenbasierter als auch wertbasierter Grundsätze bei der Preisgestaltung unterstützen und gleichzeitig die demokratische Legitimität und das Vertrauen der Öffentlichkeit in Preisentscheidungen stärken.

ASCERTAIN ist ein vielversprechender Versuch, methodische Stringenz mit ethischer Sensibilität und praktischer Politikgestaltung zu verbinden. Durch die Betonung der Mitgestaltung durch Interessengruppen, Transparenz und einer flexiblen, aber strukturierten Bewertung steht das Modell in enger Übereinstimmung mit den übergeordneten europäischen Zielen eines nachhaltigen und gerechten Zugangs zu Arzneimitteln.

11.4 Vergleichende Analyse: Kompatibilität des Fair-Price-Modells der AIM und der ASCERTAIN-Preismodelle

Obwohl das Fair-Price-Modell der AIM und das ASCERTAIN-Horizon-Europe-Projekt aus unterschiedlichen disziplinären und institutionellen Kontexten stammen, haben sie mehrere gemeinsame Prioritäten, die sie zu natürlichen Verbündeten beim Streben nach einer gerechten Preisgestaltung für Arzneimittel machen. In diesem Abschnitt werden die wichtigsten Übereinstimmungen und Unterschiede zwischen den beiden Modellen untersucht und ihr Potenzial für eine Integration in die Gestaltung künftiger Strategien zur Preisgestaltung für Arzneimittel bewertet.

■■ **Geltungsbereich der Preismodelle**

Ein Unterschied zwischen den Preismodellen von AIM und ASCERTAIN besteht im Anwendungsbereich der Produkte, für die sie entwickelt wurden. Während das AIM-Modell sich mit Preisen für neue Arzneimittel insgesamt befasst, liegt die Motivation für die Entwicklung des ASCERTAIN-Modells in den spezifischen Herausforderungen, die bei sehr hochpreisigen neuen Produkten wie Präzisionsarzneimitteln gegen Krebs sowie Zell- und Gentherapien beobachtet wurden. Diese neuen Arzneimittel versprechen einen grundlegenden Wandel der Therapieergebnisse, sind jedoch mit erheblichen Unsicherheiten hinsichtlich ihrer Wirksamkeit und der Anzahl der behandelbaren Patientinnen und Patienten verbunden. Auch wenn ihr Potenzial hoch sein mag, haben ihre Preise beispiellose Höhen erreicht – dies erfordert einen neuen Ansatz für die Abwägung zwischen der Gewährleistung des Zugangs für die Patienten und der Schaffung ausreichender Anreize für echte Innovationen.

■■ **Gemeinsame Werte und Ziele**

Beide Modelle stellen Gerechtigkeit, Transparenz und Nachhaltigkeit in den Mittelpunkt. Das AIM-Fair-Price-Modell adressiert diese Werte durch eine normative, rechtsbasierte Perspektive, die soziale Gerechtigkeit, fairen Zugang und die Rendite öffentlicher Investitionen betont. ASCERTAIN verfolgt zwar einen eher methodischen Ansatz, verankert jedoch dieselben Anliegen in seinem kriteriengestützten Entscheidungsfindungssystem, wodurch neben traditionellen wirtschaftlichen Kennzahlen auch gesellschaftliche und ethische Faktoren systematisch berücksichtigt werden können.

Darüber hinaus versuchen beide Ansätze, die Preisdiskussion über die Forderung nach Kosteneffizienz hinaus zu erweitern. AIM kritisiert die Grenzen marktbasierter und kostenorientierter Ansätze und fordert eine ganzheitliche Betrachtung von Arzneimitteln als öffentliche Güter. Das Preismodell von ASCERTAIN setzt diese breitere Perspektive um, indem es Wertdimensionen wie ungedeckten medizinischen Bedarf, Innovationsgrad und gesellschaftliche Auswirkungen integriert.

Beide Modelle zielen darauf ab, öffentlich zugängliche Instrumente (open source) bereitzustellen. Diese Instrumente sollen Transparenz und informierte Entscheidungen bei der Preisgestaltung innovativer Arzneimittel unterstützen. Durch die Darlegung der einzelnen Determinanten für die Berechnung des Produktpreises wird eine fundiertere Diskussion darüber ermöglicht, was erforderlich ist, um den Zugang der Patienten zu neuen Therapien sicherzustellen.

■■ **Methodische Komplementarität**

Die gemeinsame Betrachtung der beiden Ansätze ist vielversprechend, da sie sich gut ergänzen. Während AIM sich als Grundlage eignet, um die Ziele der Preisgestaltung zu entwickeln, bietet ASCERTAIN einen strukturierten und reproduzierbaren Prozess, wie diese Grundsätze quantifiziert, gewichtet und umgesetzt werden können, um Informationen für Preisverhandlungen und Entscheidungen im Zusammenhang mit der Preisgestaltung von Arzneimitteln zu liefern.

So kann beispielsweise die Forderung von AIM nach mehr Transparenz bei den F&E-Kosten und den öffentlichen Investitionen direkt als Kriterium in das Preismodell von ASCERTAIN aufgenommen werden, sodass Entscheidungsträger diesen Faktoren bei der Bewertung Gewicht beimessen können. Ebenso findet die Betonung der Einbeziehung aller Interessengruppen durch AIM eine verfahrenstechnische Entsprechung im partizipativen Designansatz von ASCERTAIN.

11.5 Kostenbasierte vs. wertbasierte Preisgestaltung

Beim Vergleich der analytischen Stringenz des ASCERTAIN-Preismodells und der normativen, Stakeholder-orientierten Ausrichtung von AIM wird deutlich, dass ein robustes Preisfestsetzungssystem auch den tatsächlichen Wert von Arzneimitteln berücksichtigen muss. Die wertorientierte Preisgestaltung (value-based pricing) bietet diese zusätzliche Perspektive, indem sie den Preis eines Arzneimittels nicht nur an seine Herstellungskosten knüpft, sondern auch an die gesundheitlichen und – sofern angegeben – gesellschaftlichen Outcomes. Während kostenbasierte Modelle den Schwerpunkt auf finanzielle Transparenz und Erschwinglichkeit legen, betonen wertbasierte Ansätze die klinische Wirksamkeit und die Verbesserung der Lebensqualität und können auch weiterreichende wirtschaftliche Vorteile einbeziehen. Die Einbeziehung wertbasierter Prinzipien in eine kostenbasierte Struktur, wie sie in Hybridmodellen wie AIM und ASCERTAIN zu finden ist, verbessert die Reaktionsfähigkeit von Preissystemen auf reale Einflüsse. ASCERTAIN bezeichnet diesen integrierten Ansatz als „zugangsbasiertes Preismodell" (access-based pricing model) und hebt damit sein zentrales Ziel hervor, einen nachhaltigen und gerechten Zugang zu Arzneimitteln zu ermöglichen. Beispielsweise können hochwertige Therapien wie Immun-Checkpoint-Inhibitoren Preise rechtfertigen, die sowohl faire Herstellungskosten als auch messbare Verbesserungen der Überlebensrate der Patientinnen und Patienten sowie systemweite Effizienz widerspiegeln. Auch wenn Herausforderungen wie die Wertbemessung, Gerechtigkeitsrisiken und potenzielle Inflation bestehen bleiben, kommt ASCERTAIN eine Vorreiterrolle bei der sorgfältigen Integration wertorientierter Elemente in ein kostenbasiertes Preisfindungssystem zu. Die richtige Balance zwischen Kosten und Wert ist unerlässlich, um sicherzustellen, dass Preisstrategien nicht nur transparent und nachhaltig, sondern auch gerecht und in verschiedenen Gesundheitssystemen vertretbar sind.

▪▪ Fallstudie: Kostenbasierter Preis von Pembrolizumab (Keytruda)

Pembrolizumab ist eine Krebsimmuntherapie, die häufig bei der Behandlung von Melanomen, Lungenkrebs und diversen anderen bösartigen Tumoren eingesetzt wird. Seit seiner Markteinführung im Jahr 2014 gilt es als bahnbrechendes Arzneimittel für mehrere Indikationen. Aufgrund seiner hohen Kosten – geschätzt rund 100.000 € für einen einjährigen Behandlungszyklus – ist es jedoch zu einem zentralen Thema in der Diskussion über die Bezahlbarkeit der Krebsversorgung geworden.

In einer Studie von Heine et al. (2024) dient Pembrolizumab bei der Analyse der Auswirkungen einer Indikationserweiterung auf die kostenbasierte Preisgestaltung als wichtiges Beispiel. Die Ergebnisse zeigen, dass der kostenbasierte Preis pro Ampulle aufgrund der begrenzten Patientenzahl in den ursprünglich zugelassenen Indikationen zunächst sehr hoch war. Mit der Hinzufügung neuer Indikationen und der Erweiterung der in Frage kommenden Patientengruppen sank der geschätzte Preis erheblich und lag zwischen 52 € und 885 € pro Ampulle. Diese Zahlen liegen deutlich unter dem niederländischen Listenpreis von 2.861 €, der die erweiterte Indikation nicht berücksichtigt. Im Gegensatz dazu würde das kostenbasierte Preismodell zu deutlich niedrigeren Preisen führen, wenn der Marktzugang erweitert wird. Die Analyse unterstreicht auch die entscheidende Rolle der ursprünglichen

Tab. 11.1 Preissenkung bei Krebsmedikamenten nach Preisverhandlung der gesetzlichen Krankenversicherung (GKV) und gemäß AIM Fair Price Calculator

Wirkstoff	Produktname	Preissenkung Nach Verhandlung	Preissenkung Auf Basis des AIM-Calculators
Onasemnogen-Abeparvovec	Zolgensma	Nicht bekannt	45 %
Nusineren	Spinraza	16 %	90 %
Sacubitril-Valsartan	Entresto	23 %	54 %
Empagliflozin	Jardiance	14 %	−40 %[a]
Secukinumab	Cosentyl	13 %	82 %
Nivolumab	Opdivo	26 %	85 %
Trifluridin/Tipiracil	Lonsurg	31 %	95 %

[a] Die Verwendung eines reduzierten Pauschalbetrages für Arzneimittel mit niedrigen Produktionskosten (z. B. aufgrund hoher Stückzahlen) wäre in bestimmten Fällen angemessen, wie das Beispiel von Jardiance zeigt, dessen fairer Preis höher ist als der derzeit ausgehandelte Preis, obwohl ein Pauschalbetrag von 50 € für die monatlichen Produktionskosten verwendet wird.
Arzneimittel-Kompass 2025

Annahmen – insbesondere der Größe der Patientengruppe und der F&E-Kosten – für die endgültigen Preisschätzungen.

Eine ähnliche Beobachtung einer erheblichen Diskrepanz zwischen dem aktuellen Preis von Krebsmedikamenten und ihrem anhand eines Hybridmodells berechneten fairen Preis wurde im Rahmen einer deutschen Studie der Techniker Krankenkasse und der Universität Bremen unter Verwendung des AIM-Modells gemacht, wie ◘ Tab. 11.1 zeigt: Die Verwendung des Fair Price Calculators der AIM für Nivolumab (Opdivo), ein weiteres Krebsmedikament aus derselben Klasse der Immun-Checkpoint-Inhibitoren wie Pembrolizumab, ergibt eine Preissenkung um 85 % gegenüber dem Markteintrittspreis, verglichen mit einer effektiven Senkung von 26 % (Muth et al. 2021). Der von AIM berechnete Preis pro Jahr für Nivolumab (Opdivo) von 13.367,50 €, einschließlich eines Innovationsbonus von 15 % auf den Standardgewinn von 8 %, beläuft sich auf lediglich ein Fünftel des in Deutschland im Juli 2021 geltenden Preises von 65.799,50 €.

Die Studie hebt neben den Auswirkungen der Größe der zu behandelnden Population auf die F&E-Kosten auch die Notwendigkeit hervor, andere produktspezifische Merkmale wie die Art des Arzneimittels und die damit verbundenen Produktionskosten zu berücksichtigen. Das Krebsmedikament Lonsurf (Trifluridin/Tipiracil) ist ein echtes chemisches Molekül mit einer Behandlungsdauer von zwei Monaten, dessen Kosten im AIM-Modell auf 100 € geschätzt werden, was bedeutet, dass der faire Preis nur 5 % des Markteintrittspreises betragen hätte.

11.6 Politische Implikationen und künftige Ausrichtung

Die Anwendung eines kostenbasierten Preismodells für Pembrolizumab und eines hybriden Preismodells für Nivolumab zeigt das Potenzial für einen transparenteren, gerechteren und nachhaltigeren Ansatz bei der Preisgestaltung von Arzneimitteln. In diesem Abschnitt werden die politischen Implikationen

Kapitel 11 · Fokus auf das AIM-Fair-Price-Modell und das ASCERTAIN-Projekt

der Übernahme solcher neuartiger Preismodelle in Gesundheitssysteme sowie eine mögliche zukünftige Integration kostenbasierter und hybrider Preismodelle in die gesundheitspolitischen Rahmenbedingungen untersucht.

▪▪ Verbesserung der Transparenz bei der Preisgestaltung von Arzneimitteln

Eines der drängendsten Probleme bei der Preisgestaltung von Arzneimitteln ist derzeit die mangelnde Transparenz. Kostenbasierte und hybride Preismodelle bieten einen transparenten Ansatz, bei dem der Preis eines Arzneimittels in klar identifizierbare Komponenten aufgeschlüsselt wird: F&E-Kosten, Produktionskosten, öffentliche Investitionen und Gewinnmargen als Kostenparameter und – bei hybriden Modellen – der zusätzliche therapeutische Nutzen sowie andere Wertkomponenten (z. B. gesellschaftlicher Nutzen und ungedeckter medizinischer Bedarf) als transparent identifizierte Wertparameter. Dieses Maß an Transparenz könnte das Vertrauen der Öffentlichkeit in die Preisgestaltung von Arzneimitteln stärken und sicherstellen, dass sowohl Hersteller als auch Leistungserbringer für die von ihnen festgelegten Preise zur Rechenschaft gezogen werden.

Die Einführung solcher Modelle könnte klarere Begründungen für die Preisgestaltung von Arzneimitteln liefern und es politischen Entscheidungsträgern und Vertretern des Gesundheitswesens ermöglichen, sinnvollere Diskussionen über die Erschwinglichkeit und Preisgestaltung von Arzneimitteln, die den Zugang zu neuen Behandlungen gewährleisten, zu führen. Dieses Maß an Transparenz kann auch dazu beitragen, die öffentliche Wahrnehmung von Preisabsprachen und anderen unseriösen Praktiken zu verringern, da die Arzneimittelpreise stärker an den tatsächlichen Produktions- und Entwicklungskosten ausgerichtet wären.

▪▪ Sicherstellung eines fairen Zugangs zu Arzneimitteln

Ein zentrales Ziel alternativer Modelle wie des kostenbasierten und hybriden Preismodells ist es, Arzneimittel erschwinglicher und zugänglicher zu machen. Angesichts der steigenden Kosten für Krebstherapien und andere hochwertige Therapien stehen Regierungen und Gesundheitssysteme unter erheblichem Budgetdruck. Durch die Angleichung der Preise an die tatsächlichen Produktions- und Entwicklungskosten – unter Berücksichtigung öffentlicher Finanzierungsbeiträge – könnte das kostenbasierte Modell dazu beitragen, dass wichtige Medikamente für eine breitere Bevölkerung zugänglich bleiben, auch für Menschen mit niedrigem Einkommen oder in Ländern mit begrenzten Gesundheitsressourcen. Hybride Modelle wie das AIM-Fair-Price-Modell und das ASCERTAIN-Modell (in Entwicklung) zielen darauf ab, die Verankerung eines Basispreises in den Produktions- und Entwicklungskosten mit erheblichen Aufschlägen auszugleichen, die entsprechend dem therapeutischen Nutzen des Produkts (und anderen Nutzenkomponenten, wenn dies von den Entscheidungsträgern als angemessen erachtet wird) gewährt werden.

Insbesondere Modelle, welche die Produktionskosten berücksichtigen, können dazu beitragen, gesundheitsbezogene Ungleichheiten zu verringern, indem sie verhindern, dass Preise auf ein untragbares Niveau steigen, insbesondere in Ländern mit niedrigem und mittlerem Einkommensniveau. Durch eine Anpassung der Arzneimittelpreise an die tatsächlichen Kosten könnten politische Entscheidungsträger dazu beitragen, einen Ausgleich zwischen der Notwendigkeit von Innovationsanreizen und der Realität eines bezahlbaren Zugangs zur Gesundheitsversorgung zu schaffen.

▪▪ Innovation fördern und gleichzeitig Kosten kontrollieren

Eine häufige Sorge bei der Einführung einer kostenbasierten Preisgestaltung ist, dass sie Innovationen behindern könnte, indem sie die Gewinne der Pharmaunternehmen begrenzt. Eine angemessene Gewinnspanne, die nachhaltige Innovationen unterstützt, sollte bei der Preisgestaltung berücksichtigt werden. Die in den Fallstudien zu Pembrolizumab und Nivolumab angewandte Gewinnspanne stellt sicher, dass Pharmaunternehmen weiterhin Renditen aus ihren Investitionen erzielen und gleichzeitig einen fairen Preis setzen können.

Neue Preismodelle sollten auch darauf abzielen, die öffentlichen Beiträge zu Forschung und Entwicklung genau widerzuspiegeln. Öffentliche Beiträge können viele Formen annehmen, von der Finanzierung der Grundlagenforschung bis hin zur Bereitstellung der Infrastruktur für klinische Studien im Gesundheitswesen (für eine Systematik der öffentlichen Beiträge zu Forschung und Entwicklung siehe Wild et al. 2025). Einige der öffentlichen Investitionen werden durch Zahlungen von Unternehmen kompensiert, z. B. bei der Übernahme von universitären ausgegliederten Unternehmen. Transparenz über das Verhältnis zwischen öffentlichen Beiträgen und Einnahmen könnte auch die Zusammenarbeit zwischen öffentlichem und privatem Sektor fördern, indem deutlich gemacht wird, wie öffentliche Mittel zur Verringerung der finanziellen Belastung der Hersteller beitragen und gleichzeitig Anreize für den privaten Sektor zu weiteren Innovationen schaffen. Dieses Gleichgewicht ist entscheidend, um sicherzustellen, dass die Pharmaindustrie weiterhin für Investitionen in Forschung und Entwicklung motiviert ist und gleichzeitig die Preise nicht über das zur Aufrechterhaltung von Innovationen erforderliche Maß hinausgehen.

Hindernisse für die Umsetzung

Kostenbasierte und hybride Preismodelle bieten zwar einen klaren Weg zu einer faireren und nachhaltigeren Preisgestaltung für Arzneimittel, doch ihrer breiten Einführung stehen noch einige Hindernisse im Weg.

Die Pharmaunternehmen dürften sich gegen jede Änderung des derzeitigen Preissystems, die ihre Einnahmen verringern könnte, wehren. Hohe Preise für Blockbuster-Medikamente werden oft mit den erheblichen Risiken und Investitionen gerechtfertigt, die mit der Arzneimittelentwicklung verbunden sind. Unternehmen könnten argumentieren, dass ein kostenbasierter Ansatz ihre Fähigkeit zur Finanzierung zukünftiger Forschung oder zur Reinvestition in Innovationen untergraben würde. Der Widerstand der Industrie würde sorgfältige Verhandlungen und möglicherweise neue Vorschriften erfordern, die die Bedürfnisse sowohl des Gesundheitswesens als auch der Pharmaindustrie in Einklang bringen.

Regulatorische und politische Herausforderungen

Die großflächige Einführung einer kostenbasierten oder hybriden Preisgestaltung würde erhebliche regulatorische Änderungen erfordern. Gesetzgeber und internationale Gremien müssten Rahmenbedingungen für die Überwachung der Arzneimittelkosten (d. h. Forschungs- und Entwicklungskosten sowie Produktionskosten) und die Einhaltung fairer Preisgestaltungspraktiken schaffen. Politischer Widerstand könnte ebenfalls eine Herausforderung darstellen, insbesondere in Ländern, in denen die Arzneimittelpreise von der Marktdynamik und der Lobbyarbeit der Pharmaunternehmen beeinflusst werden.

Darüber hinaus könnte die Festlegung eines globalen Standards für kostenbasierte und hybride Preisgestaltung schwierig sein, da Länder mit unterschiedlichen wirtschaftlichen Gegebenheiten, Prioritäten im Gesundheitswesen und regulatorischen Rahmenbedingungen bei der Einführung eines solchen Modells mit Herausforderungen konfrontiert sein könnten. Es würde internationale Zusammenarbeit und Dialog erfordern, um sicherzustellen, dass solche Preismodelle in verschiedenen Rechtsordnungen wirksam umgesetzt werden können.

Überprüfung und Verfügbarkeit von Daten

Ein Kernelement von Preismodellen, das die Entwicklungs- und Produktionskosten sowie die öffentlichen Beiträge widerspiegelt, ist die Notwendigkeit genauer und überprüfbarer Daten. Um sicherzustellen, dass diese Daten korrekt und leicht verfügbar sind, wären solide Rahmenbedingungen für den Datenaustausch zwischen Regierungen, Pharmaunternehmen und anderen Interessengruppen erforderlich. Die Daten könnten detaillierte Informationen über F&E-Kosten, die Rolle öffentlicher Mittel und die Preisentwicklung umfassen und müssten kontinuierlich überwacht und aktualisiert werden.

11.7 Zukünftige Entwicklungen und Chancen

Eine der vielversprechendsten Perspektiven für kostenbasierte und hybride Preismodelle ist eine globale Harmonisierung der Arzneimittelpreise. Die flächendeckende Einführung solcher Modelle könnte zu einer standardisierteren und transparenteren Preisgestaltung für Arzneimittel in verschiedenen Regionen führen. Da Preismodelle die Zahlungsfähigkeit der Länder widerspiegeln können, würde eine transparente Preisgestaltung dazu beitragen, Ungleichheiten beim Zugang zu Arzneimitteln zu beseitigen – insbesondere zwischen Ländern mit hohem und niedrigem Einkommensniveau.

Internationale Organisationen wie die Weltgesundheitsorganisation (WHO) könnten eine zentrale Rolle bei der Förderung dieses Prozesses spielen, indem sie globale Preisrichtlinien auf Basis der Grundsätze Transparenz, Kostentransparenz und Gerechtigkeit festlegen. Ein einheitlicher Ansatz würde dazu beitragen, durch Marktkräfte verursachte Preisunterschiede zwischen Ländern zu vermeiden und sicherstellen, dass die Preise für lebensrettende Arzneimittel grenzüberschreitend fair und einheitlich bleiben.

Hybride Ansätze, die kostenbasierte Preisgestaltung mit Wertkomponenten kombinieren, könnten besonders für Produkte mit erheblichen klinischen oder wirtschaftlichen Vorteilen relevant sein. So könnte beispielsweise ein Krebsmedikament, das das Leben um mehrere Jahre verlängert, einen höheren Preis haben als ein Medikament mit geringeren Vorteilen, wobei die Preisgestaltung jedoch weiterhin auf kostenbasierten Grundsätzen beruhen würde.

Die Integration kostenbasierter und wertbasierter Modelle könnte dazu beitragen, eine umfassendere Preisstrategie zu etablieren, die nicht nur die Entwicklungskosten, sondern auch den therapeutischen Wert des Medikaments berücksichtigt. Dies würde es den politischen Entscheidungsträgern ermöglichen, Kostendämpfung und Zugang zu innovativen Behandlungen in Einklang zu bringen.

Eine weitere mögliche Richtung ist die Förderung stärkerer öffentlich-privater Partnerschaften bei der Arzneimittelentwicklung und -preisgestaltung. Gesetzgeber könnten sich mit Pharmaunternehmen zusammenschließen, um die Forschung und Entwicklung von kostenintensiven, hochwirksamen Therapien zu finanzieren und so sicherzustellen, dass die Kosten geteilt werden und die produzierten Arzneimittel für die Öffentlichkeit erschwinglich sind. Dieses Modell würde die Stärken des öffentlichen und des privaten Sektors nutzen und eine faire Preisgestaltung gewährleisten, während gleichzeitig die Entwicklung lebenswichtiger Medikamente beschleunigt würde.

11.8 Fazit

Kostenbasierte und hybride Kosten-Nutzen-Preismodelle bieten einen vielversprechenden Weg hin zu einer transparenteren, faireren und nachhaltigeren Arzneimittelpreisgestaltung. Durch die Berücksichtigung der tatsächlichen Entwicklungskosten, der öffentlichen Finanzierungsbeiträge und der Gewinnmargen könnten diese Modelle eine gerechtere Preisgestaltung für Arzneimittel gewährleisten und gleichzeitig Anreize für kontinuierliche Innovationen schaffen. Zwar gibt es noch einige Hindernisse, insbesondere in Bezug auf den Widerstand der Industrie und regulatorische Herausforderungen, doch könnte die Arzneimittelpreisgestaltung zukünftig erheblich profitieren, wenn solche Modelle in politische Diskussionen einbezogen würden.

Die Entwicklung hin zu globaler Zusammenarbeit, öffentlich-privaten Partnerschaften und hybriden Preismodellen bietet neue Möglichkeiten für die Schaffung eines gerechteren Gesundheitssystems, das die Bedürfnisse von Patientinnen und Patienten, Regierungen und der pharmazeutischen Industrie in Einklang bringt. Angesichts des zunehmenden Drucks auf die Gesundheitssysteme durch steigende Arzneimittelkosten könnte die Einführung und Verfeinerung kostenbasierter Preisfestsetzungsrahmen den Weg für nachhaltigere Gesundheitsausgaben und einen besseren Zugang zu lebensrettenden Behandlungen ebnen.

Literatur

AIM – Association Internationale de la Mutualité (2019) AIM proposes to establish a European drug pricing model for fair and transparent prices for accessible pharmaceutical innovations. AIM, Brüssel. https://www.aim-mutual.org/wp-content/uploads/2019/12/AIMs-proposal-for-fair-and-transparent-prices-for-pharmaceuticals.pdf. Zugegriffen: 29. Aug. 2025

AIM – Association Internationale de la Mutualité (2021) AIM offers a tool to calculate fair and transparent european prices for accessible pharmaceutical innovations. AIM, Brüssel. https://www.aim-mutual.org/wp-content/uploads/2021/06/AIMs-fair-pricing-model-Accompanying-paper-to-the-fair-pricing-calculator_June2021.pdf. Zugegriffen: 29. Aug. 2025

ASCERTAIN (2025) Improving access to innovative health technologies. https://www.access2meds.eu/. Zugegriffen: 29. Aug. 2025

Heine R, Thielen F, Mathijssen R, van Leeuwen R, Franken M, Uyl-de Groot C (2024) Applying a cost-based pricing model for innovative cancer treatments subject to indication expansion: A case study for pembrolizumab and daratumumab. PLoS One 19(2):e293264. https://doi.org/10.1371/journal.pone.0293264

Hendrickx A, Kanga-Tona T (2021) Ein transparentes Modell für einen fairen Preis für innovative Arzneimittel in Europa. In: Schröder H, Thürmann P, Telschow C, Schröder M, Busse R (Hrsg) Arzneimittel-Kompass 2021. Springer, Berlin Heidelberg, S 155–173

Manders EA, van den Berg S, de Visser SJ, Hollak CEM (2025) Arzneimittelpreis-Modelle, kein „Einheitsansatz": eine systematische Überprüfung und kritische Bewertung von Preis-Modellen in einer sich wandelnden pharmazeutischen Landschaft. Eur J Health Econ 26:683–696. https://doi.org/10.1007/s10198-024-01731-w

Muth L, Neitemeier DS, Dammann DD, Steimle T, Glaeske DG (2021) AIM Fair Pricing Calculator für patentgeschützte Arzneimittel – ein Ansatz zur Ermittlung gerechterer Arzneimittelpreise in der EU und darüber hinaus. SOCIUM Forschungszentrum Ungleichheit und Sozialpolitik, Universität Bremen. https://www.socium.uni-bremen.de/uploads/AIM_Fair_Pricing_Calculator_fur_patentgeschutzte_Arzneimittel.pdf (Zugegriffen: 01. September 2025)

Uyl-de Groot CA, Löwenberg B (2018) Nachhaltigkeit und Erschwinglichkeit von Krebsmedikamenten: ein neuartiges Preismodell. Nat Rev Clin Oncol. https://doi.org/10.1038/s41571-018-0027-x

Uyl-de Groot C, Heine R, Krol M, Verweij J (2020) Unequal access to newly registered cancer drugs leads to potential loss of life-years in Europe. Cancers 12(8):1–17. https://doi.org/10.3390/cancers12082313

Wild C, Sehic O, Schmidt L, Fabian D (2025) Öffentliche Beiträge zu Forschung und Entwicklung medizinischer Innovationen: Ein Rahmenkonzept für die Analyse. Gesundheitspolitik 152:105235. https://doi.org/10.1016/j.healthpol.2024.10523

Open Access Dieses Kapitel wird unter der Creative Commons Namensnennung – Nicht kommerziell – Keine Bearbeitung 4.0 International Lizenz (http://creativecommons.org/licenses/by-nc-nd/4.0/deed.de) veröffentlicht, welche die nicht-kommerzielle Nutzung, Vervielfältigung, Verbreitung und Wiedergabe in jeglichem Medium und Format erlaubt, sofern Sie den/die ursprünglichen Autor*in(nen) und die Quelle ordnungsgemäß nennen, einen Link zur Creative Commons Lizenz beifügen und angeben, ob Änderungen vorgenommen wurden. Die Lizenz gibt Ihnen nicht das Recht, bearbeitete oder sonst wie umgestaltete Fassungen dieses Werkes zu verbreiten oder öffentlich wiederzugeben.

Die in diesem Kapitel enthaltenen Bilder und sonstiges Drittmaterial unterliegen ebenfalls der genannten Creative Commons Lizenz, sofern sich aus der Abbildungslegende nichts anderes ergibt. Sofern das betreffende Material nicht unter der genannten Creative Commons Lizenz steht und die betreffende Handlung nicht nach gesetzlichen Vorschriften erlaubt ist, ist auch für die oben aufgeführten nicht-kommerziellen Weiterverwendungen des Materials die Einwilligung des/der betreffenden Rechteinhaber*in einzuholen.

Globale Vergleichsperspektiven

Inhaltsverzeichnis

Kapitel 12	Preisbildung und Erstattungsmodelle von Arzneimitteln im internationalen Vergleich: Erkenntnisse für Deutschland – 167 *Sabine Vogler, Dimitra Panteli und Reinhard Busse*
Kapitel 13	Öffentliche Beiträge zur Arzneimittelentwicklung – 183 *Claudia Wild und Daniel Fabian*
Kapitel 14	Wert(e) und Kosten: Fairness und Wirtschaftlichkeit auf dem globalen Markt für HIV-Medikamente – 197 *Gesine Meyer-Rath*
Kapitel 15	Wetterkatastrophen und die Widerstandsfähigkeit der Arzneimittelversorgung – 213 *Mahnum Shahzad, Leticia Nogueira und Anita Katharina Wagner*
Kapitel 16	Die Auswirkungen des Inflation Reduction Act auf pharmazeutische Innovationen – 221 *Claudio Lucarelli*
Kapitel 17	Einblick: Health Technology Assessment in Japan – ein Stimmungsbild – 237 *Ataru Igarashi*

Preisbildung und Erstattungsmodelle von Arzneimitteln im internationalen Vergleich: Erkenntnisse für Deutschland

Sabine Vogler, Dimitra Panteli und Reinhard Busse

Inhaltsverzeichnis

12.1 Problemaufriss – 169

12.2 Preisbildung und Erstattungsmodelle in anderen Ländern – 169
12.2.1 Internationale Preisreferenzierung – 169
12.2.2 Nutzenbasierte Preisbildung und Erstattung – 171
12.2.3 Vertrauliche Preismodelle (Managed-Entry Agreements) versus Transparenzpolitik – 172
12.2.4 Kostenbasierte Preisfestsetzung – 173
12.2.5 Innovationstöpfe – 174
12.2.6 Alternative Beschaffungssysteme (Abonnementmodelle) – 174
12.2.7 Horizon Scanning – 175

12.3 Erkenntnisse über die Arzneimittelpolitik in anderen Ländern für Deutschland – 175
12.3.1 Auswirkungen auf Zugang und Kosten – 176
12.3.2 Kriterien von Fairness und Solidarität – 177

© Der/die Autor(en) 2025
H. Schröder et al. (Hrsg.), *Arzneimittel-Kompass 2025*, https://doi.org/10.1007/978-3-662-72460-6_12

12.4 Fazit – 178

Literatur – 179

Kapitel 12 · Preisbildung und Erstattungsmodelle von Arzneimitteln

▶▶ Zusammenfassung

Im Spannungsfeld zwischen Gesundheits-, Sozial- und Wirtschaftspolitik mit ihren z. T. widersprüchlichen Zielen wie Zugang, gesundheitlicher Nutzen, Wirtschaftlichkeit und Marktgröße setzen Länder unterschiedliche Maßnahmen zur Preisbildung und Erstattung neuer, potenziell innovativer Arzneimittel ein. Neben gängigen Instrumentarien wie etwa die internationale Preisreferenzierung, nutzenbasierte Preisbildung und vertrauliche Preismodelle (Managed Entry Agreements) wenden einzelne Länder weitere Maßnahmen wie Innovationstöpfe, Abonnentenmodelle und Horizon Scanning an. Alle Maßnahmen weisen Stärken und Schwächen auf; zu den negativen Auswirkungen zählen bei einzelnen Ansätzen Intransparenz, Entscheidungen auf niedrigerem Evidenzniveau und auch höhere Ausgaben für die öffentliche Hand. Das deutsche System basiert auf einem hoch entwickelten nutzenbasierten Ansatz, der allerdings durch den unverzüglichen Marktzugang von GKV-finanzierten Arzneimitteln bei freier Preisbildung und der Ausnahme für Orphans von der frühen Nutzenbewertung geschwächt wird.

12.1 Problemaufriss

Der Arzneimittelsektor wird, ggf. noch mehr als andere Teile des Gesundheitssystems, geprägt durch Gesundheits-, Sozial- und Wirtschaftspolitik. Leistbarer Zugang zu wirksamen Arzneimitteln, einschließlich aktueller und zukünftiger Innovationen, stellt de facto alle Länder vor Herausforderungen. Denn Arzneimittel werden zu immer höheren Preisen angeboten, was die öffentlich finanzierten Solidarsysteme belastet.

In diesem Spannungsfeld zwischen den z. T. widersprüchlichen Zielen (bedarfsgerechter) Zugang, gesundheitlicher Nutzen, Wirtschaftlichkeit und Marktgröße der Arzneimittelindustrie sind alle Länder gefordert, entsprechende Lösungsansätze zu entwickeln und zu implementieren. Das vorliegende Kapitel wirft einen Blick über die Grenzen Deutschlands auf Maßnahmen, die andere Länder im Rahmen der Preisbildung und Erstattung von neuen patentgeschützten Arzneimitteln gewählt haben. Daraus gewonnene Erkenntnisse mögen Anregungen für mögliche Reformen im deutschen GKV-System bieten.

12.2 Preisbildung und Erstattungsmodelle in anderen Ländern

Dieser Abschnitt präsentiert ausgewählte Maßnahmen der Arzneimittelpolitik – schwerpunktmäßig in den Bereichen Preisbildung und Erstattungsmodelle – im patentgeschützten Markt, die entweder international gängig sind und – falls nicht sehr verbreitet bzw. noch im Pilotstadium – interessante Lehren für Deutschland bieten können.

Dabei werden insgesamt 31 europäische Länder, inklusive Deutschland, beleuchtet; eingeschlossen wurden alle Länder der Europäischen Union (EU), Großbritannien, Island, Norwegen und die Schweiz. Die Informationen wurden beim internationalen Behördennetzwerk Pharmaceutical Pricing and Reimbursement Information (PPRI) erhoben (Vogler et al. 2024; Vogler und Zimmermann 2022) und beziehen sich auf das Jahr 2025. ◘ Abb. 12.1 visualisiert die Umsetzung dieser sieben beschriebenen Maßnahmen in den untersuchten europäischen Ländern. In der Literatur aufgezeigte Stärken und Schwächen der jeweiligen Maßnahmen werden diskutiert und dienen als Grundlage für die Diskussion von Implikationen für das deutsche System.

12.2.1 Internationale Preisreferenzierung

Internationale Preisreferenzierung ist eine preispolitische Maßnahme, bei der die Arzneimittelpreise auf Basis der Preise desselben Produkts in anderen Ländern festgelegt werden (Knoll und Vogler 2025). Im Englischen

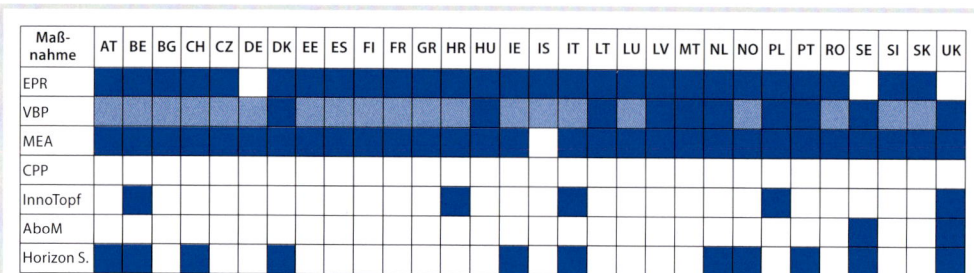

◻ Abb. 12.1 Übersicht über Maßnahmen der Arzneimittel-Preisbildung und Erstattungsmodelle in europäischen Ländern 2025 (eigene Abbildung auf Basis von Daten des Behördennetzwerks PPRI (Pharmaceutical Pricing and Reimbursement Information))

ist die gängige Bezeichnung für die Maßnahme „External Price Referencing" (EPR in ◻ Abb. 12.1) oder „External Reference Pricing"; im Deutschen sind als alternative Bezeichnungen „internationaler Preisvergleich" oder „Auslandpreisvergleich" üblich.

▪ ▪ Einsatz im internationalen Vergleich

Internationale Preisreferenzierung ist in vielen Ländern im Rahmen der Preisbildung für neue patentgeschützte Arzneimittel eingesetzt – zumindest als unterstützendes Instrument, häufig in Kombination mit anderen Mechanismen (z. B. einer Nutzenbewertung und vertraulichen Preismodellen). Die konkrete Ausgestaltung der internationalen Preisreferenzierung unterscheidet sich in den europäischen Ländern (Schneider und Vogler 2019; Vogler et al. 2016).

Aktuell ist Deutschland neben Schweden das einzige EU-Land, das diese Maßnahme nicht anwendet (PPRI Secretariat 2025). Bis 2024 hatte die internationale Preisreferenzierung eine unterstützende Rolle bei der Preisbildung in der GKV gespielt; sie wurde im Rahmen des Medizinforschungsgesetzes 2024 abgeschafft (GKV-Spitzenverband 2024; Vogler 2025a).

▪ ▪ Stärken und Schwächen

Laut Analysen konnte die internationale Preisreferenzierung zu Einsparungen für öffentliche Zahler beitragen (Vogler et al. 2016). Mittels strategischer Ausgestaltung der Methodik können höhere Einsparpotenziale generiert werden; beispielsweise kann ein kleinerer Länderkorb preissenkender wirken als eine Vielfalt an Referenzländern (Vogler et al. 2020b).

Allerdings werden bei Anwendung dieser Preispolitik Arzneimittel „überzahlt", da die Zahler zu den offiziellen Preisen referenzieren (müssen), die aber angesichts üblicher vertraulicher Rabatte bei hochpreisigen Therapien nicht den tatsächlich bezahlten Preisen entsprechen (Webb et al. 2022; Vogler 2022a).

Darüber hinaus verursacht die Anwendung der externen Preisreferenzierung negative „Spillover"-Effekte, da sie Anreize für eine sequenzielle Markteinführung setzt: Infolgedessen bringen pharmazeutische Unternehmen Arzneimittel zunächst in Hochpreisländern und erst Monate bzw. Jahre später in Ländern mit niedrigerem Preisniveau auf den Markt (Kyle 2007; Vogler et al. 2016; Vogler et al. 2018a; Vogler et al. 2019b; Vogler 2020). Zudem „importieren" europäische Länder mittels der externen Preisreferenzierung das tendenziell höhere Preisniveau der Länder, in denen die Arzneimittel früher auf den Markt gebracht werden, wie etwa Deutschland.

12.2.2 Nutzenbasierte Preisbildung und Erstattung

„Value Based Pricing" (nutzenbasierte Preisbildung, VBP in ◘ Abb. 12.1) bezeichnet die Festlegung des Arzneimittelpreises bzw. des öffentlichen finanzierten Preises (Erstattungsbetrags) auf Basis des Nutzens des Arzneimittels, insbesondere des therapeutischen Zusatznutzens gegenüber einer adäquaten Vergleichstherapie (Knoll und Vogler 2025). Erforderliche Informationen werden im Rahmen einer Nutzenbewertung (Health Technology Assessment, HTA) gewonnen.

▄▄ Einsatz im internationalen Vergleich

Preis- und Erstattungsentscheidungen auf Basis von Nutzenbewertungen sind für neue patentgeschützte Arzneimittel in allen europäischen Ländern Standard. Das Arzneimittelsystem in Schweden wird dort explizit als Value-Based-Pricing-System bezeichnet, aber auch in anderen europäischen Ländern (z. B. Frankreich, Großbritannien, Dänemark) spielt – wie auch in Deutschland – die Nutzenbewertung eine wichtige Rolle.

Unterschiede bestehen zwischen den Ländern wiederum bei der Ausgestaltung, z. B. hinsichtlich der Arzneimittelgruppen, die standardmäßig einen HTA-Prozess durchlaufen, zu berücksichtigende Evidenzkriterien bei der Nutzenbewertung oder die angewandten Dimensionen (rein klinische und ökonomische Bewertung oder darüber hinausgehende Berücksichtigung von sozialen, organisatorischen und ethischen Dimensionen).

In Norwegen werden im Rahmen des Prozesses *Nye Metoder* (Neue Methoden) alle neuen Arzneimittel systematisch einem HTA unterzogen. Dabei werden drei unterschiedliche Typen von HTA-Berichten erstellt: Mini-HTA, Einzel-HTA (mit einem Vergleichsprodukt) und umfassender HTA-Bericht (mit mehreren Vergleichsprodukten). In den Niederlanden wurde 2014 ein verpflichtender HTA-Prozess für in Krankenhäusern eingesetzte Arzneimittel ab einem Schwellenwert von erwarteten Kosten (Jahreskosten für das Arzneimittel in einer Indikation von € 10 Mio. gesamt oder € 50.000 pro Patientin oder Patient bzw. Gesamtjahreskosten von € 20 Mio. für das Arzneimittel grundsätzlich, also in einer oder in mehreren Indikatoren) eingeführt. Der Verhandlungs- und Entscheidungsprozess über Preis und Finanzierung kann erst nach Vorliegen des HTA-Berichts gestartet werden; bis dahin werden die Arzneimittel quasi „geparkt". Darum heißt dieser Prozess auch *sluizen* („Schleuse" in Anlehnung an die Kanäle in den Niederlanden; Vogler 2022a; ZIN 2025).

Seit Januar 2025 sind für EU-Länder gemeinsame Nutzenbewertungen im Rahmen der Europäischen HTA-Regelung für neue onkologische Arzneimittel verpflichtend. Diese beschränken sich allerdings auf die Evaluation der relativen Wirksamkeit und Sicherheit, während die Bewertung anderer Dimensionen sowie weitere Entscheidungen (wie etwa die Preisgestaltung) den Ländern überlassen werden. Somit wird auch für Länder, die bisher kein VBP einsetzen, eine Grundlage geschaffen, die eine vermehrte Anwendung dieser Annäherung ermöglichen kann (Panteli et al. 2024a).

▄▄ Stärken und Schwächen

Nutzenorientierte Preisbildung und Erstattung gilt als evidenzbasierter, vorteilhafter Ansatz in der Arzneimittelpolitik.

Es gibt jedoch mehrere potenzielle Herausforderungen: Die Durchführung qualitativ hochwertiger Nutzenbewertungen ist mit erheblichem Aufwand und beachtlichen Kosten verbunden (Vogler 2025b). Diese können dennoch durch gezielte Zusammenarbeit zu einzelnen Dimensionen (wie etwa bei der gemeinsamen klinischen Bewertung im Rahmen der EU-HTA-Verordnung) reduziert werden.

Die Relevanz der Nutzenbewertung kann jedoch untergraben werden, wenn die Ergebnisse in nachgelagerten Preisverhandlungen nicht angemessen berücksichtigt werden (können), etwa weil die gesetzliche Möglichkeit – und/oder der politische Wille – fehlt, den Preis tatsächlich am (Zusatz-)Nutzen zu orientieren. Um systemwirksam zu sein, müssen HTA-Prozesse adäquat in das System eingebettet sein; Zahler benötigen etwa die rechtliche Ermächtigung, Arzneimittel auf Basis der Nutzenbewertung nicht zu dem vom Unternehmen gewünschten Preis zu finanzieren (also Nein sagen können). Darüber hinaus sollten HTA-Prozesse alle relevanten Arzneimittel einschließen, was nicht in allen Ländern der Fall ist.

12.2.3 Vertrauliche Preismodelle (Managed-Entry Agreements) versus Transparenzpolitik

Unter einem „Preismodell" (in Europa wird üblicherweise von Managed Entry Agreement, MEA, gesprochen) wird eine Vereinbarung zwischen einem pharmazeutischen Unternehmen und einem Zahler verstanden, die Zugang zu und Erstattung von einem Arzneimittel unter bestimmten Bedingungen ermöglicht (Knoll und Vogler 2025). Auch dies kann in unterschiedlichen Ausgestaltungen erfolgen, wobei die verschiedenen MEA-Typen in zwei grundsätzlich Kategorien eingeteilt werden: finanzielle MEAs (z. B. [einfache] Rabatte, Begrenzung [„Capping"] des Budgets) und leistungsbasierte MEAs, bei denen die Erstattung von der klinischen Wirksamkeit des Arzneimittels abhängig gemacht wird (Wenzl und Chapman 2019).

Preismodelle werden meist für jene Arzneimittel gewählt, deren Preise und Erstattungsbeiträge ansonsten zu hoch und damit unleistbar bzw. nicht nachhaltig für die Zahler wären. Vertraulichkeit ist per se keine Voraussetzung, aber in der Praxis unterliegen die Preismodelle der Vertraulichkeit (Webb et al. 2022).

■■ **Einsatz im internationalen Vergleich**

Mit Ausnahme von Island haben alle übrigen hier beschriebenen europäischen Länder Preismodelle abgeschlossen. Manche Länder (z. B. Italien und Großbritannien) begannen mit dieser Praxis bereits vor 15 Jahren und haben für mehrere hundert Arzneimittel Preismodelle vereinbart.

In den vergangenen Jahren wurden in Europa verstärkt leistungsorientierte Preismodelle (Pay-for-Performance) abgeschlossen, aber finanzielle Preismodelle, die lediglich einen vertraulichen Rabatt vorsehen, bleiben die Mehrzahl. Aufgrund der Vertraulichkeit ist aus einigen Ländern nicht einmal die Anzahl, geschweige der Typ der Preismodelle bekannt.

■■ **Stärken und Schwächen**

Zahler entscheiden sich für ein Preismodell, weil ihnen mittels des Rabatts das Arzneimittel zu einem niedrigeren Preis angeboten wird – und gewähren dafür im Gegenzug Vertraulichkeit. Ob sie tatsächlich einen „guten Deal" gemacht haben, kann nicht beurteilt werden, da die tatsächlich bezahlten vertraulichen Preise der einzelnen Länder nicht verglichen werden können (Webb et al. 2022). Zudem ist davon auszugehen, dass seitens der pharmazeutischen Unternehmer die offiziellen Listenpreise höher angesetzt werden, um die Rabatte entsprechend einzupreisen; diese Praxis wurde einer empirischen Analyse nachgewiesen (Gamba et al. 2020).

Seitens der Industrie wird argumentiert, dass die vertraulichen Preismodelle Zugang zu Arzneimitteln für wirtschaftsschwächere Länder schafften, da die Unternehmen nunmehr die Produkte zu niedrigeren Echtpreisen anbieten könnten, während sie offiziell höhere Listenpreise ausweisen. Angesichts der weit verbreiteten externen Preisreferenzierung sind höhere Listenpreise im Interesse der Unternehmen. Nichtsdestotrotz werden in wirtschaftsschwächeren Ländern (z. B. in Osteuropa) eine Reihe von teuren Arzneimitteln nicht auf den Markt gebracht (Čechová et al. 2025).

Leistungsbasierte Preismodelle könnten im Prinzip einen Beitrag zur Evidenzgenerierung leisten, da damit Informationen zur Wirkung des Arzneimittels in der klinischen Praxis erfasst werden könnten. Die Datensammlung ist allerdings mit erheblichem administrativem Aufwand verbunden, der auf den Leistungserbringern lastet, und sie ist häufig unzureichend. Laut einer niederländischen Studie ließen die Daten nach vier Jahren bei einem Drittel der zu Beginn definierten Forschungsfragen keine belastbaren Schlussfolgerungen zu (Makady et al. 2019). Darüber hinaus werden auch bei leistungsorientierten Preismodellen häufig Arzneimittel finanziert, deren Wirkung noch unklar ist. Um Zahlungen nur bei klinischer Verbesserung zu leisten, hat Italien bei Zolgensma den MEA-Typ „Payments-at-result" (anstelle des üblichen „Payment-by-results") eingeführt, was die Auszahlung an definierte Meilensteine knüpft (Ronco et al. 2021).

Insgesamt gibt es – aufgrund der Vertraulichkeit und der damit verbundenen Schwierigkeit, Daten zu erhalten – nur sehr wenige empirische Studien zur Wirkung von MEAs (Webb et al. 2022).

Angesichts der Problematik rund um die Vertraulichkeit von MEAs versuchen einzelne Länder, mehr Transparenz zu erreichen. Im Rahmen der Resolution der Weltgesundheitsversammlung WHA 72.8 im Jahr 2019 haben sich auch fast alle WHO-Mitgliedstaaten (allerdings nicht Deutschland) zu Maßnahmen der Transparenzförderung bekannt, z. B. mittels Veröffentlichung der tatsächlich gezahlten Preise (WHA 2019). Infolgedessen setzten einige Länder auf Transparenzmaßnahmen: Das französische Preiskomitee etwa veröffentlicht seither die vertraulichen Rabatte in aggregierter Form und Italien fordert die Unternehmen auf, bei einem Antrag auf Erstattung die Rabatte und Echtpreise aus anderen Ländern zu übermitteln. Frühere Ansätze der Transparenzpolitik betreffen den Hinweis in Preislisten (in Österreich) und in Preisdatenbanken (in der europäischen Preisdatenbank Euripid), dass Produkte vertraulichen MEAs unterlegen (ohne die konkrete Höhe offenzulegen), sowie „Clearing House"-Modelle, um Informationen über die Bandbreite bei den tatsächlich bezahlten Preisen via eine vertrauenswürdige Stelle zu teilen, während die Vertraulichkeit gewahrt bleibt (Vogler 2022b; Webb et al. 2022).

12.2.4 Kostenbasierte Preisfestsetzung

Bei dieser Form der Preisfestsetzung werden diverse Kostenarten (z. B. Produktionskosten, Forschungs- und Entwicklungskosten, Vertriebskosten) der Preisentscheidung zugrunde gelegt. Die übliche Ausgestaltung ist Cost Plus Pricing (CPP in ◻ Abb. 12.1); hier wird dem Unternehmen eine Abgeltung der Kosten plus eine Gewinnspanne zugestanden (Knoll und Vogler 2025).

■■ Einsatz im internationalen Vergleich

Cost Plus Pricing im klassischen Sinn wird in keinem europäischen Land als Preisbildungsmaßnahme angewandt, wenngleich Kosten der Unternehmen durchaus in Preis- und Erstattungsentscheidungen einfließen können.

■■ Stärken und Schwächen

In ihrer Richtlinie zu Maßnahmen der Arzneimittelpreispolitik spricht sich die Weltgesundheitsorganisation tendenziell gegen Cost Plus Pricing aus, da aufgrund der Unkenntnis der echten Kostenstrukturen keine evidenzbasierten Entscheidungen getroffen werden können (WHO 2020).

In der rezenten Diskussion wurde ein alternatives Modell einer kostenbasierten Preisfestsetzung vorgeschlagen, um der Tatsache Rechnung zu tragen, dass häufig die Produktionskosten deutlich unter den geforderten Preisen liegen. Es wird etwa für ein Modell namens „Cost Minus Pricing" argumentiert, bei dem die Preise nicht eine bestimmte Höhe überschreiten dürften, da auch die Kosten nicht so hoch wären (Iaru and Vogler 2024). Im Rahmen eines europäischen Forschungsprojekts wird an der Entwicklung eines kostenbasierten Preismodells gearbeitet, das in ▶ Kap. 11 in diesem Arzneimittel-Kompass beschrieben wird.

12.2.5 Innovationstöpfe

Sogenannte „Innovationstöpfe" sind separate Budgets und Finanzierungsmechanismen außerhalb der Standard-Preisbildungs- und Erstattungsprozesse. Sie wurden typischerweise für hochpreisige Arzneimittel, etwa Therapien für seltene Krankheiten und/oder Onkologika, eingerichtet. Übliche Kriterien für die Aufnahme von Arzneimitteln in die Erstattung werden bei den Innovationstöpfen nicht beachtet (Vogler 2022a; Vogler 2025b).

▪▪ Einsatz im internationalen Vergleich

Zu den bekanntesten Beispielen zählt der 2010 in England geschaffene Cancer Drug Fund, der in seiner ursprünglichen Konzeption Onkologika finanzierte, die vom HTA-Institut NICE als nicht kosteneffektiv bewertet worden waren. 2021 schuf England nach dessen Vorbild einen weiteren Budgettopf, den „Innovative Medicines Fund" für potenziell lebensrettende Therapien (z. B. spinale Muskelatrophie, zystische Fibrose). Italien richtete 2017 zwei mit jeweils 500 Mio. € dotierte Innovationstöpfe ein (einen für innovative Onkologika und einen weiteren für innovative Arzneimittel in anderen Therapiebereichen), der 2022 zu einem Fonds zusammengefasst wurde. Einige wenige weitere Länder (z. B. Polen, Kroatien) schufen ähnliche Strukturen (Vogler 2022a).

▪▪ Stärken und Schwächen

Mittels dieser Sonderfinanzierung wird Patientinnen und Patienten Zugang zu Arzneimitteln gewährt, die ansonsten von der öffentlichen Finanzierung ausgeschlossen worden wären. Allerdings stellt sich die Frage: Zu welchem Preis?

Denn Sondertöpfe unterlaufen die regulären Entscheidungsprozesse und schaffen damit Parallelsysteme. Damit werden auch die Ergebnisse der HTA-Berichte bedeutungslos. Als Sonderbudgets sind sie tendenziell kostentreibend, da sie zusätzliche Finanzierung übernehmen. Beim englischen Cancer Drug Fund wurde in den ersten Jahren das Budget deutlich überschritten, was letztlich auch zu seiner Neugestaltung führte. 2016 wurde die Finanzierung aus diesem Fonds auf zwei Jahre begrenzt und an eine Evaluierung mittels Real-Word-Daten geknüpft (Stephens und Thomson 2014; Grieve et al. 2016; Mayor 2016; Vogler 2022a).

12.2.6 Alternative Beschaffungssysteme (Abonnementmodelle)

Unter Abonnementmodellen werden Preis- und Erstattungsmechanismen verstanden, bei denen die pharmazeutischen Unternehmen pauschaliert (für einen bestimmten Zeitraum oder pro Patient oder Patientin) finanziert werden, unabhängig vom tatsächlichen Arzneimittelverbrauch.

▪▪ Einsatz im internationalen Vergleich

2015 schloss die australische Regierung einen Vertrag mit fünf Unternehmen über den unbegrenzten Einsatz von Hepatitis-C-Arzneimitteln für fünf Jahre. Im Gegenzug erhielten die Firmen eine Pauschalabgeltung von einer Milliarde Australischer Dollar (Moon and Erickson 2019). In den US-Bundesstaaten Louisiana und Washington wurden 2019 ähnliche Modelle, ebenfalls für die Hepatitis-C-Therapie, umgesetzt (Gee 2019; Auty et al. 2022).

In England und Schweden kommen Abonnementmodelle für neuartige Antibiotika, deren Entwicklung gefördert werden soll, zum Einsatz (Gotham et al. 2021). In England sieht das Modell eine jährliche Pauschalvergütung von bis zu 10 Mio. Pfund pro Produkt vor, wobei die konkrete Höhe der Vergütung mittels eines HTA festgelegt wird. Da herkömmliche HTA-Methoden die Besonderheiten neuartiger Antibiotika nicht adäquat berücksichtigen, wurde eine spezifische Methodik zur Bewertung ihrer Kosteneffektivität entwickelt. Ende 2020 wurden nach einem strukturierten Auswahlverfahren zwei Wirkstoffe (Cefiderocol und Ceftazidim/Avibactam) für die Bewertung ausgewählt und 2022 wurden Verträge mit den Unternehmen abgeschlossen. Ein ähnliches Modell wird seit 2018 in Schweden pilotiert. 2020 wurden zweijährige Verträge mit fünf Anbietern abgeschlossen. Für ausgewählte Antibiotika wurde eine jährliche Umsatzgarantie festgelegt, die 30 % über dem europäischen Durchschnittspreis liegt. Bei unerwartet hohen Absatzmengen, die den garantierten Betrag übersteigen, wird ein Bonus an die Hersteller gezahlt (Anderson et al. 2023a; Anderson et al. 2023b; Panteli et al. 2024b).

▪▪ Stärken und Schwächen

Mit diesen Modellen werden Unternehmen planbare Einnahmen gesichert und damit der Markt attraktiviert, um Zugang für die Patientinnen und Patienten zu ermöglichen. Im Falle der Antibiotika sollen Anreize für Unternehmen geschaffen werden, neuartige Antibiotika zu entwickeln, die angesichts der Resistenzen gegenüber bestehenden Antibiotika benötigt werden.

Die Abonnementmodelle setzen finanzielle Anreize und sind daher tendenziell mit höheren Kosten verbunden. Allerdings wurden sie ursprünglich eingeführt, um das Einkommen für die Unternehmen wie auch die Ausgaben für Zahler vom Verbrauch zu entkoppeln (*delinkage*) und damit berechenbarer zu machen (Moon und Erickson 2019).

12.2.7 Horizon Scanning

Unter Horizon Scanning wird die systematische Identifikation von möglichen neuen Arzneimitteln in der Entwicklung verstanden, die relevante Auswirkungen (z. B. in budgetärer, klinischer und gesellschaftlicher Sicht) haben können (Knoll und Vogler 2025). Horizon Scanning ist keine Preisbildungs- und Erstattungsmaßnahme, sondern ein unterstützendes Instrument für Behörden und Kostenträger, das die Planbarkeit verbessert.

▪▪ Einsatz im internationalen Vergleich

Systematisch wird Horizon Scanning nur in wenigen Ländern (z. B. Niederlande, Norwegen) durchgeführt (Vogler 2022a; PPRI Secretariat 2025).

Horizon Scanning eignet sich für länderübergreifende Kooperation. So führt das Nordic Pharmaceutical Forum (Zusammenarbeit von skandinavischen Ländern) gemeinsame Horizon Scanning Aktivitäten durch, und als Spin-off der Beneluxa-Initiative (Beneluxa-Länder, Österreich und Irland) wurde die International Horizon Scanning Initiative (IHSI) ins Leben gerufen, die den Mitgliedern (insgesamt neun Länder, über die Beneluxa-Mitgliedsländer hinausgehend) eine umfassende Horizon-Scanning-Datenbank bietet (Vogler et al. 2020a; Vogler 2022c).

▪▪ Stärken und Schwächen

Informationen über Arzneimittel in der Entwicklung sind eine wertvolle Ressource. Allerdings ist die Sammlung dieser Daten aufwändig und daher teuer, weshalb Horizon Scanning idealerweise in länderübergreifender Kooperation durchgeführt wird. Wichtig ist, dass die verfügbaren Daten danach in Planungs- und Priorisierungsprozesse einfließen.

12.3 Erkenntnisse über die Arzneimittelpolitik in anderen Ländern für Deutschland

In diesem Abschnitt werden die oben beschriebenen Maßnahmen mit Blick auf mögliche Übertragbarkeit auf Deutschland (sofern nicht bereits angewendet) diskutiert. Voranzustellen sind dieser Analyse einige grundlegende Überlegungen.

Grundsätzlich sind all diese Maßnahmen in eine übergeordnete Public-Health-Strategie einzuordnen, wobei diese angesichts der enormen Bedeutung des Gesundheitsmarktes auch im Zusammenhang mit der jeweiligen Industrie- bzw. Wirtschaftspolitik eines Landes steht. Ein wirtschaftsstarkes Land mit hoher Bevölkerungszahl (also großem Markt) und starker Präsenz von internationaler oder mittelständischer Pharma-Industrie wird andere Ansätze in der Arzneimittelpolitik wählen als ein Land mit kleinem Markt, niedrigerer Kaufkraft und geringeren Kapazitäten und Ressourcen in der öffentlichen Verwaltung. Vor diesem Hintergrund ist die Bewertung der Preisbildungs- und Erstattungspolitikmaßnahmen zu kontextualisieren.

Aber auch die Public-Health-Strategie ist durch ihre Verankerung auf die zwei Säulen Sozial- und Gesundheitspolitik nicht frei von Konflikten. Insbesondere die Ziele „Zugang zu wirksamen Arzneimitteln" (Access) und wirtschaftliche Überlegungen (Bezahlbarkeit, oft auch unter dem Schlagwort „Kostendämpfung") sind hierbei potenziell konfliktär und die einzelnen Länder wählen ihre Politikmaßnahmen entsprechend dem jeweiligen Fokus. Dieser kann für einzelne Arzneimittel bzw. Arzneimittelgruppen unterschiedlich ausgestaltet sein, wie das Beispiel für der Abonnementmodelle zeigt: Obwohl Schweden und England grundsätzlich Länder mit gutem Zugang zu Arzneimittel sind, sind die Entwicklung von neuartigen Antibiotika, die als Reserve bei bestehenden Resistenzen eingesetzt werden, eine Herausforderung für diese Länder – wie für die gesamte Welt.

Die dargestellten Politikmaßnahmen sind im Wesentlichen Preis- und Erstattungsmechanismen, die – wie angedeutet – unterschiedlich ausgestaltet sein können. Wie das Beispiel bei der externen Preisreferenzierung zeigte, kann das Design der Maßnahmen unterschiedliche Konsequenzen für die Kostendämpfung bewirken.

12.3.1 Auswirkungen auf Zugang und Kosten

Basierend auf den vorangestellten Überlegungen ist daher festzustellen, dass einige der präsentierten Maßnahmen (z. B. Innovationstöpfe, zum Teil Abonnementmodelle) nicht primär Kostendämpfung zum Ziel haben, sondern Zugang zu Arzneimitteln. Dabei kann Zugang zu wirksamen Arzneimitteln gesundheitspolitisch begründet sein (effektive Behandlungsoptionen sollen nicht vorenthalten werden), aber auch auf industriepolitischen Überlegungen (besserer und schnellerer Zugang erhöht den Umsatz der Arzneimittelindustrie) beruhen.

Das deutsche Arzneimittelsystem ist ein primär auf HTA basierendes System, dessen frühe Nutzenbewertung sich im internationalen Vergleich durch hohe Qualitätsstandards auszeichnet. Problematisch ist jedoch, dass die Ergebnisse der Nutzenbewertung in den ersten Monaten keine Rolle spielen, da gleich nach der Zulassung die Arzneimittel zu einem vom Unternehmen bestimmten und öffentlich finanzierten Preis auf den Markt kommen können. Dies trägt sicherlich entscheidend dazu bei, dass Deutschland meist das erste Land der EU ist, in dem Arzneimittel auf den Markt kommt. Allerdings wird damit ein Pflock eingeschlagen: Die Ermöglichung der Finanzierung von Arzneimitteln gleich nach Zulassung zählt sicherlich mit Blick auf Wirtschaftlichkeit zu den zentralen Herausforderungen für Deutschland, dessen „psychologische Ankerwirkung" auch im 2025 erschienenen Sachverständigengutachten angemerkt wurde (SVR 2025). Der deutsche Ansatz ist – zumindest für den niedergelassenen Sektor – die Ausnahme im europäischen und internationalen Vergleich.

Wie auch die Erfahrungen von anderen Ländern gezeigt haben, weisen Mechanismen und Strukturen außerhalb des Standardsystems den Nachteil auf, tendenziell kostentreibend zu wirken. Es bedarf daher starker inhaltlicher Gründe für solche Ausnahmen. In diesem Sinne gilt es den Verzicht auf die frühe Nutzenbewertung bei den Orphans im deutschen Systemkritisch zu hinterfragen (IQWiG 2022; IQWiG 2024), da der fehlende HTA-Bericht die Verhandlungsmacht der Zahler schwächt.

Vertragliche Preismodelle werden in den anderen Ländern abgeschlossen, um mittels der geheimen Rabatte bestimmte Therapien leistbar zu machen; dies sind wirtschaftliche Überlegungen, die stark an die Frage des Zugangs geknüpft sind. Wie oben dargelegt, liegt aufgrund der Vertraulichkeit keine Evidenz vor, ob die Erwartungen an Wirtschaftlichkeit (der versprochene „beste Preis" im Gegenzug zur Garantie der Vertraulichkeit) erfüllt werden. Fakt ist vielmehr, dass die vertraulichen Rabatte zur Informationsasymmetrie zwischen Unternehmen und Staaten beitragen und damit die Verhandlungsmacht der Zahler, denen für Preisverhandlungen wichtige Informationen aus anderen Ländern (z. B. Echtpreise) fehlen, schwächt. Aus deutscher Sicht mag dies unter Wirtschaftlichkeitsargumenten weniger relevant sein, da Deutschland ohnehin häufig das erste Land bzw. eines der ersten Länder in Europa beim Markteintritt ist und daher kaum Vergleichswerte aus anderen Ländern hat.

Ein positiver Beitrag auf die Wirtschaftlichkeit kann von Horizon Scanning erwartet werden, da dies den Kostenträgern Ausblick auf die Arzneimittel in der Pipeline ermöglicht. Dieses Wissen über Innovation in der Pipeline erlaubt den Verantwortlichen adäquate Priorisierung und zeitgerechte Vorbereitung und Entwicklung der Verhandlungsstrategien. Horizon Scanning ist allerdings eine ressourcenintensive Aktivität und als solche somit auch Best-Practice-Beispiel für den Nutzen von länderübergreifender Kooperation.

12.3.2 Kriterien von Fairness und Solidarität

Neben wirtschaftlichen Überlegungen spielen Fairness und Solidaritätsaspekte bei der Arzneimittelversorgung eine wichtige Rolle.

Fairness kann aus unterschiedlichen Perspektiven definiert werden (Moon et al. 2020): aus Sicht der Patientinnen und Patienten, der Kostenträger, aus der Sicht der Wirtschaft und der einzelnen Pharma-Unternehmen. Ergänzt werden könnte diese nationale Sichtweise um europäische und internationale Perspektiven, die Interessen und Bedürfnisse anderer Länder und der internationalen Gemeinschaft berücksichtigen.

Fairness für Patientinnen und Patienten betrifft zum einen den allgemeinen Zugang zu Arzneimitteln, und dieser ist in Deutschland im Vergleich zu anderen Ländern als rasch und gut zu bewerten (gemessen an einer hohen Anzahl von verfügbaren Arzneimitteln in der GKV). Zum anderen spielen Equity-Aspekte eine wichtige Rolle (z. B. Fragen der Ausgestaltung von Zuzahlungen, mögliche regionale Unterschiede beim Zugang zu Innovationen). So zeigen etwa Studien, dass die deutschen Zuzahlungsregelungen, inklusive ihrer Befreiungsmöglichkeiten und Belastungsgrenzen, dem Schutz- und Fairnessgedanken Rechnung tragen (Vogler et al. 2018b; Vogler et al. 2019a).

Die Höhe der deutschen Preise im europäischen Vergleich (Busse et al. 2022; Busse et al. 2016) kann als Ausdruck wirtschaftsförderlicher Rahmenbedingungen interpretiert werden. Hinzu kommt die im europäischen Vergleich außergewöhnliche Situation der ersten sechs Monate mit freier Preisbildung für GKV-finanzierte Arzneimittel, was als Hinweis auf die Bedeutung von wirtschafts- und standortpolitischen Erwägungen in Deutschland und ihrer Konsequenzen für die Arzneimittelpolitik interpretiert werden kann.

Es stellt sich die Frage, ob und wie gut diese Ausgestaltung eines Arzneimittelsystems Fairnesskriterien aus Sicht der Kostenträger und der Solidargemeinschaft entspricht. In Deutschland wird die Entscheidungshoheit über die zunächst festgelegte Höhe des von der GKV finanzierten Arzneimittelpreises an private Akteure abgegeben (anstelle von Behörden und Kostenträgern wie in anderen Ländern). Auch der Sachverständigenrat (SVR) Pflege und Gesundheit weist in seinem aktuellen Bericht auf eine Asymmetrie der Entscheidungsbefugnisse hin und empfiehlt, dem GKV-Spitzenverband zu ermöglichen, von Preisverhandlungen zurückzutreten (SVR 2025). Denn durch die garantierte Erstattungsfähigkeit im deutschen System kann der GKV-Spitzenverband sich nicht gegen ein Arzneimittel entscheiden, sondern muss sich mit dem Unternehmen auf einen Preis einigen. Die internationalen Erfahrungen zeigen die Stärke von Systemen, in denen Kostenträger bei einem Ungleichgewicht zwischen Evidenz und Preisforderung das Recht haben, „nein" sagen zu können.

Die deutsche Arzneimittelpreispolitik hat auch bedeutende Implikationen für andere Länder. Durch den frühen Markteintritt von Arzneimitteln werden die deutsche Preise von einer Reihe weiterer Länder als Benchmark herangezogen und machen damit auf die dortigen Kostenträger Druck. Zudem können seit 2025 referenzierende Länder nicht mehr darauf vertrauen, dass die ausgewiesenen deutschen Preise den tatsächlich bezahlten Beiträgen entsprechen, da mit dem Medizinforschungsgesetz (MFG) vertrauliche Rabatte bei den nach AMNOG verhandelten Erstattungsbeträgen ermöglicht wurden.

Lange galt Deutschland international als Vorbild für eine gewisse Transparenz angesichts der öffentlich verfügbaren Erstattungsbeträge für neue Arzneimittel; durch die neue Regelung entfällt nunmehr diese Position. Dies hat auch eine nicht zu unterschätzende Signalwirkung auf das Ausland, da damit bei Diskussionen über Transparenzförderung nicht mehr auf das Modell Deutschland verwiesen werden kann.

12.4 Fazit

In den anderen europäischen Ländern kommt eine Kombination aus unterschiedlichen Maßnahmen zur Preisbildung und Erstattung zum Einsatz, um leistbaren Zugang zu neuen, potenziell innovativen Arzneimitteln zu ermöglichen. Im Spannungsfeld zwischen Zugang und Leistbarkeit bzw. Kostendämpfung setzen die jeweiligen Länder entsprechend ihrer nationalen Prioritäten unterschiedliche Akzente. Um Arzneimittel zugänglich zu machen, nehmen manche Länder bewusst Nachteile in anderen Bereichen (z. B. kostentreibende finanzielle Anreize, Schwächung der Verhandlungsmacht) in Kauf.

Bei Prüfung einer allfälligen Übertragbarkeit der Maßnahmen auf Deutschland sind daher die unterschiedlichen Rahmenbedingungen in den anderen Ländern sowie die primäre Wirkungsweise von Maßnahmen (Zugang vs. Wirtschaftlichkeit) mit zu berücksichtigen. Deutschland ist sowohl wegen seiner Größe als auch wegen seines wirtschaftsfreundlichen Umfelds ein höchst attraktiver Markt, was sich auch in raschem Zugang zu Arzneimitteln niederschlägt.

Angesichts der finanziellen Entwicklungen und des Drucks auf die GKV wird Deutschland daher eher Anregungen bei den Ländern holen, deren Politikmaßnahmen kostendämpfend ausgestaltet sind und/oder die eine Stärkung der Rolle der Kostenträger gegenüber den Wirtschaftsakteuren vorsehen. Der allgemein gültige und in den anderen Ländern angewandte Ansatz, dass ein von der öffentlichen Hand finanzierter Preis durch die Behörden von Anfang an nach entsprechender (Nutzen-)Bewertung festgelegt wird, könnte auch für Deutschland geprüft werden.

Aufgrund der Besonderheiten des AMNOG-Systems scheinen nur wenige Modelle aus anderen Ländern in der Praxis umsetzbar. Andere Länder haben ihre internen Kapazitäten und ihre Verhandlungsmacht durch länderübergreifende Zusammenarbeit gestärkt, wenngleich dies mit hohem Koordinationsaufwand verbunden ist. Es ist allerdings nicht zu erwarten, dass Deutschland sich einer länderüberschreibenden Zusammenarbeit – etwa für gemeinsame Verhandlungen – anschließt, da es als großer Markt und wirtschaftsstarkes Land mit Standortorientierung ohnehin für die Industrie attraktiv ist. Allerdings könnten sich im Rahmen des Critical Medicines Act (CMA) der Europäischen Kommission Kooperationsprojekte ergeben (European Commission 2025).

Ein Best-Practice-Beispiel, das auch für Deutschland relevant sein könnte, ist Horizon Scanning. Hier könnte sich internationale Kooperation durchaus bezahlt machen, falls Deutschland entscheidet, kein eigenes System aufzubauen, sondern sich der bestehenden International Horizon Scanning Initiative anzuschließen.

Deutschland kommt eine wichtige Vorreiterrolle zu. Diskussionen und AMNOG-Reformen werden international beobachtet und entfalten Signalwirkung im Ausland. Entscheidungen zur Stärkung oder Schwächung von Evidenzgenerierung, Transparenz oder Förderung einzelner Arzneimittelgruppen entfalten Auswirkungen auf andere Länder. Daher sollte bei der Entwicklung und Umsetzung von Maßnahmen in Deutschland stets auch die Implikationen jenseits der Grenzen mitgedacht werden.

Literatur

Anderson M, Panteli D, Mossialos E (2023a) How can the EU support sustainable innovation and access to effective antibiotics? Policy Brief. European Observatory on Health Systems and Policies

Anderson M, Panteli D, van Kessel R, Ljungqvist G, Colombo F, Mossialos E (2023b) Challenges and opportunities for incentivising antibiotic research and development in Europe. Lancet Reg Heal 33:100705

Auty SG, Griffith KN, Shafer PR, Gee RE (2022) Conti RM. Improving access to high-value, high-cost medicines: the use of subscription models to treat hepatitis C using direct-acting antivirals in the United States. J Health Polit Policy Law 47(6):691–708

Busse R, Panteli D, Schaufler J, Schröder H, Telschow C, Weiss J (2016) Preise patentgeschützter Arzneimittel im europäischen Vergleich – Die deutschen Arzneimittelpreise im Vergleich zu den Listenpreisen in fünf ausgewählten europäischen Ländern. TU Berlin, Wissenschaftliches Institut der AOK (WIdO), Berlin

Busse R, Henschke C, Panteli D, Vogler S (2022) Arzneimittelmarkt und -versorgung in Deutschland im europäischen Vergleich. In: Schröder H, Thürmann P, Telschow C, Schröder M, Busse R (Hrsg) Arzneimittel-Kompass 2022: Qualität der Arzneimittelversorgung. Springer, Berlin Heidelberg, S 279–303

Čechová Z, Kubátová J, Bártová A, Jamárik J, Samek J (2025) Beyond reimbursement status: availability of advanced therapy medicinal products across the European Union. Ther Innov Regul Sci:59(4):728-736

European Commission (2025) Critical medicines Act. https://health.ec.europa.eu/medicinal-products/legal-framework-governing-medicinal-products-human-use-eu/critical-medicines-act_en. Zugegriffen: 21. Sept. 2025

Gamba S, Pertile P, Vogler S (2020) The impact of managed entry agreements on pharmaceutical prices. Health Econ 29(51):47–62

Gee RE (2019) Louisiana's journey toward eliminating hepatitis C. Health Affairs. Washington DC. https://www.healthaffairs.org/content/forefront/louisiana-s-journey-toward-eliminating-hepatitis-c. Zugegriffen: website

GKV-Spitzenverband (2024) Fokus: Arzneimittel und das AMNOG. Berlin. https://www.gkv-spitzenverband.de/gkv_spitzenverband/presse/fokus/amnog_verhandlungen/s_thema_amnog_verhandlungen.jsp. Zugegriffen: 23. Aug. 2025

Gotham D, Beyer P, Moja L, van der Heijden M, Paulin S, Smith I (2021) Reimbursement models to tackle market failures for antimicrobials. Health Policy 125(3):296–306. https://doi.org/10.1016/j.healthpol.2020.11.015

Grieve R, Abrams K, Claxton KP, Goldacre B, James N, Nicholl J et al (2016) Cancer Drugs Fund requires further reform: reliance on "real world" observational data undermines evidence base for clinical practice. BMJ 354:i5090. https://doi.org/10.1136/bmj.i5090

Iaru I, Vogler S (2024) Managed introduction of new medicines in healthcare systems. In: Elseviers M, Wettermark B, Mueller T, Benko R, Bennie M, Gvozdanovic K, al (Hrsg) Drug utilization research: methods and applications, 2. Aufl. Wiley, S 233–247

IQWiG (2022) Orphan Drugs: Privileg des „fiktiven" Zusatznutzens nicht gerechtfertigt. 12.01.2022. https://www.iqwig.de/presse/pressemitteilungen/pressemitteilungen-detailseite_58496.html. Zugegriffen: 20. Sept. 2025

IQWiG (2024) Das AMNOG wirkt ... bei Orphan Drugs oft erst später. 20.02.2024. https://www.iqwig.de/presse/pressemitteilungen/pressemitteilungen-detailseite_112512.html. Zugegriffen: 21. Sept. 2025

Knoll V, Vogler S (2025) PPRI Glossary of pharmaceutical terms. Update 2025. Gesundheit Österreich (GÖG), Wien (https://ppri.goeg.at/ppri-glossary. Zugegriffen: 23. August 2025)

Kyle MK (2007) Pharmaceutical price controls and entry strategies. Rev Econ Stat 89(1):88–99

Makady A, van Veelen A, De Boer A, Hillege H, Klungel O, Goettsch W (2019) Implementing managed entry agreements in practice: the Dutch reality check. Health Policy 123(3):267–274

Mayor S (2016) New "managed access" process for cancer drugs fund to go ahead, NHS England confirms. BMJ 6(352):i1208. https://doi.org/10.1136/bmj.i1208

Moon S, Erickson E (2019) Universal medicine access through lump-sum remuneration – Australia's approach to hepatitis C. N Engl J Med 380(7):607–610. https://doi.org/10.1056/NEJMp1813728

Moon S, Mariat S, Kamae I, Bak Pedersen H (2020) Defining the concept of fair pricing for medicines. BMJ 368:l4726

Panteli D, Goetz G, Busse R (2024a) Die neue europäische HTA-Verordnung – Neuland für die Bewertung von Gesundheitstechnologien? Gesundh Sozialpolitik 78(6):23–28

Panteli D, Anderson M, Fieldman T, Baraldi E, Tängdén T, Vogler S, Årdal C, Mossialos E (2024b) Policy options for sustainable access to off-patent antibiotics in Europe. npj Antimicrob Resist 2(1):40

Ronco V, Dilecce M, Lanati E, Canonico PL, Jommi C (2021) Price and reimbursement of advanced therapeutic medicinal products in Europe: are assessment and appraisal diverging from expert recommendations? J of Pharm Policy and Pract. https://doi.org/10.1186/s40545-021-00311-0

Schneider P, Vogler S (2019) Practice of external price referencing. In: Vogler S (Hrsg) Medicine price surveys, analyses and comparisons. Elsevier, London, S 345–368

Secretariat PPRI (2025) PPRI Indicators 2025. Gesundheit Österreich (GÖG), Wien (in Veröffentlichung)

Stephens P, Thomson D (2014) The Cancer Drug Fund 1 year on – success or failure? Lancet Oncol 13(8):754–757. https://doi.org/10.1016/S1470-2045(12)70273-5

SVR – Sachverständigenrat Gesundheit & Pflege (2025) Preise innovativer Arzneimittel in einem lernenden Gesundheitssystem: Gutachten. https://www.svr-gesundheit.de/publikationen/gutachten-2025/. Zugegriffen: 15. Juli 2025

Vogler S (2020) Medicines pricing: limitations of existing policies and new models. In: Z-U-D B (Hrsg) Global pharmaceutical policy. Palgrave Macmillan, Singapur, S 99–137

Vogler S (2022a) Payer policies to support innovation and access to medicines in the WHO European Region. World Health Organization, Regional Office for Europe, Kopenhagen (https://apps.who.int/iris/handle/10665/361753. Zugegriffen: 13. Juli 2025)

Vogler S (2022b) Access to information in markets for medicines in the WHO European Region. Oslo Medicines Initiative technical report. World Health Organization. Regional Office for Europe Kopenhagen. https://iris.who.int/bitstream/handle/10665/361757/9789289058322-eng.pdf?sequence=1&isAllowed=y. Zugegriffen: 8. Aug. 2025

Vogler S (2022c) "Ready for the future?" – Status of national and cross-country horizon scanning systems for medicines in European countries. Ger Med Sci. https://doi.org/10.3205/000307

Vogler S (2025a) Evidence on pharmaceutical pricing policies in Europe. In: Z-U-D B (Hrsg) Formulating and implementing pharmaceutical pricing policies challenges, case studies and lessons learned from medicine price control. Elsevier, London, S 37–57

Vogler S (2025b) PPRI Pharma Brief: Germany 2025. Pharmaceutical Pricing and Reimbursement Information (PPRI) Pharma Briefs Series. Gesundheit Österreich, Wien (https://ppri.goeg.at/system/files/inline-files/PPRI_Pharma_Brief_DE_2025_bf.pdf Zugegriffen: 23. August 2025)

Vogler S, Zimmermann N (2022) Improving medicines access in Brazil through collaboration in the PPRI network. Rev Bras Farmácia Hosp Serv Saúde 13(2):677

Vogler S, Lepuschütz L, Schneider P, Stühlinger V (2016) Study on enhanced cross-country coordination in the area of pharmaceutical product pricing. Final Report. Publications Office of the European Union, Brüssel (https://op.europa.eu/en/publication-detail/-/publication/b1565784-9a9c-11e6-9bca-01aa75ed71a1/language-en. Zugegriffen: 13. Juli 2025)

Vogler S, Haasis MA, Dedet G, Lam J, Bak Pedersen H (2018a) Medicines reimbursement policies in Europe. WHO Regional Office for Europe, Kopenhagen (https://www.who.int/europe/publications/i/item/9789289053365. Zugegriffen: 21. September 2025)

Vogler S, Paris V, Panteli D (2018b) Ensuring access to medicines: How to redesign pricing, reimbursement and procurement? WHO Regional Office for Europe, Kopenhagen (https://apps.who.int/iris/handle/10665/331972. Zugegriffen: 9. August 2025)

Vogler S, Dedet G, Bak Pedersen H (2019a) Financial burden of prescribed medicines included in outpatient benefits package schemes: comparative analysis of co-payments for reimbursable medicines in European countries. Appl Health Econ Health Policy 17:803–816. https://doi.org/10.1007/s40258-019-00509-z

Vogler S, Schneider P, Zimmermann N (2019b) Evolution of average European medicine prices: implications for the methodology of external price referencing. Pharmacoeconomics – Open 3(3):303–309

Vogler S, Haasis MA, van den Ham R, Suleman F, Humbert T, Garner S (2020a) Cross-Country Collaborations to improve access to medicines and vaccines in the WHO European Region. World Health Organization Regional Office for Europe, Kopenhagen (https://apps.who.int/iris/bitstream/handle/10665/332933/9789289055031-eng.pdf. Zugegriffen: 22. August 2025)

Vogler S, Schneider P, Lepuschütz L (2020b) Impact of changes in the methodology of external price referencing on medicine prices: discrete-event simulation. Cost Eff Resour Alloc 18(51):9

Vogler S, Zimmermann N, Haasis MA, Gombocz M, Knoll V (2024) Approaching two decades of information sharing between competent authorities: Experience from the Pharmaceutical Pricing and Reimbursement Information (PPRI) network. In: Abstracts from the 5th PPRI conference 2024: ensuring access to affordable medicines through innovative policies, Wien, 25–26 April 2024. J Pharm Policy Pract 17(sup1):2331920

Webb E, Richardson E, Vogler S, Panteli D (2022) What are the implications of policies increasing transparency of prices paid for pharmaceuticals? WHO Regional Office for Europe, Kopenhagen (https://apps.who.int/iris/rest/bitstreams/1423817/retrieve. Zugegriffen: 01 August 2025)

Wenzl M, Chapman S (2019) Performance-based managed entry agreements for new medicines in OECD countries and EU member states: how they work and possible improvements going forward. OECD Health Working Papers No 115. OECD Publishing, Paris https://doi.org/10.1787/6e5e4c0f-en

WHA – World Health Assembly (2019) Resolution WHA 72.8: Improving the transparency of markets for medicines, vaccines, and other health products. World Health Assembly, Genf (https://apps.who.int/iris/bitstream/handle/10665/329301/A72_R8-en.pdf?sequence=1&isAllowed=y. Zugegriffen: 28. August 2024)

WHO (2020) WHO guideline on country pharmaceutical pricing policies, 2. Aufl. World Health Organization, Genf (https://iris.who.int/bitstream/handle/10665/335692/9789240011878-eng.pdf. Zugegriffen: 23. August 2025)

ZIN (2025) Lock procedure for expensive medicinal products. https://english.zorginstituutnederland.nl/about-us/working-methods-and-procedures/lock-procedure-for-expensive-medicinal-products. Zugegriffen: 20. Sept. 2025

Open Access Dieses Kapitel wird unter der Creative Commons Namensnennung – Nicht kommerziell – Keine Bearbeitung 4.0 International Lizenz (http://creativecommons.org/licenses/by-nc-nd/4.0/deed.de) veröffentlicht, welche die nicht-kommerzielle Nutzung, Vervielfältigung, Verbreitung und Wiedergabe in jeglichem Medium und Format erlaubt, sofern Sie den/die ursprünglichen Autor*in(nen) und die Quelle ordnungsgemäß nennen, einen Link zur Creative Commons Lizenz beifügen und angeben, ob Änderungen vorgenommen wurden. Die Lizenz gibt Ihnen nicht das Recht, bearbeitete oder sonst wie umgestaltete Fassungen dieses Werkes zu verbreiten oder öffentlich wiederzugeben.

Die in diesem Kapitel enthaltenen Bilder und sonstiges Drittmaterial unterliegen ebenfalls der genannten Creative Commons Lizenz, sofern sich aus der Abbildungslegende nichts anderes ergibt. Sofern das betreffende Material nicht unter der genannten Creative Commons Lizenz steht und die betreffende Handlung nicht nach gesetzlichen Vorschriften erlaubt ist, ist auch für die oben aufgeführten nicht-kommerziellen Weiterverwendungen des Materials die Einwilligung des/der betreffenden Rechteinhaber*in einzuholen.

Öffentliche Beiträge zur Arzneimittelentwicklung

Claudia Wild und Daniel Fabian

Inhaltsverzeichnis

13.1 Einleitung – 184

13.2 Material und Methoden – 185

13.3 Daten und Fakten aus Publikationen zu empirischen Analysen – 185
13.3.1 Größenordnungen öffentlicher Beiträge – 185
13.3.2 Kategorien öffentlicher Beiträge – 188
13.3.3 Quellen zur Identifikation öffentlicher Beiträge – 188

13.4 Gestaltung nachhaltiger Arzneimittelpreise – 190
13.4.1 Plädoyer für die Notwendigkeit von Transparenz bei der Arzneimittelentwicklung – 190
13.4.2 Von der Idee zur Konkretisierung – 191

13.5 Schlussfolgerung – 193

Literatur – 193

▸▸ Zusammenfassung

Artikel 57 der vorgeschlagenen Arzneimittelverordnung (RL) der Europäischen Union (EU) verpflichtet Antragsteller auf Marktzulassung, jegliche direkte finanzielle Unterstützung für Forschung und Entwicklung (F&E) durch öffentliche Institutionen offenzulegen. Unsere Forschung zu öffentlichen Beiträgen zielt darauf ab, Kategorien zu identifizieren, die zur Erfassung direkter und indirekter öffentlicher Beiträge zu F&E erforderlich sind. Damit soll eine Systematik für die standardisierte Berichterstattung über öffentliche Beiträge geschaffen und Unklarheiten bei der Interpretation von „direkten" und „indirekten" öffentlichen Beiträgen reduziert werden. Letztendlich wollen wir die Operationalisierung von Artikel 57 unterstützen. Acht Kategorien öffentlicher Beiträge zur Arzneimittelentwicklung können entlang der Wertschöpfungskette (von der Grundlagenforschung bis zur Marktüberwachung) identifiziert werden. Die Informationen sind oft nicht umfassend dokumentiert, wenngleich einige Quellen wertvolle Hinweise und Fakten bieten. Die nächsten Schritte sind EU-weit abgestimmte Richtlinien für eine transparente und standardisierte Berichterstattung in ausreichender Detailliertheit über öffentliche F&E-Investitionen und Konditionen bei der Veräußerung akademischen Wissens, resp. beim Einkauf, um diese Informationen in Preisverhandlungen auch nutzbar zu machen.

13.1 Einleitung

Öffentliche Beiträge zur Entwicklung von Arzneimitteln werden nicht nur seit Mariana Mazzucatos Buch „The Entrepreneurial State – Debunking Public vs Private Sector Myths" (Mazzucato 2013), sondern auch aufgrund der häufig exorbitanten Preise neuer Arzneimittel vermehrt diskutiert. Diese öffentlichen, aber durchaus auch philanthropischen Beiträge zur Entwicklung medizinischer Produkte sind unumstritten und werden in den Medien unter „Die Öffentlichkeit zahlt doppelt" und „Risiken werden sozialisiert, Erträge privatisiert" thematisiert. Trotz zunehmender Evidenz mangelt es jedoch weiterhin an entsprechenden Maßnahmen, diese Fakten in entsprechender Politik umzusetzen.

Bereits 2019 betonte die Weltgesundheitsversammlung (WHA) in einer Resolution die Notwendigkeit der „Verbesserung der Transparenz der Märkte für Arzneimittel, Impfstoffe und andere Gesundheitsprodukte" (World Health Assembly 2019). Im April 2023 wurde von der Europäischen Kommission ein Vorschlag zur Überarbeitung der Arzneimittelgesetzgebung (bestehend aus einer Richtlinie und einer Verordnung: European Commission 2023a, 2023b) veröffentlicht, der nun in Verhandlung ist. Der Entwurf der Arzneimittelgesetzgebung hat die EU-weite „Sicherstellung des zeitnahen und gleichen Zugangs aller Patienten zu sicheren, wirksamen und erschwinglichen Arzneimitteln" zum Ziel. Die Richtlinie enthält eine Transparenzverpflichtung hinsichtlich der öffentlichen finanziellen Unterstützung von Forschungs- und Entwicklungsaktivitäten (F&E) für ein Arzneimittel. Artikel 57 der vorgeschlagenen Arzneimittelrichtlinie (European Commission 2023a) verpflichtet Antragsteller und Zulassungsinhaber, jegliche „direkte finanzielle Unterstützung, die er von einer Behörde oder öffentlich finanzierten Einrichtung im Zusammenhang mit Tätigkeiten zur Erforschung und Entwicklung des Arzneimittels, für das eine nationale oder eine zentralisierte Zulassung erteilt wurde, erhalten hat, unabhängig davon, welche juristische Person diese Unterstützung erhalten hat" offenzulegen (S. 98, ebenda).

Die Konzentration auf „direkte finanzielle Unterstützung" wird in den vorangestellten Erwägungsgründen folgendermaßen begründet: „Angesichts der praktischen Schwierigkeiten, zu ermitteln, wie indirekte öffentliche Finanzierungsinstrumente wie Steuervergünstigungen ein bestimmtes Produkt unterstützt haben, sollte die Meldepflicht jedoch nur direkte finanzielle Beiträge aus öffentlichen Mitteln wie direkte Finanzhilfen oder Verträge betreffen" (S. 48, ebenda). Der Anwendungsbereich der

Bestimmung ist sehr weit gefasst und umfasst zwar nur die *direkten* finanziellen Beiträge zu allen F&E-Aktivitäten im Zusammenhang mit der Entwicklung des Arzneimittels. Dafür ist der Zeitraum der öffentlichen Beiträge in der Berichtspflicht nicht festlegt und es sind daher auch jegliche finanziellen Beiträge während der Grundlagenforschung, der präklinischen und klinischen Phase betroffen. Indirekte Finanzierungen, wie etwa die steuerlichen Erleichterungen für Orphan Drugs, werden dagegen nicht berücksichtigt.

Innerhalb von 30 Tagen nach Erteilung der Zulassung muss der Zulassungsinhaber einen elektronischen Bericht erstellen; dieser muss die Höhe der erhaltenen finanziellen Unterstützung, das Eingangsdatum und die Behörde oder öffentliche Einrichtung, die die finanzielle Unterstützung bereitgestellt hat, enthalten sowie die juristische Person, die sie erhalten hat, angeben. Der Bericht muss (i) von einem externen Prüfer geprüft, (ii) über eine spezielle Webseite öffentlich zugänglich sein und (iii) jährlich aktualisiert werden (European Commission 2023a; Bogaert et al. 2023).

F&E umfasst ein breites Spektrum an Aktivitäten und unterschiedlichen Zielen. Es beginnt mit der Grundlagenforschung zum Verständnis des Krankheitsmechanismus und umfasst die präklinische Forschung zur Entwicklung neuer Moleküle. Bei der Entwicklung geht es um die Verfeinerung von Herstellungsverfahren und in der klinischen Forschung geht es vor allem darum, Nachweise für die Wirksamkeit und Sicherheit der Therapie zu erbringen, die die Marktzulassung und die Nutzenbewertung unterstützen. Auch der Schutz geistigen Eigentums (Intellectual Property Rights, IPR) ist in jeder Phase unterschiedlich: Präklinisches Wissen ist durch Patente geschützt; Entwicklungswissen ist manchmal durch Patente und manchmal durch Geschäftsgeheimnisse geschützt. Klinisches Wissen (nach der Zulassung) ist durch Marktexklusivität und Datenschutzrechte geschützt. Marktexklusivität ermöglicht dem Originalhersteller einen exklusiven Vertrieb seiner Produkte für einen bestimmten Zeitraum. Datenschutzrechte schützen zudem die Daten, die für die Zulassung eines Arzneimittels benötigt werden, vor unbefugtem Zugriff und unbefugter Nutzung.

Letztendlich wollen wir die Operationalisierung von Artikel 57 unterstützen: Ziel der vorliegenden Arbeit[1] ist es, die notwendigen Kategorien zur Erfassung direkter, aber auch indirekter öffentlicher Beiträge zu F&E zu identifizieren und einen Rahmen für die standardisierte Berichterstattung zu schaffen. Zudem soll die Interpretation von „direkten" und „indirekten" öffentlichen Beiträgen geklärt werden. Eine umfassende Erfassung aller öffentlichen Beiträge ist weder beabsichtigt noch erscheint sie realistisch. Dennoch soll ein umfassendes Kategoriensystem angewandt werden, das zur Einforderung von Daten und Fakten dienen soll, um daraus politische Strategien für die Nutzung des Wissens in Preisverhandlungen abzuleiten.

13.2 Material und Methoden

Aufbauend auf einer gezielten Literaturrecherche wurden Interviews mit Fachleuten verschiedener Interessengruppen geführt, um Kategorien zu identifizieren (Wild et al. 2025). Anschließend erfolgte eine Recherche nach relevanten Datenquellen, um Informationen zu den Kategorien zu erhalten. Die Quellen werden nunmehr laufend ergänzt und erweitert.

13.3 Daten und Fakten aus Publikationen zu empirischen Analysen

13.3.1 Größenordnungen öffentlicher Beiträge

Die öffentlichen Beiträge zu F&E von Arzneimitteln wurden in zahlreichen empirischen Studien von einigen wenigen Autorengrup-

---

1 Gefördert durch Horizon Europe Grant Agreement 101095593, ▶ https://hiprixhorizon.eu/.

pen wiederholt analysiert, vornehmlich anhand von in den USA von der Food and Drug Administration (FDA) zugelassenen Arzneimittelkohorten und mithilfe großer Datensätze (bis zu 380 neue molekulare Wirkstoffe [New Molecular Entities/NME]). Neben diesen umfassenden Analysen über viele verschiedene Arzneimittelzulassungen und Indikationen hinweg finden sich in der Literatur auch detailliertere Untersuchungen zur Entwicklungsgeschichte einzelner Arzneimittel. Die Ergebnisse werden hier nur kurz zusammengefasst (im Detail Wild et al. 2025 sowie Wild und Fabian 2024).

Die in den Publikationen analysierten Datensätze reichten von 1973 bis 2019. Die Analysen der von der FDA zugelassenen Arzneimittel (NMEs) ergaben, dass rund 42 % aller Biologika (Nayak et al. 2021), die Hälfte aller zugelassenen Arzneimittel (Kneller 2010; Sampat und Lichtenberg 2011) oder sogar über 90 % der Arzneimittel-Target-Forschung (Cleary et al. 2018; Cleary et al. 2023; Nayak et al. 2021) mit öffentlichen Einrichtungen und/oder deren Ausgründungen verbunden sind. Bei Arzneimitteln, denen eine „prioritäre" oder „beschleunigte" Prüfung zuerkannt wurde (was auf therapeutische Relevanz hinweist), lag der Anteil bei 64,5 % (Sampat und Lichtenberg 2011) bis 68 % (Nayak et al. 2019). 9 % der von der FDA zugelassenen Arzneimittel besitzen Patente des öffentlichen Sektors, bei Kandidaten mit „prioritärer" Prüfung sind es sogar 17,4 %. Zudem haben öffentliche Einrichtungen alle wichtigen innovativen Impfstoffe der letzten 25 Jahre entwickelt (Stevens et al. 2011; Stevens et al. 2023). Zusätzlich waren die Umsätze dieser „Priority Review"-Medikamente weitaus höher als die der „Standard Review"-Medikamente.

Die meisten Analysen konzentrierten sich auf öffentliche Beiträge zur Grundlagenforschung. Allerdings wurden öffentliche Beiträge bei mindestens einem Viertel der neuen Medikamente auch in der späten Entwicklungsphase gefunden (Nayak et al. 2019). In Europa wurden 12,3 % aller Forschungsgelder der Europäischen Kommission (EK) im Rahmen des 7. Rahmenprogramms (FP-)Gesundheit für die Finanzierung klinischer Forschung im Spätstadium ausgegeben. Zusammen betrafen 84 % dieser Forschungsförderungen im Spätstadium der klinischen Entwicklung und 70 % ihrer Finanzierung Arzneimittel und Impfstoffe (Schmidt et al. 2021).

Pro Zulassung eines neuen First-in-Class-Medikaments beliefen sich die öffentlichen Mittel auf zwischen 839 Mio. US-Dollar bis 1,44 Mrd. US-Dollar für Grundlagen- oder angewandte Forschung zu Produkten mit neuen Zielmolekülen. Wenn man die Anwendung von Grundlagenforschung auf mehrere Produkte berücksichtigt, belaufen sich die durchschnittlichen öffentlichen Beiträge auf 599 Mio. US-Dollar (Cleary et al. 2023). Zwei Drittel der Medikamente und Impfstoffe werden in den USA und Kanada entwickelt, ein Drittel in Europa, im asiatisch-pazifischen Raum oder im Nahen Osten. Die öffentlichen (akademischen) Ausgaben pro entwickeltes Medikament betragen durchschnittlich: 1,06 Mrd. US-Dollar in Israel, 0,77 Mrd. US-Dollar in Belgien, 0,55 Mrd. US-Dollar in den Vereinigten Staaten von Amerika (USA), 0,23 Mrd. US-Dollar in Großbritannien und 0,14 Mrd. US-Dollar in Deutschland (Stevens et al. 2023). Zu den wichtigsten öffentlichen Institutionen, die öffentliche Unterstützung für F&E erhalten, zählen das National Institute of Health (NIH), die University of California, die Emory University (beide USA), die Katholische Universität (KU) Leuven (Belgien), das Hans-Knöll-Institut (Deutschland) und das Weizmann Institute of Science (Israel). Eine Autorengruppe kommt zu dem Schluss (Cleary et al. 2018; Cleary et al. 2021; Cleary et al. 2023), dass die Ausgaben der NIH nicht geringer waren als die Ausgaben der Industrie, wenn man die Gesamtkosten dieser Investitionen anhand vergleichbarer Buchführung berechnet.

Insbesondere die detaillierte Analysen von Entwicklungsgeschichten von Arzneimittelprodukten auf der Grundlage einzelner Fallstudien verstärken das Gesamtbild und zeigen ein immer wiederkehrendes Muster (siehe ◘ Abb. 13.1): Nach der risikoreichen Grundlagenforschung im akademischen Umfeld wer-

Kapitel 13 · Öffentliche Beiträge zur Arzneimittelentwicklung

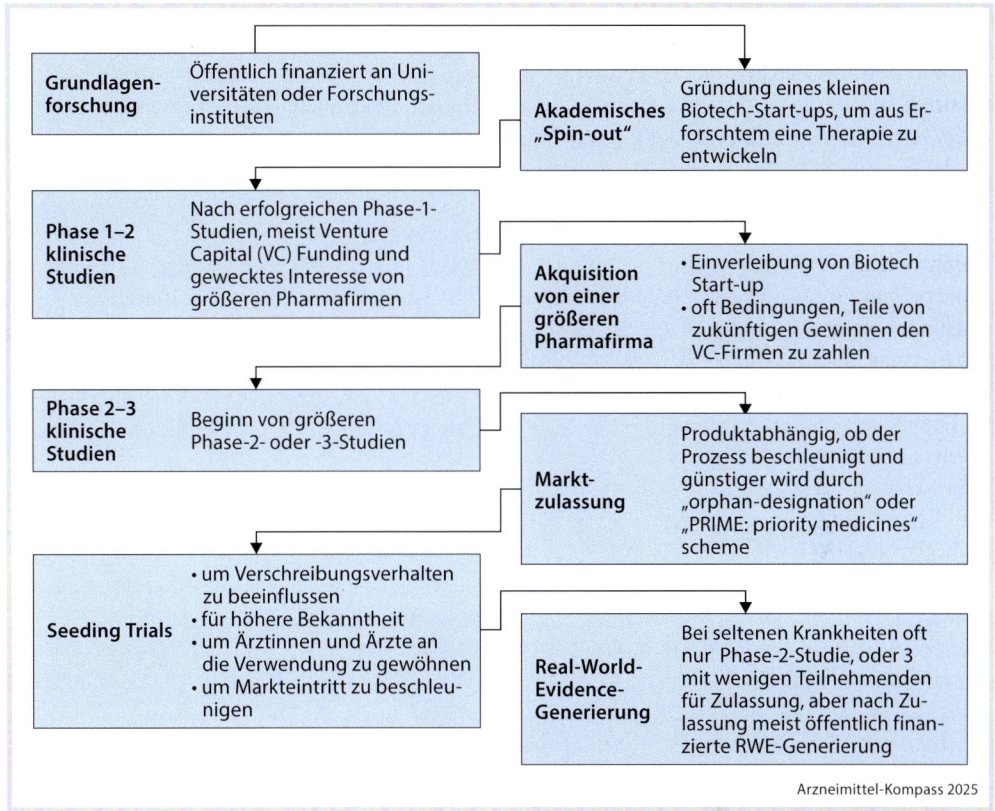

Abb. 13.1 Wiederkehrendes Muster in der Arzneimittelentwicklung

den bei erfolgversprechenden Entwicklungen Spin-outs von Universitäten oder kleine Biotech-Unternehmen gegründet, die mit hohen öffentlichen Innovations- und Standortförderungen, aber auch privatem Kapital (insbesondere Venture Capital) die präklinische Forschung vorantreiben. Erfolgreiche Entwicklungen sowie ganze Portfolios werden von größeren Unternehmen akquiriert (Merging and Acquisition [M&A]), gewinnen am Investmentmarkt an Wert und werden oft mehrfach zu immer höheren Preisen – entsprechend der Bewertung des Marktpotenzials – weiterverkauft. Dieser durch den Finanzmarkt stimulierte Prozess des Einkaufs akademischen Wissens und dessen Entwicklung mit Private-Equity-Ressourcen zu profitablen Therapien wird gemeinhin als „Finanzialisierung (Financialization)" bezeichnet.

Die im Zuge des österreichischen Bewertungsboards für Arzneimittel bewerteten Produkte (Casgecy, Beqvez, Tepezza, Amtagvi) haben alle ihren Ursprung in öffentlich finanzierten Universitäten oder wurden mit öffentlichen Geldern unterstützt. Das in ◘ Abb. 13.1 gezeigte Muster trifft etwa genau auf die Entwicklung von Casgevy zu: Die Grundlagenforschung wurde fast ausschließlich öffentlich finanziert; als es einen Durchbruch in der Forschung gab, wurde ein Start-up gegründet, das dann aus den Forschungsergebnissen eine Therapie entwickelte, was wiederum das Interesse von größeren Pharmafirmen (Vertex) geweckt hat. Das Arzneimittel hat in Österreich einen erwarteten Preis von 1,7 Mio. €, gehört also zu den teuersten Therapien. Auch in der publizierten Literatur finden sich zahllose Beispiele zum Ablauf nach diesem Muster: kostspielige Gentherapien (Newham und Vokinger 2022; Vokinger et al. 2023), Medikamente mit großen Volumina wie Sofosbuvir (Barenie et al. 2021b; Roy 2017), Pregabalin (Barenie et al. 2021a), Buprenorphin (Barenie und Kesselheim 2021), Bedaquilin (Gotham et al. 2020) und Tenofovirdisoproxil (Tessema et al. 2023) oder für seltene Erkrankungen (pädiatrische Orphan Drugs; Schmidt et al. 2021; Schmidt und Wild 2020), Onkologika wie Olaparib (Schmidt et al. 2022), Abirateron (Annett 2021), Alemtuzumab und Infliximab (Global Justice Now 2017) sowie mRNA-(Messenger-Ribonukleinsäure-)Impfstoffe (Forman et al. 2020; Lalani et al. 2023; Roy 2023).

13.3.2 Kategorien öffentlicher Beiträge

Kategorien öffentlicher Zuwendungen umfassen Gelder und Zuschüsse für Grundlagenforschung, präklinische Forschung und angewandte (oder translationale) Forschung bis hin zur institutionellen Unterstützung für Patentanmeldungen und Technologietransfers. Rechtliche, technische und finanzielle Unterstützung für Spin-outs/-offs von Universitäten oder neu gegründete kleine und mittlere Unternehmen (KMU) sind ebenso Teil von öffentlichen Subventionen, wenngleich schwieriger zu recherchieren, da diese Informationen weniger leicht verfügbar, intransparenter und seltener öffentlich zugänglich als Forschungsförderungen sind. Eigentumswechsel, die zu großen Wertsteigerungen führen, bleiben für die Urheber fast immer ohne entsprechende finanzielle Rückflüsse und werden somit nicht angemessen berücksichtigt. Öffentliche Unterstützung für klinische Überprüfungen von Arzneimitteln sind gut in Publikationen und Registern dokumentiert. Schließlich wird regulatorische Unterstützung in Form von technischer Unterstützung bei der Registrierung, methodischen Leitlinien und der Bereitstellung von prioritären Prüfungen oder Gutscheinen (Voucher) aufgrund ihrer Opportunitätskosten als öffentliche Investition angesehen, ebenso wie Steuergutschriften und (Versorgungs-)Datenerhebungen nach der Markteinführung – Real-World-Daten (RWD) zur Generierung zusätzlicher Evidenz – als öffentliche Beiträge gelten. Wir konnten acht Kategorien von (direkten und indirekten) öffentlichen Beiträgen zur F&E von Arzneimitteln, aber auch von anderen Gesundheitsinnovationen identifizieren (◘ Tab. 13.1).

13.3.3 Quellen zur Identifikation öffentlicher Beiträge

Bisherige empirische Analysen zur Arzneimittelentwicklung weisen eine deutliche geographische Einseitigkeit auf: Sie konzentrieren sich überwiegend auf US-amerikanische Datenquellen. Forschende nutzen dabei typischerweise die FDA-Datenbank für Zulassungsinformationen und spezielle Einstufungen, das FDA Orange Book für Patentinformationen, Patentzitationsdaten mit Verbindungen zu Finanzierungsquellen, Zitationsanaly-

◘ Tab. 13.1 Kategoriensystem und Quellen zur Analyse öffentlicher Beiträge zur Arzneimittelentwicklung

	Phase der Entwicklung	Öffentliche Beiträge und wo sie zu finden sind
1	Grundlagenforschung und translationale Forschung	Nationale, supranationale oder internationale Datenbanken, die – öffentliche Forschung publizieren – finanzielle Unterstützung auflisten – öffentlich finanzierte Projekte auflisten Patentregister – FDA Orange Book – Google patents

Kapitel 13 · Öffentliche Beiträge zur Arzneimittelentwicklung

◘ Tab. 13.1 (Fortsetzung)

	Phase der Entwicklung	Öffentliche Beiträge und wo sie zu finden sind
2	(Vorwettbewerbliche) angewandte und Methoden-Forschung	Öffentliche Finanzierung vorwettbewerblicher Industriekooperationen in der EU ermöglicht Risikoteilung und beschleunigte Innovation, wie die milliardenschwere Förderung der Innovative Medicines Initiative (IMI/IHI) zeigt
3	Präklinische Forschung, Forschung in KMUs und Biotech-Unternehmen	Datenbanken, die Technologietransferaktivitäten akademischer Einrichtungen nennen. Hierzu gehören – Patentanmeldungen – Lizensierungsaktivitäten – Kooperationen mit Pharmafirmen – Finanzierung von gezielter Forschung von Pharmafirmen Für KMUs: Jährliche (oder pro Quartal) erscheinende Finanzunterlagen, die standardisierte Firmeninformationen veröffentlichen. – In den USA: SEC-Reports (am wichtigsten: 10-K, 10-Q) – In der EU: ESEF-Reports Transparenzanforderungen, die mittels Gesetzen verankert sind, die finanzielle Beziehungen zwischen Kliniken, Spitälern und Produzenten von Produkten offenlegen. – In den USA mittels dem Sunshine Act – In der EU unterschiedlich und von Land zu Land abhängig von der Gesetzgebung, daher keine einheitlichen Regeln
4	Innovations- und Wirtschaftsförderungen	Nationale oder supranationale Innovationsförderungsdatenbanken, die direkte finanzielle Unterstützung aus einem vordefinierten Budget für Subventionen auflisten. Empfänger davon sind meistens KMUs und Biotech-Start-ups. Nationale oder supranationale Standortpolitik (direkte oder indirekte Förderungsoptionen): – Steuerpolitik – Akademische Grundlagenforschung – Bereitstellung einer wissenschaftlichen Infrastruktur In Nachrichtenportalen für Investoren werden Förderungen oft publiziert, um finanzielles Interesse zu wecken
5	Klinische Forschung	Klinische Datenbanken – Clinical Trials – EudraCT/EU Clinical Trials Register – Clinical Trials Information System (CTIS) – International Clinical Trials Registry Platform (ICTRP)
6	Klinische Entwicklung	Bilanzen von Universitäten und Jahresberichte
7	Regulierung und Marktzulassung	Nationale Steuerpolitik, die indirekt Pharmafirmen produktunspezifisch unterstützt über – Steuervorteile – Spenden, die Steuergutschriften bringen Unterstützungsprogramme von Zulassungsbehörde EMA – Orphan designation – PRIME: priority medicines – ATMP designation
8	Generierung von Evidenz nach der Markteinführung	Real-World-Evidence (RWE) Generierung in der Praxis nach Zulassung durch lokale oder nationale Register, die dann den entsprechenden Pharmafirmen zur Verfügung gestellt werden

Arzneimittel-Kompass 2025

sen der wissenschaftlichen Literatur sowie den NIH-RePORTER zur Nachverfolgung öffentlicher Fördergelder. Für klinische Studien werden vorwiegend die International Clinical Trials Registry Platform (ICTRP) und ClinicalTrials.gov herangezogen.

Unsere Forschung geht bewusst über diese eingeschränkte Perspektive hinaus, indem wir ein deutlich breiteres Quellenspektrum erschließen. Wir beziehen systematisch europäische Informationsquellen ein und berücksichtigen zusätzlich nationale Fördergeber. Diese methodische Erweiterung ermöglicht ein wesentlich umfassenderes Verständnis der öffentlichen Beiträge zur Arzneimittelentwicklung.

Besonders innovativ ist unser Ansatz bei der Analyse von fehlgeschlagenen Entwicklungsprojekten mit öffentlicher Finanzierung – ein Bereich, der trotz seiner Bedeutung für das Verständnis öffentlicher Risikoinvestitionen bislang kaum erforscht wurde. Ebenso widmen wir uns den späteren Phasen der Arzneimittelentwicklung, deren öffentliche Unterstützung besonders intransparent dokumentiert ist. Dies betrifft sowohl die Marktzulassung als auch die Phase nach der Markteinführung, wo nationale Steueranreize, spezielle Förderungen für Orphan-Arzneimittel, Steuerabzugsregelungen für Spendenprogramme und öffentlich finanzierte Datenerhebungen nach der Markteinführung eine wichtige, aber oft übersehene Rolle spielen.

Durch diesen umfassenderen methodischen Ansatz gewinnen unsere Analysen eine deutlich höhere Informationstiefe und ermöglichen ein vollständigeres Bild der vielschichtigen öffentlichen Beiträge zur Arzneimittelentwicklung.

13.4 Gestaltung nachhaltiger Arzneimittelpreise

13.4.1 Plädoyer für die Notwendigkeit von Transparenz bei der Arzneimittelentwicklung

Die Analyse öffentlicher Beiträge zur Entwicklung medizinischer Produkte als Forschungsfeld begann sich vor etwa einem Jahrzehnt zu entwickeln und hat in den letzten Jahren an Dynamik gewonnen. Bisher fehlt jedoch eine standardisierte Methodik. Unsere Forschung zielte darauf ab, diese Lücke zu schließen und einen strukturierten und systematischen Rahmen für die Datenerhebung zu bieten. Wir unterteilten zunächst die Produktentwicklung in Phasen und suchten – unterstützt durch gezielte Interviews mit Expertinnen und Experten auf diesem Gebiet – in der veröffentlichten Literatur nach Kategorien öffentlicher Beiträge. Wir konnten acht Kategorien identifizieren, die direkte, aber auch indirekte öffentliche Förderungen umfassen. Während supranationale Förderorganisationen (EK und NIH) ihre Ausgaben für F&E sehr transparent berichten, sind nationale Ausgaben nicht in derart strukturierter Form (Förderempfänger, -inhalt und -summe) verfügbar. Das Fehlen einer standardisierten Berichterstattung über öffentliche F&E-Ausgaben und deren Ergebnisse (gemessen in Key Performance Indicators [KPIs]), wie etwa deren Verkauf und Weiterverwendung, ist Teil des Problems der Intransparenz, die sich die Pharmaindustrie zunutze macht, um den Mythos aufrechtzuerhalten, als ausschließlicher Innovator zu gelten und alleinig Unsummen für F&E auszugeben.

Dieser Mangel an einer Systematik zur Berichterstattung öffentlicher, aber ebenso privater Investitionen erschwert es, Licht ins Dunkel zu den jeweiligen (privaten wie öffentlichen) Beiträgen zu Innovationen zu bringen und die Opportunitätskosten der risikoreichen öffentlichen Investitionen vor allem in frühe Forschung zu konkretisieren. Während jährlich neue Preisrekorde für die teuersten Medikamente gebrochen werden, verfügt der öffentliche Sektor nicht über genügend Daten, um die direkten und indirekten öffentlichen Beiträge zur Grundlagenforschung, zur angewandten und translationalen Forschung sowie zur Methodenforschung zu belegen und um in Verhandlungen niedrigere Preise zu erzielen.

Unsere Ergebnisse belegen, wie Produktentwicklung abläuft, nämlich in Form von Forschungspartnerschaften mit öffentlichen Forschungseinrichtungen und kleinen Biotech-Start-ups. Große Pharmaunternehmen verfügen über ein hohes Ausmaß an „Business Intelligence", wie etwa Patent-Scouts, die wesentliche Entscheidungen zum Ankauf vielversprechender Produkt-Entwicklungen unterstützen. Pharmaunternehmen vergüten Forschungsergebnisse nach festgelegten Meilensteinen. Die global tätigen Pharmaunternehmen übernehmen anschließend die endgültige Zulassung und Markteinführung. Von dieser „Business Intelligence" kann der öffentliche Sektor lernen. Die Investition in IHSI (International Horizon Scanning Initiative[2]) und die Unterstützung von fairer Preisgestaltung durch Daten, war ein Schritt zur Steigerung der öffentlichen „Business Intelligence".

Die Belege für öffentliche und philanthropische Beiträge zur Entwicklung von Medikamenten sind ausreichend dokumentiert und der Bedarf an transparenter Berichterstattung ist offensichtlich. Eine abgestimmte öffentliche Politik, die Transparenz bei F&E-Investitionen fördert, ist entscheidend. Einige Länder – wie Italien, Frankreich und seit kurzem auch Österreich – sind Vorreiter bei der Umsetzung von Transparenzanforderungen. Für jedes neue (hochpreisige) Medikament, das erstattet werden soll, müssen die Entwicklungsgeschichte und die öffentlichen Beiträge dazu vorgelegt werden. Dennoch bleibt die Umsetzung ohne klare Definitionen (direkte vs. indirekte Beiträge) oder Sanktionen bei Verstößen wirkungslos. Für eine ernsthafte Umsetzung sind nicht nur transparente Daten zu direkten öffentlichen Beiträgen (die zu Produkten führen) erforderlich, sondern auch qualitativ hochwertige Informationen zu indirekten Finanzierungen, einschließlich Steuererleichterungen, Vor- und Zuarbeiten bei der Methodik (etwa Verarbeitung von Big Data), Instrumenten (etwa Datenbanken zu Zielmolekülen) und Techniken (etwa die Genschere CRISPR). Nicht zuletzt ist die Kommunikation unter Verwendung desselben Vokabulars entscheidend: Während im privaten Sektor von Risikokapital, „versunkenen Kosten" für aufgegebene oder gescheiterte Projekte und Kosten für Kapital gesprochen wird, werden diese Termini Technici für öffentliche Investitionen niemals verwendet, obwohl sie die dieselbe Gültigkeit haben.

13.4.2 Von der Idee zur Konkretisierung

Es besteht erhebliche Skepsis, dass die Forderung nach mehr Transparenz bei Entwicklungsausgaben lediglich ein politisches Statement ohne konkrete Auswirkungen ist. Um dieser berechtigten Skepsis hinsichtlich fehlender praktischer Implikationen und damit fehlender Relevanz der vorgeschlagenen Systematik zur Berichterstattung entgegenzuwirken, wollen wir auch Ideen und Vorschläge vorlegen.

Die Frage ist nicht so sehr, warum wir öffentliche Beiträge berücksichtigen müssen, sondern wie wir die beträchtlichen öffentlichen Mittel, insbesondere von europäischen und US-amerikanischen öffentlichen Einrichtungen, erfassen können. Der im Artikel 57 der neuen EU-Verordnung vorgebrachte Vorschlag enthält Transparenzanforderungen an die Industrie. Die Voraussetzungen, die eine Überprüfung und Überwachung ermöglichen, sind derzeit nur unzureichend gegeben. Wie hier gezeigt wurde, sind die indirekten öffentlichen Beiträge jedoch ebenso relevant wie die direkten.

1. Eine einheitliche transparente Berichterstattung über öffentliche Subventionen

---

2 ▶ https://ihsi-health.org/.

für F&E sowie Wirtschafts- und Standortförderung ist nötig, um die Angaben der Pharmaindustrie überprüfen zu können; leicht zugängliche Websites auf nationaler sowie auf EU-Ebene sind notwendig, auf denen alle direkten und indirekten Fördergelder einfach zu finden sind. Diese standardisierte Offenlegung aller öffentlichen und gemeinnützigen Fördergelder müsste auch die veräußerten Ergebnisse wie Patente und Firmengründungen transparent machen und so detailliertere Einblicke in die geförderten Projekte und deren Rückfluss ermöglichen. Zusätzlich sollen Lizenzvereinbarungen, Patentverkäufe sowie Kooperationen zwischen Universitäten und Pharmafirmen offengelegt werden.
2. Bislang haben nur wenige Länder (Italien, Frankreich, Österreich) Transparenzanforderungen bei der Einreichung für Erstattungen vorgegeben. Diese bleiben jedoch freiwillig, solange keine Sanktionen (etwa Zurückstellungen, bis Daten vorgelegt werden) folgen. Den Transparenzanforderungen nachzukommen wird infolge der Umsetzung der (neuen) EU-Arzneimittelverordnung verpflichtend. Es ist davon auszugehen, dass weitere Länder die Informationen in Preisverhandlungen verwenden wollen. Hier sind ein Austausch von Erfahrungen – ähnlich wie zu Managed Entry Agreements (MEA) – zu organisieren, um eine Operationalisierung der Transparenzklausel zu beschleunigen.

Da die Pharmaindustrie bislang ihre Ausgaben ohne standardisierte Definition von F&E deklariert, ist eine allgemein gültige Definition notwendig, um eine Vergleichbarkeit zwischen öffentlichen und privaten F&E-Ausgaben herzustellen. Das von der OECD (Organisation für wirtschaftliche Zusammenarbeit und Entwicklung) entwickelte Frascati-Manual bietet eine Definition, wobei F&E als „kreative und systematische Arbeit, die unternommen wird, um den Wissensbestand zu erweitern – einschließlich Wissen über die Menschheit, Kultur und Gesellschaft – und neue Anwendungen des verfügbaren Wissens zu entwickeln" (Organisation for Economic Co-operation and Development 2015) gesehen wird.
3. Es werden verbindliche Anforderungen an die F&E-Berichterstattung der Industrie mit klar definierten Ein- und Ausschlusskriterien für eine bessere Vergleichbarkeit zwischen öffentlichen und privaten F&E-Ausgaben empfohlen: Etwa ist unklar, ob der Ankauf von Wissen über M&A-Kosten für die Lizensierung als F&E-Ausgaben deklariert werden kann; ebenso wenig, ob „Seeding Trials" zur Steigerung der Marktanteile als F&E gelten. Die öffentliche Verfügbarkeit von diesen F&E-Berichten ist entscheidend: Die von den Pharmafirmen bereitgestellten Berichte müssen der Öffentlichkeit zugänglich gemacht werden und die Unternehmen müssen den Zugriff auf die Daten in einem leicht filterbaren und leicht zu bearbeitenden Format ermöglichen, das Nutzern und Forschern das Herunterladen, Analysieren und Überprüfen der Dateien erleichtert.

Detaillierte vertragliche Optionen für die Bedingungen und Anforderungen an die öffentliche Förderung von F&E sind erforderlich. Diese an öffentliche Beiträge geknüpften Bedingungen sind bislang unzureichend durchdacht, müssen aber als zentrale politische Maßnahme in Angriff genommen werden.
4. Als Bedingungen können beispielsweise ein fairer Preis über eine „Angemessenheitspreisklausel", offener Zugang zu geistigen Eigentumsrechten (Open Access Pool für akademische Forschungsergebnisse, um echten Wettbewerb statt monopolistische Vermarktung zu fördern), Gewinnbeteiligung bei Erreichung von Umsatzschwellwerten oder die Rückzahlung der Anfangsinvestition bei Umsatzschwellwerten oder Lizenzgebühren an die Öffentlichkeit ausformuliert werden. Ebenso ist eine Reinvestitionsverpflichtung und -kontrolle (statt naivem Vertrauen) möglich.

Schließlich müssen die Rolle und Bereitschaft politischer Entscheidungsträger hervorgehoben werden, alle transparenten Informationen über öffentliche Beiträge zu nutzen. Andernfalls bleibt die Transparenzklausel „totes Papier", anstatt einen Paradigmenwechsel zu befördern. Da die Pharmaindustrie die Preise nicht mehr in Abhängigkeit zu den Forschungsausgaben kalkuliert, sondern vom durch die Finanzmärkte und deren Investoren bestimmten Marktwert (oft beschönigend „Value-based Pricing" genannt), ist die Verabschiedung des Mythos, dass kommerzielle Unternehmen alleinige Innovatoren sind, Voraussetzung.

5. Die Weiterentwicklung oder Wiederbelebung der öffentlichen Infrastruktur nicht nur zur Erforschung, sondern auch zur Entwicklung bis hin zur Zulassung von Arzneimitteln ist ein inzwischen diskutiertes Mittel der Wahl (Scientific Foresight Unit 2021) die Machtposition der Pharmaindustrie und das Versagen des Marktes bei lebensnotwendigen Medikamenten wie Antibiotika entgegenzutreten (Schmidt et al. 2025). Das Ergebnis wäre ein selbstbewusstes Auftreten öffentlicher Institutionen als Innovatoren.

13.5 Schlussfolgerung

Öffentliche und private Finanzierung der Arzneimittelentwicklung sind komplementäre Aktivitäten, die arbeitsteilig erfolgen und mit hohem Risikokapitaleinsatz einhergehen. Öffentliche F&E-Ausgaben haben makroökonomische Auswirkungen auf das Bruttoinlandprodukt (BIP) und mikroökonomische Auswirkungen auf die Unternehmenseinnahmen. Die strategischen Ziele öffentlicher F&E in den Bereichen Gesundheit, Biowissenschaften und Biotechnologie müssen jedoch in erster Linie den Interessen der öffentlichen Gesundheit und erst in zweiter Linie wirtschaftlichen Interessen dienen. Die Komplementarität basiert auf einer impliziten Vereinbarung (dem sogenannten „Gesellschaftsvertrag"; Reisel und Sama 2003) zwischen Regierungen, Bürgern, Organisationen und privaten Wirtschaftsakteuren, dass gegenseitige Verpflichtungen der Vertragspartner bestehen. Im Kontext von Arzneimitteln (und anderen medizinischen Produkten) verpflichten sich Unternehmen, Medikamente auf den Markt zu bringen, die Gesundheitsbedürfnisse decken, im Austausch für Gewinne, die ihre Investitionen kompensieren. Die Rolle der Regierungen besteht – innerhalb dieses Gesellschaftsvertrags – darin, den rechtlichen und regulatorischen Rahmen zu schaffen. Wenn Therapien aufgrund unerschwinglicher Preise nicht verfügbar sind, muss dieses System der Komplementarität als gescheitert angesehen werden.

Literatur

Annett S (2021) Pharmaceutical drug development: high drug prices and the hidden role of public funding. Biol Futur 72(2):129–138. https://doi.org/10.1007/s42977-020-00025-5

Barenie RE, Kesselheim AS (2021) Buprenorphine for opioid use disorder: the role of public funding in its development. Drug Alcohol Depend 219:108491. https://doi.org/10.1016/j.drugalcdep.2020.108491

Barenie RE, Darrow J, Avorn J, Kesselheim AS (2021a) Discovery and development of Pregabalin (Lyrica): the role of public funding. Neurology 97(17):e1653–e1660. https://doi.org/10.1212/wnl.0000000000012730

Barenie RE, Avorn J, Tessema FA, Kesselheim AS (2021b) Public funding for transformative drugs: the case of sofosbuvir. Drug Discov Today 26(1):273–281

Bogaert P, Ewert K, Dirkzwager R (2023) EU Pharma legislation review series: access to documents and transparency of R&D funding. https://www.insideeulifesciences.com/2023/04/28/eu-pharma-legislation-review-series-access-to-documents-and-transparency-of-rd-funding/. Zugegriffen: 30. Juli 2025

Cleary EG, Beierlein JM, Khanuja NS, McNamee LM, Ledley FD (2018) Contribution of NIH funding to new drug approvals 2010–2016. Proc Natl Acad Sci USA 115(10):2329–2334. https://doi.org/10.1073/pnas.1715368115

Cleary EG, Jackson MJ, Ledley FD (2021) Government as the first investor in biopharmaceutical innovation: evidence from new drug approvals 2010–2019. Working paper no 133, issue. https://www.ineteconomics.org/uploads/papers/WP_133-Revised-2021.0719-Cleary-Jackson-Ledley.pdf. Zugegriffen: 30. Juli 2025

Cleary EG, Jackson MJ, Zhou EW, Ledley FD (2023) Comparison of research spending on new drug approvals by the national institutes of health vs the pharmaceutical industry, 2010–2019. JAMA Health Forum 4(4):e230511

European Commission (EC) (2023a) Proposal for a Directive of the European Parliament and of the Council on the Union code relating to medicinal products for human use, and repealing Directive 2001/83/EC and Directive 2009/35/EC. https://health.ec.europa.eu/publications/proposal-directive-union-code-relating-medicinal-products-human-use_en

European Commission (EC) (2023b) Proposal for a Regulation of the European Parliament and of the Council laying down Union procedures for the authorisation and supervision of medicinal products for human use and establishing rules governing the European Medicines Agency, amending Regulation (EC) No 1394/2007 and Regulation (EU) No 536/2014 and repealing Regulation (EC) No 726/2004, Regulation (EC) No 141/2000 and Regulation (EC) No 1901/2006. https://health.ec.europa.eu/publications/proposal-regulation-laying-down-union-procedures-authorisation-and-supervision-medicinal-products_en

Forman R, Anderson M, Jit M, Mossialos E (2020) Ensuring access and affordability through COVID-19 vaccine research and development investments: a proposal for the options market for vaccines. Vaccine 38(39):6075–6077. https://doi.org/10.1016/j.vaccine.2020.07.068

Global Justice Now (2017) Pills and profits. How drug companies make a killing out of public research. https://stopaids.org.uk/wp-content/uploads/2017/10/Pills-and-profits-report-WEB-002.pdf. Zugegriffen: 30. Juli 2025

Gotham D, McKenna L, Frick M, Lessem E (2020) Public investments in the clinical development of bedaquiline. PLoS ONE 15(9):e239118. https://doi.org/10.1371/journal.pone.0239118

Kneller R (2010) The importance of new companies for drug discovery: origins of a decade of new drugs. Nat Rev Drug Discov 9(11):867–882

Lalani H, Nagar S, Sarpatwari A, Barenie R, Avorn J, Rome B, Kesselheim A (2023) US public investment in development of mRNA covid-19 vaccines: retrospective cohort study. BMJ 380:e73747. https://doi.org/10.1136/bmj-2022-073747

Mazzucato M (2013) The entrepreneurial state – debunking public vs private sector myths. Penguin Random House

Nayak RK, Avorn J, Kesselheim AS (2019) Public sector financial support for late stage discovery of new drugs in the United States: cohort study. BMJ 367:l5766. https://doi.org/10.1136/bmj.l5766

Nayak RK, Lee CC, Avorn J, Kesselheim AS (2021) Public-sector contributions to novel biologic drugs. JAMA Intern Med 181(11):1522–1525. https://doi.org/10.1001/jamainternmed.2021.3720

Newham M, Vokinger KN (2022) Adverse effects of acquisitions in the pharmaceutical industry. Nat Med 28(7):1342–1344. https://doi.org/10.1038/s41591-022-01784-5

Organisation for Economic Co-operation and Development (2015) Frascati Manual 2015. OECD https://doi.org/10.1787/9789264239012-en

Reisel WD, Sama LM (2003) The distribution of life-saving pharmaceuticals: viewing the conflict between social efficiency and economic efficiency through a social contract lens. Bus Soc Rev 108(3):365–387

Roy V (2017) The financialization of a cure: a political economy of biomedical innovation, pricing, and public health. University of Cambridge

Roy V (2023) Financing covid-19 mRNA vaccines. BMJ 380:413

Sampat B, Lichtenberg F (2011) What are the respective roles of the public and private sectors in pharmaceutical innovation? Health Aff 30(2):332–339

Schmidt L, Wild C (2020) Assessing the public and philanthropic financial contribution to the development of new drugs: a bibliographic analysis. Sci Technol Public Policy 4(1):8–14

Schmidt L, Sehic O, Wild C (2021) EU FP7 research funding for an orphan drug (Orfadin®) and vaccine (Hep C) development: a success and a failure? J Pharm Policy Pract 14(1):37. https://doi.org/10.1186/s40545-021-00317-8

Schmidt L, Sehic O, Wild C (2022) Counting the cost of public (governmental and charitable) R&D funding: the case of Olaparib. J Pharm Policy Pract 15:47. https://doi.org/10.1186/s40545-022-00445-9

Schmidt L, Sehic O, Theuretzbacher U, Fabian D, Wild C (2025) Piloting a framework for analyzing the public contributions to R&D: new antibiotics in focus. J Pharm Policy Pract. https://doi.org/10.1080/20523211.2024.2449045

Scientific Foresight Unit (STOA) (2021) European pharmaceutical research and development: could public infrastructure overcome market failures? https://www.europarl.europa.eu/RegData/etudes/STUD/2021/697197/EPRS_STU(2021)697197_EN.pdf

Stevens AJ, Jensen JJ, Wyller K, Kilgore PC, Chatterjee S, Rohrbaugh ML (2011) The role of public-sector research in the discovery of drugs and vaccines. N Engl J Med 364(6):535–541. https://doi.org/10.1056/NEJMsa1008268

Stevens AJ, Benson DE, Dodson SE, Jensen JJ, Rohrbaugh ML (2023) Role of global public sector research in discovering new drugs and vaccines. J Technol Transf. https://doi.org/10.1007/s10961-023-10007-z

Tessema FA, Barenie RE, Avorn J, Kesselheim AS (2023) Federal funding for discovery and development of costly HIV drugs was far more than previously estimated. Health Aff. https://doi.org/10.1377/hlthaff.2022.01134

Vokinger KN, Avorn J, Kesselheim AS (2023) Sources of innovation in gene therapies – approaches to achieving affordable prices. N Engl J Med 388(4):292–295. https://doi.org/10.1056/NEJMp2211729

Wild C, Fabian D (2024) Role of public contributions to the development of health innovations and its integration in value assessment and pricing/reimbursement decisions. HTA-Projektbericht 158 (https://eprints.aihta.at/1499/)

Wild C, Sehic O, Schmidt L, Fabian D (2025) Public contributions to R&D of medical innovations: a framework for analysis. Health Policy 152:105235. https://doi.org/10.1016/j.healthpol.2024.105235

World Health Assembly (2019) WHA72 resolution: improving the transparency of markets for medicines, vaccines, and other health products. Seventy-second World Health Assembly, Geneva, S 20–28

Open Access Dieses Kapitel wird unter der Creative Commons Namensnennung – Nicht kommerziell – Keine Bearbeitung 4.0 International Lizenz (http://creativecommons.org/licenses/by-nc-nd/4.0/deed.de) veröffentlicht, welche die nicht-kommerzielle Nutzung, Vervielfältigung, Verbreitung und Wiedergabe in jeglichem Medium und Format erlaubt, sofern Sie den/die ursprünglichen Autor*in(nen) und die Quelle ordnungsgemäß nennen, einen Link zur Creative Commons Lizenz beifügen und angeben, ob Änderungen vorgenommen wurden. Die Lizenz gibt Ihnen nicht das Recht, bearbeitete oder sonst wie umgestaltete Fassungen dieses Werkes zu verbreiten oder öffentlich wiederzugeben.

Die in diesem Kapitel enthaltenen Bilder und sonstiges Drittmaterial unterliegen ebenfalls der genannten Creative Commons Lizenz, sofern sich aus der Abbildungslegende nichts anderes ergibt. Sofern das betreffende Material nicht unter der genannten Creative Commons Lizenz steht und die betreffende Handlung nicht nach gesetzlichen Vorschriften erlaubt ist, ist auch für die oben aufgeführten nicht-kommerziellen Weiterverwendungen des Materials die Einwilligung des/der betreffenden Rechteinhaber*in einzuholen.

Wert(e) und Kosten: Fairness und Wirtschaftlichkeit auf dem globalen Markt für HIV-Medikamente

Gesine Meyer-Rath

Inhaltsverzeichnis

14.1	Warum HIV? – 199	
14.2	Phasen der ARV-Einführung – 200	
14.2.1	1987 bis 1995: Monotherapie und Dualtherapie – 200	
14.2.2	Mitte bis Ende der 1990er Jahre: Hochaktive ART – 201	
14.2.3	Anfang der 2000er Jahre: Nutzung von flexiblen Patentregelungen zur Schaffung eines globalen Marktes – 201	
14.2.4	2003–2010: Aufbau eines globalen Marktes – 203	
14.2.5	2010–2015: Ausbau des globalen Marktes durch Ausweitung des Zugangs und vereinfachte Bereitstellung – 205	
14.2.6	2016–2025: Optimierung der Behandlungsregime und Stagnation des Wachstums – 206	
14.2.7	Jenseits von ART: Eignen sich antiretrovirale Medikamente auch zur Prävention? – 207	
14.3	Wir werden AIDS vielleicht doch nicht besiegen können – 208	

© Der/die Autor(en) 2025
H. Schröder et al. (Hrsg.), *Arzneimittel-Kompass 2025*, https://doi.org/10.1007/978-3-662-72460-6_14

14.4 Was können wir aus der Situation hinsichtlich HIV für die Preisgestaltung von Medikamenten weltweit und in Deutschland lernen? – 209

Literatur – 209

Kapitel 14 · Fairness und Wirtschaftlichkeit auf dem globalen Markt

▸▸ Zusammenfassung

In diesem Kapitel wird das Beispiel antiretroviraler (ARV) Medikamente zur Bekämpfung von HIV als Fallstudie herangezogen, um zu zeigen, wie eine erfolgreiche Arzneimittelpreisgestaltung stärker am Bedarf als an Kosten ausgerichtet werden kann. Dabei werden Lehren für einkommensstarke Länder wie Deutschland gezogen, die in der Umsetzung hinter ärmeren Ländern zurückbleiben. Es wird beschrieben, wie über drei Jahrzehnte hinweg durch Patentflexibilitäten, Generikawettbewerb, innovative Finanzierungen, öffentlich-private Partnerschaften und große finanzielle Zusagen bi- und multilateraler Geldgeber ein Markt geschaffen wurde, in dem Anfang der 2000er Jahre eine hohe Nachfrage die Preise in mehreren Schritten deutlich reduzierte. Unermüdliches Engagement der Zivilgesellschaft und die Koordination aller Beteiligten trugen dazu bei, diesen Markt zu stabilisieren. Das Kapitel erläutert die sieben Phasen der Preisgestaltung für ARV-Medikamente und zeichnet den Weg von der Monotherapie für Versicherte in einkommensstarken Ländern hin zur effektiven Kombinationstherapie für Mio. Menschen weltweit nach, insbesondere in Ländern mit niedrigem und mittlerem Durchschnittseinkommen und hoher HIV-Prävalenz. Der Erfolg dieser Entwicklung ist unbestreitbar: HIV-Infektionen wurden seit 1996 um 61 % auf 1,3 Mio. reduziert, AIDS-bedingte Todesfälle um 70 % auf 630.000 gesenkt, und die Lebenserwartung von Menschen mit HIV konnte von wenigen Monaten auf eine durchschnittliche Lebensdauer verlängert werden. Der Beitrag zeigt jedoch auch, wie schwierig es ist, diese Prinzipien auf die Schaffung von Märkten für den präventiven Einsatz von ARV zu übertragen. Abschließend werden die möglichen Folgen der jüngsten drastischen Kürzungen der Mittel für Entwicklungszusammenarbeit für den Gesundheitsbereich zusammengefasst, die die globalen Bemühungen zur Bekämpfung von AIDS gefährden, jahrzehntelange Fortschritte zunichtemachen und einen weltweiten Markt einschränken könnten, von dem sowohl Hersteller als auch Patientinnen und Patienten in einkommensstarken und einkommensschwachen Ländern profitieren.

Zu beachten ist, dass wir uns in diesem Beitrag – sofern nicht anders angegeben – ausschließlich auf Arzneimittelkosten beziehen.

14.1 Warum HIV?

Dieses Kapitel untersucht, wie sich die Preise für antiretrovirale Medikamente (ARV) in den vier Jahrzehnten seit ihrer Einführung verändert haben. Diese Arzneimittel wurden entwickelt, um das humane Immunschwächevirus (HIV) zu bekämpfen und die dadurch verursachte Krankheit AIDS zu verhindern oder zu behandeln.

Bei HIV zeigt sich eindrucksvoll, wie eine globale Gesundheitskrise durch den geschickten Einsatz zuvor unzureichend genutzter Instrumente bewältigt werden konnte, die bis heute die Pharmamärkte prägen: freiwillige Lizenzen, internationale Handelsabkommen, gebündelte Beschaffung, zivilgesellschaftliches Engagement, innovative Finanzierungsmodelle und öffentlich-private Partnerschaften – und das schon 30 Jahre vor Covid-19. Diese Instrumente sind weiterhin entscheidend für die Sicherstellung der globalen Gesundheit, und die jüngste Pandemie hat sie erneut ins Rampenlicht gerückt. Überraschenderweise können einkommensstarke Länder wie Deutschland von ärmeren Ländern lernen, wie man diese Möglichkeiten optimal nutzt. Studien zeigen, dass wohlhabende Länder oft kostensenkende Maßnahmen wie gebündelte Beschaffung, den Einsatz günstigerer Generika oder die Verlagerung von Aufgaben auf niedrigere Ebenen des Gesundheitssystems nicht ausschöpfen (Waning et al. 2009; Unitaid 2016). Angesichts schrumpfender Budgets und steigender Anforderungen ist es vielleicht für den globalen Norden an der Zeit, diese Lektionen vom Süden zu übernehmen.

HIV-Medikamente sind ein hervorragendes Beispiel dafür, dass Arzneimittelpreise eher nach Bedarf als nach Kosten festgelegt werden sollten. Gewinne können entweder durch hohe Margen erzielt werden, die den Markt aufgrund eingeschränkter Finanzierbarkeit begrenzen, oder durch niedrigere Margen und Preise, die einen größeren Markt schaffen. Beide Ansätze können ähnliche Gewinne generieren. Antiretrovirale Medikamente zur Behandlung und Prävention von HIV verdeutlichen diesen Konflikt seit Jahrzehnten. Angesichts der tödlichen Folgen von unbehandeltem HIV, seiner ungleichen weltweiten Verbreitung und der makroökonomischen Auswirkungen auf die erwerbstätige Bevölkerung entfaltet sich diese Spannung vor einem außergewöhnlich akuten humanitären Hintergrund. HIV zeigt somit nicht nur das Spannungsfeld zwischen Bedarf und Kosten, sondern auch zwischen wirtschaftlichen Überlegungen und humanitären Werten auf.

Aus der Vielzahl potenzieller Angriffspunkte innerhalb des Replikationszyklus eines HI-Virus eignen sich nur wenige für eine erfolgreiche therapeutische Beeinflussung. Die Enzyme Reverse Transkriptase, Protease und Integrase können mit oral verabreichbaren Medikamenten gebremst werden: mit Reverse-Transkriptase-Hemmern wie Abacavir und Emtricitabin, Proteasehemmern wie Lopinavir (verstärkt mit Ritonavir) und Integrasehemmern wie Dolutegravir und Cabotegravir. Kombinationen aus drei antiretroviralen Medikamenten nutzen die hochwirksame Strategie, die viralen Enzyme von verschiedenen Seiten anzugreifen und resistenzauslösende Mutationen zu unterbinden. Fusionshemmer und CCR5-Antagonisten verhindern die Anheftung und das Eindringen des Virus in CD4+-T-Zellen, werden jedoch selten eingesetzt, da sie injiziert werden müssen bzw. spezifische Tropismus-Tests erfordern. Zuletzt wurden der Post-Attachment-Inhibitor Ibalizumab, ein monoklonaler Antikörper, und der Kapsid-Inhibitor Lenacapavir zugelassen, jedoch nur für vorbehandelte Patienten.

Die weltweite Einführung von ARV-Medikamenten verlief in mehreren Phasen, die jeweils spezifische Auswirkungen auf die Preisgestaltung dieser Medikamente hatten.

14.2 Phasen der ARV-Einführung

14.2.1 1987 bis 1995: Monotherapie und Dualtherapie

AIDS wurde 1981 erstmals klinisch beschrieben und 1982 benannt; das HI-Virus wurde 1983 isoliert und erhielt 1986 seinen Namen. Das erste antiretrovirale Medikament (ARV), Zidovudin oder AZT, ein Nukleosidanalogon, das ursprünglich 1964 als potenzielles Krebsmedikament entwickelt worden war, zeigte 1985 in vitro Wirksamkeit gegen HIV, wurde anschließend an Menschen getestet und im März 1987 von der Food and Drug Administration (FDA) zugelassen. Ab 1991 ermöglichte die Einführung der Nukleosidischen Reverse-Transkriptase-Hemmer eine Kombinationstherapie mit Medikamenten aus zwei Klassen. Die frühen antiretroviralen Therapien (ART) waren jedoch mit nominalen jährlichen Kosten von 10.000 bis 15.000 US-Dollar pro Patient sehr kostspielig (CRS 2001). Dies führte zu einem unausgewogenen Markt, bei dem nur wenige Menschen in Ländern mit hohem Durchschnittseinkommen, vor allem in Nordamerika und Europa, Zugang zu diesen Medikamenten hatten – sei es durch private Mittel oder Krankenversicherungen. Der Großteil der HIV-Infizierten, sowohl in diesen Ländern als auch in Ländern mit niedrigem und mittlerem Durchschnittseinkommen (LMICs), blieb ohne Zugang, obwohl sie die Mehrheit darstellten. Zudem war die Wirksamkeit der Arzneimittel begrenzt: AZT verlängerte die Lebenserwartung lediglich um wenige Monate (Anderson et al. 1992), erforderte mehrmals tägliche Einnahme mehrerer Tabletten und hatte erhebliche Nebenwirkungen, die zusätzliche Behandlungen und damit weitere Kosten verursachten (CRS 2001; Beck et al. 1996).

14.2.2 Mitte bis Ende der 1990er Jahre: Hochaktive ART

1996 wurden Einzelmedikamente und Doppeltherapien durch hochwirksame ART (HAART) ersetzt, die aus mindestens drei Medikamenten aus drei Klassen bestand, darunter mindestens ein Proteasehemmer oder ein Nicht-Nukleotid-Reverse-Transkriptase-Hemmer. Diese Kombination zeigte eine deutlich höhere Wirksamkeit im Vergleich zu früheren Therapien. Die Arzneimittel mussten nur zweimal täglich eingenommen werden und verursachten erheblich weniger Nebenwirkungen. Allerdings blieben die Kosten hoch, was den Zugang in Ländern mit hoher HIV-Prävalenz weiterhin erschwerte. Ab 1999 führten die kumulierten Auswirkungen von Virusresistenzen oder Arzneimittelunverträglichkeiten nach anfänglichen Einsparungen durch die geringere Tablettenlast zu steigenden Kosten (Bozzette et al. 2001). Auch die längere Überlebensdauer trug zu höheren Gesamtkosten sowie höheren Kosten je Patient bei (Nykamp et al. 1997).

Nach erfolgreichen Verhandlungen mit mehreren Pharmaunternehmen, die Forschung und Entwicklung betreiben, begann die von UNAIDS unterstützte Drug Access Initiative 1997 mit der Bereitstellung antiretroviraler Medikamente für Tausende von Patientinnen und Patienten in städtischen Zentren in Côte d'Ivoire, Uganda und im Senegal. Diese wurden zu Preisen angeboten, die bis zu 50-mal niedriger waren als die damaligen Marktpreise in Industrieländern (Djomand et al. 2003). Die Programme erzielten ähnliche Erfolge wie große Kohortenstudien in den USA und Europa, zeigten jedoch auch das Risiko von Therapieversagen aufgrund von finanziell bedingten Unterbrechungen der Arzneimittelversorgung, insbesondere wenn von Behandelten Eigenbeteiligungen erwartet wurden (Desclaux et al. 2003; Katzenstein et al. 2003; Laniece et al. 2003; Laurent et al. 2002; Laurent et al. 2004). Ab 1996 und 1997 führten Brasilien und Thailand die ersten beiden nationalen Behandlungsprogramme in Ländern mit mittlerem Durchschnittseinkommen ein, bei denen Patienten im Rahmen nationaler Programme für universellen Zugang teilweise mit lokal produzierten Generika versorgt wurden (Teixeira et al. 2003; Department of Disease Control, Ministry of Public Health 2004).

Die Ausweitung der hochaktiven antiretroviralen Therapie auf Länder mit hoher HIV-Prävalenz wurde durch eine Entwicklung im Jahr 1995 erschwert: Das TRIPS-Abkommen, einer der Gründungsverträge der neu gegründeten Welthandelsorganisation (WTO), trat in Kraft und etablierte ein globales System zum Schutz des geistigen Eigentums. Es verpflichtete WTO-Mitglieder zu einer 20-jährigen Patentschutzfrist für Arzneimittel, was fast unmittelbar zu höheren Arzneimittelpreisen, der Verhinderung lokaler Herstellung durch Reverse Engineering und Verzögerungen bei der Einführung von Generika führte (Motari et al. 2021).

14.2.3 Anfang der 2000er Jahre: Nutzung von flexiblen Patentregelungen zur Schaffung eines globalen Marktes

Bis Oktober 2000 waren die Preise für antiretrovirale Medikamente, die für ressourcenarme Regionen verfügbar waren, drastisch gefallen – um durchschnittlich 90 % (Perez-Casas et al. 2001; ◘ Abb. 14.1). Bis Februar 2001 sanken sie um weitere 56 %. Drei Faktoren waren verantwortlich: Erstens hatten staatliche Pharmaunternehmen in Brasilien, wo die Patente für ARV der ersten Generation erst 1996 ausliefen, eine Reihe dieser Medikamente nachgebaut (Teixeira et al. 2003).

Zweitens wurden in der Doha-Erklärung, einer Erweiterung des TRIPS-Übereinkommens, die auf der WTO-Ministerkonferenz in Doha im November 2001 verabschiedet wurde (WTO 2001), mehrere TRIPS-Flexibilitäten bekräftigt. Dazu gehört insbesondere die Re-

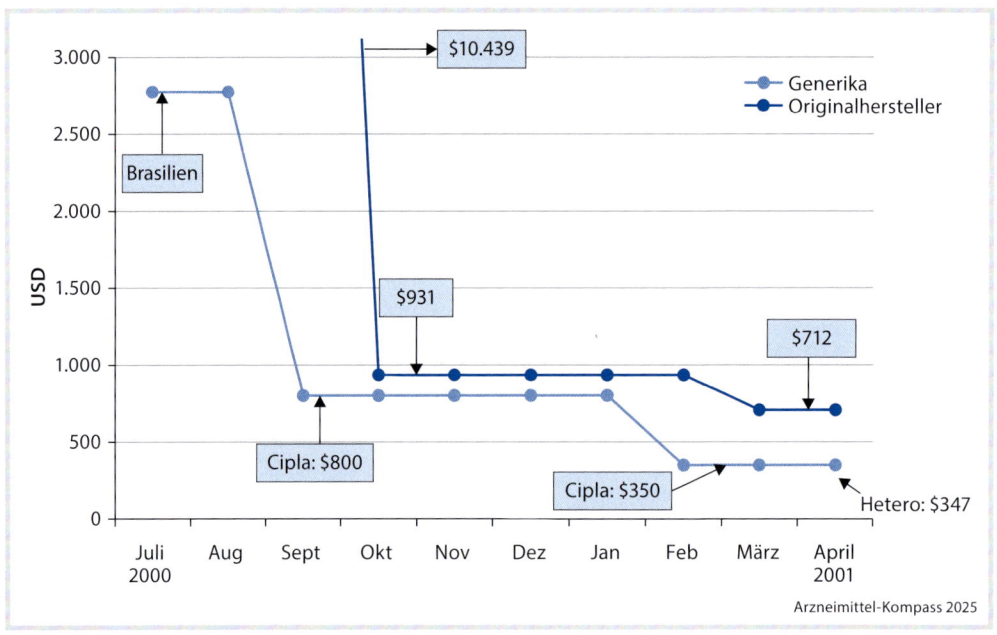

◘ Abb. 14.1 Preisentwicklung der Standard-HAART-Erstlinientherapie (Stavudin + Lamivudin + Nevirapin) 2000–2001 unter Verwendung der weltweit niedrigsten Preise pro Patient und Jahr. (Quelle: Perez-Casas et al. 2001)

gelung zu Zwangslizenzen, die es Regierungen in Zeiten von Gesundheitskrisen oder bei hohen Preisen ermöglicht, die Produktion eines patentierten Medikaments ohne Zustimmung des Patentinhabers zu genehmigen. Ebenso erlaubte die Erklärung Regierungen, patentgeschützte Arzneimittel für nicht kommerzielle Zwecke wie z. B. lebenswichtige Therapien verfügbar zu machen. Dies öffnete den Markt für Generikahersteller, und die Produktionskapazitäten insbesondere von indischen Herstellern, wurden schnell und erheblich gesteigert, unter anderem durch die Unterstützung der Clinton Health Access Initiative (CHAI).

Das dadurch ermöglichte Wachstum des ARV-Marktes insbesondere in Ländern mit niedrigem und mittlerem Einkommen führte zu Skaleneffekten, die die Preise wiederum senkten: Bereits 2001 bot der indische Generikahersteller Cipla ARV-Medikamente für 350 US-Dollar pro Patient und Jahr an (Perez-Casa et al. 2001). Drittens wurde der Zugang von Ländern zu diesen Arzneimitteln durch eine weitere TRIPS-Flexibilität erleichtert, nämlich die parallele Einfuhr günstigerer Versionen patentierter Medikamente aus Ländern, in denen sie zu niedrigeren Preisen verkauft wurden. Innerhalb weniger Monate führte der Wettbewerb mit Generika zu erheblichen Preissenkungen bei den Originalpräparaten.

Gleichzeitig gewann das Eintreten für Gesundheit als Menschenrecht an Bedeutung: Eine wachsende, engagierte Gruppe von Forschenden und Institutionen setzte sich für den universellen Zugang zu antiretroviralen Therapien ein (Attaran und Sachs 2001). Im Juni 2001 verabschiedete eine Sondersitzung der UN-Generalversammlung zum Thema HIV/AIDS – die erste Sitzung der Generalversammlung, die sich einem Gesundheitsthema widmete – eine Resolution, in der sich die teilnehmenden Staaten verpflichteten, die HIV/AIDS-Krise durch Maßnahmen zu bekämpfen, einschließlich der Zusage, bis 2003 „nationale Strategien zu entwickeln, um Gesundheitssysteme zu stärken und Faktoren anzugehen, die die Bereitstellung von HIV-Medikamenten, einschließlich antiretroviraler Medikamente, beeinflussen, wie Finanzierbarkeit und Preisgestaltung, einschließlich differenzierter Preise" (UN 2001). Auf dieser Sitzung wurde AIDS als ein Problem der globalen Sicherheit anerkannt, „wodurch Sicherheit neu definiert wurde und nicht mehr nur das Vorliegen oder Fehlen bewaffneter Konflikte bedeutete" (Piot 2001). In Vorbereitung der Tagung wurde der Globale Fonds zur Bekämpfung von AIDS, Tuberkulose und Malaria (GFATM) gegründet, der im April 2002 begann, Mittel aus zahlreichen Geberländern und -institutionen an nationale Gesundheitsprogramme an zunächst 36 Länder mit niedrigem oder mittlerem Durchschnittseinkommen auszuzahlen.

14.2.4 2003–2010: Aufbau eines globalen Marktes

Die visionäre Annahme, dass die Schaffung eines globalen Marktes für ARV-Medikamente möglich sei, wurde 2003 bestätigt, als innerhalb weniger Monate der President's Emergency Plan for AIDS Relief (PEPFAR) – damals das größte Gesundheitsprogramm weltweit für eine einzelne Krankheit – ins Leben gerufen und die WHO-Initiative „3 by 5" angekündigt wurde, deren Ziel es war, bis 2005 3 Mio. Menschen in LMICs mit ARV-Medikamenten zu versorgen. Zusammen mit dem Globalen Fonds zur Bekämpfung von AIDS, Tuberkulose und Malaria vervielfachte dies die globalen Mittel für die Beschaffung von ARV-Medikamenten in kürzester Zeit.

PEPFAR wurde 2003 von US-Präsident George W. Bush in seiner Rede zur Lage der Nation angekündigt, in der auch der Krieg gegen den Terror thematisiert wurde (Bush 2003). Das Programm erhielt ein anfängliches Budget von 15 Mrd. US-Dollar (USD) für fünf Jahre, wovon 10 Mrd. aus Neuzuweisungen stammten. In den folgenden zwanzig Jahren investierte die US-Regierung jährlich zwischen vier und sechs Mrd. USD in das Programm, das trotz vier Regierungswechseln eine beispiellose parteiübergreifende Unterstützung erfuhr (Wexler et al. 2024).

Angespornt durch erhöhte Finanzmittel, sinkende Arzneimittelpreise und den Erfolg der ersten beiden nationalen Behandlungsprogramme in Thailand und Brasilien sowie durch die Anerkennung der HIV-Epidemie als „Notfall im Bereich der öffentlichen Gesundheit" kündigte die Weltgesundheitsorganisation 2003 ihren Plan an, Entwicklungsländer bei der Ausweitung ihrer nationalen Programme zur antiretroviralen Behandlung zu unterstützen und bis 2005 3 Mio. Menschen weltweit mit ART zu versorgen – von einer Basis von 600.000 – die sogenannte „3 by 5"-Initiative. Einige Länder wie Brasilien, Uganda und Thailand erreichten ihre „3 by 5"-Ziele rechtzeitig, während Länder mit hoher Prävalenz, wie Malawi (Ministry of Health and Population 2004) und Nigeria (Kombe et al. 2004), zwar bis Ende 2004 das Ziel verfehlten, jedoch genug politische Unterstützung gewinnen konnten, um ehrgeizige ART-Programme zu starten. Ein wichtiger Aspekt der „3 by 5"-Initiative war das von der WHO ins Leben gerufene Vorqualifizierungsprogramm zur Sicherung der Qualität generischer ARV-Medikamente, das bis heute besteht.

Durch die Investitionen von PEPFAR und des Globalen Fonds sowie aufgrund der technischen Unterstützung durch beide Organisationen und die WHO konnte ein stabiler globaler Markt für antiretrovirale Medikamente geschaffen und erhalten werden. Dies führte zu einem weiteren Preisrückgang für ARV-Medikamente, bedingt durch Skaleneffekte und den verstärkten Wettbewerb zwischen Generikaherstellern. Die Globalisierung senkte zudem die Transportkosten, während PEPFAR und GFATM den Aufbau von Lieferketten und die Ausbildung neuer Gesundheitsfachkräfte förderten, die in der Lage waren, ARV-Medikamente zu verschreiben, zu überwachen und zu verwalten, auch auf niedrigeren Qualifikationsstufen. Die Systeme für Beschaffung und Datenverwaltung wurden optimiert. Obwohl PEPFAR für Dienstleistungen wie das Lieferkettenmanagement und die Bereitstellung von Laborbedarf, darunter HIV-Viruslast-Testkassetten, bevorzugt US-amerikanische Anbieter

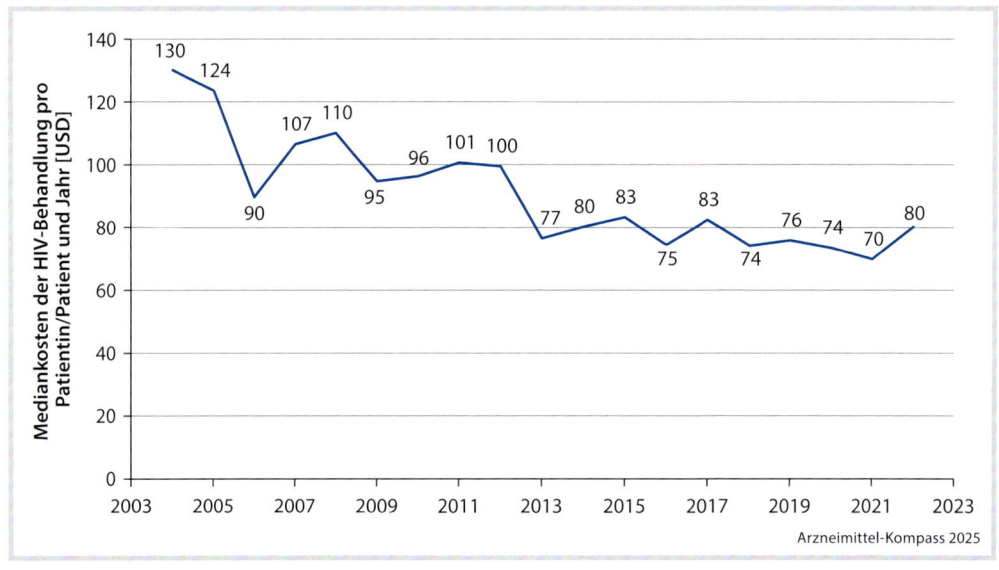

Abb. 14.2 Weltweite durchschnittliche Kosten für die HIV-Behandlung pro Jahr 2003–2023 [USD]. (Datenquelle: WHO)

nutzte, führten all diese Faktoren dazu, dass die Kosten für einige Erstlinientherapien bis 2010 unter 100 US-Dollar pro Patient und Jahr sanken (Abb. 14.2). Dadurch nahm die Nutzung der TRIPS-Flexibilitäten ab, während freiwillige Lizenzen, insbesondere nach der Gründung des Medicines Patent Pool im Jahr 2010 durch Unterstützung von Unitaid, an Bedeutung gewannen. Unitaid, ein Beispiel für erfolgreiche innovative Finanzierung, wurde 2006 von den Regierungen Brasiliens, Chiles, Frankreichs, Norwegens und Großbritanniens gegründet, um Marktbarrieren bei der Behandlung von HIV, Tuberkulose und Malaria zu beseitigen. Mehr als die Hälfte seiner Mittel stammt aus einer Steuer auf Flugtickets, die zehn Länder erheben (Unitaid 2016). Unitaid finanziert die letzten Phasen der Forschung und Entwicklung von medikamentösen und diagnostischen Innovationen, unterstützt die Ausarbeitung von Leitlinien zu ihrer Anwendung, führt operative Forschung durch und baut Hindernisse im Bereich des geistigen Eigentums ab. In den letzten zwanzig Jahren hat Unitaid optimierte ARV-Medikamente (Dolutegravir), ARV- und Tuberkulose-Rezepturen für Kinder, injizierbare Malariamittel, verbesserte Behandlungen für multiresistente TB sowie HIV-Selbsttests und Vor-Ort-Diagnostika verfügbar gemacht (Unitaid 2016).

Ein weiterer bedeutender Faktor für das schnelle Wachstum des Marktes für antiretrovirale Medikamente war Südafrika, ein Land mit mittlerem Einkommen und Heimatland eines Fünftels der Menschen mit HIV – weltweit die höchste Zahl in einem einzigen Land. Nach langem Zögern der Mbeki-Regierung und unter Druck der Zivilgesellschaft führte Südafrika im April 2004 die ART im öffentlichen Sektor ein. Bis Februar 2005 wurden lediglich 29.000 Patientinnen und Patienten im öffentlichen sowie 40.000 im privaten Sektor behandelt, während etwa 600.000 Behandlungsbedürftige noch nicht versorgt waren (Department of Health 2004). Die Ausweitung folgte einem nationalen Plan, der bis 2008 die Behandlung von 1,2 Mio. Menschen vorsah. Vier Jahre später befanden sich bereits eine Mio. Südafrikaner und Südafrikanerinnen in Behandlung (Department of Health 2003).

14.2.5 2010–2015: Ausbau des globalen Marktes durch Ausweitung des Zugangs und vereinfachte Bereitstellung

Anfang der 2010er Jahre erweiterten HIV-Programme in LMICs unter der Leitung der WHO rasch die Zugangskriterien für eine ARV-Behandlung. Zunächst wurden Menschen mit geringeren Immunschäden (gemessen an einem höheren CD4-Zellwert pro Mikroliter Blut) und schließlich ab 2015 alle Menschen mit HIV (universelle Behandlung) einbezogen. Die weltweite Zahl der Menschen unter ART stieg schnell auf 15 Mio., wodurch die Inzidenz und die Zahl der Neuinfektionen deutlich sanken. Zwischen 2010 und 2013 reduzierten sich die Kosten für die von der WHO empfohlenen Standard-Erstbehandlungsschemata weiter um 30 % bis 44 % (WHO 2025; ◘ Abb. 14.2). Dabei ist zu beachten, dass diese Daten auf ausgehandelten Preisen für den Großeinkauf von Generika durch internationale Organisationen basieren und nicht auf den Preisen der Originalpräparate.

Neuere antiretrovirale Medikamente wurden eingeführt, die entweder effektiver waren, weniger Nebenwirkungen hatten oder beides. Ab 2006 kamen Fixkombinationen auf den Markt, die alle drei Wirkstoffklassen in einer Tablette vereinten und die tägliche Tablettenzahl von sechs auf zwei reduzierten. Pharmaunternehmen verfolgten eine Politik gestaffelter Preise in Abhängigkeit von der Wirtschaftskraft regionaler Märkte. Fortschritte bei Tests und Überwachung führten zu einer höheren Behandlungsaufnahme, sodass UNAIDS ehrgeizige Ziele für die Behandlungsabdeckung setzen konnte. 2014 veröffentlichte UNAIDS die 90-90-90-Ziele: Bis 2025 sollten 90 % der Menschen mit HIV ihren Status kennen, 90 % davon behandelt werden und 90 % davon eine Virusunterdrückung erreichen. Aufgrund der bemerkenswerten Fortschritte in einigen Ländern mit hoher Prävalenz wurden diese Ziele später auf jeweils 95 % bis 2030 erhöht.

Infolge der gesteigerten Wirksamkeit der ARV stieg die Lebenserwartung von Menschen mit HIV dramatisch an – beispielsweise von 3,3 Jahren nach Behandlungsbeginn im Jahr 1997 auf 25,7 Jahre im Jahr 2014 in Brasilien, dem Vorreiter mit den umfassendsten Überlebensraten (Luz et al. 2016). Weltweit konnten zwischen 1995 und 2015 etwa zehn Mio. AIDS-Todesfälle verhindert werden, bei geschätzten Nettokosten für ART von 301 Mrd. US-Dollar und einem Nettogewinn von mehr als einer Billion US-Dollar, was zu einem Kosten-Nutzen-Verhältnis von drei Dollar Gewinn pro ausgegebenen Dollar führte (Forsythe et al. 2019).

Südafrika dient erneut als Fallstudie dafür, wie ein öffentlich finanziertes Programm erfolgreich operative Effizienzsteigerungen nutzte, um schnell zu wachsen: Um den prognostizierten Anstieg der ART-berechtigten Patientinnen und Patienten bewältigen zu können, wurde die Zahl der für die Bereitstellung von ART zugelassenen öffentlichen Kliniken von 497 im Dezember 2009 auf 2.205 im Mai 2011 erhöht (Motsoaledi 2011) – eine mehr als fünffache Steigerung in nur 18 Monaten. Gleichzeitig wurden Aufgaben von Ärztinnen und Ärzten auf Pflegepersonal verlagert und bis Mai 2011 wurden 2.000 Pflegekräfte entsprechend geschult (Meyer-Rath und Over 2012). Das Ausschreibungsverfahren der Regierung für antiretrovirale Medikamente wurde für internationale Bieter geöffnet, was zu einer Senkung der Kosten pro Medikament um durchschnittlich 50 % und einer Senkung der Kosten für die Standard-Erstbehandlung für Erwachsene um 63 % führte (Meyer-Rath et al. 2017). Schließlich startete die südafrikanische Regierung im April 2010 eine landesweite HIV-Testkampagne, in deren Rahmen innerhalb von 15 Monaten zwölf Mio. Menschen getestet wurden. Dabei wurden zwei Mio. Menschen als HIV-positiv identifiziert und zur weiteren Behandlung überwiesen (Meyer-Rath und Over 2012). Infolge dieser Veränderungen hatten Mitte 2011 fast 700.000 Erwachsene eine ART-Behandlung begonnen, die höchste Zahl an Neubehandelten in einem Jahr seit Be-

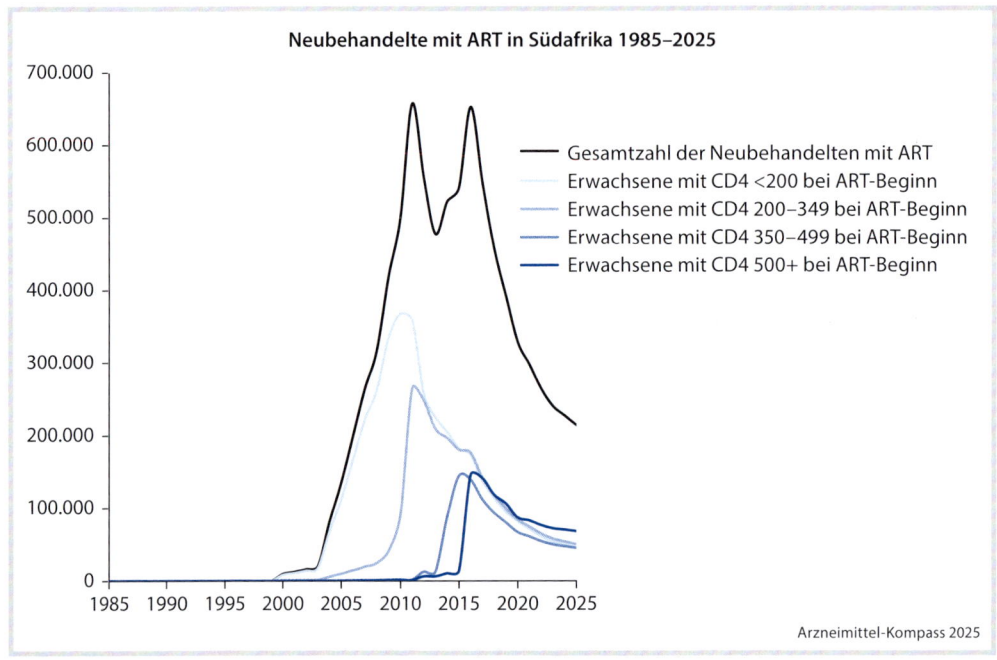

◘ **Abb. 14.3** Anzahl der Erwachsenen, die in Südafrika eine ART begonnen haben, insgesamt und nach CD4-Zellzahl bei Therapiebeginn, 1985–2025. (Datenquelle: Thembisa-Modell; Johnson et al. 2022)

ginn des südafrikanischen ART-Programms – gefolgt von einer ähnlich hohen Zahl im Jahr 2015, als die universelle Behandlung, d. h. die Berechtigung unabhängig von der CD4-Zellzahl, eingeführt wurde (◘ Abb. 14.3; Johnson et al. 2022).

14.2.6 2016–2025: Optimierung der Behandlungsregime und Stagnation des Wachstums

Nach einem Jahrzehnt unaufhaltsamen Wachstums, mit bis 2018 weltweit etwa 23 Mio. Behandelten, sahen sich viele HIV-Programme mit Herausforderungen bei der Patientenbindung konfrontiert, was wiederum zur Entwicklung von Resistenzen führte, die eine Behandlung mit Zweitlinienmedikamenten erforderlich machte. Eine wichtige Verbesserung der Behandlung war die Einführung von Dolutegravir, einem HIV-Integrasehemmer, der besonders unempfindlich gegenüber Therapieunterbrechungen ist. Dolutegravir wurde als Fixkombination entwickelt und war von Beginn an erschwinglich. Zusammen mit der universellen Behandlung, die die Viruslast bei Einzelpersonen und in der Bevölkerung senkt und so die HIV-Übertragung verlangsamt, entstand die Hoffnung, dass AIDS innerhalb von zehn Jahren besiegt werden könnte. Diese Aussicht wurde bestärkt, als erste LMICs wie Eswatini und Simbabwe ihre 95-95-95-Ziele vor Ablauf der Frist 2030 erreichten.

Seit dem Höchststand war die Zahl der HIV-Infektionen zu diesem Zeitpunkt um 61 % zurückgegangen – von mehr als 3,4 Mio. pro Jahr im Jahr 1996 auf 1,3 Mio. im Jahr 2024 – und die AIDS-bedingten Todesfälle um 70 % von 2,1 Mio. im Jahr 2004 auf 630.000 (UNAIDS 2025a). Modelle schätzen, dass die Ausweitung der Behandlungsmöglichkeiten etwa 75 % dieses dramatischen Rückgangs

Kapitel 14 · Fairness und Wirtschaftlichkeit auf dem globalen Markt

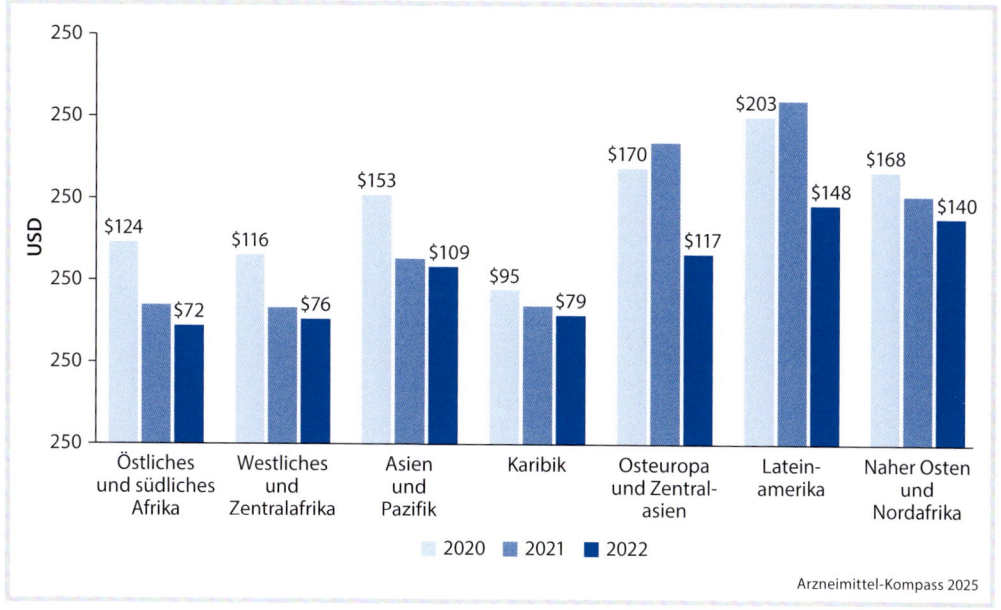

◘ **Abb. 14.4** Durchschnittliche Beschaffungspreise (US-Dollar pro Person und Jahr) für antiretrovirale Medikamente nach Region, 2020–2023. (Datenquelle: UNAIDS 2025a)

der Sterblichkeit ausmacht, während die Steigerung der Wirksamkeit der Behandlung für die restlichen 25 % verantwortlich ist.

Obwohl die Beschaffungspreise für ARV zwischen 2020 und 2022 (◘ Abb. 14.4) weiter gesunken sind, bleiben große Unterschiede zwischen Ländern und Regionen bestehen. Beschaffungen im Alleingang sind oft teurer als gemeinsame oder international finanzierte Beschaffungen (UNAIDS 2025a). Länder mit mittlerem bis hohem Durchschnittseinkommen, insbesondere in Osteuropa und Lateinamerika, zahlen häufig höhere Preise. Laut im Juli 2024 gemeldeten Daten des Global AIDS Monitoring Process entfallen fast 30 % der jährlichen HIV-Ausgaben in Ländern mit niedrigem und mittlerem Einkommen und 40 % in Ländern mit mittlerem Einkommen auf HIV-Medikamente (UNAIDS 2025a). Nach wie vor gibt es Herausforderungen bei ARV-Formulierungen für Kinder, etwa bei flüssigen Präparaten, sowie bei ARV der zweiten Generation, deren Preise aufgrund des geringeren Marktvolumens weiterhin hoch sind.

14.2.7 Jenseits von ART: Eignen sich antiretrovirale Medikamente auch zur Prävention?

Vor kurzem wurde versucht, die aus dem Behandlungsmarkt gewonnenen Erkenntnisse in Form der Präexpositionsprophylaxe (PrEP) auf die Herstellung von ARVs zur Prävention zu übertragen – allerdings mit geringerem Erfolg. Als die orale PrEP 2012 erstmals von der FDA zugelassen wurde, handelte es sich um eine Fixkombination aus zwei ARVs, Emtricitabin und Tenofovirdisoproxilfumarat (TDF/FTC), die acht Jahre zuvor von der FDA für die Behandlung zugelassen worden waren. Die erste Generika-Version dieser Kombination wurde 2015 von der WHO zugelassen und weltweit mit einem vereinfachten Überwachungsplan eingeführt, der es Pflegekräften in der ambulanten Gesundheitsversorgung ermöglicht, sie zu verschreiben und ihre Anwendung zu überwachen. Ähnliche Prinzipien galten für die ersten injizierbaren PrEP-Rezepturen, zunächst Cabotegravir (eine zweimonatliche Injektion) und dann Lenacapavir (eine sechsmonatliche Injektion mit 100%iger Wirksamkeit bei der Prävention einer HIV-Infektion) (Bekker et al. 2024). Eine Reihe von Lehren aus dem Kampf um erschwingliche ARV-Medikamente wurden genutzt, um diese bahnbrechenden Arzneimittel von Anfang an zu akzeptablen Preisen verfügbar zu machen. Darunter fallen freiwillige Lizenzen des Originalherstellers (im Fall von Cabotegravir durch die Beteiligung des Medicines Patent Pool) und verkürzte globale und nationale Zulassungs- und Registrierungsverfahren (Murombedzi et al. 2023). Die vollständige Einführung beider Medikamente wurde jedoch bisher durch begrenzte Lieferungen der Originalhersteller, Verzögerungen bei der Erteilung freiwilliger Lizenzen für Generikahersteller und die Konzentration auf kleine Implementierungsstudien (zum Nachteil einer groß angelegten Einführung) behindert, was wiederum den globalen Markt schrumpfen ließ und Preise festigte, die ein Vielfaches der Produktionskosten betragen (AVAC 2024; Venter et al. 2024). Infolgedessen ist eine hochwirksame und einfach zu verabreichende injizierbare PrEP, deren Herstellungskosten auf 40 bis 100 US-Dollar pro Dosis geschätzt werden (Hill et al. 2024), derzeit einerseits zu Preisen von etwa 22.000 bis 25.000 US-Dollar pro Injektion in den USA erhältlich und andererseits im öffentlichen Sektor von Ländern mit hoher HIV-Prävalenz überhaupt nicht verfügbar.

14.3 Wir werden AIDS vielleicht doch nicht besiegen können

Auf der Höhe seines Erfolges wurde im Januar 2025 die Finanzierung von PEPFAR, bis dahin das US-Programm mit der längsten und stärksten Unterstützung durch beide Parteien, zunächst infrage gestellt und dann drastisch gekürzt. Zu diesem Zeitpunkt waren 22 Mio. Menschen weltweit im Rahmen von PEPFAR behandelt worden – von insgesamt fast 32 Mio. Menschen, die eine ART erhalten, und 41 Mio. Menschen, die weltweit mit HIV leben (UNAIDS 2025b). Neben den Mitteln für ARV wurden auch die Budgets für Behandlungs- und Präventionsprogramme sowie für Tests und Programme für die am stärksten gefährdeten Bevölkerungsgruppen drastisch gekürzt (UNAIDS 2025a). Der zweitgrößte globale Geldgeber, der Global Fund, sieht sich ähnlichen Kürzungen gegenüber, da nicht nur die USA, sondern auch eine Reihe europäischer Länder ihre Budgets für Entwicklungszusammenarbeit, einschließlich der Mittel für Gesundheitsversorgung, reduziert haben (ten Brink et al. 2025). Die globale Infrastruktur, die den raschen Ausbau des weltweiten Marktes für antiretrovirale Medikamente aufgebaut und finanziert hat, was wiederum die drastischen Preisreduktionen ermöglichte, ist ernsthaft bedroht.

Über die Preisgestaltung hinaus bleibt der Zugang zu Medikamenten, einschließlich antiretroviraler Medikamente, in vielen Ländern mit hoher HIV-Infektionsprävalenz ein multifaktorielles Problem; darunter fragile Logistik-, Lagerungs- und Verteilungssysteme, mangelnde öffentliche Gesundheitsfinanzierung und die Abhängigkeit von Zuzahlungen sowie fehlende lokale Produktionskapazitäten (Murombedzi et al. 2023). Die Covid-19-Pandemie hat in vielen Bereichen zu Fortschritten geführt, darunter die Verbesserung der Lieferketten und die Schaffung der Grundlagen für den Aufbau einer lokalen Arzneimittelproduktion in Ländern mit hoher HIV-Prävalenz. Die kürzlich erfolgte Streichung der Mittel für globale Gesundheitsprogramme und der daraus resultierende Bedarf an einer verstärkten nationalen Finanzierung und Steuerung werden die Länder dazu zwingen, ihre HIV-Programme in oft bereits unterfinanzierte öffentliche Gesundheitssysteme zu integrieren – ein Prozess, der in den meisten Ländern bereits begonnen hat, nun aber beschleunigt werden muss. Dies wird möglicherweise zu Effizienzsteigerungen, aber auch zu einem Schrumpfen des globalen ARV-Marktes führen. Und obwohl 70 % des internationalen Marktes für HIV-Arzneimittel nach wie vor in den USA liegen, ist es gut möglich, dass sich dieser Markt, dessen Größe derzeit auf 36 Mrd. US-Dollar geschätzt wird, verkleinern wird und Innovationen und Investitionen in andere Regionen abwandern.

Der Hauptpreis wird jedoch in Menschenleben bezahlt werden: Globale Analysen, die HIV-Übertragungsmodelle für Dutzende von Ländern koordinieren, sagen voraus, dass aufgrund dieser Mittelkürzungen bis 2030 25 Jahre Fortschritte bei der Bekämpfung von AIDS durch die Verringerung von Neuinfektionen und Sterblichkeit verloren gehen könnten. Eine Analyse prognostiziert 1 bis 3 Mio. zusätzliche AIDS-Todesfälle und 4 bis 11 Mio. neue HIV-Infektionen in allen LMICs (ten Brink et al. 2025), eine andere 2 bis 6 Mio. zusätzliche AIDS-Todesfälle in 55 Ländern (Stover et al. 2025) – und das allein zwischen 2025 und 2030.

14.4 Was können wir aus der Situation hinsichtlich HIV für die Preisgestaltung von Medikamenten weltweit und in Deutschland lernen?

Auf die Erkenntnis, dass HIV nicht nur eine beispiellose Bedrohung für die globale Gesundheit, sondern auch für den Wohlstand darstellt, hat die Welt mit einer Entschlossenheit reagiert, die seitdem nur noch bei der Bekämpfung von Covid-19 zu sehen war. Zu den eingesetzten Mitteln gehörten flexible Patentregelungen, innovative Finanzierungsmodelle und erfolgreiche öffentlich-private Partnerschaften, ergänzt durch umfangreiche finanzielle Zusagen, um einen großen, nachhaltigen Markt zu schaffen, der durch Nachfrage die Arzneimittelpreise senkt. All dies wurde von einer Vielzahl von Akteuren wie bestehenden internationalen Organisationen (z. B. WHO), neuen Organisationen (z. B. UNAIDS, der Globale Fonds), öffentlich-privaten Partnerschaften (Unitaid, Medicines Patent Pool), Regierungsprogrammen (PEPFAR) und Regierungen von Hochprävalenz-Ländern koordiniert. Und all diese Entwicklungen wurden wesentlich durch eine unermüdliche und weltweit koordinierte zivilgesellschaftliche Interessenvertretung vorangetrieben und getragen, unterstützt und untermauert von zahlreichen wissenschaftlichen Forschungsaktivitäten. Infolge des Zusammenbruchs der Hersteller-Monopole sanken die Preise für antiretrovirale Medikamente innerhalb weniger Jahre um ein Vielfaches und fielen weiter, als sich ein großer globaler Markt zunächst entwickelte und schließlich etablierte. Während die Gesundheitsökonomie und die Preisgestaltung im Pharmabereich oft von festen Budgets ausgehen, die durch die Zahlungsbereitschaft und -fähigkeit der Akteure bestimmt werden, haben ARVs gezeigt, dass weder Budgets noch Preise unveränderlich sind (Sandefur 2023).

Die für HIV geschaffenen Werkzeuge werden weiterhin genutzt, wenn die Preise für Güter, die von vielen gebraucht werden, wie Covid-19-Tests, persönliche Schutzausrüstung und Impfstoffe, schnell sinken müssen – wenn auch mit unterschiedlichem Erfolg. Wie jedoch das jüngste Beispiel einer einzigen Entscheidung eines Präsidenten, die jahrzehntelange Fortschritte im Kampf gegen AIDS zunichte gemacht hat, gezeigt hat, muss jede Reaktion auch von Werten getragen sein – in erster Linie von internationaler Solidarität. In dem gleichen Maße, wie der Beginn der globalen HIV-Bekämpfung nicht auf Kosten-Nutzen-Überlegungen beruhte, sondern auf Bedarf, Wirksamkeit und Durchführbarkeit (Sandefur 2023), muss auch weiterhin für ihre Vollendung eingetreten werden, und zwar nicht mit wirtschaftlichen Argumenten, so stichhaltig diese auch sein mögen, sondern mit der Erkenntnis, dass im Kampf gegen Infektionskrankheiten die Menschheit unentrinnbar miteinander verbunden ist.

Literatur

Anderson E, Pang G, Casey S, Dodge W, Moyer R, Nefcy P, Philbin P, Thompson RL, Vance R (1992) 1987 to 1991 cost and utilization of Class IV HIV patients. HMO Pract 6:21–27

Attaran A, Sachs J (2001) Defining and refining international donor support for combating the AIDS epidemic. Lancet 357(9249):57–61

AVAC (2024) From clinical trial efficacy to public health impact: a plan for accelerating access to injectable Lenacapavir for PrEP. https://avac.org/resource/report/from-clinical-trial-efficacy-to-public-health-impact-a-plan-for-accelerating-access-to-injectable-lenacapavir-for-prep/. Zugegriffen: 9. Dez. 2024

Beck EJ, Kupek E, Petrou S et al (1996) Survival and the use and costs of hospital services for London AIDS patients with AZT. Int J STD Aids 7:507–512

Bekker L-G, Das M, Abdool KQ et al (2024) Twice-yearly Lenacapavir or daily F/TAF for HIV prevention in Cisgender women. N Engl J Med 391:1179–1192

Bozzette SA, Joyce G, McCaffrey DF, Leibowitz AA, Morton SC, Berry SH, Rastegar A, Timberlake D, Shapiro MF, Goldman DP (2001) Expenditures for the care of HIV-infected patients in the era of highly active antiretroviral therapy. N Engl J Med 344:817–823

Bush GW (2003) President George W. Bush: State of the Union 2003. https://georgewbush-whitehouse.archives.gov/news/releases/2003/01/20030128-19.html

CRS – Congressional Research Service (2001) HIV/AIDS Drugs, Patents and the TRIPS Agreement: Issues and Options. CRS Report for Congress. July 27. https://www.everycrsreport.com/files/20010727_RL31066_fcd08bd6166c5e169956578611d93e73c536f423.pdf. Zugegriffen: 16. Sept. 2025

Department of Disease Control, Ministry of Public Health (2004) AIDS Cluster BoA, TB and STIs. HIV/AIDS treatment and care in Thailand. Department of Disease Control, Ministry of Public Health, Bangkok

Department of Health (2003) Operational plan for comprehensive HIV and AIDS care, management and treatment for South Africa. Department of Health, Pretoria

Department of Health (2004) Monitoring review. Progress report on the implementation of the comprehensive HIV and AIDS care, management and treatment programme. Monitoring and evaluation unit, cluster health information, evaluation and research. Department of Health, Pretoria

Desclaux A, Ciss M, Taverne B, Sow P, Egrot M, Faye M, Laniece I, Sylla O, Delaporte E, Ndoye I (2003) Access to antiretroviral drugs and AIDS management in Senegal. AIDS 17:S95–101

Djomand G, Roels T, Ellerbrock T, Hanson D, Diomande F, Monga B, Maurice C, Nkengasong J, Konan-Koko R, Kadio A, Wiktor S, Lackritz E, Saba J, Chorba T (2003) Virologic and immunologic outcomes and programmatic challenges of an antiretroviral treatment pilot project in Abidjan, Cote d'Ivoire. AIDS 17:S5–S15

Forsythe SS, McGreevey W, Whiteside A, Shah M, Cohen J, Hecht R, Bollinger LA, Kinghorn A (2019) Twenty years of Antiretroviral therapy for people living with HIV: global costs, health achievements, economic benefits. Health Aff 38(7):1163–1170. https://doi.org/10.1377/hlthaff.2018.05391

Hill A et al (2024) Lenacapavir to prevent HIV infection: current prices versus estimated costs of production. J Antimicrob Chemother 79:2906–2915

Johnson LF et al (2022) The effect of HIV programs in South Africa on national HIV incidence trends, 2000–2019. J Acquir Immune Defic Syndr 90:115–123

Katzenstein D, Laga M, Moatti JP (2003) The evaluation of the HIV/AIDS Drugs Access Initiatives in Cote D'Ivoire, Senegal and Uganda: how access to antiretroviral treatment can become feasible in Africa. AIDS 17:S1–4

Kombe G, Galaty D, Nwagbara C (2004) Scaling up antiretroviral treatment in the public sector in Nigeria: a comprehensive analysis of resource requirements. The Partners for Health Reformplus Project, Abt Associates, Bethesda

Laniece I, Ciss M, Desclaux A, Diop K, Mbodj F, Ndiaye B, Sylla O, Delaporte E, Ndoye I (2003) Adherence to HAART and its principal determinants in a cohort of Senegalese adults. AIDS 17(Suppl 3):S103–S108

Laurent C, Diakhate N, Gueye N, Toure M (2002) The Senegalese government's highly active antiretroviral therapy initiative: an 18 month follow-up study. AIDS 16:1363–1370

Laurent C, Kouanfack C, Koulla-Shiro S, Nkoue N, Bourgeois A, Calmy A, Lactuock B, Nzeusseu V, Mougnutou R, Peytavin G, Liegeois F, Nerrienet E, Tardy M, Peeters M, Andrieux-Meyer I, Zekeng L, Kazatchkine M, Mpoudi-Ngole E, Delaporte E (2004) Effectiveness and safety of a generic fixed-dose combination of nevirapine, stavudine, and lamivudine in HIV-1-infected adults in Cameroon: open-label multicentre trial. Lancet 364:29–34

Luz PM, Girouard MP, Grinsztejn B, Freedberg KA, Veloso VG, Losina E et al (2016) Survival benefits of antiretroviral therapy in Brazil: a model-based analysis. J Int AIDS Soc 19(1):20623

Meyer-Rath G, Over M (2012) HIV treatment as prevention: modelling the cost of Antiretroviral treatment – state of the art and future directions. PLoS Med 9(7):e1001247. https://doi.org/10.1371/journal.pmed.1001247

Meyer-Rath G, Johnson LF, Pillay Y, Blecher M, Brennan AT, Long L, Moultrie H, Sanne I, Fox MP, Rosen S (2017) Changing the South African national antiretroviral treatment guidelines: the role of cost modelling. PLoS ONE 12(10):e186557. https://doi.org/10.1371/journal.pone.0186557

Ministry of Health and Population (2004) Treatment of AIDS. The 2 year plan to scale up antiretroviral therapy in Malawi 2004–2005. Ministry of Health and Population, Lilongwe

Motari M, Nikiema JB, Kasilo OMJ et al (2021) The role of intellectual property rights on access to medicines in the WHO African region: 25 years after the TRIPS agreement. BMC Public Health 21:490. https://doi.org/10.1186/s12889-021-10374-y

Motsoaledi A (2011) Health budget vote policy speech presented at the national assembly by Minister of Health, Dr A Motsoaledi. http://www.info.gov.za/speech/DynamicAction?pageid=461&sid=18751&tid=34232. Zugegriffen: 8. Juli 2011

Murombedzi C, Chirinda L, Chareka GT, Chirenje ZM, Mgodi NM (2023) Efficient regulatory approval of two novel HIV prevention interventions in a resource-limited setting: experiences from Zimbabwe. Front Reprod Health 5:1279124

Nykamp D, Barnett CW, Lago M, Parham DL, Fernandez ES (1997) Cost of medication therapy in ambulatory HIV-infected patients. Ann Pharmacother 31:303–307

Perez-Casas C, Herranz E, Ford N (2001) Pricing of drugs and donations: options for sustainable equity pricing. Trop Med Intern Health 6(11):960–964. https://doi.org/10.1046/j.1365-3156.2001.00801

Piot P (2001) Global AIDS epidemic: time to turn the tide. Science 288:2176–2178

Sandefur J (2023) How Economists got Africa's AIDS Epidemic Wrong. Blog post, Center for Global Development. May 31. https://www.cgdev.org/blog/how-economists-got-africas-aids-epidemic-wrong. Zugegriffen: 1. Aug. 2025

Stover J, Sonnevelft E, Tam Y, Clark R, Phillips AN, Smith J et al (2025) The effects of reductions in United States foreign assistance on global health. https://ssrn.com/abstract=5199076. Zugegriffen: 1. Aug. 2025. https://doi.org/10.2139/ssrn.5199076

Teixeira P, Vitoria M, Barcarolo J (2003) The Brazilian experience in providing universal access to antiretroviral therapy. In: Economics of AIDS and access to HIV care in developing countries. Issues and challenges. Agence nationale de recherches sur le sida, Paris

ten Brink D, Martin-Hughes R, Bowring AL, Wulan N, Burke K, Tidhar T et al (2025) Impact of an international HIV funding crisis on HIV infections and mortality in low-income and middle-income countries: a modelling study. Lancet HIV 12:e346–e354. https://doi.org/10.1016/S2352-3018(25)00074-8

UN – United Nations (2001) Resolution adopted by the General Assembly S-26/2. Declaration of Commitment on HIV/AIDS: Global crisis – global action. United Nations General Assembly, New York

UNAIDS (2025a) AIDS, crisis and the power to transform: UNAIDS Global AIDS Update 2025. Geneva: Joint United Nations Programme on HIV/AIDS. https://www.unaids.org/sites/default/files/2025-07/2025-global-aids-update-JC3153_en.pdf. Zugegriffen: 1. Aug. 2025

UNAIDS (2025b) UNAIDS Global HIV & AIDS statistics – Fact sheet. https://www.unaids.org/en/resources/fact-sheet. Zugegriffen: 1. Aug. 2025

UNITAID (2016) Unitaid at 10: Innovation in global health. The role of Unitaid and why it matters. https://unitaid.org/uploads/Unitaid-at-10_brochure_ENGLISH_squared.pdf. Zugegriffen: 10. Aug. 2025

Venter WDF, Gandhi M, Sokhela S et al (2024) The long wait for long-acting HIV prevention and treatment formulations. Lancet HIV 11:e711–e716

Waning B, Kaplan W, King AC, Lawrence DA, Leufkens HG, Fox MP (2009) Global strategies to reduce the price of antiretroviral medicines: evidence from transactional databases. Bull World Health Organ 87:520–528. https://doi.org/10.2471/BLT.08.058925

Wexler A, Kates J, Lief E, UNAIDS (2024) Donor Government Funding for HIV in Low- and Middle-Income Countries in 2023. KFF

WHO (2025) WHO global price reporting mechanism. https://apps.who.int/hiv/amds/price/hdd/

WTO – World Trade Organization (2001) Declaration on the TRIPS Agreement and Public Health. World Trade Organization Ministerial Conference, Fourth Session, Doha

Open Access Dieses Kapitel wird unter der Creative Commons Namensnennung – Nicht kommerziell – Keine Bearbeitung 4.0 International Lizenz (http://creativecommons.org/licenses/by-nc-nd/4.0/deed.de) veröffentlicht, welche die nicht-kommerzielle Nutzung, Vervielfältigung, Verbreitung und Wiedergabe in jeglichem Medium und Format erlaubt, sofern Sie den/die ursprünglichen Autor*in(nen) und die Quelle ordnungsgemäß nennen, einen Link zur Creative Commons Lizenz beifügen und angeben, ob Änderungen vorgenommen wurden. Die Lizenz gibt Ihnen nicht das Recht, bearbeitete oder sonst wie umgestaltete Fassungen dieses Werkes zu verbreiten oder öffentlich wiederzugeben.

Die in diesem Kapitel enthaltenen Bilder und sonstiges Drittmaterial unterliegen ebenfalls der genannten Creative Commons Lizenz, sofern sich aus der Abbildungslegende nichts anderes ergibt. Sofern das betreffende Material nicht unter der genannten Creative Commons Lizenz steht und die betreffende Handlung nicht nach gesetzlichen Vorschriften erlaubt ist, ist auch für die oben aufgeführten nicht-kommerziellen Weiterverwendungen des Materials die Einwilligung des/der betreffenden Rechteinhaber*in einzuholen.

Wetterkatastrophen und die Widerstandsfähigkeit der Arzneimittelversorgung

Mahnum Shahzad, Leticia Nogueira und Anita Katharina Wagner

Inhaltsverzeichnis

15.1 Einleitung – 214

15.2 Fallstudie: Vereinigte Staaten – 215

15.3 Diskussion – 217

Literatur – 219

© Der/die Autor(en) 2025
H. Schröder et al. (Hrsg.), *Arzneimittel-Kompass 2025*, https://doi.org/10.1007/978-3-662-72460-6_15

▪▪ Zusammenfassung

Die jüngsten Bemühungen um eine Rückverlagerung der Produktion und der globale Klimawandel bedeuten für die pharmazeutischen Lieferketten außergewöhnliche Herausforderungen. Mit zunehmender Intensität und Häufigkeit von Wetterkatastrophen ist die Infrastruktur, die für eine zuverlässige Versorgung mit pharmazeutischen Produkten unerlässlich ist, gefährdet. Eine Fallstudie in den Vereinigten Staaten hat ergeben, dass sich ein Großteil aller Arzneimittelproduktionsstätten in Bezirken befindet, die in jüngster Zeit von Wetterkatastrophen heimgesucht wurden. Es besteht Bedarf an regulatorischen und politischen Maßnahmen, um die Arzneimittelproduktion auf mehrere Standorte in verschiedenen geografischen Regionen zu verteilen, flexible Produktionskapazitäten aufzubauen sowie angemessene strategische Reserven und Redundanzen in der Lieferkette zu schaffen.

15.1 Einleitung

Jüngste politische Bewegungen zielen darauf ab, den Globalisierungstrend des späten 20. Jahrhunderts in Richtung einer zunehmenden Nationalisierung umzukehren. Ein Aspekt dieses wachsenden Trends ist, dass Länder versuchen, bei der Produktion von Gütern und Dienstleistungen, die die Bevölkerung benötigt, autarker zu werden. Die Nationalisierung stellt eine besondere Herausforderung für den Umgang mit globalen Problemen wie dem Klimawandel dar, wobei sowohl gemeinsame Maßnahmen zur Reduzierung der Treibhausgasemissionen (Klimaschutz) als auch zur Verbesserung der Widerstandsfähigkeit gegenüber Klimagefahren (Anpassung) erforderlich sind. Dabei sind auch die Lieferketten betroffen, die weltweit zunehmend voneinander abhängig geworden sind. An der Schnittstelle zwischen globalem Klimawandel und globalen Lieferketten ergeben sich besondere Problematiken.

Mit der Verschärfung des Klimawandels erleben wir höhere Temperaturen und eine zunehmende Häufigkeit und Schwere von Naturkatastrophen, selbst in Gebieten, die bisher als sicher vor Klimagefahren galten (Nogueira und Salas 2025). Jüngste Wetterkatastrophen wie der Hurrikan Helene in den Vereinigten Staaten (USA) haben deutlich gemacht, dass die für die Produktion wichtiger Güter entscheidende Infrastruktur überall durch klimawandelbedingte Unwetterereignisse beeinträchtigt werden kann. Der Hurrikan Helene war ein Paradebeispiel dafür, wie der Klimawandel die Auswirkungen extremer Wetterereignisse verstärken kann (Clarke et al. 2024). Steigende globale Temperaturen erhöhen die Fähigkeit der Atmosphäre, Feuchtigkeit zu speichern, was zu stärkeren Niederschlägen bei Stürmen führt, während höhere Meerestemperaturen die Windgeschwindigkeiten verstärken können. Wärmere Luft, die mehr Feuchtigkeit enthält, erhöht auch die Wahrscheinlichkeit schwerer Stürme im Landesinneren. Starke Regenfälle innerhalb kurzer Zeit können Flüsse und Entwässerungssysteme überfordern und zu weitreichenden und katastrophalen Überschwemmungen führen, wie beispielsweise die tödlichen Überschwemmungen in Punjab, Pakistan im Jahr 2025 (Zachariah et al. 2025) und im Ahrtal in Deutschland im Jahr 2021 gezeigt haben (Tradowsky et al. 2023). Der Klimawandel kann auch die Intensität und Schwere von Waldbränden erhöhen, da höhere Temperaturen den Boden und die Vegetation austrocknen und so die Entstehung und Ausbreitung von Bränden begünstigen. Der Klimawandel hat die Wahrscheinlichkeit extremer Waldbrandbedingungen, wie sie zum Beispiel 2023 in Kanada beobachtet wurden, verdoppelt (Barnes et al. 2023).

Die pharmazeutische Lieferkette ist komplex und global. Viele Länder sind an verschiedenen Aspekten der Produktion beteiligt. Beispielsweise sind China und Indien auf die kostengünstige Herstellung von Generika spezialisiert – ein Großteil der weltweit produzierten pharmazeutischen Wirkstoffe kommt aus diesen beiden Ländern. Die Produktion von Markenprodukten konzentriert sich eher auf Länder in Europa oder die USA (Robbins und Corum 2025). Da Wetterkatastrophen in der Regel jeweils nur ein geografisches Gebiet betreffen, kann eine Konzentration der pharmazeutischen Produktion an einem oder wenigen Standorten zu einer kritischen Anfälligkeit für wetterbedingte Störungen führen. Durch Wetterkatastrophen verursachte Engpässe und Störungen können langfristige und schwerwiegende Folgen für die Gesundheit der Bevölkerung haben (Lupkin 2024a; Tucker et al. 2020).

In den USA wurde während der Amtszeit von Joe Biden ein erheblicher Fokus auf die Arzneimittellieferketten gelegt, mit dem Ziel, ihre Widerstandsfähigkeit zu erhöhen (The White House 2024). Unter der aktuellen Trump-Regierung wird das Ziel verfolgt, die Produktionskapazitäten innerhalb der USA zu erhöhen, um sowohl die Abhängigkeit von Handelspartnern zu verringern als auch Arbeitsplätze zu schaffen.

Die USA sind nicht das einzige Land, das sich politisch für eine Steigerung der heimischen Produktion wichtiger Arzneimittel einsetzt. Das Gesetz über kritische Arzneimittel der Europäischen Kommission zielt darauf ab, Investitionen in die Produktion in Europa zu erleichtern (Europäische Kommission 2025). Lokale Arzneimittelherstellung reduziert die Abhängigkeit von Handelspartnern, sodass sich das Risiko von Arzneimittelengpässen aufgrund geopolitischer Spannungen verringern kann und Beschäftigungschancen vor Ort wachsen. Die Rückverlagerung der Arzneimittelherstellung kann jedoch auch zu einer Konzentration der Produktion an wenigen Standorten führen, was wiederum das Risiko von Versorgungsunterbrechungen erhöht, wenn diese Anlagen von extremen Wetterereignissen betroffen sind.

Für diesen Beitrag haben wir ausgewertet, welche Muster der Exposition gegenüber Wetterkatastrophen sich bei pharmazeutischen Produktionsstätten in den USA zeigen. Anhand dieser Ergebnisse schlagen wir Ansätze für globale Systeme vor.

15.2 Fallstudie: Vereinigte Staaten

In den USA haben Katastrophen in jüngerer Zeit erhebliche Schäden verursacht. So musste beispielsweise kürzlich aufgrund des Hurrikans Helene ein Werk von Baxter International in North Carolina schließen. Baxter ist einer der größten Lieferanten von Infusionsflüssigkeiten in den USA und produziert fast 60 % des US-Bedarfs (Cahan 2025). Die Gefahr von durch den Klimawandel verschärften Wetterereignissen für die Arzneimittelversorgung wurde in diesem Fall sehr deutlich (Lupkin 2024b).

Wir haben das Risiko von Wetterkatastrophen für Arzneimittelherstellungs- und -verarbeitungsanlagen in den USA untersucht. Dazu verwendeten wir die Website „Drug Establishments Current Registration" vom 1. Dezember 2024, auf der täglich alle „derzeit registrierten Anlagen, die Arzneimittel herstellen, zubereiten, vermehren, mischen oder verarbeiten, die in den USA vertrieben oder für den Import in die USA angeboten werden", erfasst werden (FDA 2024). Dabei haben wir Einrichtungen außerhalb der USA und Einrichtungen, die sich ausschließlich mit der „Herstellung von medizinischem Tierfutter" befassen, ausgeschlossen. Extremereignisse, die zwischen 2015 und 2024 auf Bezirks-(*County*-)Ebene ausgerufen wurden, wurden anhand des Archivs der Federal Emergency Management Agency (FEMA 2025) ermittelt. Diese umfassten Brände, Hurrikane, schwere Stürme und Tornados sowie schwere Eis-, Schnee- und Winterstürme. Anzahl und Anteil der Arzneimittelproduktionsstätten in den Counties wurden nach Art der Extremereignisses und nach Anlagentyp gemäß der Dokumentation der Food and Drug Administration (FDA) tabellarisch erfasst.

Von den 9.974 Standorten, die aktuell bei der FDA als Arzneimittelhersteller registriert sind, befanden sich 5.212 in den USA. Davon lagen 4.645 (89,1 %) in Bezirken, die zwischen 2015 und 2024 mindestens einmal von einem extremen Wetterereignis betroffen waren, das

Abb. 15.1 Arzneimittelproduktionsanlagen in US-Counties, in denen zwischen 2015 und 2025 Naturkatastrophen stattfanden. **a** Alle Katastrophen, **b** Schwere Stürme, **c** Brände, **d** Hurrikane, **e** Überschwemmungen, **f** Schneestürme. (Hinweise: Die Punkte stehen für Bezirke mit Produktionsanlagen und registrierten Naturkatastrophen. *Schwere Stürme* bezieht sich auf Tornados, Küstenstürme, tropische Stürme, Taifune und geradlinig verlaufende Winde.)

so schwerwiegend war, dass die FEMA einen Katastrophenfall ausrief (◘ Abb. 15.1).

Die meisten Arzneimittelproduktionsanlagen (3.307, 63,5 %) waren dabei von schweren Stürmen betroffen, gefolgt von Hurrikanen (2.270, 43,6 %) und Überschwemmungen (2.110, 40,5 %). Über alle Anlagentypen hinweg befanden sich 89,2 % der Produktionsanlagen, 91,2 % der analytischen Dienstleister und 89,9 % der Verpackungsanlagen in Bezirken, die im Laufe des Zehn-Jahres-Zeitraums mindestens einmal von einem extremen Wetterereignis betroffen waren, das schwerwiegend genug war, um eine Katastrophenerklärung der FEMA auszulösen (◘ Tab. 15.1). Die Ergebnisse einer Längsschnittanalyse zeigten ähnliche Werte (Shahzad et al. 2025).

Tab. 15.1 Anzahl der Arzneimittelproduktionsanlagen in den USA nach Exposition gegenüber verschiedenen Katastrophen und nach Tätigkeit

	Alle Produktionsanlagen N (in %)	Herstellung N (in %)	Analytik N (in %)	Verpackung N (in %)	Sonstiges N (in %)
Alle Anlagen	5.212	3.860	1.151	1.478	239
Alle Katastrophen	4.645 (89,12)	3.446 (89,27)	1.050 (91,23)	1.328 (89,85)	205 (85,77)
Brände	994 (19,07)	753 (19,51)	172 (14,94)	250 (16,91)	72 (30,13)
Überschwemmungen	2.110 (40,48)	1.612 (41,76)	389 (33,8)	557 (37,69)	99 (41,42)
Hurrikane	2.270 (43,55)	1.653 (42,82)	632 (54,91)	713 (48,24)	75 (31,38)
Starke Eis-, Schnee- und Winterstürme	1.213 (23,27)	903 (23,39)	301 (26,15)	341 (23,07)	38 (15,9)
Schwere Stürme und Tornados	3.307 (63,45)	2.487 (64,43)	775 (67,33)	954 (64,55)	115 (48,12)

Hinweise: *Schwere Stürme und Tornados* bezieht sich auf Küstenstürme, tropische Stürme, Taifune und geradlinig verlaufende Winde. *Herstellung* = Produktionsanlagen, die laut eigener Angabe Arzneimittel und pharmazeutische Wirkstoffe oder Arzneimittel für die Positronen-Emissions-Tomographie herstellen. *Verpackung* = Anlagen, die Arzneimittel verpacken, umverpacken oder neu etikettieren. *Sonstige* = Anlagen, deren Aktivitäten Umfüllen, Sterilisieren, Partikelgrößenreduzierung, Bergung oder Vertrieb umfassen.
Arzneimittel-Kompass 2025

Unsere Analyse war retrospektiv und unterschätzt wahrscheinlich die Gefahren wetterbedingter Katastrophen für die US-Arzneimittelproduktion in der Zukunft, da der Klimawandel voraussichtlich die Häufigkeit und Intensität extremer Wetterereignisse erhöhen wird. Darüber hinaus sind derzeit in den USA keine Daten darüber verfügbar, welche Arzneimittel in welchen Anlagen hergestellt werden. Daher konnten wir weder das Produktionsvolumen bestimmen noch den relativen Beitrag der Anlagen zur gesamten Arzneimittelproduktion schätzen und auch keine Regionen identifizieren, in denen sich die Produktion konzentriert, und wo klimabedingte Katastrophen mit größerer Wahrscheinlichkeit zu künftigen Arzneimittelengpässen führen könnten. Dennoch zeigen die jüngsten Engpässe, die durch den Hurrikan Helene im Jahr 2024 verursacht wurden und an die Engpässe durch den Hurrikan Maria im Jahr 2017 erinnern, dass die pharmazeutische Lieferkette in den USA nicht widerstandsfähig gegenüber Klimagefahren ist. Die Ergebnisse dieser Auswertung der wetterbedingten Gefährdung für die Arzneimittelproduktion in den USA in den letzten zehn Jahren unterstreichen die Notwendigkeit einer größeren Transparenz in der gesamten pharmazeutischen Lieferkette, die eine strategische Zuweisung von Ressourcen während der Rückverlagerung der Produktion ermöglichen würde, um das Risiko künftiger Engpässe zu minimieren. Darüber hinaus ist es unerlässlich, Strategien zum Katastrophenrisikomanagement direkt in die pharmazeutische Lieferkette und den Rückverlagerungsprozess zu integrieren.

15.3 Diskussion

Diese Fallstudie zu Einrichtungen in den USA unterstreicht die Anfälligkeit der Arzneimittelversorgungskette gegenüber extremen Wetterereignissen, deren Häufigkeit und Schwere aufgrund des Klimawandels wahrscheinlich zunehmen werden. Die jüngsten Arzneimittelengpässe, die durch klimabedingte extreme Wetterereignisse verursacht wurden, zeigen, wie Störungen in einer einzigen Einrichtung, in der die Produktion konzentriert ist, zu folgenschweren Engpässen führen können.

Als die jüngsten Wetterkatastrophen zu Unterbrechungen in der Arzneimittelversorgungskette führten, waren mehrere Bedingungen gegeben. Erstens war das Wetterereignis so schwerwiegend, dass die Arzneimittelproduktion oder -verteilung unterbrochen wurden. In den USA haben Hurrikane (unter anderem Katrina, Maria und Helene) gezeigt, welche immensen Schäden Wetterkatastrophen verursachen können. Zweitens konzentrierte sich die Produktion eines Arzneimittels auf eine einzige Region, die von dem Extremereignis betroffen war. Drittens gab es keine oder keine wirksamen Maßnahmen zur Minderung lokaler, nationaler und internationaler Engpässe, wie z. B. strategisch gelegene Lagerhallen.

Die erste Bedingung dürfte sich verschlechtern, da Klimamodelle auf eine zunehmende Intensität und Häufigkeit von Wetterkatastrophen hindeuten. Die zweite und dritte Bedingung lassen sich durch regulatorische und politische Maßnahmen leichter ändern, indem die Arzneimittelproduktion auf mehrere Einrichtungen in verschiedenen geografischen Regionen verteilt, flexible Produktionskapazitäten aufgebaut sowie angemessene strategische Reserven und Redundanzen in der Lieferkette geschaffen werden. Die zur Verbesserung der Widerstandsfähigkeit der pharmazeutischen Lieferkette erforderlichen Änderungen können jedoch kostspielig sein und privaten Unternehmen fehlt möglicherweise der finanzielle Anreiz, hier vorausschauend zu investieren, was die entscheidende Rolle staatlicher Maßnahmen durch Anreize oder politische und programmatische Interventionen unterstreicht.

Der jüngste geopolitische Fokus auf Rückverlagerung der Produktion bietet mehrere Möglichkeiten, Strategien zur Stärkung der Widerstandsfähigkeit der Lieferkette umzusetzen und eine sauberere, „grünere" Pharmaindustrie aufzubauen. Die inländische Produktion erleichtert die zentrale Koordination der Produktion, wodurch es einfacher wird, Transparenz zu fordern und Strategien zum Katastrophenrisikomanagement, wie die strategische Diversifizierung von Standorten und den Aufbau einer flexiblen Fertigung, in die gesamte Lieferkette zu integrieren. Onshoring-Anreize in Kombination mit gezielten regulatorischen Maßnahmen und Interventionen auf politischer Ebene bieten eine hervorragende Gelegenheit, die pharmazeutische Lieferkette proaktiv zu stärken und damit möglicherweise das Risiko künftiger Engpässe zu verringern.

Da die meisten Arzneimittel jedoch über miteinander verbundene transnationale Systeme geliefert werden, erfordern Maßnahmen zur Verringerung oder Milderung nationaler, regionaler und internationaler wetterbedingter Störungen der pharmazeutischen Lieferkette die koordinierten Anstrengungen vieler Interessengruppen. Der erste Schritt zum Aufbau von Resilienz besteht darin, Schwachstellen in der Lieferkette zu identifizieren. Das Sendai Framework for Disaster Risk Reduction der Vereinten Nationen empfiehlt einen Allgefahrenansatz für das Katastrophenrisikomanagement (UNDRR 2025). Durch die Integration der empfohlenen Strategien würde die pharmazeutische Lieferkette besser vor wetterbedingten und nicht wetterbedingten Ereignissen geschützt, einschließlich geopolitischer Maßnahmen, die unter den gegenwärtigen Spannungen schwerwiegende Auswirkungen auf die globalen Lieferketten haben können. Jede Bewertung der Schwachstellen erfordert Transparenz in der Lieferkette und Informationen, die detailliert genug sind, um pharmazeutische Produkte mit den Standorten zu verknüpfen, die an ihrer Herstellung beteiligt sind. Da Störungen der Patientenversorgung wahrscheinlicher sind, wenn eine kleine Anzahl von Standorten einen großen Teil des Angebots eines bestimmten Arzneimittels produziert, ist es wichtig, die Standorte und die Arten, Mengen und Anteile der Arzneimittelversorgung zu kennen, die in Produktionsstätten innerhalb von Ländern produziert werden, die eine Steigerung der heimischen Produktion anstreben.

Angesichts der erheblichen Herausforderungen, die mit einer vollständigen Verlagerung der Arzneimittelproduktion ins Inland verbunden sind, wie z. B. hohe Kapitalkosten, Verfügbarkeit von spezialisierten Arbeitskräften und höhere Stückkosten bei kleiner Produktion, wird die Arzneimittelversorgung wahrscheinlich eine internationale Aufgabe bleiben und die länderübergreifende Zusammenarbeit wird für die Gewährleistung einer widerstandsfähigen und zuverlässigen Arzneimittelversorgungskette von entscheidender Bedeutung sein.

Ebenso werden zukunftsweisende Methoden zur Vorhersage extremer Wetterereignisse nur dann wirksam, wenn die Regierungen weiterhin in Beobachtungstechnologien investieren und Wetterdaten zwischen den Ländern ausgetauscht werden (Camps-Valls et al. 2025; PBS News 2025; McKoy und Wellenius 2025; Masters 2025). Zuverlässige Vorhersagen erfordern hochwertige Echtzeitdaten von Satelliten, Radaranlagen und Bodenstationen sowie gemeinsame Modellierungs- und Katastrophenvorsorgemaßnahmen. Ohne Investitionen in Beobachtungstechnologien und länderübergreifende Modellierungsbemühungen können die potenziellen Vorteile fortschrittlicher Vorhersagen, die mit Daten über die Produktion in jedem Standort der pharmazeutischen Lieferkette verknüpft sind, nicht voll ausgeschöpft werden.

Selbst ohne Katastrophen und Störungen sind Generika mit einer begrenzten Anzahl von Herstellern eher von Engpässen betroffen als Markenprodukte (GAO 2016). Für private Investoren sind Skaleneffekte – Kostensenkungen durch die Produktion einer größeren Stückzahl am selben Standort – ein starker Anreiz, der durch staatliche Fördermaßnahmen ausgeglichen werden müsste. Eine weitere Strategie zur Verringerung des Risikos von Versorgungsengpässen ist die Schaffung oder Stärkung nationaler Vorräte an unentbehrlichen Arzneimitteln (Board on Health Sciences Policy et al. 2016; ASPR o. J.), die die Versorgung der Patienten auch dann sicherstellen können, wenn wichtige Einrichtungen beschädigt sind. Die Vorratshaltung ist jedoch teuer und komplex (Gottron und Kuiken 2025). Daher werden internationale Vereinbarungen und länderübergreifende Zusammenarbeit wahrscheinlich weiterhin eine entscheidende Rolle spielen, um Versorgungsengpässe bei Arzneimitteln zu minimieren. Sollte es zu einer Verknappung kommen, kann die Zusammenarbeit einen schnellen Import von Arzneimitteln ermöglichen. Daher sollten nationale Bemühungen zur Verlagerung der Arzneimittelproduktion ins Inland die globalen Verflechtungen der pharmazeutischen Lieferkette angesichts der Bedrohungen durch globale klimawandelbedingte Katastrophen berücksichtigen.

Literatur

ASPR – Administration for Strategic Preparedness and Response Center for the Strategic National Stockpile. Washington, D.C. https://aspr.hhs.gov:443/SNS/Pages/default.aspx. Zugegriffen: 2. Sept. 2025

Barnes C, Boulanger Y, Keeping T, Gachon P, Gillett N (2023) Climate change more than doubled the likelihood of extreme fire weather conditions in Eastern Canada. Report. Centre for Environmental Policy, Imperial College, London https://doi.org/10.25561/105981

Board on Health Sciences Policy, Health and Medicine Division, National Academies of Sciences, Engineering, and Medicine (2016) The Nation's Medical Countermeasure Stockpile: Opportunities to Improve the Efficiency, Effectiveness, and Sustainability of the CDC Strategic National Stockpile: Workshop Summary. National Academies Press, Washington, D.C.

Cahan E (2025) IV fluid shortages persist months after hurricane Helene hit a supplier – hospitals have had to adapt. JAMA 333(24):2127–2130. https://doi.org/10.1001/jama.2025.0075

Camps-Valls G, Fernández-Torres MÁ, Cohrs KH et al (2025) Artificial intelligence for modeling and understanding extreme weather and climate events. Nat Commun 16(1):1919. https://doi.org/10.1038/s41467-025-56573-8

Clarke B, Barnes C, Sparks N et al (2024) Climate change key driver of catastrophic impacts of Hurricane Helene that devastated both coastal and inland communities. https://doi.org/10.25561/115024

Europäische Kommission (2025) Factsheet – Critical Medicines Act: Improving the availability and securing supply of critical medicines in the EU. https://health.ec.europa.eu/publications/factsheet-critical-medicines-act-improving-availability-and-securing-supply-critical-medicines-eu_en. Zugegriffen: 2. Sept. 2025

FDA – Food and Drug Administration (2024) Drug establishments current registration site. White Oak, MD. https://www.fda.gov/drugs/drug-approvals-and-databases/drug-establishments-current-registration-site. Zugegriffen: 1. Dez. 2024

FEMA – Federal Emergency Management Agency (2025) OpenFEMA Data Sets. Published online on FEMA.gov. https://www.fema.gov/about/openfema/data-sets. Zugegriffen: 14. März 2025

GAO – US Government Accountability Office (2016) Drug Shortages: Certain Factors Are Strongly Associated with This Persistent Public Health Challenge. Washington, D.C. https://www.gao.gov/products/gao-16-595. Zugegriffen: 19. Nov. 2024

Gottron F, Kuiken T (2025) The Strategic National Stockpile: Overview and Issues for Congress. Published online, Congress.gov. https://www.congress.gov/crs-product/R47400. Zugegriffen: 2. Sept. 2025

Lupkin S (2024a) Shortage of IV fluids leads to canceled surgeries. NPR. https://www.npr.org/sections/shots-health-news/2024/10/30/nx-s1-5171249/iv-fluids-shortage-canceled-surgeries (Erstellt: 30. Okt. 2024). Zugegriffen: 13. März 2025

Lupkin S (2024b) Storm damage closes N.C. factory that makes vital hospital supplies. NPR. https://www.npr.org/sections/shots-health-news/2024/10/04/g-s1-26383/iv-fluids-shortage-baxter-hurricane-helene. Zugegriffen: 19. Nov. 2024

Masters J (2025) Cuts to NOAA increase the risk of deadly weather tragedies. Yale Climate Connections. https://yaleclimateconnections.org/2025/07/cuts-to-noaa-increase-the-risk-of-deadly-weather-tragedies/. Zugegriffen: 4. Sept. 2025

McKoy J, Wellenius G (2025) Loss of NOAA, FEMA Expertise 'Will Be Really Difficult to Rebuild'. Boston University School of Public Health. https://www.bu.edu/sph/news/articles/2025/loss-of-noaa-fema-expertise-will-be-really-difficult-to-rebuild/. Zugegriffen: 4. Sept. 2025

Nogueira LM, Salas RN (2025) No climate havens: the expanding threat of climate change to cancer care. Nat Rev Cancer. https://doi.org/10.1038/s41568-025-00867-y

News PBS (2025) How NOAA funding cuts could make it harder to predict and prepare for severe weather. https://www.pbs.org/newshour/show/how-noaa-funding-cuts-could-make-it-harder-to-predict-and-prepare-for-severe-weather. Zugegriffen: 4. Sept. 2025

Robbins R, Corum J (2025) Where Your Medicines Are Made. The New York Times, 23. August 2025. https://www.nytimes.com/2025/08/23/health/prescription-drugs-manufacturing-tariffs.html. Zugegriffen: 2. Sept. 2025

Shahzad M, Nogueira LM, Wagner A (2025) Threats of weather disasters for drug manufacturing facilities in the US. JAMA. https://doi.org/10.1001/jama.2025.13843

White House T (2024) Executive order on white house council on supply chain resilience, 14. Juni 2024. https://bidenwhitehouse.archives.gov/briefing-room/statements-releases/2024/06/14/executive-order-on-white-house-council-on-supply-chain-resilience/. Zugegriffen: 1. Sept. 2025

Tradowsky JS, Philip SY, Kreienkamp F et al (2023) Attribution of the heavy rainfall events leading to severe flooding in Western Europe during July 2021. Clim Change 176(7):90. https://doi.org/10.1007/s10584-023-03502-7

Tucker E, Cao Y, Erin F, Sweet B (2020) The drug shortage era: a scoping review of the literature 2001–2019. Clin Pharmacol Ther 108(6):1150–1155

UNDRR – United Nations Office for Disaster Risk Reduction (2025) What is the Sendai Framework for Disaster Risk Reduction? | UNDRR, Genf. https://www.undrr.org/implementing-sendai-framework/what-sendai-framework. Zugegriffen: 4. Sept. 2025

Zachariah M, Saeed F, Clarke B et al (2025) Climate change intensified heavy monsoon rain in Pakistan, exacerbating urban floods that impacted highly exposed communities. https://doi.org/10.25560/122679

Open Access Dieses Kapitel wird unter der Creative Commons Namensnennung – Nicht kommerziell – Keine Bearbeitung 4.0 International Lizenz (http://creativecommons.org/licenses/by-nc-nd/4.0/deed.de) veröffentlicht, welche die nicht-kommerzielle Nutzung, Vervielfältigung, Verbreitung und Wiedergabe in jeglichem Medium und Format erlaubt, sofern Sie den/die ursprünglichen Autor*in(nen) und die Quelle ordnungsgemäß nennen, einen Link zur Creative Commons Lizenz beifügen und angeben, ob Änderungen vorgenommen wurden. Die Lizenz gibt Ihnen nicht das Recht, bearbeitete oder sonst wie umgestaltete Fassungen dieses Werkes zu verbreiten oder öffentlich wiederzugeben.

Die in diesem Kapitel enthaltenen Bilder und sonstiges Drittmaterial unterliegen ebenfalls der genannten Creative Commons Lizenz, sofern sich aus der Abbildungslegende nichts anderes ergibt. Sofern das betreffende Material nicht unter der genannten Creative Commons Lizenz steht und die betreffende Handlung nicht nach gesetzlichen Vorschriften erlaubt ist, ist auch für die oben aufgeführten nicht-kommerziellen Weiterverwendungen des Materials die Einwilligung des/der betreffenden Rechteinhaber*in einzuholen.

Die Auswirkungen des Inflation Reduction Act auf pharmazeutische Innovationen

Claudio Lucarelli

Inhaltsverzeichnis

16.1 Einleitung – 222

16.2 Relevante Aspekte des Inflation Reduction Act – 224

16.3 Auswirkungen auf Innovationen – 227

16.4 Die Wechselwirkung zwischen dem Inflation Reduction Act und dem Versicherungsdesign – 229

16.5 Alternative Verfahren für die Preisregulierung – 231

16.6 Schlussfolgerung – 233

Literatur – 234

Zusammenfassung

Der Inflation Reduction Act (IRA) führte zu einer wesentlichen Änderung der US-amerikanischen Arzneimittelregulierung. Während beabsichtigt war, die Kosten zu senken und den Zugang zu verbessern, indem die Marktmacht der Arzneimittelhersteller eingeschränkt würde, wurden gleichzeitig die erwarteten Erträge und Anreize für Forschung, Entwicklung und Innovationen nach der Zulassung geschwächt. Dieser Beitrag gibt einen Überblick über die Literatur, in der diese Auswirkungen quantifiziert und mit den ursprünglichen Schätzungen öffentlicher Organisationen verglichen werden. Außerdem wird untersucht, wie der IRA mit dem nichtlinearen Versicherungsleistungsdesign von Medicare Part D interagiert und die marginalen Preisgrenzen verändert, was sich auf die Teilnahme auswirken könnte. Abschließend werden alternative Rahmenbedingungen für die Preisregulierung analysiert, die den Gemeinnutzen und die Heterogenität der Patienten besser widerspiegeln könnten.

16.1 Einleitung

Der Inflation Reduction Act (IRA) von 2022 stellt eine der folgenreichsten Änderungen in der US-Gesundheitspolitik der letzten Jahrzehnte dar. Zu den zahlreichen Bestimmungen des IRA gehört, dass die Centers for Medicare and Medicaid Services (CMS) befugt sind, die Preise ausgewählter verschreibungspflichtiger Arzneimittel mit hohen Ausgaben, die von Medicare erstattet werden, auszuhandeln. Zum ersten Mal werden die Preise für patentgeschützte Markenarzneimittel im Rahmen von Medicare direkt von der Regierung kontrolliert. Dabei hat sich Medicare in der Vergangenheit durch dezentrale Verhandlungen und eine relativ begrenzte Preisregulierung im Vergleich zu öffentlichen Krankenversicherungen in anderen Ländern mit hohem Durchschnittseinkommen ausgezeichnet. Indem die CMS ermächtigt werden, für bestimmte Medikamente „faire Höchstpreise" festzulegen, verändert das IRA das politische Umfeld grundlegend gleichermaßen für den biopharmazeutischen Sektor, die Patientinnen und Patienten sowie die Kostenträger.

Die Befürworter des Gesetzes betonen die unmittelbaren, sichtbaren Vorteile, die mit den Bestimmungen zur Preisregulierung verbunden sind. Ausgehend von wirtschaftstheoretischen Überlegungen argumentieren sie, dass die Preise patentgeschützter Arzneimittel, die weit über den Grenzkosten der Produktion liegen, eine Verzerrung der statischen Effizienz darstellen. Da pharmazeutische Produkte in der Regel durch hohe Fixkosten für Forschung und Entwicklung, aber niedrige Grenzkosten für die Produktion gekennzeichnet sind, kann die Lücke zwischen Preis und Grenzkosten unter Patentschutz kurzfristig zu erheblichen Wohlstandseinbußen führen. Indem das IRA die Preise für ausgewählte Produkte näher an die Grenzkosten heranführt, werden diese Verluste vordergründig verringert, der Zugang für Medicare-Leistungsempfänger verbessert und der finanzielle Druck auf das Medicare-Programm selbst gemindert. Aus dieser Perspektive ist das Gesetz eine Korrekturmaßnahme, um die Ressourcenallokation auf den Pharmamärkten wieder ins Gleichgewicht zu bringen, indem die durch die Marktmacht bedingte Mengenverzerrung verringert und die Kosten für die Patienten gesenkt werden.

Diese Sichtweise ist zwar im Zusammenhang mit der statischen Effizienz wirtschaftlich intuitiv, verdeckt jedoch eine tiefere und umstrittenere Dimension der pharmazeutischen Ökonomie: die Beziehung zwischen Preisen und dynamischer Effizienz. Der heutige Preis eines Arzneimittels spiegelt nicht nur die Kosten der früheren Innovation wider, sondern ist auch ein Signal für künftige Investitionen. Die durch den Patentschutz erzielten Einnahmen stellen für die pharmazeutischen Unternehmen den wirtschaftlichen Anreiz dar, in den langwierigen, kostspieligen und riskanten Prozess der Entdeckung und Entwicklung neuer Therapien zu investieren. Durch die Verringerung der erwarteten Erträge laufen Preiskontrollen Gefahr, diesen dynamischen Prozess zu untergraben. Eine alternative Betrachtung des IRA betont daher, dass das Gesetz langfristig erhebliche Kosten in Form von weniger Innovationen, weniger neuen Behandlungsmethoden und geringeren Verbesserungen hinsichtlich Lebenserwartung und Lebensqualität verursachen kann. Aus dieser Sicht konzentriert sich das IRA zu stark auf die unmittelbare Finanzierbarkeit, was zu Nachteilen hinsichtlich längerfristiger gesundheitlicher Verbesserungen und technologischem Fortschritt führt. Mit anderen Worten: Die Konzentration auf die kurzfristige Senkung der *Kosten der Gesundheitsversorgung* kann langfristig zu einem Anstieg der *Kosten für die Gesundheit* führen.

Dieser Beitrag konzentriert sich auf diese zweite, weniger diskutierte und weniger gut verstandene Dimension des IRA: seine wahrscheinlichen Auswirkungen auf pharmazeutische Innovationen. Während sich die öffentliche Debatte weitgehend auf das Versprechen niedrigerer Preise und besserer Erschwinglichkeit konzentriert hat, weist eine wachsende Zahl von wissenschaftlichen und politischen Analysen auf die Innovationskosten des Gesetzes hin. Diese Kosten sind schwieriger zu quantifizieren, da sie kontrafaktische Schätzungen von Arzneimitteln, die nicht entwickelt werden, und von Gesundheitsvorteilen, die nicht realisiert werden, beinhalten. Dennoch haben neuere Studien damit begonnen, die wahrscheinlichen Auswirkungen des IRA auf Investitionen in Forschung und Entwicklung (F&E), Arzneimittelzulassungen und die Gesundheit von Patientinnen und Patienten zu modellieren. Dabei ist zu betonen, dass die Schätzungen in den einzelnen Studien erheblich voneinander abweichen, was auf unterschiedliche Annahmen und Methoden zurückzuführen ist. Wir werden diese Schätzungen im Detail untersuchen und dabei aufzeigen, wie unabhängige akademische Analysen im Vergleich mit den Prognosen öffentlicher Organisationen wie dem Congressional Budget Office (CBO) ausfallen. Während das CBO schätzt, dass es nur einen relativ geringen Rückgang künftiger Arzneimittelzulassungen infolge des IRA geben wird, deuten wissenschaftliche Arbeiten darauf hin, dass das Ausmaß der entgangenen Innovation weitaus größer sein könnte. Die Gegenüberstellung dieser Perspektiven bietet entscheidende Einblicke in die methodischen und normativen Präferenzen, die den prognostizierten Auswirkungen des IRA zugrunde liegen.

Neben den direkten Auswirkungen auf Innovationen wird in diesem Beitrag auch die Interaktion des IRA mit der Ausgestaltung der Krankenversicherung untersucht, wobei der Schwerpunkt auf der Übernahme von Arzneimittelkosten durch Medicare (Part D) liegt. Die Medicare-Leistungen bei verschreibungspflichtigen Arzneimitteln zeichnen sich durch eine nichtlineare Kostenbeteiligungsstruktur aus, die zu Diskontinuitäten bei den Grenzpreisen führt, mit denen Patientinnen und Patienten in den verschiedenen Stadien der Versorgung konfrontiert sind. Die neuere Literatur deutet darauf hin, dass diese Nichtlinearitäten in Verbindung mit den Bestimmungen des IRA unbeabsichtigte Folgen haben können. Das Gesetz senkt zwar die Gesamtausgaben, indem es eine jährliche Obergrenze festlegt und Zuzahlungsgrenzen für Insulin einführt, kann aber auch die marginalen bzw. „punktuellen" Preise bei bestimmten Schwellenwerten erhöhen. Da die Therapietreue der Versicherten von den Grenzkosten abhängt, können selbst geringe Erhöhungen der marginalen Preise zu einer geringeren Medikamenteneinnahme und schlechteren Gesundheitsergebnissen führen. Wir geben einen Überblick über neuere empirische Analysen, die diese Auswirkungen dokumentieren, und erörtern die Auswirkungen der Preisregulierung, wenn sie auf das nichtlineare Design von Medicare Part D aufgesetzt wird. Diese Perspektive verdeutlicht, dass die tatsächlichen Auswirkungen des IRA auf die Versicherten nicht nur anhand der durchschnittlichen jährlichen Ausgaben gemessen werden können, sondern dass auch Verhaltensreaktionen auf marginale Preissignale berücksichtigt werden müssen.

Schließlich befasst sich dieser Beitrag mit alternativen Rahmenbedingungen für die Regulierung von Arzneimittelpreisen, wobei der

Schwerpunkt auf Ansätzen liegt, die darauf abzielen, die Preise direkter mit dem sozialen Wert von Innovationen zu verknüpfen. Während das IRA einen zentralisierten, von oben nach unten gerichteten Ansatz verfolgt, der die unmittelbare Kostendämpfung in den Vordergrund stellt, versuchen wertorientierte Preisbildungsmethoden sicherzustellen, dass die Preise das Ausmaß der durch eine Therapie erzielten Gesundheitsgewinne widerspiegeln. Doch nicht alle wertorientierten Methoden sind aus wirtschaftlicher Sicht gleichermaßen fundiert. Die traditionelle Kosten-Wirksamkeits-Analyse, die am häufigsten durch die Verwendung von qualitätsbereinigten Lebensjahren (QALYs) operationalisiert wird, hat sich international durchgesetzt, ist aber ethisch und theoretisch umstritten. Kritiker argumentieren, dass QALYs diskriminierend sind, da sie die von älteren oder behinderten Patienten gewonnenen Lebensjahre systematisch unterbewerten, und dass sie nur wenig mit den mikroökonomischen Grundlagen des Gemeinwohls zu tun haben. Neuere Ansätze, wie die Generalized Risk-Adjusted Cost-Effectiveness (GRACE), beheben diese Mängel, indem sie Bewertungen in einen Rahmen der Nutzenmaximierung einbetten und gesellschaftliche Präferenzen ausdrücklich berücksichtigen, um Schwerkranke zu bevorzugen (Lakdawalla und Phelps 2021; Lakdawalla und Doctor 2024). Durch den Vergleich zentralisierter Preiskontrollen mit diesen Systemen, die den Patientenpräferenzen besser entsprechen, wird in diesem Beitrag veranschaulicht, inwieweit Methoden erfolgversprechend sind, die die Finanzierbarkeit von Leistungen bewahren und gleichzeitig dynamische Effizienz und Gerechtigkeit aufrechterhalten wollen.

Der Beitrag ist wie folgt aufgebaut: Er beginnt mit einem Überblick über die Struktur des Gesetzes und die von seinen Befürwortern vorgebrachten Argumente, bevor er sich der weniger sichtbaren, aber potenziell folgenreicheren Dimension der dynamischen Effizienz zuwendet. Anschließend wird ein Überblick über den Stand der Literatur gegeben, in der die Auswirkungen des IRA auf Forschung und Entwicklung sowie Arzneimittelzulassungen analysiert werden, wobei Unterschiede zwischen akademischen Analysen und Regierungsprognosen herausgearbeitet werden. Anschließend wird die Überschneidung des IRA mit dem nichtlinearen Design von Medicare Part D untersucht, wobei neuere Studien zu Grenzpreisen und Adhärenzverhalten herangezogen werden (Lederman et al. 2025). Schließlich werden alternative Rahmenbedingungen für die Preisregulierung erörtert, die sich stärker an den Patientenpräferenzen und dem sozialen Wert von Innovationen orientieren. Diese werden zentralisierten Ansätzen für die Einführung von Technologien gegenübergestellt. Insgesamt ordnet dieses Kapitel das IRA in die breitere Debatte zu Finanzierbarkeit und Innovation ein und bewertet die Rolle der Preisregulierung bei der Gestaltung des Gleichgewichts zwischen diesen beiden Zielen.

16.2 Relevante Aspekte des Inflation Reduction Act

Der Inflation Reduction Act (IRA) aus dem Jahr 2022 stellt einen der weitreichendsten politischen Eingriffe in den US-Pharmamarkt der letzten Jahrzehnte dar. Zum ersten Mal wurde Medicare die Befugnis erteilt, direkt in die Preisgestaltung von patentgeschützten verschreibungspflichtigen Markenarzneimitteln einzugreifen. Diese Befugnis liegt bei den Centers for Medicare & Medicaid Services (CMS), die im Rahmen des IRA damit beauftragt sind, so genannte faire Höchstpreise (maximum faire prices, MFP) für eine begrenzte Anzahl von Arzneimitteln mit hohen Ausgaben festzulegen. Obwohl das Gesetz diese Vereinbarungen als Verhandlungen zwischen den CMS und Arzneimittelherstellern darstellt, lässt sich das Programm am besten als ein System regulierter Preisfestsetzung verstehen, das durch umfangreiche Durchsetzungsmechanismen unterstützt wird. Eine detaillierte Untersuchung der wichtigsten Komponenten des Programms zeigt sowohl die Mechanismen des Programms als auch die Verzerrungen, die sich aus seiner Struktur ergeben.

Ausgangspunkt des Programms ist das Verfahren, mit dem die CMS die in Frage kommenden Arzneimittel auswählen. Nur Single-Source-Arzneimittel sind förderfähig, d. h. ein Produkt darf nicht in direktem Wettbewerb mit einem generischen Äquivalent oder – im Falle von Biologika – einem Biosimilar stehen. Aus dieser Grundgesamtheit stellen die CMS eine Liste der fünfzig Arzneimittel mit den höchsten Bruttoausgaben von Medicare zusammen. Bestimmte Kategorien sind per Gesetz ausgeschlossen, darunter Orphan-Arzneimittel, die nur für eine seltene Krankheit zugelassen sind, Arzneimittel mit geringen Preisen und aus Plasma gewonnene Produkte. Aus diesem eingeschränkten Pool ermitteln die CMS eine Reihe von Arzneimitteln für die Preisverhandlungen, beginnend mit zehn Arzneimitteln für Medicare Part D im Jahr 2026. Die Anzahl der Produkte wird im Laufe der Zeit erweitert: fünfzehn zusätzliche Part-D-Arzneimittel im Jahr 2027, weitere fünfzehn Arzneimittel im Jahr 2028, wenn auch Ärztinnen und von Ärzten verabreichte Part-B-Arzneimittel einbezogen werden, und ab 2029 jährlich zwanzig neue Arzneimittel. Diese stufenweise Ausweitung unterstreicht, dass es sich beim IRA nicht um eine einmalige Maßnahme handelt, sondern um den Beginn einer kontinuierlichen Preisregulierung, die nach und nach einen größeren Teil des Arzneimittelmarktes erfassen wird.

Sobald die Arzneimittel ausgewählt sind, legt das IRA die Kriterien fest, die die CMS bei der Bestimmung des angemessenen Höchstpreises berücksichtigen müssen. Dazu gehören die klinische Wirksamkeit im Vergleich zu anderen Arzneimitteln, der Grad des therapeutischen Fortschritts, das Ausmaß des ungedeckten medizinischen Bedarfs, die Kosten für Forschung, Entwicklung und Herstellung sowie die Preise für therapeutische Alternativen. Im Prinzip deuten diese Kriterien auf eine umfassende Bewertung sowohl der klinischen als auch der wirtschaftlichen Eigenschaften hin. In der Praxis gibt das Gesetz jedoch kaum Anhaltspunkte für die Gewichtung dieser Faktoren, sodass die CMS über einen großen Ermessensspielraum verfügen. Die CMS beginnen den Prozess mit einem ersten Angebot, auf das der Hersteller mit einem Gegenangebot reagieren kann, gefolgt von Verhandlungen. Die Asymmetrie der Verhandlungsmacht ist jedoch unübersehbar. Hersteller, die sich weigern, an den Verhandlungen teilzunehmen, müssen mit einer Verbrauchssteuer rechnen, die bei 65 % der Bruttoeinnahmen des Arzneimittels beginnt und bis auf 95 % ansteigen kann. Die finanziellen Nachteile sind so hoch, dass eine Verweigerung von „Verhandlungen" praktisch unmöglich ist, weshalb viele Beobachter das Programm als Preisregulierung unter dem Deckmantel der Verhandlung betrachten. Das Ergebnis dieses Prozesses ist ein MFP, den die CMS ohne nennenswerte Anfechtung durch den Hersteller festlegen können.

Eine der folgenreichsten Entscheidungen bei der Gestaltung des IRA ist die unterschiedliche Behandlung von niedermolekularen Medikamenten und Biologika. Niedermolekulare Arzneimittel sind neun Jahre nach der FDA-Zulassung verhandelbar, während Biologika erst dreizehn Jahre nach der Zulassung verhandelbar sind. Diese Diskrepanz verkürzt die effektive Zeitspanne, in der niedermolekulare Produkte frei von staatlicher Preisregulierung Renditen erwirtschaften können, um fast 40 % im Vergleich zu historischen Normen von zwölf bis vierzehn Jahren vor dem Markteintritt von Generika. Die längere Zeitspanne für Biologika hingegen bewahrt einen Großteil des etablierten Zeitraums der Einnahmenexklusivität. Infolgedessen führt das IRA zu einer Verzerrung der Forschungs- und Entwicklungsanreize: Die Unternehmen haben nun ein starkes finanzielles Motiv, Biologika gegenüber niedermolekularen Arzneimitteln zu bevorzugen. In Anbetracht der Tatsache, dass letztere als Generika oft einfacher herzustellen, zu vertreiben und zu vervielfältigen und für therapeutische Fortschritte in Bereichen wie Onkologie, Neurologie und psychische Gesundheit von zentraler Bedeutung sind, besteht die Gefahr, dass diese Verschiebung die

Innovationen weg von Behandlungen lenkt, bei denen in der Vergangenheit sowohl ein breiter Zugang als auch erhebliche Kosteneinsparungen ermöglicht wurden, sobald Generika auf den Markt kamen (Philipson et al. 2023).

Die Durchsetzungsmechanismen des Gesetzes verstärken das Ungleichgewicht der Kräfte noch weiter. Durch die Festlegung von Strafen für die Nichtteilnahme in einer Höhe, die den überwiegenden Teil der Einnahmen eines Medikaments konfiszieren würde, hat der Kongress dafür gesorgt, dass die Hersteller den Prozess nicht plausibel ablehnen können. Selbst ein Rechtsstreit, der die Verfassungsmäßigkeit des Programms in Frage stellt, ändert nichts an der Tatsache, dass die Hersteller zur Teilnahme gezwungen sind. Die Struktur kombiniert also die obligatorische Teilnahme mit dem Anschein von Verhandlungen und lässt wenig Raum für echte Marktdynamik, um den Endpreis zu beeinflussen. Kritiker argumentieren, dass dies sowohl die Transparenz als auch die Vorhersehbarkeit untergräbt, da die CMS bei der Festlegung des MFP über einen großen Ermessensspielraum verfügen, der Hersteller aber nur wenig Gegendruck ausüben kann.

Die Auswirkungen dieser Bestimmungen wurden im August 2023 konkret, als die CMS die erste Liste von zehn Arzneimitteln veröffentlichten, die für 2026 verhandelt werden. Diese Arzneimittel gehören zu den am häufigsten verschriebenen und ausgabenstärksten Therapien im Medicare-Programm und betreffen Herz-Kreislauf-Erkrankungen, Diabetes, Autoimmunkrankheiten und Krebs. ◘ Tab. 16.1 gibt einen Überblick über diese Arzneimittel, ihre Hersteller und ihre wichtigsten klinischen Anwendungsgebiete.

Diese erste Liste verdeutlicht sowohl den Umfang als auch die Reichweite des Programms. Auf die ausgewählten Arzneimittel entfallen jährlich Milliarden von Dollar an

◘ **Tab. 16.1** Top 10 der Arzneimittel für Medicare-Versicherte

Präparat	Hersteller	Behandelte Erkrankung(en)
Eliquis	Bristol Myers Squibb/Pfizer	Prävention und Behandlung von Blutgerinnseln, Vorhofflimmern
Jardiance	Boehringer Ingelheim/Eli Lilly	Typ-2-Diabetes, Herzinsuffizienz
Xarelto	Janssen Pharmazeutika (Johnson & Johnson)	Prävention und Behandlung von Blutgerinnseln, Herz-Kreislauf-Erkrankungen
Januvia	Merck & Co.	Typ-2-Diabetes
Farxiga	AstraZeneca	Typ-2-Diabetes, Herzinsuffizienz, chronische Nierenerkrankung
Entresto	Novartis	Herzinsuffizienz
Enbrel	Amgen	Rheumatoide Arthritis, Schuppenflechte, psoriatische Arthritis
Imbruvica	Pharmacyclics (AbbVie)/Janssen	Blutkrebs (Leukämien, Lymphome)
Stelara	Janssen Biotech (Johnson & Johnson)	Psoriasis, psoriatische Arthritis, Morbus Crohn, Colitis ulcerosa
NovoLog/Fiasp	Novo Nordisk	Diabetes (schnell wirkendes Insulin)

Arzneimittel-Kompass 2025

Medicare-Ausgaben und sie decken häufige chronische Erkrankungen ab, von denen eine große Zahl älterer Leistungsempfänger betroffen ist. Aus politischer Sicht zeigt die Liste, dass die CMS den Schwerpunkt auf Produkte mit hohen Ausgaben legen, was der gesetzlichen Vorgabe entspricht, Arzneimittel mit den größten Auswirkungen auf das Budget auszuwählen. Für die Patientinnen und Patienten sind niedrigere Selbstbeteiligungen zu erwarten, sobald die ausgehandelten Preise in Kraft treten. Für die Hersteller bedeutet diese Auswahl jedoch eine erhebliche Erosion der erwarteten Einnahmen und damit eine Neukalibrierung der Anreize für künftige Investitionen.

16.3 Auswirkungen auf Innovationen

Die Debatte über die Auswirkungen des IRA auf Innovationen stützt sich häufig auf ein grundlegendes Problem: Man kann nicht direkt beobachten, welche Arzneimittel nicht entwickelt werden, wenn die erwarteten Erträge sinken. Analysten schließen daher indirekt auf langfristige Innovationseffekte, indem sie einerseits politisch bedingte Veränderungen der erwarteten Erträge mit andererseits empirischen Schätzungen der Elastizität der pharmazeutischen Innovation in Bezug auf die Marktgröße oder die Einnahmen kombinieren. Da letztere aus quasi-experimentellen Schocks ermittelt werden müssen (um eine umgekehrte Kausalität aus der Innovation selbst, die die Märkte vergrößert, zu vermeiden), können sich die Wissenschaftler über die Größenordnungen uneinig sein und sind es auch.

Die Basisprojektion des CBO, die während des Gesetzgebungsverfahrens veröffentlicht wurde, stellt die konservativste der veröffentlichten Schätzungen dar. In seiner Haushaltsbewertung zur Arzneimittelpreisgestaltung des IRA kam das CBO zu dem Schluss, dass in den nächsten 30 Jahren etwa 15 neue Arzneimittel weniger auf den Markt kommen würden, wobei es ausdrücklich darauf hinwies, dass es nicht versucht hat, die sich daraus ergebenden Auswirkungen auf die öffentliche Gesundheit zu modellieren oder zu ermitteln, welche Arten von Arzneimitteln am stärksten betroffen sein würden (CBO 2022).

Im Gegensatz dazu verwenden Philipson et al. (2023) Elastizitätsparameter, die sich auf die empirische Literatur stützen, und finden wesentlich größere Auswirkungen. Sie modellieren die IRA-Bestimmung, wonach niedermolekulare Arzneimittel nach neun Jahren auf dem Markt (im Gegensatz zu dreizehn Jahren für Biologika) verhandelten (regulierten) Preisen unterliegen. Sie schätzen, dass der Neun-Jahres-Zeitraum die erwarteten US-Einnahmen für niedermolekulare Medikamente um etwa 8 % reduziert, was bei Anwendung einer aus früheren Analysen kalibrierten Elastizität zwischen Einnahmen und F&E einen Rückgang der F&E-Investitionen um 12,3 % bedeutet, was über zwanzig Jahre etwa 232 Mrd. Dollar weniger entspricht. Rechnet man den Investitionsrückgang auf den Output um, so wird für den gleichen Zeitraum mit 188 weniger Behandlungen mit niedermolekularen Medikamenten gerechnet – 79 neue Medikamente weniger und 109 neue Indikationen nach der Zulassung weniger, was einen Verlust von 116 Mio. Lebensjahren bedeutet.

In ähnlicher Weise gehen Goldman et al. (2023) von einem Rückgang der US-Pharmaeinnahmen um etwa 31 % bis zum Jahr 2039 aus, was zu etwa 135 weniger neuen Arzneimittelzulassungen in diesem Zeitraum führen könnte. Obwohl diese Zahlen von den Schätzungen von Philipson et al. (2023) abweichen, geht die Schlussfolgerung in dieselbe Richtung: Wenn die Preisgestaltung des IRA durch empirisch plausible Elastizitäten abgebildet wird, führt sie zu großen, nicht marginalen Innovationsverlusten.

Die Unterschiede zwischen der Prognose des CBO für 15 Arzneimittel und der von Goldman et al. (2023) und Philipson et al. (2023) angegebenen Spanne von 135 bis 188 Arzneimitteln spiegeln drei wesentliche Modellierungsentscheidungen wider:
1. Mechanismen und Zeitplan: Die statische Bewertung des CBO konzentriert sich eng

auf langfristige Durchschnittswerte und isoliert nicht explizit die Asymmetrie neun vs. dreizehn Jahre bei der Preisbildung (niedermolekulare Arzneimittel vs. Biologika) oder den kumulativen Effekt von Inflationsrabatten und Rabatten nach Katastrophen auf die erwarteten Einnahmen. Studien, die diese Kanäle explizit modellieren, führen zu größeren Einnahmeschocks und damit zu größeren Innovationseffekten.

2. Einbeziehung von Forschung und Indikationserweiterung nach der Zulassung: Das CBO gibt einen Umfang von „wenigen Arzneimitteln" an, berücksichtigt aber nicht den gut dokumentierten Wert der Forschung nach der Zulassung (frühere Indikationen, pädiatrische Studien, neue Subpopulationen) – genau die Art von Investitionen, die am meisten von einem verkürzten Hochpreishorizont bedroht sind. Philipson et al. (2023) zählen explizit die verlorenen Indikationserweiterungen (109) neben den Ausfällen bei neuen Medikamenten, was den gesamten Innovationsverlust erheblich erhöht.

3. Kalibrierung der Elastizität: Es gibt eine umfangreiche Literatur, die Einnahmeschocks mit F&E und Zulassungen verknüpft und dabei Elastizitäten verwendet, die aus quasi-experimentellen Variationen der Marktgröße geschätzt werden. Zu den wegweisenden Studien gehören die von Acemoglu und Linn (2004), die zeigen, dass ein Anstieg der potenziellen Marktgröße um 1 % zu einem Anstieg der Anzahl neuer Medikamente in dieser Kategorie um 4–6 % führt (eine beträchtliche Elastizität der Innovation in Abhängigkeit von der Marktgröße), sowie die von Blume-Kohout und Sood (2013), die den exogenen Nachfrageschock durch Medicare Part D mit einem Anstieg der Aktivität bei klinischen Studien und F&E verknüpfen. Neuere Synthesen schätzen Punktelastizitäten von 0,2–0,3 für Innovationen in Bezug auf die erwartete Marktgröße – Werte, die, wenn sie auf die Einnahmenkürzungen des IRA angewendet werden, zu dreistelligen Rückgängen bei den Zulassungen über zwei Jahrzehnte führen.

Diese elastizitätsbasierten Ansätze sind gerade deshalb so wichtig, weil die entgangenen Therapien ex ante nicht beobachtbar sind. In der empirischen Literatur werden Marktgrößenschocks identifiziert, die plausibel exogen für gleichzeitige Innovationsentscheidungen sind – z. B. demographische Verschiebungen, die Märkte in Krankheitsgebieten erweitern (Acemoglu und Linn 2004), oder politische Schocks wie bezüglich Medicare Part D (Blume-Kohout und Sood 2013) –, und dann werden beobachtete Veränderungen bei den Zulassungen/klinischen Studien auf implizite Elastizitäten übertragen. Wenn diese Elastizitäten auf die im Rahmen des IRA modellierten Veränderungen der erwarteten Erträge angewandt werden, führt dies zu einem Rückgang von Innovationen. Die Projektionen von Philipson et al. (2023) und Goldman et al. (2023) unterscheiden sich in der Größe des Ertragsschocks und in der Frage, ob sie verlorene Indikationen berücksichtigen, aber beide stimmen mit der Haupterkenntnis der empirischen Literatur überein: Pharmazeutische F&E ist einkommensabhängig.

Zwei zusätzliche Modellierungsnuancen verdienen es, hervorgehoben zu werden. Erstens führen die asymmetrischen Fristen des IRA (9 Jahre gegenüber 13 Jahren) zu modalitätsspezifischen Verzerrungen, die sich nicht neutral auf die Zusammensetzung der Innovation auswirken. Da niedermolekulare Arzneimittel einer früheren Preisgestaltung unterliegen, erzielen sie unverhältnismäßig niedrigere erwartete Renditen, gerade wenn viele Arzneimittel in frühere Therapiebereiche vorstoßen oder bestätigende Überlebensdaten erfasst werden – Investitionen, die in der Regel erst nach dem neunten Jahr getätigt werden. Analysten, die diesen Timing-Effekt berücksichtigen, prognostizieren besonders große Verluste in der Onkologie und der Neurologie, also in Therapiegebieten, in denen niedermolekulare Arzneimittel von entscheidender Bedeutung und bei denen Indikationserweiterungen nach der Zulassung üblich sind (Philipson et al. 2023). Zweitens ist die mechanische Zählung von „wenigen Medikamenten" ein unvollständiger Maßstab für Gemeinwohl. Es kommt auf die Verteilung der verlorenen Innovation an: Weniger inkrementelle Therapien gegenüber weniger hochwertigen Durchbrüchen haben sehr unterschiedliche Auswirkungen auf die Gesundheit. Dies ist der Grund, warum Philipson et al. (2023) die Innovationsverluste in verlorene Lebensjahre umrechnet (≈ 116 Mio.); es ist auch der Grund, warum Studien, die sich strikt auf die Anzahl der Medikamente konzentrieren (wie die des CBO), die Wohlfahrtskosten unterbewerten können, selbst wenn die Arithmetik innerhalb ihrer Definitionen korrekt ist.

Die Evidenz aus dem hier vorgestellten Literaturreview deutet darauf hin, dass der Ansatz der IRA zur Preisregulierung die erwarteten Erträge erheblich senkt und über gut dokumentierte Elastizitäten die F&E-Investitionen und künftigen Zulassungen verringert.

16.4 Die Wechselwirkung zwischen dem Inflation Reduction Act und dem Versicherungsdesign

Die Auswirkungen des Inflation Reduction Act (IRA) auf pharmazeutische Innovationen können nicht nur anhand der Gesamteinnahmen und der langfristigen F&E-Anreize bewertet werden. Ebenso wichtig ist die Art und Weise, wie die neue Richtlinie mit der institutionellen Architektur von Medicare Part D interagiert, das mehr als 50 Mio. Anspruchsberechtigten im ambulanten Sektor eine Versorgung mit verschreibungspflichtigen Medikamenten bietet. Part D ist seit langem für seine hochgradig nichtlineare Kostenbeteiligungsstruktur bekannt, die zu Diskontinuitäten bei den Grenzpreisen für Verschreibungen führt, mit denen die Versicherten zu verschiedenen Zeitpunkten im Laufe eines Jahres konfrontiert sind. Das IRA überlagert diese ohnehin schon komplexe Struktur mit neuen Preisregulierungen und Auszahlungsobergrenzen, was zu Verschiebungen sowohl bei den Durchschnitts- als auch bei den Grenzpreisen führt. Um die tatsächlichen Auswirkungen des Gesetzes auf Verhalten und Therapietreue der Patientinnen und Patienten zu verstehen, muss daher das Zusammenspiel dieser beiden politischen Regelungen betrachtet werden.

Ursprünglich war Medicare Part D in mehrere Phasen gegliedert: ein absoluter Selbstbeteiligungsbetrag, eine anfängliche Deckungsperiode mit prozentualer Zuzahlung, eine Deckungslücke (das so genannte „Donut Hole") und schließlich eine auf schwere Erkrankungen begrenzte Kostendeckung mit potenziell erheblicher Selbstbeteiligung der Versicherten. Diese Struktur wurde zwar im Laufe der Zeit etwas modifiziert, ist aber nach wie vor durch sprunghafte Änderungen der marginalen Kostenbeteiligung gekennzeichnet. Die Patientinnen und Patienten können von einer Phase mit einem Eigenanteil von 25 % der Arzneimittelkosten in eine Phase mit höherer effektiver Zuzahlung bei einer Deckungslücke und dann zu einer 5%igen Zuzahlung bei schweren Erkrankungen übergehen, und das alles innerhalb desselben Jahres. Das daraus resultierende Muster bedeutet, dass der effektive Preis, mit dem die Versicherten in der Apotheke konfrontiert werden, nicht ihren gleichmäßigen Verbrauch widerspiegelt, sondern sprunghaft ansteigt, wenn bestimmte Ausgabenschwellen überschritten werden.

Wirtschaftswissenschaftliche Studien wie die von Lederman, Olssen und Pauly (2025) und die von ihnen zitierte umfangreiche Literatur belegen, dass diese Nichtlinearitäten erhebliche Auswirkungen auf die Entscheidungsfindung der Patienten haben. Die Leistungsempfänger passen ihren Arzneimittelkonsum häufig an die Schwellenwerte für die Kostenübernahme an, wobei einige die Einnahme von Arzneimitteln hinauszögern oder die Dosis rationieren, um den Übergang zu einer Phase mit höherer Kostenbeteiligung zu vermeiden. Das nichtlineare Design von Part D führt dazu, dass sich die Spotpreise zu bestimmten Ausgabenzeitpunkten ändern, die sich erheblich von der durchschnittlichen Selbstbeteiligung des Patienten im Laufe des Jahres unterscheiden können. Diese Unterscheidung zwischen Grenz- und Durchschnittspreisen ist von entscheidender Bedeutung, da das Adhärenzverhalten in erster Linie vom Grenzpreis abhängt, den die Verbraucherinnen und Verbraucher tragen müssen.

Das IRA führt mehrere wichtige Änderungen an Medicare Part D ein. Vor allem wird ab 2025 die jährliche Selbstbeteiligung der Begünstigten auf 2.000 USD begrenzt, und die Patienten können ihre Selbstbeteiligung über das Jahr hinweg „glätten", statt bei Überschreiten von Schwellenwerten mit pauschalen Verbindlichkeiten konfrontiert zu werden. Diese Bestimmungen sollen die Erschwinglichkeit verbessern und das finanzielle Risiko verringern. Gleichzeitig wird mit dem IRA auch die 5%ige Selbstbeteiligung bei schweren Erkrankungen abgeschafft und die Haftung zwischen Medicare, den Krankenversicherungen und den Herstellern umstrukturiert. Die Hersteller müssen nun 10 % der Arzneimittelkosten in der Erstversicherungsphase und 20 % bei schweren Erkrankungen übernehmen, während die direkte Rückversicherungspflicht von Medicare entsprechend reduziert wird.

Obwohl diese Reformen das jährliche finanzielle Gesamtrisiko senken, verändern sie auch die Verteilung der Verbindlichkeiten innerhalb eines Jahres. Bei einigen kostenintensiven Arzneimitteln müssen die Leistungsempfänger mit höheren Grenzpreisen rechnen als vor der IRA-Reform. Lederman et al. (2025) haben dieses Phänomen dokumentiert und gezeigt, dass das neue Modell durch die Verschiebung der Kostenverantwortung zwischen Versicherern, Herstellern und Medicare bei Überschreitung von wichtigen Schwellenwerten zu steileren Spotpreisen für Patienten führen kann. Während der jährliche Höchstbetrag der Selbstbeteiligung sinkt, kann der effektive Preis pro Verordnung in bestimmten Phasen für die meisten Begünstigten von Part D, die keine Unterstützung aus dem Programm aufgrund niedrigen Einkommens erhalten, steigen. Diese Unterscheidung ist von Bedeutung, da die Patienten ihre Entscheidungen über die Therapietreue in der Regel davon abhängig machen, was sie in diesem Moment in der Apotheke bezahlen müssen, und nicht von den Gesamtkosten, die ihnen im Laufe des Jahres entstehen können.

Die Literatur zu Preissensibilität bei verschreibungspflichtigen Arzneimitteln zeigt durchweg, dass sich die Therapietreue selbst bei bescheidenen Änderungen der Selbstbeteiligung ändert. Die Leistungsempfänger reduzieren ihren Arzneimittelkonsum, wenn die Selbstbeteiligungssätze steigen, und sie verzögern oft ihre Therapie oder brechen sie ab, wenn sie mit hohen einmaligen Ausgaben konfrontiert werden. Das nichtlineare Design von Part D verstärkt diese Effekte, indem es die Haftung auf Phasen konzentriert, in denen die Grenzpreise hoch sind. Wenn die Umstrukturierung des IRA die Spotpreise zu diesen Zeitpunkten erhöht, während gleichzeitig das Gesamtengagement gesenkt wird, könnte dies paradoxerweise die Therapietreue auf kurze Sicht verringern. Dieses Paradoxon verdeutlicht das Spannungsverhältnis zwischen dem Versicherungsschutz auf Jahresebene und den durch nichtlineare Versicherungsverträge geschaffenen Anreizen.

Hinsichtlich des Gemeinwohls besteht die Befürchtung, dass eine geringere Therapietreue bei chronisch kranken Patienten einige der beabsichtigten Vorteile niedrigerer Arzneimittelpreise zunichte machen könnte. Bei Krankheiten wie Diabetes, Herzinsuffizienz oder Krebs kann eine unzureichende Therapietreue zu einer Verschlechterung des Gesundheitszustands und höheren Folgekosten durch Krankenhausaufenthalte oder Komplikationen führen. Die Gestaltung der Versicherungsleistungen steht also in einer starken Wechselwirkung mit regulatorischen Eingriffen, die darüber entscheiden, ob politische Veränderungen die Gesundheit der Patienten tatsächlich verbessern oder verschlechtern.

Die Wechselwirkung zwischen dem IRA und Medicare Part D unterstreicht eine umfassendere Lektion in der Gesundheitsökonomie: Politische Interventionen können nicht isoliert vom Versicherungsumfeld, in dem sie stattfinden, bewertet werden. Die durchschnittlichen jährlichen Einsparungen sind zwar politisch interessant, können aber ein schlechter Indikator für Verhaltensreaktionen sein, die von marginalen Anreizen abhängen. Die empirische Literatur legt nahe, dass sorgfältig bedacht werden muss, wie sich Reformen auf den „Grenzpreis" auswirken, da dieser der entscheidende Faktor dafür ist, ob Patienten eine Therapie beginnen, fortsetzen oder abbrechen. Wird diese Dimension außer Acht gelassen, besteht die Gefahr, dass die Wohlfahrtsgewinne für die Patienten durch Reformen, die die durchschnittlichen Ausgaben senken, aber die Spotpreise an kritischen Schwellenwerten erhöhen, überbewertet werden.

Darüber hinaus wirkt sich der Einfluss des IRA auf die Grenzpreise auch auf die dynamische Effizienz aus. Wenn die Adhärenz aufgrund höherer Spotpreise sinkt, verringert sich der realisierte Wert bestehender Innovationen. Dieser geringere realisierte Wert wirkt sich auf die Erwartungen hinsichtlich der Rentabilität künftiger Investitionen in Forschung und Entwicklung aus. Mit anderen Worten: Verzerrungen in der Versicherungsgestaltung wirken sich nicht nur auf das aktuelle Patientenverhalten aus, sondern verändern auch die langfristigen Anreize für Innovationen, wodurch die direkten Auswirkungen der Preisregulierung auf die Einnahmen noch verstärkt werden.

16.5 Alternative Verfahren für die Preisregulierung

Die Debatte darüber, wie Arzneimittelpreise in den USA am besten reguliert werden können, hat sich zunehmend der Frage zugewandt, ob systematischere Verfahren, wie sie in den europäischen Gesundheitssystemen verwendet werden, an den amerikanischen Kontext angepasst werden könnten. Insbesondere die Kosten-Wirksamkeits-Analyse (KWA) wurde wiederholt als potenzielles Instrument zur Steuerung von Entscheidungen über Kostenübernahme und Preisgestaltung in Betracht gezogen. Die Attraktivität der KWA liegt auf der Hand: Sie bietet eine scheinbar objektive Möglichkeit, den gesundheitlichen Nutzen einer neuen Therapie gegen ihre Kosten abzuwägen und Schwellenwerte für einen „angemessenen" Wert festzulegen. Beispielsweise haben das Vereinigte Königreich (durch das National Institute for Health and Care Excellence [NICE]) und andere europäische Länder Varianten dieses Ansatzes verwendet, um die Einführung medizinischer Verfahren angesichts von Haushaltsbeschränkungen zu organisieren. Für politische Entscheidungsträger und Kostenträger in den Vereinigten Staaten, wo die Preisgestaltung für Arzneimittel oft als fragmentiert, undurchsichtig und inkonsistent kritisiert wurde, ist die Idee eines organisierten, quantitativen Rahmens für die Wertbestimmung intuitiv attraktiv.

Doch trotz dieses immer wiederkehrenden Vorschlags zur Kosteneffektivitätspolitik haben die Vereinigten Staaten die KWA nie vollständig als „Rückgrat" bei der Einführung neuer Verfahren übernommen. Ein Grund dafür ist politischer Natur: Sowohl der Affordable Care Act (ACA) als auch der Inflation Reduction Act (IRA) verbieten ausdrücklich die Verwendung von qualitätsbereinigten Lebensjahren (QALYs) in einer Weise, die ältere, behinderte oder todkranke Menschen benachteiligt. Ein weiterer Grund ist jedoch konzeptioneller Natur: Der Kosteneffektivität fehlt eine solide wirtschaftliche Grundlage. Garber und Phelps (1997) haben in ihrer bahnbrechenden Analyse gezeigt, dass Kosten-Effektivitäts-Verhältnisse zwar ein objektives Maß für Wert zu sein scheinen, sich aber nicht aus den grundlegenden mikroökonomischen Prinzipien der Nutzenmaximierung ergeben. Der QALY-basierte Kosten-Effektivitäts-Ansatz leitet sich nicht aus dem Verbrauchernutzen oder der Nachfragetheorie ab, sondern nutzt effektiv eine einzige zentralisierte Bewertung des Gesundheitsgewinns, indem es die Präferenzen einer heterogenen Bevölkerung auf einen einzigen Bezugspunkt zusammenfasst. Auf diese Weise ersetzt die KWA die Verteilung der Zahlungsbereitschaft für Gesundheitsverbesserungen, die in der abwärts gerichteten Nachfragefunktion dargestellt wird, durch einen homogenen Durchschnittswert.

Das Problem, Heterogenität in einer einzigen Kennzahl zusammenzufassen, ist nicht trivial. In der Praxis unterscheiden sich die Patientinnen und Patienten in ihrer Bewertung der Behandlungsergebnisse enorm je nach ihrem initialen Gesundheitszustand, ihren Komorbiditäten, ihrem Einkommen, ihren Präferenzen und ihrer Risikobereitschaft. Ein Einheitsansatz, selbst wenn er durch egalitäre Ideale motiviert ist, ist wahrscheinlich nicht pareto-optimal (Garber und Phelps 1997). Indem den gewonnenen Lebensjahren bei allen Patienten der gleiche Wert zugewiesen wird, lässt die KWA die Heterogenität der Präferenzen entlang der Nachfragekurve außer Acht. Dies macht Zuweisungen auf der Grundlage von KWA nicht nur ineffizient, sondern auch potenziell ungerecht, da sie Bevölkerungsgruppen, die sich in Bezug auf ihre Bereitschaft, für zusätzliche Gesundheitsgewinne Opfer zu bringen, stark unterscheiden, zu einheitlichen Entscheidungen zwingen können.

Die neuere Literatur unterstreicht das Ausmaß dieses Problems. Lucarelli, Nicholson und Tilipman (2022) zeigen, dass Heterogenität eine zentrale Rolle bei der Bestimmung der Gemeinwohleffekte neuer medizinischer Verfahren spielt. Ihre Analyse zeigt, dass bei heterogenen Präferenzen und Behandlungsvorteilen die Annahme einer zentralisierten Einheitsregel für die Einführung neuer Technologien schwerkranken Menschen unverhältnismäßig schaden kann. Da diese Patienten inkrementelle Vorteile oft höher bewerten als gesündere Personen, werden ihre Präferenzen durch ein System, das diese Unterschiede ignoriert, effektiv entwertet. Gemäß der Studie benachteiligen zentralisierte Kostenwirksamkeitsschwellen, die die Heterogenität nicht berücksichtigen, systematisch die Bevölkerungsgruppen mit der größten Krankheitslast, was nicht nur zu ineffizienten, sondern auch zu ethisch bedenklichen Ergebnissen führt. Dies steht in direktem Zusammenhang mit der seit langem bestehenden Kritik an den QALYs: Da Lebensjahre, die bei schlechtem Gesundheitszustand gewonnen werden, nicht in Betracht gezogen werden, verkörpern QALYs eine diskriminierende Struktur, die Interventionen für Behinderte und chronisch Kranke einen geringeren Wert beimisst.

Abgesehen von diesen Verteilungsproblemen vernachlässigt das Prinzip der Kosteneffektivitäts auch Dimensionen des Wertes, die für das soziale Wohlergehen von zentraler Bedeutung sind. Die traditionelle, auf QALYs basierende KWA berücksichtigt keinen Optionsnutzen, also den Wert, den Patienten heute aus dem Zugang zu einer Behandlung ziehen, die sie lange genug am Leben hält, um von zukünftigen medizinischen Fortschritten zu profitieren. Auch umfassendere soziale Werte wie der Versicherungswert der Verringerung von Unsicherheit oder der Gerechtigkeitswert der vorrangigen Behandlung von Menschen mit dem größten ungedeckten Bedarf werden nicht angemessen erfasst. Diese Versäumnisse sind nicht zufällig, sondern strukturell bedingt, da QALYs als Maß für den Gesundheitsnutzen konzipiert wurden, das sich auf individuelle Gesundheitsgewinne konzentriert, und nicht als umfassender Wohlfahrtsmaßstab. Daher eignet sich das Verfahren schlecht für Kontexte wie pharmazeutische Innovationen, in denen dynamische Überlegungen, Ungewissheit und Verteilungswerte für die gesellschaftliche Entscheidungsfindung von zentraler Bedeutung sind.

Wenn die Vereinigten Staaten den Weg der zunehmenden Regulierung und der Verringerung der Rolle dezentraler Märkte bei der Einführung von Technologien fortsetzen, ist eine robuste und theoretisch fundierte Alternative erforderlich. Eine vielversprechende Richtung bietet das von Lakdawalla und Phelps (2021) entwickelte und von Lakdawalla und Doctor (2024) weiter verfeinerte Generalized Risk-Adjusted Cost-Effectiveness (GRACE)-Konzept. Der GRACE-Ansatz verbessert die herkömmliche KWA, indem er die Gesundheitsergebnisse in ein mikroökonomisches Modell der Nutzenmaximierung einbettet, das Risiken, Schweregrad und den Ausgangsgesundheitszustand ausdrücklich berücksichtigt. Im Gegensatz zu QALYs, die den Gewinnen schwer kranker Patienten einen geringeren Wert beimessen, passt GRACE die Bewertungen so an, dass Gesundheitsverbesserungen für benachteiligte oder schwerkranke Personen mindestens gleichwertig – und oft sogar höher – bewertet werden können als entsprechende Gewinne für gesündere Patienten. Auf diese Weise werden die diskriminierenden Auswirkungen von QALYs vermieden und die Bewertung stärker an den sozialen Präferenzen ausgerichtet, die sich aus empirischen Studien ergeben, die durchweg zeigen, dass Einzelpersonen und Kostenträger bereit sind, mehr für die Behandlung schwer kranker Menschen zu zahlen.

Zusätzlich zu seinen Fairness-Eigenschaften bietet GRACE auch Effizienzgewinne. Durch die Anerkennung der Heterogenität von Präferenzen und Risiken vermeidet es die Fallstricke pauschaler Entscheidungsregeln und führt zu Bewertungen, die der Vielfalt der Patientenpopulationen besser gerecht werden. Da GRACE auf der Nutzentheorie basiert, stellt es außerdem eine direkte Verbindung zu den ökonomischen Grundlagen der Gemeinwohlanalyse her, die der Kosteneffektivität fehlt. Es erlaubt auch Erweiterungen, um soziale und Optionswerte einzubeziehen, was eine umfassendere Darstellung des gesamten Nutzens medizinischer Innovationen ermöglicht. Zusammengenommen machen diese Eigenschaften GRACE zu einem überzeugenden Kandidaten für eine wertorientierte Preisgestaltung in den Vereinigten Staaten, wenn die politischen Entscheidungsträger darauf bestehen, von einer marktbasierten Zuteilung zu einer zentralisierten Bewertung überzugehen.

16.6 Schlussfolgerung

Der Inflation Reduction Act stellt einen Meilenstein in der Gesundheitspolitik der USA dar, da er Medicare zum ersten Mal erlaubt, die Preise für Markenmedikamente direkt zu regulieren. Befürworter betonen die Aussicht auf niedrigere Kosten für die Leistungsempfänger und eine geringere fiskalische Belastung von Medicare, indem sie das Gesetz als Mittel zur Korrektur von Verzerrungen durch eine Annäherung der Preise an die Grenzkosten darstellen. Diese Sichtweise reflektiert jedoch nur die statische Dimension der Effizienz. Wie in diesem Beitrag hervorgehoben, spiegeln Arzneimittelpreise nicht nur die aktuellen Produktionskosten wider, sondern sind auch wichtige Signale, die die dynamische Effizienz von pharmazeutischen Innovationen aufrechterhalten. Durch die Verringerung der zu erwartenden Einnahmen – insbesondere bei niedermolekularen Arzneimitteln, die einer Preisregulierung nach neun Jahren statt wie bei Biologika nach dreizehn Jahren unterliegen – verringert das IRA die Anreize für Investitionen sowohl in die Entwicklung neuer Arzneimittel als auch in die Forschung nach der Zulassung, was sich vermutlich auf den künftigen Verlauf des medizinischen Fortschritts auswirken wird.

Die hier untersuchten quantitativen Schätzungen unterstreichen die Tragweite dieser politischen Entscheidung. Während das Congressional Budget Office von bescheidenen Innovationsverlusten ausgeht, deuten unabhängige akademische Analysen auf weitaus größere Auswirkungen hin und prognostizieren, dass in den kommenden Jahrzehnten mehr als hundert Arzneimittel oder Indikationen *weniger* entwickelt und damit Verluste von Millionen von Lebensjahren verbunden sein werden. Obwohl niemand mit Sicherheit sagen kann, welche Arzneimittel *nicht* auf den Markt kommen werden, zeigt die empirische Literatur durchweg, dass die pharmazeutische Forschung und Entwicklung auf Veränderungen der erwarteten Marktgröße und der Einnahmen reagiert. Wird dieser Zusammenhang außer Acht gelassen, besteht die Gefahr, dass die tatsächlichen sozialen Kosten der Preisregulierung unterschätzt werden.

Darüber hinaus funktioniert das IRA nicht isoliert, sondern interagiert mit dem bestehenden institutionellen Rahmen von Medicare Part D. Die nichtlineare Gestaltung der Part-D-Leistungen bedeutet, dass sich durch politische Eingriffe nicht nur die durchschnittlichen Ausgaben, sondern auch die Grenzpreise für die Patientinnen und Patienten ändern können. Wie neuere Untersuchungen gezeigt haben, kann das IRA die Gesamtbelastung verringern und gleichzeitig die Spotpreise bei bestimmten Schwellenwerten erhöhen, was negative Anreize für die Therapietreue schafft. Diese Effekte verdeutlichen die Notwendigkeit, Reformen nicht nur im Hinblick auf ihre finanziellen Gesamtauswirkungen zu analysieren, sondern auch im Hinblick auf die von ihnen ausgelösten Verhaltensreaktionen.

Schließlich wurde in diesem Kapitel argumentiert, dass die Vereinigten Staaten, wenn sie die Rolle der Marktkräfte bei der Einführung neuer Technologien weiter einschränken wollen, einen kohärenteren und ethisch vertretbareren Rahmen benötigen, als ihn die traditionelle Kosten-Nutzen-Analyse bietet. Letztere bietet zwar Struktur und Vergleichbarkeit, aber es fehlt ihr an einer soliden wirtschaftlichen Grundlage; sie reduziert die Heterogenität auf eine Einheitsregel und diskriminiert die am schwersten erkrankten Patienten. Der GRACE-Ansatz bietet dagegen einen Weg nach vorn, indem er die Wertbestimmung in die mikroökonomische Theorie einbettet, Heterogenität anerkennt und die Bewertungen mit den sozialen Präferenzen für die Priorisierung von Schwerkranken in Einklang bringt. Auf diese Weise werden sowohl Fairness als auch Effizienz effektiver berücksichtigt als bei herkömmlichen Kosten-Nutzen-Ansätzen.

Insgesamt deuten die Ergebnisse darauf hin, dass das IRA die Arzneimittelpreise zwar kurzfristig senken wird, dies aber langfristig auf Kosten von Innovationen und letztlich des Patientenwohls geht. Die politischen Entscheidungsträger müssen sich daher mit dem grundlegenden Zielkonflikt zwischen statischer und dynamischer Effizienz auseinandersetzen: Den unmittelbaren Gewinnen durch Erschwinglichkeit stehen die aufgeschobenen, aber potenziell höheren Kosten durch den Verzicht auf Innovationen gegenüber. Ein ausgewogenerer Ansatz würde nicht nur die Patienten vor übermäßiger finanzieller Belastung schützen, sondern auch die Anreize bewahren, die in der Vergangenheit den medizinischen Fortschritt vorangetrieben haben. Die Herausforderung für die künftige US-Gesundheitspolitik besteht darin, Regulierungsinstitutionen zu schaffen, die dieses Gleichgewicht herstellen, indem sie einen wertorientierten Rahmen schaffen, der sowohl die Heterogenität der Patientenpräferenzen als auch die zentrale Rolle der Innovation bei der Verbesserung der Gesundheit der Bevölkerung berücksichtigt.

Literatur

Acemoglu D, Linn J (2004) Market size in innovation: theory and evidence from the pharmaceutical industry. Q J Econ 119(3):1049–1090

Blume-Kohout M, Sood N (2013) Market size and innovation: effects of medicare part D on pharmaceutical research and development. J Public Econ 97:327–336

CBO – Congressional Budget Office (2022) Estimated budgetary effects of subtitle I of reconciliation recommendations for prescription drug legislation

Garber A, Phelps C (1997) Economic foundations of cost effectiveness analysis. J Health Econ 16(1):1–31

Goldman D, Grogan J, Lakdawalla D, Liden B, Shafrin J, Than K, Trish E (2023) Mitigating the inflation reduction act's adverse impacts on the prescription drug market. USC Schaeffer center white paper series

Lakdawalla D, Doctor J (2024) A principled approach to non-discrimination in cost-effectiveness. Eur J Health Econ 25(8):1393–1416

Lakdawalla D, Phelps C (2021) Health technology assessment with diminishing returns to health: the generalized risk-adjusted cost-effectiveness (GRACE) approach. Value Health 24(2):244–249

Lederman D, Olssen A, Pauly M (2025) Medicare drug price negotiations May not reduce patient cost sharing for most users of targeted drugs. NBER Working Paper 33889

Lucarelli C, Nicholson S, Tilipman N (2022) Price indices and the value of innovation with heterogeneous patients. J Health Econ 84:102625

Philipson T, Ling Y, Chang R (2023) The impact of price setting at 9 years on small molecule innovation under the inflation reduction act. Policy Brief. University of Chicago

Open Access Dieses Kapitel wird unter der Creative Commons Namensnennung – Nicht kommerziell – Keine Bearbeitung 4.0 International Lizenz (http://creativecommons.org/licenses/by-nc-nd/4.0/deed.de) veröffentlicht, welche die nicht-kommerzielle Nutzung, Vervielfältigung, Verbreitung und Wiedergabe in jeglichem Medium und Format erlaubt, sofern Sie den/die ursprünglichen Autor*in(nen) und die Quelle ordnungsgemäß nennen, einen Link zur Creative Commons Lizenz beifügen und angeben, ob Änderungen vorgenommen wurden. Die Lizenz gibt Ihnen nicht das Recht, bearbeitete oder sonst wie umgestaltete Fassungen dieses Werkes zu verbreiten oder öffentlich wiederzugeben.
Die in diesem Kapitel enthaltenen Bilder und sonstiges Drittmaterial unterliegen ebenfalls der genannten Creative Commons Lizenz, sofern sich aus der Abbildungslegende nichts anderes ergibt. Sofern das betreffende Material nicht unter der genannten Creative Commons Lizenz steht und die betreffende Handlung nicht nach gesetzlichen Vorschriften erlaubt ist, ist auch für die oben aufgeführten nicht-kommerziellen Weiterverwendungen des Materials die Einwilligung des/der betreffenden Rechteinhaber*in einzuholen.

Einblick: Health Technology Assessment in Japan – ein Stimmungsbild

Ataru Igarashi

Inhaltsverzeichnis

17.1 Einleitung – 239

17.2 Politische Unklarheiten und politischer Kontext – 240
17.2.1 Sprachwandel in der Grundsatzpolitik – 240
17.2.2 Finanzpolitik als treibende Kraft – 241
17.2.3 Die Rolle politischer Verhandlungen – 241
17.2.4 HTA als nachträglicher Anpassungsmechanismus – 242
17.2.5 Auswirkungen der politischen Unklarheit – 242

17.3 Methodologische Kontroversen – 242
17.3.1 Import und Missbrauch ausländischer Modelle – 242
17.3.2 „Wiederauferstehung" von Fehlinterpretationen der Effizienzgrenze – 243
17.3.3 Die QALY-Debatte – 244
17.3.4 Selektive Evidenz und enger Anwendungsbereich – 244
17.3.5 Die Gefahr der „Pseudorigorosität" – 244

17.4 Institutionelle und umsetzungsbezogene Schwächen – 245
17.4.1 Begrenzter Anwendungsbereich – 245
17.4.2 Nachträgliche Preisanpassungen – 245
17.4.3 Schwache institutionelle Verankerung – 245

© Der/die Autor(en) 2025
H. Schröder et al. (Hrsg.), *Arzneimittel-Kompass 2025*, https://doi.org/10.1007/978-3-662-72460-6_17

17.4.4	Begrenzte Transparenz und Einbeziehung der Interessengruppen – 245	
17.4.5	Ressourcen- und Kapazitätsengpässe – 246	
17.4.6	Unklare Position innerhalb des Gesundheitssystems – 246	
17.4.7	Folgen institutioneller Schwäche – was ist zu tun? – 246	

17.5 HTA zwischen Kostendämpfung und Innovation – 247
17.5.1 Das doppelte Mandat von HTA in Japan – 247
17.5.2 „Gute Arzneimittel verdienen gute Preise" – 247
17.5.3 „Drug Lag", „Drug Loss" und Bedenken hinsichtlich des Zugangs – 248
17.5.4 Die Rolle der politischen Symbolik – 248

17.6 Fehlende umfassendere Werteelemente in Japan – 248
17.6.1 Enger Fokus auf direkte Kosten und QALYs – 248
17.6.2 Belastung der Pflegenden und die „Carer-QALY-Falle" – 249
17.6.3 Produktivität und makroökonomische Überlegungen – 249
17.6.4 Fragen der Gerechtigkeit und Verteilung – 250
17.6.5 Verpasste Chancen für eine ganzheitliche Bewertung – 250

17.7 Hin zu einem umfassenderen Werterahmen – 250
17.7.1 Symbolik und Legitimität – 250
17.7.2 Umgang mit Konflikten zwischen Interessengruppen – 251
17.7.3 Wechselwirkung mit umfassenderen Gesundheitsreformen – 251
17.7.4 Risiken der Politisierung – 251

17.8 Zukunftsaussichten und Reformempfehlungen – 252
17.8.1 Klärung der politischen Ziele – 252
17.8.2 Erweiterung des methodischen Horizonts – 252
17.8.3 Stärkung der institutionellen Verankerung – 252
17.8.4 Verbesserung der Transparenz und Einbindung von Interessengruppen – 252
17.8.5 Integration von HTA in Entscheidungen über Versicherungsschutz und Preisgestaltung – 252
17.8.6 Innovation und Nachhaltigkeit gemeinsam managen – 253

17.9 Schlussfolgerung – 253

Kapitel 17 · Einblick: Health Technology Assessment in Japan – ein Stimmungsbild

▪▪ Zusammenfassung

Das Kapitel analysiert die Entwicklung von Health Technology Assessment (HTA) in Japan, das seit 2019 nur begrenzt und vorwiegend für nachträgliche Preisanpassungen eingesetzt wird. Im Gegensatz zu internationalen Best-Practice-Modellen ist HTA dort weder institutionell stark verankert noch zentral für Erstattungsentscheidungen. Politische Unklarheiten, methodische Fehlinterpretationen und ein enger Fokus auf QALYs haben dazu geführt, dass HTA eher als Symbol politischer Kompromisse fungiert denn als wirksames Steuerungsinstrument. Das Fazit betont, dass das System derzeit zu schwach ist, um Ausgaben zu steuern oder Innovationen verlässlich zu fördern, zugleich aber zu sichtbar, um ignoriert zu werden. Erst durch klare Zielsetzungen, methodische Weiterentwicklung, institutionelle Stärkung und mehr Transparenz könnte HTA in Japan zu einem echten Instrument der Balance zwischen Kostendämpfung und Innovationsförderung werden.

17.1 Einleitung

Die Bewertung von Gesundheitstechnologien (Health Technology Assessment, HTA) hat sich zu einem Steuerungsinstrument entwickelt, das weltweit vielerorts dazu dient, Entscheidungen im Bereich der Gesundheitsversorgung vor dem Hintergrund des medizinisch-technischen Fortschritts zu treffen. Im Kern zielt HTA darauf ab, die klinische Wirksamkeit, die Kosteneffizienz und die breiteren sozialen Auswirkungen von Medizintechnologien zu bewerten, um Entscheidungen über Erstattung, Preisgestaltung und Politik zu unterstützen. In vielen Ländern hat sich HTA zu einem robusten institutionellen Mechanismus entwickelt, der direkt darüber entscheidet, ob ein neues Medikament oder Medizinprodukt erstattet wird, wie es preislich gestaltet wird und unter welchen Bedingungen Patientinnen und Patienten Zugang dazu erhalten. Das britische National Institute for Health and Care Excellence (NICE), das australische Pharmaceutical Benefits Advisory Committee (PBAC) und die französische Haute Autorité de Santé (HAS) sind Beispiele für Institutionen, in denen HTA tief in die nationale Versicherungs- und Preispolitik eingebettet ist. Diese Einrichtungen haben Methoden institutionalisiert, detaillierte Leitlinien veröffentlicht und pflegen eine Kultur der Transparenz und Legitimität rund um evidenzbasierte Entscheidungsfindung.

Japan hingegen hat sich HTA eher zögerlich und selektiv angenähert. Seit seiner offiziellen Einführung im Jahr 2019 wird das japanische System zur Bewertung der Kosteneffizienz nur in begrenztem Umfang und versuchsweise angewendet. Anstatt als entscheidender Faktor für die Erstattung oder den Marktzugang zu dienen, fungiert HTA in Japan hauptsächlich als Instrument für nachträgliche Preisanpassungen bestimmter hochpreisiger Arzneimittel und Medizinprodukte. Sein institutioneller Anwendungsbereich ist nach wie vor begrenzt, seine methodischen Grundlagen umstritten und seine politische Positionierung unklar.

Dies ist teilweise darauf zurückzuführen, dass Japanerinnen und Japaner von einem sehr „großzügigen" universellen Gesundheitssystem profitiert haben, in dem fast alle Arzneimittel innerhalb von 30 bis 60 Tagen nach der Marktzulassung halbautomatisch erstattet wurden. Um der Kritik einer „Zugangsbeschränkung" zu entgehen, konnte die Regierung das HTA-System nicht in den Entscheidungsprozess über die Kostenübernahme übernehmen. Um Vorwürfen einer „Zugangsverzögerung" zuvorzukommen, musste das HTA-System außerdem im Rahmen des Preisrevisionsprozesses statt des initialen Preisverhandlungsprozesses eingeführt werden. Infolgedessen ist es schwierig, die Zielsetzung des japanischen Systems klar zu definieren. Es hat weder zu einer deutlichen Kostensenkung geführt, noch hat es die Interessengruppen vollständig davon überzeugt, dass Innovationen angemessen belohnt werden. Stattdessen ist HTA zu einem Verhandlungsort zwischen Quasi-HTA-Gremien und der Industrie geworden – einer Arena, in der politische Kompromisse und finanzpolitischer Druck mit dem Streben nach wissenschaftlicher Genauigkeit und Fairness kollidieren.

Daher ist es nur noch dringlicher geworden, das japanische HTA-System kritisch zu bewerten. Steigende Arzneimittelausgaben, die durch das Aufkommen von Gentherapien, regenerativer Medizin und zielgerichteten Krebsmedikamenten verursacht werden, belasten das Budget der nationalen Krankenversicherung. Gleichzeitig strebt Japan danach, sich als weltweit führend im Bereich der biomedizinischen Innovation zu positionieren und gleichzeitig die Nachhaltigkeit seiner allgemeinen Krankenversicherung zu gewährleisten. Dieses doppelte Mandat – die Aufrechterhaltung der öffentlichen Krankenversicherung und die Förderung von Innovation – führt zu einer tiefen strukturellen Spannung im Kern der HTA-Politikgestaltung. Um die Ursachen dieser Spannung nachzuvollziehen, muss man nicht nur die technischen Details der Bewertungsmethoden berücksichtigen, sondern auch den politischen Kontext, in dem HTA konzipiert und umgesetzt wurde.

In den folgenden Abschnitten werden die Entwicklung von HTA in Japan nachgezeichnet, politische Unklarheiten analysiert und diese in den Kontext einer breiteren Debatte über Governance, Methodik und das Gleichgewicht zwischen Kostendämpfung und Innovation gestellt. Anhand von Regierungsdokumenten, Expertenberichten und kritischen Analysen in der japanischen politischen Literatur untersucht dieser Beitrag, warum das HTA-System in Japan nach wie vor nur halbherzig umgesetzt wird und welche Reformen notwendig sein könnten, damit es sich zu einem nachhaltigen und glaubwürdigen Instrument der Gesundheitspolitik entwickelt.

17.2 Politische Unklarheiten und politischer Kontext

17.2.1 Sprachwandel in der Grundsatzpolitik

Eines der charakteristischen Merkmale der Erfahrungen Japans mit HTA ist die anhaltende Unklarheit in Regierungserklärungen und bei den politischen Rahmenbedingungen. Die jährlichen *grundsätzlichen Richtlinien* des Kabinetts *zur Wirtschafts- und Finanzpolitik und Reform* (allgemein als *honebuto no hoshin* oder „Grundsatzpolitik" bezeichnet) sind ein eindrucksvolles Beispiel dafür. Die Entwürfe der Grundsatzpolitik für 2024 und 2025 enthielten deutliche Formulierungen zur „Ausweitung der Anwendung von Kosten-Nutzen-Bewertungen". In den vom Kabinett genehmigten Fassungen wurde der Wortlaut jedoch durchweg abgeschwächt. So hieß es beispielsweise im Entwurf für 2024, dass die politischen Entscheidungsträger „die Ausweitung der Anwendung" von Kosten-Nutzen-Bewertungen prüfen würden. Bei der Verabschiedung durch das Kabinett wurde dies zu einer vorsichtigeren Formulierung abgeschwächt: „Prüfung, wie eine weitere Nutzung angestrebt werden sollte, einschließlich einer angemessenen Bewertung pharmazeutischer Innovationen". Das explizite Wort „Ausweitung" wurde gestrichen und durch den vageren Begriff „weitere Nutzung" ersetzt.

Dieses Muster wiederholte sich im Jahr 2025. Der Entwurf betonte die Stärkung des Umsetzungssystems und die Ausweitung des Anwendungsbereichs, während die genehmigte Fassung diese Formulierungen erneut durch neutralere Formulierungen wie „auf der Grundlage einer objektiven Überprüfung unter Berücksichtigung der Modalitäten der weiteren Nutzung" ersetzte. Kurz gesagt: Während die Entwürfe eine ausdrückliche Vision für den Ausbau der HTA entwarfen, wurden die endgültigen Kabinettstexte in eine zurückhaltende und technokratische Sprache überführt. Solche rhetorischen Verschiebungen sind nicht trivial: Sie spiegeln die zugrunde liegenden politischen Kompromisse wider, die die Rolle von HTA in Japan prägen. Die politischen Entscheidungsträger scheinen sich nur ungern zu einer substanziellen Ausweitung zu verpflichten und ziehen es stattdessen vor, eine Bewertung anzudeuten, ohne entscheidende institutionelle Veränderungen zu versprechen.

17.2.2 Finanzpolitik als treibende Kraft

Die Unklarheit in der HTA-Politik ist untrennbar mit den finanzpolitischen Herausforderungen Japans verbunden. Der *Rat für Finanz- und Wirtschaftspolitik* und der *Rat für das Finanzsystem* des Finanzministeriums haben HTA wiederholt im Zusammenhang mit der Regulierung der finanziellen Belastung der Bevölkerung im erwerbsfähigen Alter und mit der Sicherstellung der Nachhaltigkeit des Krankenversicherungssystems dargestellt. In offiziellen Dokumenten wird zwar eine direkte Verwendung der Begriffe „Kostenbegrenzung" oder „Ausgabenkürzungen" vermieden, doch der Subtext ist klar. Formulierungen wie „Berücksichtigung der Beitragsbelastung der arbeitenden Generation" sind ein Euphemismus für die Notwendigkeit, die öffentlichen Ausgaben zu drosseln. In diesem Zusammenhang dient HTA als politisches Instrument, um eine differenzierte Preisgestaltung zu rechtfertigen – höhere Preise für wirklich innovative Therapien bei gleichzeitiger Senkung der Preise für diejenigen, die als weniger kosteneffizient gelten.

Diese finanzpolitische Logik steht jedoch in einem Spannungsverhältnis zu Japans Bestreben, pharmazeutische Innovationen zu fördern. Die Abschnitte der Grundsatzpolitik, in denen HTA behandelt wird, sind oft in umfassendere Kapitel mit dem Titel „Stärkung der Arzneimittelforschungskapazitäten und Förderung von Innovationen" eingebettet. Diese Gegenüberstellung unterstreicht die doppelte Aufgabe: HTA muss sowohl als Instrument zur Ausgabendisziplin als auch als Mechanismus zur Belohnung hochwertiger Innovationen dienen. Diese beiden Ziele stehen jedoch oft im Widerspruch zueinander. Eine Verschärfung der Schwellenwerte für die Kosteneffizienz kann die Anreize für Innovationen verringern, während großzügige Zulagen für Innovationen die Ziele der Kostendämpfung untergraben können. Die Unklarheit in der Formulierung des Kabinetts spiegelt diese ungelöste Spannung wider.

17.2.3 Die Rolle politischer Verhandlungen

Das Schwanken zwischen energischen und vorsichtigen Formulierungen offenbart auch die politische Fragilität von HTA. Das Kabinettssekretariat, das Finanzministerium, das Ministerium für Gesundheit, Arbeit und Wohlfahrt (MHLW) und Politiker der Regierungspartei üben jeweils Einfluss auf den Entwurfsprozess aus. Auch Industrieverbände und Patientengruppen betreiben intensive Lobbyarbeit. Die Streichung von Begriffen, die eine Ausweitung der Regulierung suggerieren, aus den endgültigen Kabinettstexten deutet darauf hin, dass die Ministerien und Akteure der Regierungspartei zögern, sich direkt mit der Pharmaindustrie auseinanderzusetzen, insbesondere angesichts der Befürchtungen, dass eine zu aggressive Kostenkontrolle zu „Drug Lag" (Zugangsverzögerung) und „Drug Loss" (Zugangsbeschränkung) führen könnte.

Gleichzeitig drängen die Finanzpolitiker im Finanzministerium weiterhin auf eine stärkere Nutzung von HTA, um die Kosten zu begrenzen. Die Konsequenz ist ein Kompromiss: HTA wird formal grundsätzlich befürwortet, aber in der Praxis bleibt seine Rolle begrenzt. Das Ergebnis ist ein System, in dem HTA rhetorisch „gefeiert" wird, aber selten in einer Weise umgesetzt wird, die die Erstattungs- oder Zugangsentscheidungen grundlegend verändert. Diese Kluft zwischen Rhetorik und Praxis trägt zur Skepsis sowohl

17.2.4 HTA als nachträglicher Anpassungsmechanismus

Das japanische Modell hat diese Unklarheit noch verstärkt, indem es die Rolle der HTA auf nachträgliche Preisanpassungen beschränkt, anstatt dass vorab Entscheidungen über die Erstattung getroffen wurden. Im Gegensatz zum NICE, das Technologien vor ihrer breiten klinischen Anwendung bewertet, wendet Japan HTA selektiv auf bestimmte hochpreisige Arzneimittel und Medizinprodukte an, nachdem diese bereits erstattet wurden. Das Ergebnis ist, dass Evidenz zu Kosten und Nutzen neuer Technologien eher die Höhe der Preissenkungen bei regelmäßigen Überprüfungen beeinflusst, als dass sie zu der Entscheidung beiträgt, ob eine Technologie überhaupt erstattet werden sollte. Dieser Ansatz schmälert das Potenzial der HTA, Innovationsverläufe zu gestalten oder Prioritäten im Gesundheitssystem zu setzen. Er signalisiert der Industrie auch, dass HTA weniger ein Instrument zur transparenten Bewertung darstellt als vielmehr ein Instrument, das von den Kostenträgern bei Preisverhandlungen eingesetzt wird.

17.2.5 Auswirkungen der politischen Unklarheit

Die kumulative Wirkung dieser Dynamik führt dazu, dass das japanische HTA-System zwischen konkurrierenden Erfordernissen hin- und hergerissen verbleibt. Einerseits beruft sich die Regierung auf HTA, um ihr Engagement für die finanzielle Nachhaltigkeit zu demonstrieren und unterschiedliche Preise zu rechtfertigen. Andererseits zögert sie, starke Mechanismen zu institutionalisieren, die die Industrie verprellen oder den Zugang für Patientinnen und Patienten einschränken könnten. Das Ergebnis ist ein Ansatz, der viel verspricht, aber wenig hält. Die Interessengruppen sind unsicher, wie sich HTA weiterentwickeln wird: Wird es sich zu einem robusten System mit klaren Schwellenwerten, transparenten Beratungen und bedeutendem Einfluss auf Entscheidungen über die Kostenübernahme entwickeln? Oder wird es ein rhetorisches Instrument bleiben, das regelmäßig herangezogen wird, aber nie vollständig mit Befugnissen ausgestattet wird?

Diese politische Unklarheit ist nicht nur eine Frage der Sprache, sondern prägt auch die Ergebnisse in der Praxis. Die Unsicherheit über die Ausrichtung der HTA hält sowohl die Industrie als auch die Wissenschaft davon ab, massiv in die Kosten-Nutzen-Forschung zu investieren, da der politische Nutzen solcher Studien unklar bleibt. Gleichzeitig führt die selektive Anwendung von HTA zu einem Eindruck von Willkür und untergräbt die Legitimität. Tatsächlich hat Japan eine Form von HTA institutionalisiert, die gleichzeitig zu schwach ist, um systemische Reformen voranzutreiben, und zu prominent, um ignoriert zu werden.

17.3 Methodologische Kontroversen

17.3.1 Import und Missbrauch ausländischer Modelle

Seit seinen Anfängen wurde das japanische HTA-System durch methodologische Anleihen aus dem Ausland geprägt. Die Politik und die Fachleute orientierten sich beispielsweise am britischen NICE und am deutschen Institut für Qualität und Wirtschaftlichkeit im Gesundheitswesen (IQWiG). In der Praxis wurden diese Modelle jedoch häufig missverstanden oder selektiv herangezogen, um bestimmte Positionen zu rechtfertigen. Ein auffälliger Fall ist der wiederkehrende Missbrauch des deutschen „Effizienzgrenzen"-Ansatzes. Während der frühen Debatten über die Einführung von HTA (2012–2015) lehnten einige Interessengruppen, insbesondere von Seiten der Gesundheitsdienstleister, die Einführung von Schwellenwerten für die Kosten pro qualitätsadjustiertem Lebensjahr (QALY) in Japan ab und argumentierten, dass Deutschland ein geeigneteres Modell biete. Sie hoben hervor, dass sich das IQWiG eher auf Effizienzgrenzen als auf explizite Kosten-pro-QALY-Verhältnisse stütze, und deuteten an, dass diese Methode eine Abhängigkeit von dem von ihnen als „mangelhaftes Produkt" bezeichneten QALYs vermeide.

Wie detaillierte Analysen jedoch zeigen, war diese Interpretation zutiefst irreführend. In der Praxis wurde die Effizienzgrenze des IQWiG nie als Grundlage für die Preisregulierung operationalisiert, noch war sie als Alternative zu den Kosten pro QALY gedacht. Nach den AMNOG-Reformen von 2011 beschränkte sich die Funktion des IQWiG weitgehend auf die Bewertung des „zusätzlichen klinischen Nutzens" neuer Arzneimittel im Vergleich zu ähnlichen Präparaten. Die Kosteneffizienz an sich wurde in den Hintergrund gedrängt und kam nur in seltenen Fällen zum Tragen, wenn Preisverhandlungen zwischen Herstellern und Versicherern scheiterten – ein Szenario, das in der Realität in Deutschland nie zur tatsächlichen Anwendung der Effizienzgrenzenanalyse geführt hat. Trotzdem wird in Japan Deutschland wiederholt als Beispiel für ein System angeführt, das sich eher auf Effizienzgrenzen als auf QALYs stützt, wodurch der Widerstand gegen die Einführung expliziter Kosteneffizienzschwellen in Japan verstärkt wird.

17.3.2 „Wiederauferstehung" von Fehlinterpretationen der Effizienzgrenze

Weitere Verwirrung entstand durch Fehlinterpretationen hinsichtlich der Funktion der Effizienzgrenze. Ende 2021 schlug die Quasi-HTA-Stelle Änderungen an den Richtlinien für die Datenübermittlung vor, darunter auch Änderungen bei der Auswahl von Vergleichsprodukten. Im ursprünglichen Entwurf wurde *empfohlen*, nur ein einziges Vergleichsprodukt auszuwählen – wodurch die tatsächliche klinische Praxis praktisch außer Acht gelassen wurde. Der in früheren Versionen enthaltene Ausdruck „klinisch häufig verwendet" wurde durch den weniger eindeutigen Ausdruck „klinisch verwendet" ersetzt und es wurde die *ausdrückliche* Anweisung eingeführt, ein einziges Vergleichsprodukt auszuwählen. Diese Änderung öffnete die Tür für eine strategische Manipulation der ICER-Werte, da nun eine selten verwendete, kostengünstige Behandlung als einziger „repräsentativen" Komparator ausgewählt und so das Kosten-Nutzen-Verhältnis neuer Therapien künstlich in die Höhe getrieben werden konnte.

Um diesen Ansatz zu rechtfertigen, berief sich die Quasi-HTA-Stelle auf internationale Beispiele – insbesondere das deutsche IQWiG und die französische HAS – und behauptete, dass beide Behörden die Verwendung eines einzigen Vergleichsprodukts vorschreiben und die reale klinische Praxis bei ihren Bewertungen nicht berücksichtigen. Diese Verweise waren jedoch falsch ausgelegt. Einige japanische Kommentatoren kritisierten diese Interpretation als einen Mechanismus, um Bewertungen an der billigsten verfügbaren Behandlung zu verankern, unabhängig von ihrer Relevanz oder Häufigkeit der Anwendung in der tatsächlichen klinischen Praxis. Diese Fehlinterpretation fand bei politischen Entscheidungsträgern Anklang, da sie eine scheinbar einfache Methode zur Eingrenzung des Analyseumfangs darstellte: Durch die Vorgabe eines einzigen Vergleichspräparats konnten die Kosten begrenzt und die Bewertungsergebnisse in Richtung vorab festgelegter Schlussfolgerungen verzerrt werden.

In Wirklichkeit dienen Effizienzgrenzen dazu, mehrere Vergleichsgrößen auf der Kosten-Nutzen-Ebene abzubilden, dominierende Optionen – also solche, die teurer und weniger wirksam sind – zu eliminieren und eine Grenze zu definieren, die das maximal akzeptable inkrementelle Kosten-Nutzen-Verhältnis (ICER) für neue Interventionen darstellt. Es handelt sich nicht um ein methodisches Instrument, um die Analyse willkürlich auf die kostengünstigste Alternative zu beschränken. Durch die Reduzierung dieses differenzierten analytischen Rahmens auf eine vereinfachte Regel für die Auswahl von Vergleichsprodukten verzerrte die japanische Debatte die ursprüngliche Absicht der Effizienzgrenze und beeinträchtigte die Integrität des Bewertungsprozesses. Eine solche methodische Vereinfachung birgt die Gefahr, dass HTA von einer wissenschaftlichen Übung zu einem politischen Instrument zur Kostendämpfung wird.

17.3.3 Die QALY-Debatte

Eine weitere anhaltende methodische Kontroverse betrifft die Verwendung von QALYs per se. Japanische Interessengruppen äußern seit langem Skepsis hinsichtlich der kulturellen Angemessenheit und ethischen Akzeptanz von QALYs. Kritiker argumentieren, dass QALYs Maßnahmen für ältere oder behinderte Menschen unterbewerten könnten, was im Widerspruch zur demographischen Realität und zu den sozialen Werten Japans stünde. Andere befürchten, dass die Verwendung von QALY-basierten ICERs zu einer expliziten Rationierung führen könnte, was einem System, das sich historisch für einen Zugang für alle einsetzt, zuwiderläuft.

17.3.4 Selektive Evidenz und enger Anwendungsbereich

Erschwerend kommt hinzu, dass bei HTA-Evaluationen selektiv mit Evidenz umgegangen wird. In Japan stützen sich solche Bewertungen häufig auf eng definierte Vergleichsgrößen und begrenzte Daten aus klinischen Studien, oft ohne dass sie ausreichend angepasst sind, um die reale klinische Praxis widerzuspiegeln. Beispielsweise empfehlen Bewertungsrichtlinien manchmal, die Patientenpopulationen in immer engere Untergruppen zu unterteilen, angeblich um Heterogenität zu erfassen. Im Fall von Trelegy Ellipta, einem Medikament zur Behandlung der chronischen obstruktiven Lungenerkrankung (COPD), legten die Bewerter 14 Untergruppen fest, von denen einige weniger als 1 % der Zielpopulation ausmachten. Diese Art der Datensuche verringert die statistische Aussagekraft erheblich und beeinträchtigt die Fähigkeit, inkrementelle Vorteile zu erkennen, insbesondere wenn die ursprünglichen klinischen Studien nicht für eine derart detaillierte Stratifizierung ausgelegt waren.

Darüber hinaus besteht bei HTA-Analysen die Gefahr, dass durch den Ausschluss der breiteren Palette von Vergleichspräparaten, die tatsächlich in klinischen Umgebungen verwendet werden, künstlich ungünstige inkrementelle Kosten-Nutzen-Verhältnisse (ICERs) erzeugt werden. Diese methodischen Entscheidungen geben Anlass zu der Befürchtung, dass HTA nicht als neutrales Instrument für eine objektive Bewertung dient, sondern zunehmend als Mechanismus zur Rechtfertigung von Kostendämpfungsentscheidungen unter dem Deckmantel wissenschaftlicher Strenge eingesetzt wird.

17.3.5 Die Gefahr der „Pseudorigorosität"

Zusammen genommen offenbaren diese methodischen Kontroversen eine tiefere Gefahr: das Risiko der Pseudorigorosität. Oberflächlich betrachtet folgen japanische HTA-Bewertungen internationalen methodischen Vorlagen – QALYs, ICERs, Sensitivitätsanalysen und sogar gelegentlichen Verweisen auf Effizienzgrenzen. Hinter dieser Fassade werden Methoden jedoch häufig vereinfacht, falsch angewendet oder selektiv interpretiert, um vorab festgelegte politische Ziele zu unterstützen. Dies untergräbt sowohl die Legitimität des Prozesses als auch die Glaubwürdigkeit von HTA bei den Interessengruppen. Tatsächlich läuft HTA in Japan Gefahr, weder vollständig wissenschaftlich noch vollständig politisch zu sein, sondern eine ungünstige Mischform aus beidem.

17.4 Institutionelle und umsetzungsbezogene Schwächen

17.4.1 Begrenzter Anwendungsbereich

Über methodische Streitigkeiten hinaus leidet das japanische HTA-System unter Schwächen in der institutionellen Gestaltung. Die wichtigste davon ist der enge Anwendungsbereich. Im Gegensatz zum Vereinigten Königreich, wo praktisch alle neuen hochpreisigen Technologien einer Bewertung unterzogen werden, zielt das japanische System nur auf eine kleine Anzahl von Arzneimitteln und Medizinprodukten ab, die als „hochpreisig und wirkungsvoll" gelten. Dieser selektive Ansatz spiegelt politische Vorsicht wider, schränkt jedoch den Einfluss von HTA stark ein. Da jedes Jahr nur eine Handvoll Produkte adressiert werden, hat das System kaum Einfluss auf die Gesamtausgabenentwicklung und kann der Industrie keine konsistenten Signale geben. Stattdessen gleicht HTA in Japan eher einer symbolischen Geste – sichtbar genug, um Bedenken hinsichtlich des Preis-Leistungs-Verhältnisses zu signalisieren, aber zu begrenzt, um die systemische Dynamik zu verändern.

17.4.2 Nachträgliche Preisanpassungen

Dieses Problem wird noch dadurch verschärft, dass Japan sich eher auf HTA für nachträgliche Preisanpassungen als auf Ex-ante-Entscheidungen über die Kostenübernahme stützt. Neue Arzneimittel werden in der Regel auf der Grundlage bestehender Regeln in die Erstattungsliste aufgenommen, woraufhin HTA selektiv angewendet wird, um die Preise neu zu bewerten. In der Praxis bedeutet dies, dass HTA selten Einfluss auf den ersten Zugang oder die klinische Einführung hat. Stattdessen dient es in erster Linie als Instrument zur Preissenkung, in der Regel mehrere Jahre nach der Markteinführung. Dieses Modell mindert die Anreize für Hersteller, frühzeitig im Entwicklungsprozess in die Ermittlung der Kosteneffizienz zu investieren, da HTA keinen Einfluss auf die initiale Preisgestaltung hat. Es verstärkt auch die Wahrnehmung der Industrie, dass HTA lediglich ein weiteres Instrument zur Preissenkung ist und kein ausgewogener Ansatz zur Belohnung von Innovationen.

17.4.3 Schwache institutionelle Verankerung

Institutionell ist das japanische HTA-System fragmentiert und schwach verankert. Der *Zentralrat für Sozialversicherung und Medizin* (Chuikyo) überwacht formal die Erstattungsentscheidungen, HTA funktioniert jedoch weitgehend als ergänzender Prozess, an dem technische Expertengremien und Ad-hoc-Ausschüsse beteiligt sind. Im Gegensatz zum NICE, das über gesetzliche Befugnisse und organisatorische Autonomie verfügt, fehlt es Japan an einer speziellen HTA-Behörde mit klarer Governance. Stattdessen wird HTA Stück für Stück auf bestehende Strukturen aufgesetzt. Diese Regelung verringert die Transparenz, schwächt die Rechenschaftspflicht und verwischt die Verantwortung für endgültige Entscheidungen. Die Interessengruppen empfinden die HTA-Ergebnisse oft als undurchsichtige Kompromisse und nicht als Ergebnis einer strengen, unabhängigen Bewertung.

17.4.4 Begrenzte Transparenz und Einbeziehung der Interessengruppen

Hinsichtlich der Transparenz hat das System eine weitere Schwäche: In internationalen Best Practices werden HTA-Beratungen und -Berichte in der Regel vollständig veröffentlicht, wobei Interessengruppen die Möglichkeit haben, Kommentare abzugeben. In Japan hingegen erfolgt die Offenlegung nur teilweise und selektiv. Detaillierte Analysen werden oft nicht veröffentlicht oder nur zusammengefasst, was die externe Kontrolle einschränkt. Die Möglichkeiten für die Beteiligung von Patienten und Öffentlichkeit sind nach wie vor minimal. Infolgedessen mangelt es HTA-Entscheidungen in den Augen sowohl der Industrie als auch der Zivilgesellschaft an Legitimität. Ohne transparente Prozesse laufen jedoch selbst wissenschaftlich fundierte Bewertungen Gefahr, als politisch manipuliert abgetan zu werden.

17.4.5 Ressourcen- und Kapazitätsengpässe

Japan sieht sich auch mit Ressourcenengpässen konfrontiert. Die Durchführung einer rigorosen HTA erfordert umfangreiches Fachwissen in Gesundheitsökonomie, Epidemiologie und Biostatistik sowie hochwertige Datenquellen. Zwar hat Japan in diesen Bereichen einige akademische Kapazitäten aufgebaut, doch sind die institutionellen Ressourcen im Verhältnis zum Bedarf nach wie vor gering. Expertenausschüsse sind stark auf einen kleinen Pool von Forschenden angewiesen, was zu Überlastung und Interessenkonflikten führen kann. Gleichzeitig behindern Datenbeschränkungen – insbesondere in Bezug auf reale Ergebnisse und Messungen der Lebensqualität – eine fundierte Analyse. Im Vergleich zu Ländern mit einer langjährigen HTA-Infrastruktur befindet sich Japan noch in einem frühen Stadium des Aufbaus eines nachhaltigen Ökosystems von Fachwissen.

17.4.6 Unklare Position innerhalb des Gesundheitssystems

Schließlich leidet HTA in Japan unter einer unklaren Position innerhalb des Gesundheitssystems. Es wird weder vollständig in die Entscheidungsfindung über die Kostenerstattung eingebunden noch ist es als Beratungsprozess völlig davon getrennt. Stattdessen nimmt es eine Zwischenstellung ein: ein Instrument, auf das sich politische Entscheidungsträger berufen, wenn es ihnen gelegen kommt, das aber leicht beiseitegeschoben wird, wenn es politisch ungelegen ist. Diese institutionelle Unklarheit spiegelt die zuvor erwähnten politischen Unklarheiten wider und verstärkt sie noch. Solange HTA kein klares Mandat hat, bleibt es anfällig für politische Manipulationen und institutionelle Trägheit.

17.4.7 Folgen institutioneller Schwäche – was ist zu tun?

Die Kombination aus begrenztem Anwendungsbereich, nachträglicher Anwendung, schwacher institutioneller Verankerung und mangelnder Transparenz hat zu einem System geführt, dem es sowohl an Glaubwürdigkeit als auch an Wirkung mangelt. Für politische Entscheidungsträger bietet HTA nur minimale Unterstützung bei der Steuerung der gesamten Gesundheitsausgaben. Für die Industrie bietet es wenig Vorhersehbarkeit oder Klarheit hinsichtlich der Regeln für die Zusammenarbeit. Für Patienten und die breite Öffentlichkeit bleibt es ein undurchsichtiger Prozess mit wenigen sichtbaren Vorteilen. In dieser Hinsicht ist das japanische HTA-System ein Beispiel für eine umfassendere Herausforderung im Bereich der Regierungsführung: die Tendenz, internationale politische Instrumente formal zu übernehmen, sie jedoch so vorsichtig umzusetzen, dass ihre substanzielle Wirkung verwässert wird. Wenn diese institutionellen und verfahrenstechnischen Mängel nicht behoben werden, läuft HTA in Japan Gefahr, Symbolpolitik zu bleiben – nützlich für die Rhetorik, aber in der Praxis unwirksam.

Einige Interessengruppen behaupten, dass „die Funktion und Kapazität von HTA erweitert und gestärkt werden muss, da seine derzeitige Rolle äußerst begrenzt ist". Diese Position mag zwar vernünftig erscheinen, doch wäre eine solche Erweiterung nur dann gerechtfertigt, wenn der bestehende HTA-Rahmen wissenschaftlich streng und transparent umgesetzt würde. Angesichts des derzeitigen dysfunktionalen Zustands des Systems ist es schwierig, solche Forderungen zu unterstützen, ohne zuvor die grundlegenden Mängel zu beheben, die seine Legitimität untergraben.

17.5 HTA zwischen Kostendämpfung und Innovation

17.5.1 Das doppelte Mandat von HTA in Japan

Das japanische HTA-System existiert innerhalb eines breiteren gesundheitspolitischen Umfelds, das durch zwei manchmal grundlegend widersprüchliche Erfordernisse geprägt ist: die Notwendigkeit, die Nachhaltigkeit der universellen Gesundheitsversorgung durch Ausgabendisziplin sicherzustellen, und den Wunsch, biomedizinische Innovationen als Motor für Wirtschaftswachstum und Fortschritte im Bereich der öffentlichen Gesundheit zu fördern. Diese beiden Ziele führen zu einer strukturellen Spannung, die jeden Aspekt der Gestaltung und Umsetzung von HTA durchdringt.

Auf der einen Seite stehen die politischen Entscheidungsträger unter starkem finanzpolitischem Druck. Steigende Gesundheitsausgaben, die durch die Alterung der Bevölkerung und die Verbreitung kostspieliger Therapien verursacht werden, haben zu wachsenden Bedenken hinsichtlich der finanziellen Nachhaltigkeit des Versicherungssystems geführt. Die Finanzbehörden betrachten HTA als ein potenzielles Instrument zur Eindämmung der Ausgaben, indem „wenig wertvolle" Interventionen identifiziert und Preissenkungen gerechtfertigt werden.

Auf der anderen Seite fördert die Regierung gleichzeitig Innovation als nationale Strategie. In Grundsatzpapieren, etwa den *Richtlinien hinsichtlich Wirtschafts- und Finanzverwaltung und -reform*, wird regelmäßig die Bedeutung der Stärkung der inländischen Arzneimittelforschungskapazitäten und der Belohnung innovativer Therapien hervorgehoben. Diese Rhetorik spiegelt sowohl die industriepolitischen Ambitionen als auch die gesellschaftliche Forderung nach einem zeitnahen Zugang zu neuartigen Therapien wider. Das Ergebnis ist ein System, in dem von HTA erwartet wird, zwei widersprüchliche Funktionen zu erfüllen: Kosten einzudämmen und gleichzeitig Innovation zu belohnen.

17.5.2 „Gute Arzneimittel verdienen gute Preise"

Die Spannungen lassen sich oft mit dem Satz zusammenfassen: „Gute Arzneimittel verdienen gute Preise." Dieses Prinzip wurde von politischen Entscheidungsträgern und Kommentatoren wiederholt herangezogen, um ein differenziertes Preissystem zu rechtfertigen: Innovative Medikamente, die einen erheblichen klinischen Nutzen bieten, sollten großzügig bepreist werden, während solche mit begrenztem Mehrwert Preissenkungen unterliegen sollten. Theoretisch bietet HTA den analytischen Rahmen, um dieses Prinzip durch die Quantifizierung von Kosten und Ergebnissen umzusetzen.

In der Praxis hat sich die Umsetzung dieser Differenzierung jedoch als politisch schwierig erwiesen. Die Akteure der Branche argumentieren oft, dass das japanische HTA-System, anstatt Innovationen zu belohnen, in erster Linie als Mechanismus zur Preissenkung fungiert. Da HTA nachträglich und selektiv angewendet wird, empfinden die pharmazeutischen Hersteller es eher als zusätzliche Hürde denn als vorhersehbaren Rahmen. Gleichzeitig bleiben die Finanzbehörden skeptisch, dass großzügige Belohnungen für Innovationen innerhalb der begrenzten Budgets finanziert werden können. Obwohl das Prinzip „Gute Arzneimittel verdienen gute Preise" rhetorisch im Vordergrund steht, muss es in der Praxis noch konsequent umgesetzt werden.

17.5.3 „Drug Lag", „Drug Loss" und Bedenken hinsichtlich des Zugangs

Eine weitere Dimension dieser Spannung liegt in der anhaltenden Sorge um „Drug Lag" und „Drug Loss". Japan ist sich seit langem der Verzögerungen bei der Verfügbarkeit neuer Therapien im Vergleich zu Europa und den Vereinigten Staaten bewusst. Industrieverbände und Patientenvertreter haben davor gewarnt, dass eine zu strenge Anwendung von HTA diese Probleme verschärfen könnte, indem sie Hersteller davon abhält, eine Zulassung oder Erstattung auf dem japanischen Markt anzustreben.

In früheren Debatten wurde argumentiert – oft als Rechtfertigung für eine vorzeitige Einführung von HTA –, dass selbst wenn bestimmte Medikamente aufgrund früher HTA-Bewertungen oder anderer Mechanismen wie marktbasierten Preisneuberechnungen Preissenkungen erfahren würden, solche Ergebnisse für andere Interessengruppen als die Hersteller von Vorteil wären, zumindest indem sie zur Eindämmung der Gesundheitskosten beitragen würden. Angesichts der Tatsache, dass die Herausforderungen der Nichtzulassung von Arzneimitteln oder deren Verzögerung in Japan immer deutlicher zutage treten, erscheinen solche Argumente heute jedoch überholt.

Tatsächlich stellt die vermeintliche Gefahr, dass Hersteller aufgrund des zu erwartenden Preisdrucks davon absehen, neue Produkte in Japan auf den Markt zu bringen, für viele ein Warnsignal dar. Als Reaktion darauf haben die politischen Entscheidungsträger, die befürchten, für den eingeschränkten Zugang der Patientinnen und Patienten verantwortlich gemacht zu werden, versucht, die Auswirkungen der HTA abzuschwächen. Indem in Japan HTA als ergänzendes Instrument zur Preisanpassung und nicht als Kontrollmechanismus positioniert wurde, wollte man eine vollständige Ablehnung der Kostenübernahme vermeiden. Diese vorsichtige Haltung hat jedoch das Potenzial der HTA als wirksames Instrument zur Kostendämpfung untergraben. Das Ergebnis ist ein System, das weder die Ausgaben vollständig kontrolliert noch Patienten und Industrie ausreichende Sicherheit hinsichtlich eines vorhersehbaren und zeitnahen Zugangs zu Innovationen bietet.

17.5.4 Die Rolle der politischen Symbolik

Die widersprüchlichen Erfordernisse, die der HTA innewohnen, spiegeln auch ihre symbolische Funktion in der japanischen Politik wider. Für die Finanzbehörden signalisiert HTA das Bekenntnis zu einer evidenzbasierten Kostendämpfung. Für die Gesundheits- und Industrieministerien symbolisiert es die Bereitschaft, Forderungen nach einer Belohnung von Innovationen nachzukommen. Für Politiker der Regierungspartei demonstriert es die Aufmerksamkeit sowohl für die Anliegen der Steuerzahler als auch für den Zugang der Patienten. Da diese symbolischen Funktionen jedoch in unterschiedliche Richtungen weisen, wird HTA so umgesetzt, dass niemand vollständig zufrieden gestellt wird. Es ist eher ein Symbol des Kompromisses als ein Instrument entschlossener Politik.

17.6 Fehlende umfassendere Wertelemente in Japan

17.6.1 Enger Fokus auf direkte Kosten und QALYs

Eine weitere Einschränkung des japanischen HTA-Systems ist sein enger Fokus auf direkte medizinische Kosten und QALYs der Patienten. Während in internationalen Debatten zunehmend die Einbeziehung umfassenderer Wertelemente – wie die Belastung der Pflegenden, Produktivitätsverluste und gesellschaftliche Spillover-Effekte – betont wird, ist das japanische System nach wie vor weitgehend biomedizinisch und zahlungsorientiert. Bei den Evaluationen werden in der Regel die Arzneimittelkosten mit den QALY-Gewinnen für die Patientinnen und Patienten verglichen, wobei externe Effekte außerhalb des Gesundheitssystems nur begrenzt berücksichtigt werden. Dies spiegelt sowohl Datenbeschränkungen als auch politische Vorsicht wider. Eine Ausweitung des Bewertungsumfangs würde kontroverse Entscheidungen darüber erfordern, wie nicht-gesundheitliche Ergebnisse zu bewerten sind und wessen Perspektiven einzubeziehen sind.

Dennoch untergräbt der Ausschluss breiterer Werteelemente die Relevanz von HTA in einer Gesellschaft, in der der demographische Wandel die Belastung durch Pflegeaufgaben und den Arbeitskräftemangel verstärkt. Ohne Berücksichtigung dieser Dimensionen besteht die Gefahr, dass Kosten-Nutzen-Schätzungen den wahren Wert von Interventionen unterschätzen.

17.6.2 Belastung der Pflegenden und die „Carer-QALY-Falle"

Ein Manko in der Praxis der Gesundheitstechnologiebewertung in Japan ist der Ausschluss der Lebensqualität von pflegenden Angehörigen. Erkenntnisse aus Bereichen wie pädiatrischen Infektionskrankheiten, Demenz und chronischer Pflege zeigen deutlich, dass Krankheiten eine erhebliche Belastung für pflegende Angehörige darstellen – oft beeinträchtigen sie deren gesundheitsbezogene Lebensqualität (HRQoL) und schränken ihre Teilnahme am Arbeitsmarkt ein. International haben Wissenschaftler verschiedene methodische Ansätze zur Einbeziehung dieser Effekte diskutiert, darunter additive, dekrementielle und inkrementelle Modelle für QALYs von Pflegepersonen.

In Japan hingegen finden solche Diskussionen in formellen HTA-Prozessen kaum statt. Zwar wird die Belastung von pflegenden Angehörigen gelegentlich in der akademischen Forschung anerkannt, doch wird sie in Evaluationen im Zusammenhang mit Preis- und Erstattungsentscheidungen selten quantifiziert. Dieses Versäumnis führt zu dem, was als „Carer-QALY-Falle" bezeichnet wird, wobei Verlängerungen der Lebensdauer von Patienten als Vorteile gewertet werden, während die damit einhergehende Zunahme der Belastung für die Pflegenden ignoriert wird. Diese Asymmetrie verzerrt nicht nur die Bewertungen der Kosteneffizienz, sondern birgt auch die Gefahr, dass politische Entscheidungen getroffen werden, die nicht mit den Lebensrealitäten einer alternden Gesellschaft übereinstimmen, die durch eine weit verbreitete generationenübergreifende Pflege gekennzeichnet ist.

Die Frage, wie mit der „Carer-QALY-Frage" umgegangen werden soll, wurde bei der Bewertung von Lecanemab, einer viel beachteten krankheitsmodifizierenden Therapie für Demenz, angesprochen. Der Ansatz der Gutachter in Japan unterschied sich jedoch erheblich von dem, den Behörden wie das NICE im Vereinigten Königreich anwenden und das Ausmaß des QALY-Verlusts für pflegende Angehörige wurde wahrscheinlich unterschätzt.

17.6.3 Produktivität und makroökonomische Überlegungen

Auch Produktivitätsauswirkungen finden im japanischen HTA-System kaum Beachtung. Zwar werden in einigen Evaluationen die durch Krankheit oder Behandlung verlorenen Arbeitstage berücksichtigt, doch werden diese selten in die Kosten-Nutzen-Relation einbezogen. Dies steht im Gegensatz zu der wachsenden internationalen Erkenntnis – die sich in den Berichten der ISPOR-Taskforce widerspiegelt –, dass die Produktivität zumindest in Szenarioanalysen berücksichtigt werden sollte. In Japan ist dieses Versäumnis angesichts des demographischen Drucks auf die Erwerbsbevölkerung besonders problematisch. Technologien, die die Erwerbsbeteiligung erhalten, können über den Gesundheitssektor hinaus einen erheblichen wirtschaftlichen Wert generieren, doch die derzeitigen HTA-Methoden erfassen diese Vorteile nicht.

17.6.4 Fragen der Gerechtigkeit und Verteilung

Ein weiteres fehlendes Element ist die Verteilungsgerechtigkeit. Das japanische HTA-System berücksichtigt nicht, wie Kosten und Nutzen auf verschiedene Altersgruppen, Einkommensniveaus oder Krankheitskategorien verteilt sind. Obwohl Gerechtigkeitsaspekte gelegentlich in öffentlichen Debatten zur Sprache kommen, sind sie im Evaluationsrahmen nicht formal berücksichtigt. Dies mag in einem engen technokratischen Sinne vertretbar sein, schränkt jedoch die Fähigkeit der HTA ein, drängende gesellschaftliche Fragen zur Fairness bei der Ressourcenverteilung anzugehen. Sollten beispielsweise Therapien für seltene Krankheiten anders bewertet werden als Therapien für häufige Erkrankungen? Sollten Behandlungen für pädiatrische Populationen aufgrund der potenziell längeren Lebenserwartung höher bewertet werden? Diese normativen Fragen bleiben außerhalb des Geltungsbereichs des derzeitigen japanischen Systems.

17.6.5 Verpasste Chancen für eine ganzheitliche Bewertung

Durch die Vernachlässigung umfassenderer Werteelemente verpasst das japanische HTA-System die Chance, eine ganzheitlichere Bewertung von Gesundheitstechnologien vorzunehmen. So können beispielsweise Maßnahmen, die die Belastung von Pflegepersonen verringern, die Produktivität verbessern oder die Gerechtigkeit fördern, unter engen QALY-Gesichtspunkten weniger kosteneffizient erscheinen, aber erhebliche soziale Vorteile mit sich bringen. Umgekehrt können Technologien, die die Lebenserwartung verlängern, ohne die Lebensqualität der pflegenden Angehörigen zu verbessern, überbewertet werden. Ohne die systematische Einbeziehung dieser Dimensionen läuft HTA Gefahr, verzerrte Signale an politische Entscheidungsträger und die Industrie zu senden.

Darüber hinaus schwächt das Fehlen umfassenderer Werteelemente die Legitimation der HTA. Die Interessengruppen könnten sie als realitätsfern empfinden, da sie sich zu sehr auf technische Kennzahlen konzentriert und dabei die Realitäten von Familien, Arbeitsplätzen und Gemeinden außer Acht lässt. Diese Diskrepanz untergräbt das Vertrauen der Öffentlichkeit und mindert die politische Durchsetzungskraft der HTA-Empfehlungen.

17.7 Hin zu einem umfassenderen Werterahmen

Einige Forscher und politische Befürworter in Japan fordern inzwischen eine Erweiterung des Bewertungsumfangs von HTA. Die Vorschläge umfassen die Einbeziehung von familiären Spillover-Effekten, die Übernahme breiterer gesellschaftlicher Perspektiven und die Entwicklung japanischer Werterahmen, die kulturelle Prioritäten widerspiegeln. Angesichts methodischer Herausforderungen und politischer Sensibilitäten wären solche Reformen nicht einfach. Dennoch könnten sie unerlässlich sein, wenn HTA in einer schnell alternden Gesellschaft einen sinnvollen Beitrag zur Politik leisten soll. Ohne eine solche Weiterentwicklung läuft Japans HTA Gefahr, eine eng gefasste, technokratische Übung zu bleiben, die für die umfassenderen Herausforderungen der Nachhaltigkeit des Gesundheitssystems und der sozialen Wohlfahrt nur von begrenzter Relevanz ist.

17.7.1 Symbolik und Legitimität

In Japan ist HTA nicht nur ein technisches Instrument, sondern auch ein Governance-Instrument, das zu symbolischen Zwecken eingesetzt wird. Politische Entscheidungsträger berufen sich häufig auf HTA als Beweis dafür, dass Japan sich an globalen Best Practices orientiert und signalisieren damit der nationalen und internationalen Öffentlichkeit, dass die Regierung die Gesundheitspolitik modernisiert. Diese Symbolik übersteigt jedoch oft den Inhalt der Umsetzung. Da HTA selektiv angewendet wird und nur begrenzten Einfluss auf Erstattung oder Zugang hat, fungiert es weniger als entscheidender Mechanismus zur Prioritätensetzung, sondern eher als Legitimierungsinstrument. Es ermöglicht dem Staat, zu behaupten, dass Entscheidungen „evidenzbasiert" sind, ohne sich mit den politisch brisanten Auswirkungen einer robusten HTA auseinanderzusetzen, wie z. B. der Verweigerung der Kostenübernahme oder der Festlegung expliziter Schwellenwerte.

17.7.2 Umgang mit Konflikten zwischen Interessengruppen

HTA dient auch als politisches Instrument zur Schlichtung von Konflikten zwischen Interessengruppen. Indem sie Entscheidungen Expertengremien und technischen Analysen überlassen, können politische Entscheidungsträger die Verantwortung für unpopuläre Ergebnisse auf diese abwälzen. Preissenkungen, die als Ergebnis einer Kosten-Nutzen-Analyse dargestellt werden, können als technokratische Notwendigkeit und nicht als willkürliche Kürzungen präsentiert werden. Umgekehrt ermöglicht der selektive Anwendungsbereich von HTA den Politikverantwortlichen, bestimmte politisch sensible Arzneimittel von der Evaluation auszunehmen. Auf diese Weise wird HTA zu einem Mechanismus zur kontrollierten Zuweisung der politischen Kosten der Rationierung und nicht zu einem neutralen Vermittler zwischen Werten.

17.7.3 Wechselwirkung mit umfassenderen Gesundheitsreformen

Die Governance-Rolle von HTA wird zusätzlich durch ihre Wechselwirkung mit umfassenderen Reformen des japanischen Gesundheitssystems geprägt. Die politischen Entscheidungsträger haben mit differenzierten Preisen, Preisanpassungen aufgrund von Markterweiterungen und anderen Mechanismen zur Rationalisierung der Arzneimittelausgaben experimentiert. HTA wurde diesen Reformen als zusätzliches Instrument hinzugefügt, ohne jedoch die bestehenden Instrumente zu verdrängen. Infolgedessen agiert sie in einem überfüllten Governance-Raum, in dem mehrere sich überschneidende Mechanismen ähnliche Ziele verfolgen. Dies mindert die Klarheit und schafft Möglichkeiten für strategisches Verhalten der Interessengruppen, die ihre Argumente in der jeweils vorteilhaftesten politischen Sprache formulieren können – Innovationsförderung, finanzielle Nachhaltigkeit oder globale Angleichung.

17.7.4 Risiken der Politisierung

Die Gefahr der Verwendung von HTA als Governance-Instrument besteht darin, dass es seine wissenschaftliche Legitimität untergräbt. Wenn die Interessengruppen HTA lediglich als weiteren Verhandlungspfand in politischen Verhandlungen betrachten, schwindet das Vertrauen in den Prozess. Die Akteure der Industrie investieren möglicherweise weniger in die Generierung hochwertiger Evidenz, da sie davon ausgehen, dass die Ergebnisse vorbestimmt sind. Patienten und die Öffentlichkeit könnten HTA als undurchsichtig und technokratisch empfinden, losgelöst von ihren Anliegen. Mit der Zeit besteht die Gefahr, dass HTA in einen Teufelskreis gerät: Begrenzte Legitimität führt zu einer schwachen Umsetzung, was wiederum die Wahrnehmung der Irrelevanz verstärkt. Ohne klarere Governance-Strukturen und mehr Transparenz könnte

HTA in Japan in diesem Kreislauf gefangen bleiben.

17.8 Zukunftsaussichten und Reformempfehlungen

17.8.1 Klärung der politischen Ziele

Der erste Schritt zur Reform des japanischen HTA-Systems ist die Klärung seiner politischen Ziele. Die politischen Entscheidungsträger müssen entscheiden, ob HTA in erster Linie ein Instrument zur Kostendämpfung, ein Mechanismus zur Belohnung von Innovationen oder eine Mischung aus beidem ist. Die derzeitige Unklarheit untergräbt die Wirksamkeit. Eine klarere Formulierung des Zwecks würde die Wahl der Methodik, die institutionelle Gestaltung und die Erwartungen der Interessengruppen leiten. Wenn das Ziel die finanzielle Nachhaltigkeit ist, sind möglicherweise ein breiterer Anwendungsbereich und strengere Schwellenwerte erforderlich. Wenn die Honorierung von Innovationen im Vordergrund steht, muss HTA umfassendere Werteelemente integrieren und vorhersehbare Honorierung gewährleisten.

17.8.2 Erweiterung des methodischen Horizonts

Japan sollte auch den methodischen Anwendungsbereich von HTA erweitern. Dazu gehört, über enge QALY-Analysen hinauszugehen und Aspekte wie die Belastung der pflegenden Angehörigen, Produktivität und Gerechtigkeit zu berücksichtigen. Die Entwicklung japanischer Wertrahmen, die die kulturellen Einstellungen zu Alterung, Pflege und Generationengerechtigkeit widerspiegeln, würde die Legitimität erhöhen. Methodischer Pluralismus sollte begrüßt werden, jedoch mit Stringenz und Transparenz, um die Pseudostringenz selektiver Vergleichsgrößen oder falsch angewandter Effizienzgrenzen zu vermeiden.

17.8.3 Stärkung der institutionellen Verankerung

Ebenso wichtig sind institutionelle Reformen. Die Einrichtung einer speziellen HTA-Behörde mit gesetzlicher Befugnis und klarer Governance würde die Transparenz und Rechenschaftspflicht verbessern. Eine solche Behörde könnte sich mit dem Chuikyo abstimmen, aber ähnlich wie NICE oder HAS mit größerer Unabhängigkeit arbeiten. Der Aufbau von Kapazitäten in der Gesundheitsökonomie und der Ergebnisforschung, der Ausbau der Infrastruktur für Real-World-Daten und Investitionen in Schulungen wären für eine nachhaltige stringente Evaluation unerlässlich.

17.8.4 Verbesserung der Transparenz und Einbindung von Interessengruppen

Die Transparenz muss verbessert werden. Die vollständige Veröffentlichung von HTA-Berichten, offene Konsultationen mit Interessengruppen und formelle Möglichkeiten für Patientinnen und Patienten, sich einzubringen, würden die Legitimität stärken. HTA sollte nicht als ein Black-Box-Prozess wahrgenommen werden, der von einer Handvoll Experten durchgeführt wird. Vielmehr muss es in demokratische Beratungen eingebettet sein, die wissenschaftliche Analysen mit sozialen Werten in Einklang bringen.

17.8.5 Integration von HTA in Entscheidungen über Versicherungsschutz und Preisgestaltung

Damit HTA eine echte Wirkung erzielen kann, muss es bereits im Vorfeld in die ersten Entscheidungen über Versicherungsschutz und Preisgestaltung einfließen. Die Beschränkung von HTA auf nachträgliche Preisanpassungen untergräbt Anreize und Einflussmöglichkeiten. Auch wenn dies politisch schwierig ist, würde eine schrittweise Ausweitung auf Ex-ante-Evaluationen – zumindest für kostenintensive, hochwirksame Therapien – Japan an internationale Best Practices angleichen und sowohl der Industrie als auch den Kostenträgern stärkere Signale senden.

17.8.6 Innovation und Nachhaltigkeit gemeinsam managen

Letztendlich muss sich die HTA-Reform mit dem grundlegenden Spannungsfeld zwischen Innovation und Nachhaltigkeit auseinandersetzen. Dazu müssen Mechanismen entwickelt werden, die beiden Aspekten gerecht werden. Zu den Optionen gehören eine an die Evidenzentwicklung geknüpfte bedingte Erstattung, Managed-Entry-Vereinbarungen oder eine ergebnisorientierte Preisgestaltung. Diese Instrumente ermöglichen einen frühzeitigen Zugang zu innovativen Therapien bei gleichzeitiger Steuerung des finanziellen Risikos. Durch die Einbettung von HTA in solche Vereinbarungen kann Japan die Bedürfnisse der Patientinnen und Patienten, die Anreize für die Industrie und finanzielle Zwänge besser in Einklang bringen.

17.9 Schlussfolgerung

Das japanische HTA-System birgt sowohl Chancen als auch Risiken. Es stellt einen wichtigen Schritt in Richtung einer evidenzbasierten Gesundheitspolitik dar und signalisiert die Angleichung an globale Normen und die Verpflichtung zur Rationalisierung der Ressourcenverteilung. Seine Umsetzung war jedoch bisher von Unklarheiten, methodischen Kontroversen, institutionellen Schwächen und einem begrenzten Anwendungsbereich geprägt. Diese Mängel haben dazu geführt, dass sich HTA in Japan in einem Schwebezustand befindet: zu schwach, um systemische Reformen voranzutreiben, aber zu prominent, um ignoriert zu werden.

Internationale Erfahrungen zeigen, dass HTA ein wirkungsvolles Instrument sein kann, um Gesundheitsausgaben an ihrem Wert auszurichten, jedoch nur, wenn es mit Klarheit, Autorität und Legitimität ausgestattet ist. Japans vorsichtiger, kompromissorientierter Ansatz hat bisher verhindert, dass HTA dieses Potenzial ausschöpfen konnte. Künftig müssen Reformen darauf abzielen, die Ziele zu klären, die Methodik zu erweitern, die Institutionen zu stärken, die Transparenz zu verbessern und HTA stärker in Entscheidungen über Versicherungsschutz und Preisgestaltung zu integrieren.

Es steht viel auf dem Spiel. Angesichts einer alternden Bevölkerung, steigender Gesundheitsausgaben und der raschen Einführung kostspieliger innovativer Therapien steht Japan unter zunehmendem Druck, die allgemeine Gesundheitsversorgung mit finanzieller Nachhaltigkeit und Innovation in Einklang zu bringen. Eine Reform des HTA könnte dabei helfen, dieses Gleichgewicht zu finden. Ohne Reform besteht die Gefahr, dass es eine symbolische Geste bleibt – als Teil der politischen Rhetorik, in der Praxis jedoch wirkungslos. Die Zukunft des japanischen Gesundheitssystems hängt davon ab, ob sich die HTA zu einem echten Instrument der Politik entwickelt oder ein Werkzeug der politischen Symbolik bleibt.

Open Access Dieses Kapitel wird unter der Creative Commons Namensnennung – Nicht kommerziell – Keine Bearbeitung 4.0 International Lizenz (http://creativecommons.org/licenses/by-nc-nd/4.0/deed.de) veröffentlicht, welche die nicht-kommerzielle Nutzung, Vervielfältigung, Verbreitung und Wiedergabe in jeglichem Medium und Format erlaubt, sofern Sie den/die ursprünglichen Autor*in(nen) und die Quelle ordnungsgemäß nennen, einen Link zur Creative Commons Lizenz beifügen und angeben, ob Änderungen vorgenommen wurden. Die Lizenz gibt Ihnen nicht das Recht, bearbeitete oder sonst wie umgestaltete Fassungen dieses Werkes zu verbreiten oder öffentlich wiederzugeben.

Die in diesem Kapitel enthaltenen Bilder und sonstiges Drittmaterial unterliegen ebenfalls der genannten Creative Commons Lizenz, sofern sich aus der Abbildungslegende nichts anderes ergibt. Sofern das betreffende Material nicht unter der genannten Creative Commons Lizenz steht und die betreffende Handlung nicht nach gesetzlichen Vorschriften erlaubt ist, ist auch für die oben aufgeführten nicht-kommerziellen Weiterverwendungen des Materials die Einwilligung des/der betreffenden Rechteinhaber*in einzuholen.

Sicht der Akteurinnen und Akteure

Inhaltsverzeichnis

Kapitel 18	„Wir können nicht warten" – warum Menschen mit Seltenen Erkrankungen faire Zugänge zu Medikamenten brauchen – 257 *Bianca Paslak-Leptien*
Kapitel 19	Mehr Evidenz und faire Preise für neue Arzneimittel – dringender als je zuvor – 261 *Sabine Jablonka*
Kapitel 20	Kostenmanagement im Gesundheitssystem neu denken – 269 *Wolf-Dieter Ludwig*
Kapitel 21	Arzneimittelversorgung: Mehr als nur ein Preisschild – 275 *Dorothee Brakmann*
Kapitel 22	Ist Fairness von Arzneimittelpreisen möglich? – 279 *Christian Pfleiderer*

„Wir können nicht warten" – warum Menschen mit Seltenen Erkrankungen faire Zugänge zu Medikamenten brauchen

Sicht der Patientinnen und Patienten

Bianca Paslak-Leptien

Inhaltsverzeichnis

18.1 Die Versorgungslage bei Seltenen Erkrankungen – 258

18.2 Viele Krankheiten, wenige Medikamente – 258

18.3 Zwischen Wirtschaftlichkeit und Versorgungsgerechtigkeit – 258

18.4 Patienten treiben Innovationen voran – 259

18.5 Recht auf Qualität, Wirksamkeit und Sicherheit – 259

18.6 Arzneimittelentwicklung klug vorantreiben – 259

18.7 Eckpunkte für Handlungsempfehlungen – 260

18.8 Fazit – 260

© Der/die Autor(en) 2025
H. Schröder et al. (Hrsg.), *Arzneimittel-Kompass 2025*, https://doi.org/10.1007/978-3-662-72460-6_18

▪▪ Zusammenfassung

Menschen mit Seltenen Erkrankungen stehen vor enormen Versorgungslücken: Für die rund 8.000 Krankheitsbilder existieren bislang nur etwa 200 zugelassene Medikamente. Zwar ist der Zugang in Deutschland im europäischen Vergleich besonders gut, dennoch bleibt der Mangel an Therapien für Millionen Betroffene gravierend. Um Forschung und Entwicklung gezielt voranzutreiben, braucht es faire Preise, verlässliche Strukturen und politische Rahmenbedingungen, die Innovation ermöglichen und Versorgungsgerechtigkeit sichern.

18.1 Die Versorgungslage bei Seltenen Erkrankungen

Stellen Sie sich vor, Ihr Kind ist schwer krank – und es gibt kein Medikament, keine Therapie, die helfen kann. Stattdessen müssen Sie erfahren, dass sich eine Medikamentenentwicklung nicht lohnt, weil zu wenige Personen dasselbe Krankheitsbild aufweisen. Stellen Sie sich vor, es gibt so ein Medikament, das helfen könnte. Doch während es in den USA zugelassen und verfügbar ist, müssen Sie in Deutschland hören: „Noch nicht in der EU zugelassen." Für Familien, die mit Seltenen Erkrankungen leben, ist das Realität. Die Verzweiflung, die wir oftmals erleben, ist enorm.

Wir, die Allianz Chronischer Seltener Erkrankungen (ACHSE) e. V., machen diese Not sichtbar. In unserem Netzwerk vereinen wir 140 Patientenorganisationen, bündeln Expertise und Wissen. Wir sind Sprachrohr in Politik und Gesundheitswesen – im Zusammenschluss lässt sich mehr erreichen für die, die in Forschung und Gesundheitswesen keine große Lobby haben. „Zu selten, zu komplex, zu wenig interessant" sind Stempel, mit denen der Großteil der etwa 8.000 seltenen Krankheiten versehen ist. Dabei ist die Zahl der betroffenen Menschen zusammengenommen hoch: 4 Mio. Kinder, Jugendliche und Erwachsene leben allein hierzulande mit Seltenen Erkrankungen. Sie teilen ähnliche Herausforderungen.

18.2 Viele Krankheiten, wenige Medikamente

In der EU gilt eine Erkrankung als selten, wenn weniger als 5 von 10.000 Menschen dasselbe Krankheitsbild aufweisen. Kleine Patientengruppen bedeuten hohe Forschungskosten. Auch deshalb sind Medikamente für Seltene Erkrankungen, sogenannte Orphan Drugs, oft sehr teuer. Für Betroffene ist der Preis aber nicht das erste Thema. Ihre Fragen lauten: Gibt es ein Medikament? Und wenn nicht, wie stehen die Chancen, dass etwas entwickelt wird, von dem mein Kind, mein Partner oder ich noch rechtzeitig profitieren?

Im europäischen Vergleich steht Deutschland an erster Stelle, wenn es um den Zugang zu den in der EU zugelassenen Medikamenten geht. Patientinnen und Patienten erhalten, was sie benötigen, zeitnah. Zudem übernehmen die Krankenkassen in der Regel die Kosten. Das ist positiv. Dennoch stehen den 8.000 seltenen Krankheiten gerade einmal ca. 200 Medikamente gegenüber, die eine Zulassung als Orphan Drug haben oder hatten. Global betrachtet gibt es für viele Millionen Menschen noch überhaupt keine ursächliche oder krankheitsverlangsamende Therapie. Deshalb müssen Forschung und Arzneimittelentwicklung vorangetrieben werden.

18.3 Zwischen Wirtschaftlichkeit und Versorgungsgerechtigkeit

Laut aktuellen Analysen steigen die Ausgaben für Orphan Drugs. Das liegt auch daran, dass es immer mehr Arzneimittel gibt, die für seltene Indikationen zugelassen werden. Einige Therapien kosten mehrere Hunderttausend Euro pro Jahr, vereinzelt sogar Millionen. Dabei bleiben 80 % der „Orphans" unter der Umsatzgrenze von 30 Mio. pro Jahr. Es sind also 20 %, die diese Schwelle pro Jahr überschreiten, allerdings so einen Großteil der Kosten verursachen. Auf der einen Seite mögen die Ausgaben pro Medikament an sich also sehr hoch sein; auf der anderen Seite erhalten nur wenige Menschen die jeweiligen Produkte.

Die Herausforderung ist klar: Innovation muss finanzierbar sein. Diejenigen, die dringend Hilfe benötigen, dürfen in unserem Gesundheitssystem dennoch nicht im Stich gelassen werden. Ziel sollte es also sein, einen fairen Preis zu bestimmen. Einen Preis, der einerseits für die Hersteller auskömmlich ist und gleichzeitig unser Gesundheitssystem nicht zu stark belastet. Die Preisverhandlungen zwischen Herstellern und dem GKV-Spitzenverband enden regelhaft mit einer Einigung. Entsprechend sind Marktrücknahmen erfreulich selten und die Therapien stehen den Patientinnen und Patienten letztlich zur Verfügung.

Und doch darf Wirtschaftlichkeit nicht isoliert betrachtet werden. Für Betroffene kann ein wirksames Medikament lebensrettend sein. Und es bedeutet Lebensqualität: ein Kind, das dank einer Therapie laufen lernt; eine junge Frau, die mit einer Infusion wieder studieren kann; ein Vater, der trotz schwerer Diagnose arbeiten kann. Das ist mehr als ein Kostenfaktor – es ist Teilhabe und ein Gewinn für die gesamte Gesellschaft.

18.4 Patienten treiben Innovationen voran

Patientinnen und Patienten mit Seltenen Erkrankungen sind – oftmals notgedrungen – die Expertinnen und Experten für ihre Erkrankung. Sie verfügen über ein besonderes Erfahrungswissen, das viele von ihnen in Selbsthilfeorganisationen bündeln. Expertise aus der praktischen Versorgung und direkten Erfahrung mit der Erkrankung bringen sie professionell in vielfältige Projekte und Gremien ein. An den Bewertungen des G-BA ist die Patientenvertretung ebenfalls beteiligt. Der Umfang ist deutlich ausgeprägter als in anderen europäischen Ländern.

Nicht nur vor dem Hintergrund dieser Erfahrung heraus ist es sinnvoll, Projekte zu entwickeln, in denen Patientenorganisationen und Forschende gemeinsam erfassen, in welchen Bereichen es einen besonderen Forschungsbedarf gibt, dies in Forschungsthesen zu übersetzen und anschließend Wege aufzuzeichnen, wie entsprechende Forschungsprojekte realisiert werden können. Die Bundesregierung sollte hierfür Mittel zur Verfügung stellen.

18.5 Recht auf Qualität, Wirksamkeit und Sicherheit

Bei der Entwicklung von Orphan Drugs gibt es ein Spannungsfeld zwischen dem enormen Bedarf nach Therapien für die noch nicht (gut) behandelbaren Erkrankungen und dem damit zusammenhängenden Wunsch, den Zugang zum neuen Medikament so schnell wie möglich auch außerhalb von Studien zu gewährleisten auf der einen Seite und der Notwendigkeit, gute Daten zur Qualität, Sicherheit, Wirksamkeit und dem Nutzen eines Produkts zu haben, um richtige Therapieentscheidungen treffen und einen angemessenen Preis verhandeln zu können auf der anderen Seite.

Betroffene haben einen Anspruch auf und ein Bedürfnis nach sicheren, qualitativ hochwertigen und wirksamen Medikamenten, die zudem einen Zusatznutzen im Vergleich zu den bestehenden Versorgungsmöglichkeiten bieten. So haben wir es schon in unserem Positionspapier für die aktuelle Legislatur formuliert. Wir unterstützen die Forderungen und Bemühungen, sowohl in der klinischen Prüfung als auch anschließend durch anwendungsbegleitende Datenerhebung Evidenz über den Zusatznutzen von Orphan Drugs zu erhalten.

18.6 Arzneimittelentwicklung klug vorantreiben

Letztlich sollten wir jedoch nicht nur hohe Kosten beklagen, sondern schauen, wie wir Arzneimittelversorgung effizient vorantreiben können. Der Staat sollte kluge Fördermodelle anbieten, damit nicht nur für die häufigeren unter den Seltenen Erkrankungen oder für die Erkrankungen, die wir schon gut verstehen, Medikamente entwickelt werden. Kreditausfallbürgschaften und Public-Private-Partnerships sind Schlüsselbegriffe, die gezielt analysiert und wenn möglich realisiert werden sollten. So würden die Kreditausfallbürgschaften die Abhängigkeit von Venture Capital und deren Rendite-Erwartungen reduzieren. Mit Public-Private-Partnerships könnten die Risiken für die Industrie reduziert und dafür der Staat am Gewinn beteiligt werden. Und: In der europäischen Zusammenarbeit könnten gemeinsame Bewertungsverfahren Synergien freisetzen und im europäischen Kontext besseren Zugang erzielen.

18.7 Eckpunkte für Handlungsempfehlungen

In unserem Positionspapier „4 Mio. Gründe für eine bessere Gesundheitspolitik" haben wir ausführliche Handlungsempfehlungen formuliert; abschließend ein paar Eckpunkte:
- **Schneller Zugang**: Den schnellen und umfassenden Zugang zu Orphan Drugs in Deutschland aufrechterhalten.
- **Stärkung der Zentren und Register**: Nur mit verlässlichen Strukturen können Datenqualität, Therapieerfolg und Patientensicherheit gewährleistet und dokumentiert werden.
- **Transparenz**: Preisgestaltung braucht nachvollziehbare Daten als Grundlage.

18.8 Fazit

Selten sind Viele! Mehr als 8.000 Krankheitsbilder, Millionen Betroffene – das ist Realität, nicht nur in Deutschland. Innovationen in der Medizin können diesen Menschen Hoffnung schenken. Doch Hoffnung allein reicht nicht. Wir brauchen politische Entscheidungen, die Mut machen. Es ist eine Gratwanderung zwischen dringend benötigter Innovation und tragfähiger Finanzierung. Wir setzen uns dafür ein, dass Menschen mit Seltenen Erkrankungen, die in Deutschland leben, weiterhin schnellen Zugang zu Medikamenten haben. Dazu braucht es faire Preise, verlässliche Strukturen und Verfahren, die den Zugang beschleunigen. Und es braucht die Anerkennung, dass Versorgungsgerechtigkeit nicht am Preisschild enden darf. Nur so können wir gemeinsam ein solidarisches Gesundheitswesen gestalten.

Open Access Dieses Kapitel wird unter der Creative Commons Namensnennung – Nicht kommerziell – Keine Bearbeitung 4.0 International Lizenz (http://creativecommons.org/licenses/by-nc-nd/4.0/deed.de) veröffentlicht, welche die nicht-kommerzielle Nutzung, Vervielfältigung, Verbreitung und Wiedergabe in jeglichem Medium und Format erlaubt, sofern Sie den/die ursprünglichen Autor*in(nen) und die Quelle ordnungsgemäß nennen, einen Link zur Creative Commons Lizenz beifügen und angeben, ob Änderungen vorgenommen wurden. Die Lizenz gibt Ihnen nicht das Recht, bearbeitete oder sonst wie umgestaltete Fassungen dieses Werkes zu verbreiten oder öffentlich wiederzugeben.
Die in diesem Kapitel enthaltenen Bilder und sonstiges Drittmaterial unterliegen ebenfalls der genannten Creative Commons Lizenz, sofern sich aus der Abbildungslegende nichts anderes ergibt. Sofern das betreffende Material nicht unter der genannten Creative Commons Lizenz steht und die betreffende Handlung nicht nach gesetzlichen Vorschriften erlaubt ist, ist auch für die oben aufgeführten nicht-kommerziellen Weiterverwendungen des Materials die Einwilligung des/der betreffenden Rechteinhaber*in einzuholen.

Mehr Evidenz und faire Preise für neue Arzneimittel – dringender als je zuvor

Sicht der gesetzlichen Krankenversicherung

Sabine Jablonka

Inhaltsverzeichnis

19.1 Einleitung – 262

19.2 Umgang mit Evidenzlücken – 263

19.3 Wieviel Mehrkosten bei Mehrnutzen? – 263

19.4 Mehr Wirtschaftlichkeit bei der Verordnung – 264

Literatur – 265

▸▸ Zusammenfassung

Deutlich steigende GKV-Arzneimittelausgaben sind einer der Haupttreiber für ein drohendes Defizit der GKV. Für eine qualitativ hochwertige und wirtschaftliche Versorgung müssen Regelungen angepasst und die Wirtschaftlichkeitsreserven endlich gehoben werden.

19.1 Einleitung

Die Arzneimittelausgaben haben 2024 einen neuen Höchststand erreicht: Nach der amtlichen KV45-Statistik wurden mehr als 55 Mrd. € allein für Arzneimittel im ambulanten Bereich ausgegeben (BMG 2025). Hauptverursacher ist dabei der Patentmarkt mit stetig ansteigenden Einstiegspreisen für neue Arzneimittel. Die Nettokosten für den ambulant verordneten Patentmarkt lagen 2024 bei 32,0 Mrd €; 7,1 % der verordneten Tagesdosen verursachten 53,9 % der Ausgaben. Hinzu kommen noch die weiter steigenden Ausgaben für stationär eingesetzte Arzneimittel, da neben den Arzneimitteln, die in DRGs eingehen, hochpreisige Arzneimittel separat vergütet werden. Aufgrund der steigenden Zahl stationär eingesetzter Präparate wird dieser Bereich immer relevanter – zumal insbesondere die hochpreisigen Arzneimittel üblicherweise dort angewendet werden. Diese außerhalb der DRG abgerechneten Präparate machten 2024 bereits 4,7 % der GKV-Gesamtausgaben für patentgeschützte Arzneimittel aus (Greiner et al. 2025). Insofern wird die Arzneimittelausgabenentwicklung in der GKV bei Betrachtung lediglich des ambulanten Sektors systematisch unterschätzt.

Immer mehr der neuen Arzneimittel adressieren zumindest initial nur kleinste Patientengruppen und kommen mit geringer Evidenz in den Markt (Ärztezeitung 2025). Das ändert jedoch nichts an den Preisforderungen: Trotz erheblicher Ergebnisunsicherheit kommen viele Arzneimittel mit Höchstpreisen in den Markt. Der bestehende Regulierungsrahmen ist auf diese Mängel – unzureichende Evidenz und überhöhte Preise – nicht eingerichtet. Die Kompensation durch zeitnahe Evidenzgenerierung nach Zulassung, wie sie ursprünglich mit der anwendungsbegleitenden Datenerhebung stattfinden sollte, funktioniert bislang nicht effektiv (Hecken 2025). Immer noch ist die GKV mit Marktzugang eines neuen Arzneimittels zur Erstattung in Höhe des vom Hersteller geforderten Preises verpflichtet. Dabei fällt die Preiskorrektur durch den ausgehandelten Erstattungsbetrag angesichts des fehlenden Gleichgewichts der Verhandlungspartner bislang unzureichend aus. Zudem gibt es anders als im generischen Markt im Patentmarkt bislang praktisch keinen direkten ökonomischen Wettbewerb. Ergänzende selektive Rabatte sind daher üblicherweise gering – soweit sie überhaupt vereinbart werden können.

Zu diesen Problemen kommt die zunehmende Unsicherheit durch globale Krisen. Aktuell findet die politische Diskussion zwischen Wirtschaftsförderung und Bezahlbarkeit des Systems statt: Mit dem Ziel der Verbesserung der Marktbedingungen für die Pharmabranche als Leitindustrie in Deutschland wurden 2024 mit dem Medizinforschungsgesetz Zugeständnisse gemacht, wonach ein vertraulicher Erstattungsbetrag eingeführt und erst kurz zuvor eingeführte Regelungen für angemessenere Erstattungsbeträge für neue Arzneimittel wieder zusammengestrichen wurden. Damit wurden dringend notwendige Reformen für angemessene Preise im Patentmarkt zugunsten der Wirtschaftsförderung zurückgedreht, zulasten der Beitragszahlenden. Dabei besteht hier nicht einmal ein Sachzusammenhang: Die Attraktivität des Arzneimittelabsatzmarktes ist völlig unabhängig von der des Pharmastandorts. Letzterer profitiert vielmehr von optimalen Standortbedingungen mit geringeren Sozialbeiträgen. Eine Wirtschaftsförderung mit GKV-Geldern ist weder legitim noch passend.

19.2 Umgang mit Evidenzlücken

Ohne hinreichende Evidenz für ein neues Arzneimittel kann ein Zusatznutzen nicht belastbar abgeleitet werden. Bislang wird Arzneimitteln für seltene Erkrankungen per Gesetz ein Zusatznutzen zugeschrieben, der erst nach Überschreiten einer Umsatzgrenze tatsächlich geprüft werden darf. Die frühe Nutzenbewertung des Gemeinsamen Bundesausschuss (G-BA) findet hier nur eingeschränkt statt. Dabei ist bekannt, dass die generelle Zuschreibung des Zusatznutzens oftmals irreführend ist (IQWiG 2022). Gleichwohl werden damit die Einschätzung des tatsächlichen Zusatznutzens – eine wichtige Information für Betroffene – und eine Preiskorrektur verzögert (IQWiG 2024). Diese Arzneimittel sind zudem mitnichten immer Solisten in ihrem Anwendungsgebiet. Der gesetzliche Anspruch auf einen Zusatznutzen setzt hier ein völlig falsches Signal. Dabei orientiert sich der Bedarf an hochwertiger Evidenz nicht an Umsatzschwellen. Forderungen seitens der Pharmaindustrie, eine fehlende Evidenz eines Arzneimittels in den Erstattungsbetragsverhandlungen zu ignorieren, allein weil es entscheidend zur Patientenversorgung beiträgt (VfA 2024), führen ebenso in die Irre. Dabei kann auch für Arzneimittel mit kleinen Patientenpopulationen oftmals bessere Evidenz generiert werden (IQWiG 2022; Kulig 2017). Die Chancen des neuen EU-HTA-Verfahrens, das stufenweise auf alle Arzneimittel ausgeweitet wird, sollten daher für eine Abschaffung der Zusatznutzenfiktion in Deutschland genutzt werden.

Positiv ist zu werten, dass es aktuell ein breites Interesse aller Beteiligten gibt, die Evidenzgenerierung bei Arzneimitteln mit bislang unzureichenden Daten zu verbessern (G-BA 2024; VfA 2024), bspw. durch eine Verlängerung von Zulassungsstudien oder aber durch indikationsbezogene Register, wobei der G-BA hier beratende Unterstützung angeboten hat.

Zur Sicherung einer höchstmöglichen Behandlungsqualität sollte die Anwendung eines Arzneimittels mit unsicherer Datenlage künftig zunächst auf besonders qualifizierte Einrichtungen beschränkt werden können, in denen auch die weitere Datengenerierung erfolgt. So könnte der Einsatz des neuen Alzheimer-Präparats, bei dem eine intensive multidisziplinäre Zusammenarbeit erforderlich ist und das auch angesichts der aufgetretenen z. T. gravierenden Nebenwirkungen ein aufwändiges Monitoring der Behandlung voraussetzt, vorläufig in geeigneten interdisziplinären Behandlungsstrukturen wie etwa Gedächtnisambulanzen erfolgen.

19.3 Wieviel Mehrkosten bei Mehrnutzen?

Angesichts der knappen GKV-Ressourcen können überhöhte Preise und fehlende Wirtschaftlichkeit im Patentarzneimittelmarkt nicht länger hingenommen werden. Das eigentlich vorgesehene Prinzip des sog. AMNOG-Verfahrens, Mehrkosten nur bei einem Mehrnutzen gegenüber der wirtschaftlichen Standardtherapie zuzulassen und dann in angemessener Höhe, wird üblicherweise nicht eingehalten (Ärztezeitung 2024). Daher bedarf es kurzfristig grundlegender Reformen: Hierzu ist dringend ein **Interimspreis** einzuführen, wie zuletzt auch vom Sachverständigenrat „Gesundheit und Pflege" (SVR 2025) vorgeschlagen. Mit diesem gilt ab Markteinstieg ein vorläufiger Abrechnungsbetrag in Höhe der anzusetzenden Vergleichstherapie, der nachfolgend durch den ausgehandelten Erstattungsbetrag rückwirkend und vollständig abgelöst wird. Damit wird die Ausgangssituation für die Erstattungsbetragsverhandlungen neu justiert, Mehrkosten werden vermieden und es gilt ein fairer Preis von Anfang an, der keine Seite benachteiligt. Angesichts des aktuell überhöhten Erstattungsbetragsniveaus muss in den Verhandlungen dabei auch davon abgesehen werden, die Preise vergleichbarer Arzneimittel einzubeziehen. Ein angemessener Erstattungsbetrag kann durch eine ergänzende **kostenbasierte Betrachtung für ein Arzneimittel** abgeleitet werden, indem die angemessenen Kosten für Forschung, Entwicklung, Produktion, Vertrieb und Information sowie ein dem Zusatznutzen des Arzneimittels angemessener Gewinn herangezogen werden (Hendrickx und Kanga-Tona 2021). Gerade der Gewinn ist bislang völlig intransparent und damit weder diskutier- noch vergleichbar. Der überhöhte Preis von Zolgensma®, bei dem öffentliche und durch Spenden finanzierte Forschung die privatwirtschaftlich notwendigen Aufwände reduziert hatte, ohne dass sich dies in den Preisforderungen niederschlug, zeigt deutlich den Reformbedarf: Denn gefordert hat das Unternehmen, was es selbst als Preis angesichts der Wirksamkeit und der Zielgruppe für angemessen hielt (Deutsche Welle 2019).

Insbesondere für hochpreisige Therapien wird aktuell die Vereinbarung eines erfolgsabhängigen Erstattungsbetrags als Lösung für einen fairen Interessensausgleich diskutiert. Soweit dies mit einem transparenten Erstattungsbetrag einhergeht, wie bei der Vereinbarung des GKV-Spitzenverbandes mit BioMarin zur Gentherapie Roctavian® (GKV-Spitzenverband 2025), kann das tatsächlich ein hilfreicher Weg sein. Vor allem seitens der Pharmaindustrie werden aber hier **Geheimpreise** favorisiert, wie sie bereits seit Einführung des AMNOG eingefordert wurden (VfA 2011). Geheimpreise wurden 2024 mit dem Medizinforschungsgesetz eingeführt, aber noch auf bestimmte Konstellationen begrenzt. Weitere Geheimpreise ohne regulatorische Einschränkung könnten über erfolgsabhängig vereinbarte Erstattungsbeträge kommen. Denn diese sind nicht nur bei Einmaltherapien denkbar, sondern auch für Massenanwendungen. Bereits in der Vergangenheit hatte es entsprechende Diskussionen gegeben, bspw. bei Entresto® (bei Herzinsuffizienz; Aiolfi 2016) oder Avastin® (bei Brustkrebs; Ärztezeitung 2008) gegeben. Mit diesen Vereinbarungen verbinden Pharmahersteller das Ziel, die Akzeptanz für hohe Preise zu erhöhen (Hoffmann und Waschinski 2018), eine Ausgabendämpfung dürfte daher über diesen Weg kaum zu erwarten sein. Tatsächlich führen Geheimpreise in Deutschland jedoch zu erheblichen Problemen und Mehrkosten: Sie belasten die auf Preisvergleichen beruhende Systematik der Ableitung angemessener Erstattungsbeträge, sie forcieren aufgrund der damit überhöhten Listenpreise als Benchmark für Nachfolger auch den Preisauftrieb im Therapiegebiet und sie behindern zahlreiche auf Wirtschaftlichkeit ausgerichtete Regelungen wie bspw. eine wirtschaftliche ärztliche Verordnung, wenn echte Vergleiche zwischen den Preisen von Präparaten nicht mehr möglich sind. Sie verursachen auch eine erhebliche Liquiditätsverschiebungen zulasten der GKV, hohen Bürokratieaufwand und Transaktionskosten für das Monitoring und die Abrechnung der Vereinbarungen. Geheimpreise sollten daher unter den aktuellen Rahmenbedingungen gesetzlich klar ausgeschlossen sein.

Dass in anderen Ländern unter vertraulichen Preisen Minderausgaben erzielt werden, liegt vor allem an der dortigen Möglichkeit zur Auswahl der erstatteten Arzneimittel. Diese gleichlangen Spieße zwischen den Vereinbarungspartnern gibt es jedoch in Deutschland bislang nicht – ein wesentlicher Faktor für überhöhte Preise und damit Unwirtschaftlichkeit. Auch der Sachverständigenrat verweist in seinem aktuellen Gutachten auf ein erschließbares Wirtschaftlichkeitspotenzial, wenn dieses Ungleichgewicht aufgehoben wird (SVR 2025). Dies kann ohne Versorgungslücke realisiert werden, wenn bei bestehenden Behandlungsalternativen die Marktkonkurrenz ausgenutzt wird, um durch die **Auswahl bei der Aufnahme in die Erstattung** bessere Preise und damit erhebliche Wirtschaftlichkeitsvorteile zugunsten der Krankenkassen zu erzielen.

19.4 Mehr Wirtschaftlichkeit bei der Verordnung

Bislang führt der therapeutische Wettbewerb unter verschiedenen Arzneimitteln nicht in einen direkten ökonomischen Wettbewerb. Ärztinnen und Ärzte sind angesichts der fehlenden technischen Unterstützung ihrer Verordnungssoftware aktuell darauf angewiesen, selbst die Wirtschaftlichkeit verschiedener Therapieoptionen im Blick zu haben – angesichts des komplexen, sich ständig weiterentwickelnden Marktes eine Herausforderung, die künftig digital gelöst werden sollte. Mit einer **wirkstoffübergreifenden Darstellung wirtschaftlicher Verordnungsalternativen im Anwendungsgebiet** in der Praxissoftware können weitere Wirtschaftlichkeitsreserven adressiert werden.

Kurzfristig sind angesichts der hohen Arzneimittelausgaben **schnell wirkende Maßnahmen** dringend erforderlich: Zeitnah lassen sich Wirtschaftlichkeitsreserven in relevanter Höhe durch eine **breite Substitution durch Biosimilars** bei Abgabe an Versicherte in der Apotheke realisieren. Nach einem aktuellen Vergleich des französischen Generikaverbands Gemme sind Biosimilars in Deutschland im Vergleich mit anderen einbezogenen Ländern im Schnitt deutlich teurer – in Frankreich liegen die Preise sogar um 51 % unter den deutschen (Gemme 2025). Noch wird die – bereits seit Jahren diskutierte – vollständige Substitution der Biosimilars im G-BA beraten. Angesichts der wachsenden Bedeutung biologischer Arzneimittel und ihrer Nachahmer für die Versorgung kommt einer zeitnahen und breiten Nutzung der Substitution eine hohe Bedeutung zu.

Daneben ist die kurzfristige **Anhebung des Herstellerabschlags** naheliegend, der seit seiner Einführung 2003 als Mengen- bzw. Großabnehmerrabatts angelegt ist. Perspektivisch könnte dessen Höhe dynamisch weiterentwickelt werden und bspw. an die Entwicklung der Ausgabendynamik im Patentmarkt gekoppelt werden, wie es auch der Sachverständigenrat angeregt hat (SVR 2025). Dies würde ein perspektivisches Abschmelzen des Herstellerabschlags ermöglichen, soweit mittel- bis langfristig angelegte Maßnahmen zur Ausgabenregulierung wirksam werden. Auch eine **reduzierte Mehrwertsteuer** könnte die Arzneimittelkosten für die GKV – aber auch für die Verbraucher – deutlich senken.

Gleichwohl mehren sich die Stimmen, dass angesichts der dramatischen Entwicklung der GKV-Finanzen auch in Deutschland über **Leistungseinschränkungen** nachgedacht werden sollte, bspw. bei geringfügigen Ausgaben, ungünstigen Kosten-Effektivitäts-Relationen oder bei einer geringen gesundheitlichen Beeinträchtigung bzw. selbstverschuldeten Erkrankungen (Schneider 2024), aber auch durch eine verstärkte Entlassung von Arzneimitteln aus der Verschreibungs- in die Apothekenpflicht (Pharma Deutschland 2025). Zudem gibt es von verschiedenen Seiten Vorschläge für eine Erhöhung der Zuzahlungsgrenzen, die seit 2003 konstant sind (Freie Apothekerschaft 2024; RTL.de 2025). Klar ist, dass nach Jahren der Ausgabensteigerung der künftige Fokus auf eine **einnahmeorientierte Ausgabenpolitik** gelegt werden muss. Ohnehin sind Krankenbehandlungen immer als nachrangig gegenüber der Prävention zu sehen. Bevor jedoch Versicherte zur Finanzierung ihrer Versorgung immer tiefer in die Tasche greifen müssen, sollten zunächst bestehende Wirtschaftlichkeitsreserven adressiert werden.

Literatur

Aiolfi S (2016) Herzmittel mit Geld-zurück-Garantie. Neue Züricher Zeitung. https://www.nzz.ch/wirtschaft/unternehmen/novartis-geht-neue-wege-herzmittel-mit-geld-zuruek-garantie-ld.106012. Zugegriffen: 19. Juni 2025

Ärztezeitung (2008) Roche bietet Risk-Sharing in Krebstherapie. https://www.aerztezeitung.de/Medizin/Roche-bietet-Risk-Sharing-in-Krebstherapie-352729.html. Zugegriffen: 19. Juni 2025

Ärztezeitung (2024) GKV-Replik auf vfa-Forderungen: „Kein Mehr an Kosten ohne ein Mehr an Nutzen". https://www.aerztezeitung.de/Politik/GKV-Replik-auf-vfa-Forderungen-Kein-Mehr-an-Kosten-ohne-ein-Mehr-an-Nutzen-455271.html. Zugegriffen: 19. Juni 2025

Ärztezeitung (2025) Hecken: Frühe Nutzenbewertung passt nicht mehr zu den neuen Wirkstoffen. https://www.aerztezeitung.de/Politik/Hecken-Fruehe-Nutzenbewertung-passt-nicht-mehr-zu-den-neuen-Wirkstoffen-456149.html. Zugegriffen: 19. Juni 2025

BMG – Bundesministerium für Gesundheit (2025) Gesetzliche Krankenversicherung – Vorläufige Rechnungsergebnisse 1.–4. Quartal 2024. Stand 25.03.2025. https://www.bundesgesundheitsministerium.de/fileadmin/Dateien/3_Downloads/Statistiken/GKV/Finanzergebnisse/KV45_1-4._Quartal_2024_Internet.pdf. Zugegriffen: 19. Juni 2025

Deutsche Welle (2019) Teuerstes Medikament der Welt zugelassen. https://www.dw.com/de/teuerstes-medikament-der-welt-gegen-erbkrankheit-zugelassen/a-48873448. Zugegriffen: 19. Juni 2025

Freie Apothekerschaft (2024) Stellungnahme zum Referentenentwurf des Bundesministeriums für Gesundheit zum Entwurf eines Gesetzes für eine Apothekenhonorar- und Apothekenreform. https://www.freieapothekerschaft.de/stellungnahme-zum-referentenentwurf/. Zugegriffen: 19. Juni 2025

G-BA – Gemeinsamer Bundesausschuss (2024) Stellungnahme der hauptamtlichen unparteiischen Mitglieder des Gemeinsamen Bundesausschusses zum Referentenentwurf des Bundesministeriums für Gesundheit und des Bundesministeriums für Umwelt, Naturschutz, nukleare Sicherheit und Verbraucherschutz Entwurf eines Medizinforschungsgesetzes. https://www.g-ba.de/downloads/17-98-5652/2024-02-20_PA_BMG_G-BA_Stellungnahme_MFG.pdf (zugegriffen: 19. Juni 2025)

Gemme (2025) Pressemitteilung: Le prix du biosimilaire en France: 44 % inférieur à la moyenne des prix européens. https://www.medicamentsgeneriques.info/sites/default/files/press/20250702_-_cp_gemme_prix_europeen_biosim_vd.pdf. Zugegriffen: 19. Juni 2025

GKV-Spitzenverband (2025) Pressemitteilung: Einigung auf ein ergebnisbasiertes prospektives Kohortenmodell für EU-weit erste Gentherapie gegen Hämophilie A. https://www.gkv-spitzenverband.de/gkv_spitzenverband/presse/pressemitteilungen_und_statements/pressemitteilung_1718538.jsp. Zugegriffen: 19. Juni 2025

Greiner W et al (2025) Ausgabenentwicklung für gesondert erstattete Arzneimittel im Krankenhaus. In: Greiner W, Witte J, Gensorowsky D, Diekmannshemke J (Hrsg) AMNOG-Report Innovationsförderung und Kostendämpfung: Ein Widerspruch. medhochzwei, Heidelberg, S 15–21

Hecken J (2025) Innovationsförderung und Kostendämpfung: Ein Widerspruch? Die Perspektive des G-BA. In: Greiner W, Witte J, Gensorowsky D, Diekmannshemke J (Hrsg) AMNOG-Report Innovationsförderung und Kostendämpfung: Ein Widerspruch. medhochzwei, Heidelberg, S 67–72

Hendrickx A, Kanga-Tona H (2021) Ein transparentes Modell für einen fairen Preis für innovative Arzneimittel in Europa. In: Schröder H, Thürmann P, Telschow C, Schröder M, Busse R (Hrsg) Arzneimittel-Kompass 2021. Springer, Berlin Heidelberg, S 155–173 https://doi.org/10.1007/978-3-662-63929-0_11

Hoffmann S, Waschinski G (2018) Rezepte für neue Preise, In: Handelsblatt vom 8. Aug. 2018.

Institut für Qualität und Wirtschaftlichkeit im Gesundheitswesen (2022) Evidenz zu Orphan Drugs, Arbeitspapier GA21-01. https://www.iqwig.de/download/ga21-01_evidenz-zu-orphan-drugs_arbeitspapier_v1-0.pdf. Zugegriffen: 19. Juni 2025

Institut für Qualität und Wirtschaftlichkeit im Gesundheitswesen (2024) Preis- und Kostenentwicklung von Orphan Drugs. Arbeitspapier GA22-01. https://doi.org/10.60584/GA22-01

Kulig M (2017) Nutzenbewertung von Orphan Drugs trotz unzureichender Evidenz und fehlenden RCT. In: Schriftenreihe Lücken in der Evidenz – was leisten Registerdaten? Springer Medizin, Berlin, S 26. https://www.aerztezeitung.de/Dateien/Luecken-in-der-Evidenz-Was-leisten-Registerdaten-d-138.pdf. Zugegriffen: 19. Juni 2025

Pharma Deutschland (2025) Selbstmedikation: Mehr Selbstverantwortung für Gesundheit und Gesellschaft. https://www.pharmadeutschland.de/unsere-themen/selbstmedikation/selbstmedikation-mehr-selbstverantwortung-fuer-gesundheit-und-gesellschaft/. Zugegriffen: 19. Juni 2025

RTL.de (2025) Statt fünf bald 20 Euro? Krankenkassen-Vorstand fordert von Patienten höhere Zuzahlung für Medikamente – und noch mehr! https://www.rtl.de/ratgeber/gesundheit/krankenkassen-vorstand-fordert-von-patienten-hoehere-zuzahlung-fuer-medikamente-und-noch-mehr-id2121480.html. Zugegriffen: 19. Juni 2025

Schneider M (2024) GKV-Finanznot: Gesundheitsökonom Wasem hält Leistungskürzungen für unumgehbar, Ärztezeitung. https://www.aerztezeitung.de/Kongresse/GKV-Finanznot-Wie-lange-sind-Leistungskuerzungen-noch-tabu-453499.html. Zugegriffen: 19. Juni 2025

SVR – Sachverständigenrat zur Begutachtung der Entwicklung im Gesundheitswesen und in der Pflege (2025) Preise innovativer Arzneimittel in einem lernenden Gesundheitssystem, Gutachten 2025 https://doi.org/10.4126/FRL01-006510673

VfA – Verband der forschenden Arzneimittelhersteller (2011) vfa-Positionspapier „Vertrauliche Erstattungsbeträge nach § 130b SGB V schaffen Vorteile für alle Beteiligten". https://www.vfa.de/embed/pos-vertrauliche-erstattungsbetraege.pdf. Zugegriffen: 19. Juni 2025

VfA – Verband der forschenden Arzneimittelhersteller (2024) Zukunft AMNOG Neue Impulse für die Patientenversorgung. https://www.vfa.de/gesundheit-versorgung/amnog/zukunft-amnog-neue-impulse-fuer-die-patientenversorgung. Zugegriffen: 19. Juni 2025

Open Access Dieses Kapitel wird unter der Creative Commons Namensnennung – Nicht kommerziell – Keine Bearbeitung 4.0 International Lizenz (http://creativecommons.org/licenses/by-nc-nd/4.0/deed.de) veröffentlicht, welche die nicht-kommerzielle Nutzung, Vervielfältigung, Verbreitung und Wiedergabe in jeglichem Medium und Format erlaubt, sofern Sie den/die ursprünglichen Autor*in(nen) und die Quelle ordnungsgemäß nennen, einen Link zur Creative Commons Lizenz beifügen und angeben, ob Änderungen vorgenommen wurden. Die Lizenz gibt Ihnen nicht das Recht, bearbeitete oder sonst wie umgestaltete Fassungen dieses Werkes zu verbreiten oder öffentlich wiederzugeben.

Die in diesem Kapitel enthaltenen Bilder und sonstiges Drittmaterial unterliegen ebenfalls der genannten Creative Commons Lizenz, sofern sich aus der Abbildungslegende nichts anderes ergibt. Sofern das betreffende Material nicht unter der genannten Creative Commons Lizenz steht und die betreffende Handlung nicht nach gesetzlichen Vorschriften erlaubt ist, ist auch für die oben aufgeführten nicht-kommerziellen Weiterverwendungen des Materials die Einwilligung des/der betreffenden Rechteinhaber*in einzuholen.

Kostenmanagement im Gesundheitssystem neu denken

Sicht der Ärztinnen und Ärzte

Wolf-Dieter Ludwig

Inhaltsverzeichnis

20.1 Preisgestaltung und Erstattung von Arzneimitteln – 270

20.2 Neue Onkologika: wenig Innovation, aber sehr hohe Kosten – 270

20.3 Vereinbarkeit von Kosten und Nutzen – 271

20.4 Rolle der Ärzteschaft im Spannungsfeld zwischen Innovation, Wirtschaftlichkeit und Versorgungsgerechtigkeit – 272

Literatur – 272

© Der/die Autor(en) 2025
H. Schröder et al. (Hrsg.), *Arzneimittel-Kompass 2025*, https://doi.org/10.1007/978-3-662-72460-6_20

■ ■ **Zusammenfassung**

Die Ausgaben der gesetzlichen Krankenversicherung (GKV) für neue, patentgeschützte Arzneimittel haben sich innerhalb von 5 Jahren (2018 bis 2022) fast verdoppelt von 14,6 Mrd. € auf 28 Mrd. €. Ein wesentlicher Grund hierfür ist, dass Krankenhaus- und Hausärztinnen bzw. Hausärzte teure neue Originalpräparate, die von Pharmaunternehmen häufig trotz fehlendem Zusatznutzen oder besserer Verträglichkeit als innovativ beworben werden, zu häufig verordnen.

20.1 Preisgestaltung und Erstattung von Arzneimitteln

Die seit vielen Jahren sehr hohe Kosten verursachenden Onkologika zur Behandlung von Krebserkrankungen wurden im letzten Jahrzehnt sowohl in den USA als auch in Europa trotz wenig aussagekräftiger Ergebnisse hinsichtlich ihrer Wirksamkeit und Sicherheit häufig beschleunigt zugelassen. Begründet wurde dies meist mit der Aussage, dass es sich um neuartige Arzneistoffe handele, für die es einen ungedeckten medizinischen Bedarf gebe und die deshalb für Patientinnen und Patienten möglichst schnell verfügbar sein sollten (Vokinger 2022). Onkologika sind in Deutschland seit 2017 (Nettokosten: 6,44 Mrd. €) die mit Abstand umsatzstärkste Arzneimittelgruppe (Schwabe und Ludwig 2018). Auch im Jahr 2023 verursachten sie im GKV-Arzneimittelmarkt mit 10,26 Mrd. € und einem Umsatzanteil von 19 % mit deutlichem Abstand vor Immunsuppressiva (6,01 Mrd. €) die höchsten Nettokosten. Unter den 30 nach Nettokosten führenden Arzneimitteln in Deutschland befanden sich im Jahr 2023 bereits 13 Onkologika (Mühlbauer und Ludwig 2024). Dies ist auch angesichts des in klinischen Studien häufig nicht bestätigten Zusatznutzens neuer Onkologika problematisch, da neue Arzneimittel nach der Zulassung automatisch von der gesetzlichen Krankenversicherung (GKV) erstattet werden, und zwar zu dem vom pharmazeutischen Unternehmer (pU) frei festgelegten Preis. Eine kürzlich in den USA publizierte Kohortenstudie konnte zudem nachweisen, dass pU bei neu zugelassenen Onkologika mit geringem Nutzen und fraglicher Sicherheit konfirmatorische klinische Studien häufig verzögerten, wohingegen bei Onkologika mit eindeutig bewiesenem Nutzen diese Studien und die Umwandlung in eine reguläre Zulassung rasch erfolgten. Diese Beobachtung könnte auch für das Aufklärungsgespräch mit Patientinnen und Patienten, die mit neuen Onkologika behandelt werden sollen, wichtig sein (Tibau et al. 2025).

Aus Sicht der pU handelt es sich bei den Onkologika sehr häufig um sogenannte innovative Medikamente, von denen Patientinnen und Patienten auf mehreren Ebenen direkt profitieren, und zwar aufgrund der Chance auf Heilung, einer rascheren Genesung oder einer besseren Lebensqualität. Darüber hinaus würde auch die Gesellschaft von solchen Innovationen profitieren, da die Patienten infolge verkürzter bzw. verbesserter Heilungsprozesse rascher an den Arbeitsplatz zurückkehren und Behandlungs- sowie Pflegekosten reduziert würden. In den USA und Europa wurden deshalb in den letzten Jahren zunehmend beschleunigte Zulassungsverfahren implementiert, um beispielsweise Arzneimittel gegen Krebserkrankungen Patienten schneller verordnen zu können (vfa-Pressemitteilung 2025).

20.2 Neue Onkologika: wenig Innovation, aber sehr hohe Kosten

Ein im März 2025 aus der renommierten Arbeitsgruppe von Aaron S. Kesselheim (Harvard Medical School; Boston, USA) in JAMA Network Open veröffentlichter Artikel widmete sich erneut dem wichtigen und auch in Deutschland sehr aktuellen Thema beschleunigter Zulassungen von Onkologika (Tibau et al. 2025, Jenei und Booth 2025). Untersucht wurden im Rahmen einer Kohortenstudie Faktoren, die assoziiert waren mit der Zeitdauer von beschleunigten Zulassungen (häufig basierend auf Surrogat- anstelle von patientenrelevanten Endpunkten) bis hin zur regulären Zulassung neuer Onkologika. Ausgewertet wurden in dieser Kohortenstudie insgesamt 102 onkologische Indikationen, deren beschleunigte Zulassung (im Zeitraum 1992 bis 2022) bis zum 31. August 2024 von der FDA in eine reguläre Zulassung umgewandelt worden war. Wesentliches Ziel dieser Studie war es, Faktoren bzw. Parameter zu identifizieren, die für diese Umwandlung verantwortlich waren. Bereits im Jahr 2023 hat dieses Autorenteam eine Studie veröffentlicht, die anhand von Analysen der Empfehlungen des „National Comprehensive Cancer Network" (NCCN) belegen konnte, dass die in den Leitlinien des NCCN nach beschleunigten Verfahren neu zugelassenen Onkologika aufgrund ihrer meist nicht oder nur unzureichend belegten Evidenz hinsichtlich besserer Wirksamkeit und/oder Verträglichkeit deutlich seltener empfohlen wurden als Onkologika nach einer regulären Zulassung (Scheffer et al. 2023; ESMO-MCBS o. J.). Darüber hinaus konnte in dieser Studie auch gezeigt werden, dass im Rahmen der regulären Zulassung von Onkologika meist im Vergleich zu neuen Arzneimitteln für andere Indikationen nur eine schwache Evidenz für bessere Wirksamkeit und/oder Verträglichkeit vorliegt. Diese Ergebnisse belegen eindrücklich, dass ein ursprünglich angestrebtes Ziel dieser Regelung – rascher Zugang zu innovativen Onkologika mit gesicherter Wirksamkeit und besserer Verträglichkeit – bisher nur selten erreicht werden konnte (vfa-Pressemitteilung 2025). Von den 102 Onkologika, die zwischen 1992 und 2022 beschleunigt zugelassen worden waren, konnte nur für 12 % in den für die Zulassung entscheidenden klinischen Studien anhand der Beurteilung durch die „European Society of Medical Oncology-Magnitude of Clinical Benefit Scale" ein eindeutiger Zusatznutzen nachgewiesen werden (ESMO-MCBS o. J.). ESMO-MCBS ist ein Werkzeug, das entwickelt wurde, um die Effektivität neuer Krebsbehandlungen besser zu quantifizieren.

Die daraus resultierenden Konsequenzen sind offensichtlich: Patientinnen und Patienten mit Tumorerkrankungen erhalten öfter teure neue Arzneimittel, die aus klinischer Sicht hinsichtlich Verträglichkeit, Verbesserung der Lebensqualität und Verlängerung der Überlebenszeit häufig keine eindeutigen Vorteile aufweisen. Gleichzeitig verursachen diese Onkologika jedoch sehr hohe Kosten für das Gesundheitssystem (Mühlbauer und Ludwig 2024; IQWIG o. J.; Techniker Krankenkasse 2025). Relevante Informationen für die Verordnung neuer Onkologika mit häufig nicht gesichertem Zusatznutzen finden sich u. a. auf der Website des Gemeinsamen Bundesausschusses (G-BA o. J.) und des IQWiG. Der G-BA stellt innerhalb eines Monats nach einem Beschluss über den Nutzen von erstattungsfähigen Arzneimitteln mit neuen Wirkstoffen („frühe Nutzenbewertung") zusätzlich auch eine maschinenlesbare Fassung seines Beschlusses zur Verfügung. Ein kürzlich in der „Neue Zürcher Zeitung" erschienener Artikel mit der Überschrift: „Die Pharmabranche rechtfertigt hohe Medikamentenpreise in den USA mit den Kosten der Forschung. Doch das ist nur die halbe Wahrheit" weist zu Recht auf die stetig steigenden Dividenden von „Big Pharma" hin, ebenso wie auf die Tatsache, dass fast alle pU aufgehört haben, die Kosten für Marketing und Vertrieb separat auszuweisen. Als Beispiel wird der pU Roche genannt, der kumuliert deutlich mehr für Marketing und Dividenden ausgab als für die Forschung (Neue Zürcher Zeitung 2025).

20.3 Vereinbarkeit von Kosten und Nutzen

Die Ausgaben der gesetzlichen Krankenversicherung (GKV) für neue patentgeschützte Arzneimittel haben sich innerhalb von fünf Jahren fast verdoppelt (Techniker Krankenkasse 2025). Während die Bruttoausgaben für patentgeschützte Arzneimittel im Jahr 2018 noch bei rund 14,6 Mrd. € lagen, gab die GKV 2023 bereits rund 30,8 Mrd. € aus – und somit fast die Hälfte der Arzneimittelausgaben insgesamt, obwohl sie nur etwa 6 % des Gesamtverbrauchs ausmachen und ihr Zusatznutzen häufig nicht bewiesen ist. Sehr häufig werden somit von den Herstellern überhöhte Preise für neue patentgeschützte Arzneimittel verlangt, die jedoch eher selten als tatsächliche Innovationen zu bezeichnen sind. Auch anderen Marktstrategien, wie beispielsweise dem sog. „Evergreening", mit dem durch geringfügige Änderungen des Arzneistoffes oder der Darreichungsform ein neues Patent beantragt und deshalb für diese angebliche Innovation vom pU ein höherer, meist jedoch nicht gerechtfertigter Preis verlangt wird, sollte künftig wirksamer entgegengewirkt werden (Definite Healthcare 2025).

Weitere Optionen für eine Verbesserung des öffentlichen Zugangs zu Arzneimitteln und Förderung der (tatsächlichen) pharmazeutischen Innovation finden sich in einer 2023 veröffentlichten Studie der Lenkungsgruppe zur Zukunft der Wissenschaft und Technologie (STOA 2023), die auf der Grundlage einer umfassenden Auswertung der Fachliteratur und Befragung von sachverständigen Interessenträgern die Schaffung einer europäischen Infrastruktur für die Arzneimittelforschung und -Arzneimittelentwicklung empfiehlt. Insgesamt werden vier politische Optionen vorgeschlagen, die folgende Themen adressieren:

1. Verstärkte EU-Koordinierung in den Bereichen internationales geistiges Eigentumsrecht und Beschaffung von Arzneimitteln
2. Anpassung der derzeitigen Anreize zur Begrenzung übermäßiger Gewinne
3. Neugestaltung der Anreize sowie Verringerung des Unterlagen- und des Marktschutzes
4. Einrichtung einer öffentlichen Forschung und experimentellen Entwicklung (F&E-) Infrastruktur mit Schwerpunkt medizinische Versorgungslücken

20.4 Rolle der Ärzteschaft im Spannungsfeld zwischen Innovation, Wirtschaftlichkeit und Versorgungsgerechtigkeit

Bereits 2005 wurde in einem Artikel im Deutschen Ärzteblatt angesichts der stark gestiegenen Arzneimittelausgaben ein rationeller EDV-gesteuerter Arzneimitteleinsatz gefordert und darauf hingewiesen, dass Krankenhäuser, aber auch Hausärzte teure Originalpräparate und von pU als angeblich innovativ beworbene Arzneimittel zu häufig verordnen (Clade 2005). Inzwischen sind die Voraussetzungen für eine rationelle und auch rationale Verordnung von Arzneimitteln, d. h. ihren richtigen, sachgemäßen und angemessenen Gebrauch, durch das Arzneimittelmarktneuordnungsgesetz (AMNOG) für die Ärzteschaft wesentlich verbessert worden (IQWIG o. J.). Der irrationale Gebrauch (z. B. Einnahme zu vieler Medikamente, Verordnung von Arzneimitteln ohne gesicherten Zusatznutzen, unsachgemäßer Einsatz von Antibiotika) konnte dadurch zumindest teilweise reduziert werden.

Literatur

Clade H (2005) Kommentar zu Transparenz/Rationeller Einsatz von Arzneimitteln. Dtsch Ärztebl 102(44):A2993

Definite Healthcare (2025) What is Evergreening? https://www.definitivehc.com/resources/glossary/evergreening#:~:text=Evergreening%20is%20a%20practice%20where,a%20part%20of%20lifecycle%20management

ESMO-Magnitude of Clinical Benefit Scale (ESMO-MCBS) (o. J.) About the ESMO-MCBS. https://www.esmo.org/guidelines/esmo-mcbs/about-the-esmo-mcbs

G-BA – Gemeinsnamer Bundesausschuss (o. J.) AIS – Maschinenlesbare Fassung der Beschlüsse zur Nutzenbewertung von Arzneimitteln gemäß § 35a SGB V. https://www.g-ba.de/themen/arzneimittel/arzneimittel-richtlinie-anlagen/nutzenbewertung-35a/ais/

IQWiG – Institut für Qualität und Wirtschaftlichkeit im Gesundheitswesen (o. J.) Arzneimittel-Zulassung und frühe Nutzenbewertung in Deutschland. https://www.iqwig.de/presse/im-fokus/neue-arzneimittel-zulassung-nutzenbewertung-erstattung/1-arzneimittel-zulassung-und-fruehe-nutzenbewertung-in-deutschland/

Jenei K, Booth CM (2025) The Delicate Balancing Act of Accelerated Approval for Cancer Medicines-Speed, Certainty, and Benefit. JAMA Netw Open 8(3):e252020. https://doi.org/10.1001/jamanetworkopen.2025.2040

Mühlbauer B, Ludwig W-D (2024) im Überblick. In: Ludwig W-D, Mühlbauer B, Seifert R (Hrsg) Arzneiverordnungs-Report 2024. Arzneiverordnungen, Bd. 2023. Springer, Berlin, S 3–26

Neue Zürcher Zeitung (2025) https://www.nzz.ch/wirtschaft/gefaehrden-tiefere-medikamentenpreise-die-innovation-big-pharma-investiert-mehr-in-marketing-und-dividenden-als-in-forschung-ld.1884521

Scheffer Cliff ER, Rome RS, Kesselheim AS, Rome BN (2023) National Comprehensive Cancer Network Guideline Recommendations of Cancer Drugs With Accelerated Approval. JAMA Netw Open 6(11):e2343285

Schwabe U, Ludwig W-D (2018) im Überblick. In: Schwabe U, Paffrath D, Ludwig W-D, Klauber J (Hrsg) Arzneiverordnungs-Report 2018. Arzneiverordnungen, Bd. 2017. Springer, Berlin, S 3–26

STOA – Scientific Technology Options Assessment (2023) Lenkungsgruppe zur Zukunft von Wissenschaft und Technologie: Verbesserung des öffentlichen Zugangs zu Arzneimitteln und Förderung der pharmazeutischen Innovation. https://www.europarl.europa.eu/RegData/etudes/STUD/2023/753166/EPRS_STU(2023)753166_DE.pdf

Techniker Krankenkasse (2025) Gesundheitsreport 2025. https://www.tk.de/resource/blob/2196082/d43c8668d4b3f609eaf6880fdbe4aed3/gesundheitsreport-arzneimittelverordnungen-2025-data.pdf

Tibau A, Hwang TS, Romano A et al (2025) Factors in Time to Full Approval or Withdrawal for Anticancer Medicines Granted Accelerated Approval by the FDA. JAMA Netw Open 8(3):e252026. https://doi.org/10.1001/jamanetworkopen.2025.2026

vfa-Pressemitteilung (2025) Zukunftsaufgabe Arzneimittelerstattung: Das AMNOG weiterentwickeln. https://www.vfa.de/de/presse/pressemitteilungen/pm-027-2025-zukunftsaufgabe-arzneimittelerstattung-das-amnog-weiterentwickeln.html

Vokinger KN (2022) Beschleunigte Zulassungen und therapeutischer Nutzen von Arzneimitteln in den USA und Europa. In: Ludwig WD, Mühlbauer B, Seifert R (Hrsg) Arzneiverordnungs-Report 2022. Springer, Berlin, S 47–55

Open Access Dieses Kapitel wird unter der Creative Commons Namensnennung – Nicht kommerziell – Keine Bearbeitung 4.0 International Lizenz (http://creativecommons.org/licenses/by-nc-nd/4.0/deed.de) veröffentlicht, welche die nicht-kommerzielle Nutzung, Vervielfältigung, Verbreitung und Wiedergabe in jeglichem Medium und Format erlaubt, sofern Sie den/die ursprünglichen Autor*in(nen) und die Quelle ordnungsgemäß nennen, einen Link zur Creative Commons Lizenz beifügen und angeben, ob Änderungen vorgenommen wurden. Die Lizenz gibt Ihnen nicht das Recht, bearbeitete oder sonst wie umgestaltete Fassungen dieses Werkes zu verbreiten oder öffentlich wiederzugeben.

Die in diesem Kapitel enthaltenen Bilder und sonstiges Drittmaterial unterliegen ebenfalls der genannten Creative Commons Lizenz, sofern sich aus der Abbildungslegende nichts anderes ergibt. Sofern das betreffende Material nicht unter der genannten Creative Commons Lizenz steht und die betreffende Handlung nicht nach gesetzlichen Vorschriften erlaubt ist, ist auch für die oben aufgeführten nicht-kommerziellen Weiterverwendungen des Materials die Einwilligung des/der betreffenden Rechteinhaber*in einzuholen.

Arzneimittelversorgung: Mehr als nur ein Preisschild

Sicht der pharmazeutischen Industrie

Dorothee Brakmann

Inhaltsverzeichnis

21.1 Arzneimittel-Innovationen und ihr Nutzen – 276

21.2 Generika: Nicht am falschen Ende sparen – 276

21.3 Prävention und Selbstmedikation stärken das System – 276

21.4 Pharma als Schlüsselbranche der Zukunft – 277

Literatur – 277

© Der/die Autor(en) 2025
H. Schröder et al. (Hrsg.), *Arzneimittel-Kompass 2025*, https://doi.org/10.1007/978-3-662-72460-6_21

Zusammenfassung

Die Pharmaindustrie steht klar hinter einem solidarisch finanzierten Gesundheitssystem, wie es im SGB V steht. Aber: Wer über Gesundheitskosten spricht, darf nicht nur auf Medikamentenpreise schauen. Der Wert von Arzneimitteln zeigt sich vor allem darin, was sie für Patientinnen und Patienten und die Gesellschaft leisten.

21.1 Arzneimittel-Innovationen und ihr Nutzen

Mehr als Kosten: Arzneimittel bringen echten Nutzen

Arzneimittel geben Menschen Lebensqualität zurück, verhindern Folgebehandlungen, reduzieren Pflegebedarf – und ermöglichen gesellschaftliche Teilhabe. Ein gutes Beispiel: Biologika bei rheumatoider Arthritis (Kavanaugh et al. 2009). Wer früher dauerhaft eingeschränkt war, kann heute wieder arbeiten. Ähnliches zeigt sich bei Migräne (Seddik et al. 2021) oder Krebs: Die 5-Jahres-Überlebensraten liegen bei manchen Krebsarten inzwischen bei über 90 % (Manzano et al. 2025). Dies war vor ein paar Jahren noch unvorstellbar.

Und das ist wichtig: Angesichts des demographischen Wandels brauchen wir solche Innovationen mehr denn je. Der Preis eines Arzneimittels muss also auch dessen langfristigen Nutzen widerspiegeln – und nicht nur kurzfristige Einsparungen diktieren.

Forschung kostet, bringt aber echte Fortschritte

Die Entwicklung von Arzneimitteln ist teuer und risikoreich. Ohne Aussicht auf betriebswirtschaftlich verantwortbare Preise wird es in Zukunft weniger Innovation geben. Wir brauchen ein Preissystem, das gesellschaftlichen Nutzen mit einem wertorientierten Preis belegt, statt kurzfristig sektorale Kosten zu deckeln. Außerdem: Nachhaltigkeit, Versorgungssicherheit und langfristige Einsparungen durch weniger Krankenhaus- oder Pflegekosten gehören mit auf die Rechnung.

21.2 Generika: Nicht am falschen Ende sparen

Heute Innovation, morgen Standard

Was heute Hightech ist, ist morgen Standard. Viele moderne Arzneimittel werden nach Patentablauf als Generika verfügbar – günstiger und für alle. Wir haben schon oft gesehen, dass vermeintliche „Systemsprenger" wie zum Beispiel Hepatitis-C- oder aber HIV-Medikamente zunächst viel diskutiert und genutzt werden, um weitere Sparmaßnahmen im Arzneimittelbereich zu rechtfertigen. Langfristig haben sich die Befürchtungen aber nicht bewahrheitet. Stattdessen werden Krankheiten wie Hepatitis C geheilt, und HIV ist keine tödliche, sondern eine chronische und gut beherrschbare Erkrankung geworden. Mittlerweile sind viele der Arzneimittel generisch. Und auch wenn Generika das System entlasten – der Generikamarkt braucht Luft zum Atmen. „Wir haben uns kaputtgespart" hört man im Moment zu häufig, doch gelernt wird aus den Fehlern nicht: Zusätzliche überzogene Regularien wie neue EU-Richtlinien (z. B. durch eine kommunale Abwasserrichtlinie) belasten den Bereich zusätzlich, und symbolische Akte wie die Festbetragserhöhung für Tamoxifen reichen nicht aus, um tatsächlich das System zu verändern und Lieferfähigkeiten und Standortattraktivität herzustellen. Andere Staaten machen das besser!

21.3 Prävention und Selbstmedikation stärken das System

Effizienzreserven nutzen, aber richtig

Es gibt durchaus Spielraum für mehr Effizienz im Gesundheitswesen. Die Krankenhausreform ist ein richtiger Schritt. Aber: Wir brauchen auch bessere Abstimmung zwischen Kliniken, ambulanten Angeboten und Hausärztinnen und -ärzten, ohne die freie Arztwahl einzuschränken. Auch Prävention muss gestärkt werden – z. B. durch einfache Impfangebote oder Programme zur Raucherentwöhnung. Oft scheitern solche Ideen an starren Strukturen und veralteten Vergütungsmodellen.

▪▪ Selbstverantwortung stärken – mit Augenmaß

Mehr Eigenverantwortung heißt nicht weniger Solidarität. Das System profitiert schon heute von Selbstmedikation. Weitere rezeptfreie Wirkstoffe könnten es entlasten und die Apotheke als Gatekeeper für Bagatellerkrankungen stärken. Dazu müsste das sogenannte Switch-Verfahren vereinfacht werden – weniger Bürokratie, mehr Einsparpotenzial.

21.4 Pharma als Schlüsselbranche der Zukunft

▪▪ Wer zahlt wofür? Nicht alles kann die GKV schultern

Die GKV kann nicht alles stemmen. Aufgaben wie die Versicherung von Bürgergeld-Empfängerinnen und -empfängern oder andere versicherungsfremde Leistungen sind Verantwortung des Staates – nicht die der gesetzlichen Krankenkassen. Gleiches gilt für Investitionen in die Klinik-Infrastruktur. Dass die Krankenkassen auf das Geld achten, ist sinnvoll und im Sinne der Versicherten, aber auch hier gilt es, nicht das Gesamtbild aus den Augen zu verlieren. Denn Arzneimittel sind zwar ein Kostenfaktor in der GKV, aber Pharmafirmen sind auch Wirtschaftsunternehmen mit einer hohen Wertschöpfung. Gerade wegen wegbrechender anderer Industrien in Deutschland und einer global volatilen Gesamtlage ist Pharma ein wichtiger Jobmotor hierzulande, was auch die Einnahmenseite der gesetzlichen Krankenversicherung stärkt. Wenn wir auch dieses Standbein durch Abwanderung in andere Länder oder Kontinente verlieren, wird die Einnahmesituation noch prekärer. Die größten Überschüsse der GKV wurden übrigens in Zeiten wirtschaftlichen Aufschwungs erzeugt, und mit Sparmaßnahmen allein bringen wir einen solchen Aufschwung nicht hervor. Auch Krankenversicherungen haben – genau wie die Industrie – eine gesamtwirtschaftliche Verantwortung, die sie nicht aus den Augen verlieren sollten. Kurzfristiges Denken ist hier oft schädlich.

▪▪ Starke Pharma für eine starke Versorgung

Die Pharmaindustrie ist ein starker Motor der Gesundheitswirtschaft und bildet eine Schlüssel-Branche der Zukunft. Mit gut ausgebildeten Fachkräften und Forscherinnen und Forschern sorgt sie für Innovation und sichere Versorgung. Damit das so bleibt, braucht es verlässliche Rahmenbedingungen – von der Forschung bis zur Vermarktung. Denn: Versorgen ist günstiger als Nicht-Versorgen bzw. als die Finanzierung der dann erforderlichen medizinischen Ersatzmaßnahmen. Statt ständig neue Spargesetze zu erlassen, sollten wir auf stabile Preise, weniger Bürokratie und funktionierende Strukturen setzen – im Interesse von Patientinnen und Patienten und der Gesellschaft. Das Medizinforschungsgesetz war ein Anfang, jedoch laufen diese Bemühungen ins Leere, wenn nicht auch die Vermarktungsmöglichkeiten, d. h. die sozialrechtlichen Rahmenbedingungen, spürbar verbessert werden. Das gilt für innovative Therapien ebenso wie für Biosimilars und Generika.

Daher braucht es die Streichung von Mehrfachregelungen und Verfahrensvereinfachungen sowohl im patentgeschützten (z. B. § 35a SGB V) als auch im patentfreien Markt (z. B. § 130a SGB V). Insgesamt sollten die Chancen, Patientinnen und Patienten effektiv und effizient mit Arzneimitteln zu versorgen, viel stärker bedacht und umgesetzt werden. So werden im Gesundheits- und Sozialwesen langfristig erhebliche Kosten eingespart – dafür müssen wir allerdings aufhören, sektoral und kurzfristig zu denken.

Literatur

Kavanaugh A, Smolen JS, Emery P, Purcaru O, Keystone E, Richard L, Strand V, van Vollenhoven RF (2009) Effect of certolizumab pegol with methotrexate on home and work place productivity and social activities in patients with active rheumatoid arthritis. Arthritis

Rheum 61(11):1592–11600. https://doi.org/10.1002/art.24828

Manzano A, Svedman C, Hofmarcher T, Wilking N (2025) Comparator Report on Cancer in Europe 2025 – Disease Burden, Costs and Access to Medicines and Molecular Diagnostics. IHE REPORT 2025:2. The Swedish Institute for Health Economics, Lund, Schweden

Seddik AH, Schiener C, Ostwald DA, Schramm S, Huels J, Katsarava Z (2021) Social Impact of Prophylactic Migraine Treatments in Germany: A State-Transition and Open Cohort Approach. Value Health 24(10):1446–1453. https://doi.org/10.1016/j.jval.2021

Open Access Dieses Kapitel wird unter der Creative Commons Namensnennung – Nicht kommerziell – Keine Bearbeitung 4.0 International Lizenz (http://creativecommons.org/licenses/by-nc-nd/4.0/deed.de) veröffentlicht, welche die nicht-kommerzielle Nutzung, Vervielfältigung, Verbreitung und Wiedergabe in jeglichem Medium und Format erlaubt, sofern Sie den/die ursprünglichen Autor*in(nen) und die Quelle ordnungsgemäß nennen, einen Link zur Creative Commons Lizenz beifügen und angeben, ob Änderungen vorgenommen wurden. Die Lizenz gibt Ihnen nicht das Recht, bearbeitete oder sonst wie umgestaltete Fassungen dieses Werkes zu verbreiten oder öffentlich wiederzugeben.

Die in diesem Kapitel enthaltenen Bilder und sonstiges Drittmaterial unterliegen ebenfalls der genannten Creative Commons Lizenz, sofern sich aus der Abbildungslegende nichts anderes ergibt. Sofern das betreffende Material nicht unter der genannten Creative Commons Lizenz steht und die betreffende Handlung nicht nach gesetzlichen Vorschriften erlaubt ist, ist auch für die oben aufgeführten nicht-kommerziellen Weiterverwendungen des Materials die Einwilligung des/der betreffenden Rechteinhaber*in einzuholen.

Ist Fairness von Arzneimittelpreisen möglich?

Internationale Perspektive

Christian Pfleiderer

Inhaltsverzeichnis

22.1　Gerechtigkeit und globale Gesundheitsversorgung – 280

22.2　Der Global Fund und die Preisfrage – 281

22.3　Pandemievertrag und fairer Zugang – 282

　　　Literatur – 282

■■ Zusammenfassung

Der Beitrag zur internationalen Perspektive auf die Fairness von Arzneimittelpreisen beleuchtet die Mechanismen und politischen Ökonomien, die den diesbezüglichen Aushandlungsprozessen auf internationaler Ebene zugrunde liegen.

22.1 Gerechtigkeit und globale Gesundheitsversorgung

Bei der Suche nach „fairen" Arzneimittelpreisen muss festgestellt werden, dass es keine objektive oder objektivierbare Gerechtigkeit gibt. Die jeweilige Definition von Gerechtigkeit ist immer abhängig von den jeweils zugrunde gelegten gesellschaftlichen und ethischen Werten und Prioritäten, und demnach Resultat politischer Aushandlungsprozesse. Dementsprechend sind die weltweiten Arzneimittelpreise Ergebnisse einer Kombination aus Marktmechanismen, Aushandlungsprozessen und regulatorischen Vorkehrungen. Daher rühren auch die je nach Staat bereits innerhalb der OECD sehr unterschiedlichen Preise für identische Präparate, was mit einer allgemeingültigen, „objektiven" Gerechtigkeit nicht erklärbar wäre (vgl. für die USA: Kurani et al. 2022).

Im Falle der Arzneimittelpreise – wie auch generell der Preise für Gesundheitsleistungen – kommt hinzu, dass ein systeminhärenter Zielkonflikt zwischen Profitorientierung der Leistungserbringer auf der einen Seite und Gesundheit als Bestandteil der öffentlichen Daseinsfürsorge bei endlichen und öffentlich verwalteten Ressourcen auf der anderen Seite vorliegt. Dieser Zielkonflikt erfordert zur Erfüllung der Daseinsvorsorgepflicht bei privatwirtschaftlichen Gestaltungen gleichzeitige staatliche Regulierungen (vgl. für Deutschland: Wissenschaftlicher Dienst des Deutschen Bundestages 2024).

Gesundheit ist ein Menschenrecht und als solches verankert in der Allgemeinen Erklärung der Menschenrechte (Art. 25; OHCHR 1948) und dem UN-Sozialpakt (Art. 12; UN 1966). Dies verpflichtet die Staaten, eine allgemeine Versorgung mit Gesundheitsleistungen für die Menschen in ihrem Staatsgebiet zur Verfügung zu stellen. Die allgemeine Gesundheitsversorgung (*universal health coverage*) ist im Jahr 2012 im Rahmen der Weltgesundheitsversammlung (*World Health Assembly, WHA*)[1] von den Mitgliedsstaaten bekräftigt und als universelles Ziel beschlossen worden. Konkret bedeutet dies, dass alle Menschen bei Bedarf Zugang zu allen notwendigen, angemessenen und qualitativ hochwertigen Gesundheitsdienstleistungen haben, ohne hierdurch in finanzielle Not zu geraten. In Deutschland ist dieses Ziel das Grundprinzip der sozialen Krankenversicherung.

Gleichwohl ist die Aufrechterhaltung von Gesundheit keine auf die einzelne Nation beschränkbare Aufgabe. Krankheitserreger machen nicht vor Staatsgrenzen halt, durch Epidemien instabile Regionen auf der Welt fördern die Entstehung von Konflikten einschließlich ihrer wirtschaftlichen Folgen für globale Lieferketten und Migrationsbewegungen, der Klimawandel wird die Ausbreitungsgebiete von Erkrankungen wie Malaria vergrößern.

In vielen Ländern der unteren und mittleren Einkommensklassen ist die finanzielle Absicherung der Menschen für den Krankheitsfall sehr gering. Ein gängiges Maß hierfür ist der Anteil an den Gesundheitskosten, den die Menschen individuell bei Erkrankung für Gesundheitsleistungen aufwenden müssen (*out of pocket expenditures, OOP*): Deutschland 11 %, EU 14 %, USA 11 %, OECD-Staaten 13 %, Afrika südlich der Sahara 32 %, Südasien 48 % (Daten von 2022/2023; WHO/Worldbank 2025). Ein hoher Anteil an OOP bedeutet ein entsprechend hohes Verarmungsrisiko oder die schlichte Unmöglichkeit, notwendige Behandlungen bezahlen und erhalten zu können, mit entsprechenden Folgen für die Krankheitsprävalenzen. Diese Zahlen lassen außer Acht, dass 11 % OOP für einen deutschen Haushalt

---

1 Die WHA ist die Vollversammlung aller Mitgliedstaaten und das höchste Beschlussgremium der Weltgesundheitsorganisation (WHO). Sie findet jährlich im Mai am Hauptsitz der WHO in Genf statt.

eher verkraftbar sind als es auch nur 11 % für einen Haushalt in einem afrikanischen Land wären (WHO 2023).

22.2 Der Global Fund und die Preisfrage

Der Global Fund, eine internationale Organisation, finanziert mit Zuwendungen wesentlicher Industrieländer (die größten Geberländer sind USA, Frankreich, Deutschland, UK, Japan und die EU), weltweit in mehr als 100 Ländern Gesundheitsprogramme zur Bekämpfung der drei global bedeutendsten Infektionskrankheiten AIDS, Tuberkulose und Malaria (Global Fund 2025)[2]. Die Beiträge der Geberländer werden nach einem festen Schlüssel auf die Empfängerländer verteilt, basierend auf dem Einkommensstatus des Landes gemäß Bruttoinlandsprodukt und den Inzidenzen und Prävalenzen der Erkrankungen. Unterstützt werden hauptsächlich Länder in Afrika und Asien sowie einige Länder in Lateinamerika und Osteuropa. Die Programme sind standardmäßig jeweils durch die Regierungen der Empfängerländer getragen und in die dortigen Gesundheitssysteme und deren Regelwerke eingebettet, um das Entstehen von Parallelstrukturen zu verringern.

Etwa die Hälfte der Ausgaben des Global Fund (ca. 2 Mrd. USD pro Jahr) entfällt auf die Beschaffung von Arzneimitteln zur Behandlung der drei Infektionskrankheiten, Tests und Diagnostikmaterial sowie Produkte zur Infektionsprävention. Durch diese Summe ist der Global Fund ein relevanter Marktteilnehmer. Die übrigen Ausgaben verteilen sich auf Arzneimittellogistik und -verteilung, Stärkung der Gesundheitsstrukturen auf lokaler Ebene wie Labore und Gemeindegesundheitsposten und andere Maßnahmen, die notwendig sind, um die Erkrankten zu erreichen und die Effektivität der Programme zu gewährleisten.

Die Beschaffung der Standardprodukte erfolgt über einen gepoolten Einkaufsmechanismus, der die Beschaffung aller teilnehmenden Länder bündelt und durch internationale Ausschreibungen eine optimale Ressourcenallokation anstrebt. Gleichzeitig übernimmt der Global Fund die Qualitätssicherung, um Medikamentenfälschungen und Qualitätsmängeln vorzubeugen. Dieser Mechanismus deckt Generika und Testkits für die Behandlung oder Prävention der drei Erkrankungen sowie Präventionsprodukte wie Moskitonetze und Kondome ab.

Die Prämisse bei der Beschaffung all dieser Produkte ist es, möglichst kostengünstige Preise zu erreichen, da das Ziel der eingesetzten Entwicklungsgelder (aus Sicht sowohl der Geber- als auch der Empfängerländer) der Schutz und die Behandlung möglichst vieler Menschen ist. Der „faire" Arzneimittelpreis ist hier der günstigste Einkaufspreis, der sich an den tatsächlichen Produktionskosten der Medikamente orientiert. Jeder höhere Preis würde sich direkt in geringeren Beschaffungsmengen und demnach in mehr Infektions- und Todesfällen der drei Zielerkrankungen des Global Fund niederschlagen.

Im Juni 2025 hat die amerikanische *Food and Drug Administration* die Substanz Lenacapavir zur Prävention von HIV-Infektionen neu zugelassen. Diese bietet bei nur zwei Injektionen pro Jahr einen fast vollständigen Schutz vor einer Infektion und ist daher eine bahnbrechende Neuerung in der Bekämpfung der HIV-Ausbreitung. Da das Medikament neu auf den Markt kommt und der US-amerikanische Hersteller Gilead Sciences das Monopol darauf hat, ist der Listenpreis in den USA pro Person und Jahr, also für zwei Injektionen, bei 28.218 USD angesetzt (Cousins 2025). Gilead begründet diesen Preis damit, dass sich die Entwicklungskosten amortisieren müssen. Gleichwohl zahlt Gilead seit Jahren ansteigende Dividenden, bei einer Dividendenrendite von konstant 2–4 % (Stock Analysis 2025). Es ist offensichtlich, dass dieser Listenpreis den Zugang für nahezu alle Menschen weltweit, insbesondere aber für die

---

2   Alle Angaben zum Global Fund sind auf dessen Webseite einsehbar: ▶ https://www.theglobalfund.org/en/. Zugegriffen: 30. Aug. 2025.

Personengruppen, die den größten Bedarf hätten, ausschließt. Dem Global Fund ist es gelungen, mit Gilead die Lieferung von Dosen für zwei Millionen Menschen zu einem substanziell geringeren Preis zu vereinbaren (Global Fund 2025; Gilead Sciences 2025). Diese sollen gezielt an besonders gefährdete Personengruppen in Partnerländern des Global Fund abgegeben werden, um eine möglichst große epidemiologische Wirkung zu erzielen. Für alle anderen Länder ist die Frage der Finanzierung dieses Arzneimittels noch offen – und damit auch die Frage, wer volkswirtschaftlich und ordnungspolitisch sowohl auf nationaler als auch auf internationaler Ebene der richtige und faire Adressat wäre, um die Entwicklungskosten zu tragen. Auch wenn der ursprünglich aufgerufene Preis sicherlich eine substanzielle Gewinnspanne beinhaltet, ist es gleichwohl erforderlich, die Entwicklungskosten zu vergüten. Der Betrag, der die Produktionskosten einer Jahresdosis inklusive einer gewissen Gewinnspanne abdeckt, wird auf ca. 50 USD oder darunter geschätzt.

22.3 Pandemievertrag und fairer Zugang

Die Covid-19-Pandemie hat das Ausmaß der mangelnden Koordination zwischen den Gesundheitssystemen weltweit offen zutage treten lassen. Industrieländer horteten Schutzkleidung und Impfdosen, sodass Länder mit geringem Einkommen nur sehr verspätet beliefert wurden. Am Ende der Pandemie mussten über Bedarf gehortete Materialien und Impfdosen vernichtet werden. Gleichzeitig hat die Pandemie gezeigt, dass national beschränkte Ansätze nicht wirkungsvoll sind. Vor diesem Hintergrund haben auf Ebene der WHO die teilnehmenden Staaten in der WHA 2025 nach intensiven Verhandlungen das erste Pandemieabkommen beschlossen, das eine bessere Koordinierung der Vorsorge, Reaktionen und Impfstoffversorgung weltweit im Pandemiefall zum Ziel hat (WHO 2025). Auch wenn die Einigung auf das Pandemieabkommen in diesem Jahr (2025) als ein starkes Zeichen multilateraler Strukturen gesehen werden kann, wurde die Konkretisierung der politisch sensiblen Themen in den noch zu verhandelnden „*Pathogen Access and Benefit Sharing*"-Annex (PABS-Annex) zum Pandemieabkommen verschoben.

Hierbei geht es um die Vereinbarung von Regelungen, die für betroffene Länder eine Verfügbarmachung von Pathogen-Gensequenzen und anderen epidemiologischen Daten gewährleisten, um die Impfstoffentwicklung zu erleichtern sowie einen weltweiten Zugang zu Arznei- und Impfstoffen zu ermöglichen.

Die Industrieländer fordern für ihre Impfstoffentwicklung freien Zugang zu den Daten aller Länder, die einkommensschwachen Länder hingegen wollen im Pandemiefall nicht erneut hinsichtlich der Versorgung mit Impfstoffen benachteiligt sein und fordern einen gerechten und fairen Zugang zu den entsprechenden Arzneimitteln (Geneva Graduate Institute und Global Health Centre 2025). Der PABS-Annex befindet sich derzeit im Aushandlungsprozess und soll zur WHA 2026 verabschiedungsreif sein.

Literatur

Cousins S (2025) Lenacapavir approved for HIV but draws ire over cost. Lancet 405:10497 (https://www.thelancet.com/journals/lancet/article/PIIS0140-6736(25)01322-4/abstract. Zugegriffen: 30. August 2025)

Geneva Graduate Institute, Global Health Centre (2025) Governing Pandemics Snapshot. A series of periodic briefings on the state of global reforms for pandemic preparedness and response. June 2025 Issue. https://www.governingpandemics.org/gp-snapshot. Zugegriffen: 30. Aug. 2025

Gilead Sciences (2025) Gilead finalizes agreement with the global fund to accelerate access to twice yearly Lenacapavir for HIV prevention for up to two million people in primarily low and lower middle income countries. Pressemitteilung. https://www.gilead.com/news/news-details/2025/gilead-finalizes-agreement-with-the-global-fund-to-accelerate-access-to-twice-yearly-lenacapavir-for-hiv-prevention-for-up-to-two-million-people-in-primarily-low--and-lower-middle-income-countries. Zugegriffen: 30. Aug. 2025

Global Fund (2025) Global fund secures access to breakthrough HIV prevention drug Lenacapavir for low- and middle-income countries. Pressemitteilung. https://www.theglobalfund.org/en/news/2025/2025-07-09-global-fund-secures-access-breakthrough-hiv-prevention-drug-lenacapavir/. Zugegriffen: 30. Aug. 2025

Kurani N, Cotliar D, Cox C (2022) How do prescription drug costs in the United States compare to other countries? Health Systems Tracker 2022. https://www.healthsystemtracker.org/chart-collection/how-do-prescription-drug-costs-in-the-united-states-compare-to-other-countries/#Per%20capita%20prescribed%20medicine%20spending,%20U.S.%20dollars,%202004-2019. Zugegriffen: 30. Aug. 2025

OHCHR (1948) Die allgemeine Erklärung der Menschenrechte. https://www.ohchr.org/en/human-rights/universal-declaration/translations/german-deutsch. Zugegriffen: 30. Aug. 2025

Stock Analysis (2025) Gilead sciences dividend information. https://stockanalysis.com/stocks/gild/dividend/. Zugegriffen: 30. Aug. 2025

UN (1966) Internationaler Pakt über wirtschaftliche, soziale und kulturelle Rechte vom 19. Dezember 1966. https://www.institut-fuer-menschenrechte.de/fileadmin/Redaktion/PDF/DB_Menschenrechtsschutz/ICESCR/ICESCR_Pakt.pdf. Zugegriffen: 30. Aug. 2025

WHO (2023) Can people afford to pay for health care? Evidence on financial protection in 40 countries in Europe. WHO Regional Office for Europe, Kopenhagen. https://iris.who.int/bitstream/handle/10665/374504/9789289060660-eng.pdf?sequence=22. Zugegriffen: 30. Aug. 2025

WHO (2025) WHO pandemic agreement. https://apps.who.int/gb/ebwha/pdf_files/WHA78/A78_R1-en.pdf. Zugegriffen: 30. Aug. 2025

WHO, Worldbank (2025) Out-of-pocket expenditure (% of current health expenditure). https://data.worldbank.org/indicator/SH.XPD.OOPC.CH.ZS. Zugegriffen: 30. Aug. 2025

Wissenschaftlicher Dienst des Deutschen Bundestages (2024) Daseinsvorsorge – Begriff und Rechtsgrundlagen. https://www.bundestag.de/resource/blob/1013810/b600c65d9eff3e5f3eef1214a957ed04/WD-3-059-24-pdf.pdf. Zugegriffen: 30. Aug. 2025

Open Access Dieses Kapitel wird unter der Creative Commons Namensnennung – Nicht kommerziell – Keine Bearbeitung 4.0 International Lizenz (http://creativecommons.org/licenses/by-nc-nd/4.0/deed.de) veröffentlicht, welche die nicht-kommerzielle Nutzung, Vervielfältigung, Verbreitung und Wiedergabe in jeglichem Medium und Format erlaubt, sofern Sie den/die ursprünglichen Autor*in(nen) und die Quelle ordnungsgemäß nennen, einen Link zur Creative Commons Lizenz beifügen und angeben, ob Änderungen vorgenommen wurden. Die Lizenz gibt Ihnen nicht das Recht, bearbeitete oder sonst wie umgestaltete Fassungen dieses Werkes zu verbreiten oder öffentlich wiederzugeben.

Die in diesem Kapitel enthaltenen Bilder und sonstiges Drittmaterial unterliegen ebenfalls der genannten Creative Commons Lizenz, sofern sich aus der Abbildungslegende nichts anderes ergibt. Sofern das betreffende Material nicht unter der genannten Creative Commons Lizenz steht und die betreffende Handlung nicht nach gesetzlichen Vorschriften erlaubt ist, ist auch für die oben aufgeführten nicht-kommerziellen Weiterverwendungen des Materials die Einwilligung des/der betreffenden Rechteinhaber*in einzuholen.

Der GKV-Arzneimittelmarkt im Jahr 2024

Inhaltsverzeichnis

Kapitel 23 Der Arzneimittelmarkt 2024 im Überblick – 287
Michael Thiede, Salka Enners, Jana Bauckmann, Katja Niepraschk-von Dollen und Anette Zawinell

Kapitel 24 AMNOG: Ziel, Funktionsweise und Ergebnisse – 319
Melanie Schröder, Anja Tebinka-Olbrich und Antje Haas

Der Arzneimittelmarkt 2024 im Überblick

Michael Thiede, Salka Enners, Jana Bauckmann, Katja Niepraschk-von Dollen und Anette Zawinell

Inhaltsverzeichnis

23.1 Die Entwicklung im Gesamtmarkt – 288

23.2 Wie verteilen sich die Umsätze und Verordnungen auf verschiedene Marktsegmente? – 294
23.2.1 Verordnungs- und Kostendynamik nach Marktsegmenten – 294
23.2.2 Marktdynamik der Arzneimittel bei seltenen Erkrankungen: Orphan-Arzneimittel – 303
23.2.3 Zweitanbieter: Der generikafähige und der biosimilarfähige Markt – 304
23.2.4 Zuzahlungen – 308

23.3 Pharmazeutische Hersteller im Jahr 2024 – 311

Literatur – 316

▪▪ Zusammenfassung

Im Überblick zum Arzneimittelmarkt der gesetzlichen Krankenversicherung (GKV) im Jahr 2024 werden die Gründe für die Bruttoumsatzsteigerung um 7,0 % gegenüber 2023 beschrieben. Die Methode der Komponentenzerlegung identifiziert die strukturelle Veränderung bei den Verordnungen als wichtigsten Umsatztreiber für den durchschnittlichen Wert einer Arzneimittelverordnung. Für diese Umsatzsteigerungen sind insbesondere Verschiebungen hin zu Verordnungen von neuen und hochpreisigen patentgeschützten Arzneimitteln verantwortlich. Im Jahr 2024 entfiel mehr als jeder zweite Euro der Arzneimittelausgaben (53,9 %) auf patentgeschützte Arzneimittel. Gleichzeitig sinkt der Anteil der Tagesdosen im Patentmarkt, sodass hier immer mehr Geld für immer weniger Versorgung aufzubringen ist. Dies trifft noch stärker auf das stetig wachsende Marktsegment der Arzneimittel für seltene Erkrankungen (Orphan-Arzneimittel) zu. Diese kommen mit extrem hohen Kosten jeweils nur bei wenigen Patientinnen und Patienten zur Anwendung und machen so einen Versorgungsanteil von 0,08 % nach verordneten Tagesdosen, aber einen Kostenanteil von 13,7 % an den Gesamtkosten aus.

Die Dynamik wurde durch 42 Neueinführungen verstärkt, darunter 24 Orphan-Arzneimittel und sieben Medikamente zur personalisierten medizinischen Behandlung. Die einzelnen Produkte verdeutlichen den Trend zu hochspezifischen, teuren Therapien mit kleinen Zielpopulationen, die den Wert je Verordnung treiben.

Im Biosimilar-Markt mit einem GKV-Nettokosten in Höhe von 5,7 Mrd. € bleiben große Wirtschaftlichkeitsreserven ungenutzt. Trotz breiter Verfügbarkeit lag der wirkstoffgewichtete Anteil 2024 bei nur 25,3 % – im Vergleich zum Anteil im generikafähigen Markt mit ca. 80 %. Die GKV wendete 4,23 Mrd. € für austauschfähige Biologika auf. Mit der geplanten verpflichtenden Substitution könnten Rabattverträge endlich volle Wirkung entfalten. Modellierte Einsparpotenziale reichen von 693 Mio. € bis 2,33 Mrd. € je nach Substitutionsgrad und Preisabstand. Angesichts zahlreicher Patentausläufe in der kommenden Zeit könnte dieses Potential mit wenigen Anpassungen realisiert werden.

Die Ausgaben konzentrieren sich stark auf wenige globale Anbieter: Die Top-20 nach Weltumsatz (mit EBIT-Margen von meist über 20 %) vereinten rund die Hälfte der GKV-Kosten, jedoch nur ein Fünftel der Tagesdosen auf sich. Diese Kosten-Mengen-Asymmetrie resultiert aus patentgeschützten hochpreisigen Arzneimitteln.

Insgesamt war 2024 von einer weiterhin deutlichen Veränderung der Verordnungsstruktur, wachsender Ausgabenlast durch patentgeschützte und Orphan-Arzneimittel sowie schwachem Wettbewerb bei Biologika geprägt.

23.1 Die Entwicklung im Gesamtmarkt

Die gesamten Ausgaben der GKV stiegen im Jahr 2024 auf einen neuen Höchststand von 327,4 Mrd. €. Die reinen Leistungsausgaben lagen mit 312,3 Mrd. € um 8,2 % über dem Niveau des Vorjahres. Der Leistungsbereich der Krankenhausbehandlungen machte mit 102,2 Mrd. € den größten Posten aus und verzeichnete im Vorjahresvergleich einen Anstieg um 8,8 %. Der zweithöchste Ausgabenposten entfiel auf den Leistungsbereich der Arzneimittel mit 55,2 Mrd. € und einer Steigerung um 10,0 % im Vergleich zum Vorjahr (Bundesministerium für Gesundheit 2025a).

Ausgehend von diesen Ausgaben ermittelt das Wissenschaftliche Institut der AOK (WIdO) mit dem GKV-Arzneimittelindex den Bruttoumsatz und die Nettokosten des GKV-Arzneimittelmarktes.[1] Im Jahr 2024 stiegen

---

[1] Die Marktanalysen des GKV-Arzneimittelindex betrachten Bruttoumsätze bzw. Nettokosten. In beiden Werten werden weder Ausgaben für Sprechstundenbedarf noch weitere Verordnungspositionen wie beispielsweise Verbandstoffe oder Teststreifen berücksichtigt. Zusätzlich sind darin die Zuzahlungen der Patientinnen und Patienten enthalten. Ausgehend von den Bruttoumsätzen werden für die Nettokosten die

Kapitel 23 · Der Arzneimittelmarkt 2024 im Überblick

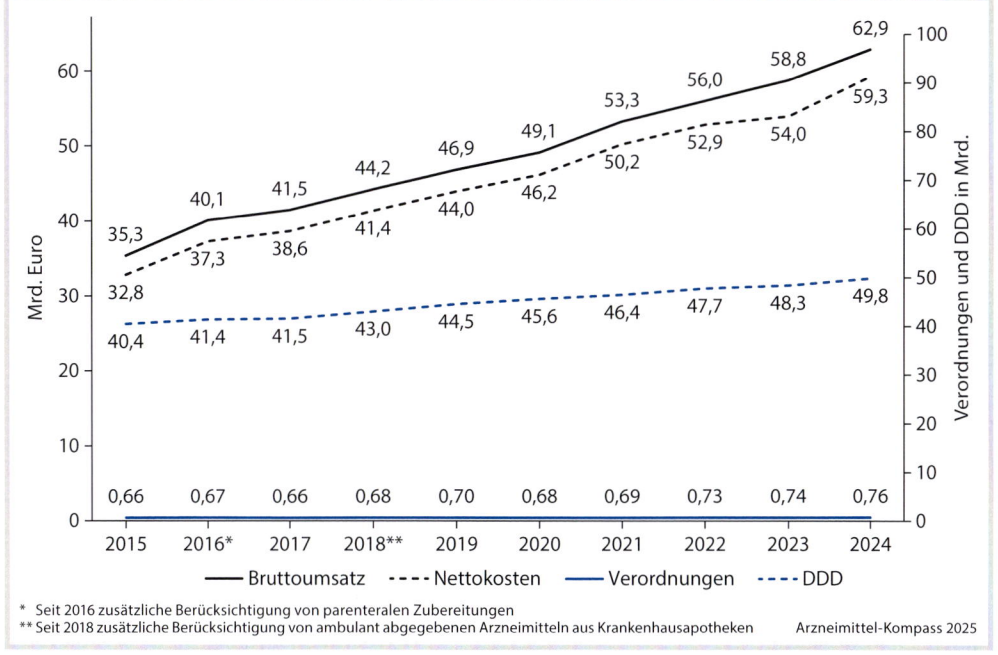

◘ **Abb. 23.1** Bruttoumsatz, Nettokosten, Verordnungen und verordnete Tagesdosen (DDD) des GKV-Arzneimittelmarktes seit 2015. (Quelle: GKV-Arzneimittelindex im Wissenschaftlichen Institut der AOK (WIdO), © WIdO 2025)

die Nettokosten um 9,9 % (5,3 Mrd. €) gegenüber dem Vorjahr auf 59,3 Mrd. €. Gleichzeitig ist die Anzahl der Verordnungen um 2,6 % (19,4 Mio.) auf 756,7 Mio. gestiegen (◘ Abb. 23.1).

Betrachtet man den Zeitraum der letzten zehn Jahre, so fällt auf, dass es eine Steigerung der Nettokosten um fast 81 % (+26,5 Mrd. €) gab, während die Zahl der Verordnungen zwar ebenfalls angestiegen ist, allerdings in wesentlich geringerem Ausmaß (+15,2 %; +99,9 Mio. Verordnungen; ◘ Abb. 23.1).

Zum Vergleich: Das Bruttoinlandsprodukt Deutschlands ist von 2015 bis 2024 lediglich um 39,5 % gestiegen. Von 2023 auf 2024 ist das reale Bruttoinlandsprodukt um 0,2 % gesunken.

■■ **Struktur und Dynamik des Umsatzanstiegs**

Um die Hintergründe des Umsatzwachstums im Arzneimittelmarkt besser zu verstehen, eignet sich das bewährte Instrument der Komponentenzerlegung (Reichelt 1988; WIdO 2025). Mit diesem Ansatz lassen sich die einzelnen Einflussgrößen – sogenannte Komponenten – sichtbar machen. ◘ Abb. 23.2 veranschaulicht, wie diese Faktoren zur Veränderung des Bruttoumsatzes zwischen 2023 und 2024 beigetragen haben.

Wie schon in ◘ Abb. 23.1 erkennbar, spiegelt auch die Komponentenzerlegung wider, dass die Bruttoumsatzsteigerung um 7,0 % nicht allein auf eine höhere Zahl von Verordnungen (+2,6 %) zurückgeht. Entscheidend war vielmehr der deutliche Zuwachs beim Wert je Verordnung, der im Jahr 2024 um +4,3 % über dem Vorjahresniveau lag. Diesem positiven Effekt steht ein leicht negativer Preiseffekt von −0,9 % gegenüber. Letzterer

gesetzlichen Abschläge für Hersteller und Apotheken abgezogen (WIdO 2025).

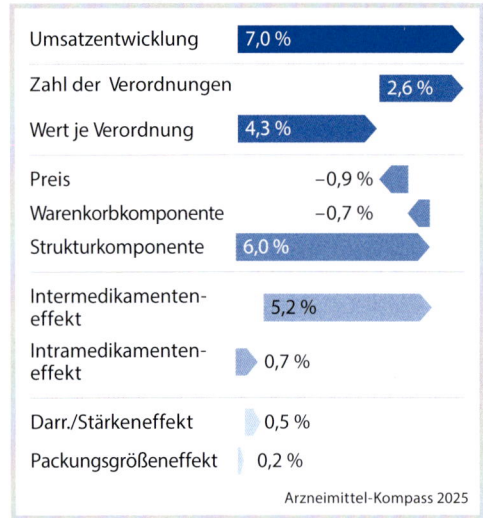

Abb. 23.2 Komponentenzerlegung der Umsatzentwicklung 2024 zu 2023. (Quelle: GKV-Arzneimittelindex im Wissenschaftlichen Institut der AOK (WIdO), © WIdO 2025)

zeigt, dass die Preise für Produkte, die sowohl 2023 als auch 2024 verfügbar waren, im Durchschnitt gesunken sind. Ursache dafür sind mehrere Faktoren: intensiver Wettbewerbsdruck, gesetzliche Preisbremsen wie das Preismoratorium – das Preiserhöhungen über den Inflationsausgleich hinaus verhindert – sowie Absenkungen durch Festbetragsanpassungen und AMNOG-Erstattungsbeträge. Im Ergebnis lässt sich feststellen: Für bereits etablierte Arzneimittel ist im Zeitverlauf typischerweise ein Preisrückgang zu beobachten.

Auf den ersten Blick mag dies im Widerspruch zum steigenden Wert je Verordnung stehen. Doch die Erklärung liegt im Therapiewandel: Viele Erkrankungen werden heute mit anderen, oft innovativeren Arzneimitteln behandelt. Neue wissenschaftliche Erkenntnisse, Anpassungen in Leitlinien oder Entscheidungen von Selbstverwaltung und Gesetzgeber verschieben die Schwerpunkte der Verordnungen. Genau diese Verschiebung zwischen einzelnen Arzneimitteln wird im sogenannten Intermedikamenteneffekt abgebildet. Nachdem dieser Effekt nach seinem Höchststand im Jahr 2020 zunächst zurückgegangen war (vgl. ▶ Kap. 2, ◘ Abb. 2.2), zeigt er seitdem wieder einen deutlichen Aufwärtstrend. Für 2024 war er mit +5,2 % der wichtigste Treiber des Umsatzanstiegs (vgl. ◘ Abb. 23.2).

Hinzu kommt der Intramedikamenteneffekt (+0,7 %), der Veränderungen innerhalb derselben Wirkstoffe erfasst – etwa eine Verschiebung zu höherpreisigen Darreichungsformen (+0,5 %) oder größeren Packungsgrößen (+0,2 %). Zusammengenommen ergeben Inter- und Intramedikamenteneffekt die Strukturkomponente. Mit einem Beitrag von insgesamt +6,0 % war sie 2024 die stärkste Einzelgröße und verdeutlicht: Die veränderte Struktur der Verordnungen – also der Wandel im Therapie- und Verschreibungsverhalten – war wie bereits zumeist in den letzten Jahren der zentrale Treiber der Umsatzentwicklung.[2]

▪▪ Verordnungen und Umsätze im Indikationsprofil

Ein Großteil der Nettokosten zu Lasten der GKV (86,3 %) entfällt auf die zehn nettokostenstärksten Hauptindikationsgruppen.[3] Allein fast 20 % entfallen auf die Nettokosten der Immuntherapien, 16,4 % auf die Gruppe der Herz-Kreislauf-Erkrankungen und 11,4 % auf die Krebserkrankungen. Demnach entfällt fast die Hälfte (47,6 %) der Nettokosten auf diese drei Hauptindikationsgruppen. Insgesamt gibt es 18 Hauptindikationsgruppen. Während Arzneimittel zur Behandlung von Herz-Kreislauf-Erkrankungen 50,4 % der gesamten verordneten Tagesdosen (defined daily doses, DDD) ausmachen halten Immuntherapeutika mit 2,1 % und Krebstherapeutika mit 0,5 % einen deutlich geringeren Anteil an der gesamten verordneten Tagesdosen (◘ Abb. 23.3). Für diesen vergleichsweise geringen Verord-

---

2 Detaillierte Übersichten über die Ergebnisse der Komponentenzerlegung nach Wirkstoffgruppen (2. Ebene der Anatomisch-therapeutisch-chemischen Arzneimittelklassifikation [ATC-Klassifikation]) machen die verschiedenen Effekte transparent (WIdO 2025).

3 Zur Definition und Zuordnung der Hauptindikationsgruppen siehe WIdO (2025).

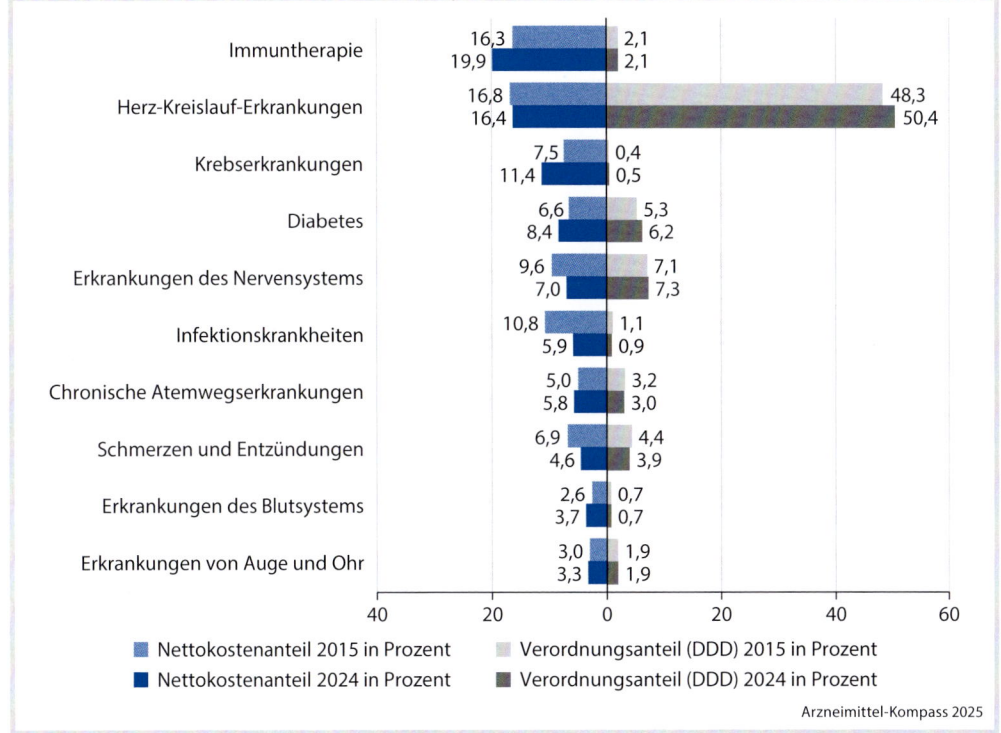

Abb. 23.3 Die nettokostenstärksten Indikationsgruppen des Jahres 2024 im Vergleich ihrer Anteile der Nettokosten und Tagesdosen am Gesamtmarkt für Fertigarzneimittel 2024 und 2015. (Quelle: GKV-Arzneimittelindex im Wissenschaftlichen Institut der AOK (WIdO), © WIdO 2025)

nungsanteil von 2,6 % werden 31,3 % der GKV-Nettokosten eingesetzt.

Betrachtet man in der ◘ Abb. 23.3 die Anteilswerte von vor zehn Jahren, so lassen sich insbesondere bei den Krebserkrankungen deutliche Veränderungen erkennen. Statt eines aktuellen Kostenanteils von 11,4 % lag dieser 2014 mit nur 7,5 % noch auf niedrigerem Niveau. Dies entspricht einer Steigerung von 3,9 Prozentpunkten. Der Versorgungsanteil nach Tagesdosen lag jedoch auch damals mit 0,4 % nur unwesentlich unter dem aktuellen Wert von 0,5 %. Die Nettokosten von Krebstherapeutika sind von 2015 auf 2024 um 143 % gestiegen während die Anzahl der verordneten Tagesdosen um 38 % angestiegen ist. Der Wert je verordnete Tagesdosis stieg um 77,0 % auf 24,40 € pro DDD im Jahr 2024 an.

Während Arzneimittel bei Krebserkrankungen 2021 noch auf Platz 1 der Nettokostenanteile pro Hauptindikationsgruppen lagen, wurden sie 2024 u. a. von Immuntherapeutika überholt. Diese machten 2015 noch einen Nettkostenanteil von 16,3 % aus – 2024 lag dieser bei 19,9 %, bei einem konstanten Anteil an den verordneten Tagesdosen von 2,1 % in den Jahren 2015 und 2024. Der Wert je verordnete Tagesdosen der Immuntherapeutika lag 2014 noch bei 6,40 € pro DDD und stieg um 60,0 % auf 10,20 € pro DDD im Jahr 2024 an. Während sich die Nettokosten der Immuntherapeutika in dem betrachteten 10-Jahres-Zeitraum fast verdoppelten (+95,3 % auf 10,4 Mrd. €), stieg die Anzahl der verordneten Tagesdosen um 22,1 % auf 1,0 Mrd. verordnete Tagesdosen an. Weitere differenzierte Analysen kön-

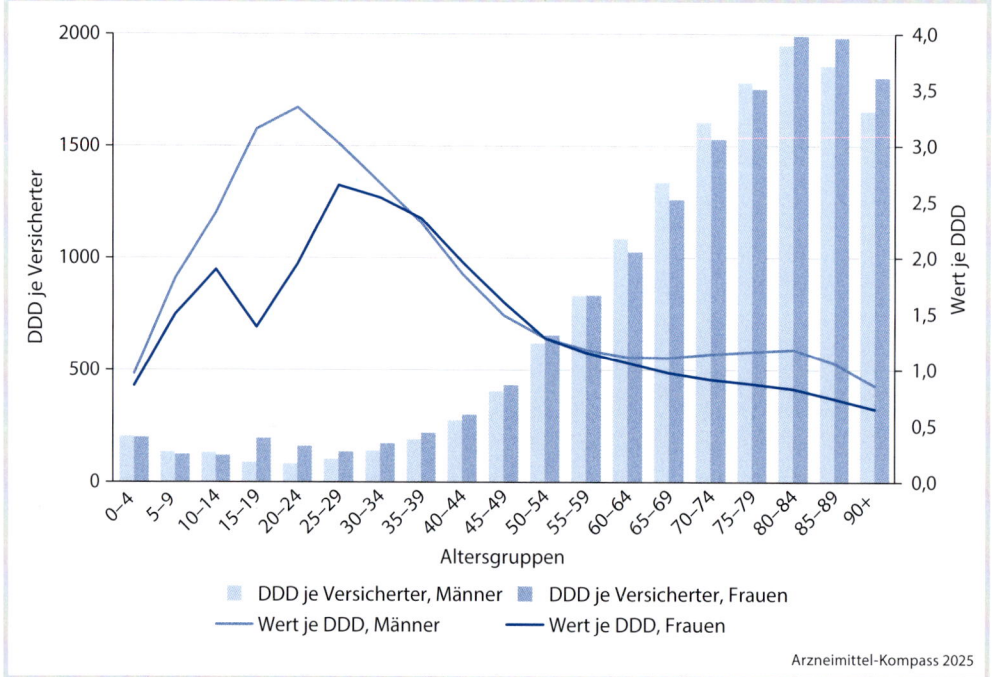

Abb. 23.4 Durchschnittliche Tagesdosen und Bruttoumsatz je DDD je versicherte Person nach Altersgruppen und Geschlecht im Jahr 2024. (Quelle: GKV-Arzneimittelindex im Wissenschaftlichen Institut der AOK (WIdO), © WIdO 2025)

nen mit dem PharMaAnalyst des WIdO erstellt werden.[4]

▪▪ Alters- und Geschlechtsstrukturen im Verordnungsgeschehen

Alter und Geschlecht spiegeln sich klar im Arzneimittelverbrauch wider (◘ Abb. 23.4). Mit zunehmendem Alter steigt nicht nur die Krankheitslast, sondern auch die Zahl der verordneten Medikamente. Im Jahr 2024 wurden pro GKV-versicherte Person durchschnittlich 668 definierte Tagesdosen verschrieben.

Die Unterschiede zwischen den Altersgruppen sind dabei beachtlich: Junge Erwachsene im Alter von 25 bis unter 30 Jahren kamen im Durchschnitt auf lediglich 118 DDD pro Versicherten. Ganz anders zeigt sich das Bild im hohen Alter: Versicherte zwischen 85 und unter 90 Jahren erhielten im Schnitt 1.975 DDD – also das Mehrfache des Verbrauchs jüngerer Menschen.

Auch das Geschlecht beeinflusst die Verordnungshäufigkeit. Frauen bekamen im Jahr 2024 durchschnittlich 719 DDD verschrieben und damit rund 17,5 % mehr als Männer, die bei 612 DDD lagen. Wichtig ist dabei, dass es sich um Durchschnittswerte über alle Versicherten handelt – nicht um den individuellen Verbrauch der tatsächlich behandelten Patientinnen und Patienten.

Versicherte ab 65 Jahren machten 2024 23 % der Gesamtbevölkerung aus. Auf diese Altersgruppe entfallen 55,8 % des DDD-Volumens und 45,6 % der Nettokosten des gesamten GKV-Fertigarzneimittelmarktes. Rein rechnerisch werden Versicherte ab 65 Jahren im Durchschnitt täglich mit 4,5 Tagesdosen verschiedener Arzneimittel behandelt, Versi-

---

4 Der PharMaAnalyst des WIdO steht zur kostenfreien Nutzung zur Verfügung unter ▶ https://arzneimittel.wido.de/PharMaAnalyst.

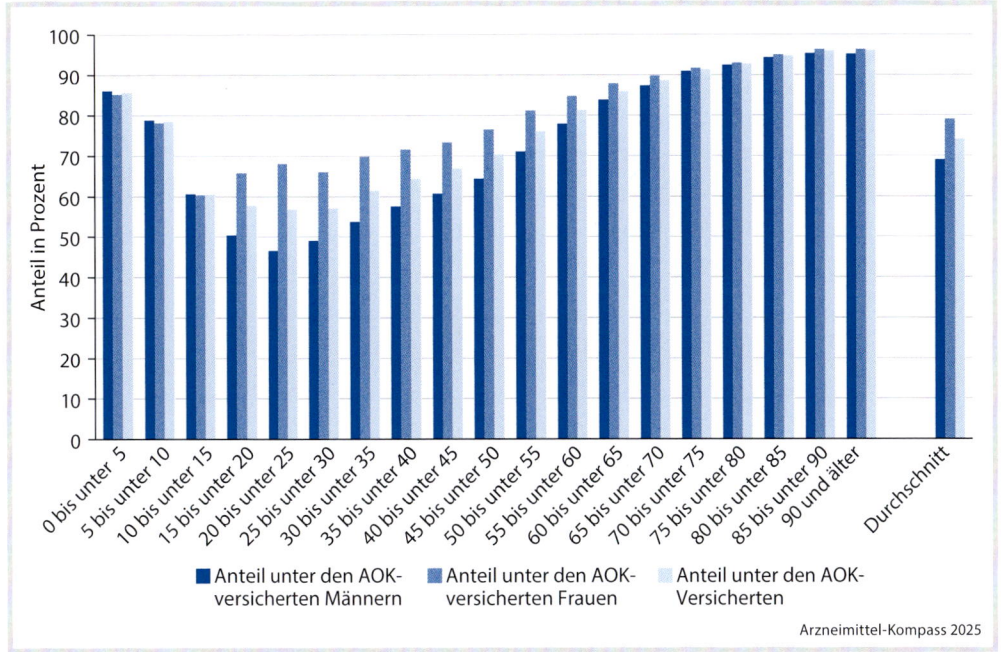

Abb. 23.5 Anteil der Arzneimittelpatientinnen und -patienten an allen im Jahr 2023 durchgängig AOK-versicherten Personen nach Altersgruppen und Geschlecht. (Quelle: WIdO, © WIdO 2025)

cherte ab 80 Jahren sogar mit 5,3 Tagesdosen täglich. Bei den Versicherten ab 65 Jahren werden am häufigsten Arzneimittel der Gruppe der Herz-Kreislauf-Erkrankungen eingesetzt. Auf diese Medikamenten-Gruppe entfielen etwa 58,7 % der DDD und mit 22,3 % ein geringerer Prozentsatz der Nettokosten. Dagegen wird für diese Versicherten jeder vierte Euro zur Behandlung von Krebserkrankungen eingesetzt, wobei der DDD-Anteil dieser Arzneimittel nur bei einem Prozentsatz von 0,7 % liegt.

Am anderen Ende der Altersverteilung stehen die Kinder und Jugendlichen unter 15 Jahren (14 % aller GKV-Versicherten), deren Verbrauchsanteil mit 3,1 % und einem Nettokostenanteil von 3,9 % vergleichsweise gering ausfällt. Täglich werden hier durchschnittlich nur 0,4 Tagesdosen eingesetzt.

Abb. 23.5 erlaubt einen ergänzenden Blick auf den Arzneimittelverbrauch. Sie zeigt, welcher Anteil der AOK-Versicherten im Jahr 2023 mindestens eine definierte Tagesdosis (DDD) verordnet bekam – differenziert nach Alter und Geschlecht. Insgesamt hatte knapp drei Viertel der AOK-Versichertenschaft (74,2 %) mindestens eine Verordnung im Jahr.

Die Unterschiede zwischen den Gruppen sind deutlich: Bei den über 70-Jährigen erhielt nahezu jede AOK-versicherte Person – mehr als 90 % – mindestens ein Arzneimittel. Auffällig hoch ist auch der Anteil bei den jüngsten Versicherten: 85,7 % der Kinder unter fünf Jahren bekamen innerhalb eines Jahres mindestens ein Medikament. Am anderen Ende des Spektrums stehen die Männer zwischen 15 und 30 Jahren – in dieser Gruppe lag der Anteil unter 50 %.

Gerade in diesen jüngeren Altersgruppen treten die Geschlechtsunterschiede besonders klar hervor: Frauen erhalten deutlich häufiger mindestens eine Verordnung pro Jahr als Männer.

23.2 Wie verteilen sich die Umsätze und Verordnungen auf verschiedene Marktsegmente?

23.2.1 Verordnungs- und Kostendynamik nach Marktsegmenten

Patentgeschützte Arzneimittel bestimmen auch 2024 in besonderem Maße die Kostenentwicklung im GKV-System. Neue, häufig hochpreisige Präparate verstärken diesen Trend zusätzlich. Auffällig ist dabei nicht nur das wachsende Marktvolumen, sondern auch die starke Konzentration der Ausgaben auf wenige Wirkstoffe. Mit den sehr hohen Einführungspreisen neuer patentgeschützter Medikamente rücken Fragen nach Preisbildung, Nutzenbewertung und regulatorischer Steuerbarkeit immer stärker in den Vordergrund.

Grundlage dieser Entwicklung ist das Patentrecht. Neue Wirkstoffe werden grundsätzlich mit einem Patentschutz von maximal 20 Jahren ausgestattet. Während dieser Zeit ist es ausschließlich dem patenthaltenden Unternehmen erlaubt, den Wirkstoff zu produzieren und zu vermarkten. Der Zeitraum kann durch ergänzende Schutzzertifikate oder Unterlagenschutz in bestimmten Fällen um bis zu fünf Jahre verlängert werden. Entscheidend ist jedoch, dass die effektive Vermarktungsdauer kürzer ausfällt: Zwischen der Anmeldung eines Patents und der tatsächlichen Markteinführung vergeht im Durchschnitt etwa ein Jahrzehnt an Forschungs-, Entwicklungs- und Zulassungszeit (Schweitzer und Lu 2018). Damit verbleiben den Unternehmen in der Praxis meist rund zehn Jahre exklusiver Vermarktung, in denen sie ihre Investitionen amortisieren und Gewinne erzielen müssen. Erst nach Ablauf dieser Schutzfristen können andere Hersteller den Wirkstoff im Regelfall als Generikum oder Biosimilar auf den Markt

Tab. 23.1 Nettokosten und verordnete Tagesdosen (DDD) sowie deren Anteile im GKV-Arzneimittelmarkt 2024 nach Marktsegmenten und Veränderungen zum Jahr 2023. (Quelle: GKV-Arzneimittelindex im Wissenschaftlichen Institut der AOK (WIdO), © WIdO 2025)

	Nettokosten in Mrd. € 2024	Veränderung in % gegenüber 2023	Nettokostenanteil an Gesamt in % 2024	DDD in Mrd. 2024	Veränderung in % gegenüber 2023	DDD an Gesamt in % 2024	DDD-Nettokosten in € 2024
Gesamtmarkt	59,3	9,9	100,0	49,8	3,1	100,0	1,19
Patentarzneimittel[a]	32,0	12,6	53,9	3,5	9,1	7,1	9,03
Nicht-Patentarzneimittel[a]	27,3	6,9	46,1	46,3	2,6	92,9	0,59
Biologika	21,2	12,8	35,8	1,6	2,5	3,3	13,05
Nicht-Biologika	38,1	8,3	64,2	48,2	3,1	96,7	0,79
Orphan-Arzneimittel	8,1	15,3	13,7	0,04	10,8	0,08	213,21
Nicht-Orphan-Arzneimittel	51,2	9,1	86,3	49,8	3,1	99,9	1,03

[a] Die Zuordnung erfolgt in monatlicher Abgrenzung: Laufen die Schutzfristen für einen Wirkstoff beispielsweise im Juli 2024 aus, so zählen die Arzneimittel bis Juli 2024 zum Patentmarkt und danach zum Nicht-Patentmarkt
Arzneimittel-Kompass 2025

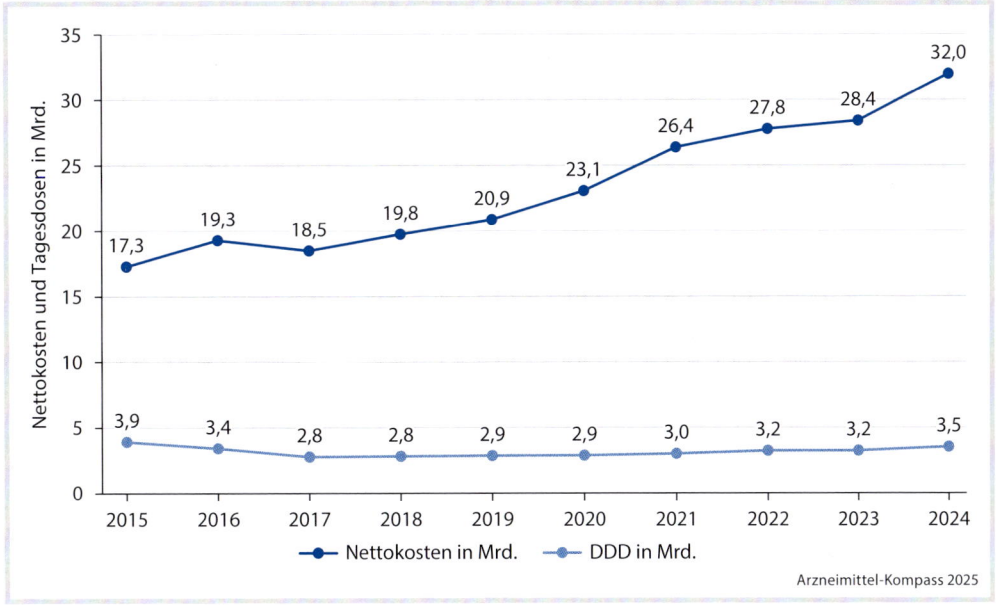

◘ **Abb. 23.6** Verordnungen in Tagesdosen und Nettokosten im Patentmarkt seit 2015. (Quelle: GKV-Arzneimittelindex im Wissenschaftlichen Institut der AOK (WIdO), © WIdO 2025)

bringen. Bis dahin prägen wenige, patentgeschützte Arzneimittel mit hohen Preisen das Ausgabenprofil des GKV-Systems.

Wie ◘ Tab. 23.1 zeigt, machten patentgeschützte Arzneimittel im Jahr 2024 53,9 % der gesamten Nettokosten aus, deckten jedoch gemessen an den verordneten Tagesdosen nur 7,1 % der Versorgung ab. Die gesamten Nettokosten lagen mit 59,3 Mrd. € um 9,9 % über den Vorjahreswerten, während die Nettokosten für patentgeschützte Arzneimittel im Vergleich zum Vorjahr sogar um 12,6 % auf 32,0 Mrd. € angestiegen sind. Die Nettokosten nicht patentgeschützter Arzneimittel stiegen 2024 um 6,9 % auf 27,3 Mrd. €.

In den letzten zehn Jahren sind die Nettokosten im patentgeschützten Markt um 84,7 % gestiegen, während die Anzahl der verordneten Tagesdosen gegenläufig zum Trend der steigenden Kosten um 10,2 % gesunken ist (siehe ◘ Abb. 23.6). Auch die durchschnittlichen DDD-Nettokosten stiegen im Jahr 2024 im Vergleich zu 2015 deutlich an, und zwar um mehr als das Doppelte, von 5,62 € je Tagesdosis im Jahr 2015 auf 9,03 € je Tagesdosis im Jahr 2024.

Damit liegen die DDD-Nettokosten für patentgeschützte Arzneimittel über 15-mal so hoch wie die Kosten für eine Tagesdosis eines nicht patentgeschützten Arzneimittels (0,59 € im Jahr 2024, was einem Anstieg von 0,17 € bzw. 38,9 % seit 2015 entspricht).

Im Gesamtmarkt sind die Nettokosten um 80,8 % gestiegen, während die verordneten Tagesdosen um 23,3 % stiegen – bei einem Anstieg der Zahl der GKV-Versicherten um 0,3 %. Dies zeigt, dass die Preise und somit auch die Ausgaben im patentgeschützten Markt deutlich stärker steigen und die Gesamtkostenentwicklung der zu Lasten der GKV abgerechneten Arzneimittel wesentlich beeinflussen.

Die Preise patentgeschützter Arzneimittel steigen seit Jahren deutlich. Insbesondere die Preise neuer Markteinführungen weisen einen zunehmend steileren Verlauf auf (siehe ▶ Kap. 2 in diesem Band). Im Jahr 2015 kostete eine Packung eines Arzneimittels, das in den

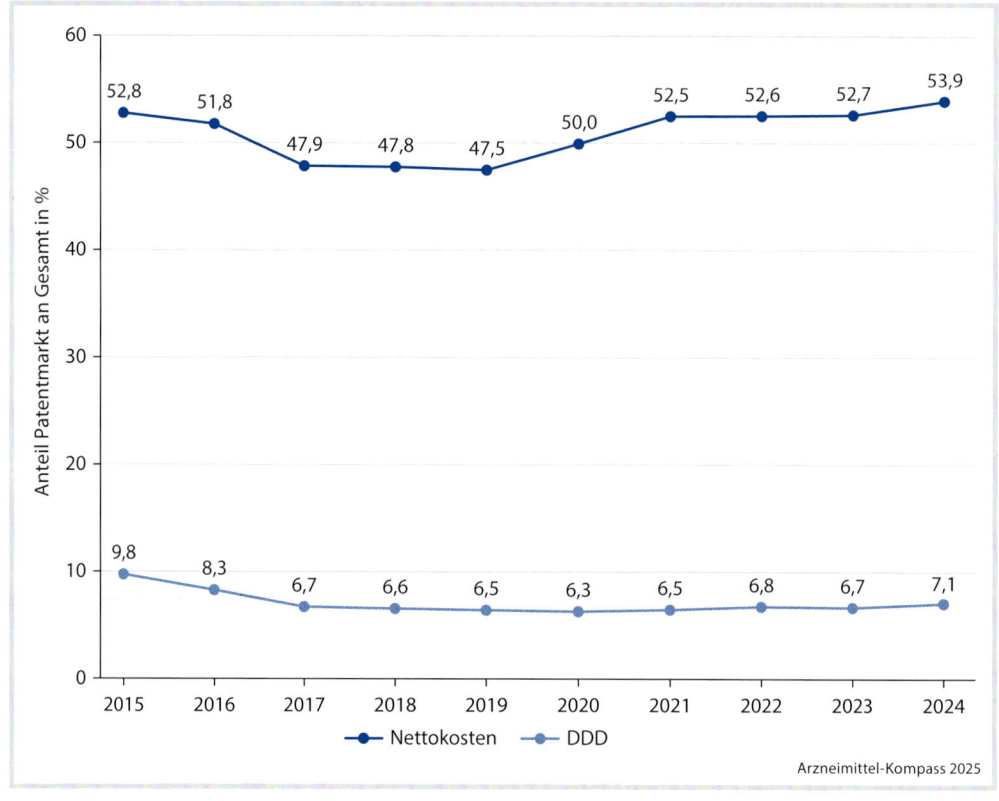

Abb. 23.7 Verordnungsanteil nach Tagesdosen (DDD) und Nettokostenanteil des Patentmarktes seit 2015. (Quelle: GKV-Arzneimittelindex im Wissenschaftlichen Institut der AOK (WIdO), © WIdO 2025)

letzten 36 Monaten auf den Markt gekommen war, im Durchschnitt 4.123,85 €. 2024 lag der Jahresdurchschnitt der Packungspreise neuer Markteinführungen bereits bei 7.680,72 €. Dies entspricht einer Steigerung um 86,3 % in den letzten zehn Jahren.

Während patentgeschützte Arzneimittel 53,9 % der gesamten Nettokosten ausmachten, machten sie lediglich 7,1 % der verordneten Tagesdosen aus (siehe Abb. 23.7). Vor zehn Jahren lag der Anteil der patentgeschützten Arzneimittel bei 9,8 %, ihr Anteil an den Nettokosten betrug 52,8 %. Dies ist ein weiterer Hinweis auf eine Steigerung der Packungspreise von patentgeschützten Arzneimitteln: Für weniger Verordnungen fallen deutlich höhere Kosten an.

■ ■ **AMNOG-Arzneimittel und Bestandsmarkt**
Um die wachsenden Arzneimittelausgaben zu regulieren und zugleich den Zugang zu innovativen Therapien sicherzustellen, trat am 1. Januar 2011 das Arzneimittelmarktneuordnungsgesetz (AMNOG) in Kraft. Seitdem ist es Aufgabe des Gemeinsamen Bundesausschusses (G-BA), für alle neu zugelassenen Arzneimittel mit neuen Wirkstoffen eine frühe Nutzenbewertung nach § 35a SGB V durchzuführen (G-BA 2025a). Diese Reform stellte eine ordnungspolitische Weichenstellung dar: Erstmals wurde eine transparente, evidenzbasierte Einordnung neuer Arzneimittel in ihren therapeutischen Kontext etabliert. Auf dieser Grundlage werden zwischen pharmazeutischem Unternehmen und

GKV-Spitzenverband Erstattungspreise vereinbart.

Das AMNOG wurde in den ersten Jahren als wirksames Instrument zur Dämpfung der Arzneimittelausgaben bewertet. Mit der Zeit wurde darauf hingewiesen, dass das Instrument nachjustiert werden sollte sei. Analysen zeigen, dass in den ersten zehn Jahren nach Einführung nur rund 20 % der neu eingeführten Arzneimittel einen beträchtlichen oder erheblichen Zusatznutzen aufwiesen. Gleichzeitig bestehen in wichtigen Versorgungsfeldern mit hohem *unmet medical need* weiterhin Versorgungslücken. Dagegen ist in der Onkologie eine Vielzahl neuer Präparate zugelassen worden, die sich in manchen Fällen lediglich marginal von bereits vorhandenen Arzneimitteln unterscheiden (Deutsches Ärzteblatt 2021). Aktuelle Ergebnisse zu Bewertungsverfahren und Preisverhandlungen werden in ▶ Kap. 24 in diesem Band dargestellt.

Neben den Arzneimitteln, die seit 2011 ein AMNOG-Verfahren durchlaufen haben, gibt es weiterhin patentgeschützte Präparate aus der Zeit vor 2011. Sie unterliegen keiner frühen Nutzenbewertung und gehören zum sogenannten Bestandsmarkt. Mit jeder neuen Zulassung auf der einen und dem Auslaufen älterer Patente auf der anderen Seite nimmt der Anteil dieser Arzneimittel am Markt kontinuierlich ab. Im Jahr 2024 entfielen auf den Bestandsmarkt nur noch 15,5 % der verordneten Tagesdosen (566,4 Mio. DDD) und 14,4 % der Nettokosten (4,7 Mrd. €; ◘ Abb. 23.8).

Zur Kostenkontrolle gilt für Arzneimittel des Bestandsmarktes, die nicht festbetragsgeregelt sind, seit 2010 ein Preismoratorium. Es wurde mehrfach verlängert und zuletzt im Rahmen des GKV-Finanzstabilisierungsgesetzes bis zum 31. Dezember 2026 bestätigt. Damit bleiben die Herstellerabgabepreise grundsätzlich auf dem Niveau vom 1. August 2009 eingefroren. Liegt ein aktueller Abgabepreis darüber, muss der Hersteller die Differenz in Form eines Abschlags an die Krankenkassen erstatten (§ 130a Abs. 3a SGB V). Seit 2018 sind Preisanpassungen nur noch im Rahmen eines Inflationsausgleichs möglich – eine Op-

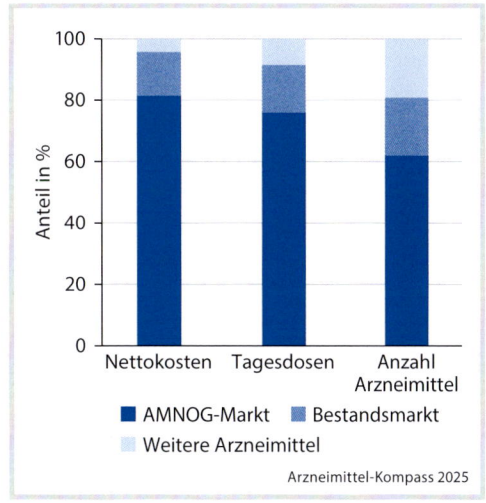

◘ **Abb. 23.8** Anteile der AMNOG-bewerteten Arzneimittel und des Bestandsmarktes innerhalb des gesamten Patentmarktes 2024 nach Nettokosten, Tagesdosen sowie Anzahl der Arzneimittel. (Quelle: GKV-Arzneimittelindex im Wissenschaftlichen Institut der AOK (WIdO), © WIdO 2025)

tion, die inzwischen von vielen pharmazeutischen Herstellern genutzt wird.

Zusätzlich wurde mit dem GKV-Finanzstabilisierungsgesetz im Zeitraum vom 1. Januar bis 31. Dezember 2023 der gesetzliche Herstellerabschlag gemäß § 130a SGB V befristet von 7 % auf 12 % angehoben (GKV-Spitzenverband 2024). Diese Maßnahme zielte darauf ab, die Ausgaben kurzfristig zu entlasten.

Sowohl der Herstellerabschlag als auch das Preismoratorium sind aus Sicht der Krankenkassen unverzichtbare Instrumente zur Eindämmung der Arzneimittelausgaben. Ein Wegfall könnte die gesetzlichen Krankenkassen mit jährlich ca. 6,9 Mrd. € zusätzlich belasten (AOK 2024).

▪▪ 42 neue Arzneimittel im Jahr 2024

Im Jahr 2024 wurden in Deutschland 42 Arzneimittel mit neuen Wirkstoffen in den Markt eingeführt. (◘ Tab. 23.2 und ◘ Abb. 23.9). Darunter wurden vier Arzneimittel mit einem beträchtlichen Zusatznutzen bewertet.

◘ **Tab. 23.2** Ergebnisse der Nutzenbewertung für die neuen Arzneimittel des Jahres 2024. (Quelle: GKV-Arzneimittelindex nach G-BA 2025a, © WIdO 2025)

Präparat	Wirkstoff	Therapiegebiet	Höchstes Nutzenbewertungsergebnis	Max. Größe der adressierten Population lt. G-BA-Beschluss
Adzynma (O)	Apadamtase alfa und Cinaxadamtase alfa	Erkrankungen des Blutsystems	Nicht quantifizierbarer Zusatznutzen	135
Agamree (O)	Vamorolon	Immuntherapie	Nicht quantifizierbarer Zusatznutzen	3.670
Altuvoct (O)	Efanesoctocog alfa	Erkrankungen des Blutsystems	Zusatznutzen ist nicht belegt (Festbetragsgruppe)	
Anzupgo	Delgocitinib	Hauterkrankungen	Zusatznutzen ist nicht belegt	200.000
Artesunate Amivas (O)	Artesunat	Infektionskrankheiten	Nicht quantifizierbarer Zusatznutzen	87
Awiqli	Insulin icodec	Stoffwechselerkrankungen	Zusatznutzen ist nicht belegt	1.345.750
Briumvi	Ublituximab	Immuntherapie	Geringer Zusatznutzen	274.800
Eladynos	Abaloparatid	Erkrankungen des Muskel- und Skelettsystems	Zusatznutzen ist nicht belegt	484.000
Elahere (O) p	Mirvetuximab soravtansin	Krebserkrankungen	Beträchtlicher Zusatznutzen	1.300
Elrexfio (O)	Elranatamab	Krebserkrankungen	Zusatznutzen ist nicht belegt	1.340
Elucirem	Gadopiclenol	Diagnostikum	Zusatznutzen ist nicht belegt	3.300.000
Exblifep	Cefepim und Beta-Lactamase-Inhibitoren	Infektionskrankheiten	Der Zusatznutzen gilt als belegt	2.600
Fabhalta (O)	Iptacopan	Immuntherapie	Nicht quantifizierbarer Zusatznutzen	945
Filspari (O)	Sparsentan	Herz-Kreislauf-Erkrankungen	Geringer Zusatznutzen	13.000
Fruzaqla	Fruquintinib	Krebserkrankungen	Geringer Zusatznutzen	2.180
Iqirvo (O)	Elafibranor	Magen-Darm-Erkrankungen	Geringer Zusatznutzen	13.000
Jaypirca (O)	Pirtobrutinib	Krebserkrankungen	Zusatznutzen ist nicht belegt	150
Loargys (O)	Pegzilarginase	(Seltene) Stoffwechselerkrankungen	Nicht quantifizierbarer Zusatznutzen	50
Lytgobi (O) p	Futibatinib	Krebserkrankungen	Zusatznutzen ist nicht belegt	229

Tab. 23.2 (Fortsetzung)

Präparat	Wirkstoff	Therapiegebiet	Höchstes Nutzenbewertungsergebnis	Max. Größe der adressierten Population lt. G-BA-Beschluss
Obgemsa	Vibegron	Gynäkologische/Urologische Erkrankungen	Zusatznutzen ist nicht belegt	1.270.000
Omjjara (O)	Momelotinib	Krebserkrankungen	Geringer Zusatznutzen	2.630
Piasky	Crovalimab	Immuntherapie	Zusatznutzen ist nicht belegt	749
Pluvicto	(^{177}Lu)Lutetium-vipivotidtetraxetan	Krebserkrankungen	Beträchtlicher Zusatznutzen	2.400
Qalsody (O) p	Tofersen	Erkrankungen des Nervensystems	Nicht quantifizierbarer Zusatznutzen	170
Rezzayo (O)	Rezafunginacetat	Infektionskrankheiten	Nicht quantifizierbarer Zusatznutzen	34.600
Rystiggo (O)	Rozanolixizumab	Immuntherapie	Beträchtlicher Zusatznutzen	19.300
Ryzneuta	Efbemalenograstim alfa	Immuntherapie	Zusatznutzen ist nicht belegt (Festbetragsgruppe)	
Skyclarys (O)	Omaveloxolon	Erkrankungen des Nervensystems	Nicht quantifizierbarer Zusatznutzen	970
Tevimbra (O) p	Tislelizumab	Krebserkrankungen	Zusatznutzen ist nicht belegt	22.917
Truqap p	Capivasertib	Krebserkrankungen	Beträchtlicher Zusatznutzen	26.745
Vaborem	Meropenem und Vaborbactam	Infektionskrankheiten	Der Zusatznutzen gilt als belegt	6.600
Vafseo	Vadadustat	Erkrankungen des Blutsystems	Zusatznutzen ist nicht belegt	71.400
Vanflyta (O) p	Quizartinib	Krebserkrankungen	Zusatznutzen ist nicht belegt	820
Velsipity	Etrasimod	Immuntherapie	Zusatznutzen ist nicht belegt	29.100
Veoza	Fezolinetant	Gynäkologische/Urologische Erkrankungen	Geringer Zusatznutzen	3.015.900
Voydeya (O)	Danicopan	Immuntherapie	Nicht quantifizierbarer Zusatznutzen	350
Vueway	Gadopiclenol	Diagnostikum	Keine Bewertung	
Vyloy (O) p	Zolbetuximab	Krebserkrankungen	Geringer Zusatznutzen	1.310
Winrevair (O)	Sotatercept	Herz-Kreislauf-Erkrankungen	Geringer Zusatznutzen	7.850

Tab. 23.2 (Fortsetzung)

Präparat	Wirkstoff	Therapiegebiet	Höchstes Nutzenbewertungsergebnis	Max. Größe der adressierten Population lt. G-BA-Beschluss
Yorvipath (O)	Palopegteriparatid	Erkrankungen des Muskel- und Skelettsystems	Zusatznutzen ist nicht belegt	20.800
Yselty	Linzagolix	Gynäkologische/Urologische Erkrankungen	Zusatznutzen ist nicht belegt	114.740
Zilbrysq (O)	Zilucoplan	Immuntherapie	Zusatznutzen ist nicht belegt	19.000

(O) = Orphan Drug, **p** = personalisierte Medizin
Arzneimittel-Kompass 2025

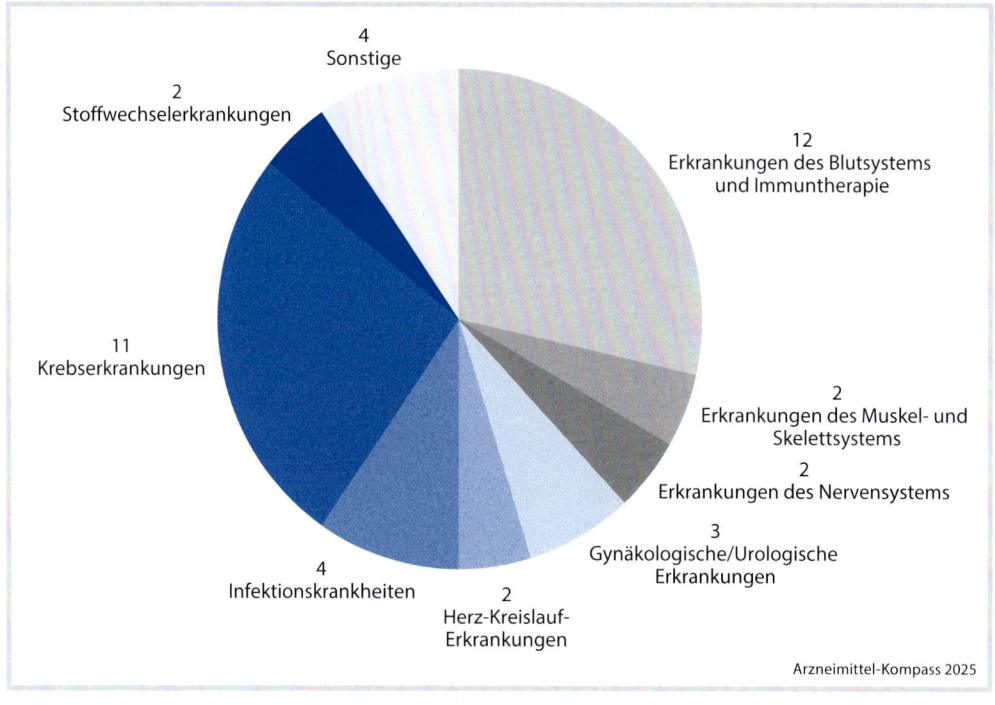

Abb. 23.9 Anzahl nach Hauptindikationsbereichen der 42 neuen Arzneimittel des Jahres 2024. (Quelle: GKV-Arzneimittelindex nach G-BA (2025a). © WIdO 2025)

Mehr als die Hälfte dieser Neueinführungen (24 Arzneimittel, siehe Abb. 23.10) wurde entsprechend den Bedingungen für Seltene Erkrankungen (Orphan-Arzneimittel) zugelassen. Hierzu zählen nach der Definition der Europäischen Union (EU) insbesondere Erkran-

Kapitel 23 · Der Arzneimittelmarkt 2024 im Überblick

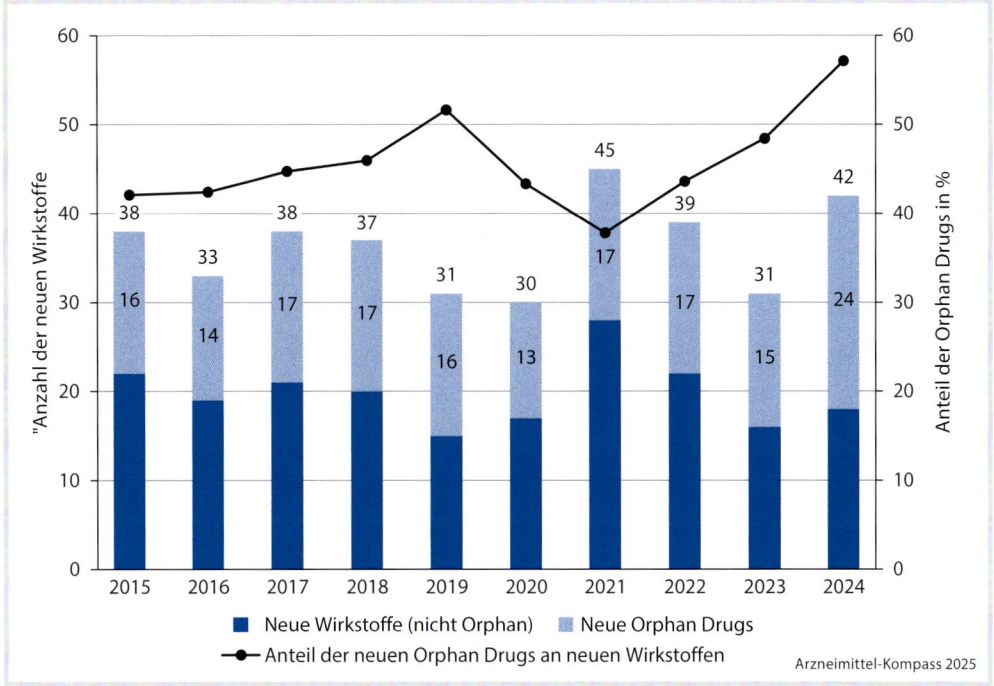

◘ **Abb. 23.10** Gesamtanzahl der neu eingeführten Wirkstoffe seit 2015 und Anzahl und Anteil der neuen Arzneimittel, die bei Zulassung eine Orphan-Designation besaßen (aktualisiert für 2024). (Quelle: GKV-Arzneimittelindex im Wissenschaftlichen Institut der AOK (WIdO), © WIdO 2025)

kungen, deren Prävalenz in der EU nicht mehr als 5 von 10.000 beträgt. Der Gemeinsame Bundesausschuss schätzt die für die Behandlung mit einzelnen neu zugelassenen Orphan-Arzneimitteln des Jahres 2024 eine höhere Anzahl bis zu 34.600 Patienten und Patientinnen, die für die Behandlung der einzelnen neu zugelassenen Orphan-Arzneimittel des Jahres 2024 in Frage kommen. Unabhängig vom Orphan-Drug-Status werden sieben Arzneimittel der sogenannten Präzisionsmedizin (oder auch der personalisierten Medizin) zugeordnet. Für diese hochspezifischen „maßgeschneiderten" Arzneimittel ist entweder eine individuelle Diagnostik des/der einzelnen Erkrankten in Form eines Gentests notwendig oder es sind Arzneimittel, die erst aus Zellen des einzelnen Erkrankten hergestellt werden. Sie finden immer häufiger Anwendung und können nicht mehr als Ausnahmeverordnung angesehen werden. Ein Beispiel hierfür ist das Krebsmedikament Truqap (Wirkstoff: Capiversatib). Der Gemeinsame Bundesausschuss attestierte Truqap, einem selektiven AKT-Inhibitor, einen Hinweis auf einen beträchtlichen Zusatznutzen in der Patientinnengruppe von Frauen mit Östrogenrezeptor(ER)-positivem, humanem epidermalem Wachstumsfaktor Rezeptor-2-(HER2-)negativem, lokal fortgeschrittenem oder metastasiertem Mammakarzinom mit PIK3CA/AKT1/PTEN-Alteration(en), mit einer Progression der Erkrankung während oder nach einer endokrinen Therapie, die im lokal fortgeschrittenen oder metastasierten Stadium erfolgte. Insgesamt wird eine Anzahl von 26.745 Erkrankten für die bisherige Zulassung geschätzt. Weitere laufende Zulassungsstudien mit diesem Wirkstoff bei anderen Krebserkrankungen deuten jedoch darauf hin, dass dies erst der Beginn der Vermarktung des AKT-Inhibitors ist. Veränderungen in den Komponenten des PIK3/AKT-Stoffwechselwegs werden in fast 40 % der Proben solider Tumore gefunden (Shirley 2024). Durch die wahrscheinliche Erweiterung der Anwendungsgebiete kann sich die Patientenzahl, die mit diesem Mittel behandelt werden können, deutlich vergrößern.

Wie in den vorangegangenen Jahren werden die meisten Arzneimittel mit neuen Wirkstoffen gegen Krebserkrankungen eingesetzt. Dabei handelt es sich überwiegend um Arzneistoffe aus den beiden Wirkstoffklassen „Proteinkinaseinhibitoren" und „Antikörper", die für eine Vielzahl an Krebserkrankungen wirksame Therapieoptionen darstellen. Allein acht der für Krebserkrankungen zugelassenen Arzneimittel aus dem Jahr 2024 konnten während der Zulassung von einem Orphan-Drug-Status profitieren. Inzwischen wurde die Hälfte dieser Orphan-Arzneimittel auf Antrag der Zulassungsinhaber aus dem Orphan-Register gestrichen. Arzneimittel bei Erkrankungen des Blutsystems und Immuntherapeutika sind ebenfalls häufig vertreten. Die einzelnen Arzneimittel können zum Teil nicht eindeutig einer dieser beiden Gruppen zugewiesen werden, sodass die Gebiete „Blut- und Immunsystem" hier zusammengefasst dargestellt werden.

Das verordnungsstärkste neue Arzneimittel im Jahr 2024 war Veoza mit dem Wirkstoff Fezolinetant, zugelassen als erstes nichthormonelles Arzneimittel bei vasomotorischen Symptomen (Hitzewallungen), die mit der Menopause assoziiert sind. Das Arzneimittel wurde ursprünglich als Antipsychotikum entwickelt und ist der erste Wirkstoff, der direkt im Hypothalamus in die Thermoregulation eingreift. Bereits im Jahr der Markteinführung wurden 2,5 Mio. DDD in der ambulanten Versorgung zu Lasten der gesetzlichen Krankenversicherung verordnet. Bemerkenswert ist die geschätzte Patientinnengruppe im G-BA-Beschluss der Nutzenbewertung von über 3 Mio. Frauen in der Menopause. Momentan ist das neue Arzneimittel noch nicht für Brustkrebspatientinnen mit antiestrogener Therapie zugelassen – eine wichtige Zielgruppe, da genau diese Frauen häufig unter Hitzewallungen leiden. Die Studie HIGH-LIGHT 1™ (Serani 2024) untersucht jedoch dieses Patientinnenkollektiv.

Gleich drei neue Wirkstoffe wurden 2024 gegen die paroxysmale nächtliche Hämoglobinurie (PNH) eingeführt: Danicopan (Voydeya), Iptacopan (Fabhalta) und Crovalimab (Piasky). Alle drei Arzneimittel wirken inhibitorisch auf verschiedene Stellen des Komplementsystems und bewirken so eine Deaktivierung des Immunsystems, das bei dieser Erkrankung die körpereigenen roten Blutkörperchen zerstört. Während Danicopan und Iptacopan eine Orphan-Designation besitzen, wurde Crovalimab regulär von der EU zugelassen. Dadurch gilt der Zusatznutzen bei Danicopan und Iptacopan als belegt, wogegen Crovalimab eine vollständige Nutzenbewertung mit einem nicht belegten Zusatznutzen bekommen hat. Danicopan wurde vom gleichen Hersteller (Alexion) wie Ravulizumab und Eculizumab in den Handel eingeführt und kann nur in Kombination mit einem dieser Wirkstoffe als sogenannte Add-on-Therapie verordnet werden.

Einen bemerkenswerten Wirkansatz hat das neue Arzneimittel Tofersen (Qalsody). Es ist zugelassen bei Erwachsenen mit amyotropher Lateralsklerose (ALS) mit einer Mutation im Superoxid-Dismutase 1 (SOD1)-Gen. Das Antisense-Oligonukleotid bindet sich an die mRNA des SOD1-Gens, unterdrückt die SOD1-Proteinsynthese, ein schädigendes Enzym, und soll so den Krankheitsverlauf verlangsamen. Obwohl in der Zulassungsstudie keine Wirkung des Arzneimittels gezeigt werden konnte, geht die EMA von einer voraussichtlichen Wirkungsweise des Arzneimittels aus, sodass es unter „Exceptional circumstances" zugelassen wurde (EMA 2024). Als Orphan-Arzneimittel erhielt das Medikament automatisch im Nutzenbewertungsverfahren des G-BA einen nicht quantifizierbaren Zusatznutzen; die Jahrestherapiekosten werden im Beschluss der Nutzenbewertung mit 354.646,24 € angegeben.

◻ Abb. 23.9, die die neuen Wirkstoffe 2024 indikationsbezogen einordnet, dient als Grundlage einer Diskussion um Innovationsdichte und Versorgungsrelevanz.

23.2.2 Marktdynamik der Arzneimittel bei seltenen Erkrankungen: Orphan-Arzneimittel

Neben dem Marktsegment der patentgeschützten Arzneimittel weist auch das Marktsegment der so genannten Orphan-Arzneimittel eine hohe prozentuale Steigerungsrate bei den Nettokosten auf (+15,3 % im Vergleich zum Vorjahr; s. ◘ Tab. 23.1). Orphan-Arzneimittel sind Arzneimittel, die zur Behandlung seltener Erkrankungen eingesetzt werden. In der Europäischen Union gelten Erkrankungen als selten, wenn höchstens fünf von 10.000 Einwohnerinnen und Einwohnern betroffen sind. Auf Orphan-Arzneimittel fallen lediglich 0,08 % aller verordneten Tagesdosen in 2024 bei einem Nettokosten-Anteil von 13,7 % (8,1 Mrd. €). Eine Tagesdosis der Orphan-Arzneimittel kostete im Jahr 2024 im Durchschnitt 213,21 € und damit mehr als das 200-Fache einer durchschnittlichen Tagesdosis eines Nicht-Orphan-Arzneimittels.

Zwar sind die Gruppen der mit Orphan-Arzneimitteln zu behandelnden Patientinnen und Patienten klein, aber in den letzten Jahren wurden diese vermehrt zugelassen und eingesetzt. Von den 42 im Jahr 2024 zugelassenen neuen Wirkstoffen waren 24 Orphan-Arzneimittel (s. ◘ Abb. 23.10). Dies entspricht einem Anteil von fast 60 %. In den letzten zehn Jahren wurden von den 363 neuen Wirkstoffen 166 als Orphan-Arzneimittel zugelassen. Seit 2000 hat die Europäische Union mit der Einführung der europäischen Orphan-Drug-Verordnung (141/2000) Anreize für die pharmazeutische Industrie geschaffen Orphan-Arzneimittel zu entwickeln und diese trotz gewisser marktwirtschaftlicher Risiken auf den Markt zu bringen (Europäische Union 2019). Wird ein Arzneimittel als Orphan zugelassen, gibt es gewisse Vorteile bei seiner Zulassung, etwa wissenschaftliche Beratung und Unterstützung beim Erfüllen der Regularien und eine garantierte Marktexklusivität für zehn Jahre (bzw. zwölf Jahre bei pädiatrischen Erkrankungen), mit wenigen Ausnahmen. Orphan-Arzneimittel müssen sich außerdem bei Zulassung keiner Nutzenbewertung unterziehen. Bis zu einer jährlichen Umsatzgrenze von 30 Mio. € wird Orphan-Arzneimitteln ein fiktives Zusatznutzen attestiert – erst bei Überschreitung dieser Umsatzgrenze oder bei Widerruf des Orphan-Status kommt es zu einer regulären Nutzenbewertung. Es ist dem Gemeinsamen Bundesausschuss lediglich anhand der vom Hersteller vorgelegten Evident möglich, den Zusatznutzen zu quantifizieren. Vor Inkrafttreten des GKV-Finanzstabilisierungsgesetzes 2022 lag die Umsatzgrenze bei 50 Mio. € jährlich (Bundesanzeiger 2022). In den letzten Jahren waren Orphan-Arzneimittel öfters Bestandteil öffentlicher Diskussionen zu zukünftigen Marktregulierungen und möglichen Strategien der pharmazeutischen Industrie. So werden für die pharmazeutische Hersteller Anreize geschaffen, Arzneimittel mit einem breiten Indikationsgebiet zu entwickeln, das Arzneimittel jedoch nur für eine kleine Untergruppe von Patientinnen und Patienten mit einer seltenen Variante der Krankheit zuzulassen und in den Markt einzuführen. Kritiker sprechen hierbei von der so genannten „Orphanisierung" (Handelsblatt 2017; IQWIG 2023). Dass die Entwicklung von Orphan-Arzneimitteln zur punktuell molekularen Behandlung onkologischer Erkrankungen eher im Mittelpunkt des Forschungsinteresses der pharmazeutischen Unternehmen steht und nicht die Entwicklung von Arzneimitteln gegen seltene genetisch bedingte Erkrankungen, für die es häufig keine Therapieoptionen gibt, wird dabei kritisch betrachtet (Ludwig 2019).

Die steigende Anzahl neuer Arzneimittel mit Orphan-Designation über die letzten Jahre resultierte in deutlich steigenden Nettokosten für diese Arzneimittel. Auch die Anzahl der verordneten Tagesdosen ist gestiegen, wenn auch in einem sehr geringen Maße. Während Orphan-Arzneimittel 2015 noch Nettokosten in Höhe von ca. 2 Mrd. € verursachten, was damals 6,1 % der Nettokosten des gesamten GKV-Marktes entsprach, haben sich diese Kosten in zehn Jahren fast vervierfacht und erreichen 2024 mit 8,11 Mrd. € einen Nettokostenanteil von 13,7 % (◘ Abb. 2.5). Allein der Vergleich von 2024 zu 2023 zeigt: Mit einem Nettokostenwachstum in Höhe von 15,3 % ist die Nettokostenentwicklung in diesem Marktsegment deutlich dynamischer als im Restmarkt (9,9 %; ◘ Tab. 23.1). Die Nettokosten für eine Tagesdosis der Orphan-Arzneimittel liegen im Durchschnitt bei 213,21 € Nettokosten je Tagesdosis, während sie im Gesamtmarkt bei 1,19 € liegen und im Patentmarkt im Mittel bei 9,03 € (◘ Tab. 23.1).

23.2.3 Zweitanbieter: Der generikafähige und der biosimilarfähige Markt

Der Zweitanbietermarkt entsteht, wenn Patente und Schutzfristen abgelaufen sind und weitere Anbieter mit wirkstoffgleichen Präparaten in den Markt eingetreten sind, wodurch ein Wettbewerb entstanden ist. Hinsichtlich der Herstellungsart bzw. der Produkteigenschaften lässt sich der Zweitanbietermarkt weiter in den generikafähigen Markt für chemisch-synthetisch hergestellte Wirkstoffe und den biosimilarfähigen Markt für bio- oder gentechnologisch hergestellte Wirkstoffe (Biologika) unterteilen. Mit 18,6 Mrd. € Nettokosten und 43,4 Mrd. verordneten Tagesdosen stellen die generikafähigen Wirkstoffe (Bundesministerium für Gesundheit 2025b) – einschließlich ihrer jeweiligen ehemaligen Originale – den größten Teil des Zweitanbietermarktes im Jahr 2024. Der Wettbewerbsmarkt der Biologika, auf die im Jahr 2024 insgesamt 5,5 Mrd. € und 659 Mio. verordnete Tagesdosen (DDD) entfallen, hat durch Patentausläufe in den letzten Jahren deutlich zugenommen (◘ Abb. 23.11).

In den letzten Jahren ist zudem zu beobachten, dass die meist günstigeren Biologika von Zweitanbietern teilweise immer schneller

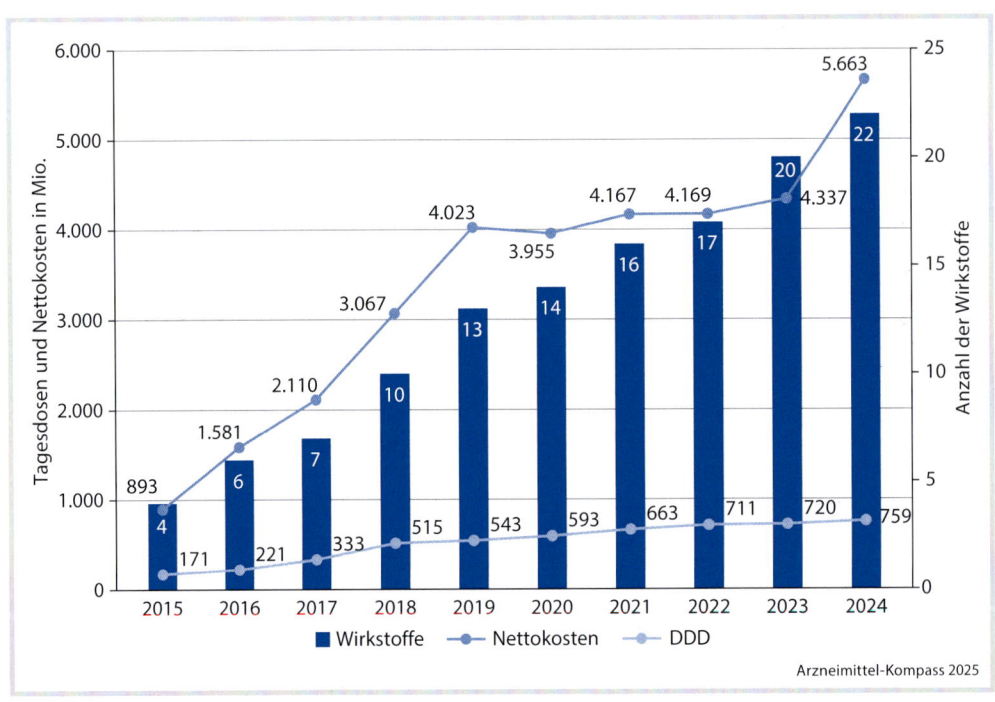

◘ Abb. 23.11 Nettokosten und Verordnungen (DDD) sowie Anzahl der biosimilarfähigen Wirkstoffe seit 2015. (Quelle: GKV-Arzneimittelindex im Wissenschaftlichen Institut der AOK (WIdO), © WIdO 2025)

Kapitel 23 · Der Arzneimittelmarkt 2024 im Überblick

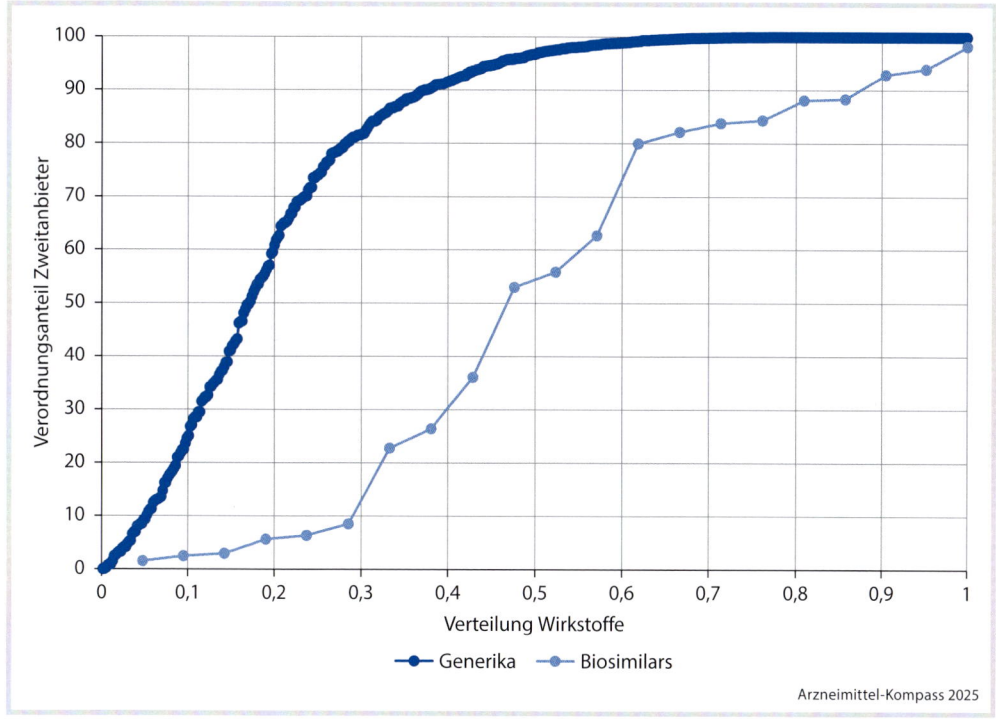

◘ **Abb. 23.12** Zweitanbieteranteile im generikafähigen und im biosimilarfähigen Markt 2024. (Quelle: GKV-Arzneimittelindex im Wissenschaftlichen Institut der AOK (WIdO), © WIdO 2025)

den Markt durchdringen. Die Biosimilaranteile der einzelnen Arzneimittel variieren stark. Die Gründe hierfür sind vielfältig und offenbar wirkstoffabhängig.

Die Gegenüberstellung der Zweitanbieteranteile im generikafähigen und biosimilarfähigen Markt in ◘ Abb. 23.12 zeigt, dass der generikafähige Markt mit deutlich stärker ausgeprägtem Wettbewerb insgesamt auch höhere Zweitanbieteranteile bei den Verordnungen aufweist als dies für den meist noch überschaubareren Wettbewerb im biosimilarfähigen Markt festzustellen ist. Bei 62,7 % der generikafähigen Wirkstoffe lagen die Zweitanbieteranteile über 90 %. Insgesamt werden hierbei 534 generikafähige Wirkstoffe bzw. Wirkstoffkombinationen und 21 biosimilarfähige Wirkstoffe berücksichtigt, die im Jahr 2024 verordnet wurden.

Die dynamische Preisentwicklung und der starke Kostenanstieg im Bereich der hochpreisigen Biologika tragen zu dem Ausgabendruck bei den Arzneimitteln bei. Die GKV gibt derzeit jährlich 4,23 Mrd. € für biologische Fertigarzneimittel mit Wirkstoffen aus, für die ein Austausch möglich ist (Referenzarzneimittel und Biosimilars). Eine konsequente Nutzung des Wettbewerbspotenzials könnte hier zu erheblichen Einsparungen führen, ohne die Behandlungsqualität für Patientinnen und Patienten zu beeinträchtigen. Trotz inzwischen breiter Verfügbarkeit von Biosimilars bleibt der Wettbewerb in diesem Segment bislang hinter den Möglichkeiten zurück. Ein entscheidender Schritt zur Realisierung dieser Potenziale wurde mit dem Entwurf einer entsprechenden neuen Regelung in der Arzneimittelrichtlinie initiiert, zu dem im Juni 2025 ein Stellungnahmeverfahren eingeleitet wurde. Danach würde gelten: „Die Apotheken sind bei der Abgabe verordneter biotechnologisch hergestellter biologischer Fertigarzneimittel an Versicherte zur Ersetzung durch ein preisgünstiges Arzneimittel verpflichtet." (G-BA 2025b). Diese Entwicklung stellt einen Wendepunkt dar, da sie die obligatorische Substitution von Biologika durch Biosimilars in Apotheken ermöglichen würde, ein Aspekt, der bisher ein wesentliches Hemmnis für die Entfaltung des vollständigen Wettbewerbs darstellt. Mit dieser Maßnahme könnten dann die aus anderen europäischen Ländern bekannten Preisnachlässe auch in Deutschland auf diesem stetig wachsenden Markt realisiert werden (Vogler et al. 2021).

Seit 2006 sind für einige hochpreisige Biologika die Patentfristen abgelaufen, was den Markteintritt von Biosimilars ermöglicht hatte. 2024 waren in Deutschland zu 22 Wirkstoffen Biosimilars auf dem Markt. Diese biosimilarfähigen Wirkstoffe erreichten 2024 einen Marktanteil von 7,1 % der gesamten GKV-Nettoausgaben.

Trotz des Wettbewerbsbeginns lagen die durchschnittlichen Biosimilaranteile wirkstoffgewichtet im Jahr 2024 bei 25,3 %, was deutlich unter den ca. 80 % liegt, die im generikafähigen Markt üblich sind. Zudem lagen die Preise der Biosimilars bislang meist nicht wesentlich unter denen der Originalanbieter, obwohl ihre Forschungs- und Entwicklungskosten im Schnitt nicht einmal ein Fünftel der Referenzprodukte betragen. Auch Festbeträge, die in den letzten Jahren verstärkt in diesem Marktsegment genutzt wurden, führten lediglich zu moderaten Preissenkungen auf ein einheitliches Niveau, das dann stagnierte. Dies deutet darauf hin, dass bei den Preisen noch erhebliche Spielräume für Reduktionen vorhanden sind.

Krankenkassen haben seit 2007 die Möglichkeit, Rabattverträge mit pharmazeutischen Herstellern abzuschließen. Neben Preisverhandlungen und Nutzenbewertungen zählen Rabattverträge zu den zentralen Steuerungsmechanismen im GKV-System. Diese Verträge betreffen aufgrund des bestehenden Wettbewerbs vornehmlich den generikafähigen Markt, daneben auch den biosimilarfähigen Markt und den Originalmarkt mit Reimporten. Ihre ökonomische Logik beruht auf der Bündelung von Nachfrage durch die Krankenkassen, die in Preisnachlässen der pharmazeutischen Unternehmen resultieren.

Diese Mechanismen haben über die Jahre zu einer erheblichen Ausgabenentlastung beigetragen, so dass sich Arzneimittelrabattverträge als effektives Preisinstrument erwiesen haben (s. ◘ Abb. 23.13): Für 2024 werden in der amtlichen Statistik des Bundesministeriums für Gesundheit 6,2 Mrd. € Rabatterlöse für die GKV ausgewiesen, was einem Anteil von 10,3 % der Arzneimittelausgaben entspricht.

Als besonders wirksames Instrument gelten hierbei exklusive Verträge zu ausgeschriebenen generikafähigen Wirkstoffen, die mit einem bzw. wenigen über europaweite Ausschreibungen ausgewählten Herstellern geschlossen werden. Bei diesen Ausschreibungen wirken die Bündelung der Nachfrage und der Wettbewerb am stärksten zur Kostendämpfung im GKV-System. Entsprechend stehen bei Betrachtungen zu den Auswirkungen der Arzneimittelrabattverträge diese Ausschreibungen im Fokus. Die notwendigen Diskussionen zu Versorgungssicherheit zeigen, dass eine reine Marktdynamik – mit oder ohne Arzneimittelrabattverträge – für Arzneimittel nicht ausreicht. Dies betrifft insbesondere die Versorgungssicherheit bei sogenannten „kritischen Arzneimitteln" (critical medicines), also Präparaten, die für die Behandlung schwerwiegender und verbreiteter Erkrankungen essenziell sind, deren Herstellungskapazitäten jedoch zunehmend auf wenige Anbieter bzw. geografisch konzentrierte Produktionsstandorte beschränkt sind.

Rabattverträge bieten die Möglichkeit und mit dem Arzneimittel-Lieferengpassbekämpfungs- und Versorgungsverbesserungsgesetz (ALBVVG) die Pflicht, die Hersteller zur rechtzeitigen Bevorratung in ausreichenden Mengen zu verpflichten.

Kapitel 23 · Der Arzneimittelmarkt 2024 im Überblick

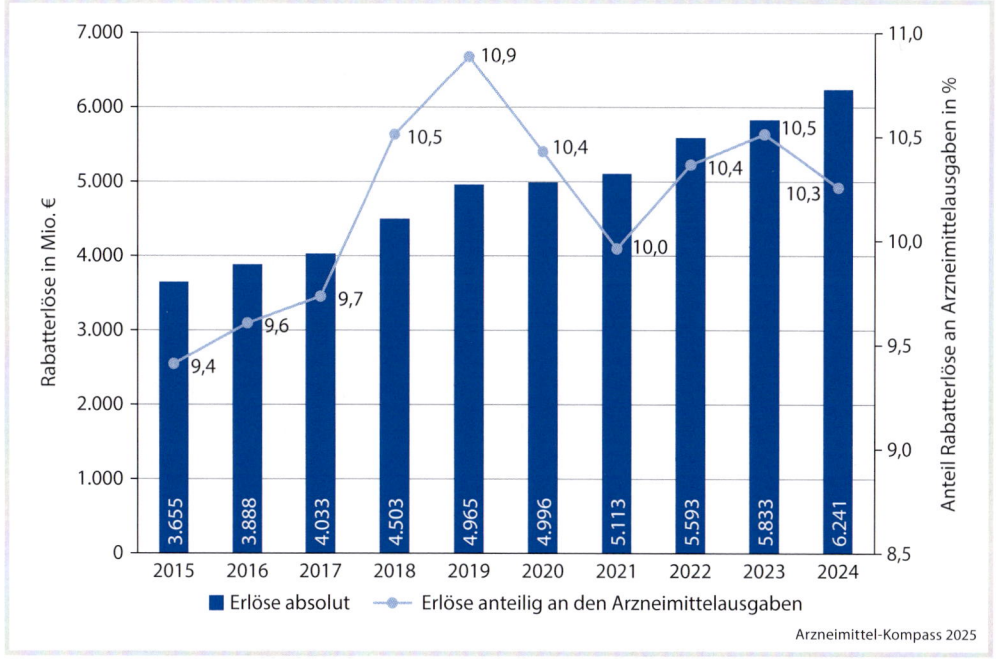

Abb. 23.13 Erlöse aus Rabattverträgen seit 2015 nach amtlicher Statistik. (Quelle: WIdO nach amtlichen Statistiken des Bundesministeriums für Gesundheit)

Mit dem Critical Medicines Act (CMA) verfolgt die Europäische Union das Ziel, die Widerstandsfähigkeit der Lieferketten im Arzneimittelbereich zu stärken (Europäische Kommission 2025). Der Legislativvorschlag wurde am 11. März 2025 von der Europäischen Kommission vorgestellt und im Anschluss in Parlament und Rat beraten. Er adressiert systematisch die Abhängigkeiten Europas von wenigen globalen Wirkstoff- und Fertigarzneimittelherstellern, insbesondere in Asien, und sieht Maßnahmen zur Förderung europäischer Produktionskapazitäten, zur besseren Markttransparenz und zur Diversifizierung von Bezugsquellen vor. Die politische Einigung wird für das vierte Quartal 2025 erwartet, sodass die Verordnung voraussichtlich Anfang 2026 in Kraft treten wird. Damit erhalten Fragen der Resilienz und der Versorgungssicherheit eine neue regulatorische Verankerung, die auch für die nationale Arzneimittelpolitik von hoher Relevanz ist.

Im Gegensatz zu exklusiven Arzneimittelrabattverträgen werden sogenannte Open-House-Verträge, bei denen Hersteller zu bekannten Konditionen beitreten können, als weniger effektiv eingeschätzt, da sie den Wettbewerb nicht in gleichem Maße nutzen können.

Trotz inzwischen breiter Verfügbarkeit von Biosimilars bleibt der Wettbewerb in diesem Segment bislang hinter den Möglichkeiten zurück. Für biosimilarfähige Wirkstoffe war in der Vergangenheit der Abschluss von Rabattverträgen nur im Open-House-Modell möglich, da die für Exklusivverträge notwendige verpflichtende Substitution der Präparate in der Apotheke nicht gestattet war. Das Gesetz für mehr Sicherheit in der Arzneimittelversorgung (GSAV) aus dem August 2019 hatte bereits einen dreijährigen Übergangszeitraum zur Prüfung der Austauschmöglichkeit bzw. verpflichtenden Substitution von Biologika durch Biosimilars in der Apotheke durch den G-BA eingeleitet. Die seit 2022 eingeführte Möglichkeit der Substitution in der Apotheke schafft nun die regulatorischen Voraussetzungen, die Biosimilars analog zu Generika in Wettbewerbssysteme einzubinden. Auch aus medizinischer Sicht ist der Switch unbedenklich: Die Arzneimittelkommission der deutschen Ärzteschaft und das Paul-Ehrlich-Institut bestätigen die therapeutische Gleichwertigkeit und verneinen die Notwendigkeit zusätzlicher Switch-Studien (AkdÄ 2021; Wolff-Holz 2021). Der nunmehr vorliegende Entwurf zur Ergänzung der Arzneimittelrichtlinie, der die verpflichtende Ersetzung durch ein preisgünstiges Arzneimittel vorschreibt, würde dieses zentrale Hemmnis aufheben und die volle Nutzung des bewährten Instruments der exklusiven Rabattverträge auch im Biosimilarmarkt ermöglichen.

Auf Basis der aktuellen Austauschliste des G-BA und der GKV-Verordnungsdaten (G-BA 2025c) ergeben sich für 2024 folgende Einsparpotenziale (◘ Tab. 23.3):

- Konservatives Szenario: Bei einer Substitutionsquote von 60 % und einem Preisniveau, das im Schnitt 30 % unterhalb der Referenz liegt, könnten 693 Mio. € eingespart werden.
- Ambitioniertes Szenario: Bei einer Substitutionsquote von 80 % und durchschnittlichen Preisnachlässen von 70 % ergäbe sich ein Potenzial von 2,33 Mrd. €.

Diese Beträge entsprechen zwischen 16 und 55 % der Nettokosten der austauschfähigen Biologika im Jahr 2024. Auffällig ist, dass einzelne Wirkstoffe wie Adalimumab, Ustekinumab oder Ranibizumab aufgrund ihres hohen Marktvolumens besonders stark zum Gesamteinsparpotenzial beitragen.

Für die Arzneimittelpolitik ergeben sich daraus mehrere Handlungsoptionen: Erstens können exklusive Rabattverträge auch im Biosimilarmarkt gefördert werden, um den Preiswettbewerb zu intensivieren und zweitens könnte die Substitutionsregelung in Apotheken und Praxen, flankiert durch Informationskampagnen für Ärztinnen und Ärzte sowie Patientinnen und Patienten, transparent umgesetzt werden. Erfahrungen aus europäischen Ländern mit stringenteren Preislinks oder höheren Substitutionsquoten können als Orientierung dienen.

Angesichts der Vielzahl von Biologika, deren Patentschutz in den kommenden Jahren ausläuft, wird die Bedeutung der Biosimilarsubstitution weiter zunehmen. Bereits bis Ende 2026 ist mit einem erheblichen Zuwachs an austauschfähigen Wirkstoffen zu rechnen. Ein regulatorisch konsequent umgesetztes Substitutionsregime könnte dazu beitragen, die GKV-Arzneimittelausgaben auch in einem Umfeld von immer mehr hochpreisigen Innovationen nachhaltig abzusichern.

23.2.4 Zuzahlungen

Im Zeitraum von 2015 bis 2024 lässt sich bei den Versichertenzuzahlungen für Fertigarzneimittel ein bemerkenswerter Befund beobachten: Während die absoluten Zuzahlungsbeträge von 2,17 Mrd. € im Jahr 2015 auf 2,59 Mrd. € im Jahr 2024 anstiegen, sank ihr relativer Anteil an den Nettokosten des Arzneimittelmarktes im gleichen Zeitraum von 6,6 % auf nur noch 4,9 %. Die Versicherten zahlen also Jahr für Jahr mehr, doch gemessen an den dynamisch wachsenden Gesamtausgaben für Arzneimittel verliert die Zuzahlung an Gewicht. Dieser Befund verweist unmittelbar auf die Ausgabendynamik des Marktes, die vor allem durch patentgeschützte, hochpreisige Innovationen geprägt ist. Der Umstand, dass steigende Eigenbeteiligungen der Versicherten mit einem sinkenden Finanzierungsanteil einhergehen, unterstreicht die Geschwindigkeit, mit der sich die Arzneimittelausgaben entwickeln.

Gesundheitspolitisch lassen sich daraus mehrere Schlüsse ziehen. Zunächst zeigt sich, dass die Lasten der Ausgabendynamik überwiegend von den gesetzlichen Krankenkassen getragen werden. Zwar bedeutet der relative Rückgang der Zuzahlungsanteile auf den ersten Blick eine Entlastung der Versicherten, doch dieser Effekt ist trügerisch: Absolut gesehen müssen die Haushalte höhere Sum-

Tab. 23.3 Im deutschen Markt verfügbare biosimilarfähige Wirkstoffe mit Nettokosten und Verordnungen (in Tagesdosen) als Fertigarzneimittel in der GKV, Anzahl der bezugnehmend zugelassenen Biosimilars gemäß G-BA sowie Einsparpotenziale in zwei Szenarien. (Quelle: GKV-Arzneimittelindex im Wissenschaftlichen Institut der AOK (WIdO), © WIdO 2025)

Wirkstoff	Nettokosten 2024 in Mio. Euro	Verordnete Tagesdosen 2024 in Mio.	Anzahl Präparate/davon austauschbar nach G-BA	Konservatives Einsparszenario: Einsparung in Mio. Euro	Ambitioniertes Einsparszenario: Einsparung in Mio. Euro
Adalimumab	1.068,0	32,7	11/11	212,6	609,0
Bevacizumab	0,2	0,0	10/9	0,0	0,1
Eculizumab	47,2	0,0	3/3	7,7	26,0
Erythropoietin	162,0	22,1	9/6	26,1	89,1
Etanercept	414,1	13,6	4/4	70,5	229,7
Filgrastim	36,7	0,4	8/8	0,8	17,4
Follitropin alfa	23,8	0,7	5/3	2,2	12,2
Infliximab	178,4	7,4	6/5	25,9	96,6
Insulin aspart	220,0	120,7	5/3	38,4	122,6
Insulin glargin	216,8	123,3	4/3	28,5	115,8
Insulin lispro	241,3	156,1	4/3	41,4	134,0
Natalizumab	90,6	1,1	3/2	13,6	49,3
Pegfilgrastim	103,4	2,2	10/10	12,0	54,3
Ranibizumab	379,3	9,0	6/6	67,2	211,9
Rituximab	21,5	0,2	8/7	0,4	10,0
Somatropin	103,1	3,1	7/2	0,0	46,0
Teriparatid	29,9	2,1	6/6	4,9	16,5
Tocilizumab, subkutan	293,9	5,1	3/3	47,3	161,6
Tocilizumab, intravenös	17,6	0,3	4/4	2,9	9,7
Trastuzumab	0,5	0,0	10/9	0,0	0,2
Ustekinumab, subkutan	528,0	15,7	12/12	83,5	289,4
Ustekinumab, intravenös	50,1	0,2	11/11	7,4	27,2
Summe (Anteil)	4.226,2	515,9		693,3	2.328,6

Arzneimittel-Kompass 2025

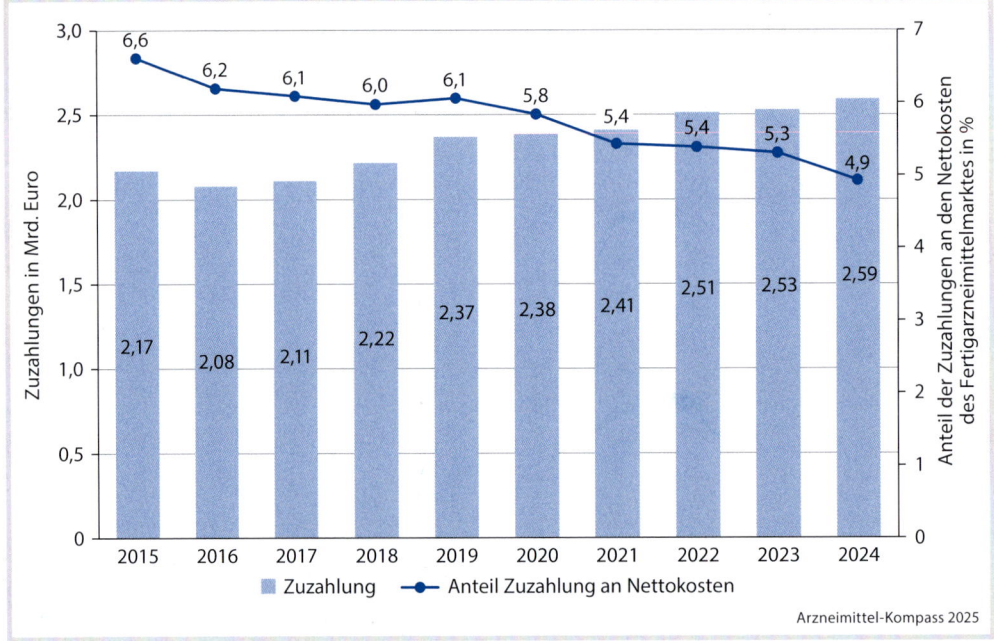

◨ **Abb. 23.14** Summe der jährlichen gesetzlichen Zuzahlungen durch Versicherte in Mrd. Euro und Anteil an den Arzneimittel-Nettokosten. (Quelle: GKV-Arzneimittelindex im Wissenschaftlichen Institut der AOK (WIdO), © WIdO 2025)

men aufbringen, was insbesondere für einkommensschwächere Versicherte spürbar sein kann, wenn entsprechende Härtefallregelungen nicht in Anspruch genommen werden. Das System der Zuzahlungen basiert auf dem Gedanken, durch Eigenbeteiligungen Kostenbewusstsein zu fördern und die Finanzierung der Solidargemeinschaft partiell abzustützen. Sinkt ihr Anteil jedoch kontinuierlich, so verlieren die Zuzahlungen ihre relative Funktion als Finanzierungsinstrument. Bis heute jedoch bleibt die Arzneimittelzuzahlung den empirischen Beweis schuldig, dass sie eine sinnvoll steuernde Wirkung entfaltet und nicht nur eine rein fiskalische.

Vor diesem Hintergrund gewinnt die gegenwärtige politische Debatte um eine Anhebung der Zuzahlungen an Relevanz. Befürworter argumentieren, dass ein höherer Eigenanteil notwendig sei, um die Versicherten stärker in die Verantwortung zu nehmen und die GKV-Einnahmen in Zeiten angespannter Finanzlagen zu stabilisieren. Kritisch ist jedoch zu berücksichtigen, dass Zuzahlungen einkommensunabhängig erhoben werden und damit regressiv wirken. Sie belasten einkommensschwache Haushalte überproportional stark, selbst wenn durch die gesetzlich festgelegte Belastungsobergrenze von zwei Prozent des Einkommens – beziehungsweise einem Prozent für chronisch Kranke – gewisse Schutzmechanismen existieren. Eine politische Entscheidung zur Ausweitung der Zuzahlungen müsste daher sorgfältig zwischen fiskalischen und sozialpolitischen Zielsetzungen abgewogen werden.

Die Daten verdeutlichen letztlich, dass das Instrument der Zuzahlungen im gegenwärtigen Ausgabenwachstum an Bedeutung verliert. Soll es weiterhin als wirksamer Finanzierungsbeitrag verstanden werden, wäre eine Anpassung unvermeidlich. Zugleich stellt sich die Frage, ob ein stärkerer Rückgriff auf Eigenbeteiligungen mit dem Grundgedanken der solidarischen Finanzierung im GKV-System vereinbar ist oder ob nicht vielmehr eine Stärkung kollektiver Finanzierungsmechanismen erforderlich wäre. ◘ Abb. 23.14 macht damit deutlich, dass die Diskussion über Zuzahlungen weit über technische Fragen hinausweist und grundsätzliche Aspekte der Ausgestaltung von Solidarität und Eigenverantwortung im deutschen Gesundheitssystem berührt.

23.3 Pharmazeutische Hersteller im Jahr 2024

Die pharmazeutische Industrie hat 2024 Arzneimittel im Gegenwert von einem GKV-Nettoumsatz von 59,3 Mrd. € produziert, darunter 52,6 Mrd. € Fertigarzneimittel. Insgesamt waren hieran im Jahr 2024 ca. 380 pharmazeutische Anbieter mit einem jährlichen GKV-Nettoumsatz von 100.000 € und mehr beteiligt.

▪▪ Marktkonzentration im Fertigarzneimittelmarkt und im generikafähigen Markt

Die Analyse der Marktkonzentration bietet einen zentralen Zugang, um die Wettbewerbsintensität und die Verteilung von Marktanteilen im GKV-Arzneimittelmarkt zu bewerten. Sie gibt Aufschluss darüber, inwieweit sich Umsätze auf wenige große Anbieter konzentrieren oder ob sich eine breite Anbieterstruktur behauptet. Als etablierter Indikator dient der Herfindahl-Hirschman-Index (HHI), der auch von der Europäischen Kommission und dem Bundeskartellamt zur Wettbewerbsanalyse herangezogen wird.

Die aktuellen Daten für 2024 zeigen, dass sich die Anbieterkonzentration im Fertigarzneimittelmarkt im Zehn-Jahres-Vergleich kaum verändert hat. Der Umsatzanteil der zehn größten Unternehmen ist von 37 % im Jahr 2015 auf 36 % im Jahr 2024 leicht zurückgegangen, ebenso der Anteil der Top-20-Anbieter (von 57 % auf 56 %). Der HHI sank marginal von 221 auf 216. Nach klassischen Maßstäben der Wettbewerbspolitik weist dies auf eine niedrige Konzentration hin. Zugleich wird bei einer Betrachtung des spezifischen Marktumfelds deutlich, dass diese Lesart allein nicht ausreicht. Der Arzneimittelmarkt ist durch eine große Vielfalt an Indikationen und heterogenen Produkten geprägt. Vor diesem Hintergrund ist es bemerkenswert, dass die 20 größten Anbieter mehr als die Hälfte des Bruttoumsatzes auf sich vereinen – obwohl mehrere hundert Hersteller im Markt aktiv sind. Die Interpretation der Marktkonzentration muss daher differenziert erfolgen: Während der HHI ein Bild vergleichsweise breiter Anbieterstreuung zeichnet, verdeutlichen die Umsatzanteile, dass sich ein erheblicher Teil des Marktes nach wie vor auf wenige große Akteure konzentriert.

Demgegenüber zeigt sich im generikafähigen Markt ein deutlicherer Rückgang der Konzentration. Der Umsatzanteil der zehn größten Anbieter sank zwischen 2015 und 2024 von 49 % auf 42 %, jener der zwanzig größten von 67 % auf 61 %. Augenfällig ist der Rückgang des HHI von 328 auf 254. Damit hat sich die ohnehin recht moderate Konzentration im Generikasegment nochmals verringert. Diese Entwicklung bestätigt, dass der intensive Preis- und Ausschreibungswettbewerb unter Generikaherstellern in den letzten Jahren zu einer stärkeren Anbieterdiversifizierung geführt hat. Europaweite Ausschreibungen, ein niedriges Eintrittsrisiko für neue Hersteller und die vergleichsweise geringen Investitionsanforderungen im Generikamarkt haben kleineren und mittelgroßen Unternehmen den Markteintritt erleichtert. Dadurch können neue Akteure Marktanteile gewinnen und die Position der großen Generikahersteller im relativen Umsatzanteil abschwächen.

Wettbewerbspolitisch sind diese Entwicklungen ambivalent zu bewerten. Auf der einen Seite stärkt die gesunkene Konzentration die Marktbreite und kann durch eine größere Anbieterzahl die Versorgungssicherheit stabilisieren. Auf der anderen Seite wird seit einigen Jahren darauf hingewiesen, dass der zunehmende Preisdruck im Generikamarkt auch Marktaustritte und Produktionsverlage-

Tab. 23.4 Ausgewählte Kennwerte der Bruttoumsatzverteilung nach pharmazeutischen Anbietern in den Jahren 2015 und 2024. (Quelle: GKV-Arzneimittelindex im Wissenschaftlichen Institut der AOK (WIdO), © WIdO 2025)

	2015	2024
Fertigarzneimittelmarkt		
Bruttoumsatzanteil der 10 umsatzstärksten Anbieter	37 %	36 %
Bruttoumsatzanteil der 20 umsatzstärksten Anbieter	57 %	56 %
Herfindahl-Hirschman-Index[a]	221	216
Generikafähiger Markt		
Bruttoumsatzanteil der 10 umsatzstärksten Anbieter	49 %	42 %
Bruttoumsatzanteil der 20 umsatzstärksten Anbieter	67 %	61 %
Herfindahl-Hirschman-Index	328	254

[a] Der Herfindahl-Hirschman-Index ist die Summe der quadrierten Anteilswerte und kann Werte von 1 bis 10.000 annehmen, wobei der minimale Wert bei Gleichverteilung des Absatzes über alle Anbieter (= minimale Konzentration), der maximale Wert hingegen bei maximaler Konzentration (also wenn der gesamte Absatz auf einen einzigen Anbieter entfällt) erreicht wird. Der ausgewiesene Rückgang beim Herfindahl-Hirschman-Index zwischen 2015 und 2024 zeigt, dass die Marktkonzentration abgenommen hat.
Arzneimittel-Kompass 2025

rungen in Niedrigkostenländer begünstigen kann. Die wachsende Zahl kleinerer Anbieter mag somit Ausdruck eines lebendigen Wettbewerbs sein, kann zugleich aber das Risiko fragmentierter Lieferketten mit sich bringen.

Im Gesamtbild lässt sich festhalten, dass die Marktkonzentration sowohl im Gesamt- als auch im generikafähigen Markt des GKV-Systems im internationalen Vergleich weiterhin niedrig erscheint. Gleichwohl verdeutlicht die Betrachtung der Umsatzanteile, dass eine relevante Marktmacht auf wenige große Anbieter konzentriert bleibt. Während die Innovationssegmente von einer stabilen Gruppe global agierender Konzerne geprägt werden, ist im Generikasegment ein weiterer Rückgang der Anbieterfokussierung zu beobachten. Damit bleibt der deutsche GKV-Arzneimittelmarkt ein Wettbewerbsumfeld, das sich durch eine recht breite Anbieterbasis auszeichnet – allerdings mit den bekannten Spannungsfeldern zwischen Kostendruck, Wettbewerb und Versorgungssicherheit.

■■ Anbieterkonzentration im GKV-Arzneimittelmarkt

Die globale Pharmabranche ist stark konzentriert: Ein kleiner Kreis von gut 20 multinationalen Konzernen vereint einen Großteil der weltweiten Arzneimittelumsätze auf sich. Die in ◘ Tab. 23.4 benannten 20 umsatzstärksten Pharmakonzerne, die in Deutschland teilweise mit verschiedenen pharmazeutischen Anbietern tätig sind, erzielen gemeinsam jährlich Hunderte von Milliarden US-Dollar Umsatz. Dabei handelt es sich überwiegend um Konzerne aus den USA und Europa. Die USA und Europa sind mit acht bzw. neun Unternehmen in den Top 20 repräsentiert, ferner finden sich je ein Unternehmen aus Japan, Israel und Australien in dieser Liste. Die Unternehmen zeichnen sich durch ein Geschäftsmodell mit patentgeschützten Medikamenten aus, was zu überdurchschnittlichen Gewinnmargen führt. Tatsächlich zählt die pharmazeutische Industrie zu den profitabelsten Branchen der Welt. Viele führende Hersteller weisen seit Jahren EBIT-Margen deutlich über 20 % aus – teils um

25 bis 30 % –, deutlich mehr als in vielen anderen Industriezweigen und insbesondere auch als in anderen Bereichen der Arzneimittelversorgungskette (CSRxP 2024). Selbst in konjunkturell schwierigen Phasen gelingt es den Top-Konzernen, stabile oder steigende operative Gewinne zu erzielen. Dies spiegelt eine Marktstruktur wider, die auf patentgeschützte, hochpreisige Arzneimittelinnovationen fokussiert ist. Branded-Pharmaunternehmen können aufgrund des Patentschutzes hohe Verkaufspreise und hohe Margen erzielen (typischerweise eine Marge von 30 bis 50 %), während Generikahersteller wegen des intensiven Preiswettbewerbs deutlich geringere Margen erzielen.

Die in ◘ Tab. 23.5 aufgeführten Unternehmen stellen die global umsatzstärksten pharmazeutischen Unternehmen dar (Forbes 2025). Die meisten dieser Konzerne erwirtschaften den Großteil ihres Umsatzes mit patentgeschützten Arzneimitteln, also Originalpräparaten. Eine Ausnahme in der Liste ist Teva, zu dem auch Generikahersteller wie Ratiopharm gehören – Teva erzielt einen erheblichen Teil seines Geschäfts mit Generika (patentfreien Nachahmerpräparaten). Auch Novartis sticht hervor, da der Konzern neben seinem originären Pharmageschäft über seine Tochter Sandoz ebenfalls im Generikamarkt aktiv ist. Insgesamt jedoch spiegelt die Liste wider, dass die global führenden Hersteller primär im hochpreisigen Patentmarkt agieren. Dennoch erreichen selbst die niedrigeren Ränge der Top 20 noch zweistellige Milliardenumsätze pro Jahr – Zahlen, die weit über denen der meisten anderen Hersteller liegen.

Betrachtet man die Auswirkungen dieser globalen Konzernmacht auf einen nationalen Markt, zeigt sich exemplarisch in Deutschland eine bemerkenswerte Diskrepanz: Die Produkte der Top-Pharmakonzerne machen zwar nur einen relativ kleinen Teil der verordneten Mengen aus, jedoch einen überproportional großen Anteil an den Arzneimittelkosten. Im deutschen GKV-Arzneimittelmarkt (Gesetzliche Krankenversicherung) des Jahres 2024 betrugen die gesamten Nettokosten für Arzneimittel rund 59,3 Mrd. €. Davon entfielen mit etwa 29,1 Mrd. € knapp die Hälfte (etwa 49 %) auf Arzneimittel der 20 global umsatzstärksten Pharmaunternehmen. Anders ausgedrückt: Die Top-20-Konzerne nach Weltumsatz vereinen etwa die Hälfte der GKV-Arzneimittelausgaben auf sich. Zum Vergleich: Die Produkte der zehn weltweit umsatzstärksten Pharmaunternehmen verursachten etwa 33,0 % (knapp ein Drittel) der Nettokosten. Hätte man statt der globalen die zehn umsatzstärksten Unternehmen im deutschen Markt betrachtet, läge der Ausgabenanteil dieser Top 10 mit rund 33,9 % sogar leicht höher. Diese Zahlen verdeutlichen bereits eine Konzentration der Ausgaben auf wenige Anbieter.

Doch noch auffälliger ist der geringe Anteil dieser Konzerne an der Versorgungsmenge, gemessen in definierten Tagesdosen (DDD). Betrachtet man den Versorgungsanteil in DDD derselben Top-20-Unternehmen, so lag dieser 2024 bei lediglich 21,8 % – also weniger als der Hälfte ihres Kostenanteils. Mit anderen Worten: Die größten Pharmakonzerne stehen für fast die Hälfte der Kosten, aber nur rund ein Fünftel der verordneten Tagesdosen. Dieses Auseinanderklaffen von Kosten- und Mengenanteil ist ein starkes Indiz dafür, dass diese Unternehmen vor allem hochpreisige Medikamente für kleine Patientengruppen vertreiben. Tatsächlich entfallen die hohen Ausgaben in der GKV insbesondere auf neu eingeführte, patentgeschützte Präparate zur Behandlung z. B. onkologischer Erkrankungen, seltener Krankheiten (Orphan-Arzneimittel) sowie bestimmter immunologischer Indikationen. Diese Medikamente sind sehr teuer, werden aber vergleichsweise selten verschrieben, da sie nur für eng umrissene Patientengruppen vorgesehen sind.

Ein extremeres Bild zeigt sich, wenn man die Gruppe der umsatzstärksten Konzerne ohne den großen Generika-Anbieter Teva betrachtet: Unter den globalen Top 10 (hier fällt Teva als Nr. 19 weltweit heraus) ergibt sich – bei knapp einem Drittel der Kosten – ein Versorgungsanteil von lediglich 8,4 %. Das heißt, die zehn größten forschenden Pharmaherstel-

Tab. 23.5 Nettokosten, verordnete Tagesdosen und umsatzstärkstes Arzneimittel im GKV-Arzneimittelmarkt 2024 sowie EBIT-Margen der 20-Top-Pharmakonzerne weltweit, sortiert nach GKV-Nettokosten. (Quelle: GKV-Arzneimittelindex im Wissenschaftlichen Institut der AOK (WIdO), teilweise basierend auf Forbes 2025 sowie Unternehmensdaten von FiercePharma, TipRanks, © WIdO 2025)

Rang	Pharmakonzern	Konzernsitz	Umsatz in Mrd. USD	EBIT-Margen in %	GKV-Nettokosten in Mrd. €	Kostenanteil in %	DDD in Mrd.	Versorgungsanteil in %	Umsatzstärkstes Arzneimittel
1	Roche	Schweiz	66,90	21,50	1,96	3,31	0,03	0,06	Ocrevus®
2	Merck Sharp & Dohme	USA	64,20	31,50	1,76	2,97	0,05	0,10	Keytruda®
3	Pfizer**	USA	63,60	25,91	1,29	2,18	0,78	1,57	Vyndaqel®
4	Johnson & Johnson	USA	56,90*	24,94	3,17	5,35	0,13	0,26	Darzalex®
5	AbbVie	USA	56,33	16,23	1,34	2,25	0,12	0,23	Skyrizi®
6	AstraZeneca	Vereinigtes Königreich	54,07	18,48	1,90	3,21	0,43	0,86	Forxiga®
7	Novartis	Schweiz	51,72	28,91	3,53	5,95	0,33	0,66	Entresto®
8	Bristol Myers Squibb**	USA	48,30	20,00	1,05	1,76	0,73	1,46	Opdivo®
9	Sanofi	Frankreich	47,92	17,63	2,05	3,45	1,21	2,42	Dupixent®
10	Eli Lilly	USA	45,04	38,89	1,50	2,53	0,40	0,81	Mounjaro®
11	Novo Nordisk	Dänemark	42,11	44,20	0,89	1,51	0,44	0,88	Ozempic®
12	GSK	Vereinigtes Königreich	40,10	12,81	0,49	0,82	0,25	0,51	Nucala®
13	Amgen	USA	33,42	21,74	0,96	1,62	0,08	0,16	Amgevita®
14	Takeda	Japan	29,91	11,50	1,27	2,14	0,09	0,18	Entyvio®
15	Boehringer Ingelheim	Deutschland	28,90	***	1,30	2,19	0,49	0,99	Jardiance®
16	Gilead Sciences	Vereinigtes Königreich	28,80	5,80	0,61	1,02	0,02	0,03	Biktarvy®
17	Merck KGaA	Deutschland	22,77	17,23	0,44	0,75	0,45	0,90	Rebif®
18	Bayer	Deutschland	19,90*	12,81	1,54	2,60	0,24	0,47	Xarelto®

Kapitel 23 · Der Arzneimittelmarkt 2024 im Überblick

◘ Tab. 23.5 (Fortsetzung)

Rang	Pharmakonzern	Konzernsitz	Umsatz in Mrd. USD	EBIT-Margen in %	GKV-Nettokosten in Mrd. €	Kostenanteil in %	DDD in Mrd.	Versorgungsanteil in %	Umsatzstärkstes Arzneimittel
19	Teva Pharmaceuticals	Israel	16,54	-1,84	1,56	2,63	4,60	9,22	Copaxone®
20	CSL Limited	Australien	14,80	25,08	0,53	0,89	0,01	0,01	Privigen®
	Top 20				29,13	49,13	10,85	21,77	
	Gesamt				59,30		49,80		

* Nur Arzneimittel
** Von der Vertriebsgemeinschaft Pfizer/BMS im deutschen GKV-Markt verkauften Fertigarzneimittel werden hälftig aufgeteilt
*** Boehringer Ingelheim veröffentlicht operativen Gewinn nicht (keine Veröffentlichungspflicht)

Arzneimittel-Kompass 2025

ler (ohne Generikaunternehmen) stellen nur etwa ein Zwölftel der versorgten Tagesdosen, während sie ein Drittel der Kosten verursachen. Teva als größter Generikakonzern demgegenüber ist zwar global nur auf Rang 19, trägt aber mit seinen zahlreichen günstigen Generika fast die Hälfte des gesamten DDD-Anteils der Top 20 (Teva-Produkte machen rund 10 % des GKV-Gesamtvolumens in DDD aus) – jedoch bei weitem nicht die Hälfte der Kosten. Dies verdeutlicht das unterschiedliche Geschäftsmodell: Generika sorgen für hohe Stückzahlen (hohen Versorgungsanteil) bei vergleichsweise niedrigen Preisen, während patentgeschützte Originalpräparate der anderen Top-20-Konzerne geringe Stückzahlen, aber hohe Kosten verursachen.

Diese Diskrepanz zwischen Kosten- und Versorgungsanteil ist ein Ausdruck asymmetrischer Marktstrukturen im Arzneimittelbereich. Bereits Daten aus 2019 zeigten einen ähnlichen Trend: Die 21 weltweit führenden Pharmaunternehmen (nach EY-Definition) verursachten damals knapp 45 % der GKV-Arzneimittelausgaben, aber nur rund 12 % der gesamten DDD-Menge (Telschow et al. 2021).

Die vorliegenden Zahlen lassen Rückschlüsse auf Preisgestaltungsmacht und Marktstruktur zu: Ein großer Teil der GKV-Arzneimittelausgaben konzentriert sich auf wenige globale Anbieter, die mangels therapeutischer Alternativen hohe Preise durchsetzen können. Insbesondere in hochinnovativen Feldern – z. B. neuartige Krebsmedikamente, Gentherapien, Orphan-Arzneimittel – gibt es oft wenig bis keinen Wettbewerb. Neue patentgeschützte Arzneimittel werden in Deutschland zwar durch das AMNOG-Verfahren einer frühen Nutzenbewertung unterzogen und es erfolgen Preisverhandlungen, doch bleibt der Preis für echte therapeutische Durchbrüche oftmals sehr hoch. Wenn Konkurrenzprodukte fehlen oder nur sogenannte „Me-too"-Präparate mit marginalen Unterschieden verfügbar sind, können die Originalanbieter ihre Preissetzung weitgehend diktieren. Diese starke Monopolstellung auf Zeit (während der Patentlaufzeit) spiegelt sich letztlich in den hohen EBIT-Margen der Konzerne wider und belastet das Gesundheitssystem.

Für die Steuerung des GKV-Arzneimittelmarktes bedeutet die asymmetrische Verteilung von Verordnungs- und Kostenanteilen eine erhebliche Herausforderung. Kostendämpfungsmaßnahmen können nicht primär an der Menge der verordneten Arzneien ansetzen, da die teuersten Therapien nur in kleinen Mengen verordnet werden. Klassische Instrumente wie höhere Patientenzuzahlungen zur Mengensteuerung oder Mengenrabatte greifen hier wenig, weil es sich nicht um Massenprodukte handelt. Stattdessen muss der Hebel bei Preisgestaltung und Erstattung dieser Hochpreis-Präparate angesetzt werden. Die GKV versucht dies beispielsweise über Preisverhandlungen nach AMNOG und Erstattungsbeträge. Dennoch bleibt die Frage, ob die bestehenden nationalen Instrumente ausreichen, um die Preise im Zaum zu halten, wenn globale Pharmaführer die einzige Bezugsquelle für lebenswichtige Innovationen sind.

Zunehmend wird daher die internationale Koordination in den Blick gerückt. Da die betreffenden Pharmaunternehmen weltweit agieren, diskutiert die Gesundheitspolitik Mechanismen einer grenzüberschreitend konsistenten Preisregulierung – etwa gemeinsame Preisverhandlungen mehrerer Länder oder Referenzpreissysteme, um überhöhte Preise einzudämmen. Parallel stellt sich die Frage nach einer angemessenen Gewinnbeteiligung dieser Konzerne an den Gesundheitssystemen: Einige fordern, Pharmaunternehmen müssten bei außergewöhnlich umsatzstarken Produkten stärker zum Finanzierungsausgleich beitragen – sei es durch höhere Abschläge, Gewinnsteuern oder Fonds für Innovationsfinanzierung. Dies berührt die politökonomische Herausforderung, Innovationsanreize für dringend benötigte neue Medikamente aufrechtzuerhalten, ohne die Finanzierbarkeit des solidarischen Gesundheitssystems zu gefährden.

Zusammenfassend zeigt die Analyse: Die Top-20 der pharmazeutischen Industrie dominieren nicht nur global den Markt, sie prägen auch die Ausgabenstruktur in nationalen Gesundheitssystemen wie der GKV. Ihre Fokussierung auf hochpreisige Patent-Arzneimittel führt zu einer Kostenkonzentration, der mit konventionellen Mitteln der Mengensteuerung kaum beizukommen ist. Regulatorische Ansätze müssen daher vor allem an der Preis- und Gewinnseite ansetzen – durch intelligente Preisbildungsmechanismen, internationale Allianzen in Preisverhandlungen und ggf. durch Begrenzung von Margen bei monopolartigen Strukturen. Nur so lässt sich langfristig ein Gleichgewicht finden zwischen der berechtigten Refinanzierung von Innovation und der Gewährleistung der Versorgung zu finanzierbaren Preisen im Gesundheitssystem. Denn letztlich gilt es, sowohl die Innovationskraft der Pharmaindustrie als auch die Interessen von Patienten und Beitragszahlern in Einklang zu bringen.

Literatur

AkdÄ – Arzneimittelkommission der deutschen Ärzteschaft (2021) Leitfaden Biosimilars – Supplement Switch-Studien mit Biosimilars, 2. Auflage, Version 1.0, Januar 2021. https://www.akdae.de/fileadmin/user_upload/akdae/Arzneimitteltherapie/LF/PDF/Biosimilars.pdf. Zugegriffen: 3. Sept. 2025

AOK (2024) Kassen: Herstellerrabatt und Preismoratorium verlängern. Update vom 12.12.2024. https://www.aok.de/pp/gg/update/kassen-herstellerrabatt-und-preismoratorium-verlaengern/. Zugegriffen: 26. Aug. 2025

Bundesanzeiger (2022) Gesetz zur finanziellen Stabilisierung der gesetzlichen Krankenversicherung (GKV-Finanzstabilisierungsgesetz) vom 7. November 2022. https://www.bgbl.de/xaver/bgbl/start.xav?startbk=Bundesanzeiger_BGBl&jumpTo=bgbl122s1990.pdf#/text/bgbl122s1990.pdf?_ts=1754571771199. Zugegriffen: 26. Aug. 2025

Bundesministerium für Gesundheit (2025a) Gesetzliche Krankenversicherung. Endgültige Rechnungsergebnisse 2024. https://www.bundesgesundheitsministerium.de/fileadmin/Dateien/3_Downloads/Statistiken/GKV/Finanzergebnisse/KJ1_2024_Internetauftritt.pdf. Zugegriffen: 13. Sept. 2025

Bundesministerium für Gesundheit (2025b) Generika. https://www.bundesgesundheitsministerium.de/service/begriffe-von-a-z/g/generika.html#:~:text=Der%20Patentschutz%20gibt%20dem%20Patentinhaber,unter%20einem%20anderen%20Namen%20verkaufen. Zugegriffen: 26. Aug. 2025

CSRxP – Campaign for Sustainable Rx Pricing (2024) Pharmaceutical Manufacturers' Profit Margins are 10 Times Larger than Other Drug Supply Chain Sectors. https://www.csrxp.org/csrxp-analysis-finds-pharmaceutical-industrys-profit-margins-ten-times-greater-than-other-sectors-of-drug-supply-chain/#:~:text=CSRxP%E2%80%99s%20analysis%20found%20the%20pharmaceutical,3%20percent. Zugegriffen: 1. Sept. 2025

Deutsches Ärzteblatt (2021) Lob und Kritik zum zehnjährigen AMNOG-Bestehen. https://www.aerzteblatt.de/news/lob-und-kritik-zum-zehnjaehrigen-amnog-bestehen-53ed640b-2f1d-4bcb-9cdf-6df8deff457f. Zugegriffen: 26. Aug. 2025

Europäische Union (2019) Regulation (EC) No 141/2000 of the European Parliament and of the Council of 16 December 1999 on orphan medicinal products. https://eur-lex.europa.eu/legal-content/EN/TXT/?uri=CELEX%3A32000R0141. Zugegriffen: 26. Aug. 2025

Europäische Kommission (EU) (2025) Proposal for a regulation of the European Parliament and of the Council. https://health.ec.europa.eu/document/download/2abe4fc8-059e-47d9-a20a-d9e3bfc5dc2c_en?filename=mp_com2025_102_act_en.pdf. Zugegriffen: 14. Sept. 2025 (laying a framework for strengthening the availability and security of supply of critical medicinal products as well as the availability of, and accessibility of, medicinal products of common interest, and amending Regulation (EU) 2024/795. 11.03.2025)

EMA – European Medicines Agency (2024) Qalsody (Tofersen). EMA/93332/2024. https://www.ema.europa.eu/de/documents/overview/qalsody-epar-medicine-overview_de.pdf. Zugegriffen: 3. Sept. 2025

Forbes (2025) 2025 global 2000 methodology. https://www.forbes.com/sites/andreamurphy/2025/05/27/2025-global-2000-methodology/. Zugegriffen: 20. Juli 2025

G-BA – Gemeinsamer Bundesausschuss (2025a) AMNOG – Nutzenbewertung von Arzneimitteln gemäß § 35a SGB V. https://www.g-ba.de/themen/arzneimittel/arzneimittel-richtlinie-anlagen/nutzenbewertung-35a/. Zugegriffen: 26. Aug. 2025

G-BA – Gemeinsamer Bundesausschuss (2025b) Beschluss des Gemeinsamen Bundesausschusses über die Einleitung eines Stellungnahmeverfahrens zur Änderung der Arzneimittel-Richtlinie: § 40c (neu) – Austausch von biotechnologisch hergestellten biologischen Fertigarzneimitteln durch Apotheken. https://www.g-ba.de/downloads/39-261-7255/2025-06-11_AM-RL_SNV_Paragraf-40-c_Austausch-Biologika-Apotheke.pdf. Zugegriffen: 15. Juli 2025

G-BA – Gemeinsamer Bundesausschuss (2025c) Anlage VIIa zum Abschnitt M der Arzneimittel-Richtlinie – Biotechnologisch hergestellte biologische Referenzarzneimittel und im Wesentlichen gleiche biotechnologisch hergestellte biologische Arzneimittel nach § 129 Abs. 1a Satz 3 SGB V. https://www.g-ba.de/richtlinien/anlage/290/. Zugegriffen: 1. Aug. 2025

GKV-Spitzenverband (2024) Regelungen des GKV-Spitzenverbandes zur Umsetzung der Herstellerabschläge nach § 130a Absatz 3a SGB V und nach § 130a Absatz 3b SGB V. https://www.gkv-spitzenverband.de/media/dokumente/krankenversicherung_1/arzneimittel/rahmenvertraege/pharmazeutische_unternehmer/20240101_Leitfaden_Herstellerabschlaege_nach_130a_SGB_V_Gesamtdokument.pdf. Zugegriffen: 26. Aug. 2025

Handelsblatt (2017) Orphan Drugs – Das gute Geschäft mit seltenen Krankheiten. 09.07.2017. https://www.handelsblatt.com/unternehmen/industrie/orphan-drugs-das-gute-geschaeft-mit-seltenen-krankheiten/19934412.html. Zugegriffen: 26. Aug. 2025

IQWiG – Institut für Qualität und Wirtschaftlichkeit im Gesundheitswesen (2023) Orphan Drugs: Frühzeitige Evidenzgenerierung dringend nötig. 10.05.2023. https://www.iqwig.de/presse/pressemitteilungen/pressemitteilungen-detailseite_93066.html. Zugegriffen: 26. Aug. 2025

Ludwig WD (2019) Orphan Drugs aus Sicht der Arzneimittelkommission der deutschen Ärzteschaft. Chancen und Herausforderungen. Internist 60(4):399–404

Reichelt H (1988) Eine Methode der statistischen Komponentenzerlegung. Konzept einer erweiterten Index-Analyse volkswirtschaftlicher Änderungsraten. https://www.wido.de/fileadmin/Dateien/Dokumente/Publikationsdatenbank/wido_all_mat31_1988_0109.pdf (WIdO-Materialien 31, Bonn)

Schweitzer SO, Lu ZJ (2018) Pharmaceutical economics and policy: perspectives, promises, and problems. Oxford University Press

Serani S (2024) Fezolinetant trial for hot flashes in patients with HR+ breast cancer starts enrollment. Targeted Oncology, August 29, 2024. https://www.targetedonc.com/view/fezolinetant-trial-for-hot-flashes-in-patients-with-hr-breast-cancer-starts-enrollment. Zugegriffen: 9. Sept. 2025

Shirley M (2024) Capivasertib: first approval. Drugs 84:337–346. https://doi.org/10.1007/s40265-024-01998-6

Telschow C, Schröder M, Bauckmann J, Niepraschk-von Dollen K, Zawinell A (2021) Der Arzneimittelmarkt im Überblick. In: Schröder H, Thürmann P, Telschow C, Schröder M, Busse R (Hrsg) Arzneimittel-Kompass 2021: Hochpreisige Arzneimittel – Herausforderung und Perspektiven. Springer, Berlin, S 241–271

Vogler S, Schneider P, Zuba M, Busse R, Panteli D (2021) Policies to encourage the use of biosimilars in European countries and their potential impact on pharmaceutical expenditure. Front Pharmacol 12:625296. https://doi.org/10.3389/fphar.2021.625296

WIdO (2025) Der GKV-Arzneimittelmarkt: Klassifikation, Methodik und Ergebnisse 2024. https://wido.de/forschung-projekte/arzneimittel/methoden/?L=0

Wolff-Holz E (2021) Sicherheit, Immunogenität und Austauschbarkeit von Biosimilars – monoklonale Antikörper und Fusionsproteine mit Antikörperanteil im Fokus. Bulletin zur Arzneimittelsicherheit (BfArM/PEI) 4:9–14. https://www.pei.de/SharedDocs/Downloads/DE/newsroom/bulletin-arzneimittelsicherheit/2021/4-2021.pdf?__blob=publicationFile&v=4Z. Zugegriffen: 10. Sept. 2025

Open Access Dieses Kapitel wird unter der Creative Commons Namensnennung – Nicht kommerziell – Keine Bearbeitung 4.0 International Lizenz (http://creativecommons.org/licenses/by-nc-nd/4.0/deed.de) veröffentlicht, welche die nicht-kommerzielle Nutzung, Vervielfältigung, Verbreitung und Wiedergabe in jeglichem Medium und Format erlaubt, sofern Sie den/die ursprünglichen Autor*in(nen) und die Quelle ordnungsgemäß nennen, einen Link zur Creative Commons Lizenz beifügen und angeben, ob Änderungen vorgenommen wurden. Die Lizenz gibt Ihnen nicht das Recht, bearbeitete oder sonst wie umgestaltete Fassungen dieses Werkes zu verbreiten oder öffentlich wiederzugeben.

Die in diesem Kapitel enthaltenen Bilder und sonstiges Drittmaterial unterliegen ebenfalls der genannten Creative Commons Lizenz, sofern sich aus der Abbildungslegende nichts anderes ergibt. Sofern das betreffende Material nicht unter der genannten Creative Commons Lizenz steht und die betreffende Handlung nicht nach gesetzlichen Vorschriften erlaubt ist, ist auch für die oben aufgeführten nicht-kommerziellen Weiterverwendungen des Materials die Einwilligung des/der betreffenden Rechteinhaber*in einzuholen.

AMNOG: Ziel, Funktionsweise und Ergebnisse

Melanie Schröder, Anja Tebinka-Olbrich und Antje Haas

Inhaltsverzeichnis

24.1 Einleitung – 320

24.2 Der zusatznutzenorientierte Preis – 320

24.3 Zur Ausgabenrelevanz von neuen Wirkstoffen – 321

24.4 Erstattungsbetrag im Krankenhaus – 323

Literatur – 326

Zusammenfassung

Seit mittlerweile 14 Jahren werden neu eingeführte Arzneimittel in Deutschland auf ihren Zusatznutzen untersucht und Preise auf Basis dieser Bewertung vereinbart. Der Artikel betrachtet die Verhandlungsergebnisse und den zu beobachtenden starken Ausgabenanstieg neuer patentgeschützter Arzneimittel. Um ein vollständigeres Bild zu erhalten, liegt ein Fokus auf der Betrachtung von AMNOG-Arzneimitteln im Krankenhaus, die bei der Analyse der Ausgaben für Arzneimittel häufig unberücksichtigt bleiben.

24.1 Einleitung

Die Ausgaben der gesetzlichen Krankenkassen für Arzneimittel steigen seit Jahren – trotz aller gesetzgeberischen Versuche, Grenzen zu ziehen und die Kostenentwicklung einzudämmen. Mit dem Arzneimittelmarktneuordnungsgesetz (AMNOG) aus dem Jahr 2010 wollte der Gesetzgeber diesen Trend beenden. Zur Sicherstellung einer zweckmäßigen, qualitativ hochwertigen und wirtschaftlichen Arzneimittelversorgung sowie zur Gewährleistung der finanziellen Stabilität des deutschen Gesundheitssystems in Deutschland wurden pharmazeutische Unternehmer verpflichtet, für jedes ab dem 1. Januar 2011 in den deutschen Markt eingeführte erstattungsfähige Arzneimittel mit einem neuen Wirkstoff den Zusatznutzen gegenüber einer zweckmäßigen Vergleichstherapie nachzuweisen (§ 35a SGB V).

Auf Basis des Beschlusses des Gemeinsamen Bundesausschusses (G-BA) über die Nutzenbewertung verhandeln der GKV-Spitzenverband (GKV-SV) und das pharmazeutische Unternehmen für das Arzneimittel den Erstattungsbetrag (§ 130b SGB V). Eine eher seltene Ausnahme besteht, wenn der G-BA das Arzneimittel direkt einer Festbetragsgruppe zuordnet. Die Verhandlung des Erstattungsbetrages richtet sich maßgeblich nach dem Zusatznutzen. Für Arzneimittel ohne Zusatznutzen gilt eine Preisobergrenze, basierend auf den Kosten der wirtschaftlichsten zweckmäßigen Vergleichstherapie. Wurde ein Zusatznutzen gezeigt, wird ein Zuschlag auf die Kosten der zweckmäßigen Vergleichstherapie verhandelt, der angemessen zum Ausmaß und zur Wahrscheinlichkeit des Zusatznutzens sein soll. Generell gilt: Können sich die Parteien nicht einigen, setzt eine Schiedsstelle die offenen Vertragsinhalte per Schiedsspruch fest. Der Erstattungsbetrag gilt rückwirkend ab dem siebten Monat nach dem erstmaligen Inverkehrbringen des Arzneimittels sowie nach Zulassung neuer Anwendungsgebiete als neuer Abgabepreis für die gesetzlich Versicherten, für Privatversicherte und Selbstzahler. Für Krankenhäuser gilt er im Einkauf als Höchstpreis.

24.2 Der zusatznutzenorientierte Preis

Von 2011 bis zum 31.12.2024 wurden 507 neue Wirkstoffe einer frühen Nutzenbewertung durch den G-BA unterzogen. In dieser Zeit wurden 922 Verhandlungsverfahren begonnen. In der weit überwiegenden Zahl an Verfahren (92 %) konnten sich pharmazeutische Unternehmen und der GKV-SV auf einen Erstattungsbetrag einigen, in 8 % der Verfahren setzte die Schiedsstelle diesen fest.

Zum Stand 31.12.2024 existieren zu 414 Wirkstoffen Erstattungsbeträge. Davon wurden 384 durch Einigung der Vertragsparteien erzielt, 29 Verfahren wurden mit einem Spruch der Schiedsstelle abgeschlossen. Acht zunächst erstattungsbetragsgeregelte Wirkstoffe wurden in bestehende Festbetragsgruppen eingeordnet. ◘ Abb. 24.1 enthält eine Übersicht zu diesen Arzneimitteln mit Erstattungsbetrag, aufgeteilt nach den Ergebnissen der Zusatznutzenbewertung.

Von diesen 414 Arzneimitteln mit Erstattungsbetrag weisen 61 % mindestens in einer Patientengruppe einen Zusatznutzen auf (253), die Mehrzahl davon sogar für das gesamte Arzneimittel (132). Allerdings handelt es sich bei der überwiegenden Anzahl dieser Arzneimittel mit Zusatznutzen in allen Patientengruppen (101 von 132) um Arzneimittel gegen eine

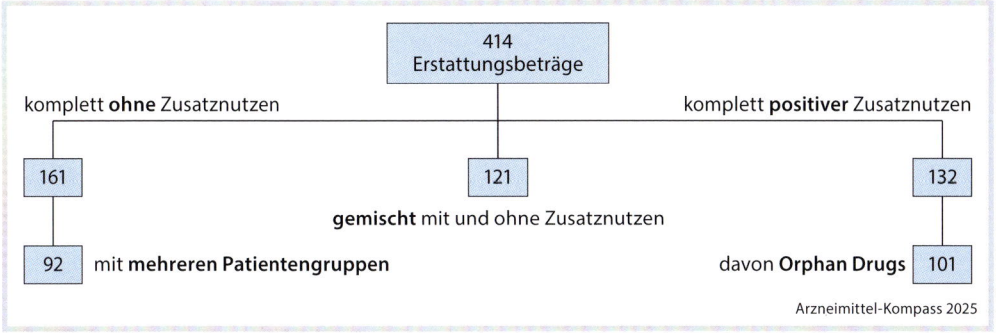

◘ Abb. 24.1 Anzahl gültiger Erstattungsbeträge aufgeteilt nach Ergebnis der Nutzenbewertung. (Quelle: Eigene Auswertung der Verträge nach § 130b SGB V, Stand: 31.12.2024)

seltene Erkrankung (Orphan Drugs), für die der Zusatznutzen gesetzlich „fingiert" ist, indem er als belegt gilt. Orphan-Arzneimittel durchlaufen eine vollständige Nutzenbewertung erst, wenn ihr Jahresumsatz die Grenze von 30 Mio. € (bis November 2022 waren es noch 50 Mio. €) überschreitet. Bis zu diesem Zeitpunkt gilt der Zusatznutzen als belegt.

Bei mehr als einem Drittel der Arzneimittel mit Erstattungsbetrag (161) liegt in keiner Patientengruppe ein Zusatznutzen vor. Für 92 dieser Arzneimittel ohne Zusatznutzen existiert mehr als eine Patientengruppe, woraus die Herausforderung erwächst, etwaige Unterschiede im Preisniveau der zweckmäßigen Vergleichstherapie in den einzelnen Patientengruppen angemessen bei der Findung eines einheitlichen „gemischten" Erstattungsbetrages zu berücksichtigen.

Die übrigen 121 Arzneimittel weisen teilweise einen Zusatznutzen auf, sodass auch hier die Herausforderung für die Vertragsparteien erwächst, einen Mischpreis zu ermitteln: Der Mischpreis muss einerseits den fehlenden Zusatznutzen mit dem Preisdeckel aus der zweckmäßigen Vergleichstherapie und andererseits einen preissteigernden Effekt eines Zusatznutzens berücksichtigen.

24.3 Zur Ausgabenrelevanz von neuen Wirkstoffen

Nach nunmehr 14 Jahren summieren sich die ambulanten Ausgaben (Umsatz auf Ebene des Apothekenverkaufspreises [AVP] abzüglich Herstellerabschlägen und Zuzahlung der Versicherten) für Arzneimittel, die dem Regelungsbereich des AMNOG unterliegen, für das Jahr 2024 auf 26,5 Mrd. €. Mit einem jährlichen Zuwachs von mittlerweile mehr als 4 Mrd. € pro Jahr steigen die Ausgaben für neue Wirkstoffe somit deutlich und machen mittlerweile 46 % der Gesamtausgaben der GKV für Arzneimittel aus.

◘ Abb. 24.2 und 24.3 stellen die wirtschaftliche Bedeutung von AMNOG-Arzneimitteln im ambulanten Sektor der GKV in Abhängigkeit ihres Zusatznutzens im Zeitraum von 2011 bis 2024 dar. Dabei werden in der oberen Teilgraphik für alle AMNOG-Wirkstoffe die aufsummierten monatlichen Umsatzzahlen und in der unteren Teilgrafik die monatlichen Absatzzahlen (gemessen in DDD; Defined Daily Doses) abgetragen.

Demnach weisen Arzneimittel mit gemischtem Zusatznutzen die größte Versorgungsrelevanz für die GKV auf. Im Jahr 2024 lag ihr Anteil an verordneten DDDs bezogen auf alle abgegebenen AMNOG-Arzneimittel bei 74 % und ihr Ausgabenanteil ebenfalls bei relativ hohen 59 %.

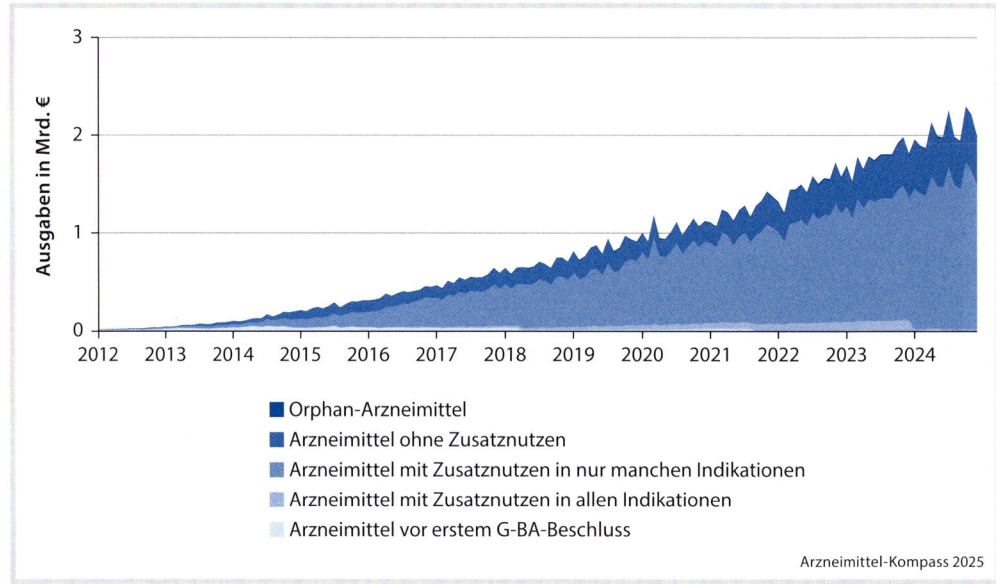

◼ **Abb. 24.2** Ausgaben je Monat von AMNOG-Arzneimitteln im Zeitverlauf. (Quelle: Daten nach GKV-Schnellinformation, Stand 15.05.2025; eigene Berechnung)

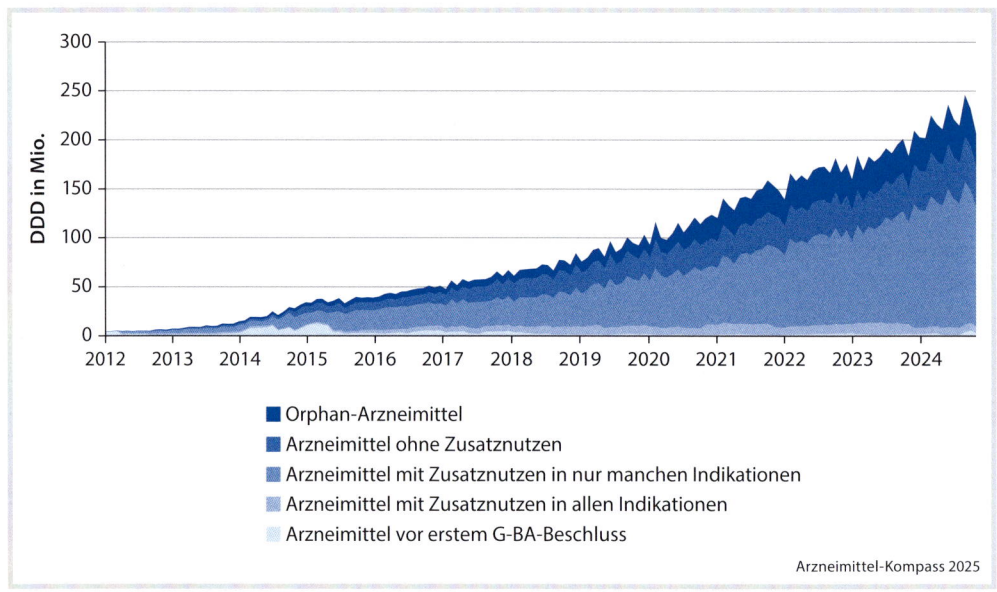

◼ **Abb. 24.3** Verordnungsmenge je Monat von AMNOG-Arzneimitteln im Zeitverlauf. (Quelle: Daten nach GKV-Schnellinformation, Stand 15.05.2025; eigene Berechnung)

Es folgen Arzneimittel ohne Zusatznutzen mit einem 25%igen DDD- und 19%igen Ausgabenanteil. Orphan Drugs hatten im Jahr 2024 zwar lediglich einen DDD-Anteil von 0,7 %, aber verursachten 17 % des mit AMNOG-Produkten erzielten Umsatzes

(4,4 Mrd. €). Somit liegt ihr Ausgabenanteil im Jahr 2024 bereits 24,3-mal über ihrem Verordnungsanteil. Dieser Faktor nahm in den vergangenen Jahren kontinuierlich zu. So betrug der Ausgabenanteil der Orphan Drugs mit 0,8 Mrd. € im Jahr 2017 noch das 19,7-Fache des Absatzanteils. Dies zeigt, dass Orphan Drugs im ambulanten Bereich ein treibender Faktor für die GKV-Arzneimittelausgaben darstellen. Im Jahr 2024 entfielen nur noch 0,7 % der Tagesdosen auf „Arzneimittel mit Zusatznutzen in allen Kategorien", während der Wert im Jahr 2023 noch bei 5,7 % lag. Der Ausgabenanteil ist dagegen vergleichsweise konstant: 2023 entfielen noch 6,2 % der Ausgaben auf diese Kategorie, 2024 sind es 3,4 %.

Ausgehend vom Kostendämpfungseffekt, den der Gesetzgeber mit dem AMNOG verfolgte, sollten die Verhandlungen den Preis eines neuen Arzneimittels differenziert nach Zusatznutzen auf ein Niveau unterhalb des durch den pharmazeutischen Unternehmer frei gewählten Einstiegspreises senken. Stellt man die tatsächlichen Umsätze des Jahres 2024 hypothetischen Umsätzen unter der Annahme der Fortgeltung des durch den pharmazeutischen Unternehmer frei gewählten Listenpreises der AMNOG-Arzneimittel gegenüber, ergibt sich zum Stand Mai 2025 eine Einsparung in Höhe von rund 8 Mrd. €.

Diese Einsparungen bei zugleich überproportionalen Umsatzsteigerungen durch AMNOG-Arzneimittel sind primär darauf zurückzuführen, dass der ursprüngliche Leitgedanke – „keine Mehrkosten ohne ein Mehr an Nutzen" – durch gesetzgeberische Maßnahmen und (schieds)gerichtliche Entscheidungen weitgehend abgeschwächt wurde (vgl. den Beitrag von Henck et al. im selben Band). Ursprünglich sah das AMNOG eine feste Kostenobergrenze für Arzneimittel ohne nachgewiesenen Zusatznutzen vor, angesiedelt bei den Kosten der wirtschaftlichsten Standardtherapie. Diese Grenze wird heute jedoch regelmäßig überschritten.

Des Weiteren werden Orphan Drugs mit fingiertem Zusatznutzen sowie Arzneimittel mit beträchtlichem oder erheblichem Zusatznutzen immer schneller als neue zweckmäßige Vergleichstherapie etabliert. Dies führt zu einer sukzessiven Erhöhung der Preisobergrenzen. Infolgedessen können Arzneimittel Preisniveaus erreichen, die denen innovativer Arzneimittel entsprechen, ohne dass eine belastbare wissenschaftliche Evidenz für ihren tatsächlichen Wert in der Versorgung vorliegt. Die Konsequenz dieser Selbstreferenzierung ist eine steigende finanzielle Belastung für die GKV, die ohnehin schon an ihrer Belastbarkeitsgrenze ist.

24.4 Erstattungsbetrag im Krankenhaus

In den ersten Jahren nach seinem Inkrafttreten blieb unklar, welche rechtliche Bindungswirkung das AMNOG-Verfahren auf die Arzneimittelversorgung im stationären Sektor ausübt. Dies änderte sich jedoch durch das im Jahr 2017 in Kraft getretene GKV-Arzneimittelversorgungsstärkungsgesetz (AMVSG). Dieses stellte klar, dass Arzneimittel auch im stationären Sektor preislich höchstens zu dem vereinbarten Erstattungsbetrag vom pharmazeutischen Unternehmer an das Krankenhaus abgegeben werden dürfen.

Die Relevanz des Erstattungsbetrages (s. ◘ Abb. 24.4) für den stationären Sektor wird u. a. dadurch deutlich, dass ausweislich der Daten nach § 21 Krankenhausentgeltgesetz (KHEntgG) allein im Jahr 2023 knapp 1,3 Mrd. € für AMNOG-regulierte Arzneimittel ausgegeben wurden. Das entspricht einem Anteil von 5 % der Gesamt-AMNOG-Umsätze, bestehend aus der Summe der ambulanten Umsätze (Bruttoumsatz inkl. Herstellerabschläge und Zuzahlungen) nach GAmSi und diesen Umsätzen im Krankenhaus. Da die Daten nach § 21 KHEntG erst mit einigem zeitlichen Verzug zur Verfügung stehen, liegen noch keine Zahlen für das Jahr 2024 vor. Gemäß der Auswertung von Greiner et al. (2025), die auf Basis von DAK-Daten diese Ausgaben schätzen, werden wir 2024 mit einem starken Wachstum von 12 % gegenüber 2023 zu rechnen haben.

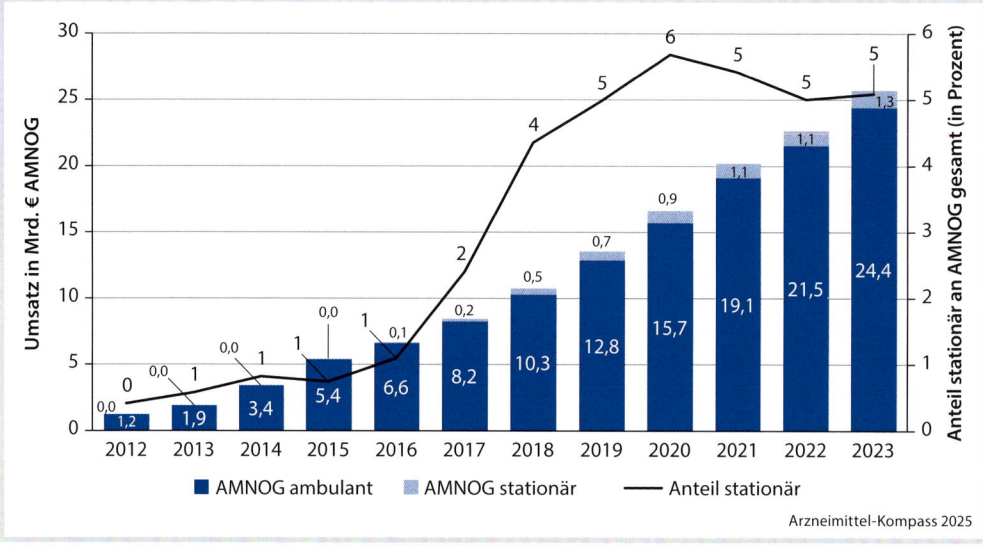

Abb. 24.4 Umsatzentwicklung ambulant und stationär. (Quelle: ambulante Daten nach GKV-Schnellinformation, stationäre NUB- und ZE-Umsätze nach § 21 KHEntgG des Jahres)

Sowohl die absoluten Werte als auch der prozentuale Anteil der Umsätze steigen über die Zeit. Dabei sind die Arzneimittelausgaben, die über die DRG-Pauschalen abgegolten wurden, nicht in der Betrachtung enthalten, sodass die stationären Ausgaben für neue Arzneimittel demnach unterschätzt sind.

Der hohe Umsatzanteil der Jahre 2020 und 2021 ist vor allen Dingen auf die neuen Therapien im Bereich der Spinalen Muskelatrophie zurückzuführen. Spinraza mit dem Wirkstoff Nusinersen und Zolgensma mit dem Wirkstoff Onasemnogen-Abeparvovec dominierten in diesen Jahren die Umsätze: Auf diese entfielen in beiden Jahren fast 40 % der AMNOG-Umsätze im Krankenhaus. Im Jahr 2022 gingen diese dann um rund ein Viertel zurück. Mittlerweile ist jedoch Keytruda mit dem Wirkstoff Pembrolizumab das umsatzstärkste Arzneimittel im stationären Bereich mit knapp 200 Mio. € und 15 % Umsatzanteil, gefolgt von Nusinersen mit knapp 130 Mio. € und Onasemnogen-Abeparvovec mit 110 Mio. €.

Insgesamt verteilen sich die erkennbaren Umsätze im Krankenhausbereich im Jahr 2023 auf 205 neue Wirkstoffe. Aus ◘ Tab. 24.1 geht klar hervor, dass mit 57 % der überwiegende Teil der Wirkstoffe dem Therapiegebiet „onkologische Erkrankungen" zuzurechnen ist und auch mit 67 % ein Großteil des Umsatzes auf Onkologika entfällt. Gegenüber 2020 mit 55 % der Umsätze (Erdmann et al. 2021) zeigt sich damit eine noch stärkere Konzentration. Dem Therapiegebiet „Krankheiten des Nervensystems" fällt im stationären Sektor mit 21 % Umsatzanteil ebenfalls eine bedeutsame Rolle zu. Dies liegt insbesondere an hohen Umsätzen der Wirkstoffe gegen Spinale Muskelatrophie.

Somit entfallen 88 % aller Umsätze für (NUB-)Entgelte von AMNOG-geregelten Arzneimitteln auf die beiden Therapiegebiete „Onkologische Erkrankungen" und „Krankheiten des Nervensystems", die sich auf 61 % der Wirkstoffe verteilen. Die übrigen 39 % der Wirkstoffe im stationären Sektor vereinen nur noch 12 % der entsprechenden Umsätze auf sich.

Gemessen an allen neuen Wirkstoffen, die im Jahr 2023 für GKV-Versicherte verordnet wurden, sind 47 % der Arzneimittel ausschließlich ambulant verordnet worden. Bei

Kapitel 24 · AMNOG: Ziel, Funktionsweise und Ergebnisse

Tab. 24.1 Wirkstoffe und Umsätze des Jahres 2023 von AMNOG-Wirkstoffen im stationären Sektor. (Quelle: Eigene Auswertung der Daten nach § 21 KHEntgG)

Therapiegebiet	Ausgaben je Therapiegebiet in Mio. Euro	Anteil Ausgaben je Therapiegebiet in %	Anzahl Wirkstoffe	Anteil Wirkstoffe je Therapiegebiet an allen Wirkstoffen in %
Onkologische Erkrankungen	876	67	117	57
Krankheiten des Nervensystems	270	21	9	4
Stoffwechselkrankheiten	37	3	15	7
Krankheiten des Blutes und der blutbildenden Organe	36	3	13	6
Hauterkrankungen	8	1	10	5
Andere	80	6	41	20
Summe	**1.307**	**100**	**205**	**100**

Arzneimittel-Kompass 2025

53 % der verordneten Arzneimittel handelt es sich aber um Wirkstoffe, die teilweise oder ausschließlich stationär angewendet werden. Im Jahr 2017, in dem erstmals eine deutliche Zunahme des stationären Anteils zu sehen ist, waren es noch 36 %.

Angesichts der Tatsache, dass mittlerweile mehr als 50 % der neuen Wirkstoffe einen Umsatz im stationären Sektor generieren (◘ Abb. 24.5), stellt es ein Problem dar, dass die stationären Abrechnungsdaten nach § 21 KHEntgG in den Erstattungsbetragsverhandlungen nicht berücksichtigt werden können. Dies führt insbesondere bei der verpflichtenden Vereinbarung mengenbezogener Aspekte, die durch das GKV-Finanzstabilisierungsgesetz (GKV-FinStG) vorgeschrieben ist, zu erheblichen Herausforderungen für die Verhandelnden. Die Einbeziehung der Daten nach § 21 KHEntG in die Verhandlungsprozesse per gesetzlicher Klarstellung wäre daher eine bürokratieerleichternde und konsequente Maßnahme. Allerdings schmälert der Zeitverzug der Bereitstellung die Nutzbarkeit dieser Daten, sodass auch hier eine Beschleunigung wünschenswert ist.

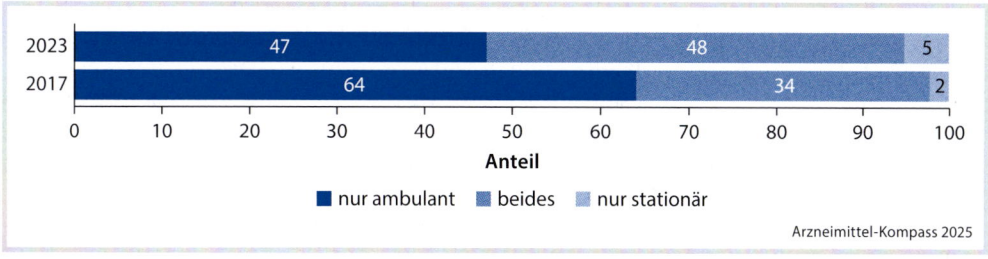

Abb. 24.5 Relevanz von Produkten mit stationären Abgaben in den Erstattungsbetragsverhandlungen. (Quelle: Eigene Auswertung der Daten nach § 21 KHEntgG und GKV-Schnellinformation)

Auch wenn der Erstattungsbetrag bereits seit 2017 im Krankenhaus seine Wirkung entfaltet und offenbar an Bedeutung gewinnt, gibt es immer noch Regelungslücken. So sind beispielsweise die Nacherstattungen für die Krankenkassen gegenüber den Krankenhäusern, die sich aus der Rückwirkung der Erstattungsbeträge bzw. durch vertrauliche Erstattungsbeträge ergeben, gesetzlich nur für den Bereich der NUB-Entgelte geregelt. Für krankenhausindividuelle Zusatzentgelte (ZE) und PEPP-Entgelte fehlt eine derartige Regelung. Zudem sollten die Nacherstattungsforderungen über einen kostenträgerspezifischen Ausgleich geltend gemacht werden können, statt wie bisher über den kostenträgerübergreifenden Erlösausgleich. Eine Vereinheitlichung der Regelungen und die Schließung der Lücken im KHEntG sind erforderlich, um die Umsetzung des Erstattungsbetrags im Krankenhaus vollumfänglich zu erhalten.

Die steigende Bedeutung von neuen Wirkstoffen, die im Krankenhaus eingesetzt werden, zeigt sich nicht nur in den Erstattungsbetragsverhandlungen, sondern auch in der Umsatzentwicklung. Angesichts der Zulassung neuer hochspezialisierter Medikamente, die voraussichtlich überwiegend oder ausschließlich in Krankenhäusern verwendet werden, dürfte sich dieser Trend weiter fortsetzen. In diesem Zusammenhang erscheint es sinnvoll, wie auch Greiner et al. (2025) argumentieren, diese Kosten zur Vervollständigung der Ausgabendebatte hinzuzuziehen. Die amtliche Statistik des BMG (KV 45/KJ 1) berücksichtigt zwar die Ausgaben aus Krankenhausapotheken, erfasst jedoch nicht die Kosten für ZE und NUBs innerhalb der Arzneimittelausgaben. Ebenso bieten die Umsätze laut GKV-Schnellinformation, die sich ausschließlich auf ambulante Abgaben beziehen, kein vollständiges Bild.

Literatur

Erdmann D, Wittmüß W, Schleeff J (2021) AMNOG: Ziel, Funktionsweise und Ergebnisse. In: Schöder H, Thürmann P, Telschow C, Schröder M, Busse R (Hrsg) Arzneimittel. Kompass, Bd. 2021. Hochpreisige Arzneimittel – Herausforderung und Perspektiven. Springer, Berlin Heidelberg, S 273–284

Greiner W, Witte J, Gensorowsky D, Diekmannshemke J (2025) AMNOG-Report 2025. Innovationsförderung und Kostendämpfung: Ein Widerspruch? Beiträge zur Gesundheitsökonomie und Versorgungsforschung 53. medhochzwei, Heidelberg

Open Access Dieses Kapitel wird unter der Creative Commons Namensnennung – Nicht kommerziell – Keine Bearbeitung 4.0 International Lizenz (http://creativecommons.org/licenses/by-nc-nd/4.0/deed.de) veröffentlicht, welche die nicht-kommerzielle Nutzung, Vervielfältigung, Verbreitung und Wiedergabe in jeglichem Medium und Format erlaubt, sofern Sie den/die ursprünglichen Autor*in(nen) und die Quelle ordnungsgemäß nennen, einen Link zur Creative Commons Lizenz beifügen und angeben, ob Änderungen vorgenommen wurden. Die Lizenz gibt Ihnen nicht das Recht, bearbeitete oder sonst wie umgestaltete Fassungen dieses Werkes zu verbreiten oder öffentlich wiederzugeben.
Die in diesem Kapitel enthaltenen Bilder und sonstiges Drittmaterial unterliegen ebenfalls der genannten Creative Commons Lizenz, sofern sich aus der Abbildungslegende nichts anderes ergibt. Sofern das betreffende Material nicht unter der genannten Creative Commons Lizenz steht und die betreffende Handlung nicht nach gesetzlichen Vorschriften erlaubt ist, ist auch für die oben aufgeführten nicht-kommerziellen Weiterverwendungen des Materials die Einwilligung des/der betreffenden Rechteinhaber*in einzuholen.

Serviceteil

Verzeichnis der Autorinnen und Autoren – 328

Stichwortverzeichnis – 349

Verzeichnis der Autorinnen und Autoren

Dr. rer. nat. Jana Bauckmann

Wissenschaftliches Institut der AOK (WIdO)
Berlin

Dr. Jana Bauckmann ist Informatikerin und Forschungsbereichsleiterin Arzneimittelservices im Wissenschaftlichen Institut der AOK (WIdO). Nach dem Studium der Informatik an der Humboldt-Universität zu Berlin promovierte sie am Hasso-Plattner-Institut im Bereich Informationssysteme. Im WIdO beschäftigt sie sich seit 2012 mit Fragen zu Arzneimitteldaten und Arzneimittelrabattverträgen.

Dr. rer. medic. Veronika Bencheva

Universität Witten/Herdecke
Witten

Dr. Veronika Bencheva studierte Pharmazie an der Westfälischen Wilhelms-Universität Münster. Seit 2019 ist sie wissenschaftliche Mitarbeiterin am Lehrstuhl für Klinische Pharmakologie sowie seit 2022 am Zentrum für Klinische Studien der Universität Witten/Herdecke tätig. In ihrer Dissertation befasste sie sich mit dem Deprescribing von Medikamenten bei älteren, gebrechlichen Patientinnen und Patienten. Sie ist Mitglied im German Deprescribing Network. Ihre Forschungsschwerpunkte liegen in der geriatrischen Pharmakotherapie, der Arzneimitteltherapiesicherheit und der geschlechtersensiblen Arzneimittelanwendung.

Dorothee Brakmann

Pharma Deutschland
Geschäftsstelle Berlin
Berlin

Dorothee Brakmann, die nach beruflichen Stationen bei Kostenträgern im Gesundheitswesen, einem IT-Unternehmen und zuletzt als Mitglied der Geschäftsführung bei Jansen Cilag den Bereich Onkologie/Hämatologie kommerziell verantwortete, ist seit 2024 Hauptgeschäftsführerin von Pharma Deutschland. Sie ist Apothekerin und Fachinformatikerin.

Verzeichnis der Autorinnen und Autoren

Prof. Dr. med. Reinhard Busse, MPH FFPH

Fachgebiet Management
im Gesundheitswesen
Technische Universität
Berlin

Prof. Reinhard Busse ist Universitätsprofessor für Management im Gesundheitswesen an der Fakultät Wirtschaft und Management der Technischen Universität Berlin sowie Co-Direktor des European Observatory on Health Systems and Policies. Seine Forschungsschwerpunkte sind Gesundheitssystemforschung, insbesondere im europäischen Vergleich, zum Spannungsfeld zwischen Markt und Regulation sowie zum Performance Assessment, Versorgungsforschung, Gesundheitsökonomie sowie Health Technology Assessment (HTA). Von 2011 bis 2022 war er Editor-in-Chief des internationalen Peer-Review-Journals Health Policy, seit 2012 Leiter des BMBF-geförderten Gesundheitsökonomischen Zentrums Berlin (BerlinHECOR) und seit 2018 Vorsitzender des Wissenschaftlichen Beirats des WIdO. Er war Sprecher des Direktoriums der Berlin School of Public Health (2015–2018 und 2022–2024) und Vorsitzender der Deutschen Gesellschaft für Gesundheitsökonomie (2016–2017).

Salka Enners, MScEpi

Wissenschaftliches Institut der AOK (WIdO)
Berlin

Salka Enners ist Apothekerin und Epidemiologin (MSc). Sie ist seit 2023 im Forschungsbereich Arzneimittel des Wissenschaftlichen Instituts der AOK tätig. Zuvor arbeitete sie als Referentin für Pharmakoepidemiologie beim Deutschen Arzneiprüfungsinstitut e. V. und als Wissenschaftliche Mitarbeiterin bei der Charité in Kooperation mit dem Robert Koch-Institut.

Daniel Fabian, MSc

Austrian Institute for Health Technology Assessment (AIHTA)
Wien, Österreich

Daniel Fabian, MSc ist Politikwissenschafter und Wissenschafter im AIHTA. Er absolvierte sein Bachelorstudium der Politikwissenschaft an der Universität Wien sowie seinen MSc in Public Policy and Human Development als Double-Degree an der United Nations University – Maastricht Economic and Social Research Institute on Innovation and Technology (UNU-MERIT) und an der Universiteit Maastricht und schloss dies mit cum laude ab. Zu öffentlichen Beiträgen von pharmazeutischen Produkten und damit eingehender Transparenz absolviert er ein Doktoratsstudium der Gesundheitswissenschaften an der TU Berlin.

Prof. Dr. Wolfgang Greiner

Universität Bielefeld
Fakultät für Gesundheitswissenschaften
Arbeitsgruppe Gesundheitsökonomie und Gesundheitsmanagement
Bielefeld

Prof. Dr. Wolfgang Greiner ist Inhaber des Lehrstuhls für „Gesundheitsökonomie und Gesundheitsmanagement" an der Universität Bielefeld. Von 2010 bis 2023 war er Mitglied im Sachverständigenrat zur Begutachtung der Entwicklung im Gesundheitswesen beim Bundesgesundheitsministerium. Er gehört zudem den wissenschaftlichen Beiräten verschiedener Krankenkassen und des Bundesamtes für Soziale Sicherung für die Weiterentwicklung des Risikostrukturausgleichs an.

Dr. Kristina Günther

GKV-Spitzenverband
Berlin

Dr. Kristina Günther ist Apothekerin. Seit 2013 ist sie Teamleiterin eines Verhandlungsteams innerhalb des Referats AMNOG EBV des GKV-Spitzenverbandes. Von 2010 bis 2012 war sie in der Abteilung Arznei- und Heilmittel des GKV-Spitzenverbandes als Referentin beschäftigt.

Prof. Nils Gutacker, PhD

Centre for Health Economics
University of York
Heslington, Großbritannien

Prof. Nils Gutacker, PhD ist Professor für Gesundheitsökonomie an der University of York in Großbritannien, wo er auch studiert und promoviert hat. Zudem hat er einen Abschluss in Medizin-Management von der Universität Duisburg-Essen. Heute leitet er an der University of York u. a. das Team Gesundheitspolitik. Seit dem Jahr 2023 ist er Mitglied im Sachverständigenrat Gesundheit & Pflege. Seine Forschungsschwerpunkte umfassen die Organisation von Gesundheitsmärkten, Anreiz- und Vergütungssysteme, Versorgungsforschung auf Basis von Routinedaten und Lebensqualitätsforschung.

Verzeichnis der Autorinnen und Autoren

Dr. med. Antje Haas

GKV-Spitzenverband
Berlin

Dr. Antje Haas ist Fachärztin für Innere Medizin, Hämatologie, internistische Onkologie und Hämostaseologie. Seit 2012 leitet sie die Abteilung Arznei- und Heilmittel des GKV-Spitzenverbandes. Von 2008 bis 2012 war sie als Referatsleiterin in der Abteilung Krankenhäuser des GKV-Spitzenverbandes tätig. Nach berufsbegleitendem postgradualem Studium erwarb sie 2007 den MBA Health Care Management. Von 1987 bis 2008 arbeitete sie klinisch und wissenschaftlich in der stationären und ambulanten Krankenversorgung in Berlin und Potsdam.

Susanne Henck

GKV-Spitzenverband
Berlin

Foto: © Sieboldt

Susanne Henck ist Volljuristin mit Schwerpunkt im Gesundheits- und Finanzverfassungsrecht. Sie ist seit 2014 als Fachreferentin im Bereich AMNOG EBV in der Abteilung Arzneimittel des GKV-Spitzenverbands tätig. Davor arbeitete sie in den Bereichen Wirtschaft, Politik sowie Forschung und Lehre.

Anne Hendrickx

Association Internationale
de la Mutualité (AIM)
Brüssel, Belgien

Anne Hendrickx hat einen Master in Volkswirtschaftslehre der Université Libre de Bruxelles. Nach neun Jahren in NGOs wurde sie 2003 Beraterin für Arzneimittel im Kabinett des Ministers für Soziales und Volksgesundheit. Seit 2015 ist sie als Beraterin in der Forschungsabteilung des belgischen Solidaritätsfonds Solidaris tätig und für alle nationalen Fragen im Zusammenhang mit Arzneimitteln zuständig. Sie ist Mitglied des Ausschusses für die Arzneimittelerstattung des belgischen Nationalen Instituts für Kranken- und Invaliditätsversicherung, dem zentralen Ausschuss für die Bewertung von Arzneimitteln in Belgien. Sie ist Mitglied der Arbeitsgruppe für Arzneimittel und Medizinprodukte der Association Internationale de la Mutualité (AIM) und technische Leiterin des AIM-Projekts „Europäisches Modell für faire Arzneimittelpreise". Seit Anfang 2023 vertritt sie die AIM im EU-finanzierten Projekt ASCERTAIN Der Schwerpunkt liegt auf der Entwicklung eines Preismodells, das Zugang und Innovation in Einklang bringt.

Dr. med. Paula Hepp

Geschäftsstelle des Sachverständigenrats Gesundheit & Pflege
Berlin

Dr. med. Paula Hepp hat Humanmedizin und Global Health (MSc) an der Ludwigs-Maximilians-Universität München und der Universität Maastricht studiert. Von Mai 2024 bis April 2025 war sie als wissenschaftliche Referentin in der Geschäftsstelle des Sachverständigenrats Gesundheit & Pflege im Bundesministerium für Gesundheit beschäftigt. Derzeit ist sie wissenschaftliche Mitarbeiterin am Institut für Geschichte und Ethik der Medizin an der medizinischen Fakultät der Technischen Universität München.

Miriam-Maleika Höltgen

Wissenschaftliches Institut der AOK (WIdO)
Berlin

Studium der Germanistik, Geschichte und Politikwissenschaften an der Friedrich-Schiller-Universität Jena (M.A.); wissenschaftliche Mitarbeiterin am Institut für Literaturwissenschaft. Im Anschluss berufliche Stationen in Verlagen in den Bereichen Redaktion, Lektorat, Layout und Herstellung. Seit 2006 im Wissenschaftlichen Institut der AOK (WIdO) im Forschungsbereich Betriebliche Gesundheitsförderung und Heilmittel; verantwortlich für die Redaktion des *Arzneimittel-Kompasses*.

Prof. Ataru Igarashi, PhD

Dept. of Public Health and Health Policy
Graduate School of Pharmaceutical Sciences
The University of Tokyo
Japan

Ataru Igarashi, PhD, ist als Professor am Institut für Gesundheitspolitik und öffentliche Gesundheit der Universität Tokio tätig. Er schloss sein Studium an der Fakultät für Pharmazeutische Wissenschaften der Universität Tokio ab und erhielt 2002 die Zulassung als Apotheker. Nach seiner Promotion im Jahr 2008 begann er als Assistenzprofessor an der Universität Tokio. Seine Fachgebiete sind Gesundheitsökonomie und Pharmakoökonomie. Mehrere seiner Forschungsergebnisse, darunter Impfstrategien, Anti-Rauch-Maßnahmen und bestimmte Medikamente, flossen in politische Entscheidungsprozesse ein. Insbesondere im Bereich der Impfungen hat Dr. Igarashi Kosten-Nutzen-Daten zu verschiedenen Impfstoffen gegen HPV, Pneumokokken, Pertussis und Rotavirus etc. für die Aufnahme in das nationale Impfprogramm bereitgestellt.

Sabine Jablonka

AOK-Bundesverband
Berlin

Sabine Jablonka ist Apothekerin und Dipl.-Biologin und seit 2006 beim AOK-Bundesverband, zuletzt als Abteilungsleiterin Arzneimittel im Geschäftsbereich Versorgung. Zuvor war sie in einem Beratungsinstitut mit Projekten in der beruflichen Bildung, der Gesundheitsforschung sowie in der Unternehmensberatung tätig.

Pauline Kilwing

Geschäftsstelle des Sachverständigenrats
Gesundheit & Pflege
Bonn

Pauline Kilwing hat Gesundheitsökonomie an der Universität zu Köln studiert. Während ihres Studiums war sie am Institut für Forschung in der operativen Medizin der Universität Witten/Herdecke sowie am Institut für ABWL und Management im Gesundheitswesen an der Universität zu Köln beschäftigt. Seit Februar 2023 ist sie als wissenschaftliche Referentin in der Geschäftsstelle des Sachverständigenrats Gesundheit & Pflege im Bundesministerium für Gesundheit tätig. In diesem Rahmen war sie an der Erstellung von Gutachten zur Arzneimittelbepreisung und zu Fachkräften im Gesundheitswesen beteiligt.

Prof. Claudio Lucarelli, PhD

The Wharton School,
University of Pennsylvania
Philadelphia, USA

Claudio Lucarelli ist außerordentlicher Professor für Gesundheitsmanagement an der Wharton School der University of Pennsylvania. Seine Forschungsschwerpunkte liegen im Bereich der industriellen Organisation von Gesundheitsmärkten, mit besonderem Fokus auf die Krankenversicherungs- und Pharmaindustrie. Er wurde vom National Institute for Health Care Management (USA) mit dem Research Award ausgezeichnet.

Derzeit untersucht er die Auswirkungen der Versicherungsgestaltung auf die Einführung neuer Technologien und die Wachstumsrate der Gesundheitsausgaben. Aktuell arbeitet er an der Erstellung von Preisindizes, die die Heterogenität der Patientinnen und Patienten berücksichtigen. Seine Forschungsergebnisse wurden in renommierten Fachjournals wie dem *American Economic Review*, dem *International Economic Review* und dem *RAND Journal of Economics* veröffentlicht.

Zuvor war Professor Lucarelli Dekan der School of Business and Economics an der Universidad de los Andes in Chile sowie Assistenzprofessor für Politikanalyse und Management an der Cornell University. Er promovierte in Wirtschaftswissenschaften an der University of Pennsylvania.

Prof. Dr. med. Wolf-Dieter Ludwig

Arzneimittelkommission
der deutschen Ärzteschaft
Berlin

Prof. Dr. Wolf-Dieter Ludwig begann seine ärztliche Tätigkeit im Jahr 1979 als wissenschaftlicher Mitarbeiter am Pharmakologischen Institut der FU Berlin und ab 1981 in der Abteilung für Innere Medizin mit Schwerpunkt Hämatologie und Onkologie des Universitätsklinikums Steglitz der FU Berlin. 1988 bis 1993 war er Oberarzt dieser Abteilung. Seit 1994 ist er Professor für Innere Medizin mit Schwerpunkt Hämatologie, Onkologie und angewandte Molekularbiologie im Universitätsklinikum Rudolf Virchow (Bereich Berlin-Buch) und 2001 bis 2018 Chefarzt der Medizinischen Klinik mit Schwerpunkt Hämatologie, Onkologie und Tumorimmunologie im Helios Klinikum Berlin-Buch. Seit 2018 ist er in der Schwerpunktpraxis Hämatologie Onkologie in

Berlin-Mitte ambulant tätig und betreut Patientinnen und Patienten mit hämatologischen und onkologischen Systemerkrankungen.

Zudem ist er Herausgeber des unabhängigen Informationsblatts „DER ARZNEIMITTELBRIEF"; Fachredakteur für das Gebiet „Innere Medizin, Hämatologie und Arzneimitteltherapie" der medizinisch-wissenschaftlichen Redaktion des Deutschen Ärzteblatts; Vorsitzender der „Working Group on Pharmaceuticals" des CPME (bis Ende 2024).

Seine aktuellen wissenschaftlichen Schwerpunkte sind: Zulassungsverfahren neuer onkologischer Arzneimittel, Evidenz-basierte Arzneimitteltherapie, Arzneimitteltherapiesicherheit. Umgang mit Interessenkonflikten in der Medizin.

Prof. Gesine Meyer-Rath

Department of Global Health, School of Public Health, Boston University
Boston, USA

Health Economics and Epidemiology Research Office
University of the Witwatersrand
Johannesburg, Südafrika

Prof. Gesine Meyer-Rath ist Ärztin und Gesundheitsökonomin und beschäftigt sich mit der Ökonomie von Maßnahmen zur Bekämpfung von Infektionskrankheiten in Ländern mit niedrigem und mittlerem Einkommen. Sie ist Forschungsprofessorin am Department of Global Health der Boston University School of Public Health in den USA und leitende Forscherin am Health Economics and Epidemiology Research Office an der University of the Witwatersrand in Johannesburg, Südafrika. Der Forschungsschwerpunkt von Dr. Meyer-Rath liegt auf Modellierungsmethoden für die wirtschaftliche Bewertung und auf der Umsetzung von Forschungsergebnissen, um der Politik Empfehlungen auszusprechen, insbesondere für die HIV- und TB-Programme in Südafrika und anderen Ländern des südlichen Afrikas.

Dr. Rebekka Müller-Rehm

Geschäftsstelle des Sachverständigenrats Gesundheit & Pflege
Bonn

Dr. Rebekka Müller-Rehm hat Volkswirtschaftslehre an der Universität zu Köln studiert. Von 2014 bis 2021 war sie am Institut für Wirtschaftspolitik an der Universität zu Köln beschäftigt. Heute ist sie wissenschaftliche Referentin in der Geschäftsstelle des Sachverständigenrats Gesundheit & Pflege im Bundesministerium für Gesundheit. Ihre Forschungsschwerpunkte umfassen gesundheits- und arbeitsmarktökonomische Themen.

Dr. rer. medic. Katja Niepraschk-von Dollen

Wissenschaftliches Institut der AOK (WIdO)
Berlin

Dr. Katja Niepraschk-von Dollen ist Fachapothekerin für Arzneimittelinformation. Seit 2015 arbeitet sie als Wissenschaftliche Mitarbeiterin im Wissenschaftlichen Institut der AOK (WIdO) im Forschungsbereich Arzneimittel. Im WIdO beschäftigt sie sich mit zentralen Fragen der Arzneimittelversorgung.

Leticia Nogueira, PhD, MPH

American Cancer Society, Inc.
Atlanta, USA

Leticia Nogueira ist wissenschaftliche Direktorin für Versorgungsforschung bei der American Cancer Society und außerordentliche Professorin an der Rollins School of Public Health der Emory University. Ihre Forschung konzentriert sich auf politisch veränderbare Faktoren, die das Krebsrisiko und Krankheitsverläufe beeinflussen, insbesondere solche, die mit dem Klimawandel zusammenhängen. Sie war eine der ersten Stipendiatinnen des National Institute of Health (NIH) für Klimawandel und Gesundheit, erhielt den Fellows Award for Research Excellence des NIH und den Woman in Cancer Research Award der American Association for Cancer Research. Dr. Nogueira promovierte in Molekularbiologie an der University of Texas in Austin, wo sie später in die Hall of Honors aufgenommen wurde, und erwarb ihren MPH in quantitativen Methoden an der Harvard School of Public Health.

Dr. Dimitra Panteli

Technische Universität Berlin
Berlin

Dr. Dimitra Panteli leitet den Fachbereich Innovation und die in Berlin angesiedelte Forschungsgruppe des European Observatory on Health Systems and Policies. Sie ist Privatdozentin für Public Health an der TU Berlin. Ihre wissenschaftliche Arbeit fokussiert auf vergleichende Gesundheitssystemforschung als Grundlage für evidenzinformierte Entscheidungen in Politik und Praxis.

Bianca Paslak-Leptien

Leiterin Presse- und Öffentlichkeitsarbeit
ACHSE e. V.
Berlin

Bianca Paslak-Leptien leitet die Presse- und Öffentlichkeitsarbeit der ACHSE. Die Kommunikationsmanagerin verantwortet seit zehn Jahren die Medienarbeit und PR-Konzepte des Dachverbandes für Menschen mit chronischen seltenen Erkrankungen, setzt Maßnahmen um, führt Veranstaltungen und Workshops sowie Fundraising-Aktivitäten durch. Als Vertreterin der ACHSE bei EURORDIS stärkt sie die Stimme der Betroffenen auf europäischer Ebene. Ihre Kompetenzen erwarb die Diplom-Kulturwissenschaftlerin u. a. bei Ärzte ohne Grenzen, im Generalsekretariat des DRK sowie beim Radio und in der Umsetzung freier Kulturprojekte.

Dr. Christian Pfleiderer

Chêne-Bougeries
Schweiz

Dr. Christian Pfleiderer, freier Berater für internationale Gesundheitssystementwicklung. Zunächst mehrere Jahre im deutschen Gesundheitssystem sowohl auf Leistungserbringer- als auch auf Kostenträgerseite, ist er seit 2009 in der internationalen Entwicklung von Gesundheitssystemen tätig. Nach Stationen in Asien und Afrika war er zuletzt vier Jahre am Globalen Fonds zur Bekämpfung von AIDS, TB und Malaria in Genf als Experte für allgemeine Gesundheitssystemstärkung und -finanzierung auf nationaler und internationaler Ebene engagiert.

Alexander Roediger

Department of International Health, Care and Public Health Research Institute – CAPHRI, Faculty of Health, Medicine and Life Sciences
Maastricht University
Maastricht, Niederlande

Merck & Co., Inc.
Rahway, USA

Alexander Roediger ist Associate Vice President und Global Lead für Krebs-Politik bei MSD in Rahway, USA. Er arbeitet derzeit an einem PhD zum Thema „fair price" bei Prof. Dr. Helmut Brand an der Universität Maastricht, Niederlande. Bei MSD ist er mit seinem Team verantwortlich für den Bereich gesundheitspolitische Rahmenbedingungen, die rechtzeitigen Zugang der Patienten zu neuen Krebsbehandlungen und deren Finanzierung sicherstellen.

Alexander Roediger besitzt einen Masterabschluss in Philosophie von der Universität Zürich sowie einen Executive Master of Business Administration von der Universität St. Gallen.

Maximilian Salcher-Konrad

Gesundheit Österreich GmbH I
Austrian National Public Health Institute
Wien, Österreich

Maximilian Salcher-Konrad ist Senior Health Expert und stellvertretender Leiter der Abteilung Pharmakoökonomie bei der Gesundheit Österreich GmbH/Österreichisches Institut für Gesundheit und Arbeit. Er führt angewandte pharmazeutische Politikforschung zu Preisgestaltung, Erstattung und Beschaffung von Arzneimitteln durch. Er hat einen M.Sc. in Gesundheitspolitik, -planung und -finanzierung der London School of Economics and Political Science (LSE) und der London School of Hygiene and Tropical Medicine sowie einen B.Sc. in Wirtschaftswissenschaften der Wirtschaftsuniversität Wien (WU). Unter anderem leitet er derzeit die Entwicklung eines Preismodells für neue Arzneimittel im Rahmen des von Horizon Europe finanzierten Projekts ASCERTAIN.

Prof. Dr. med. Sven Schmiedl

Philipp Klee-Institut für Klinische Pharmakologie
Helios Universitätsklinikum Wuppertal
Wuppertal

Foto: © Universität Witten/Herdecke

Prof. Dr. Sven Schmiedl ist Facharzt für klinische Pharmakologie am Helios Universitätsklinikum Wuppertal/Lehrstuhl für klinische Pharmakologie und wissenschaftlicher Leiter des Zentrums für Klinische Studien der Universität Witten/Herdecke.

Im Rahmen von nationalen und internationalen Projekten beschäftigt er sich seit vielen Jahren mit Fragestellungen aus den Bereichen Arzneimitteltherapiesicherheit und Pharmakoepidemiologie. Wissenschaftliche Schwerpunkte waren hierbei insbesondere die Anwendung von Arzneimitteln in vulnerablen Populationen, die Off-Label-Anwendung von Arzneimitteln sowie die Detektion von unerwünschten Arzneimittelwirkungen und die Analyse ihrer Vermeidbarkeit.

Helmut Schröder

Wissenschaftliches Institut der AOK (WIdO)
Berlin

Geschäftsführer des Wissenschaftlichen Instituts der AOK (WIdO). Nach dem Abschluss als Diplom-Soziologe an der Universität Mannheim als wissenschaftlicher Mitarbeiter im Wissenschaftszentrum Berlin für Sozialforschung (WZB), dem Zentrum für Umfragen, Methoden und Analysen e. V. (ZUMA) in Mannheim sowie dem Institut für Sozialforschung der Universität Stuttgart. Im WIdO seit 1996 in den Themengebieten Arzneimittel, Heilmittel, Betriebliche Gesundheitsförderung, Qualitäts- und Versorgungsforschung tätig.

Dr. Melanie Schröder

GKV-Spitzenverband
Berlin

Dr. Melanie Schröder ist Diplom-Volkswirtin und seit 2023 als Fachreferentin für den Bereich AMNOG EBV in der Abteilung Arzneimittel des GKV-Spitzenverbandes tätig. Von 2017 bis 2022 war sie als wissenschaftliche Mitarbeiterin im Forschungsbereich Arzneimittel des WIdO beschäftigt. Davor sammelte sie Erfahrung in der universitären sowie außeruniversitären Forschung.

Dr. Mahnum Shahzad

Harvard Medical School und Harvard Pilgrim Health Care Institute, LLC
Boston, USA

Dr. Mahnum Shahzad ist Dozentin am Institut für Bevölkerungsmedizin der Harvard Medical School und am Harvard Pilgrim Health Care Institute. Sie promovierte in Gesundheitspolitik an der Harvard University und erwarb ihren Bachelor-Abschluss in Wirtschaftswissenschaften und Mathematik am Dartmouth College. Ihre Forschungsschwerpunkte liegen im Bereich der US-amerikanischen Arzneimittelpolitik, wobei sie sich insbesondere damit befasst, wie sich die Regulierung darauf auswirkt, welche Medikamente Patienten erhalten, und was wir über die Wirkungen dieser Medikamente wissen.

Dr. med. Regina Skavron

Bereichsleitung Methodik und Koordination der europäischen Nutzenbewertung von Arzneimitteln
Ressort Arzneimittelbewertung
Institut für Qualität und Wirtschaftlichkeit im Gesundheitswesen (IQWiG)
Köln

Studium der Humanmedizin sowie Promotion an der Universität Köln, 2005–2006 Tätigkeit im Europabüro der WHO in Kopenhagen, 2006–2007 Masterstudium (M.Sc.) „Health Policy, Planning and Financing" an der London School of Hygiene & Tropical Medicine (LSHTM) und der London School of Economics and Political Science (LSE), 2007–2024 Mitarbeiterin in der Abteilung Arzneimittel der Geschäftsstelle des Gemeinsamen Bundesausschusses (G-BA), zuletzt Teamleitung für nicht-onkologische AMNOG-Produkte; seit April 2024 Bereichsleiterin Methodik und Koordination der europäischen Nutzenbewertung von Arzneimitteln.

Susanne Sollmann

Wissenschaftliches Institut der AOK (WIdO)
Berlin

Susanne Sollmann studierte Anglistik und Kunsterziehung an der Rheinischen Friedrich-Wilhelms-Universität Bonn und am Goldsmiths College, University of London. Von 1986 bis 1988 war sie wissenschaftliche Hilfskraft am Institut für Informatik der Universität Bonn. Seit 1989 ist sie im Wissenschaftlichen Institut der AOK (WIdO) tätig, u. a. im Projekt Krankenhausbetriebsvergleich und im Forschungsbereich Krankenhaus. Sie ist verantwortlich für das Lektorat der WIdO-Publikationen.

Prof. Dr. Leonie Sundmacher

Fachgebiet für Gesundheitsökonomie
Technische Universität München
TUM Campus im Olympiapark
München

Prof. Dr. Leonie Sundmacher leitet das Fachgebiet für Gesundheitsökonomie an der School of Medicine and Health an der Technischen Universität München und das Munich Center for Health Economics and Policy. Zuvor leitete sie den Fachbereich Health Services Management an der Ludwig-Maximilians-Universität, nachdem sie eine Juniorprofessur für Versorgungsforschung und Qualitätsmanagement im ambulanten Sektor besetzte. Sie hat Volkswirtschaftslehre, Gesundheitsökonomie und Politikwissenschaft an der University of York und an der Freien Universität Berlin studiert sowie an der Technischen Universität Berlin promoviert. Seit 2023 ist sie Mitglied des Sachverständigenrats Gesundheit & Pflege. Ihre Forschungsschwerpunkte sind Management im Gesundheitswesen, ambulante Versorgung und die Auswertung von Routinedaten.

Dr. Anja Tebinka-Olbrich

GKV-Spitzenverband
Berlin

Foto: © Sieboldt

Dr. Anja Tebinka-Olbrich ist Volkswirtin und Gesundheitsökonomin. Seit 2012 leitet sie das Referat AMNOG des GKV-Spitzenverbandes und seit 2015 das Referat AMNOG EBV. Von 2008 bis 2012 war sie in der Abteilung Arznei- und Heilmittel des GKV-Spitzenverbandes als Referentin beschäftigt. Davor arbeitete sie in Forschung und Lehre an verschiedenen Universitäten im In- und Ausland.

Prof. Dr. Michael Thiede

Wissenschaftliches Institut der AOK (WIdO)
Berlin

Michael Thiede ist Gesundheitsökonom und leitet den Forschungsbereich Arzneimittel am Wissenschaftlichen Institut der AOK (WIdO). Zuvor war er viele Jahre international als Berater zu Fragen der Gesundheitspolitik und -finanzierung tätig. Er leitete Projekte zur Arzneimittelpreisgestaltung und -erstattung sowie zum Market Shaping. Im Auftrag von Organisationen wie WHO, UNICEF und UNAIDS plante und implementierte er Projekte für den Zugang zu Gesundheitsleistungen in Afrika, Asien und weiteren Regionen und führte Vorhaben zur lokalen Produktion von Arzneimitteln und Impfstoffen durch. Darüber hinaus war er Mitglied des Independent Review Committee der Impfallianz Gavi sowie des Technical Consultative Committee des Afrikanischen Programms zur Bekämpfung der Onchozerkose (APOC) der WHO. In Südafrika arbeitete er als Professor für Gesundheitsökonomie an der Universität Kapstadt und Direktor der dortigen Health Economics Unit. Er war Mitglied der Arzneimittel-Preiskommission des dortigen Gesundheitsministeriums.

Prof. Dr. med. Petra A. Thürmann

Philipp Klee-Institut für Klinische Pharmakologie
Helios Universitätsklinikum Wuppertal
Wuppertal

Petra Thürmann ist seit 1997 Direktorin des Instituts für Klinische Pharmakologie am HELIOS Universitätsklinikum Wuppertal und erhielt 1998 den Lehrstuhl für dieses Fach an der Universität Witten/Herdecke; seit 2021 ist sie Vizepräsidentin für Forschung. Sie ist seit 2013 Mitglied im Wissenschaftlichen Beirat des WIdO, war von 2011 bis 2023 Mitglied im Sachverständigenrat Gesundheit und ist seit 2024 Mitglied der ExpertInnenkommission *Gesundheit und Resilienz* der Bundesregierung. Ihre Forschungsschwerpunkte sind die geriatrische Pharmakotherapie und Geschlechterunterschiede bei Arzneimitteln.

Klara Tisocki B. Pharm.; M.Sc. Clin. Pharm.; PhD

Beraterin für Arzneimittelpolitik
Lllagostera
Spanien

Klara Tisocki, ausgebildete Apothekerin und klinische Pharmakologin, hat sich in den letzten drei Jahrzehnten der Verbesserung der Arzneimittelsysteme in diversen afrikanischen und asiatischen Ländern gewidmet. Ihr Beitrag umfasst die Entwicklung und Umsetzung von Arzneimittelpolitik mit Schwerpunkt auf Strategien für den Zugang zu Arzneimitteln, Arzneimittelpreisbildung, Arzneimittelzulassung, Lieferkettenmanagement sowie die angemessene Anwendung von Arzneimitteln. Sie war in verschiedenen Positionen bei der World Health Organization (WHO) tätig, u. a. als regionale Arzneimittelberaterin im Westpazifik und Südostasien sowie im WHO-Hauptsitz, wo sie Initiativen zur Preisgestaltung von Arzneimitteln und zum Zugang zu Gesundheitsprodukten leitete.

Prof. Dr. Carin A. Uyl-de Groot

Erasmus School of Health Policy & Management, Erasmus University Rotterdam
Rotterdam, Niederlande

Carin A. Uyl-de Groot ist Professorin für Health Technology Assessment an der Erasmus-Universität Rotterdam in den Niederlanden. Sie ist Direktorin des Institute for Medical Technology Assessment (iMTA b.v.). Seit 2014 ist sie Mitglied des Dutch Committee on Expensive Cancer Drugs (CieBOM) und seit September 2015 Mitglied des niederländischen Gesundheitsrats. Ihre Forschungsschwerpunkte liegen in den Bereichen Kosteneffizienz, Lebensqualität und Ergebnisstudien im Bereich Krebserkrankungen. Sie ist als leitende Forscherin für verschiedene Krankheitsregister und Ergebnisstudien tätig, darunter ASCERTAIN, ein Projekt im Rahmen von Horizon Europe. Darüber hinaus beteiligt sie sich aktiv an anderen Horizon-Europe-Projekten (z. B. DEFINITIVE und T2EVOLVE).

Dr. Sabine Vogler

Gesundheit Österreich GmbH (GÖG)
Wien, Österreich

Foto: © Ettl

Dr. Sabine Vogler leitet die Abteilung *Pharmaökonomie* am Public-Health Institut *Gesundheit Österreich GmbH* (GÖG) in Wien. Weiters ist sie Direktorin des seit 2010 an der GÖG eingerichteten WHO-Kooperationszentrums für Arzneimittelpreisbildung und -erstattung und leitet das Behördennetzwerk Pharmaceutical Pricing and Reimbursement Information (PPRI). Sie ist Privatdozentin für „Betriebswirtschaftslehre und Gesundheitsökonomie" an der Technischen Universität Berlin.

Prof. Anita Katharina Wagner, PharmD, MPH, DrPH

Harvard Pilgrim Health Care Institute, LLC
Boston, USA

Anita Katharina Wagner ist außerordentliche Professorin in der Abteilung für Gesundheitspolitik und Versicherungsforschung am Institut für Bevölkerungsmedizin der Harvard Medical School und am Harvard Pilgrim Health Care Institute. Sie ist Co-Direktorin des Center for Cancer Policy and Program Evaluation des Instituts, leitet das Programm für Organisationsethik eines regionalen Krankenversicherers im Osten der Vereinigten Staaten und ist Mitbegründerin des Pharmaceutical Policy Lab an der London School of Economics and Political Science.

Zusammen mit Kollegen aus aller Welt führt Dr. Wagner empirische Forschungsprojekte durch, um Antworten auf schwierige Fragen zum Gesundheitssystem zu finden. Dabei geht es um die Auswirkungen von regulatorischen und politischen Veränderungen auf Verfügbarkeit, Zugang, Erschwinglichkeit und Verwendung von Arzneimitteln sowie um die Verbesserung der Kommunikation über Nutzen, Risiken und Unsicherheiten in Bezug auf Arzneimittel.

Dr. rer. nat. Beate Wieseler

Ressortleitung Arzneimittelbewertung
im IQWiG
Institut für Qualität und Wirtschaftlichkeit
im Gesundheitswesen (IQWiG)
Köln

Studium der Biologie in Bonn und Freiburg; 1989–1994 Wissenschaftliche Mitarbeiterin an den Universitäten Bonn und Freiburg und an der LMU München; 1993–1995 Wissenschaftsjournalistin; 1996–2005 Klinische Forschung bei der gmi Gesellschaft für angewandte Mathematik und Informatik mbH und bei Kendle International Inc.; Planung, Auswertung und Berichterstattung klinischer Studien; Betreuung von Zulassungsverfahren; Entwicklung und Durchführung von Seminaren zu Themen der Klinischen Forschung und Arzneimittelentwicklung; 1997–2005 Leiterin der europäischen Medical-Writing-Abteilung bei Kendle International Inc.; April 2005–September 2011 Stellvertretende Ressortleiterin Arzneimittelbewertung im IQWiG; seit Oktober 2011 Ressortleiterin Arzneimittelbewertung im IQWiG.

Priv. Doz. Dr. phil. Claudia Wild

Austrian Institute for Health Technology Assessment (AIHTA)
Wien, Österreich

Foto: © Karin Gartner

Priv. Doz. Dr. phil. Claudia Wild war bis Februar 2025 Leiterin des Österreichischen Instituts für Health Technology Assessment (AIHTA) und davor des Ludwig Boltzmann Instituts für HTA und baute das Gebiet der wissenschaftlichen Politikberatung im Kontext der Akademie der Wissenschaften in Österreich auf. Sie studierte Kommunikationswissenschaften und Psychologie an der Universität Wien sowie Politikwissenschaft in den USA. Sie habilitierte zu ihrem Arbeitsschwerpunkt „Ressourcenallokation im Gesundheitswesen" und beschäftigt sich in ihrem nunmehrigen Ruhestand mit den öffentlichen Beiträgen zur Arzneimittelentwicklung sowie zu niedrigschwelligen, kosteneffektiven Public-Health-Interventionen für vulnerable Bevölkerungsgruppen.

Prof. Dr. Veronika J. Wirtz, BPharm, MSc, PhD, FISPE

Department of Global Health,
Boston University School of Public Health
Boston, USA

Dr. Veronika J. Wirtz ist Professorin am Department of Global Health an der Boston University School of Public Health und Direktorin des Kooperationszentrums der Weltgesundheitsorganisation für Arzneimittelpolitik. Von 2014 bis 2016 war sie Co-Vorsitzende und Hauptautorin des Berichts der Lancet-Kommission „Essential Medicines for Universal Health Coverage" und ist Co-Vorsitzende der Lancet-Kommission „Accelerating Progress on Essential Medicines".

Sie ist Gastprofessorin am National Institute of Public Health (INSP) in Mexiko, wo sie von 2005 bis 2012 als Dozentin tätig war. Dr. Wirtz absolvierte ihre Ausbildung zur Apothekerin an der Albert-Ludwigs-Universität in Freiburg und erwarb ihren Master of Science sowie ihren Doktortitel an der University of London, Großbritannien.

Dr. Julian Witte

Vandage GmbH
Bielefeld

Dr. Julian Witte ist Geschäftsführer und Mitgründer der Vandage GmbH, einer auf gesundheitsökonomische Evaluation, Datenanalyse und Statistik spezialisierten Boutique-Beratung in Bielefeld. Bis Anfang 2021 war er wissenschaftlicher Mitarbeiter am Lehrstuhl für Gesundheitsökonomie und Gesundheitsmanagement an der Universität Bielefeld (Prof. Dr. Greiner), an dem er zu Preisbildungsdeterminanten neuer Arzneimittel promovierte.

Nicolas S. H. Xander

Erasmus School of Health Policy & Management, Erasmus University Rotterdam
Rotterdam, Niederlande

Nicolas S. H. Xander ist Doktorand an der Erasmus School of Health Policy & Management der Erasmus-Universität Rotterdam, Niederlande. Seine Forschungsschwerpunkte liegen im Bereich der Preisgestaltung und Kosteneffizienz von Arzneimitteln, insbesondere in den Bereichen Krebs und innovative Therapien wie CAR-T-Zelltherapien.

Dr. rer. nat. Anette Zawinell

Wissenschaftliches Institut der AOK (WIdO)
Berlin

Dr. Anette Zawinell ist Fachapothekerin für Arzneimittelinformation. Seit 2002 arbeitet sie als Wissenschaftliche Mitarbeiterin im Wissenschaftlichen Institut der AOK (WIdO) im Forschungsbereich Arzneimittel. Im WIdO beschäftigt sie sich mit zentralen Fragen der Arzneimittelversorgung.

Stichwortverzeichnis

90-90-90-Ziele   205

A

Abonnementmodelle   174
Absatzmarkt   66, 67
access-based pricing model   159
Adhärenzverhalten   230
Adipositas   42, 49, 52
– Prävalenz   49
Agreement on Trade-Related Aspects of Intellectual Property Rights (TRIPS)   201
AIM-Fair-Price-Modell   156, 158
AIM-Modell   137
Akquiriertes Immun-Defizienz-Syndrom (AIDS)   200
Anbieterkonzentration   312
Ankerpreis   21
Antidiabetika   48
Antiretrovirale Medikamente (ARV)   199
Antiretrovirale Therapie (ART)   200
Anwendungsbegleitende Datenerhebungen (AbD)   86
Arzneimittel
– nach Alter und Geschlecht   292
– Nettokosten   290
– patentgeschützte   78, 272, 295
– vergleichbare   78
Arzneimittelgesetzgebung   184
Arzneimittel-Lieferengpassbekämpfungs- und Versorgungsverbesserungsgesetz (ALBVVG)   24
Arzneimittelmarktneuordnungsgesetz (AMNOG)   2, 9, 15, 24, 61, 74, 75, 95, 272, 296, 320, 323
– Leitplanken   74, 77
  – Ausnahmen   79
– Verfahren   96, 297
Arzneimittel-Nutzenbewertungs-Verordnung (AMNutzenV)   95
Arzneimittelpreis, fairer   124, 126, 129, 280
Arzneimittelpreisbildung   3
Arzneimittelpreisgestaltung   163
Arzneimittelpreispolitik   122, 124, 129
Arzneimittelpreissetzung   122
Arzneimitteltherapiesicherheit (AMTS)   51
Arzneimittel-Versorgungsstärkungsgesetz im Jahr 2017 (AMVSG)   74
Arzneimittelzulassung   93
ASCERTAIN   155–158
Ausgaben GKV
– Arzneimittel   288
– gesamt   288
Ausgabensteigerungen   108
Ausschreibung, zentralisierte   146, 148

B

Bepreisung, dynamische   116
Berichterstattung über öffentliche Subventionen   191
Beschaffungspreise   207
Bestandsmarkt-Leitplanke   78
Bezahlbarkeit   127, 176
Binnenreferenzierung   75, 76
Biologika   225, 304, 306
Biosimilars   145, 148, 265, 305
Budget, globales   115, 116
Budgetierung   80, 114

C

Carer-QALY-Falle   249
Centers for Medicare & Medicaid Services (CMS)   224
Clinton Health Access Initiative (CHAI)   202
Cost Plus Pricing   173
Covid-19-Pandemie   282
Critical Medicines Act (CMA)   307

D

delinkage   175
deprescribing   51
Diabetes mellitus   47, 52
Discounted Cash Flow (DCF)   137
Dossierstrategie   88
Drug Lag   248
Drug Loss   248

E

Effizienz, dynamische   222
Effizienzgrenze   243
– Fehlinterpretationen   243
Eigenanteil   310
Einnahmenexklusivität   225
Einnahmeorientierte Ausgabenpolitik   265
Entwicklungskosten   281
Entwicklungszusammenarbeit, Kürzungen   208
Equity   177
Erkrankungen, chronische   227
Erstattungsbetrag   263, 320, 326
– vertraulicher   262
Erstattungsfähigkeit   97
Erstattungsmodelle   169
EU-Health Technology Assessment (EU-HTA)   4
EU-HTA-Verfahren   93, 95
EU-HTA-Verordnung   99, 103
Evergreening   272

Evidenzgenerierung 101, 102, 263
Exklusivitätsfrist 135

F

F&E-Investitionen 62
– Transparenz 191
Fair Price Calculator 138, 160
Fair Pricing 5, 122
Fairer Preis 137, 147
Fair-Price-Modell 155
Festbetragsmarkt 21
Finanzierung, öffentliche 6
Fixkombination 205
Fixkosten 222
Fördergelder, öffentliche 190
Fördermaßnahmen 60
Forschungs- und Entwicklungsaktivitäten (F&E) 184
Forschungs- und Entwicklungskosten 135
Forschungs(daten)infrastruktur 67
Forschungsdatenzentrum Gesundheit (FDZ) 86–89
Forschungsgelder 63
Frühe Nutzenbewertung 85, 93, 110, 271

G

Geheimpreise 264
Gemeinsame Preisverhandlung 101
Gemeinsamer Bundesausschuss (G-BA) 95
Gemeinwohl 229, 230
Generalized Risk-Adjusted Cost-Effectiveness (GRACE) 232, 234
Generika 276
Gerechtigkeit 158
– distributive 125, 127
Gesetz für mehr Sicherheit in der Arzneimittelversorgung (GSAV) 87
Gesundheitsdaten 66
Gesundheitsfachkräfte 203
GKV-Arzneimittelmarkt 8
GKV-Finanzstabilisierungsgesetz (GKV-FinStG) 18, 61, 74, 325
Global Fund 281, 282
Globaler Fonds zur Bekämpfung von AIDS, Tuberkulose und Malaria (GFATM) 203
Grenzkosten 222, 223
Grundlagenforschung 186, 187

H

Health Technology Assessment (HTA) 2, 7, 93, 171, 172, 239
– Japan 239, 240, 244, 246, 250, 252
– nachträgliche Preisanpassungen 242, 245
– Transparenz 245
Herstellerabschlag 265
HIV-Medikamente 6

Hochaktive antiretrovirale Therapie (HAART) 201
Horizon Scanning 175
Humanes Immunschwächevirus (HIV) 199
Hyperpolypharmakotherapie 40

I

Immunsuppressiva 270
Impfstoffentwicklung 282
Indikations-Slicing 24
Inflation Reduction Act (IRA) 222, 224
Innovation 259
Innovationstöpfe 174
Institut für Qualität und Wirtschaftlichkeit im Gesundheitswesen (IQWiG) 95
Interimspreis 263

J

Joint Clinical Assessments (JCA) 93, 95, 99, 101

K

Katastrophen 215
Key Opinion Leaders (KOLs) 64
Klimawandel 6, 214
Komponentenzerlegung 17, 289
Kooperation, länderübergreifend 175
Koordination, weltweit 209
Kostendämpfung 176
Kosteneffektivität 232
Kosteneffizienz 158
Kosten-Nutzen-Bewertung 15
Kosten-Wirksamkeits-Analyse (KWA) 231
Krankenhausentgeltgesetz (KHEntgG) 323

L

Launch Sequencing 21
Lebensqualität 259
Leitlinien 45, 50, 51
Leitplankenregelung 78
Lernende Gesundheitssysteme 103
Lieferkette 214
Lieferkettenmanagement 203

M

Managed Entry Agreements (MEA) 102, 172
Marktkonzentration 311, 312
Marktversagen 136
Marktzugang 141
maximum faire prices (MFP) 224
Medicare 222, 233
Medicines Patent Pool 208
Medizinforschungsgesetz (MFG) 24, 61, 262
Menschenrechte 202

Stichwortverzeichnis

Merging and Acquisition (M&A) 187
Mischpreis 88, 321
– Methodik 76
Multimedikation 39

N

Nachhaltigkeit 33, 158
Nationalisierung 214
Nutzenbewertung 78, 111, 125, 171, 302
– frühe 296

O

Öffentliche F&E-Ausgaben 193
Onkologika 270, 271
Open-House-Verträge 307
Opportunitätskosten 136
Orphan Drugs 258, 259, 321
Orphan-Arzneimittel 15, 300, 303
Orphanisierung 3, 25
out of pocket expenditures (OOP) 280
Ozempic® 50

P

Pandemieabkommen 282
Patentablauf 79
Patentmarkt 262
Patentrecht 294
Patentschutz 64
Pflegende Angehörige 249
Pflegepersonal 205
Pharmaindustrie 277
Polypharmakotherapie 39, 41, 45, 51, 53
Präexpositionsprophylaxe (PrEP) 207
Prävention 52
Preisanpassungssystematik, dynamische 109
Preisbildung 3, 7, 169
– mengenbasierte 114
Preisdifferenzierung
– bei Evidenzmangel 76
– evidenzbasierte 80
– zusatznutzenbasiert 75
Preiseffekte 112
Preisgestaltung 162, 163, 209
– faire 136, 138
Preiskontrollen 222
Preismindestabschläge 77
Preismodell 155
– hybrides 160
– Hypothekenmodell 140, 143
– kostenbasiertes 159
– leistungsorientiert 172
– Netflix-Modell 140, 143
Preisobergrenze 74
Preispolitische Maßnahmen 61

Preisreferenzierung, internationale 114, 169
Preisregulierung 62, 66, 222
– kontinuierliche 225
Preissetzung 124, 127, 129
Preisstaffelung, mengenbasierte 114
Preistransparenz 144
Preisverhandlung 88, 113
President's Emergency Plan for AIDS Relief (PEPFAR) 203
Produktentwicklung, Ablauf 191
Produktionskosten 160
Pseudorigorosität 244
Public Health 176
– Perspektive 5
Public-Private-Partnerships 260

Q

QALY thresholds 123
Qualitätsanforderungen 65
Qualitätsbereinigte Lebensjahre (QALYs) 224, 231, 232, 243, 244, 248

R

Rabattverträge 306
Randomisiert kontrollierte Studie (RCT) 85
Randomisierung 89
Rationierung 80
Real-World-Daten (RWD) 85–87, 89
Referenzarzneimittel 305
Referenzpreis 140, 141
Routinedaten 85

S

Schutzmechanismen 122
Selbstmedikation 277
Selbstreferenzierung 323
Seltene Erkrankungen 258
Solidarität 177
– internationale 209
Spinale Muskelatrophie 324
Standortentscheidungen 4
Standortfaktoren 67
Standortförderung 80
– Maßnahmen 67
Standortpolitik 62
Standortwahl 64, 66
Sterblichkeit 207
Südafrika 204, 205

T

Target-Trial-Emulation 89
Tauschgerechtigkeit 125
Therapietreue 223, 230

Therapieunterbrechungen   206
Transparenz   158, 161, 173
– Anforderungen   191
– Verpflichtung   184
TRIPS-Flexibilitäten   201
Turmtreppeneffekt   74, 110

U

UNAIDS   201
Unfaire Preise   136
Unitaid   204
US-Gesundheitspolitik   222

V

value-based pricing   125, 159, 171
Vergleichstherapie   74, 79
Verordnungshäufigkeit   292
Verteilungsgerechtigkeit   125, 250
Vertraulichkeit   173
Vertraulichkeitsvereinbarungen   135
Vorhersage extremer Wetterereignisse   219
Vorqualifizierungsprogramm   203

W

Wechselwirkungen   40, 45
Wertschöpfungsstufen   63
Wettbewerb   202, 264
Wettbewerbsnachteile   67
Wetterereignisse, extreme   6
Wirtschaftlichkeit   33
World Health Assembly (WHA)   280

Z

Zugang   127, 260
– zu Medikamenten   208
– zu neuen Arzneimitteln   100
Zulassung   185
– beschleunigte   271
– reguläre   270
Zusatznutzen   4, 75, 97, 101, 109, 110, 259, 263, 270, 320
Zuschlags-Logik   76
Zuzahlung   229, 310
Zwangslizenzen   202
Zweckmäßige Vergleichstherapie (zVT)   109, 112
Zweit- und Drittrundeneffekte   77
Zweitanbietermarkt   304

SPRINGER NATURE

GPSR Compliance

The European Union's (EU) General Product Safety Regulation (GPSR) is a set of rules that requires consumer products to be safe and our obligations to ensure this.

If you have any concerns about our products, you can contact us on ProductSafety@springernature.com

In case Publisher is established outside the EU, the EU authorized representative is:

Springer Nature Customer Service Center GmbH
Europaplatz 3
69115 Heidelberg, Germany

Printed by Wilco bv, the Netherlands